파이토치로 완성하는 실전 강화학습

Copyright © AcornON Co., 2025. All rights reserved.

이 책은 ㈜에이콘온이 저작권자 윤성진과 정식 계약하여 발행한 책이므로
이 책의 일부나 전체 내용을 무단으로 복사, 복제, 전재하는 것은 저작권법에 저촉됩니다.
저자와의 협의에 의해 인지는 붙이지 않습니다.

REINFORCE, A2C, DQN, DDQN,
PPO, A3C 이론과 구현을 한번에!

파이토치로 완성하는 실전 강화학습

윤성진 지음

에이콘

추천사

『Do it! 딥러닝 교과서』 한 상 차림에 이은 강화학습 구첩반상!

저자의 이전 저서인 『Do it! 딥러닝 교과서』에서도 느낀 바 있지만, 이번 책 역시 세심함과 꼼꼼함이 책 전체에 깊이 스며 있습니다. 그림, 표, 예제 하나하나가 허투루 등장하는 법이 없고, 모든 요소가 독자의 이해를 돕기 위해 정교하게 설계돼 있습니다.

이 책은 초보자에게는 친절한 진입 경로를, 전문가에게는 구조적 통찰과 확장 가능성을 제공하는 균형 잡힌 구조를 갖추고 있습니다. 특히 눈에 띄는 강점은 PyTorch 기반으로 강화학습 프레임워크를 개발하고 실험해 보는 프로젝트 기반의 실습 중심 구성입니다. 강화학습 이론을 현실에 적용하는 힘을 길러 주기에 실무형 실습서로도 손색이 없습니다.

무엇보다도 이 책은 강화학습을 '즐기는' 과정을 안내합니다. 단순히 기술을 전달하는 데 그치지 않고, 강화학습이 어떤 문제를 어떻게 창의적으로 풀어낼 수 있는지 그 의미까지 체감하게 해 줍니다. 아타리 게임, 알파고, 자율주행, ChatGPT의 RLHF 등 풍부한 실제 사례들은 독자의 학습 동기를 북돋우기에 충분하며, 마지막 페이지를 덮을 즈음엔 마치 풍성한 구첩반상을 맛보고 난 듯한 만족감을 느끼게 되리라 확신합니다.

신찬수 _ 한국외국어대학교 컴퓨터공학부 교수

ChatGPT 시대에 더욱 중요해진 강화학습!

강화학습이라고 하면 많은 사람들은 2016년 이세돌 9단과 알파고 대전을 떠올릴 것이다. 바둑 게임에 이기면 긍정의 보상을, 지면 부정의 보상을 주는 강화학습 방식을 통해 마침내 바둑 세계 챔피언을 이겼다는 전설이 돼 버린 이야기.

2022년 말 ChatGPT 서비스가 출시되면서 거대 언어 모델LLM에 대한 관심이 전세계적으로 높아졌다. ChatGPT 서비스의 기반이었던 GPT-3 모델은 사전 학습, 미세 조정 그리고 마지막 단계로 사람 선호도 학습의 3단계 학습을 거쳤는데, 이중 마지막 단계인 사람 선호도 학습은 선호도가 높은 모델에 긍정의 보상을 주도록 PPO라는 강화학습 알고리즘을 사용했다.

2024년 말에는 LLM 모델의 지능을 높이기 위해 생각을 먼저 생성하고 이후에 답변을 생성하는 방식의 훈련 방법이 제안됐다. 중국 딥시크-R1 모델은 스스로 개발한 GRPO라는 강화학습 알고리즘을 사용해 효율적으로 생각 모델을 학습시켜 전 세계의 주목을 받았다.

2025년에는 LLM 모델이 서비스를 호출해 상호작용할 수 있는 에이전트 방식 LLM이 주목받고 있다. LLM 모델을 넘어서 여러 에이전트와 협업해 더 나은 결과를 만드는 구조의 정확도 개선을 위해 마찬가지로 강화학습 방법이 가장 많이 사용되고 있다.

강화학습은 신경망에 대한 지도 학습, 비지도 학습 알고리즘과는 발전 궤적이 조금 달라서 신경망 모델을 잘 아는 사람이라 해도 개념과 용어를 이해하는 데 어려움이 있다. 저자는 다양한 강화학습 알고리즘과 메타 학습 알고리즘을 연구해왔으며 수학적 원리와 정확성을 중시하는 관점을 갖추고 있어, 실용적 코드를 넘어 원리적 이해에 도움을 얻을 수 있을 것이다. ChatGPT 시대의 가장 지능적 학습을 위한 강화학습의 원리를 이해하고 실제 모델 개발에 활용하는 데 이 책이 중요한 디딤돌 역할을 할 것이라 믿는다.

윤경구 __ 주식회사 파수 Enterprise LLM 솔루션 개발 총괄, 전무

시행착오라는 강을 건널 때 밟고 지나야 할 징검다리 같은 책!

저자를 처음 만난 것은 'AI를 통해 세상을 더 나은 곳으로 만들겠다'라는 뜻을 품은 사람들의 모임으로, 스승과 제자의 연으로 시작해 지금은 함께 공부하는 벗이자 서로에게 조언을 주는 존재가 됐다. 소프트웨어에 대한 깊은 이해와 오랜 연구, 교육과 제품 기획 현장을 두루 경험해 온 저자는 늘 단단한 바탕 위에 실전적인 앎이 놓여야 한다는 태도로 지식을 이해하고 전해왔다.

이 책 역시 그러한 저자의 면모가 고스란히 드러난다. 강화학습이라는 다소 복잡하고 난해한 분야를 환경 루프, 정책, 러너 구조 등 핵심 구성요소를 중심으로 체계적이고 명료하게 설명한다. 단순한 코드 나열에 그치지 않고, 각 개념이 왜 필요한지, 어떤 방식으로 전체 흐름과 연결되는지를 자연스럽게 이해할 수 있도록 돕는다. 특히 이 책의 구성은 독자들이 꼭 필요한 내용을 단계별로 집중해 학습할 수 있도록 설계돼 있어 실전 코드와 개념을 동시에 정리하고자 하는 학습자들에게 큰 힘이 된다.

강화학습은 이미 익숙하지만, 여전히 많은 이들에게 어렵고 멀게 느껴지는 분야다. "강화학습은 제어에만 적합하지 않나?", "현실 환경은 너무 복잡해서 적용하기 어렵지 않나?"와 같은 고민을 한 분들에게 이 책은 막연한 두려움을 줄이고 실제 적용 가능성을 넓혀주는 실용적인 안내서가 돼줄 것이다.

최근 강화학습은 LLM 파인튜닝을 위한 RLHF, 자율주행, 로봇 제어, 나아가 모델 아키텍처 탐색까지 그 활용 영역을 빠르게 확장하고 있다. 「AlphaGo Moment for Model Architecture Discovery」와 같은 최신 논문은 강화학습이 단순한 행동 선택을 넘어 AI가 자신을 진화시키는 핵심 방법론이 될 수 있음을 보여준다.

매일 '창의력', '에이전트', 'MCP' 같은 수많은 키워드가 쏟아지는 요즘, 이 책은 강화학습이라는 본질을 명확하게 짚어주는 실전서다. 앞으로도 후속작이 꾸준히 이어지기를 바라며, 나는 변함없이 저자의 책을 추천하고 응원하기를 기대한다. 저자는 내가 오랜 시간 지켜본, 흔들리지 않는 태도로 지식을 쌓아가는 사람이고, 나는 그를 꾸준히 지지하는 독자이자 '빅 팬'이다.

시행착오라는 강을 건너는 여정 속에서 반드시 밟고 지나야 할 징검다리 같은 책. 이 책이 그 역할을 해줄 것이라 믿고 자신 있게 추천한다.

이주희 __ 보고넷 CTO/이사

강화학습은 더 이상 이론에만 머물러 있지 않다. LLM 학습의 핵심 기술로 자리 잡은 것은 물론, 금융·제조·운송 등 다양한 산업 분야에 새로운 최적 솔루션을 제공한다. 그 관심과 활용도는 급속히 확산하고 있다. 하지만 강화학습의 이론적 복잡성과 높은 진입장벽은 많은 실무자가 이를 업무에 적용하는 데 큰 어려움을 겪게 한다. 특히 이론 중심의 기존 학습 자료들은 실질적 활용과의 간극을 좁히지 못하는 한계를 보여왔다.

이 책의 가장 큰 강점은 이론뿐만 아니라 실제 강화학습 프레임워크까지 상세히 다루고 있다는 점이다. 특히 주목할 부분은 프레임워크 구현에 중점을 두고 이론과 알고리즘을 체계적으로 확장해 나간다는 것이다. 이러한 전개 방식은 이후 다른 강화학습 알고리즘을 적용하고자 할 때의 어려움을 대폭 감소시켜 준다. 저자는 자칫 놓칠 수 있는 세부적 내용까지 빠짐없이 다루었으며 책의 구성 흐름 또한 독자의 이해를 높일 수 있도록 치밀하게 최적화했다. 이로써 독자는 한 번만 제대로 읽어도 바로 실무에 적용할 수 있는 수준의 역량을 갖추게 될 것이다.

이 책은 처음 강화학습 공부를 시작하는 이들에게는 든든한 교과서가, 현업 AI 실무자들에게는 실용적인 치트 시트가, 그리고 업무 영역에 강화학습 적용이 필요한 비전공자에게는 훌륭한 인사이트를 제공하는 참고 자료가 될 것이다.

백승열 __ 애자일소다 책임연구원

"이론과 실습을 잇는 다리 위에서 강화학습을 확실히 자기 것으로 만들고 싶다면 이 책이 가장 좋은 출발점입니다."

수년 전 저자와 함께 강화학습과 해석학을 같이 공부하던 기억이 아직도 생생하다. 그는 논문을 곱씹으며 수식과 개념을 깊이 이해하려 끊임없이 질문을 던지고, 이를 직접 구현해 보려는 진지한 태도는 언제나 본보기가 됐다. 그런 저자의 면모가 고스란히 담긴 『파이토치로 완성하는 실전 강화학습』은 정책 기반, 가치 기반, 액터-크리틱 계열의 대표 알고리즘들을 꼼꼼하게 정리하고 이를 실제로 구현하고 테스트할 수 있는 실습 환경까지 단계적으로 안내한다. 특히 강화학습 프레임워크를 직접 설계하며 구성 요소의 구조를 자연스럽게 이해할 수 있도록 이끄는 구성의 흐름은 이 책만의 강점이다. 책을 따라가다 보면 알고리즘을 '이해한다'는 감각과 '직접 구현한다'라는 자신감을 자연스럽게 얻게 된다. 학습자부터 실무자까지 강화학습을 제대로 배우고자 하는 이들에게 이 책은 든든한 동반자가 돼줄 것이다.

이민정 __ 중앙대학교 교양대학 부교수

강화학습에 대한 개념을 이해하고 실용적인 기술을 익히고 싶은 분이라면 이 책을 자신 있게 추천합니다. 초반부터 강화학습의 전반적인 개념을 차근차근 짚어주며, 필요한 수식을 적절히 제시하고 시각적인 다이어그램과 직관적인 설명을 통해 복잡한 이론도 쉽게 이해할 수 있도록 구성돼 있습니다. 특히 강화학습의 핵심 개념과 수식을 해석하는 부분은 친숙한 필기체와 아기자기한 그림으로 전달돼 흥미로움과 함께 정확한 이해를 도와주고 있습니다.

별도의 이론서나 튜토리얼을 찾아 헤매지 않고 이 책 한 권으로 강화학습의 개념과 코딩을 모두 배울 수 있다는 점은 큰 장점입니다. 강화학습 프레임워크의 구조부터 시작해, 대표 알고리즘들을 종류별로 이론과 실습 코드와 함께 구성해 놓은 방식도 탁월합니다. REINFORCE, A2C, DQN, DDQN, PPO 등 알고리즘을 직접 구현해 보며 배울 수 있어 강화학습을 실전 프로젝트로 연결하고자 하는 독자에게 큰 도움이 됩니다. 저 역시 이 책을 따라가며 핵심적인 강화학습 알고리즘을 구현해 보고 다양한 환경에 실험까지 해볼 수 있게 됐다는 점에서 뿌듯함과 기대감을 함께 느끼게 될 것 같습니다. 이 책은 이론과 구현을 한 번에 잡고 싶은 학습자, 프로젝트 기반으로 강화학습을 배우고 싶은 개발자, 혹은 수식이 두려웠던 입문자 모두에게 진심으로 추천해 드립니다.

이연주 _ 고려대학교 세종캠퍼스 응용수리과학부 교수

강화학습은 어려운 수학적 개념과 높은 구현 난이도로 인해 입문자와 실무자 모두에게 도전적인 분야입니다. 하지만 『파이토치로 완성하는 실전 강화학습』은 그러한 진입 장벽을 효과적으로 낮추며 독자의 학습 곡선을 부드럽게 이끌어 줍니다.

이 책의 가장 큰 강점은 강화학습의 핵심 이론들을 단순히 나열하는 데 그치지 않고 각 알고리즘의 구조와 흐름을 이해할 수 있도록 풍부한 그림과 구조도를 활용해 직관적으로 설명하고 있다는 점입니다. 복잡한 수식이나 추상적인 개념도 독자가 스스로 맥락을 이해하고 응용할 수 있도록 돕는 구성은 학습 효과를 높이는 데 매우 탁월합니다.

또한 책 전반에 걸쳐 다양한 강화학습 적용 사례를 소개함으로써 이론이 실제 문제 해결에 어떻게 연결되는지를 명확히 보여줍니다. 특히 분산 학습 환경에서의 강화학습을 위한 Ray와 같은 분산 처리 프레임워크에 대한 설명은 실무 관점에서도 매우 유익하며 대규모 학습 시나리오를 고민하는 독자에게 실제적인 경험을 제공합니다.

기초부터 고급 주제까지 단계적으로 쌓아가는 구성이 돋보이며, 단순한 알고리즘 구현을 넘어 강화학습 프레임워크를 직접 설계하고 개선해 볼 수 있도록 이끈다는 점에서 실전 중심의 학습을 원하는 독자에게 최고의 선택이 될 것입니다.

이정우 __ 스마일게이트 AI 엔지니어

여러분은 2016년 알파고와 이세돌의 승부를 어떻게 보셨나요? 저는 바둑을 비롯해 스타크래프트, 아타리 게임 등 다양한 게임을 정복한 강화학습 알고리즘에 강한 호기심이 생겨났고, 학업과 연구에 활용할 수 있을지 고민하며 강화학습을 제대로 배우기로 결심했습니다. 당시 저자의 도움으로 재미있고 깊이 있게 강화학습은 물론 강화학습 기반의 메타 학습까지 입문할 수 있었습니다. 저와 같이 여러분도 강화학습을 원하는 분야에 응용하고 싶다면 이 책은 튼튼한 기초 이론과 프로그래밍 활용 방법으로 든든한 동반자가 돼줄 것입니다.

피아노를 배울 때 건반을 직접 쳐야 실력이 느는 것처럼 강화학습도 손을 움직여야 제대로 이해가 됩니다. 이 책은 단순히 '읽고 끝내는' 데서 멈추지 않고 직접 구현·비교·확장할 수 있도록 안내하는 것이 가장 큰 장점입니다. REINFORCE·PPO 같은 정책 기반, A2C·A3C의 액터-크리틱, DQN·DDQN의 가치 기반 알고리즘까지 폭넓게 다루되 수식과 개념을 차근차근 풀어내며 실습으로 연결해 줍니다. 특히 Chapter 3부터 다양한 강화학습 알고리즘들의 공통 요소를 먼저 프레임워크로 잡고 그 바탕에 비교·확장하며 이해하는 접근은 강화학습을 전체적으로 조망하며 체계적으로 이해하는 데 큰 도움이 될 것입니다.

탄탄한 이론 위에 직접 손을 움직이며 자신만의 강화학습 파이프라인을 구축하고 싶은 분께 강력히 권합니다. 더불어, 저자는 소통에 진심인 편이라 여러분의 질문에 PPO 학습 속도보다 빠르게 답변을 받으실 수 있을 것이란 것을 끝으로 추천사를 마칩니다.

정경훈 __ Quantum Machines, Customer Success Physicist

강화학습이 다른 AI 기법들과 차별화되는 가장 큰 매력은 바로 환경과 상호작용하며 에이전트가 스스로 의사결정을 학습해 나가는 그 과정 자체에 있습니다. 이런 특성 덕분에 강화학습은 게임 AI부터 자율주행, 로보틱스, 금융, 추천 시스템, 적응형 교통신호 제어에 이르기까지 다양한 분야에서 핵심 기술로 자리 잡았습니다. 최근에는 LLM에서도 RLHF^{Reinforcement Learning from Human Feedback}, GRPO^{Group Relative Policy Optimization} 그리고 RLVR^{Reinforcement Learning with Verifiable Rewards} 같은 최신 기법들이 주목받으며 강화학습에 관한 관심이 더욱 높아지고 있습니다.

하지만 강화학습은 복잡한 수학적 개념과 다양한 알고리즘으로 인해 진입 장벽이 높은 것도 사실입니다. 그러므로 탄탄한 기초와 체계적인 실습이 무엇보다 중요합니다. 이론만 알아서는 실제 구현에 어려움을 겪고, 단순한 실습만으로는 깊이 있는 이해에 한계가 있으니까요. 그런 면에서 이 책은 강화학습의 이론과 실무를 연결해 주는 내용으로 가득합니다. 정책 기반부터 가치 기반까지 주요 알고리즘을 단순히 설명하는 수준을 넘어, 실제 프레임워크를 설계하고 구현해 보며 강화학습의 전체 프로세스를 체득할 수 있도록 구성돼 있습니다.

저자는 오랫동안 강화학습 연구에 매진해 온 동시에 실제 현장에서 이를 적용해 본 경험이 풍부한, 이론과 실무를 모두 겸비한 전문가입니다. 이런 배경이 책 곳곳에 녹아 있어 독자들은 이론의 깊이와 실무의 노하우를 동시에 얻을 수 있습니다. 자칫 어려울

수 있는 강화학습을 저자만의 체계적이고 명확한 설명으로 풀어낸 점도 이 책의 큰 장점입니다. 이 책을 통해 강화학습의 핵심 원리부터 실전 응용까지 체계적으로 학습하다 보면 어느새 강화학습이 가진 독특한 매력에 푹 빠져 있는 자신을 발견하게 될 것입니다.

조원양 _ 스마트사운드 AI연구소장

『파이토치로 완성하는 실전 강화학습』은 강화학습의 수학적 이론부터 프레임워크, 실전 코드까지 폭넓게 다루며 실무에 필요한 역량을 차근차근 쌓아갈 수 있도록 돕는 훌륭한 안내서입니다. 20세기 행동주의 심리학에서 영감을 받아 시작된 강화학습은 세기를 넘어 바둑 천재 이세돌 9단을 꺾으며 AI에 대한 인식을 크게 바꿨고, 이후 '피지컬 AI'를 통해 로보틱스와 실세계로의 확장까지 이어지며 우리에게 한 걸음 더 성큼 다가오고 있습니다. 그리고 이러한 변화의 중심에는 언제나 강화학습이 있었습니다.

이 책은 정책 기반, 가치 기반, 액터-크리틱 등 강화학습의 주요 알고리즘과 수식을 단계별로 상세히 풀어내고 시각적으로 정리해 독자가 이론을 더욱 쉽게 이해할 수 있도록 구성돼 있습니다. 뿐만 아니라 이론적 설명에 머무르지 않고, 독자가 직접 핵심 코드를 구현하며 실습할 수 있도록 구성돼 있어 학습한 내용을 실제로 적용해 볼 수 있다는 점이 이 책의 큰 장점입니다. 강화학습을 처음 접하는 분들뿐만 아니라 알고리즘 연구자나 현업에서 실무에 접목하려는 분께도 충분히 유익한 안내서가 될 것으로 기대합니다. 강화학습 분야를 탐험하려는 모든 분들께 곁에 두고 필요할 때마다 꺼내어 볼 만한 훌륭한 길잡이가 되기를 진심으로 바랍니다.

한영일 _ LG이노텍 CTO AI요소기술TASK팀 책임 엔지니어

지은이 소개

윤성진(sjyoon@gmail.com)

KAIST 전산학과에서 컴퓨터 그래픽스를 전공했으며 LG전자 전자기술원, 티맥스소프트, 액센츄어 등에서 소프트웨어 연구 개발, 미들웨어 및 모듈형 로봇 플랫폼 제품 기획 업무를 수행했다. 인공지능 전문가로서 한국외국어대학교에서 딥러닝, 자료 구조, 데이터 마이닝을 가르치고, ㈜인공지능연구원에서 연구개발을 총괄했다.

현재는 SoftAI의 연구소장으로서 AI 솔루션 연구 개발을 하고 있으며 서울과학종합대학원대학교 AI첨단대학원 겸직 교수를 역임하고 있다. 대표 저서에는 『Do it! 딥러닝 교과서』(이지스퍼블리싱, 2021), 『파이썬으로 구현하는 로보어드바이저』(에이콘, 2024), 『모두를 위한 컨벡스 최적화』(오픈소스, 2018)가 있다.

지은이의 말

거대 언어 모델의 눈부신 성공은 AGI$^{\text{Artificial General Intelligence}}$를 향한 인공지능 기술의 도약을 알리고 있다. 머지않아 우리는 지능형 에이전트와 함께 일상을 공유하게 될 것이다. 이 에이전트들은 우리가 번거롭게 느끼는 일상 업무를 대신 처리하고, 우리의 감정 상태에 맞춰 반응하며, 복잡한 상황 속에서 합리적인 판단을 도울 조언을 제공하고, 때로는 새로운 기회를 제안하기도 할 것이다.

지능형 에이전트에게 중요한 능력 중 하나는 장기적이고 인과 관계가 복잡한 의사결정 문제를 푸는 능력이다. 강화학습은 의사결정 과정에서 현재의 행동이 미래에 어떠한 영향을 미칠지를 고려하며 자율 학습을 통해 지능화를 가속한다. 로봇 팔은 수차례의 시행착오를 거쳐 물체를 잡고 조작하는 법을 터득하고, 알파제로^{AlphaZero}는 인간의 기보 없이도 자기 대국$^{\text{self-play}}$을 반복하며 바둑 실력을 획득한다. 최선의 행동을 반복하는 '활용'과, 새로운 행동을 시도해 더 나은 전략을 발견하는 '탐험'을 스스로 조절하며, 게임에서 승리하거나 로봇이 임무를 완수해야 하는 것과 같은 장기적인 목표를 달성하기 위해 계획을 세우고 수정하기도 한다. 이런 강화학습의 인과성을 고려한 자율 학습 능력은 지능형 에이전트가 가져야 할 주요 역량이다.

가끔 "강화학습 공부는 어떻게 시작하면 좋을까요?"라는 질문을 받곤 하는데, 그때마다 적절한 학습 자료를 추천하기가 쉽지 않았다. 지나치게 이론을 중심으로 써진 고전 서적은 입문자가 중도에 포기하기 쉽고, 실무 적용을 위해 꼭 필요한 심층 강화학습 내용은 깊이 다루지 않고 있다. 반면에 국내 입문서는 드물고 설명이 간소하다. 언젠가 강화학습 책을 쓰게 된다면 심층 강화학습을 중심으로 이론은 명쾌하게, 실습은 이론을 검증하는 방식으로 구성하면 좋겠다고 생각했다. 그렇게 몇 년의 시간이 흐른 뒤에야 이 책을 쓸 수 있게 됐다.

이 책은 강화학습의 이론과 실습을 균형 있게 엮은 '이론서'이자 '실습서'이다. 단순히 알고리즘을 나열하지 않고 각 기법이 발전하고 확장된 과정을 따라 차례대로 구성했

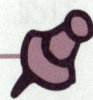

다. 또한, 사전에 설계된 프레임워크를 기반으로 강화학습 알고리즘을 구현하는 방식을 취하고 있어서 이론적 개념을 명확히 이해하면서도 즉시 실무에 적용해 볼 수 있도록 설계했다. 본서를 통해 강화학습의 원리와 실제를 폭넓게 익혀 지능형 에이전트 시대에 한 발 더 앞서 나가길 바란다.

사랑하는 부모님과 거동이 불편하신 어머님께,
가정을 위해 늘 헌신해 준 남편과 멋진 두 아들 민호·준호에게 이 책을 바칩니다.
또한 이 책이 세상에 나오기까지 깊은 관심과 아낌없는 지지로 힘이 돼주신
이주희 교수님, 이연주 교수님, 조원양 님, 한영일 님, 정경훈 님, 백승열 님, 이정우 님께 진심으로 감사드립니다.
힘난한 직장 생활 속에서 길라잡이가 돼주신 윤경구 전무님,
늘 만나면 기분이 좋아지고 용기를 주시는 연구실 선배 신찬수 교수님과 후배 이민정 교수께도 고마운 마음과 감사의 말씀 드립니다.
출판을 흔쾌히 허락해 주신 에이콘온출판사 황영주 부사장님,
모든 과정을 세심하게 챙겨주신 임지원 대리님,
정성스럽게 멋진 일러스트를 그려주신 윤서빈 디자이너님,
아픈 와중에도 꼼꼼한 편집을 맡아주신 송지연 님,
여러 스타일의 폰트와 수식, 소스 코드를 깔끔하게 조판해 주신 장진희 실장님께도 깊은 감사의 말씀을 전합니다.

차례

추천사 4
지은이 소개 13
지은이의 말 14
들어가며 42

Part.1 강화학습 개요

Chapter.1 강화학습 개요 — 48

1.1 강화학습이란? 49
1.2 강화학습의 응용 61
1.3 강화학습의 도전 과제 71

Chapter.2 강화학습 알고리즘 — 76

2.1 강화학습의 정의 77
2.2 강화학습 알고리즘의 종류 83
2.3 강화학습의 학습 단계 91
2.4 알고리즘 선택 기준 96

Part.2 강화학습 프레임워크 소개

Chapter.3 강화학습 프레임워크 — 102

3.1 강화학습 논리 구성 103

　　　　3.2 강화학습 프레임워크 클래스 구성 115
　　　　　3.2.1 공통 클래스와 커스터마이징 클래스 117

Chapter.4　강화학습 프레임워크 개발 환경　126

　　　　4.1 개발 환경 구성 126
　　　　4.2 OpenGym 소개 139
　　　　4.3 강화학습 프레임워크의 실행 146

Part.3　강화학습 맛보기 정책 기반 방법

Chapter.5　러너　160

　　　　5.1 러너의 구성 161
　　　　5.2 러너의 작동 방식 162
　　　　5.3 Runner 클래스 정의 169
　　　　5.4 Runner 클래스 구현코드 172

Chapter.6　환경 루프　196

　　　　6.1 환경 루프의 구성 197
　　　　6.2 환경 루프의 작동 방식 198
　　　　6.3 EnvironmentLoop 클래스 정의 204
　　　　6.4 EnvironmentLoop 클래스 구현 코드 207

Chapter.7　폴리시 그레이디언트　224

　　　　7.1 정책 기반 방법의 유도 225
　　　　7.2 분산 최소화 방안 232

Chapter.8　REINFORCE 알고리즘 구현　236

　　　　8.1 REINFORCE 알고리즘 구성 237

8.2 REINFORCE 클래스 241
8.3 REINFORCENetwork 클래스 244
8.4 REINFORCELearner 클래스 252
8.5 몬테카를로 리턴 262
8.6 CartPole-v1 환경 268
8.7 LunarLanderContinuous-v2 학습 275

Part.4 강화학습 발담그기 정책 기반 방법 성능 개선

Chapter.9 에이전트   282

9.1 에이전트 구성 283
9.2 에이전트 285
9.3 액터 299
9.4 학습자 313
9.5 네트워크 323

Chapter.10 정책   334

10.1 정책의 종류 335
10.2 정책의 구성 341
10.3 Policy 클래스 343
10.4 StochasticPolicy 클래스 344
10.5 CategoricalPolicy 클래스 346
10.6 GaussianPolicy 클래스 348
10.7 MLP 클래스 351
10.8 CategoricalPolicyMLP 클래스 356
10.9 GaussianPolicyMLP 클래스 360

Chapter.11 REINFORCE 베이스라인 적용   364

11.1 새로운 알고리즘 추가 365

11.2 REINFORCE 베이스라인 버전 구성 ... 370
11.3 REINFORCEB 클래스 ... 373
11.4 REINFORCEBNetwork 클래스 ... 375
11.5 REINFORCEBLearner 클래스 ... 380
11.6 CartPole-v1 학습 ... 391
11.7 LunarLanderContinuous-v2 학습 ... 393
11.8 새로운 환경 학습 ... 396

Part.5 강화학습 즐기기 액터-크리틱 방법

Chapter.12 액터-크리틱 방법   402

12.1 가치 함수 ... 403
12.2 액터-크리틱 방법 ... 410
12.3 A2C ... 415

Chapter.13 A2C 알고리즘 구현   426

13.1 A2C 알고리즘 구성 ... 428
13.2 A2C 클래스 ... 430
13.3 A2CNetwork 클래스 ... 433
13.4 A2CLearner 클래스 ... 442
13.5 n-스텝 리턴 ... 457
13.6 GAE ... 466
13.7 CartPole-v1 학습 ... 471
13.8 LunarLanderContinuous-v2 학습 ... 478

Chapter.14 가치 함수   482

14.1 가치 함수 ... 483
14.2 가치 함수의 구성 ... 485
14.3 ValueFunction 클래스 ... 487

14.4 StateValueFunction 클래스 488
14.5 ActionValueFunction 클래스 489
14.6 ValueFunctionMLP 클래스 490
14.7 QFunctionMLP 클래스 492
14.8 QFunctionMLPDQN 클래스 496

Chapter.15 데이터셋 500

15.1 데이터셋 구성 방식 500
15.2 데이터셋의 구성 507
15.3 버퍼와 버퍼 스키마 509
15.4 롤아웃 버퍼 529
15.5 리플레이 버퍼 543

Chapter.16 환경 552

16.1 환경의 작동 방식 553
16.2 환경 구성 556
16.3 Environment 클래스 557
16.4 EnvironmentSpec 클래스 560
16.5 OpenGym 클래스 563

Part.6 강화학습 완성하기 가치 기반 방법

Chapter.17 가치 기반 방법 576

17.1 가치 기반 방법 577
17.2 DQN 578
17.3 더블 DQN(Double DQN) 590

Chapter.18 가치 기반 방법 594

18.1 DQN 알고리즘 구성 596
18.2 DQN 클래스 598
18.3 DQNNetwork 클래스 601
18.4 유틸리티 함수 608
18.5 DQNLearner 클래스 614
18.6 CartPole-v1 학습 624

Chapter.19 더블 DQN 알고리즘 구현 630

19.1 더블 DQN 알고리즘 구성 631
19.2 DDQN 클래스 634
19.3 DDQNNetwork 클래스 637
19.4 DDQNLearner 클래스 639
19.5 CartPole-v1 학습 648

Part.7 강화학습 성능 개선 분산 강화학습

Chapter.20 PPO 알고리즘 656

20.1 PPO 알고리즘 656

Chapter.21 PPO 알고리즘 구현 666

21.1 PPO 알고리즘 구성 667
21.2 PPO 클래스 670
21.3 PPONetwork 클래스 673
21.4 PPOLearner 클래스 675

21.5 **CartPole-v1 학습** 693
21.6 **LunarLanderContinuous-v2 학습** 696
21.7 **AntBulletEnv-v0 학습** 699

Chapter.22　다중 환경 러너　704

22.1 **A2C와 A3C** 704
22.2 **다중 환경 러너의 구성** 710
22.3 **MultiEnvRunner 클래스** 712
22.4 **MultiEnvAsyncRunner 클래스** 721
22.5 **다중 환경 성능 확인** 729
22.6 **Ray 소개** 737

참고문헌 752
찾아보기 753

그림 차례

그림 1-1 강아지 행동 교정 50
그림 1-2 버러스 프레더릭 스키너(Burrhus Frederic Skinner)(1904~1990) 50
그림 1-3 스키너 상자 51
그림 1-4 강화이론 52
그림 1-5 뇌의 보상 회로(Trevor Haynes, 2018) 53
그림 1-6 뇌의 보상 회로에서 뇌의 영역별 역할 54
그림 1-7 강화학습 55
그림 1-8 강화학습 56
그림 1-9 지도학습 vs. 강화학습 56
그림 1-10 강화학습에서 딥러닝의 역할 58
그림 1-11 인식과 행동의 분리 59
그림 1-12 인식과 행동의 종단간 실행 60
그림 1-13 모션 캡처와 강화학습을 이용한 사람의 동작 제어<참고문헌 1> 61
그림 1-14 강화학습이 잘하는 분야 63
그림 1-15 DQN으로 실행하는 아타리 게임의 브레이크 아웃 63
그림 1-16 아타리 게임의 DQN 실험 결과<참고문헌 4> 64
그림 1-17 아타리 게임 2600 65
그림 1-18 알파고와 이세돌 9단의 대국 66
그림 1-19 몬테카를로 트리 탐색 66
그림 1-20 알파스타 68
그림 1-21 ChatGPT의 RLHF 단계<참고문헌 5> 69
그림 1-22 범용 로봇 에이전트 로보캣의 자가 개선 과정 70
그림 1-23 사람의 지능과 강화학습의 지능 72
그림 1-24 전통적 강화학습과 최대 엔트로피 강화학습 73
그림 1-25 보상 함수를 정의하기 쉬운 경우와 어려운 경우 73
그림 1-26 몬테쥬마 리벤지 74

그림 1-27 메타 학습 75
그림 2-1 에이전트와 환경의 상호작용 78
그림 2-2 현재만이 미래를 결정하는 마르코프 속성 79
그림 2-3 경로의 분포에 대한 확률 그래프 모델 80
그림 2-4 (시간, 상태, 보상) 공간 82
그림 2-5 보상의 합이 최대화되는 경로 82
그림 2-6 강화학습 알고리즘의 종류 84
그림 2-7 폴리시 그레이디언트 방법 85
그림 2-8 폴리시 그레이디언트 방법의 목적 함수가 분산이 높은 이유 ... 86
그림 2-9 액터-크리틱 방법 87
그림 2-10 가치 기반 방법 88
그림 2-11 모델 기반 방법 89
그림 2-12 로봇 팔 89
그림 2-13 로봇 팔의 경로 계획 90
그림 2-14 최적 경로 계획 90
그림 2-15 강화학습의 학습 단계 92
그림 2-16 정책 기반 방법의 학습 단계 93
그림 2-17 액터-크리틱 방법의 학습 단계 94
그림 2-18 가치 기반 방법의 학습 단계 95
그림 2-19 모델 기반 방법 학습 단계 96
그림 2-20 강화학습 알고리즘의 선택 96
그림 2-21 알고리즘 종류별 데이터 효율성 비교 99
그림 3-1 MDP에서 에이전트와 환경의 상호작용(그림 2-1과 동일) ... 103
그림 3-2 에이전트와 환경의 상호작용 105
그림 3-3 에이전트와 환경의 상호작용 107
그림 3-4 강화학습 학습 단계(그림 2-15와 동일) 108
그림 3-5 에이전트의 서브 모듈인 액터 109
그림 3-6 학습자와 데이터셋 110
그림 3-7 정책과 데이터셋의 동기화 112
그림 3-8 환경과 액터가 여러 개일 때 정책과 데이터셋의 동기화 ... 113
그림 3-9 강화학습 의사 코드 114
그림 3-10 PPO 실행 시 생성되는 주요 클래스 객체 예시 115

그림 3-11 강화학습 프레임워크의 논리 구성도와 주요 클래스 객체 관계	116
그림 3-12 알고리즘의 실행 시 생성되는 주요 클래스 중 알고리즘 특화 클래스(PPO 알고리즘 예시)	117
그림 3-13 에이전트, 학습자, 네트워크의 베이스 클래스와 PPO 클래스로의 확장	118
그림 3-14 러너 클래스 구성도	118
그림 3-15 환경 루프 클래스	119
그림 3-16 에이전트 관련 클래스 구성도	119
그림 3-17 정책 클래스 구성도	121
그림 3-18 가치 함수 클래스 구성도	122
그림 3-19 버퍼 클래스 구성도	123
그림 3-20 환경 클래스 구성도	124
그림 4-1 RL 프레임워크 디렉토리 구조	128
그림 4-2 PyCharm 홈페이지	129
그림 4-3 PyCharm으로 연 강화학습 프레임워크의 모습	129
그림 4-4 아나콘다 홈페이지	130
그림 4-5 PyCharm의 Python Interpreter 화면	131
그림 4-6 PyCharm의 Add Python Interpreter 화면	132
그림 4-7 PyTorch 설치 명령어 생성 기능	133
그림 4-8 GPU 및 CUDA 버전 확인	134
그림 4-9 CUDA Toolkit 다운로드	134
그림 4-10 cuDNN 다운로드	135
그림 4-11 cuDNN 디렉토리 구조	135
그림 4-12 run_gym.py 실행 메뉴	138
그림 4-13 LunarLanderContinuous-v2 환경의 화면	138
그림 4-14 main.py 실행 메뉴	139
그림 4-15 다양한 환경을 제공하는 OpenGym	140
그림 4-16 OpenGym 사용법 예시	141
그림 4-17 고전 제어 환경의 종류	142
그림 4-18 Box2D 환경의 종류	143
그림 4-19 아타리 게임 환경의 종류	144
그림 4-20 Mujoco 환경의 종류	145
그림 5-1 강화학습 학습 단계(그림 2-14와 동일)	160
그림 5-2 러너 디렉토리 구조	161

그림 5-3 러너 클래스의 구성도 ... 162
그림 5-4 러너 ... 163
그림 5-5 러너 run() 메서드 실행 과정 ... 164
그림 5-6 러너의 훈련 모드 실행 ... 166
그림 5-7 훈련 모드에서 데이터셋과 네트워크 동기화 ... 167
그림 5-8 러너의 추론 모드 실행 ... 168
그림 5-9 러너 클래스 구성도 ... 169
그림 5-10 강화학습 의사코드(그림 3-9와 동일) ... 179
그림 6-1 환경 루프 ... 196
그림 6-2 환경 루프 디렉토리 구조 ... 197
그림 6-3 환경 루프 클래스 구성도 ... 198
그림 6-4 환경 루프 초기화 ... 199
그림 6-5 환경 루프 실행 ... 201
그림 6-6 트랜지션 데이터 생성 과정 ... 202
그림 6-7 EnvironmentLoop 클래스 구성도 ... 204
그림 7-1 강화학습 알고리즘의 종류(그림 2-6과 동일) ... 225
그림 7-2 폴리시 그레이디언트(그림 2-7과 동일) ... 226
그림 7-3 리턴이 높은 경로를 생성하는 정책의 학습 ... 230
그림 7-4 폴리시 그레이디언트의 목적 함수가 분산이 높은 이유 (그림 2-8과 동일) ... 233
그림 8-1 폴리시 그레이디언트(그림 3-2와 동일) ... 236
그림 8-2 REINFORCE 디렉토리 구조 ... 237
그림 8-3 REINFORCE 알고리즘의 에이전트, 학습자, 네트워크 클래스 ... 238
그림 8-4 REINFORCE 클래스 관계도 ... 239
그림 8-5 알고리즘 실습 방식 ... 240
그림 8-5 REINFORCE 클래스 구성도 ... 241
그림 8-6 REINFORCENetwork 클래스 구성도 ... 244
그림 8-6 REINFORCELearner 클래스 구성도 ... 253
그림 8-8 롤아웃 버퍼에 여러 에피소드가 저장돼 있는 모습 ... 264
그림 8-9 OpenGym에서 제공하는 CartPole-v1 환경 ... 268
그림 8-10 PyCharm에서 main.py의 인자를 수정해서 실행하는 방법 ... 271
그림 8-11 학습 곡선 확인(에피소드의 평균 리턴 그래프) ... 273
그림 8-12 OpenGym에서 제공하는 LunarLanderContinuous-v2 환경 ... 275

그림 8-13 REINFORCE 학습 곡선 확인(에피소드의 평균 리턴 그래프) 279
그림 9-1 에이전트와 구성 모듈 282
그림 9-2 에이전트 디렉토리 구조 283
그림 9-3 에이전트 관련 클래스 구성도 284
그림 9-4 에이전트 구성 요소 생성 단계 286
그림 9-5 에이전트 데이터 동기화 287
그림 9-6 에이전트 정책 평가 및 개선 288
그림 9-7 Agent 클래스 구성도 288
그림 9-8 액터 300
그림 9-9 액터 구성 요소 생성 단계 301
그림 9-10 액터의 행동 선택 302
그림 9-11 액터의 트랜지션 데이터 관측 303
그림 9-12 액터의 네트워크 동기화 303
그림 9-13 Actor 클래스 구성도 304
그림 9-14 학습자 314
그림 9-15 학습자의 학습 실행 315
그림 9-16 Savable 클래스 구성도 316
그림 9-17 Learner 클래스 구성도 317
그림 9-18 네트워크 324
그림 9-19 VariableSource 클래스 구성도 326
그림 9-20 Network 클래스 구성도 327
그림 10-1 정책의 입력과 출력 335
그림 10-2 확률적 정책과 결정적 정책 337
그림 10-3 연속 행동과 이산 행동 338
그림 10-4 이산 행동의 확률적 정책 339
그림 10-5 연속 행동의 확률적 정책 339
그림 10-6 정책 디렉토리 구조 341
그림 10-7 정책 클래스 구성도 342
그림 10-8 Policy 클래스 구성도 343
그림 10-9 StochasticPolicy 클래스 구성도 344
그림 10-10 CategoricalPolicy 클래스 구성도 346
그림 10-11 GaussianPolicy 클래스 구성도 348

그림 10-12 MLP 클래스 구성도	351
그림 10-13 CategoricalPolicyMLP 클래스 구성도	356
그림 10-14 GaussianPolicyMLP 클래스 구성도	360
그림 11-1 REINFORCEB에 베이스라인 적용	364
그림 11-2 베이스라인 모델과 목적 함수	365
그림 11-3 MyAgent 디렉토리 구조	366
그림 11-4 MyAgent의 에이전트, 학습자, 네트워크 클래스	367
그림 11-5 REINFORCE 베이스라인 적용 알고리즘 디렉토리 구조	370
그림 11-6 REINFORCE 베이스라인 적용 알고리즘의 에이전트, 학습자, 네트워크 클래스	371
그림 11-7 REINFORCEB 클래스 관계도	372
그림 11-8 REINFORCEB 클래스 구성도	373
그림 11-9 REINFORCEBNetwork 클래스 구성도	376
그림 11-10 REINFORCEBLearner 클래스 구성도	381
그림 11-11 OpenGym에서 제공하는 CartPole-v1 환경	391
그림 11-12 학습 곡선 확인(에피소드의 평균 리턴 그래프)	392
그림 11-13 OpenGym에서 제공하는 LunarLanderContinuous-v2 환경	393
그림 11-14 REINFORCE 베이스라인 적용 알고리즘 학습 곡선 확인(에피소드의 평균 리턴 그래프)	395
그림 11-15 OpenGym에서 제공하는 Acrobot-v1 환경	396
그림 11-16 환경에 대한 설정파일 추가	398
그림 11-17 학습 곡선 확인(에피소드의 평균 리턴 그래프)	399
그림 12-1 강화학습 알고리즘의 종류(그림 2-6과 동일)	402
그림 12-2 상태 s_t에서의 보상과 리턴, 가치	403
그림 12-2 상태 s_t에서의 리턴	404
그림 12-3 상태 s_t에서의 가치	405
그림 12-4 상태 s_t와 행동 a_t에서의 Q-가치	406
그림 12-5 가치 함수와 손실 함수	407
그림 12-6 몬테카를로 리턴을 계산하기 위한 경로의 범위	408
그림 12-7 부트스트랩핑	409
그림 12-8 목적 함수의 분산을 낮추는 방법	411
그림 12-9 액터와 크리틱	413
그림 12-10 액터-크리틱 방법	414
그림 12-11 A2C 알고리즘	415

그림 12-12 엔트로피와 확률분포	418
그림 13-1 A2C(그림 4-10과 동일)	426
그림 13-2 A2C 디렉토리 구조	428
그림 13-3 A2C 알고리즘의 에이전트, 학습자, 네트워크의 클래스	429
그림 13-4 A2C 클래스 관계도	429
그림 13-5 A2C 클래스 구성도	431
그림 13-6 A2CNetwork 클래스 구성도	433
그림 13-7 A2CLearner 클래스 구성도	442
그림 13-8 2-스텝 리턴을 계산하기 위한 보상과 가치의 범위 예시	458
그림 13-9 마지막 n개의 스텝에서 n-스텝 리턴의 계산	459
그림 13-10 n개 스텝 패딩	460
그림 13-11 n-스텝 리턴 일괄 계산	460
그림 13-12 롤아웃 버퍼에 여러 에피소드가 저장돼 있는 모습	461
그림 13-13 롤아웃 버퍼에 여러 에피소드가 저장돼 있는 모습	468
그림 13-14 OpenGym에서 제공하는 CartPole-v1 환경	472
그림 13-15 A2C 학습 곡선 확인(에피소드의 평균 리턴 그래프)	477
그림 13-16 학습 곡선 확인(에피소드의 평균 리턴 그래프)	478
그림 13-17 OpenGym에서 제공하는 LunarLanderContinuous-v2 환경	478
그림 13-18 A2C 학습 곡선 확인(에피소드의 평균 리턴 그래프)	481
그림 14-1 상태 기반의 가치 함수와 행동 기반의 가치 함수	483
그림 14-2 DQN에서 사용하는 Q-가치 네트워크	485
그림 14-3 가치 함수 디렉토리 구조	485
그림 14-4 가치 함수 클래스 구성도	486
그림 14-5 ValueFunction 클래스 구성도	487
그림 14-6 StateValueFunction 클래스 구성도	488
그림 14-7 ActionValueFunction 클래스 구성도	489
그림 14-8 ValueNetwork 클래스 구성도	490
그림 14-9 QNetwork 클래스 구성도	493
그림 14-10 QFunctionMLPDQN 클래스 구성도	496
그림 15-1 정책의 개선 과정	500
그림 15-2 데이터의 활용 방식	501
그림 15-3 온라인 정책	502

그림 15-4 오프라인 정책	503
그림 15-5 온라인 정책의 데이터셋	504
그림 15-6 오프라인 정책의 데이터셋	505
그림 15-7 에이전트의 데이터셋과 액터의 롤아웃 버퍼	506
그림 15-8 데이터셋 디렉토리 구조	507
그림 15-9 데이터셋 클래스 구성도	508
그림 15-10 트랜지션 데이터를 저장하기 위한 버퍼 예시	509
그림 15-11 Buffer 클래스 구성도	512
그림 15-12 다차원 배열의 모양 호환성 확인 예시	522
그림 15-13 BufferSchema 클래스 구성도	526
그림 15-14 롤아웃 버퍼	529
그림 15-15 슬라이싱 연산	530
그림 15-16 버퍼 결합 연산	531
그림 15-17 RolloutBuffer 클래스 구성도	531
그림 15-18 리플레이 버퍼	543
그림 15-19 리플레이 버퍼 클래스 구성도	544
그림 16-1 환경	553
그림 16-2 환경 디렉토리 구조	556
그림 16-3 환경 클래스 구성도	557
그림 16-4 Environment 클래스 구성도	557
그림 16-5 EnvironmentSpec 클래스 구성도	560
그림 16-6 OpenGym 클래스 구성도	563
그림 17-1 강화학습 알고리즘의 종류(그림 2-6과 동일)	576
그림 17-2 가치 기반 방법	577
그림 17-2 Q-러닝 업데이트 식의 구성	579
그림 17-3 Q-가치 함수의 테이블 표현	580
그림 17-4 DQN(Deep Q-Network)	580
그림 17-5 활용과 탐험	582
그림 17-6 입실론 그리디	584
그림 17-7 DQN으로 실행하는 아타리 게임의 브레이크아웃(그림 1-13과 동일)	585
그림 17-8 브레이크아웃 화면의 연속 프레임	586
그림 17-9 상관성이 높은 데이터	586

그림 17-10 리플레이 버퍼 587
그림 17-11 타깃 가치 함수 588
그림 17-11 주기적인 타깃 가치 함수 업데이트 589
그림 17-12 더블 DQN의 타깃 계산 592
그림 17-13 더블 DQN의 타깃 가치 함수 592
그림 18-1 DQN 594
그림 18-2 DQN 디렉토리 구조 596
그림 18-3 DQN의 에이전트, 학습자, 네트워크의 클래스 597
그림 18-4 DQN 클래스 관계도 597
그림 18-5 DQN 클래스 구성도 599
그림 18-6 DQNNetwork 클래스 구성도 601
그림 18-7 DQN에서 사용하는 Q-가치 네트워크(그림 14-2와 동일) 605
그림 18-8 입실론 그리디(그림 17-6과 동일) 608
그림 18-9 DecayThenFlatSchedule 스케줄러 610
그림 18-10 DQNLearner 클래스 구성도 614
그림 18-11 OpenGym에서 제공하는 CartPole-v1 환경 625
그림 18-12 DQN 학습 곡선 확인(에피소드의 평균 리턴 그래프) 628
그림 18-13 학습 곡선 비교(에피소드의 평균 리턴 그래프) 629
그림 19-1 DDQN(그림 17-12와 동일) 630
그림 19-2 더블 DQN 디렉토리 구조 631
그림 19-3 더블 DQN의 에이전트, 학습자, 네트워크의 클래스 632
그림 19-4 더블 DQN 클래스 관계도 633
그림 19-5 DDQN 클래스 구성도 634
그림 19-6 DDQNNetwork 클래스 구성도 637
그림 19-7 DDQNLearner 클래스 구성도 639
그림 19-8 OpenGym에서 제공하는 CartPole-v1 환경 648
그림 19-9 DDQN 학습 곡선 확인(에피소드의 평균 리턴 그래프) 652
그림 19-10 학습 곡선 비교(에피소드의 평균 리턴 그래프) 652
그림 20-1 TRPO의 최적화 전략 657
그림 20-2 PPO 658
그림 21-1 PPO(그림 20-2와 동일) 667
그림 21-2 PPO 디렉토리 구조 668

그림 21-3 PPO의 에이전트, 학습자, 네트워크의 클래스 ... 669
그림 21-4 PPO 클래스 관계도 ... 669
그림 21-5 PPO 클래스 구성도 ... 671
그림 21-6 PPONetwork 클래스 구성도 ... 673
그림 21-7 PPOLearner 클래스 구성도 ... 675
그림 21-8 OpenGym에서 제공하는 CartPole-v1 환경 ... 693
그림 21-9 PPO 학습 곡선 확인(에피소드의 평균 리턴 그래프) ... 695
그림 21-10 학습 곡선 확인(에피소드의 평균 리턴 그래프) ... 696
그림 21-11 OpenGym에서 제공하는 LunarLanderContinuous-v2 환경 ... 696
그림 21-12 PPO 학습 곡선 확인(에피소드의 평균 리턴 그래프) ... 699
그림 21-13 OpenGym에서 제공하는 AntBulletEnv-v0 환경 ... 700
그림 21-14 PPO 학습 곡선 확인(에피소드의 평균 리턴 그래프) ... 703
그림 22-1 A2C와 A3C의 분산 처리 구조 ... 705
그림 22-2 동기적 학습 방식과 비동기적 학습 방식 ... 706
그림 22-3 다중 환경 러너 ... 709
그림 22-4 러너 디렉토리 구조 ... 711
그림 22-5 러너 클래스의 구성도 ... 711
그림 22-6 MultiEnvRunner 클래스 구성도 ... 712
그림 22-7 MultiEnvAsyncRunner 클래스 구성도 ... 722
그림 22-8 OpenGym에서 제공하는 CartPole-v1 환경 ... 730
그림 22-9 PPO 학습 곡선 확인(에피소드의 평균 리턴 그래프) ... 732
그림 22-10 OpenGym에서 제공하는 LunarLanderContinuous-v2 환경 ... 733
그림 22-11 PPO 학습 곡선 확인(에피소드의 평균 리턴 그래프) ... 734
그림 22-12 OpenGym에서 제공하는 AntBulletEnv-v0 환경 ... 735
그림 22-13 PPO 학습 곡선 확인(에피소드의 평균 리턴 그래프) ... 737
그림 22-14 직렬화와 역직렬화 ... 738
그림 22-15 Ray와 멀티프로레싱, 시리얼의 성능 비교 ... 739
그림 22-16 Ray 아키텍처 ... 740
그림 22-17 객체 전달 방식 ... 746
그림 22-18 ray.get()으로 결과를 처리하는 방식 ... 747
그림 22-19 ray.wait()로 결과를 처리하는 방식 ... 749

코드 차례

코드 4-1 패키지 임포트 · 147
코드 4-2 명령어 인자 처리 · 147
코드 4-3 난수 발생기 초기화 · 149
코드 4-4 설정 파일 읽기 · 149
코드 4-5 강화학습 프레임워크 실행 · 150
코드 5-1 Runner 강화학습 프레임워크 실행 · 164
코드 5-2 Runner 패키지 임포트 · 172
코드 5-3 Runner 초기화(1/2) · 173
코드 5-4 Runner 초기화(2/2) · 175
코드 5-5 Runner 설정 확인 · 176
코드 5-6 Runner 강화학습 프레임워크 실행 · 178
코드 5-7 Runner 훈련 모드 실행 · 180
코드 5-8 Runner 통계 정보 로깅 · 182
코드 5-9 Runner 체크포인트 저장 · 183
코드 5-10 Runner 추론 모드 실행 · 184
코드 5-11 Runner 에이전트 생성 · 185
코드 5-12 Runner 데이터 동기화 · 186
코드 5-13 Runner 에이전트 학습 · 186
코드 5-14 Runner 환경 생성 · 187
코드 5-15 Runner 환경 루프 생성 · 188
코드 5-16 Runner 환경 루프 실행 · 188
코드 5-17 Runner 네트워크 동기화 · 189
코드 5-18 Runner 환경 루프 통계 정보 초기화 · 190
코드 5-19 Runner 모델 로딩 · 190
코드 5-20 Runner 체크포인트 저장 · 191
코드 5-21 Runner 체크포인트 복구 · 192

코드 6-1 EnvironmentLoop 패키지 임포트 ... 207
코드 6-2 EnvironmentLoop 초기화 ... 208
코드 6-3 EnvironmentLoop 환경 생성 ... 210
코드 6-3 EnvironmentLoop 액터 생성 ... 210
코드 6-4 EnvironmentLoop 환경 루프 실행 ... 211
코드 6-5 EnvironmentLoop 환경 루프 실행 초기화 ... 215
코드 6-6 EnvironmentLoop 환경 루프 실행 결과 생성 ... 216
코드 6-7 EnvironmentLoop 에피소드 초기화 ... 217
코드 6-8 EnvironmentLoop 행동 선택 ... 218
코드 6-9 EnvironmentLoop 네트워크 동기화 ... 219
코드 6-10 EnvironmentLoop 상호작용 이전 데이터 생성 ... 219
코드 6-11 EnvironmentLoop 상호작용 이후 데이터 생성 ... 220
코드 6-12 EnvironmentLoop 통계 정보 초기화 ... 221
코드 6-13 EnvironmentLoop 통계 정보 삭제 ... 222
코드 6-14 EnvironmentLoop 통계 정보 업데이트 ... 222
코드 8-1 REINFORCE 에이전트 패키지 임포트 ... 242
코드 8-2 REINFORCE 에이전트 초기화 ... 243
코드 8-3 REINFORCENetwork 패키지 임포트 ... 245
코드 8-4 REINFORCENetwork 초기화 ... 245
코드 8-5 REINFORCENetwork 정책 생성 ... 246
코드 8-6 REINFORCENetwork 정책 생성 ... 248
코드 8-7 REINFORCENetwork 행동 선택 ... 249
코드 8-8 REINFORCENetwork 행동 선택 ... 249
코드 8-9 REINFORCENetwork CUDA ... 250
코드 8-11 REINFORCENetwork 네트워크 실행 ... 251
코드 8-12 REINFORCENetwork 네트워크 실행 ... 252
코드 8-13 REINFORCELearner 패키지 임포트 ... 254
코드 8-14 REINFORCELearner 초기화 ... 255
코드 8-15 REINFORCELearner 몬테카를로 리턴 계산 ... 256
코드 8-16 REINFORCELearner 모델 업데이트(1/3) ... 257
코드 8-17 REINFORCELearner 모델 업데이트(2/3) ... 259
코드 8-18 REINFORCELearner 모델 업데이트(3/3) ... 260

코드 8-19 REINFORCELearner 모델 업데이트(2/3)	261
코드 8-20 monte_carlo_returns 몬테카를로 리턴 계산 4단계	264
코드 8-21 monte_carlo_returns 몬테카를로 리턴 계산 (1/2)	265
코드 8-22 REINFORCE 알고리즘 CartPole-v1 학습 콘솔 로그	272
코드 9-1 Agent 패키지 임포트	290
코드 9-2 Agent 초기화 (1/2)	291
코드 9-3 Agent 초기화 (2/2)	292
코드 9-4 Agent 버퍼 클래스	294
코드 9-5 Agent 버퍼 모양	294
코드 9-6 Agent 데이터 동기화	296
코드 9-7 Agent 정책 평가 및 개선	296
코드 9-8 Agent 모델 로딩	297
코드 9-9 Agent 체크포인트 저장	298
코드 9-10 Agent 체크포인트 복구	298
코드 9-11 Agent CUDA	299
코드 9-12 Actor 패키지 임포트	306
코드 9-13 Actor 초기화	307
코드 9-14 Actor 버퍼 클래스	308
코드 9-15 Actor 버퍼 모양	309
코드 9-16 Actor 버퍼 반환	309
코드 9-17 Actor 버퍼 비우기	310
코드 9-18 Actor 행동 선택	310
코드 9-19 Actor 트랜지션 데이터 관측	312
코드 9-20 Actor 네트워크 동기화	312
코드 9-21 Actor CUDA	313
코드 9-19 Savable 클래스	317
코드 9-22 Learner 패키지 임포트	319
코드 9-23 Learner 초기화	320
코드 9-24 Learner 모델 업데이트	321
코드 9-25 Learner 체크포인트 저장	321
코드 9-26 Learner 체크포인트 복구	322
코드 9-26 VariableSource 클래스	326

코드 9-27 Network 초기화 ... 328
코드 9-28 Network 행동 선택 ... 330
코드 9-29 Network 로그 가능도 계산 ... 330
코드 9-30 Network 모델 실행 ... 331
코드 9-31 Network CUDA ... 332
코드 9-32 Network 체크포인트 저장 ... 332
코드 9-33 Network 체크포인트 복구 ... 333
코드 9-34 Network 네트워크 상태 ... 333
코드 10-1 Policy 클래스 ... 344
코드 10-2 StochasticPolicy 클래스 ... 345
코드 10-3 CategoricalPolicy 카테고리 분포 ... 347
코드 10-4 CategoricalPolicy 행동 선택 ... 347
코드 10-5 GaussianPolicy 가우시안 분포 ... 349
코드 10-6 GaussianPolicy 행동 선택 ... 350
코드 10-7 model.py 패키지 임포트 ... 352
코드 10-8 모델 파라미터 직교 초기화 ... 353
코드 10-9 MLP 초기화 ... 354
코드 10-10 MLP 모델 실행 ... 356
코드 10-11 CategoricalPolicyMLP 초기화 ... 357
코드 10-12 CategoricalPolicyMLP 모델 실행 ... 359
코드 10-13 GaussianPolicyMLP 초기화 ... 361
코드 10-14 GaussianPolicyMLP 모델 실행 ... 362
코드 11-1 /agents/__init__.py ... 367
코드 11-2 MyAgent 에이전트 레지스트리에 등록 ... 368
코드 11-3 REINFORCEB 에이전트 패키지 임포트 ... 373
코드 11-4 REINFORCEB 에이전트 ... 374
코드 11-5 REINFORCEBNetwork 패키지 임포트 ... 377
코드 11-6 REINFORCEBNetwork 초기화 ... 377
코드 11-7 REINFORCEBNetwork 베이스라인 생성 ... 378
코드 11-8 REINFORCEBNetwork CUDA ... 379
코드 11-9 REINFORCEBNetwork 네트워크 실행 ... 379
코드 11-11 REINFORCEBLearner 패키지 임포트 ... 382

코드 11-12 REINFORCEBLearner 초기화 ... 383
코드 11-13 REINFORCEBLearner 학습률 스케줄러 생성 ... 384
코드 11-14 REINFORCEBLearner 몬테카를로 리턴 계산 ... 385
코드 11-15 REINFORCEBLearner 모델 업데이트(1/3) ... 387
코드 11-16 REINFORCEBLearner 모델 업데이트(2/3) ... 388
코드 11-17 REINFORCEBLearner 모델 업데이트(3/3) ... 390
코드 13-1 A2C 에이전트 패키지 임포트 ... 431
코드 13-2 A2C 에이전트 ... 432
코드 13-3 A2CNetwork 패키지 임포트 ... 435
코드 13-4 A2CNetwork 초기화 ... 435
코드 13-5 A2CNetwork 정책 생성 ... 436
코드 13-6 A2CNetwork 가치 함수 생성 ... 438
코드 13-7 A2CNetwork 가치 함수 생성 ... 438
코드 13-8 A2CNetwork 행동 선택 ... 439
코드 13-9 A2CNetwork CUDA ... 439
코드 13-11 A2CNetwork 네트워크 실행 ... 440
코드 13-12 A2CNetwork 네트워크 실행 ... 441
코드 13-13 A2CLearner 패키지 임포트 ... 444
코드 13-14 A2CLearner 초기화 ... 445
코드 13-15 A2CLearner 손실 계산 ... 447
코드 13-16 A2CLearner 손실 계산 ... 449
코드 13-17 A2CLearner 타깃 가치와 이득 계산 ... 451
코드 13-18 A2CLearner 타깃 가치와 이득 계산 ... 452
코드 13-19 A2CLearner 모델 업데이트(1/3) ... 453
코드 13-20 A2CLearner 모델 업데이트(2/3) ... 454
코드 13-21 A2CLearner 모델 업데이트(3/3) ... 456
코드 13-22 n_step_return n-스텝 리턴 계산 6단계 ... 462
코드 13-23 n_step_return n-스텝 리턴 계산 ... 462
코드 13-24 텐서의 특정 차원에 0으로 패딩하는 함수 ... 465
코드 13-25 monte_carlo_returns 몬테카를로 리턴 계산 4단계 ... 469
코드 13-26 gae_advantages() GAE 계산 ... 469
코드 13-27 A2C 알고리즘 CartPole-v1 학습 콘솔 로그 ... 474

코드 14-1 ValueFunction 클래스	488
코드 14-2 StateValueFunction 클래스	488
코드 14-3 ActionValueFunction 클래스	489
코드 14-4 ValueFunctionMLP 초기화	491
코드 14-5 ValueFunctionMLP 모델 실행	492
코드 14-6 QFunctionMLP 초기화	494
코드 14-7 QFunctionMLP 모델 실행	495
코드 14-8 QFunctionMLPDQN 초기화	497
코드 14-9 QFunctionMLPDQN 모델 실행	498
코드 15-1 버퍼 스키마	511
코드 15-2 Buffer 패키지 임포트	514
코드 15-3 Buffer 초기화	515
코드 15-4 Buffer 버퍼 길이	516
코드 15-5 Buffer 버퍼 full 확인	516
코드 15-6 Buffer 버퍼 비우기	517
코드 15-7 Buffer 버퍼 생성	517
코드 15-8 Buffer 버퍼 확장	519
코드 15-9 Buffer 버퍼 업데이트	520
코드 15-10 Buffer 텐서 모양 호환성 확인	522
코드 15-11 Buffer 슬라이스 파싱	523
코드 15-12 Buffer 요소의 개수 세기	524
코드 15-13 Buffer 다차원 배열의 모양이 같은지 확인	525
코드 15-14 BufferSchema 패키지 임포트	527
코드 15-15 BufferSchema 초기화	527
코드 15-16 BufferSchema 스카마 생성	528
코드 15-17 RolloutBuffer 패키지 임포트	533
코드 15-18 RolloutBuffer 초기화	533
코드 15-19 RolloutBuffer 인덱스 기반으로 버퍼 읽기	535
코드 15-20 RolloutBuffer 버퍼 인덱스 접근	536
코드 15-21 RolloutBuffer 배치 샘플링이 가능한지 확인	537
코드 15-22 RolloutBuffer 배치 샘플링	538
코드 15-23 RolloutBuffer '+' 연산	539

코드 15-24 RolloutBuffer 다른 버퍼 추가	540
코드 15-25 RolloutBuffer 트랜지션 데이터 추가	541
코드 15-26 RolloutBuffer 현재 버퍼 위치 이동	542
코드 15-27 RolloutBuffer 버퍼 데이터 삭제	542
코드 15-28 RolloutBuffer 버퍼에 저장된 데이터 개수	543
코드 15-29 ReplayBuffer 패키지 임포트	545
코드 15-30 ReplayBuffer 초기화	546
코드 15-31 ReplayBuffer 다른 버퍼 추가	547
코드 15-32 ReplayBuffer 현재 버퍼 위치 이동	548
코드 15-33 ReplayBuffer 버퍼 데이터 삭제	549
코드 15-34 ReplayBuffer 버퍼에 저장된 데이터 개수	550
코드 16-1 Environment 패키지 임포트	558
코드 16-2 Environment 클래스 정의	559
코드 16-3 EnvironmentSepc 초기화	561
코드 16-4 OpenGym 패키지 임포트	564
코드 16-5 OpenGym 초기화	565
코드 16-6 OpenGym 렌더링	566
코드 16-7 OpenGym 환경 리셋	567
코드 16-8 OpenGym 행동 실행	567
코드 16-9 OpenGym 환경 종료	568
코드 16-10 OpenGym 행동의 크기 복구	568
코드 16-11 OpenGym 행동의 크기 정규화	569
코드 16-12 OpenGym 환경 정보	570
코드 16-13 OpenGym 행동 선택	571
코드 16-14 OpenGym 최대 에피소드 길이	572
코드 18-1 DQN 에이전트 패키지 임포트	599
코드 18-2 DQN 에이전트 초기화	600
코드 18-3 DQNNetwork 패키지 임포트	603
코드 18-4 DQNNetwork 초기화	603
코드 18-5 DQNNetwork 가치 함수 생성	605
코드 18-6 DQNNetwork 타깃 하드 업데이트	605
코드 18-7 DQNNetwork 타깃 소프트 업데이트	606

코드 18-8 DQNNetwork 행동 선택	606
코드 18-9 DQNNetwork CUDA	608
코드 18-10 EpsilonGreedyActionSelector 초기화	609
코드 18-11 EpsilonGreedyActionSelector 행동 선택	611
코드 18-12 hard_update 타깃 하드 업데이트	613
코드 18-13 soft_update 타깃 소프트 업데이트	613
코드 18-14 DQNLearner 패키지 임포트	615
코드 18-15 DQNLearner 초기화	616
코드 18-16 DQNLearner 모델 업데이트(1/3)	618
코드 18-17 DQNLearner 모델 업데이트(2/3)	619
코드 18-18 DQNLearner 모델 업데이트(3/3)	621
코드 18-19 DQNLearner 모델 업데이트(2/3)	622
코드 18-20 DQN 알고리즘 CartPole-v1 학습 콘솔 로그	627
코드 19-1 DDQN 에이전트 패키지 임포트	635
코드 19-2 DDQN 에이전트 초기화	636
코드 19-3 DDQNNetwork 패키지 임포트	638
코드 19-4 DDQNNetwork 초기화	638
코드 19-5 DDQNLearner 패키지 임포트	640
코드 19-6 DDQNLearner 초기화	640
코드 19-7 DDQNLearner 모델 업데이트(1/3)	641
코드 19-8 DDQNLearner 모델 업데이트(2/3)	642
코드 19-9 DDQNLearner 모델 업데이트(3/3)	645
코드 19-10 DDQNLearner 모델 업데이트(2/3)	646
코드 19-11 더블 DQN 알고리즘 CartPole-v1 학습 콘솔 로그	650
코드 21-1 PPO 에이전트 패키지 임포트	671
코드 21-2 PPO 에이전트 초기화	672
코드 21-3 PPONetwork 패키지 임포트	674
코드 21-4 PPONetwork 초기화	674
코드 21-5 PPOLearner 패키지 임포트	677
코드 21-6 PPOLearner 초기화	678
코드 21-7 PPOLearner 학습률 스케줄러 생성	680
코드 21-8 PPOLearner 타깃 가치와 리턴 계산	681

코드 21-9 PPOLearner 손실 계산 684

코드 21-10 PPOLearner 손실 계산 687

코드 21-11 PPOLearner 모델 업데이트(1/3) 689

코드 21-12 PPOLearner 모델 업데이트(2/3) 690

코드 21-13 PPOLearner 모델 업데이트(3/3) 692

코드 22-1 MultiEnvRunner 패키지 임포트 713

코드 22-2 MultiEnvRunner 초기화 714

코드 22-3 MultiEnvRunner 환경 루프 생성 715

코드 22-4 MultiEnvRunner Ray 초기화 716

코드 22-5 MultiEnvRunner 환경 루프 실행 717

코드 22-6 MultiEnvRunner 환경 루프 실행 결과 병합 718

코드 22-7 MultiEnvRunner 네트워크 동기화 720

코드 22-8 MultiEnvRunner 통계 정보 초기화 721

코드 22-9 MultiEnvSyncRunner 패키지 임포트 723

코드 22-10 MultiEnvSyncRunner 초기화 723

코드 22-11 MultiEnvSyncRunner 학습 모드 실행 724

코드 22-12 MultiEnvSyncRunner 환경 루프 실행 727

코드 22-13 MultiEnvSyncRunner 네트워크 동기화 728

코드 22-14 MultiEnvSyncRunner 통계 정보 초기화 729

코드 22-15 작업 정의 743

코드 22-16 액터 정의 744

코드 22-17 ray.get() 사용 예시 748

코드 22-17 ray.wait() 사용 예시 750

들어가며

책 구성과 읽는 방법

이 책은 총 7개 파트로 구성돼 있고 아래 그림과 같은 흐름으로 강화학습 개요와 강화학습 프레임워크, 강화학습 알고리즘을 번갈아 가며 설명한다. 그리고 강화학습 알고리즘은 다시 이론을 설명하고 실습하는 장들로 구성돼 있다.

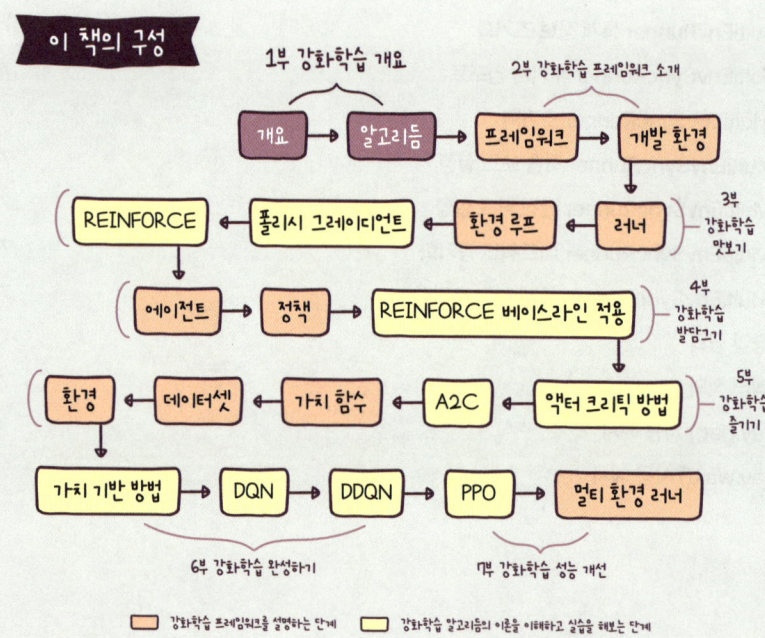

목차 구성 방식

- 강화학습 개요를 먼저 설명한 뒤 알고리즘이 발전하는 순서에 따라 각 기법을 차례로 소개한다.

- 각 알고리즘 사이에 다음 기법의 구현에 필요한 프레임워크 구성 요소를 안내해 독자가 단계적으로 강화학습 체계를 이해하며 실습할 수 있도록 설계했다.

Q. 강화학습 이론을 공부하고 나서 실습을 하고 싶다면?

1. 강화학습 개요와 알고리즘 이론을 읽는다.

- 강화학습 개요: 1장, 2장
- 알고리즘 이론: 7장, 12장, 17장, 20장

2. 실습과 관련된 장들을 살펴본다.

- 프레임워크 및 개발 환경 소개: 3장, 4장
- 알고리즘 실습: 8장, 11장, 13장, 18장, 19장, 21장, 22장
- 프레임워크 구성 요소: 5장, 6장, 9장, 10장, 14장, 15장, 16장

Q. 알고리즘을 실습한 후 프레임워크를 깊이 분석하고 싶다면?

1. 프레임워크 및 개발 환경 소개를 읽는다.

- 프레임워크 및 개발 환경 소개: 3장, 4장

2. 알고리즘 실습을 진행하며, 필요할 때마다 프레임워크 구성 요소를 참고한다.

- 알고리즘 실습: 8장, 11장, 13장, 18장, 19장, 21장, 22장
- 프레임워크 구성 요소: 5장, 6장, 9장, 10장, 14장, 15장, 16장

3. 소스 코드 레벨로 프레임워크를 분석하고자 할 때는 해당 구성 요소 장의 소스 코드 설명을 참고한다.

이 책의 특징 또는 다루는 내용

- 단계적이고 체계적으로 다루는 강화학습의 기초부터 고급 주제까지
- 정책 기반[REINFORCE, PPO], 액터-크리틱[A2C, A3C], 가치 기반[DQN, DDQN] 알고리즘의 이론과 실습을 균형 있게 제공
- 개념을 시각화하고 수식을 단계별로 풀어 설명하며 배경 지식을 이해하도록 팁을 제공
- 알고리즘의 핵심 코드를 직접 구현해 보고 정답을 즉시 확인해 보는 방식의 실습 구성
- 강화학습 프레임워크를 설계하고 이를 기반으로 강화학습 알고리즘을 구현
- 강화학습의 주요 구성 요소와 전체 프로세스를 체계적으로 이해할 수 있으며 독자가 알고리즘을 스스로 개선하고 확장할 수 있도록 지원
- 분산 학습과 같은 최신 기법을 포함해 실무 환경에 바로 적용할 수 있는 실전 지식 제공

이 책의 대상 독자

- 심층 강화학습을 이론부터 실습까지 체계적으로 학습하고자 하는 독자
- 강화학습 프레임워크의 구조를 이해하고 직접 구현해 보려는 독자
- 여러 알고리즘을 구현해 성능을 비교·분석해 보고 싶은 독자
- 강화학습을 실제 업무에 적용하고자 하는 개발자 및 연구자
- 이공계 학부·대학원생, AI 분야 취업 준비생, 머신러닝 개발자, AI R&D 연구원 등

문의

이 책의 정오표는 에이콘출판사의 도서정보 페이지(http://www.acornpub.co.kr/book/9791194409908)에서 확인할 수 있다. 기술적인 내용에 관한 의견이나 문의는 편집 팀(editor@acornpub.co.kr)이나 지은이의 이메일로 연락 주길 바란다.

Part.1

강화학습 개요

이 책은 총 7개 파트로 구성돼 있고 첫 번째 파트를 제외한 나머지 파트는 강화학습 프레임워크와 강화학습 알고리즘을 번갈아 가면서 소개하면서 강화학습 알고리즘을 구현해 보는 순서로 돼 있다.

오른쪽 페이지에 나오는 '이 책의 구성'을 보면 전체적인 진행 순서를 확인할 수 있다. 연한 주황색이 강화학습 프레임워크를 설명하는 단계이고 연한 노란색이 강화학습 알고리즘의 이론을 이해하고 실습을 해 보는 단계이다.

- **강화학습 프레임워크**: 상위 모듈에서 하위 모듈 순으로 설명한다.
- **강화학습 알고리즘**: 강화학습 알고리즘의 종류별로 이론과 실습 순으로 설명한다.

강화학습 프레임워크는 각 모듈의 ❶ 파일 및 클래스 구성과 ❷ 작동 방식과 ❸ 클래스 정의 ❹ 구현 코드를 설명한다. 강화학습 알고리즘을 구현하기 위해서는 강화학습 프레임워크의 클래스 정의까지만 알아도 되지만, 강화학습의 전체적인 구조와 과정을 체계적으로 이해하기 위해서는 강화학습 프레임워크의 소스 코드를 보는 것이 좋다.

> 이번 파트에서는 강화학습을 소개하고 강화학습 알고리즘의 종류에는 어떤 것들이 있는지 살펴본다.

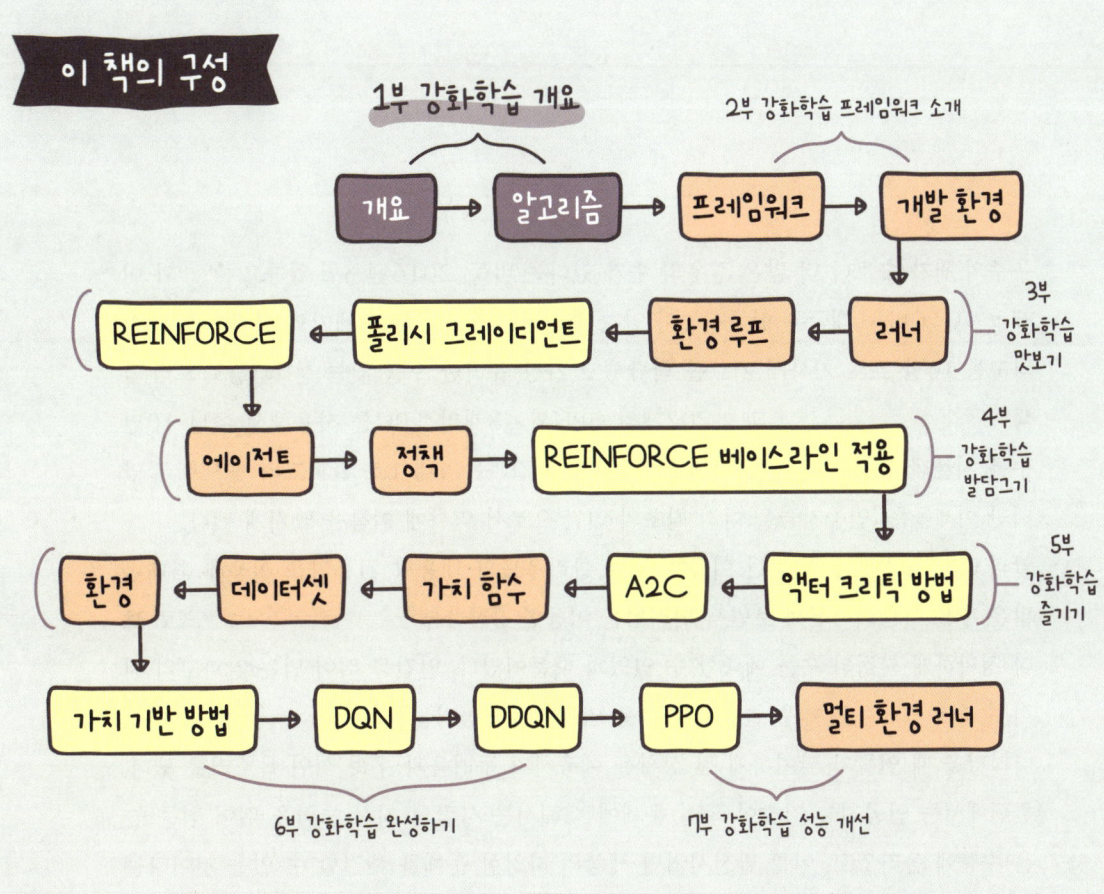

Chapter.1
강화학습 개요

우주의 원자 수보다 더 많은 경우의 수가 있다는 바둑. 2016년 3월 **알파고**^AlphaGo와 이세돌 9단의 바둑 대국은 인공지능이 인간 최강자에게 도전하는 세기의 대결이었다. 알파고는 16만 프로 기사의 기보를 학습했고 가장 유리한 수를 찾는 **몬테카를로 트리 탐색**^MCTS, Monte Carlo Tree Search과 1,202개의 CPU와 48개의 TPU를 사용해서 초당 10만 수를 시뮬레이션하며 이세돌과 대국을 펼쳤다. 결과는 4대 1로 알파고의 승으로 끝났지만 이세돌은 '인공지능을 이긴 최초의 인간'으로서 역사에 이름을 남기게 됐다.

알파고가 승리할 수 있었던 이유는 구글 클라우드의 대용량 컴퓨팅을 이용해 최대한 많은 수를 시뮬레이션해 보면서 딥러닝을 이용한 **강화학습**^RL, Reinforcement Learning으로 보다 정확하게 최적의 수를 예측할 수 있었기 때문이었다. 인간을 뛰어 넘는 알파고의 지적 수준에 사람들은 매우 놀랐고 가까운 미래에 **강인공지능**^AGI, Artificial General Intelligence이 나타났을 때 인류가 맞이하게 될 상황을 예측하며 두려움과 우려 섞인 목소리를 냈다. 한편에서는 인공지능 기술이 특정 문제에 대해서는 사람의 지적 능력을 뛰어 넘는 높은 수준에 올라왔고, 이를 발전시키면 세상의 다양한 문제를 해결할 수 있을 것이라는 기대감과 호기심에 인공지능을 연구하고 개발하고자 하는 인공지능 열풍이 전 산업계에서 일어나고 있었다.

알파고가 가져왔던 인공지능에 대한 우려와 관심 속에 세계의 빅테크 기업들은 인공지능의 기술 개발에 주력했고, 그 후로 7년이 지난 2022년 전 세계는 또 한 번 인공지능의 역사에 남을 큰 사건을 맞이하게 된다. OpenAI가 사람과 대화하는 듯한 매우 자연스러운 느낌을 주는 **거대 언어 모델**LLM, Large-Scaled Language Model 기반의 챗봇인 ChatGPT를 발표했기 때문이다. ChatGPT는 사람보다 더 똑똑하다는 느낌을 받을 정도로 대화의 맥락을 잘 이해하고 그에 적합한 지식과 정보를 정리해서 전달해 줬다. 그 배경에는 175억 개 파라미터로 된 거대한 모델로 대량의 데이터를 학습한 후, **사람의 피드백을 이용한 강화학습**RLHF, Reinforcement Learning with Human Feedback 으로 보다 사람답게 대화할 수 있는 능력을 갖추게 됐기 때문이다. 즉 기존 언어 모델에서 나타났던 편향되거나 잘못된 답변을 줄이고 사람들에게 도움이 되는 형태로 답변하도록 학습된 것이다. 강화학습은 왜 AI 역사의 터닝 포인트가 되는 중요한 시점에 계속해서 등장하는 것일까?

이 책은 강화학습의 핵심 개념과 알고리즘을 이해하고 직접 구현해 보면서 이론과 실습 능력을 갖추도록 강화학습의 기본기를 단단히 다지는 것을 목표로 한다. 다른 강화학습 실용서와 다른 점은 다양한 알고리즘을 표준화된 형태로 개발할 수 있도록 **프레임워크**Framework화 하면서 알고리즘을 확장적으로 구현하는 방식을 취하고 있다는 점이다. 그 과정에서 강화학습을 구성하는 주요 요소의 역할을 이해하고 강화학습의 목표를 달성하기 위해 알고리즘이 어떤 방향으로 설계됐는지 경험적으로 느끼고 활용할 수 있도록 할 것이다.

1.1 강화학습이란?

어느 날 아버지는 알파고를 집으로 데리고 오셨다. 알파고는 의젓하고 늠름해서 가족의 사랑을 듬뿍 받았다. 우리는 알파고의 진정한 주인을 가리자며 알파고가 누구 말을 가장 잘 따르는지 내기를 하기로 했다. 첫 번째 미션은 알파고에게 '앉아'라고 말하면 알파고가 바로 앉고 '일어서'란 말을 할 때까지 기다리게 하는 것이다. 알파고가 사람의 말을 이해하고 행동하게 하려면 어떻게 해야 할까?

그림 1-1 강아지 행동 교정

강아지를 훈련해 본 적이 없었던 나는 미션이 시작되자마자 바로 인터넷을 검색해 봤다. 강아지 훈련법을 찾아보니 강아지가 나의 명령을 잘 따를 때마다 보상을 주는 것이 가장 기본적인 훈련 방법이었다. 이때 보상은 칭찬해 주기, 쓰다듬어주기, 간식 주기, 산책하기, 놀아주기와 같은 것들이 있다. 강아지는 자기가 어떤 행동을 할 때 보상을 받으면 계속해서 보상을 받기 위해 행동을 반복한다는 것이다. 이런 훈련 방식을 **긍정 강화 훈련**PTR, Positive Reinforcement Training이라고 한다. 긍정 강화 훈련은 행동주의 심리학에 기초한 **강화이론**Reinforcement Theory에 근거하고 있다.

1.1.1 강화이론

버러스 프레더릭 스키너 Burrhus Frederic Skinner는 20세기의 가장 영향력 있는 심리학자로 행동주의 심리학을 발전시켜 교육과 심리학에 많은 영향을 끼쳤다. 동물 실험을 통해 보상과 같은 행동 강화 과정이 행동의 형성에 엄청난 영향을 미친다는 것을 보여줬다.

그림 1-2 버러스 프레더릭 스키너(Burrhus Frederic Skinner)(1904~1990)

스키너는 동물 행동을 연구하기 위해 **스키너 상자**Skinner Box를 만들어서 다음과 같은 실험을 했다.

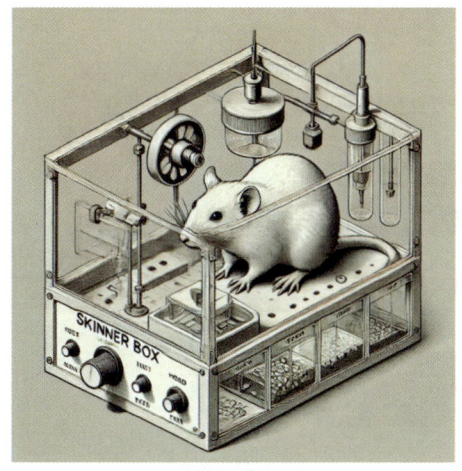

그림 1-3 스키너 상자

- 실험하기 전에 쥐를 오랫동안 굶겨서 배고픈 상태로 만든다.

- 쥐를 상자 안에 넣으면 실험이 시작된다. 쥐는 상자 안을 돌아다니다가 우연히 지렛대를 누른다. 스키너 상자는 지렛대를 누르면 먹이통으로 먹이가 나오도록 설계돼 있기 때문에 쥐가 지렛대가 누르는 순간 먹이가 나오고 배고픈 쥐는 먹이를 먹는다.

- 아직 배가 고픈 쥐는 상자 안을 돌아다니면서 지렛대를 누르고 먹이를 얻는 경험을 반복한다. 그러다가 어느 순간 지렛대와 먹이의 관계를 인지하게 된다.

- 이후 쥐는 배가 고플 때마다 지렛대를 누르는 행동을 한다.

스키너는 이 실험을 통해 먹이가 '쥐가 지렛대를 누르는 행동을 하게 만드는' **강화**reinforcement의 역할을 하고 있다는 사실을 깨달았다. 그리고 특정 행동을 증가시키는 강화와 특정 행동을 감소시키거나 소멸시키는 **처벌**punishment에 따라 행동의 빈도가 바뀌는 과정을 **조작적 조건화**operant conditioning로 정의하고 이를 강화이론으로 정립했다. 그림 1-4에는 어떤 행동을 했을 때 그 결과에 대한 강화와 처벌이 행동의 증가와 감소에 어떤 영향을 미치는지를 도표로 보여주고 있다.

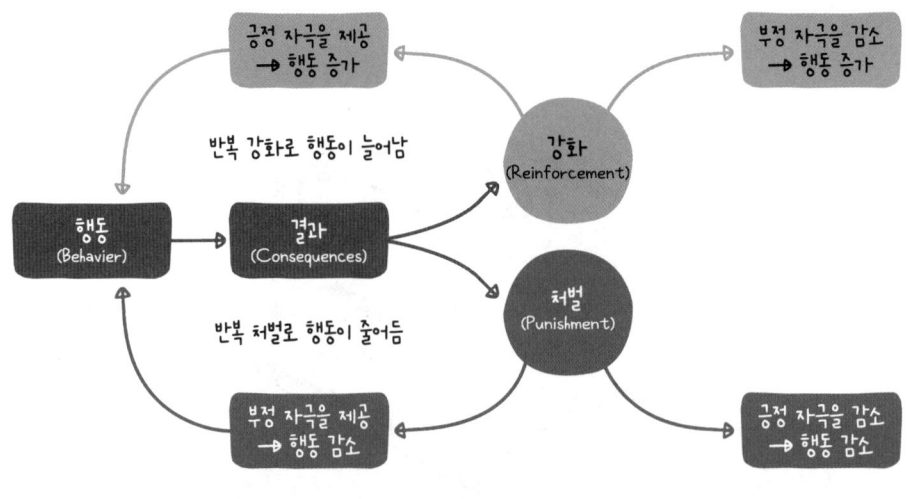

그림 1-4 강화이론

1.1.2 뇌의 보상 회로

강화이론은 뇌의 **보상 회로**reward circuit와 밀접한 관계가 있다. 강화이론에서 행동의 결과를 강화할 때 보상을 주는 것은 궁극적으로 뇌의 보상 회로를 활성화해서 즐거움을 느끼게 하는 자극을 주는 것이기 때문이다. 예를 들어 스키너 상자 안에서 쥐가 지렛대를 누르고 얻은 먹이를 보상으로 여기는 이유는 배고픔을 없앨 수 있다는 기대로 뇌의 보상 회로가 활성화되면서 행복감을 느끼기 때문이다. 뇌의 보상 회로는 생존에 필수적인 행동을 반복하도록 만들 뿐만 아니라 기분 좋은 감정이 드는 행동에 대해 동기부여를 한다. 음식 섭취, 수면, 고통의 회피와 같이 생존에 필수적인 행동과 더불어 칭찬을 듣거나 학습했을 때와 같이 목표를 향해 나아가게 하는 행동을 할 때도 보상 회로가 작동하는 것이다.

뇌에 보상 회로를 작동시키는 자극이 들어오면 **도파민**dopamine이 분비되면서 의욕, 흥미, 성취감을 느끼게 된다. 그리고 이때의 감정과 상황을 기억해 뒀다가 다음에 행동을 결정하고 계획할 때 보상의 가치를 판단한다. 이와 같이 보상의 가치가 높은 행동을 반복하도록 계획하는 것을 동기부여라고 하며, 동기부여가 커질수록 행동은 더욱 강화된다.

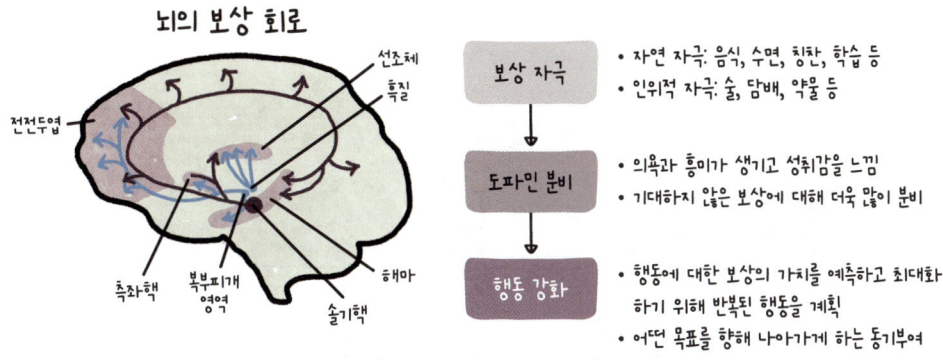

그림 1-5 뇌의 보상 회로(Trevor Haynes, 2018)

> **조금 더 알아보자면**   **뇌의 보상 회로에서 뇌의 영역별 역할**
>
> 뇌의 보상 회로에는 5개 영역이 참여하고 있다. 새로운 자극이 중뇌에 있는 **복측 피개 영역**^{VTA,} $^{Ventral\ Tegmental\ Area}$에 도달하면 도파민을 분비하며, 기대하지 않은 자극일수록 더욱 많은 도파민이 분비된다. 예를 들어 우연히 길을 걷다 듣게 된 노래가 너무나도 아름답게 느껴진다든지, 새로 생긴 식당에 갔는데 음식 맛이 색다르게 느껴진다든지, 심심풀이로 산 로또가 당첨된다든지 하면 VTA는 도파민 분비량을 늘리게 된다. 즉 개인의 경험과 자극의 크기에 따라 도파민 분비량은 달라진다.
>
> 복측 피개 영역에서 만들어진 도파민은 쾌락 중추인 **측좌핵**$^{Nucleus\ Accumbens}$과 감정을 관장하는 **편도체**^{Amygdala}, 기억을 담당하는 **해마**^{Hippocampus}, 행동을 결정하고 계획하는 데 관여하는 **전전두엽**$^{Frontal\ Cortex}$으로 전달된다. 도파민을 전달받은 측좌핵이 활성화되면 즐거운 감정을 느끼게 되고, 편도체는 이 경험을 토대로 행동을 감정적으로 느끼면서 신호를 조절하고, 해마는 강해진 신호를 기억한다. 전전두엽은 앞으로 그 행동을 계속할지 즐거움의 가치로 판단한다.

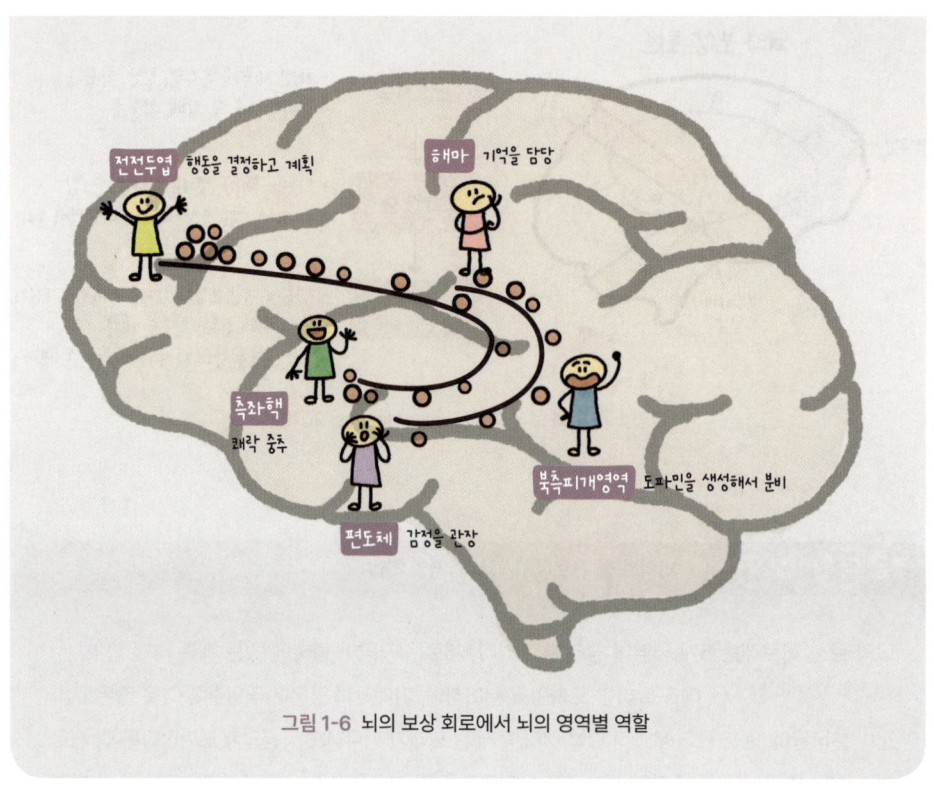

그림 1-6 뇌의 보상 회로에서 뇌의 영역별 역할

1.1.3 강화학습의 정의

강화학습은 강화이론의 주요 개념과 원리를 따르고 있다. 즉 행동에 대한 보상과 처벌 과정을 통해 행동을 강화하거나 약화하는 학습 방식을 취한다. 그러면 강화학습의 기본 용어와 구성을 살펴보도록 하자. 그림 1-7과 같이 알파고에게 "앉아"라고 말하면 알파고가 앉게 하는 훈련을 한다고 가정했을 때 강화학습은 어떤 과정을 거쳐서 이뤄질까?

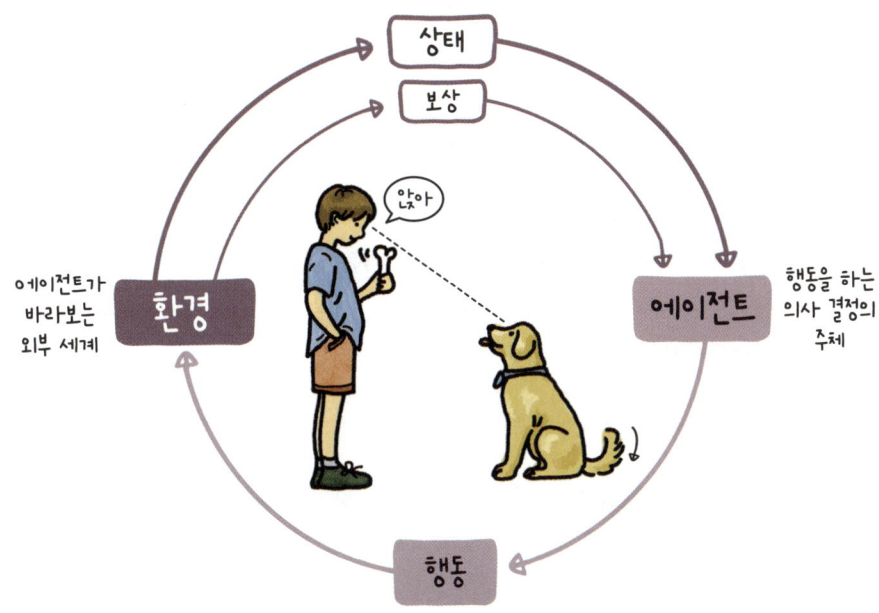

그림 1-7 강화학습

이 상황에서 알파고는 행동의 주체이자 특정 행동을 하도록 훈련을 받는 대상이기 때문에 **에이전트**agent가 된다. 그리고 알파고와 상호작용을 하는 사람은 **환경**environment의 일부이다. 사람이 알파고에게 "앉아"라고 말하면 알파고는 이를 환경의 **상태**state로 인식한다. 그리고 알파고가 앉았을 때 사람이 "잘했어"라는 칭찬과 함께 간식을 준다면 알파고는 이를 **보상**reward으로 받는다. 이후 알파고는 사람이 "앉아"라고 말할 때마다 다시 보상을 얻기 위해 앉는 **행동**action을 강화하게 된다. 이러한 강화학습의 요소를 정의하면 다음과 같다.

- **에이전트**: 환경의 상태를 인식하고 그에 따라 행동하는 의사결정의 주체로, 보상을 최대화하는 전략을 학습하고 실행하는 것이 목표다.

- **환경**: 에이전트가 바라보는 외부 세계로, 에이전트의 행동에 따라 보상을 제공하고 다음 상태로 전이된다.

- **상태**: 특정 시점의 환경을 나타내는 특징이나 변숫값이 된다.

- **행동**: 에이전트가 특정 상태에서 의사결정을 통해 취하는 반응으로 환경의 상태를 변화시킨다.

- **보상**: 에이전트가 특정 상태에서 취한 행동에 대한 환경의 평가이다.

그림 1-7을 조금 더 간단히 그려보면 그림 1-8과 같다. 강화학습은 **에이전트가 환경과의 상호작용을 통해 보상을 최대화하는 행동을 학습하는 방식**이다. 에이전트와 환경의 상호작용을 **경험**experience이라고 하면 강화학습은 에이전트가 경험을 통해 **의사결정**decision making 또는 **제어**control를 학습하는 방법이라고 말할 수 있다.

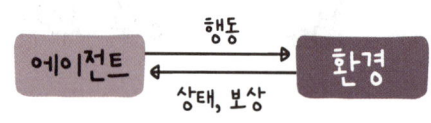

그림 1-8 강화학습

1.1.4 지도학습 vs. 강화학습

강화학습의 문제 해결 방식에 대해 개념적으로 정의해 봤다. 강화학습은 **지도학습**Supervised Learning과 무엇이 다를까? 먼저 지도학습의 학습 과정과 특성에 대해 살펴보고 강화학습이 어떤 점에서 지도학습과 다른지 살펴보자.

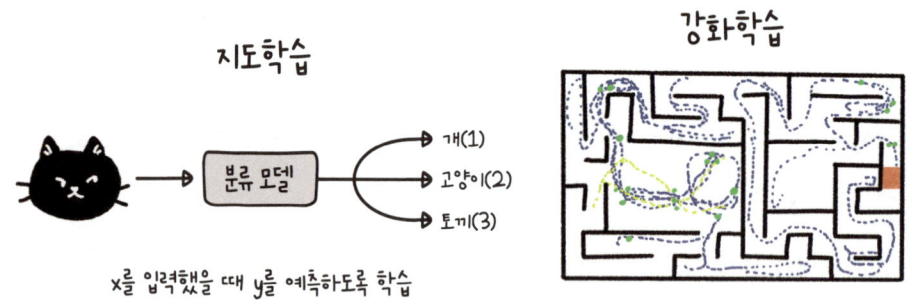

그림 1-9 지도학습 vs. 강화학습

지도학습

지도학습은 데이터셋 $D = \{(x_i, y_i), i = 1,2,...,N\}$의 샘플들이 동일한 분포에서 관측됐지만 상호 독립인 **i.i.d.**^{independent identically distributed}를 가정한다. 따라서 현재 단계의 $\hat{y} \approx f(x)$의 실행 결과는 다음 단계의 실행 결과에 영향을 미치지 않으며 어떤 샘플 순서로 학습해도 상관없다.

또한 지도 학습에서는 입력 x에 대해 $\hat{y} \approx f(x)$를 실행한 후 **정답**^{ground truth} y를 바로 알게 된다. 따라서 정답을 찾기 위한 별도의 **탐색**^{search} 과정이 필요 없다.

강화학습

강화학습은 목표에 도달하기까지 일련의 의사결정을 하기 위한 알고리즘으로 현재 단계의 결과는 다음 단계의 입력이 돼 예측에 영향을 미치게 된다. 어떤 식으로 영향을 미치는지 강화학습에 관여하는 함수의 형태를 잠시 확인해 보자. 다음은 행동을 결정하는 **정책 함수** $\pi_\theta(a_t|s_t)$와 상태를 변경하는 **상태 전이 함수** $p(s_{t+1}|s_t, a_t)$를 보여주고 있다.[1]

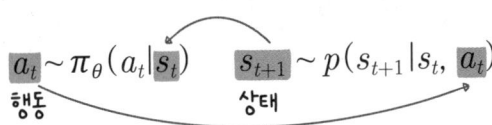

정책 함수 $\pi_\theta(a_t|s_t)$는 상태 s_t를 입력 받아서 행동 a_t를 출력한다. 이때 출력된 행동 a_t는 상태 s_t와 함께 상태 전이 함수 $p(s_{t+1}|s_t, a_t)$에 입력돼 다음 상태 s_{t+1}을 출력한다. 다음 상태 s_{t+1}은 그 다음 행동인 a_{t+1}을 결정하기 위해 정책 함수 $\pi_\theta(a_{t+1}|s_{t+1})$에 입력된다. 시간의 흐름에 따라 이런 과정이 반복되면서 상태와 행동은 서로 지속적으로 영향을 미친다. 따라서 강화학습의 데이터는 i.i.d.가 아니다.

강화학습이 지도학습과 다른 점 중 하나는 목표에 도달하기 전까지 정답을 알 수 없다는 점이다. 실제 목표에 도달해 봐야 거기가 목표라는 것을 알 수 있으며, 목표에 도달하기 전에는 오직 보상만을 알기 때문에 시행착오를 거치면서 보상을 최대화하는 길을 탐색한다. 즉 미래에 발생할 보상의 합을 추정하며 추정된 보상의 합이 가장 큰 방향으

---

1 강화학습에 필요한 함수의 정의는 2장에서 살펴볼 것이다.

로 이동하도록 학습한다.

각 샘플에 대해 독립적인 예측을 하는 지도 학습에 비해 강화학습은 샘플의 순차 관계에 따라 연속적인 의사결정을 하므로 보다 일반화된 알고리즘이라고 할 수 있다.[2] 따라서 지도 학습 문제는 강화학습 문제로 쉽게 변환할 수 있다.

1.1.5 강화학습과 딥러닝의 만남

그림 1-10과 같이 에이전트가 호랑이를 보면 도망가야 하는 상황이라고 해 보자. 에이전트는 환경을 관측해 호랑이를 인식해야 하고 이를 토대로 도망가는 행동을 결정해야 한다.

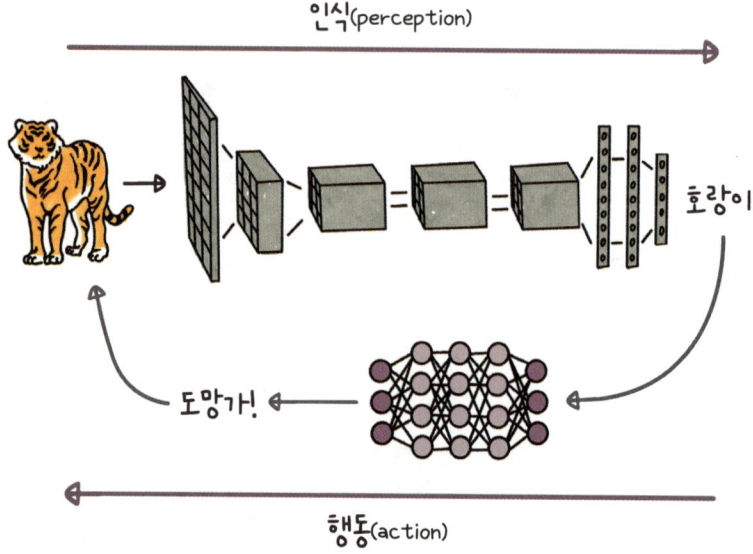

그림 1-10 강화학습에서 딥러닝의 역할

강화학습에 딥러닝 접목

이 상황에서 풀어야 할 문제는 두 가지로, 첫 번째 문제는 입력된 환경의 상태를 호랑이로 분류하는 것이다. 두 번째 문제는 이렇게 인식한 호랑이를 토대로 도망가는 행동

---

2 강화학습에서 상태 전이 없이 한 번의 행동으로 보상을 받고 끝나는 문제를 밴딧(bandit) 문제라고 한다. 밴딧 문제에서는 각 행동이 독립적이기 때문에 지도 학습과 상당히 유사하다.

을 결정하는 것이다.

환경의 상태와 같은 고차원 데이터를 인식하고 그에 따라 다양한 행동을 결정하는 문제는 매우 복잡한 함수로 표현된다. 따라서 복잡한 함수를 모델링할 수 있는 방법이 필요하게 되는데 이때 딥러닝을 사용할 수 있다. 왜냐하면 딥러닝은 매우 복잡한 함수를 원하는 오차 아내로 근사할 수 있는 능력이 있는 **범용 함수 근사기**universal function approximator이기 때문이다. 강화학습에 딥러닝을 접목하면서 전통적인 강화학습으로는 풀지 못하는 복잡하고 어려운 문제를 풀 수 있게 됐다. 이와 같이 전통적인 강화학습 알고리즘에 딥러닝을 접목해서 알고리즘의 성능을 높이고 확장하는 분야를 **심층 강화학습**Deep Reinforcement Learning이라고 부른다.

호랑이를 분류하는 문제와 도망가는 행동을 결정하는 문제는 각기 다른 딥러닝 모델을 적용해서 해결할 수 있다. 그림 1-10에는 에이전트가 환경을 인식하는 단계와 행동을 결정하는 단계에 딥러닝 모델을 적용한 모습이 그려져 있다.

에이전트의 인식과 행동이 분리돼 있다면?

딥러닝 모델을 적용하면서 한 가지 더 생각해 봐야 할 것이 있다. 에이전트가 환경을 인식하는 단계와 행동을 결정하는 단계가 분리돼 있다면 어떤 한계가 있을지 생각해 보자는 것이다.

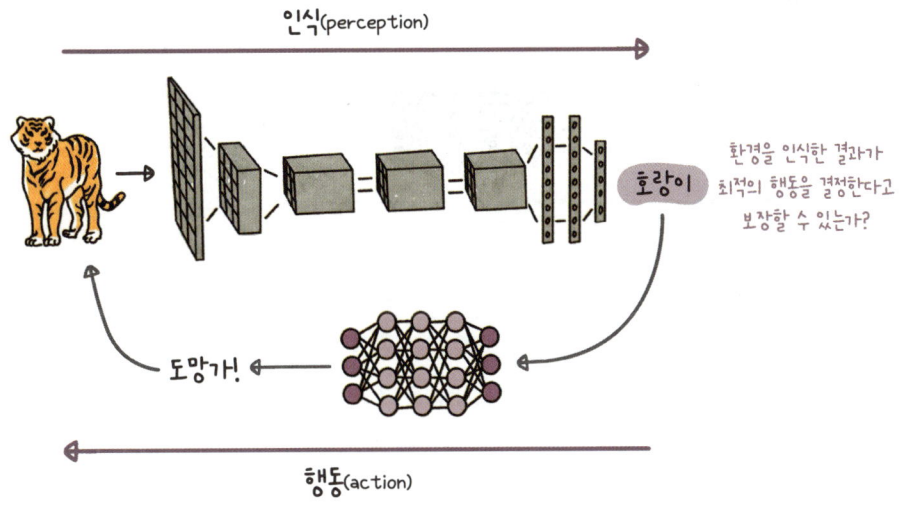

그림 1-11 인식과 행동의 분리

에이전트가 인식한 환경의 상태가 과연 최적의 행동을 결정하기 위한 상태일까? 사실 환경의 상태를 인식한 결과는 사람이 설계하고 의도한 대로 출력된 값이기 때문에 이 결과가 최적의 행동을 보장하는 입력이라고 말하기는 어렵다. 그렇다면 어떤 형태로 환경의 상태를 인식해야 최적의 행동을 결정할 수 있을까?

에이전트의 인식과 행동의 통합

가장 좋은 방법은 에이전트가 최적의 행동을 결정하도록 환경의 상태를 인식하게 학습하는 것이다. 그러기 위해 상태의 인식과 행동의 결정 단계를 통합하고 **종단간**End-to-End 학습을 하면서 최적의 특징을 스스로 결정하게 만들면 된다. 그림 1-12에는 이런 모습이 그려져 있다. 상태의 인식과 행동의 결정 단계가 통합되면 어느 계층까지가 인식 단계이고 어느 계층까지가 행동을 결정하는 단계인지 엄격히 구분되지 않고 입력된 환경의 상태에 따라 최적의 행동이 결정되도록 학습된다.

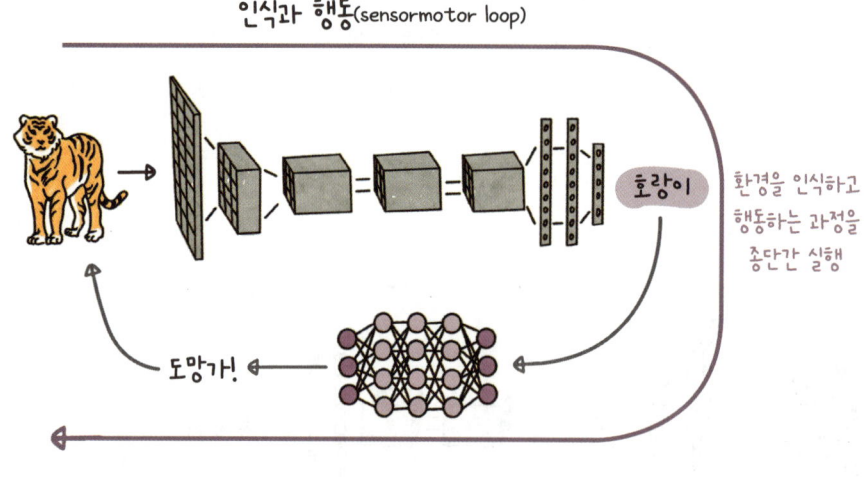

그림 1-12 인식과 행동의 종단간 실행

이와 같이 상태의 인식과 행동의 결정 단계가 자연스럽게 통합될 수 있는 이유는 딥러닝 모델에는 여러 단계에 걸쳐서 최적의 특징을 추출하는 능력이 있기 때문이다. 입력 데이터는 딥러닝 모델의 계층을 지날 때마다 점점 예측에 적합한 형태로 추상화되고 최적화된다. 이 과정에서 만들어지는 특징에는 사람의 개입으로 인해 생기는 편향이나 오류가 없기 때문에 추론의 속도와 성능을 높일 수 있다.

1.2 강화학습의 응용

그림 1-13에는 걷기, 달리기, 뒤로 공중돌기, 앞으로 공중 돌기, 옆으로 돌기, 돌려차기, 구르기, 발차고 일어서기와 같은 다양한 사람의 동작이 있다. 이와 같이 다양하고 복잡한 동작은 어떤 방법으로 만들까?

그림 1-13 모션 캡처와 강화학습을 이용한 사람의 동작 제어<참고문헌 1>

영화나 게임과 같은 분야에서 3D 애니메이션을 제작할 때 캐릭터의 동작을 만드는 사람을 **애니메이터**animator라고 한다. 애니메이터가 동작을 만들 때는 ❶ 동작의 시작, 중간, 끝의 주요 자세를 **키 프레임**keyframe으로 제작하고 ❷ 그 사이의 연결 자세를 **보간**interpolation으로 생성한다. 그리고 자연스러운 동작이 만들어질 때까지 ❸ 키프레임 간의 이동 경로를 조정하거나, 움직임의 가속이나 감속을 조절하는 보정 과정을 수행한다. 이처럼 자연스러운 동작을 완성하려면 3D 모델링과 동작에 대한 전문성 뿐만 아니라 제작과 보정 작업에 큰 노력과 시간이 필요하다.

이런 복잡한 과정 없이 사람의 동작도 학습을 통해 자동으로 만들어 낼 수는 없을까?

그간 이러한 연구들이 있었으며 강화학습으로 그림 1-11과 같이 시뮬레이션 환경에서 사람의 자연스러운 행동을 생성해 낼 수 있다. 이 논문에서는 동영상에서 사람의 움직임을 추출한 후 시뮬레이션 환경에 있는 휴머노이드에게 동작을 이식한다. 이때 최대한 동영상에서 추출한 움직임과 같아지도록 하되 물리 법칙에 맞는 자연스러운 동작이 되도록 강화학습으로 학습한다.

1.2.1 강화학습으로 풀 수 있는 문제

이 외에도 강화학습으로 풀 수 있는 문제는 매우 다양하다. 강화학습은 **일련의 의사결정 문제**sequential decision problem를 풀기 위한 머신러닝 방법으로 게임, 로봇 학습, 최적 제어, 자원 할당, 시계열 예측 등에 적용할 수 있다.

- **게임**Game: 보드게임이나 비디오 게임에서 승리를 위한 최적 전략을 수립하는 문제

- **로봇 학습**Robot Learning: 로봇이 경험을 통해 특정 작업을 학습하고 수행하는 문제

- **최적 제어**Optimal Control: 자율 주행과 같이 시간에 따라 환경이 변화하는 동적 시스템에서 목표와 제약조건에 맞는 최적의 제어를 지속적으로 찾는 문제

- **자원 할당**Resource Allocation: 에너지, 네트워크와 같은 제한된 자원을 효율적으로 할당하는 문제

- **시계열 예측**Time Series Prediction: 주가, 날씨, 온도, 교통량과 같이 시간에 따라 변화하는 데이터를 예측하는 문제

게임은 환경이 제한적이고 규칙이 잘 알려져 있으며 행동도 비교적 간단해서 강화학습이 높은 성능을 보여온 영역이다. **아타리 게임**Atari Game이나 **스타크래프트**StarCraft와 같은 비디오 게임과 알파고와 같은 보드게임에서 강화학습은 인간 수준 이상의 성능을 보여왔다.

| 게임 | 간단한 제어 | 행동 모방 |

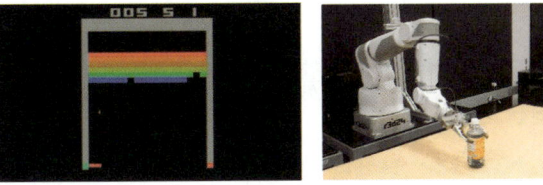

그림 1-14 강화학습이 잘하는 분야

로봇 제어 분야에서도 강화학습은 좋은 성능을 보이고 있다. 물건을 집어서 옮기거나 병뚜껑을 닫고 레고를 조립하는 것과 같은 작업을 수행할 때 로봇은 강화학습을 통해 스스로 환경에 맞춰서 작업을 수행할 수 있는 최적의 제어를 찾는다. 전문가의 행동을 모방해서 학습하는 **모방 학습**$^{\text{Imitating Learning}}$도 강화학습을 위한 사전 학습으로서 많이 활용되고 있다. **엔비디아**^{NVIDIA}는 모방 학습을 이용해서 차량을 자율 주행 하기도 했다. 〈참고문헌 2〉

1.2.2 아타리 게임, 2013

2013년 **딥마인드**^{DeepMind}는 **아타리 2600**$^{\text{Atari 2600}}$과 같은 간단한 비디오 게임에서 강화학습에 딥러닝을 결합했을 때 사람 수준의 성능을 달성할 수 있는지 연구를 진행했다. 〈참고문헌 3〉

그림 1-15 DQN으로 실행하는 아타리 게임의 브레이크 아웃

이때 제안된 강화학습 알고리즘이 **DQN**$^{\text{Deep Q-Learning Network}}$이다. DQN은 전통적인 강화학습 알고리즘인 **Q러닝**$^{\text{Q-Learning}}$에 딥러닝을 접목해 비디오 게임과 같은 고차원 데이

터를 효율적으로 학습해, 그림 1-16과 같이 퐁Pong, 브레이크아웃Breakout, 스페이스 인베이더Space Invaders를 포함한 여러 아타리 게임에서 사람의 수준을 능가할 수 있음을 보여줬다.

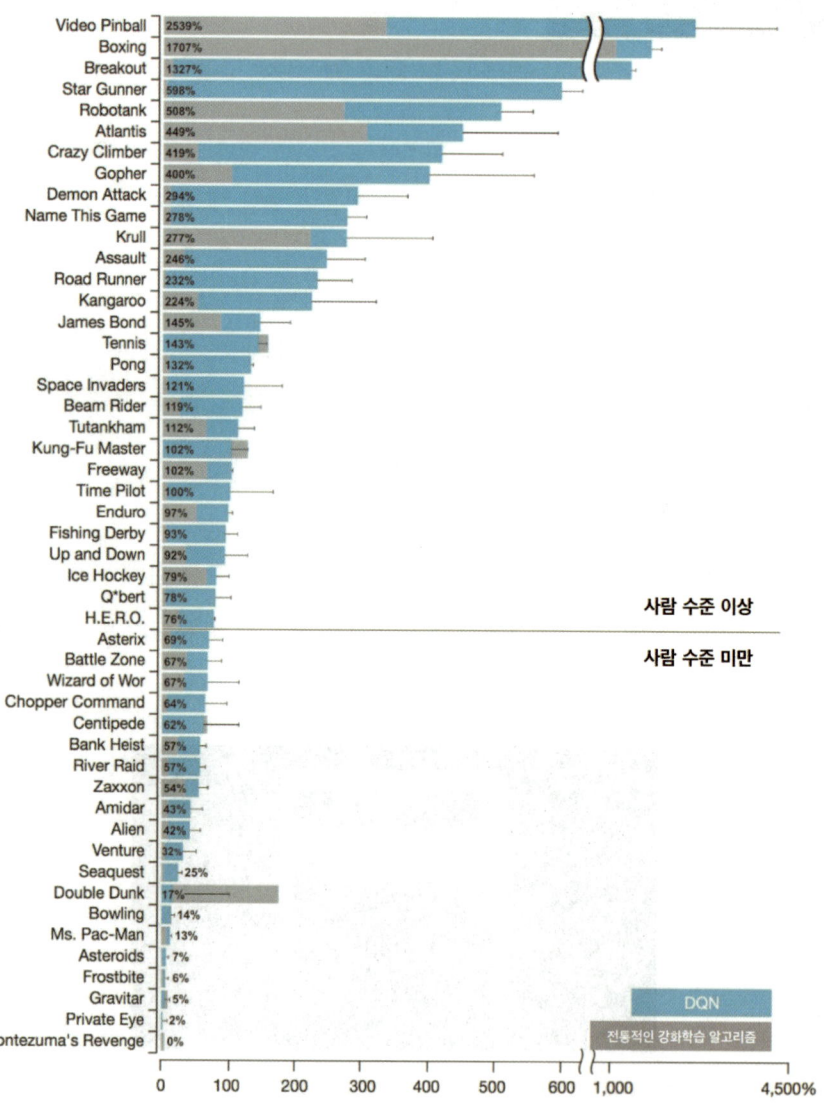

그림 1-16 아타리 게임의 DQN 실험 결과<참고문헌 4>

> **조금 더 알아보자면** **아타리 게임**
>
> 아타리 게임은 1970년대에 아타리^Atari 사가 개발한 비디오 게임으로 1970년대에서 1980년대 사이에 큰 인기를 끌었던 비디오 게임이다. 아타리 2600 게임에는 세계 최초의 비디오 게임인 퐁을 비롯해 스페이스 인베이더, 팩맨^Pac-Man과 같은 게임 523개가 포함돼 있다.
>
>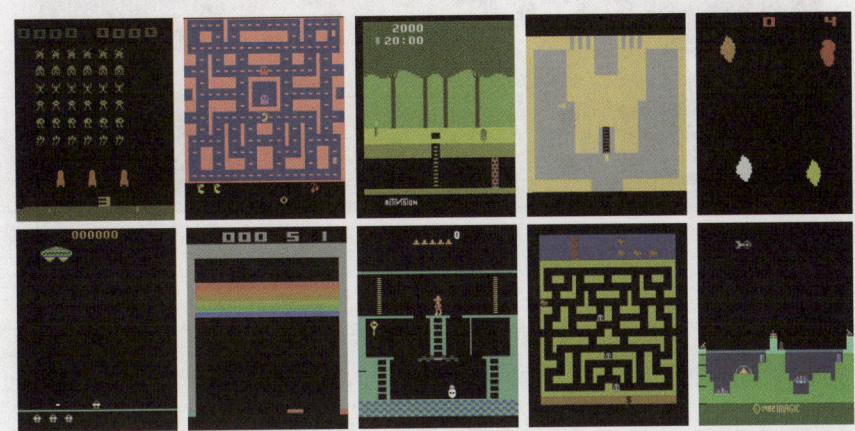
>
> 그림 1-17 아타리 게임 2600

1.2.3 알파고, 2016

2015년에 구글이 인수한 딥마인드는 인간 프로 기사를 이긴 최초의 인공지능 바둑 프로그램인 알파고를 발표해 전 세계의 주목을 받았다. 2016년 3월 세계 최고 바둑 기사인 이세돌 9단과 알파고의 대국은 인공지능이 인간의 전략적 사고와 결정을 향상하는 데 활용되던 지적 게임에서 최고 수준의 경기력을 보여준 첫 사례이다.

그림 1-18 알파고와 이세돌 9단의 대국

알파고는 딥러닝이 접목된 강화학습 알고리즘인 몬테카를로 트리 탐색을 사용하고 있다. 몬테카를로 트리 탐색은 시뮬레이션과 트리 탐색을 합친 방법으로, 주어진 상황에서 결과를 예측하기 위해 수많은 시뮬레이션을 실행해 보고 그중에 결과가 가장 좋은 행동을 선택한다.

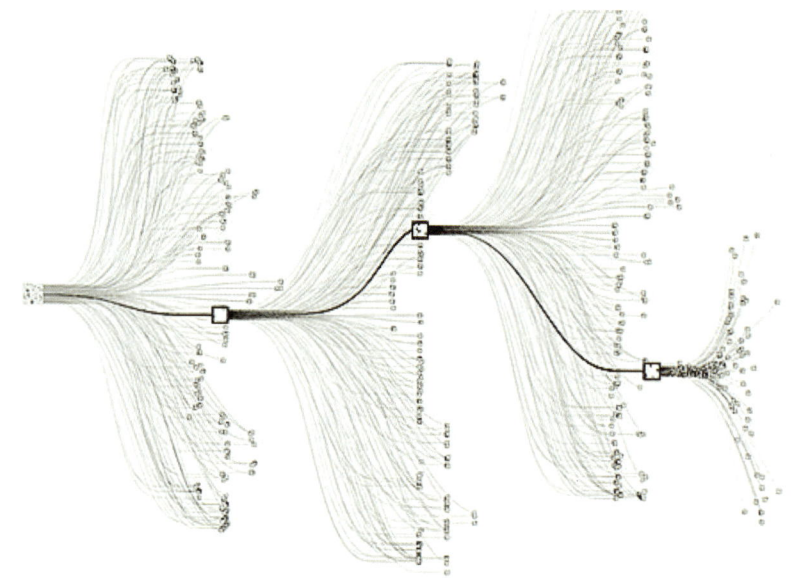

그림 1-19 몬테카를로 트리 탐색

> **조금 더 알아보자면**　**몬테카를로 트리 탐색은 왜 강화학습일까?**
>
> 몬테카를로 트리 탐색은 시뮬레이션과 트리 탐색을 기반으로 하는 알고리즘으로 주로 게임 이론이 적용되는 문제를 풀 때 사용한다. 몬테카를로 트리 탐색이 강화학습 알고리즘인 이유는 강화학습의 ❶ 시행착오 학습 ❷ 보상 최대화 ❸ 탐험-활용의 균형과 같은 핵심 아이디어를 따르고 있기 때문이다.
>
> - 몬테카를로 트리 탐색은 시뮬레이션을 통해 많은 경우의 수를 시도하면서 환경에 대한 정보를 수집하고 더 나은 결정을 내리도록 시행착오 학습을 한다.
> - 시뮬레이션을 통해 얻은 보상을 기반으로 트리를 업데이트하고 보상을 최대화하는 움직임을 선택한다. 즉 강화학습의 기본 전략인 보상 최대화 전략을 따르고 있다.
> - 몬테카를로 트리 탐색을 할 때 지금까지 찾은 최적 움직임을 **활용**exploitation하는 동시에 새로운 움직임을 **탐험**exploration해 탐험과 활용의 균형을 맞춘다.

1.2.4 알파스타, 2019

2019년에 구글의 딥마인드는 스타크래프트 II 게임을 하는 인공지능 프로그램인 **알파스타**AlphaStar를 발표했다. 알파스타는 강화학습으로 학습했으며 사람이 수행한 게임 데이터를 이용해 기본 능력을 학습한 후, 실제 191년이 걸릴 대결을 **자체 대결**self-play로 실행해 스스로 능력을 증강했다. 그리고 2019년 1월 세계적 스타크래프트 II 프로 선수들과 대결에서 승리하면서 **배틀넷**Battle.net의 최고 레벨인 그랜드 마스터에 올랐다. 딥마인드는 알파스타를 통해 전략적인 결정과 정교한 조작을 요구하는 고난도 비디오 게임에서도 인간 수준의 성능을 달성할 수 있음을 보여줬다.

그림 1-20 알파스타

1.2.5 ChatGPT, 2022

ChatGPT는 2022년에 11월에 OpenAI가 출시한 초거대 언어 모델 기반의 챗봇이다. ChatGPT는 사람과 대화하는 것과 같은 자연스러운 대화 능력과 함께 초거대 언어 모델인 GPT$^{\text{Generative Pre-trained Transformer}}$의 광범위한 지적 능력을 갖추고 있어서 전 세계 사람들을 깜짝 놀라게 했다.

기존 챗봇은 사용자의 질문에 대해 규칙 기반으로 응답을 생성하거나 질문에서 추출한 키워드로 응답을 찾는 패턴 매칭 방식이어서 제한된 범위에서만 대화할 수 있었다. 반면에 ChatGPT는 LLM$^{\text{Large Langue Model}}$ 모델 기반이기 때문에 광범위한 질문에 대한 답변이 가능하며 대화 내용을 바탕으로 맥락을 파악하기 때문에 자연스럽고 유창한 대화가 가능하다. GPT는 언어의 이해, 문장 생성 및 요약, 언어 번역, 상식 및 논리적 추론, 수학 연산, 프로그래밍 능력을 갖추고 있으며, 2023년 3월 발표된 GPT4의 경우 미국 통합 변호사 시험에서 상위 10%의 성적을 거둬 상당히 높은 수준의 인간의 지적 능력이 필요한 업무까지도 수행할 수 있음을 보여줬다.

ChatGPT는 **사람의 피드백을 이용한 강화학습**인 RLHF 방식으로 GPT를 파인튜닝을 해 사람들이 선호하는 답변을 할 수 있게 만든 모델이다. 그림 1-21에는 RLHF의 3단계 학습 과정이 나와 있다.

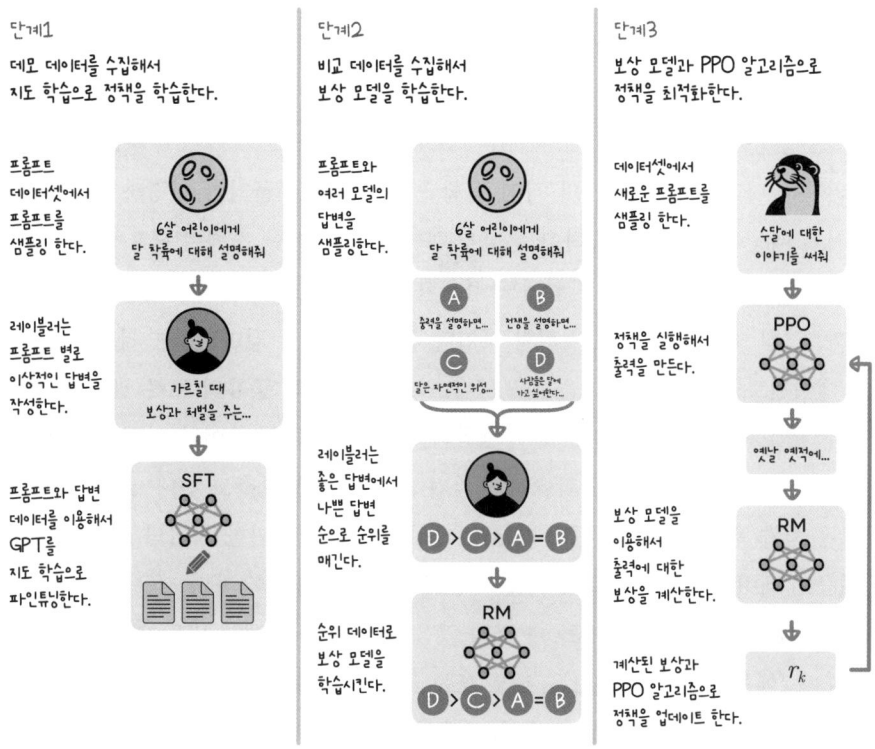

그림 1-21 ChatGPT의 RLHF 단계<참고문헌 5>

- **1단계**: 사전에 질문 프롬프트를 준비해서 레이블러에게 질문을 보여주고 이상적인 답변을 작성하도록 한다. 질문과 답변 데이터를 이용해서 GPT 모델을 파인 튜닝 Fine-tuning한다.

- **2단계**: 여러 모델에 질문을 주고 답변을 생성한다. 레이블러에게 선호하는 답변 순서를 정하게 한다. 답변의 선호도 순위가 정해지면 순위 정보를 이용해서 보상 모델을 학습시킨다.

- **3단계**: 1단계에서 파인튜닝한 모델을 PPO 강화학습 알고리즘으로 학습한다. 이때 2단계에서 학습한 보상 모델을 이용해서 모델이 출력한 답변의 보상을 계산한다.

이와 같이 GPT 모델을 RLHF로 학습하면 사람에게 도움이 되고 해를 끼치지 않는 답변을 출력하게 된다. 강화학습을 이용해서 초거대 언어 모델을 사람에게 친화적인 모델로 바꾸는 RLHF 기술은 이제 다양한 LLM 모델에 보편적으로 적용되고 있다.

1.2.6 로보캣, 2023

로봇의 종류마다 다양한 종류의 작업을 학습하려면 매번 물리적 환경과 작업 목표가 달라지기 때문에 새롭게 학습하고 튜닝을 하기 위해 엄청난 노력이 필요하다. 어떤 로봇에도 적용할 수 있고 어떤 작업에도 적용할 수 있는 범용적인 에이전트를 만들 수는 없을까? 그럴 수 있다면 정말 편리할 것이다. 2023년 구글 딥마인드는 자가 개선 범용 로봇 에이전트인 **로보캣**RoboCat을 발표했다. 로보캣은 여러 종류의 로봇 팔이 수행하는 다양한 작업을 하나의 에이전트로 수행한다. 또한 새로운 로봇이나 작업에 대한 학습 데이터를 자기 스스로 생성해 학습하는 자가 개선 능력을 갖추고 있다. 로보캣은 'LLM과 같은 학습 원리로 다양한 종류의 로봇이 수행하는 광범위한 작업의 데이터를 결합해 대규모 데이터셋으로 만들고 이를 바탕으로 학습한다면 각자의 전문화된 로봇보다 더욱 우수한 성능의 로봇을 만들 수 있지 않을까?'라는 직관에서 만들어졌다.

그림 1-22에는 로보캣이 새로운 로봇 또는 작업을 학습하는 과정이 나타나 있다. 이 과정에서 로보캣은 여러 로봇과 여러 작업에 대해 동시에 학습이 가능한 **목표 기반의 멀티테스크 강화학습**Goal-Conditioned Multitask Reinforcement Learning으로 학습한다.

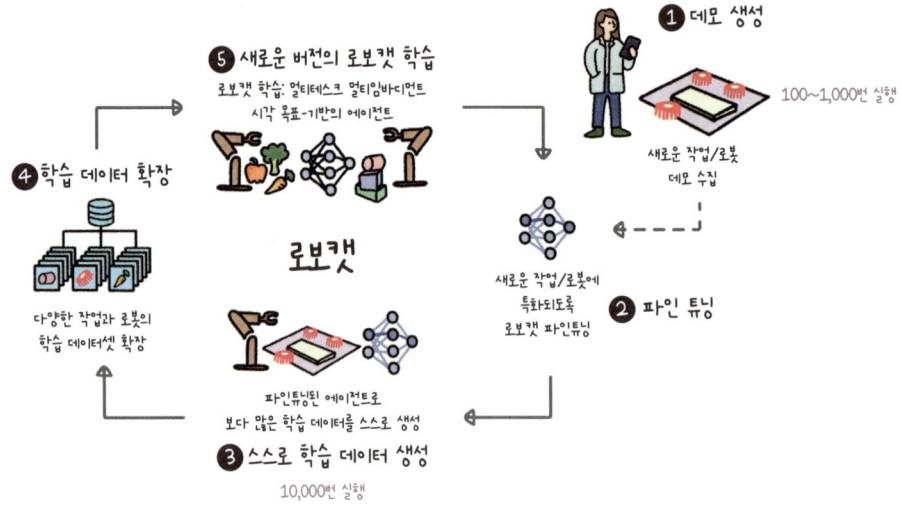

그림 1-22 범용 로봇 에이전트 로보캣의 자가 개선 과정

로보캣의 자가 개선 과정의 단계를 설명하면 다음과 같다.

1. **데모 데이터 수집**: 새로운 작업/로봇에 대한 데모 데이터를 수집한다. 이때 데모는 100번에서 1,000번 정도 수행한다.

2. **에이전트 파인튜닝**: 데모 데이터를 이용해서 로보캣이 새로운 작업/로봇에 특화되도록 파인튜닝한다.

3. **새로운 학습 데이터 생성**: 파인튜닝된 로보캣을 실행해서 새로운 작업/로봇의 학습 데이터를 생성한다.

4. **학습 데이터 확장**: 기존 학습 데이터에 생성한 학습 데이터를 추가한다.

5. **로보캣 학습**: 확장된 학습 데이터로 범용 로봇 에이전트인 로보캣을 다시 학습한다.

이와 같은 과정으로 로보캣을 학습해 새로운 작업이나 로봇에 대한 능력을 갖춘다. 로보캣은 **4종류 로봇**의 **253개 작업**을 수행할 수 있다. 그리고 두 손가락을 가진 로봇 팔에서 세 손가락을 가진 로봇 팔로 무리 없이 능력이 전환되는 모습을 보여줬다.

1.3 강화학습의 도전 과제

강화학습은 점점 넓은 분야에 확산하고 다양한 문제를 해결하는 데 활용되고 있다. 현대적 의미의 강화학습은 1980년대부터 시작해 제법 오랜 역사가 있지만 여전히 많은 기술적 한계를 갖고 있다. 사람의 지능과 비교했을 때 강화학습은 어떤 한계를 갖고 있으며 이를 극복하기 위해 어떤 연구가 진행되고 있을까?

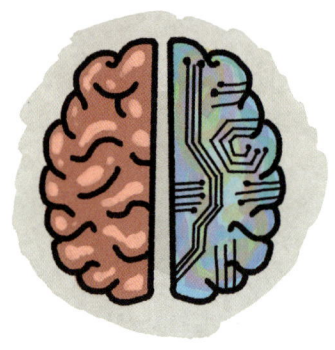

그림 1-23 사람의 지능과 강화학습의 지능

1.3.1 최선책이 아닌 다양한 차선책이 필요한 경우

사람들은 어떤 문제를 해결할 때 잘 아는 방법을 시도해 보고 결과가 좋지 않으면 다른 방법을 찾아 시도해 본다. 특히 문제가 복잡할수록 다양한 방법을 시도해 보며 해결해 나가기 마련이다. 반면에 강화학습은 특정 문제를 해결하기 위한 최적의 방법만을 학습하기 때문에 문제가 조금만 바뀌더라도 속수무책이 된다. 강화학습도 사람처럼 상황이 바뀔 때 원래 알던 방식으로 해결이 안 되면 다른 방법을 시도해 보도록 만들 수는 없을까?

최대 엔트로피 강화학습 Maximum Entropy RL은 다양한 방식으로 문제를 해결해 나가도록 학습한다. 예를 들어 그림 1-24와 같이 개미가 X자로 표시된 지점에 가도록 학습해야 한다면 위쪽으로 가는 길이 최적의 경로이기 때문에 항상 위쪽 길로 가도록 학습하게 된다. 이때 X 앞에 장애물이 생기면 어떻게 될까? 개미는 X에 도달하지 못하고 장애물 앞에서 멈추게 될 것이다. 반면 최대 엔트로피 강화학습은 X로 갈 때 위쪽 길과 아래쪽 길로 모두 가도록 학습한다. 그래서 X 앞에 장애물이 생겨도 갈 수 있는 방법이 확보된다. 이와 같이 **최선의 행동**optimal behavior이 아닌 다양한 **차선의 행동**suboptimal behavior을 학습하면 다양한 상황에 대처할 수 있다. 일반적으로 사람이나 동물은 어떤 목표를 달성하기 위해 매번 같은 행동을 하지 않고 조금씩 다른 행동을 한다. 그래서 차선의 행동을 학습하는 방식은 실세계의 문제를 풀 때 매우 유용하다.

그림 1-24 전통적 강화학습과 최대 엔트로피 강화학습

1.3.2 보상 함수 정의의 어려움

사람의 뇌에는 보상 회로가 있어서 복잡한 보상 함수를 스스로 만들어 낸다. 하지만 강화학습에서는 문제가 복잡해질수록 보상 함수를 정의하기가 어렵다. 특히 실생활에서 일어나는 문제의 경우 더욱 그렇다. 예를 들어 그림 1-25와 같이 아타리 게임과 같은 비디오 게임은 게임 점수를 보상으로 정의하면 된다. 하지만 오른쪽 그림과 같이 자율 주행을 하는 상황이라면 목적지에 빠르게 도착하기 위해 현재 상태를 유지하는 것이 유리할지 앞 차를 따라잡는 것이 유리할지 판단하기 어렵기 때문에 보상 함수를 설계하기가 매우 어렵다.

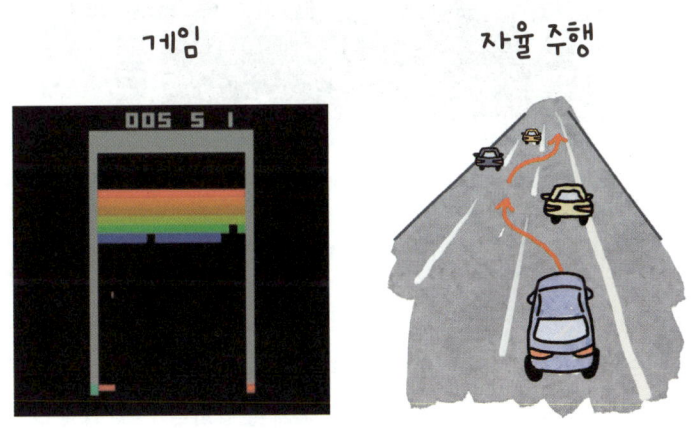

그림 1-25 보상 함수를 정의하기 쉬운 경우와 어려운 경우

사람이 직접 보상함수를 정의하지 않더라도 데이터를 통해 보상 함수를 찾아낼 수는 없을까? 전문가의 데모 데이터에서 보상 함수를 학습하는 방법을 **역강화학습**Inverse Reinforcement Learning이라고 한다. 한 단계 더 나아가 역강화학습을 통해 보상 함수를 학습하고, 다시 학습된 보상 함수를 이용해서 강화학습을 하는 **GAIL**Generative Adversarial Imitation Learning과 같은 방법도 연구되고 있다.

1.3.3 빈번하지 않은 보상의 학습

사람은 인생에 한 번 일어날 수 있는 일에도 보상 시스템이 작동한다. 예를 들어 어린아이가 어른이 돼서 선생님이 되고 싶다든지, 아인슈타인과 같은 과학자가 되고 싶다든지, 세계 일주를 하면 전 세계 곳곳을 돌아다니고 싶다든지 하는 인생에 한 번 정도 일어날 일에도 목표를 향해 꾸준히 노력한다. 하지만 강화학습의 경우 빈번하게 일어나지 않는 보상에 대해 잘 작동하지 않는다. 예를 들어 그림 1-26과 같은 아타리 게임의 **몬테쥬마의 복수**Montezuma's Revenge는 강화학습으로 풀기 매우 어려운 문제로 유명하다.

그림 1-26 몬테쥬마 리벤지

몬테쥬마의 복수는 탐험가인 **파나마 조**Panama Joe를 조종해서 고대 아즈텍 피라미드에서 함정과 적을 피해 보물을 찾는 것이 목표이다. 피라미드는 여러 구역으로 나눠져 있고 다른 구역으로 이동하려면 적과 함정을 피해 열쇠를 찾아야 한다. 열쇠를 찾거나 보물을 찾으면 그 과정에서 보상이 생기고 목표 점수에 도달하면 다음 레벨로 올라간다. 문제는 보상이 아주 가끔만 생기고 다른 구역으로 갔다고 해서 보물을 찾을 확률이 높아지지는 않는다는 점이다. 즉 보상과 목표의 상관관계가 거의 없기 때문에 게임의 규칙을 찾기가 매우 어렵다. 시행착오로 게임의 규칙을 찾는 데 얼마나 오래 걸릴지 모르기 때문에 기본적인 강화학습 알고리즘으로는 레벨 1을 통과하기가 어렵다. 이와 같이 보상이 희소하고 목표와의 상관성이 낮을 때 보상에 **불확실성**Uncertainty을 추가하면 활발한 탐색을 통해 최적 경로를 찾을 확률을 높일 수 있다. 이때 불확실성은 **호기심**Curiosity이나 **새로움**Novelty, **놀라움**Surprising, **예측 오차**Prediction Error 등으로 표현돼 다양한 탐색 알고리즘으로 제안되고 있다.

1.3.4 긴 학습 시간

실제 세계에서는 환경이 동적으로 변할 수 있기 때문에 환경에 적응적으로 학습하는 과정이 필요하다. 사람의 경우 짧은 경험만으로도 빠르게 학습할 수 있지만 강화학습은 많은 시행착오를 통해 학습하기 때문에 학습 시간이 오래 걸리고 데이터도 많이 필요하다. 이럴 때 **메타 강화학습**Meta Reinforcement Learning을 통해 빠르게 학습할 수 있는 다양한 방법들이 연구되고 있다.

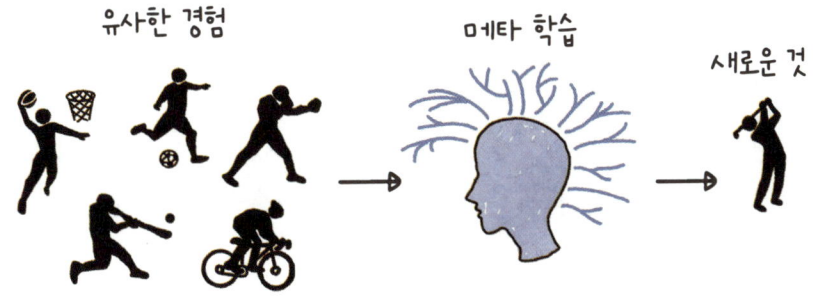

그림 1-27 메타 학습

Chapter.2
강화학습 알고리즘

강화학습 문제는 **마르코프 결정 과정**MDP, Markov Decision Process 으로 정의된다. 이번 장에서는 마르코프 결정 과정이 무엇인지 살펴보고, 이를 기반으로 강화학습의 정의와 목표를 조금 더 구체적으로 정의해 볼 것이다.[1] 강화학습 알고리즘은 **모델 프리 강화학습**Model-free RL 과 **모델 기반 강화학습**Model-based RL 으로 분류할 수 있으며, 모델 프리 강화학습은 다시 **정책 기반 방법**Policy-based Method, **액터-크리틱 방법**Actor-Critic Method, **가치 기반 방법**Value-based Method 으로 나뉘게 된다. 이러한 강화학습 알고리즘의 분류 기준을 알아보고 각기 다른 강화학습 알고리즘에 공통으로 적용할 수 있는 학습 단계를 정의해본다. 마지막으로 강화학습 알고리즘의 선택 기준에 대해서도 살펴본다.

---

1 마르코프 결정 과정은 이하 MDP로 부른다.

2.1 강화학습의 정의

2.1.1 마르코프 결정 과정

MDP는 **상태 공간**state space, **행동 공간**action space, **전이 함수**transition function, **보상 함수**reward function, **할인 계수**discount factor 로 정의되며 다음과 같이 $\mathcal{M}$으로 표기한다.

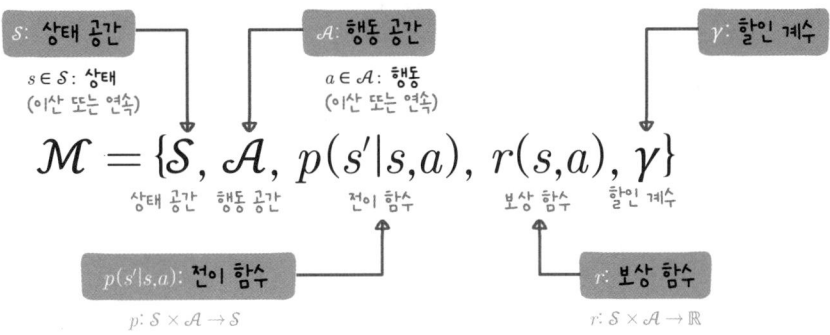

- **상태 공간** $\mathcal{S}$: 환경의 상태 s를 정의하는 상태의 집합

- **행동 공간** $\mathcal{A}$: 에이전트의 행동 a를 정의하는 행동의 집합

- **전이 함수** $p(s'|s,a)$: 환경이 상태 s에 있고 그 상태에서 에이전트가 행동 a를 취했을 때 환경이 다음 상태 s' 전이될 확률을 결정하는 함수. 실세계의 환경은 물리 법칙을 따르기 때문에 **동역학**dynamics이라고도 부른다.

- **보상 함수** $r(s,a)$: 환경이 상태 s에 있고 그 상태에서 에이전트가 행동 a를 취했을 때 환경이 제공하는 보상을 결정하는 함수

- **할인 계수** γ: 미래의 보상을 현재의 가치로 환산할 때 사용하는 할인율

MDP $\mathcal{M} = \{\mathcal{S}, \mathcal{A}, p(s'|s,a), r(s,a), \gamma\}$의 구성 요소 중 하나라도 달라지면 다른 강화학습 문제가 된다. 예를 들어 같은 공간에서 같은 로봇을 학습한다 하더라도 보상 함수가 달라지면 다른 강화학습 문제라고 할 수 있다.

그림 2-1은 에이전트와 환경의 상호작용을 보여주고 있다. 타임 스텝 t는 에이전트와 환경이 상호작용을 하는 시점으로 $t=1, 2,..., T$로 표기한다(단, 종료 조건이 없는 경우 $T=\infty$일 수 있다). 이 과정에서 MDP의 구성 요소들이 어떤 역할을 하는지 알 수 있을 것이다.

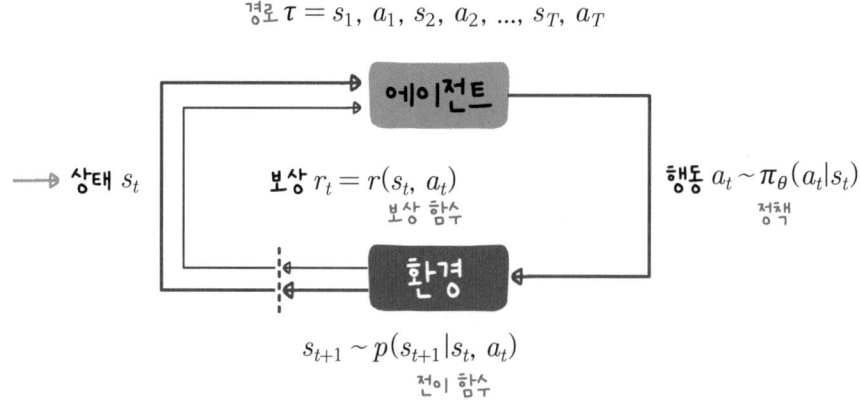

그림 2-1 에이전트와 환경의 상호작용

전체 상호작용 과정은 다음과 같다.

- **환경**은 초기 상태 s_1에서 시작한다.

- **에이전트**는 상태 s_1을 인식하고 **정책**^Policy $\pi_\theta(a_1|s_1)$을 이용해 행동 a_1을 실행한다. 정책 $\pi_\theta(a_t|s_t)$는 환경의 상태에 따라 행동을 출력하는 함수이다.

- **환경**은 보상 함수 $r(s_1, a_1)$를 이용해서 에이전트의 행동 a_1에 대해 보상 r_1을 주고, 전이 함수 $p(s_2|s_1, a_1)$를 이용해서 다음 상태 s_2로 전이한다.

- **에이전트**는 보상 r_1을 받고 상태 s_2를 인식해서 행동 a_2를 실행한다.

- **환경**은 행동 a_2에 대해 보상 r_2를 주고 다음 상태 s_3으로 전이한다.

- 이러한 에이전트와 환경의 상호작용은 종료 상태에 도달할 때까지 반복된다.

이 과정에서 **경로**trajectory τ가 생성된다. 경로 τ는 각 타입 스텝의 상태 s_t와 행동 a_t로 구성된다.

$$\tau = s_1, \ a_1, \ s_2, \ a_2, \ ..., \ s_T, \ a_T$$

이와 같이 에이전트와 환경이 상호작용을 하는 과정을 **마르코프 결정 과정**이라고 부른다. 이렇게 불리는 이유는 전이 함수 $p(s_{t+1}|s_t, a_t)$와 정책 $\pi_\theta(a_t|s_t)$, 보상 함수 $r(s_t, a_t)$가 **마르코프 속성**Markov Property을 갖고 있기 때문이다. 이를 통해 상태와 행동이 변화하는 일련의 **확률 프로세스**stochastic process가 진행된다.[2]

> **조금 더 알아보자면**   **마르코프 속성**
>
> 마르코프 속성은 주어진 상태가 이후의 상태에 필요한 모든 정보를 제공하는 성질을 말한다. 즉, 현재 상태가 주어지면 미래 상태는 과거의 상태와 무관하게 현재 상태만으로 결정된다. 이는 확률 프로세스의 **메모리리스**memoryless 성질로 과거의 상태를 일일이 기억하고 있지 않아도 된다.
>
>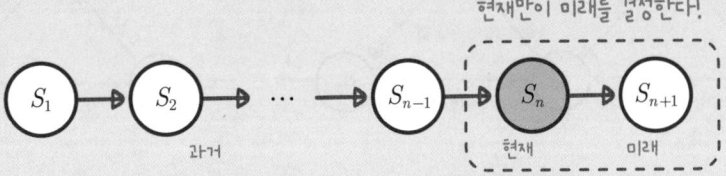
>
> 그림 2-2 현재만이 미래를 결정하는 마르코프 속성
>
> 마르코프 속성을 수학적으로 표현하면 다음과 같다.
>
> $$P(S_{n+1}|S_n, ..., S_2, S_1) = P(S_{n+1}|S_n)$$
>
> 강화학습에서 마르코프 속성은 매우 중요하다. 마르코프 속성을 갖게 되면 문제가 단순해지고 그에 따라 해결 방안도 단순해지기 때문이다. 예를 들어 전이 함수와 보상 함수를 정의할 때 과거의 모든 상태를 저장하고 처리할 필요가 없이 현재의 상태와 행동만으로 정의할 수 있고, 정책도 현재의 상태와 행동만으로 학습할 수 있게 된다.

---

2   확률 프로세스는 시간의 진행에 따라 확률적인 변화를 갖는 구조를 말한다.

1장에서 강화학습은 **에이전트가 환경과의 상호작용을 통해 보상을 최대화하는 행동을 학습하는 방식**이라고 정의했다. 이제 MDP를 정의했으므로 MDP 상에서 강화학습을 구체화해서 정의해 보면 다음과 같이 정의할 수 있다.

> 강화학습은 **MDP가 정의하는 환경 안에서** 에이전트가 환경과의 상호작용을 할 때 보상을 최대화하는 행동을 결정하는 **최적의 정책**을 학습하는 방식이다.

2.1.2 MDP의 확률 그래프 모델

MDP 상에서 에이전트와 환경이 상호작용을 하는 과정을 **확률 그래프 모델**Probabilistic Graphical Model[3]로 표현해 보면 경로의 확률 분포 $p_\theta(\tau)$를 쉽게 정의할 수 있다. 그림 2-3에는 MDP의 확률 그래프 모델이 그려져 있다.

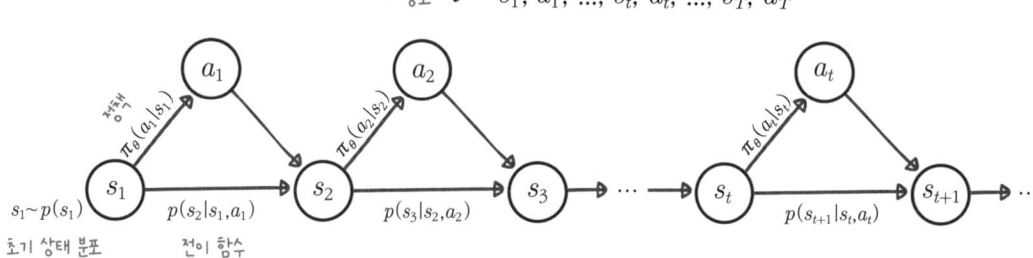

그림 2-3 경로의 분포에 대한 확률 그래프 모델

확률 그래프 모델의 노드와 에지는 경로 $\tau = s_1, a_1, s_2, a_2, ..., s_T, a_T$가 생성된 순서에 따라 만들어진다. 그 과정을 설명하면 다음과 같다.

- 초기 상태 분포인 $p(s_1)$를 나타내는 시작 노드 s_1을 만든다.

---

3 확률 그래프 모델은 베이지안 네트워크(bayesian network)라고도 하며 변수 간의 의존 관계를 그래프로 표현한 모델로, 많은 변수의 복잡한 관계를 세밀하게 표현할 수 있다. 확률 그래프 모델은 시작 노드를 제외한 모든 노드에 조건부 확률이 표현되며, 전체 확률의 결합 확률 분포(Joint Probability)는 각 노드에 표현된 조건부 확률의 곱으로 정의된다.

- $t=1$에서 다음과 같이 그래프를 확장한다.
  - 정책 $\pi_\theta(a_1|s_1)$에 따라 노드 a_1을 만들고 (s_1, a_1)를 에지로 연결한다. 이때 노드 a_1은 조건부 확률 $\pi_\theta(a_1|s_1)$를 나타낸다.
  - 전이 함수 $p(s_2|s_1, a_1)$에 따라 노드 s_2를 만들고 (s_1, s_2), (a_1, s_2)를 에지로 연결한다. 이때 노드 s_2는 조건부 확률 $p(s_2|s_1, a_1)$을 나타낸다.
- 같은 방식으로 단계 t에서도 다음과 같이 그래프를 확장한다.
  - $\pi_\theta(a_t|s_t)$에 따라 노드 a_t를 만들고 (s_t, a_t)를 에지로 연결한다. 이때 노드 a_t는 조건부 확률 $\pi_\theta(a_t|s_t)$를 나타낸다.
  - $p(s_{t+1}|s_t, a_t)$에 따라 노드 s_{t+1}을 만들고 (s_t, s_{t+1})와 (a_t, s_{t+1})을 에지로 연결한다. 이때 노드 s_{t+1}은 조건부 확률 $p(s_{t+1}|s_t, a_t)$를 나타낸다.

확률 그래프 모델이 만들어지면 각 노드가 표현하는 확률 분포를 곱해서 전체 그래프의 결합 확률 분포를 표현할 수 있다. 그 결과 경로의 확률 분포인 $p_\theta(\tau)$는 다음과 같이 정의된다.

$$p_\theta(\tau) = \underbrace{p(s_1)}_{\text{초기 상태 분포}} \prod_{t=1}^{T} \underbrace{\pi_\theta(a_t|s_t)}_{\text{정책}} \underbrace{p(s_{t+1}|s_t, a_t)}_{\text{전이 함수}}$$

경로의 분포 $p_\theta(\tau)$가 초기 상태의 분포 $p(s_1)$와 타임 스텝별 정책 $\pi_\theta(a_t|s_t)$과 전이 함수 $p(s_{t+1}|s_t, a_t)$가 표현하는 확률 분포의 곱으로 표현됐다. 에이전트와 환경의 상호작용 순서대로 함수가 곱해져 있는 형태라는 것을 기억해두자.

2.1.3 강화학습의 목표

MDP에서 강화학습의 목표는 에이전트가 환경과 상호작용을 하며 이동하는 경로와 보상을 시각화하면 직관적으로 이해할 수 있다. 그림 2-4에는 (시간, 상태, 보상)으로 이뤄진 3차원 공간에서 에이전트가 이동하는 위치에 따라 받을 수 있는 보상의 그래프가 그려져 있다. 에이전트는 환경과 상호작용을 하며 시간의 차원을 따라 한 칸씩 이동한다. 그에 따라 환경의 상태는 변화하고 에이전트가 받을 수 있는 보상도 달라진다. 이 공간에서 에이전트는 어떤 경로로 이동해야 보상을 최대화할 수 있을까?

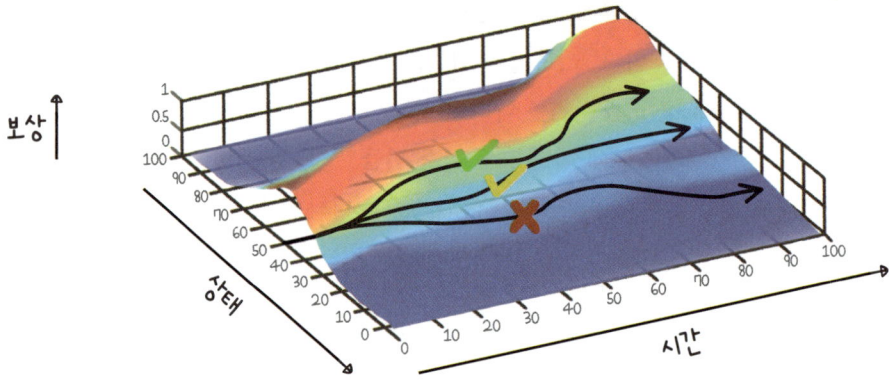

그림 2-4 (시간, 상태, 보상) 공간

그림 2-4에 그려진 세 가지 경로를 고려해 본다면 가장 아래의 파란색 영역을 지나는 경로보다는 가장 위쪽의 빨간색 산등성이를 따라 이동하는 경로가 보상이 클 것이다. 강화학습의 목표는 에이전트가 그림 2-5에 박스로 표현된 영역을 지나는 경로와 같이 보상이 최대화되는 경로로 가도록 만드는 것이다.

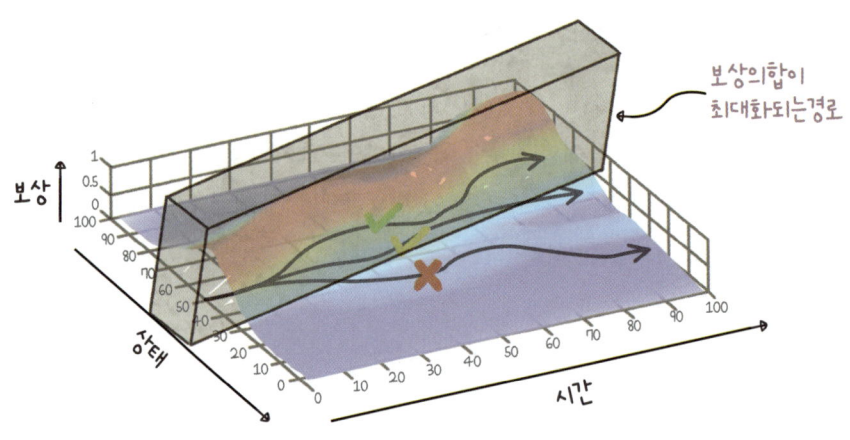

그림 2-5 보상의 합이 최대화되는 경로

이러한 강화학습의 목표를 수식으로 정의하면 다음과 같다. 이 식은 경로 τ에서 기대하는 **보상의 합**sum of reward을 최대화하는 정책을 학습하는 것을 목표로 한다.

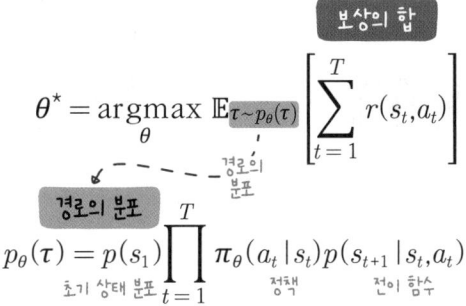

조금 더 구체적으로 설명하면 경로 τ에서 기대하는 보상의 합을 최대화하는 경로의 분포 $p_\theta(\tau)$의 파라미터 θ를 찾고 있는 것이다. 그림 2-5에서 보상이 최대화되는 경로를 찾는 과정과 이 식에서 표현하는 의미가 같지 않은가? 그렇다면 경로의 분포 $p_\theta(\tau)$의 파라미터 θ는 어떤 모델의 파라미터일까? $p_\theta(\tau)$의 식을 확인해 보면 알 수 있다.

$$p_\theta(\tau) = p(s_1)\prod_{t=1}^{T} \pi_\theta(a_t|s_t)p(s_{t+1}|s_t,a_t)$$

이 식에서 초기 상태 분포 $p(s_1)$와 전이 함수 $p(s_{t+1}|s_t,a_t)$는 환경의 함수이므로 변하지 않으며 오직 정책 $\pi_\theta(a_t|s_t)$만이 학습으로 바꿀 수 있다. 따라서 강화학습의 목표를 달성하기 위해 찾아야 할 파라미터 θ는 정책의 파라미터이다.[4] 이로써 강화학습의 목표는 **경로에서 기대하는 보상의 합을 최대화하는 정책을 찾는 것**임이 확인됐다.

2.2 강화학습 알고리즘의 종류

앞에서 MDP를 통해 강화학습의 정의와 목표를 구체적으로 정의해 봤다. 강화학습의 목표를 달성하기 위한 알고리즘에는 어떤 것들이 있을까? 그림 2-6에는 강화학습의 알고리즘 종류가 그려져 있다.

---

[4] θ는 $p_\theta(\tau)$를 구성하는 정책 $\pi_\theta(a_t|s_t)$를 직간접적으로 표현하는 파라미터이다. 강화학습 알고리즘에 따라 정책을 학습하기 위해 관여하는 모델의 범위가 달라지기 때문에 실제 이들을 모두 포괄하는 파라미터라고 할 수 있다.

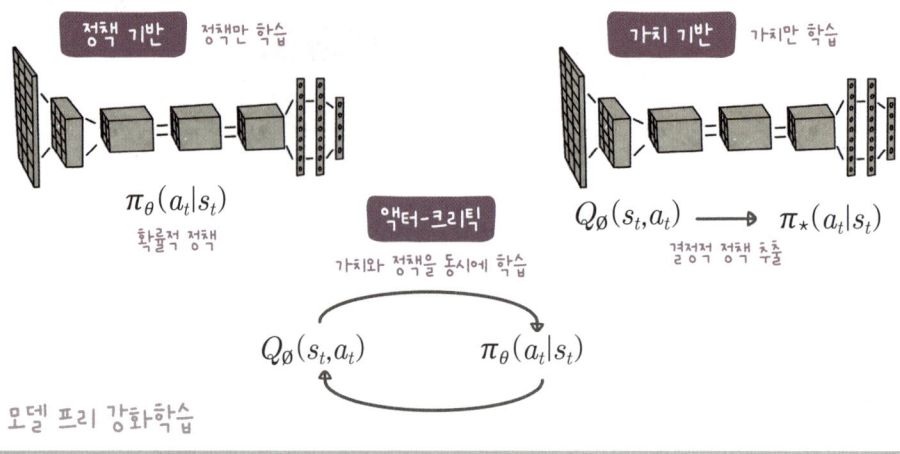

그림 2-6 강화학습 알고리즘의 종류

에이전트가 환경의 물리 법칙인 **동역학**을 알고 있다면 어떤 능력이 생길까?[5] 에이전트는 환경과 상호작용을 하지 않아도 자신이 한 행동에 대해 환경이 어떤 상태로 바뀔지 알 수 있다. 그리고, 이 능력을 확장해서 미래의 일련의 행동을 한꺼번에 **계획**Planning할 수 있다. 그렇다면 동역학은 어떻게 알 수 있을까? 제한된 환경에서는 동역학을 수식으로 정확히 모델링할 수 있으며, 복잡한 환경에서는 동역학 모델을 정의하고 데이터를 기반으로 학습할 수도 있다. 특히 에이전트가 매우 빠르게 움직여야 하는 제어 영역에서는 연속적인 행동을 한꺼번에 결정할 필요가 있는데 그럴 때 동역학 모델이 필요하다. 이와 같이 에이전트가 동역학 모델을 갖고 있으면서 행동을 계획하고 정책을 만드는 방식을 **모델 기반 강화학습**Model-based RL이라고 한다.

하지만 대부분의 실세계 환경에서는 동역학이 매우 복잡하기 때문에 동역학 모델을 만들기도 어렵고 그 과정도 번거로울 수밖에 없다. 그래서 동역학 모델 없이도 환경의 상

---

5 환경에서 동역학은 에이전트가 특정 상태에서 가능한 행동을 선택했을 때 다음 상태로 이동하는 과정을 나타낸다. 환경의 전이 함수는 동역학을 함수로 표현한 것이다.

태를 관측하고 그에 따라 행동을 결정하기 위한 정책을 학습할 수 있는데 이런 방식을 **모델 프리 강화학습**(Model-free RL)이라고 한다. 모델 프리 강화학습은 다시 ❶ 정책을 바로 학습하는지, ❷ **가치**(value)를 학습한 후 이를 이용해서 정책을 학습하는지, 혹은 ❸ 가치만 학습해서 정책을 추출하는지에 따라 **정책 기반 방법, 액터-크리틱 방법, 가치 기반 방법**으로 나뉜다. 정책 기반 방법, 액터-크리틱 방법, 가치 기반 방법과 모델 기반 강화학습이 어떤 배경으로 나오게 됐는지 조금 더 자세히 살펴보자.

2.2.1 정책 기반 방법

정책 기반 방법은 강화학습의 목표에 따라 정책 모델을 직접적으로 학습하는 방법이다.

$$\theta^\star = \underset{\theta}{\mathrm{argmax}}\ \mathbb{E}_{\tau \sim p_\theta(\tau)} \left[\sum_{t=1}^{T} r(s_t, a_t) \right]$$

(강화학습의 목표 / 경로의 분포 / 보상의 합)

특히 정책을 딥러닝 모델로 정의하고 **경사 하강법**(Gradient Descent)으로 학습하는 알고리즘을 **폴리시 그레이디언트**(Policy Gradient)라고 한다. 그림 2-7에는 폴리시 그레이디언트의 목적 함수와 정책 모델이 그려져 있다.

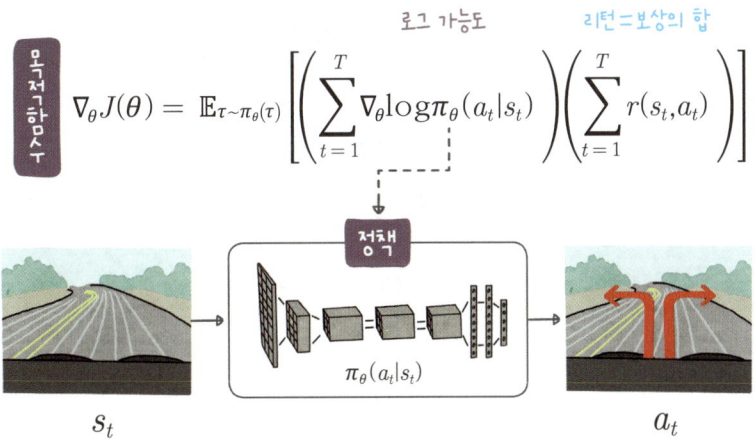

그림 2-7 폴리시 그레이디언트 방법

정책 $\pi_\theta(a_t|s_t)$는 상태 s_t를 입력받아서 행동 a_t의 확률 분포를 출력하는 **확률적 정책**^{Stochastic Policy}으로 정의된다. 목적 함수는 강화학습의 목표 식에서 직접 유도할 수 있다. 자세한 유도 과정은 7장에서 설명한다. 목적 함수는 **로그 가능도**^{Log Likelihood}[6]와 보상의 합[7]으로 구성되는데 보상의 합이 없다면 **최대 가능도 추정**^{MLE, Maximum Likelihood Estimation}을 위한 목적 함수와 같아진다. 그래서 보상의 합은 로그 가능도의 가중치 역할을 하고, 학습 과정에서 보상의 합과 모델의 예측 확률인 가능도가 최대화되는 정책 $\pi_\theta(a_t|s_t)$을 만들게 된다.

2.2.2 액터-크리틱 방법

폴리시 그레이디언트의 취약점은 목적 함수의 분산이 높다는 것이다. 목적 함수의 분산이 높으면 모델에 같은 입력이 들어와도 목적 함수 값이 급격히 커지거나 작아지기 때문에 모델이 안정적으로 수렴하지 못하고 학습이 불안정해진다. 폴리시 그레이디언트는 왜 이런 문제를 갖고 있을까? 그림 2-8과 같이 현재 상태를 s_t라고 하면 이 상태에서 갈 수 있는 경로는 매우 많다. 그런데 폴리시 그레이디언트의 목적 함수를 보면 이 중 한 경로에 대해서만 보상의 합을 계산하고 있기 때문에 어떤 경로를 선택했는지에 따라 보상의 합이 크게 달라질 수 있는 것이다. 목적 함수의 분산을 줄이려면 어떻게 해야 할까?

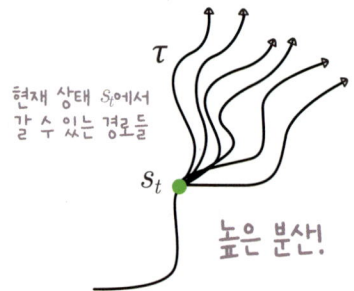

그림 2-8 폴리시 그레이디언트 방법의 목적 함수가 분산이 높은 이유

---

6 가능도는 모델이 예측하는 데이터의 발생 확률을 의미한다. 최대 가능도 추정은 데이터를 가장 잘 표현하는 확률 분포의 매개변수를 추정하는 방법이다. 특정 확률 모델 하에서 관측 데이터의 발생 가능성을 최대화하는 매개변수를 찾는 것을 목표로 하며, 이때 목적 함수는 로그 가능도로 표현한다.

7 보상의 합은 리턴(return)이라고 부른다.

폴리시 그레이디언트의 목적 함수의 분산을 낮추기 위해 **보상의 합을 보상의 합의 기댓값**으로 바꿔서 학습하는 방법을 **액터-크리틱 방법**이라고 한다. 이때 보상의 합의 기댓값을 **가치**라고 부르며, 가치를 $Q_\pi(s_t, a_t)$와 같이 상태와 행동의 함수로 정의하면 **가치 함수**^{Value Function}가 된다. 다음 액터-크리틱 방법의 목적 함수를 보면 보상의 합을 가치 함수로 바꿔서 정의하고 있다.

$$\nabla_\theta J(\theta) = \mathbb{E}_{\tau \sim \pi_\theta(\tau)} \left[\sum_{t=1}^{T} \nabla_\theta \log \pi_\theta(a_t|s_t) \left(\sum_{t'=t}^{T} r(s_{t'}, a_{t'}) \right) \right]$$

미래에 받을 보상의 합

분산이 커지지 않도록 기댓값을 취함

$$\nabla_\theta J(\theta) = \mathbb{E}_{\tau \sim \pi_\theta(\tau)} \left[\sum_{t=1}^{T} \nabla_\theta \log \pi_\theta(a_t|s_t) Q_\pi(s_t, a_t) \right]$$

가치 함수

미래의 받을 보상의 합의 기댓값

이렇게 목적 함수에 가치 함수를 적용하려면 가치 함수를 별도의 모델로 정의해서 학습해야 한다. 그림 2-9에는 액터-크리틱 방법에서 가치 함수와 정책을 번갈아 가며 학습하는 모습이 그려져 있다. 가치의 정의와 액터-크리틱 방법에 대한 자세한 내용은 12장에서 살펴볼 것이다.

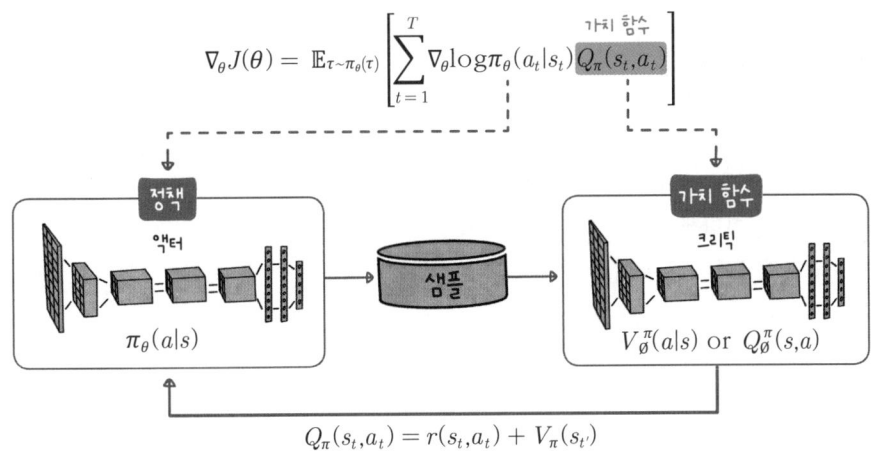

그림 2-9 액터-크리틱 방법

2.2.3 가치 기반 방법

정책이 없더라도 가치 함수만 있다면 가치가 가장 큰 행동을 선택해서 최적 경로로 이동할 수 있다. **가치 기반 방법**은 가치 함수를 학습해서 가치만으로 최적의 행동을 선택하는 방식이다. 그림 2-10에는 가치 기반 방법이 그려져 있다.

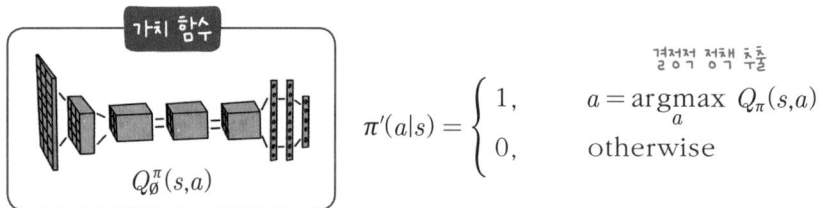

그림 2-10 가치 기반 방법

가치 기반 방법에서는 가치 함수 $Q_\pi(s,a)$를 학습해서 현재 상태에서 취할 수 있는 행동 중 가치가 가장 큰 행동을 선택한다. 정책이 명시적으로 정의돼 있지는 않지만 가치가 가장 큰 행동을 선택하는 과정 자체가 암묵적인 정책을 실행하는 과정으로 볼 수 있다. 이를 확률적 정책 $\pi'(a|s)$로 표현하면 가치가 가장 큰 행동 a의 확률은 1이고 나머지 행동의 확률은 0이 된다. 같은 상태에서는 항상 같은 행동을 결정하기 때문에 **결정적 정책**Deterministic Policy이라고 할 수 있다. 이와 같이 가치 기반 방법은 가치 함수에서 가치가 가장 큰 행동을 선택해 암묵적으로 결정적 정책을 추출하는 방식을 갖는다.

2.2.4 모델 기반 방법

모델 기반 강화학습은 에이전트가 동역학 모델을 이용해서 행동을 계획하고 정책을 만드는 방법이다. 그림 2-11과 같이 환경에는 동역학을 나타내는 상태 전이 함수 $p(s_{t+1}|s_t,a_t)$가 정의돼 있고 에이전트는 환경의 전이 함수를 모델링 한 동역학 모델을 갖고 있다. 에이전트가 동역학 모델을 갖고 있으면 실제 행동을 해 보지 않아도 행동으로 인한 환경의 변화를 예측할 수 있기 때문에 현재 상태를 목표 상태로 만드는 일련의 행동을 계획할 수 있다.

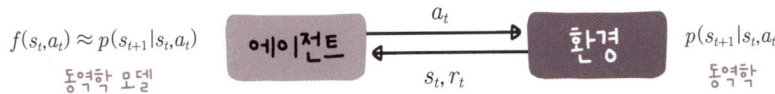

그림 2-11 모델 기반 방법

예를 들어 그림 2-12와 같은 로봇 팔^{robot manipulator}이 있다고 하자. 강화학습에서 로봇 팔의 제어를 담당하는 컨트롤러는 에이전트가 되고 이를 제외한 나머지 부분이 환경이 된다. 환경의 상태는 관절의 위치와 방향, 토크, 가속도와 같은 값이 되고 에이전트의 행동은 관절의 액추에이터를 제어하는 명령이 된다.

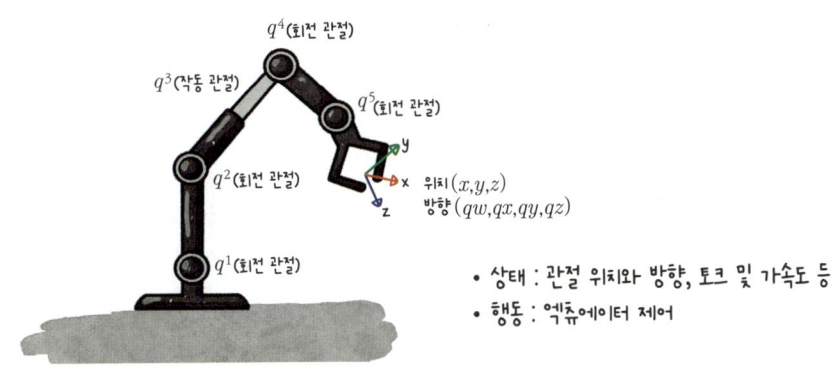

그림 2-12 로봇 팔

일반적으로 로봇 팔의 동역학 모델은 다음과 같은 변수로 정의된다.

- **로봇 구조**^{Geometry}: 링크의 길이, 관절의 위치, 링크 사이의 상대적인 위치 및 방향 등

- **마찰 계수**: 관절에 작용하는 저항력

- **링크의 물리적 특성**: 질량, 관성 텐서, 무게 중심 위치과 같은 각 링크의 물리적 특성

- **외부 힘/토크**: 작업 수행 중 각 관절에 가해지거나 필요로 하는 외부 힘과 모멘트

- **제약**^{Constraint}: 링크 간 충돌 회피, 관절 범위 제한 등 운동 가능 영역과 안전을 보장하기 위한 제약 사항

에이전트는 동역학 모델을 이용해서 일련의 행동을 계획할 수 있다. 계획이란 시작 상태에서 목표 상태까지 장애물과 충돌을 피하는 연속적인 행동을 생성하는 과정을 말한다.[8]

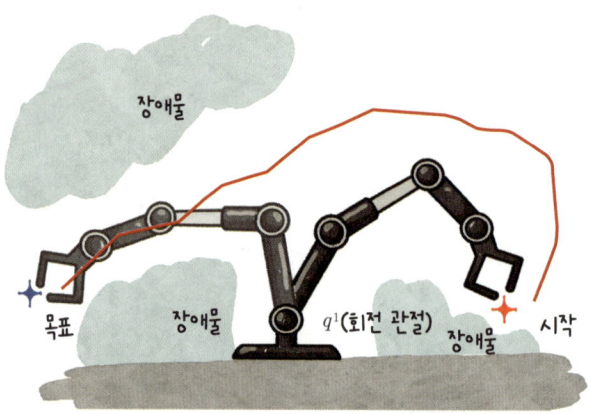

그림 2-13 로봇 팔의 경로 계획

에이전트가 계획할 때는 그림 2-14와 같이 상태 s_1을 인식하고 연속적인 행동 $a_1,...,a_T$를 출력한다. 이때 $a_1,...,a_T$는 보상의 합을 최대화하는 행동으로 선택되며, 행동 a_t를 선택할 때마다 동역학 모델 $f(s_t,a_t)$를 이용해 다음 상태 s_{t+1}을 예측한다. 이렇게 행동을 계획한 후에는 필요에 따라 **정책 탐색**$^{Policy\ Search}$ 기법으로 정책을 만들 수 있다.

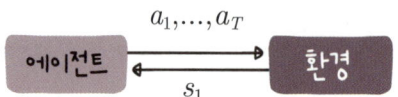

$$a_1,...,a_T = \underset{a_1,...,a_T}{\mathrm{argmax}} \sum_{t=1}^{T} r(s_t,a_t) \quad \text{s.t.} \quad s_{t+1} = f(s_t,a_t)$$

그림 2-14 최적 경로 계획

---

8   계획에는 랜덤 슈팅 방법(random shooting method), 코로케이션 방법(collocation method), 크로스 엔트로피 방법(CEM, Cross entropy method) 등의 확률적 최적화 방법과 LQR(Linear Quadratic Regulator), iLQR(Iterative LRQ)과 같은 경로 최적화 방법이 있다.

모델 기반 강화학습의 기본적인 학습과정을 의사코드로 살펴보면 다음과 같다.

> **모델 기반 강화학습**
>
> 1. 기본 정책 $\pi_0(a|s)$을 실행해서 데이터셋 $\mathcal{D} = \{(s,a,s')_i\}$ 수집
> 2. 동역학 모델 $f(s,a)$을 $\sum_i \|f(s_i,a_i) - s'_i\|^2$를 최소화 하도록 학습
> 3. $f(s,a)$를 이용해서 행동을 계획
> 4. 행동을 실행하고 결과 데이터 $\{(s,a,s')_i\}$를 $\mathcal{D}$에 추가

기본 정책을 실행해서 데이터셋을 수집한다. 기본 정책은 랜덤 정책일 수 있다. 수집된 데이터셋으로 동역학 모델을 학습한다.[9] 이때 다음 상태를 타깃으로 해서 **제곱 오차의 합**Sum of Squared Error이 최소화되도록 학습한다. 그리고 동역학 모델을 이용해서 일련의 행동을 계획한다. 계획한 행동을 실행해서 그 결과를 데이터셋에 추가한다. 동역학 모델이 수렴할 때까지 이 과정을 반복한다.

2.3 강화학습의 학습 단계

강화학습은 ❶ 데이터 수집 ❷ 정책 평가 ❸ 정책 개선의 단계로 구성된다. 그림 2-15는 다양한 강화학습 알고리즘이 각 단계에서 수행하는 일들을 보여주고 있다.

---

9 동역학 모델 $f(s,a)$는 전역 모델이냐, 지역 모델이냐에 따라 딥러닝 모델 또는 선형 모델을 이용해서 학습할 수 있다. 단, 이 책에서는 모델 기반 강화학습의 알고리즘 소개와 구현은 다루지 않고 있다.

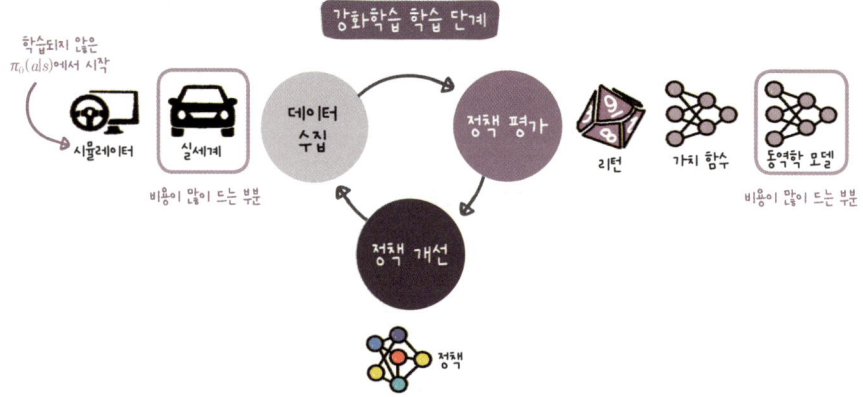

그림 2-15 강화학습의 학습 단계

강화학습 알고리즘이 학습 단계별로 수행하는 일은 다음과 같다.

- **데이터 수집**: 에이전트와 환경의 상호작용을 통해 데이터를 수집한다. 학습을 시작하면 정책 $\pi_0(a|s)$는 학습되지 않은 상태이므로 에이전트는 무작위 행동을 보인다. 하지만 학습 과정에서 정책이 개선되면서 점점 최적 행동으로 바뀌게 된다. 정책이 개선될 때마다 수집한 데이터의 분포는 이전에 수집한 데이터의 분포와 달라지므로, 최신 데이터로만 학습할지 과거에 수집했던 데이터까지 포함해서 학습할지는 의사결정을 해야 한다. 강화학습 환경은 게임이나 시뮬레이터와 같은 **가상의 환경**이 될 수도 있고 로봇이나 자율주행과 같은 **실세계 환경**일 수도 있다. 가상의 환경에서는 데이터 수집이 쉽고 비용도 저렴하므로 최신 데이터로만 학습해도 되지만, 실세계 환경에서는 데이터 수집이 어렵고 비용이 많이 들기 때문에 과거에 수집했던 데이터를 활용해서 학습해야 할 수도 있다. 최신 데이터로만 학습한다면 **온라인 정책**On-Policy 알고리즘으로 학습해야 하고 과거에 수집했던 데이터로 학습해야 한다면 **오프라인 정책**Off-Policy 알고리즘으로 학습해야 한다.

- **정책 평가**Policy Estimation: 정책이 결정한 행동이 보상을 최대화하는 행동인지를 평가하기 위해 리턴을 계산하거나 가치 함수를 학습한다. 이 단계는 동역학 모델의 학습도 포함한다.

- **정책 개선**Policy Improvement: 정책 평가 단계에서 계산된 리턴이나 학습된 가치 함수를 이용해서 정책을 개선한다. 모델 기반 강화학습의 경우 동역학 모델을 이용해서 행동을 계획하고 정책을 탐색한다.

알고리즘의 종류에 따라 각 단계에서 수행하는 내용이 어떻게 달라지는지 살펴보자.

2.3.1 정책 기반 방법 학습 단계

정책 기반 방법의 경우 학습 단계에서 다음과 같은 작업을 수행한다.

- **정책 평가 단계**: 수집된 경로 데이터에 대해 리턴을 계산한다. 일부 경로에 대해 리턴을 계산하기 때문에 **몬테카를로 리턴**Monte-Carlo Return이라고 부른다.[10]

- **정책 개선 단계**: 행동의 확률 분포를 출력하는 **확률적 정책**을 학습한다. 정책이 딥러닝 모델이면 경사하강법으로 학습한다.

- **데이터 수집 단계**: 정책을 실행해 데이터를 수집한다.

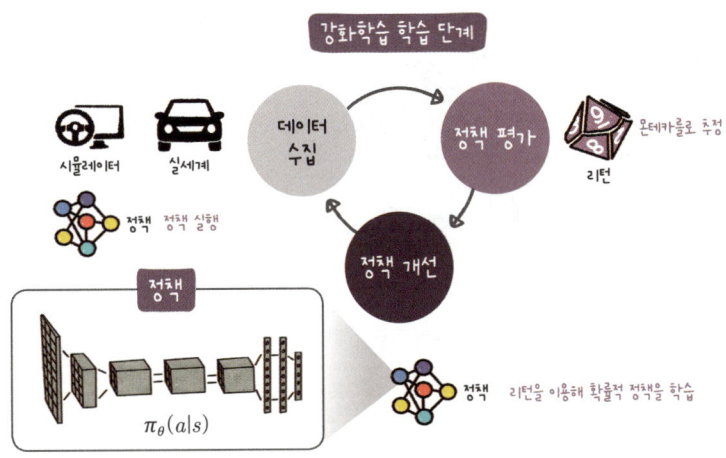

그림 2-16 정책 기반 방법의 학습 단계

---

10 몬테카를로 추정은 확률적인 시뮬레이션을 통해 근사해를 구하는 방법이다. 랜덤 샘플링을 통해 실험을 반복하면 근삿값을 계산할 수 있다.

2.3.2 액터-크리틱 방법 학습 단계

액터-크리틱 방법은 학습 단계에서 다음과 같은 작업을 수행한다.

- **정책 평가 단계**: 알고리즘에 따라 **상태 기반의 가치 함수**State-based Value Function 또는 **행동 기반의 가치 함수**Action-based Value Function를 학습한다.[11]

- **정책 개선 단계**: 가치 함수를 이용해서 **가치** 또는 **이득**Advantage을 계산해서 정책을 학습한다. 이때 정책은 **확률적 정책**이거나 **결정적 정책**일 수 있다.

- **데이터 수집 단계**: 정책을 실행해 데이터를 수집한다.

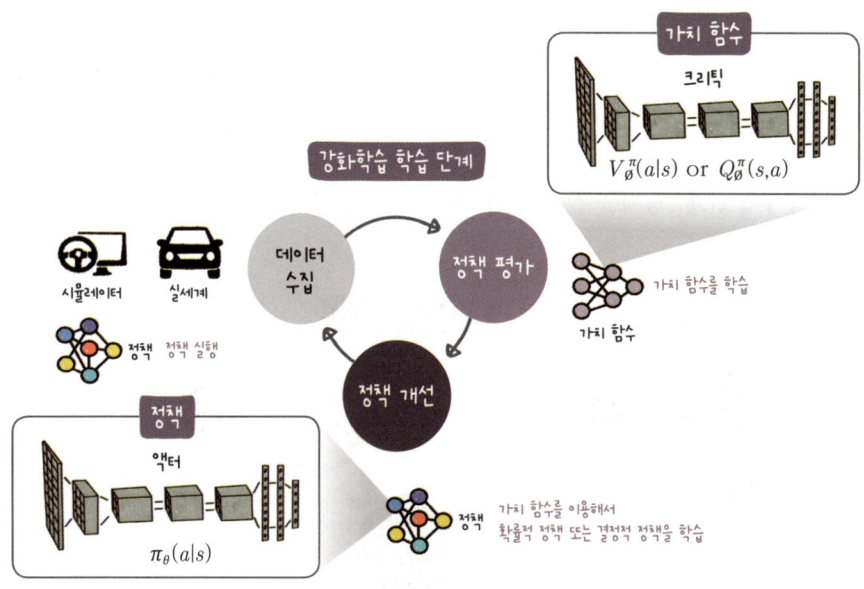

그림 2-17 액터-크리틱 방법의 학습 단계

2.3.3 가치 기반 방법 학습 단계

가치 기반 방법은 학습 단계에서 다음과 같은 작업을 수행한다.

---

11 상태 기반의 가치 함수와 행동 기반의 가치 함수, 이득은 15장에서 자세히 설명하며, 확률적 정책과 결정적 정책은 10장에서 자세히 설명한다.

- **정책 평가 단계**: 알고리즘에 따라 **상태 기반의 가치 함수** 또는 **행동 기반의 가치 함수**를 학습한다.

- **정책 개선 단계**: 정책 모델이 없으므로 정책 개선 과정도 없다.

- **데이터 수집 단계**: 가치 함수에서 가치가 가장 큰 행동을 선택하는 **결정적 정책**을 추출해 데이터를 수집한다.

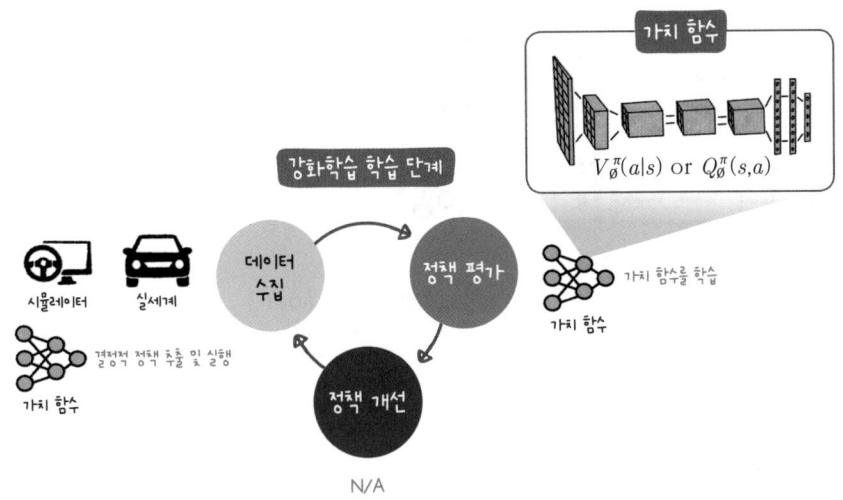

그림 2-18 가치 기반 방법의 학습 단계

2.3.4 모델 기반 방법 학습 단계

모델 기반 방법은 학습 단계에서 다음과 같은 작업을 수행한다.

- **정책 평가 단계**: 동역학 모델을 학습한다.

- **정책 개선 단계**: 행동을 계획하고 필요에 따라 정책을 탐색한다.

- **데이터 수집 단계**: 계획된 행동을 실행하면서 데이터를 수집한다.

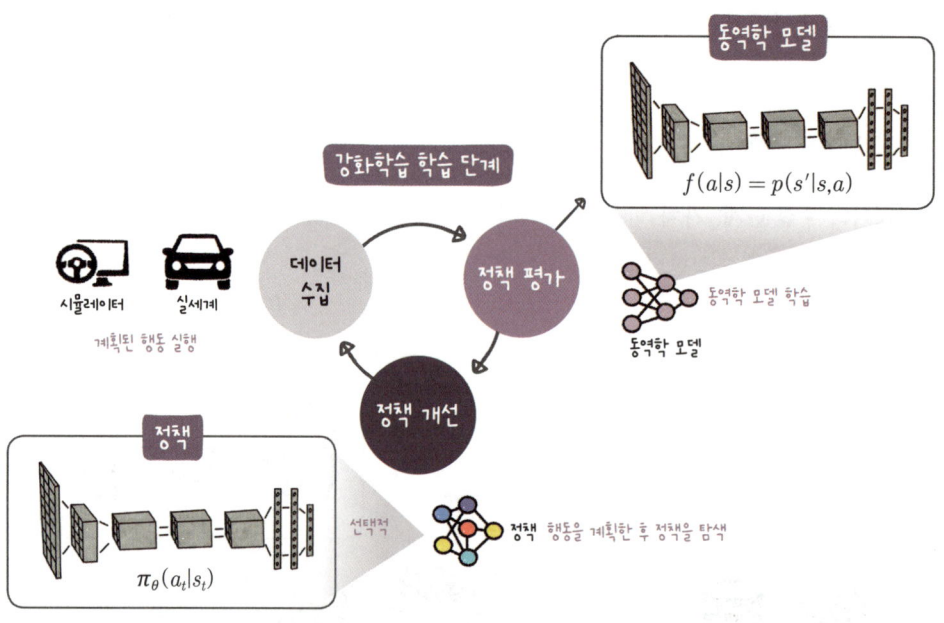

그림 2-19 모델 기반 방법 학습 단계

2.4 알고리즘 선택 기준

앞에서 강화학습 알고리즘의 종류에 대해 살펴봤다. 문제를 해결하기 위해 강화학습 알고리즘을 선택해야 한다면 어떤 기준으로 선택해야 할까?

그림 2-20 강화학습 알고리즘의 선택

2.4.1 알고리즘 선택 기준

강화학습 알고리즘을 선택할 때는 **문제의 종류, 알고리즘의 가정 사항, 알고리즘 간의 트레이드 오프**를 고려해야 한다.

- **문제의 종류**: 정책을 표현하기가 쉬운가? vs. 동역학을 표현하기가 쉬운가?
- **알고리즘의 가정 사항**: 연속 행동 vs. 이산 행동, 에피소드^{Episode}[12] 실행 vs. 무한 실행, 확률 정책 vs. 결정적 정책
- **알고리즘 간의 트레이드 오프**: 안정성^{Stability} vs. 사용 용이성$^{Ease\ of\ Use}$ vs. 데이터 효율성$^{Data\ Efficiency}$

문제의 종류

경험을 통해 쉽게 학습할 수 있는 문제라면 모델 프리 강화학습 알고리즘을 선택하는 것이 좋다. 반면에 환경의 물리적 규칙과 제한 사항을 정확히 모델링할 수 있거나 제한된 환경에서 시스템의 동작을 정밀하게 측정할 수 있는 경우 동역학 모델을 표현하기가 쉬우므로 모델 기반 강화학습 알고리즘을 선택하는 것이 좋다.

알고리즘의 가정 사항

내가 풀어야 하는 문제의 성격과 알고리즘의 가정 사항이 일치하는지 확인한다. 예를 들어 문제는 연속 행동인데 이산 행동만 지원하는 알고리즘은 사용할 수 없으며 반대로 문제는 이산 행동인데 연속 행동만 지원하는 알고리즘은 사용할 수 없다. 또한 환경이 에피소드 단위로 실행하는지, 무한히 실행하는지에 따라 선택해야 하는 알고리즘에도 차이가 있다. 에피소드 단위로 학습해야만 하는 알고리즘이 있는 반면 무한히 실행하는 경우에도 학습이 가능한 알고리즘이 있다. 확률적 정책과 결정적 정책을 선택할 때에는 동일한 상태에서 같은 행동을 하는 것이 효과적인지 또는 다양한 대응이 필요한지에 따라 선택한다.

---

12 에피소드란 에이전트가 환경과 상호작용하는 시작부터 종료까지의 하나의 완전한 경험 시퀀스를 의미한다.

알고리즘 간 트레이드 오프

알고리즘의 안정성과 사용 용이성, 데이터 효율성은 서로 트레이드 오프가 있으므로 문제와 상황에 맞춰 선택할 필요가 있다.

- **알고리즘의 안정성**: 알고리즘이 항상 수렴하고 올바른 해를 주는지를 나타낸다.

- **사용 용이성**: 알고리즘이 간단하고 구현하기 쉬운가를 나타낸다.

- **데이터 효율성**: 학습에 필요한 데이터의 양을 말한다. 데이터 효율이 높으면 적은 데이터로 최적해를 구할 수 있기 때문에 학습 속도도 빨라진다.

2.4.2 알고리즘 종류별 비교

알고리즘의 종류별로 안정성과 사용 용이성, 데이터 효율성을 살펴보면 다음과 같다.

- **정책 기반 방법**
  - **안정성**: 정책 모델을 경사하강법으로 학습하면 수렴이 보장되므로 안정성이 높다.
  - **사용 용이성**: 정책 모델만 학습하면 되므로 사용이 쉽다.
  - **데이터 효율**: 온라인 정책을 사용하는 경우 새로운 데이터를 계속해서 생성해야 하므로 데이터 효율이 낮다.

- **가치 기반 방법**
  - **안정성**: 이론적으로 가치 함수를 딥러닝 모델과 같은 비선형 함수로 정의하면 수렴을 보장하지 못한다. 따라서 가치 기반의 방법은 안정성이 낮다.
  - **사용 용이성**: 가치 함수를 학습할 때 타깃 가치 함수를 두거나 별도의 탐색 방법을 사용해야 하고, 리플레이 버퍼를 사용하는 등의 부가적인 기술을 사용해야 해서 구현이 복잡하다.
  - **데이터 효율**: 오프라인 정책을 사용하는 경우 과거 데이터를 사용해서 학습하므로 데이터 효율이 높다.

- **모델 기반 방법**
  - **안정성**: 동역학 모델은 경사하강법을 통해 수렴을 보장하지만, 좋은 동역학 모델이 최적의 정책을 보장하지는 못한다. 따라서 모델 기반 방법은 안정성이 낮다.

- **사용 용이성**: 동역학을 학습하고 행동을 계획할 때 별도의 최적화 알고리즘을 사용해야 해서 구현이 다소 복잡하다.
- **데이터 효율**: 데이터 효율이 매우 높다.

그림 2-21은 온라인 방법, 정책 기반 방법, 가치 기반 방법, 모델 기반 방법의 데이터 효율성을 비교하고 있다. 하프치타half-cheetah를 학습할 때 온라인은 15일, 정책 기반은 1.5일, 가치 기반은 3시간, 모델 기반은 5분 이내로 학습 시간이 줄어들고 있는 모습을 보여준다.

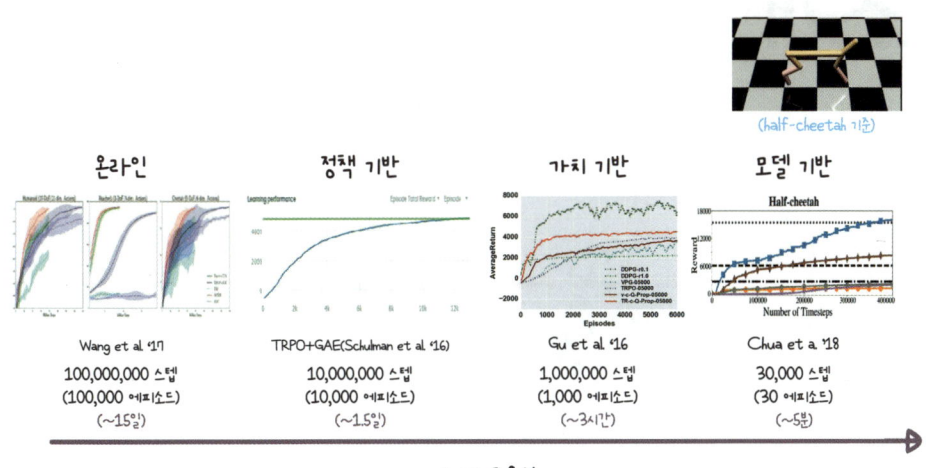

그림 2-21 알고리즘 종류별 데이터 효율성 비교

Part.2

강화학습 프레임워크 소개

이번 파트에서는 강화학습 프레임워크를 소개한다. 강화학습 프레임워크를 구성해 보면서 논리 구성과 클래스 구성을 정의하고, 강화학습 프레임워크의 소스 코드를 GitHub에서 내려받아서 이를 개발하기 위한 환경을 구성해본다.

이 책의 구성

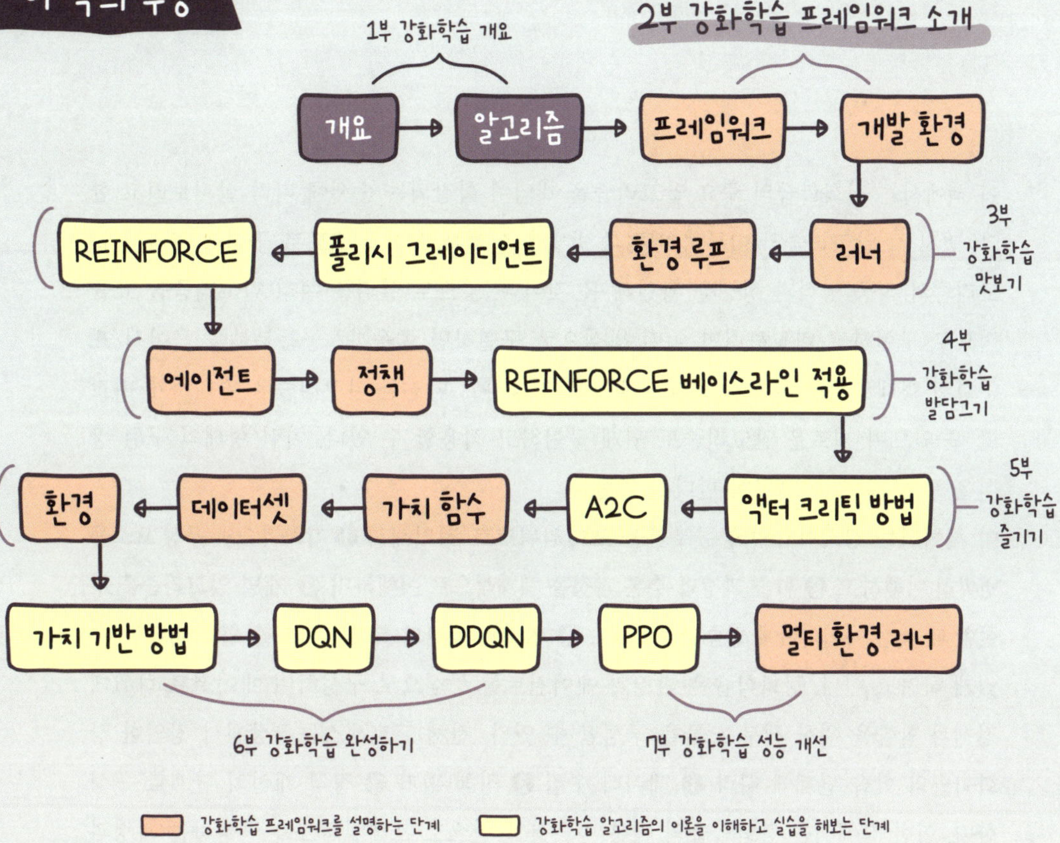

- 1부 강화학습 개요: 개요 → 알고리즘
- 2부 강화학습 프레임워크 소개: 프레임워크 → 개발 환경
- 3부 강화학습 맛보기: 개발 환경 → 러너 → 환경 루프 → 폴리시 그레이디언트 → REINFORCE
- 4부 강화학습 발담그기: REINFORCE → 에이전트 → 정책 → REINFORCE 베이스라인 적용
- 5부 강화학습 즐기기: REINFORCE 베이스라인 적용 → 액터 크리틱 방법 → A2C → 가치 함수 → 데이터셋 → 환경
- 6부 강화학습 완성하기: 환경 → 가치 기반 방법 → DQN → DDQN
- 7부 강화학습 성능 개선: PPO → 멀티 환경 러너

■ 강화학습 프레임워크를 설명하는 단계   ■ 강화학습 알고리즘의 이론을 이해하고 실습을 해보는 단계

Chapter.3
강화학습 프레임워크

이 책에서는 강화학습의 주요 알고리즘을 개념이 확장되는 순서에 따라 살펴보려고 한다. 먼저 각 알고리즘의 이론적 배경과 방법을 살펴보고 직접 코드로 구현해 보면서 알고리즘의 작동 방식과 성능을 확인해 볼 것이다. 앞으로 살펴볼 여러 알고리즘을 효율적으로 구현하고 비교하려면 어떤 방식으로 구현하면 좋을까? 공통부분을 묶어서 표준화된 형태로 정의하면 모듈의 재활용도 가능하고 다양한 알고리즘을 편리하게 비교할 수 있으며 새로운 알고리즘도 쉽게 구현하고 적용할 수 있다. 이런 형태의 구현 방식을 **프레임워크**framework화 한다고 말한다.

이 책에서는 강화학습의 공통부분을 프레임워크로 정의해서 ❶ **강화학습의 구성 요소를 명확히 이해**하고 ❷ **학습 과정과 추론 과정을 체계적으로 이해**하며 ❸ **개별 알고리즘을 구현할 때 핵심 아이디어에 집중**할 수 있고 ❹ **알고리즘 간의 특성과 차이를 쉽게 비교**할 수 있게 하려고 한다. 강화학습은 환경과 에이전트를 중심으로 구성하며 에이전트 하위에 정책과 학습을 위한 세부 모듈을 구성할 수 있다. 전체 프로세스는 2장에서 정의한 강화학습의 학습 단계에 따라 ❶ 데이터 수집 ❷ 정책 평가 ❸ 정책 개선의 단계로 구성한다. 이번 장에서는 강화학습의 기본 정의를 중심으로 프레임워크를 구성하는 과정과 이를 구현했을 때의 클래스 구조를 소개한다.

3.1 강화학습 논리 구성

강화학습 프레임워크를 어떤 요소로 구성해야 할지 생각해 보자. 그림 3-1의 에이전트와 환경의 상호작용 과정을 확인해 보면 강화학습의 핵심적인 구성 요소를 파악할 수 있다.

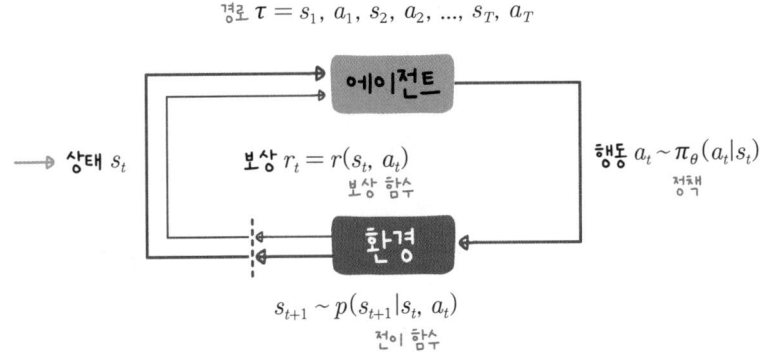

그림 3-1 MDP에서 에이전트와 환경의 상호작용(그림 2-1과 동일)

강화학습은 **에이전트**와 **환경**을 중심으로 구성되며, 이 둘이 상호작용을 할 때 **정책**, **전이 함수**, **보상 함수**가 필요하다. 이 중 정책은 에이전트에 속해 있고 전이 함수와 보상 함수는 환경에 속해 있다. 먼저 이들을 중심으로 강화학습 프레임워크의 논리 구성도를 정의해 보자. 단, 환경은 직접 구현할 수도 있지만, 이 책에서는 외부 패키지에서 제공하는 환경을 이용해서 알고리즘을 이해하고 검증하는 데 집중하려 한다.[1]

3.1.1 에이전트와 환경

강화학습 프레임워크에 강화학습의 핵심 요소인 에이전트와 환경을 정의해 보자.

- **에이전트**: 환경의 상태를 인식하고 그에 따라 행동하는 의사결정의 주체

- **환경**: 에이전트가 바라보는 외부 세계이자 강화학습의 문제가 정의되는 공간

---

1 이 책에서는 OpenGym에서 제공하는 환경을 사용하고 있기 때문에 전이 함수와 보상 함수를 정의하지는 않는다. 환경이 제공하는 인터페이스를 통해 전이 함수와 보상 함수의 실행 결과를 받을 뿐이다. 환경을 직접 구현한다면 전이 함수와 보상 함수도 직접 정의해야 한다.

에이전트와 환경의 정의

에이전트는 환경의 상태를 인식하고 그에 따라 행동하는 의사결정의 주체이다. **환경**은 에이전트가 바라보는 외부 세계이자 강화학습의 문제가 정의되는 공간으로[2] 상태 공간, 행동 공간, 전이 함수, 보상 함수로 정의되는 MDP의 구성 요소를 정의하고 있다.

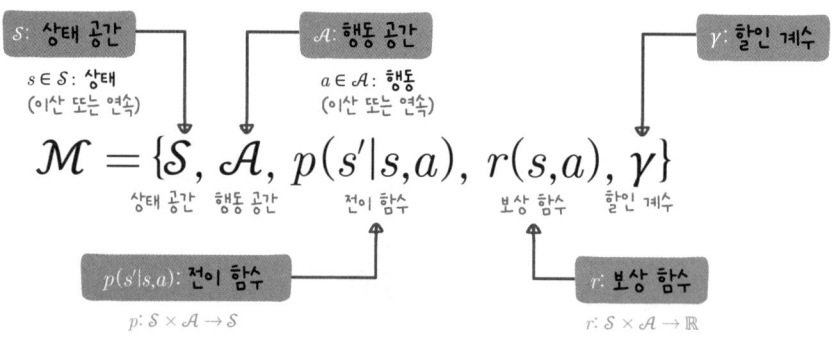

에이전트와 환경의 예를 들어보면 다음과 같다.

- **게임**: 게임 자체가 환경이고 게임을 플레이하는 주체가 에이전트가 된다.

- **시뮬레이터**: 시뮬레이션 공간과 에이전트의 몸체는 환경이고, 시뮬레이션 환경 안에서 의사결정을 하는 주체가 에이전트가 된다.

- **로봇**: 로봇이 있는 공간과 로봇의 몸체는 환경이고 로봇을 제어하는 프로세서에서 실행되는 프로그램이 에이전트이다. 사람으로 치면 외부 자극을 인식하고 판단을 내리는 뇌의 활동이 에이전트가 되고 사람의 신체는 환경의 일부가 된다고 보면 된다.

에이전트와 환경의 상호작용

에이전트와 환경은 그림 3-2와 같이 MDP에 따라 상호작용을 한다. 에이전트는 환경의 상태를 인식하고 그에 따라 행동한다. 환경은 에이전트의 행동에 대해 보상을 평가하고 다음 상태로 바뀐다. 그러면 에이전트는 환경으로부터 보상을 받고 환경의 다음 상태를 인식하게 된다.

---

[2] 환경은 에이전트가 존재하고 관측할 수 있는 공간으로 한정하며 그 외의 공간은 환경에 포함할 필요 없다.

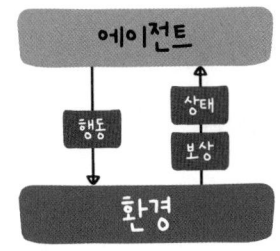

그림 3-2 에이전트와 환경의 상호작용

환경은 MDP의 구성 요소를 정의하고 있고 에이전트와 환경의 상호작용을 위한 표준화된 인터페이스도 제공한다.

상태와 상태 공간
상태는 특정 시점에서 환경을 나타내는 변수의 집합이다. 상태 s는 상태 공간 S에 속한다.

$$s \in S : 상태$$

상태 공간은 **이산 공간**discrete space 또는 **연속 공간**continuous space이 될 수 있다. 이산 공간과 연속 공간의 예를 들어보면 다음과 같다.

- **이산 공간**: 보드게임은 상태 공간을 이산 공간으로 표현할 수 있다. 예를 들어 틱택토Tic-tac-toe는 3×3 크기의 게임 보드로 구성되므로 각 칸의 상태를 빈 상태, 'X' 또는 'O'로 정의하고 전체 보드의 상태를 9차원 벡터로 표현할 수 있다.

- **연속 공간**: 로봇의 경우 관절의 속도, 가속도, 위치를 나타내는 실수 벡터로 상태를 정의할 수 있으므로 상태 공간은 연속 공간이 된다.

행동과 행동 공간
행동은 에이전트가 현재 상태에서 수행할 수 있는 선택지이다. 행동 a는 행동 공간 A에 속한다.

$$a \in A : 행동$$

행동은 행동 공간이 이산 공간인지 연속 공간인지에 따라 이산 행동과 연속 행동으로 나눌 수 있다.

- **이산 행동**: 행동 공간이 연속 공간인 경우
- **연속 행동**: 행동 공간이 이산 공간인 경우

미로 찾기 게임에서 QWER 버튼으로 상하좌우로 한 칸씩 이동하면 이산 행동이다. 반면에 같은 미로찾기 게임이라도 조이스틱으로 움직임과 방향을 연속적으로 조정한다면 연속 공간이 된다.

상태에 따라 에이전트가 취할 수 있는 행동이 제한될 수 있다. 예를 들어 비디오 게임에서 에이전트가 어떤 아이템을 보유했는지에 따라 공격의 종류가 달라지는 경우가 이에 해당한다. 즉 총을 쏘는 행동은 총을 보유하는 상태이어야만 가능하다는 것이다. 에이전트는 해당 상태에서 가용한 행동의 집합에서만 행동을 선택해야 한다.

전이 함수

환경은 특정 상태에서 에이전트의 행동에 따라 다음 상태로 바뀌며 이를 **전이 함수**로 정의한다. 전이 함수는 **동역학**이라고도 부른다.

- **전이 함수** $p(s'|s,a)$: 환경이 상태 s에 있고 그 상태에서 에이전트가 행동 a를 취했을 때 환경이 다음 상태 s'로 전이될 확률을 결정하는 함수.

보상과 보상 함수

보상은 에이전트가 특정 상태에서 취한 행동에 대한 환경의 평가로 에이전트의 행동을 약화하거나 강화하도록 만든다. 환경은 **보상 함수** $r(s,a)$를 갖고 있어서 에이전트가 행동하면 그에 대해 평가를 한다.

- **보상 함수** $r(s,a)$: 환경이 상태 s에 있고 그 상태에서 에이전트가 행동 a를 취했을 때 환경이 제공하는 보상을 결정하는 함수

보상 함수를 설계할 때 주의해야 할 점은 보상이 강화학습의 문제를 해결하는 방향과 일치하도록 설계해야 한다는 것이다. 문제를 해결하는 것과 무관한 행동에 보상을 크게 주면 에이전트가 문제를 해결하는 데 오히려 방해될 수 있다.

정책

에이전트는 현재의 상태를 인식하고 그에 맞는 행동을 결정하기 위해 **정책**을 함수로 갖는다.

- **정책** $\pi_\theta(a_t|s_t)$: 환경의 상태에 따라 행동을 출력하는 함수

정책은 강화학습을 통해 보상을 최대화하는 행동을 학습해서 강화학습 문제를 해결하기 위한 함수로 에이전트의 두뇌라고 할 수 있다. 환경이 복잡해질수록 상태 공간과 행동 공간도 복잡해지고 그에 따른 정책 함수도 매우 복잡한 함수로 정의될 필요가 있다. 그럴 때 딥러닝 모델로 정책을 정의해서 학습할 수 있다.[3,4]

이와 같이 에이전트와 환경의 상호작용 과정을 분석해 보면 그림 3-3과 같은 구성 요소가 도출된다.

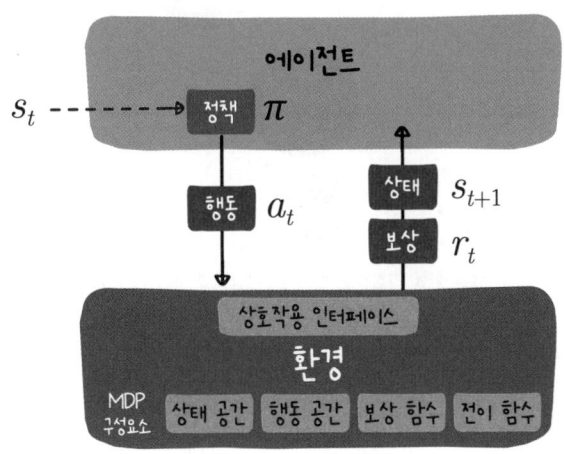

그림 3-3 에이전트와 환경의 상호작용

---

[3] 정책을 딥러닝 모델로 구현한다면 상태 데이터에 따라 모델을 선정한다. 상태가 특징 벡터이면 MLP(Multi-layered Perceptron)로 구현하고 상태가 이미지면 CNN으로 구현한다. 상태를 부분적으로만 관측할 수 있다면 이전 관측을 기억하도록 RNN으로 구현한다. 문제의 규모가 크다면 트랜스포머(transformer)를 적용할 수도 있다.

[4] 강화학습에서는 전체 상태를 관측할 수 있는 경우와 부분적으로만 관측할 수 있는 경우를 구분해서 처리한다. 보통 상태라고 하면 **전체 관측**(full observation)을 말하고 s_t로 표기하며 **관측**(observation)이라고 하면 **부분 관측**(partial observation)을 말하고 o_t로 표기한다.

이 책에서는 외부 패키지에서 제공하는 강화학습 환경을 이용해서 프레임워크의 환경 모듈을 구현할 예정이므로, 실제 MDP의 구성 요소와 상호작용 인터페이스는 패키지에서 제공하는 강화학습 환경에 정의돼 있다고 가정한다.

3.1.2 액터

이제 그림 3-4의 강화학습의 학습 단계를 확인해 보면서 에이전트의 학습에 필요한 요소를 정의해 보자.

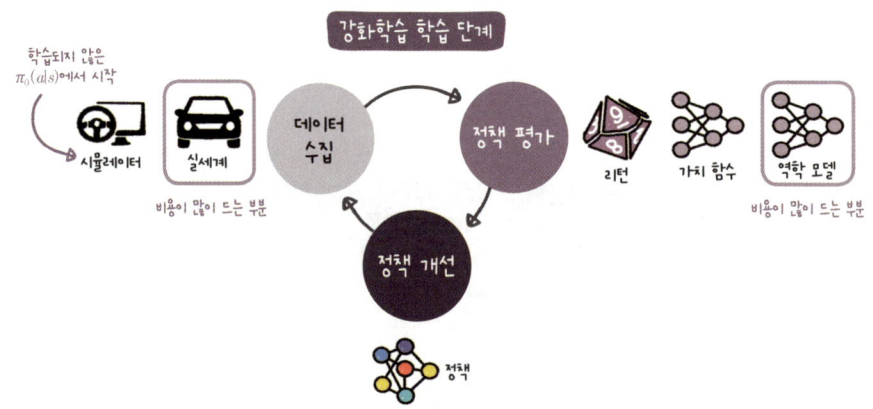

그림 3-4 강화학습 학습 단계(그림 2-15와 동일)

액터

데이터 수집 단계에서 에이전트는 환경과 상호작용을 하며 정책을 평가하고 개선하기 위한 데이터를 수집한다. 이때 학습 속도를 높이기 위해 환경을 여러 개 병렬로 실행해서 데이터를 수집할 수 있다. 이를 위해 환경과의 상호작용의 역할을 수행하는 모듈로 **액터**actor를 정의할 수 있다. 그림 3-5에는 에이전트의 서브 모듈로 정의된 액터를 보여주고 있다.

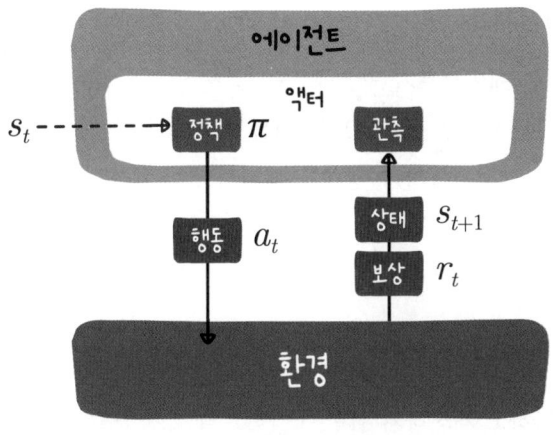

그림 3-5 에이전트의 서브 모듈인 액터

- **액터**: 환경과 상호작용을 하는 에이전트의 서브 모듈

액터의 정책

액터는 환경과 1:1로 상호작용을 하므로 환경의 개수만큼 늘어나게 된다. 액터는 각자 자신만의 정책을 갖고 있으면서 이를 이용해서 행동을 결정한다. 액터의 정책이 최신 상태를 유지하도록 에이전트의 정책과 주기적으로 파라미터를 동기화해야 한다.

트랜지션 데이터 관측

액터는 환경과 상호작용을 하면서 자신이 한 행동 a_t과 환경이 반환한 보상과 다음 상태, 에피소드 종료 여부 (r_t, s_{t+1}, e_t)를 **트랜지션 데이터**$^{\text{Transition Data}}$로 구성하고 이를 **관측한다**^{observe}. 이 과정에서 액터는 트랜지션 데이터를 자신의 로컬 저장소에 모아둔다.

- **트랜지션 데이터**: (a_t, r_t, s_{t+1}, e_t) = (행동, 보상, 다음 상태, 에피소드 종료여부)

- **관측**: 액터가 트랜지션 데이터를 로컬 저장소에 모아두는 과정

3.1.3 데이터셋과 학습자

액터가 수집한 데이터는 에이전트가 학습에 사용할 수 있도록 **데이터셋**^{DataSet}으로 구성해야 한다. 데이터셋이 구성되면 에이전트는 이를 이용해서 정책을 평가하고 개선하게 되는데, 이때 강화학습 알고리즘마다 정책을 평가하고 개선하는 방식이 달라진다. 그래서 강화학습 알고리즘별로 학습 방식을 독립적으로 구현하려면 정책을 평가하고 개선하는 역할을 **학습자**^{Learner}로 분리하는 것이 좋다.

- **데이터셋**: 정책을 평가하고 개선하기 위해 데이터의 집합
- **학습자**: 정책을 평가하고 개선하기 위한 에이전트의 서브 모듈

그림 3-6에는 학습자와 데이터셋을 포함한 에이전트의 모습을 보여주고 있다.

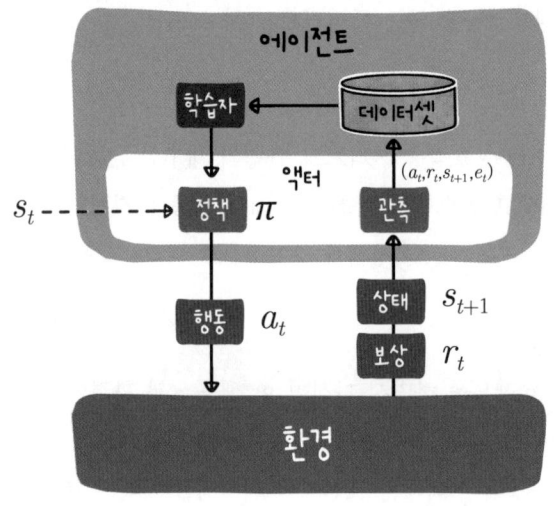

그림 3-6 학습자와 데이터셋

데이터셋과 버퍼

데이터셋은 강화학습의 학습 단계가 반복되면서 지속적으로 갱신되기 때문에 관리 기능이 필요하다. 대규모 데이터셋이 아니라면 학습 효율을 위해 메모리에서 직접 데이터셋을 관리하는 것이 좋으며 이를 위해 **버퍼**^{buffer}를 사용한다. 버퍼는 **데이터셋의 관리**

뿐만 아니라 학습을 위한 다양한 **배치 샘플링** 기능도 제공한다.

- **버퍼**: 메모리에서 데이터셋을 관리하고 학습을 위한 배치 샘플링 기능을 제공

버퍼의 데이터셋 관리 방식은 강화학습 알고리즘이 온라인 정책인지 오프라인 정책인지에 따라 다음과 같이 달라진다.

- **롤아웃 버퍼**Rollout Buffer: 온라인 정책을 위한 버퍼로 최신 데이터로만 구성된 데이터셋을 관리한다.
- **리플레이 버퍼**Replay Buffer: 오프라인 정책을 위한 버퍼로 최신 데이터뿐만 아니라 과거의 경험 데이터로 구성된 데이터셋을 관리한다.

학습자

에이전트는 **학습자**에게 데이터셋을 제공해서 정책의 평가와 개선을 수행하도록 한다. 학습자는 강화학습 알고리즘에 따라 정책을 평가하고 개선하는 방식이 달라진다.

정책과 데이터셋의 동기화

액터는 에이전트를 대리해서 환경과 상호작용을 하는 **프록시**proxy이다. 그래서 에이전트의 정책이 업데이트 되면 액터에도 반영해야 하고, 액터가 데이터를 수집하면 에이전트의 데이터셋에 옮겨줘야 한다. 이런 과정을 정리하면 그림 3-7과 같다. 에이전트와 액터 양쪽에 정책과 데이터셋을 두고 마치 원래 하나였던 것처럼 한쪽에 변경이 발생하면 다른 쪽에 반영해주는 방식으로 동기화를 해줘야 한다.

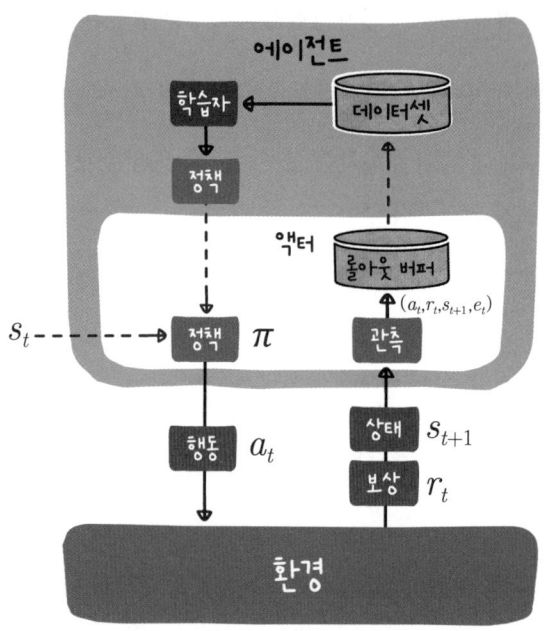

그림 3-7 정책과 데이터셋의 동기화

환경과 액터가 여러 개라면 정책과 데이터셋을 어떻게 동기화할까? 그림 3-8에 이런 모습이 그려져 있다.

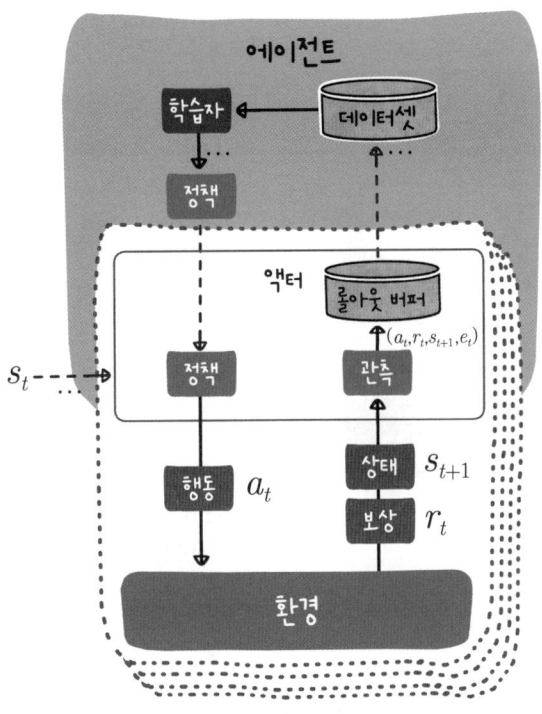

그림 3-8 환경과 액터가 여러 개일 때 정책과 데이터셋의 동기화

이때는 액터가 여러 개이기 때문에 에이전트의 정책이 업데이트 되면 모든 액터에 반영하고, 액터가 각자 데이터를 수집하면 에이전트의 데이터셋에 합쳐진 상태가 되도록 옮기면 된다.

3.1.4 의사 코드

지금까지 강화학습 프레임워크의 구성 요소와 이들의 수행 흐름을 살펴봤다. 강화학습 프레임워크의 전체적인 실행을 **의사 코드**pseudo code로 확인해 보자.

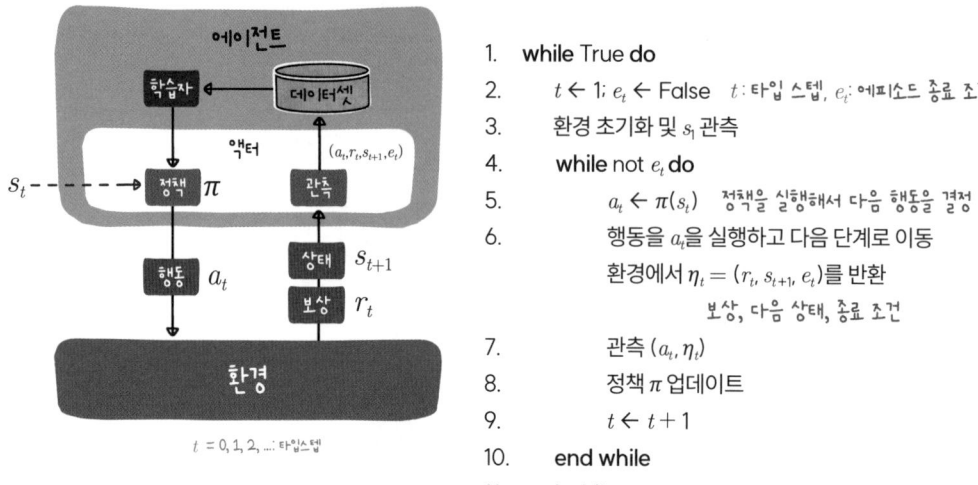

그림 3-9 강화학습 의사 코드

의사 코드는 강화학습 메인 루프와 **에피소드**episode[5] 루프로 돼 있다.

- **강화학습 메인 루프**를 실행한다.
  - 의사 코드에는 종료 조건이 없지만 실제 코드에서는 최대 타임 스텝 수 또는 최대 에피소드 수를 지정한다.

- 새로운 에피소드를 실행하기 위해 환경과 관련 변수를 초기화한다.
  - 타임 스텝 t는 1로, 에피소드 종료 여부 e_t는 False로 초기화한다.
  - 환경을 초기화하고 초기 상태 s_1을 반환받는다.

- **에피소드 루프**를 실행한다.
  - 에이전트가 정책 $\pi(s_t)$을 실행해서 다음 행동 a_t를 결정한다.
  - 에이전트가 환경에 행동 a_t를 실행하고 환경은 보상, 다음 상태, 에피소드 종료 여부(r_t, s_{t+1}, e_t)을 반환한다.
  - 에이전트는 트랜지션 데이터 (a_t, r_t, s_{t+1}, e_t)를 관측한다.

---

[5] 에피소드는 에이전트가 환경과 상호작용을 시작할 때부터 종료까지의 과정을 나타낸다.

- 에이전트는 정책을 업데이트하고 다음 타임 스텝으로 이동한다.

3.2 강화학습 프레임워크 클래스 구성

앞에서 정의한 강화학습 프레임워크의 클래스 구성을 확인해 보자. 강화학습 프레임워크를 실행했을 때 생성되는 객체의 순서를 확인해 보면 클래스 간의 관계를 한눈에 파악할 수 있다. 그림 3-10에는 PPO 알고리즘을 실행했을 때 생성되는 객체의 모습을 보여주고 있다.

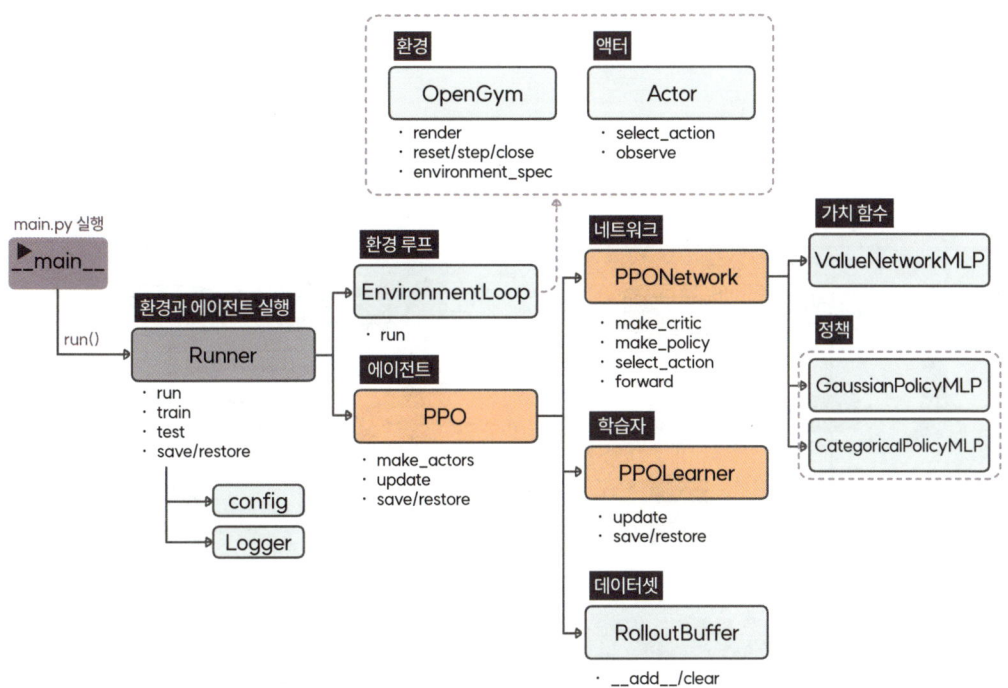

그림 3-10 PPO 실행 시 생성되는 주요 클래스 객체 예시

강화학습 프레임워크는 main.py를 통해 실행할 수 있다. main.py를 실행하면 다음과 같은 순서로 관련 객체들이 생성된다.

- main.py에서는 강화학습 알고리즘을 실행하는 Runner를 생성해서 Runner의 run() 메서드를 호출한다.

- Runner의 run() 메서드에서는 강화학습의 핵심 구성 모듈인 에이전트 PPO와 액터와 환경이 상호작용을 하도록 환경 루프 EnvironmentLoop를 생성한다.
- PPO는 에이전트를 구성하는 네트워크, 학습자, 데이터셋인 PPONetwork, PPOLearner, RolloutBuffer를 생성한다.
- PPONetwork는 정책과 가치 함수를 생성한다. 정책[6]은 연속 행동인 경우에는 GaussianPolicyMLP를 생성하고, 이산 행동인 경우에는 CategoricalPolicyMLP를 생성한다. 가치 함수는 ValueFunctionMLP를 생성한다.
- 환경 루프 EnvironmentLoop는 환경인 OpenGym과 액터 Actor를 생성한다.

강화학습 프레임워크의 논리 구성도와 생성된 객체가 매칭되는가? 그림 3-11을 보면서 확인해 보자.

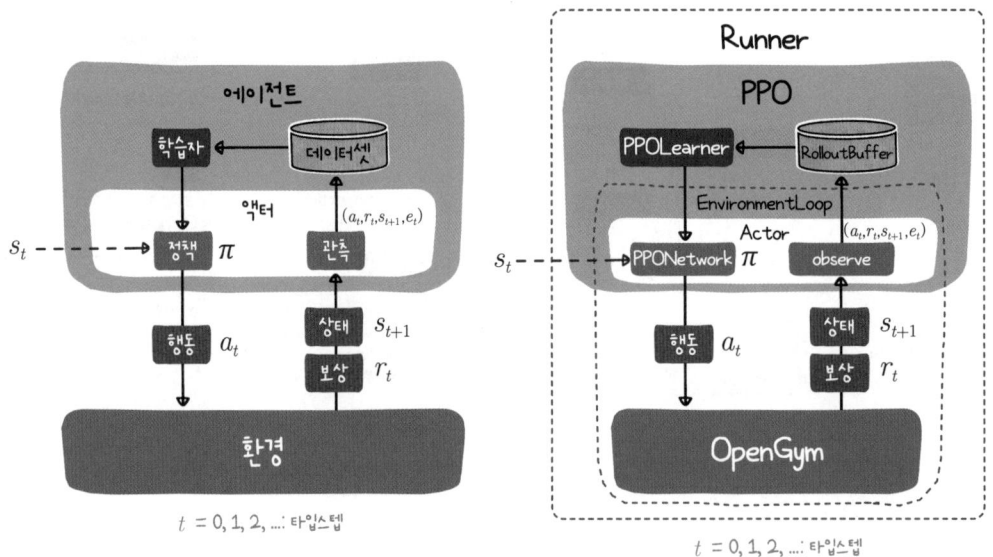

그림 3-11 강화학습 프레임워크의 논리 구성도와 주요 클래스 객체 관계

---

6   정책은 이산 행동인지 연속 행동인지에 따라 다른 확률 분포를 예측한다. 이산 행동인 경우 카테고리 분포를 예측하고 연속 행동인 경우 가우시안 분포를 예측한다. 자세한 내용은 10장에서 설명한다.

3.2.1 공통 클래스와 커스터마이징 클래스

PPO를 예시로 관련 클래스를 확인해 봤다. 이 중 PPO를 위한 커스터마이징 클래스는 에이전트, 네트워크, 학습자에 해당하는 `PPO`, `PPONetwork`, `PPOLearner` 3개뿐이고 나머지는 공통 클래스이다.

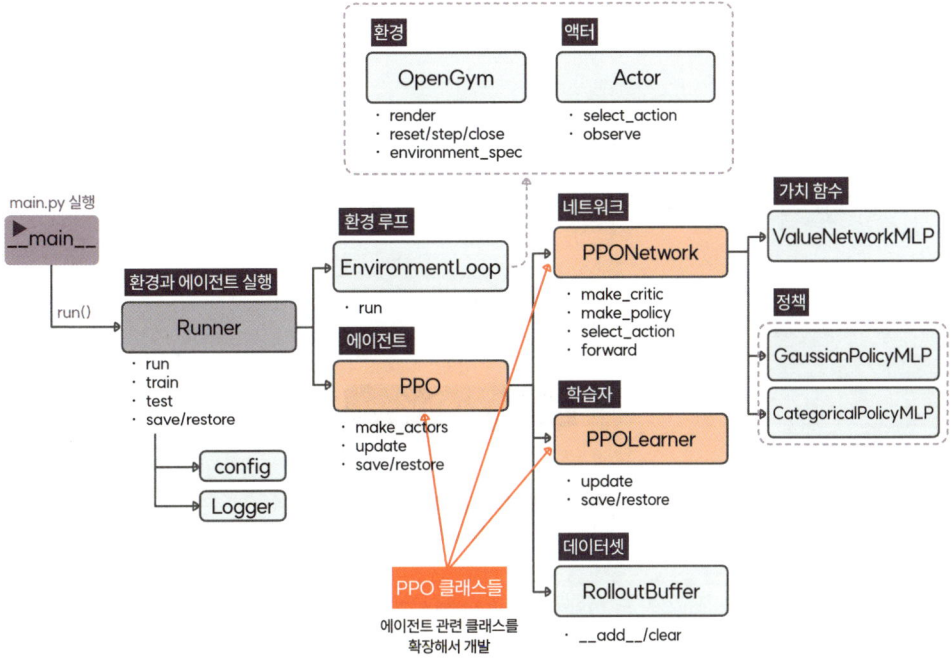

그림 3-12 알고리즘의 실행 시 생성되는 주요 클래스 중 알고리즘 특화 클래스(PPO 알고리즘 예시)

강화학습 알고리즘을 구현할 때는 강화학습 프레임워크에서 제공하는 베이스 클래스를 확장하면 된다. 그림 3-13에는 에이전트, 학습자, 네트워크의 베이스 클래스인 `Agent`, `Learner`, `Network`를 확장해 PPO의 클래스 `PPO`, `PPONetwork`, `PPOLearner`를 정의한 모습이 나타나 있다.

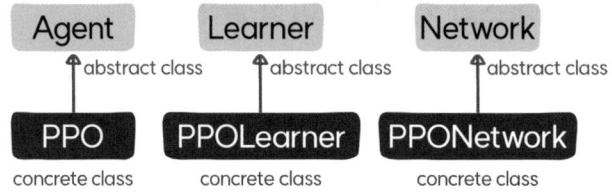

그림 3-13 에이전트, 학습자, 네트워크의 베이스 클래스와 PPO 클래스로의 확장

3.2.2 러너

이제 강화학습 프레임워크의 구성 요소별 클래스의 구조를 살펴보자. 전체 강화학습의 추론과 학습을 실행하는 **러너**^{Runner}의 클래스는 다음과 같다.

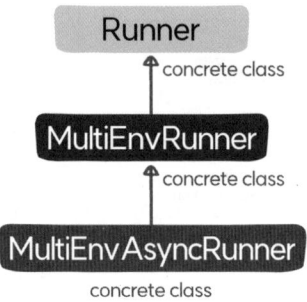

그림 3-14 러너 클래스 구성도

- `Runner`: 환경이 한 개일 때 강화학습의 구성 요소를 생성하고 추론과 학습을 위한 전체적인 실행을 관장

- `MultiEnvRunner`: 환경이 여러 개일 때 분산 처리를 동기적으로 하기 위해 강화학습의 구성 요소를 생성하고 추론과 학습을 위한 전체적인 실행을 관장

- `MultiEnvAsyncRunner`: 환경이 여러 개일 때 분산 처리를 비동기적으로 하기 위해 강화학습의 구성 요소를 생성하고 추론과 학습을 위한 전체적인 실행을 관장

3.2.3 환경 루프

액터와 환경의 상호작용 루프를 실행하는 **환경 루프**^{Environment Loop}의 클래스는 다음과 같다.

그림 3-15 환경 루프 클래스

- `EnvironmentLoop`: 액터와 환경의 상호작용 루프를 실행

3.2.4 에이전트와 서브 모듈

에이전트 관련 클래스 구성은 그림 3-16과 같다.

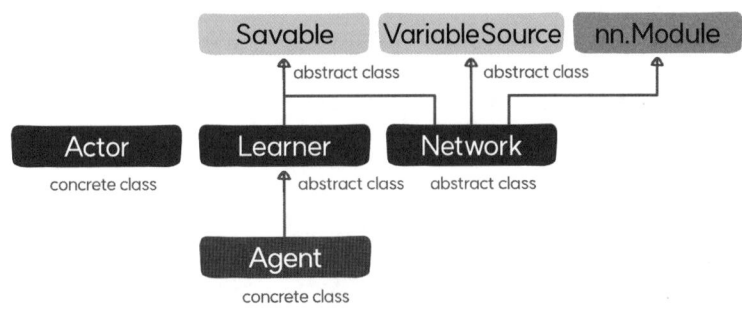

그림 3-16 에이전트 관련 클래스 구성도

최상위 베이스 클래스는 다음과 같은 역할을 한다.

- `VariableSource`: 네트워크의 파라미터를 제공하는 인터페이스 제공

- `Savable`: 네트워크의 체크포인트를 저장하고 로딩하는 인터페이스 제공

- `nn.Module`: PyTorch 신경망 모듈의 베이스 클래스

그리고 이들을 상속받아서 에이전트를 구성하기 위한 네 가지 베이스 클래스 `Agent`, `Learner`, `Network`와 `Actor`가 정의된다.

- Agent: 에이전트의 베이스 클래스로 ❶ 네트워크, 데이터셋, 학습자를 생성하고 ❷ 액터와 데이터셋 및 네트워크를 동기화하기 위한 인터페이스와 ❸ 학습자의 인터페이스를 제공

- Actor: 환경과의 상호작용을 수행하는 액터의 베이스 클래스

- Learner: 정책을 평가하고 개선하기 위한 학습자의 베이스 클래스

- Network: 정책과 가치 함수 모델을 통합적으로 관리하는 네트워크의 베이스 클래스

Network는 PyTorch 신경망 모듈로 관리되도록 nn.Module을 상속한다. 이렇게 하면 네트워크가 관리하는 정책과 가치 함수 모델을 마치 하나의 모듈처럼 ❶ GPU 메모리에 로딩하거나 ❷ 모델의 상태를 읽거나 변경할 수 있다. 또한 Network는 VariableSource를 상속해서 네트워크의 파라미터를 제공하고, Savable을 상속해서 모델의 체크포인트를 저장하고 복구한다.

외부에서는 에이전트의 서브 모듈을 구분할 필요 없이 에이전트를 통해서 접근하면 된다. 그래서 Agent는 학습자와 동일한 인터페이스를 제공하도록 Learner를 상속하고, Learner는 네트워크와 동일하게 모델의 상태를 읽거나 변경할 수 있도록 Savable을 상속하고 있다. 단, Actor는 환경과의 상호작용을 위한 에이전트의 프록시로 직접 접근하도록 설계돼 있다.

3.2.5 정책

정책의 클래스 구성은 그림 3-17과 같다. 이 클래스 구성도[7]를 보면 가장 상위에는 정책의 베이스 클래스인 Policy가 있고 이를 상속받은 하위 클래스는 정책이 ❶ 확률적 정책인지 결정적 정책인지 ❷ 이산 행동인지 연속 행동인지 ❸ 상태 데이터의 종류에 따라 구분된다. 단, 현재는 상태 데이터가 벡터일 경우만 확장하고 있다.

---

7   클래스 구성도에는 이 책의 범위에 필요한 클래스만 정의하고 있어서 일부 클래스가 빠져 있다. 예를 들어 결정적 정책은 DeterministicPolicy로 정의될 수 있으며 StochaticPolicy와 같은 레벨에 위치할 수 있다. 또한 상태 데이터의 종류에 따라 MLP와 같은 레벨로 CNN이나 RNN이 존재할 수 있다.

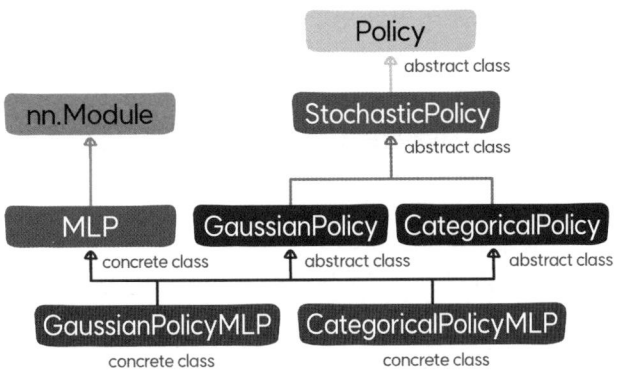

그림 3-17 정책 클래스 구성도

정책 클래스는 Policy라는 베이스 클래스에서 시작한다.

- Policy: 정책 클래스의 최상위 클래스

정책은 행동의 분포를 출력하는 **확률적 정책** StochasticPolicy과 결정적인 행동을 출력하는 **결정적 정책** DeterminiticPolicy로 확장된다.[8] 단, 현재 강화학습 프레임워크에는 StochasticPolicy만 포함돼 있다.

- StochasticPolicy: 행동의 확률 분포를 출력하는 정책

확률적 정책은 연속 행동일 경우 가우시안 분포로 출력하는 GaussianPolicy로, 이산 행동일 경우 카테고리 분포로 출력하는 CategoricalPolicy로 확장된다.

- GaussianPolicy: 가우시안 분포를 출력하는 정책

- CategoricalPolicy: 카테고리 분포를 출력하는 정책

상태 데이터가 벡터인 경우 정책을 순방향 신경망 모델로 정의하기 위해 MLP 클래스를 상속한다.

- MLP: 순방향 신경망 클래스

---

8   DDPG나 TD3와 같은 알고리즘은 결정적 정책을 학습하는 알고리즘이다.

다음 두 클래스는 연속 행동과 이산 행동에 대한 확률 분포를 출력하는 순방향 신경망으로 정의된 정책이다.

- `GaussianPolicyMLP`: 가우시안 분포를 출력하는 MLP 정책

- `CategoricalPolicyMLP`: 카테고리 분포를 출력하는 MLP 정책

REINFORCE, A2C, PPO와 같이 이산 행동과 연속 행동을 모두 지원하는 알고리즘은 행동 공간에 맞춰 적합한 정책을 생성한다.

3.2.6 가치 함수

가치 함수의 클래스 구성도는 그림 3-18과 같다. 가장 상위에는 가치 함수의 베이스 클래스인 ValueFunction가 있고, 하위에 상속받는 클래스는 ❶ **상태 기반의 가치 함수**인지 **행동 기반의 가치 함수**인지 ❷ Q-가치 함수가 **하나의 행동에 대해 Q-가치를 출력**하는지 **모든 이산 행동에 대해 Q-가치를 한꺼번에 출력**하는지 ❸ 상태 데이터의 종류에 따라 구분된다. 단, 현재는 상태 데이터가 벡터인 경우만 확장하고 있다.

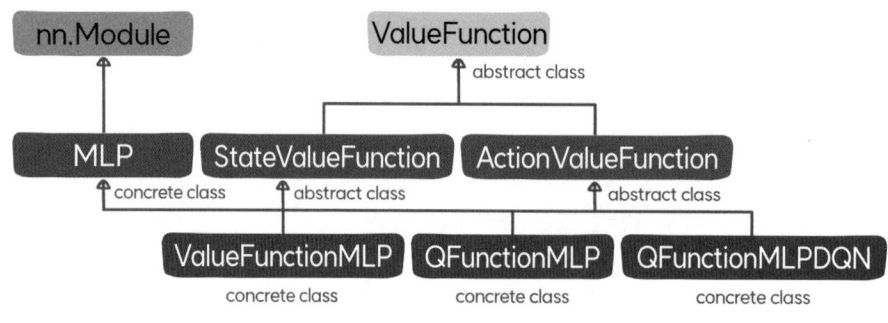

그림 3-18 가치 함수 클래스 구성도

가치 함수 클래스는 `ValueFunction`이라는 베이스 클래스에서 시작한다.

- `ValueFunction`: 가치 함수 클래스의 최상위 클래스

가치 함수는 상태 기반의 가치 함수 `StateValueFunction`과 행동 기반의 가치 함수 `ActionValueFunction`로 확장된다.

- `StateValueFunction`: 상태 기반 가치 함수

- `ActionValueFunction`: 행동 기반 가치 함수

상태 데이터가 벡터인 경우 가치 함수를 순방향 신경망 모델로 정의하기 위해 MLP 클래스에서 상속을 받는다.

- `MLP`: 순방향 신경망 클래스

최종적으로 사용하게 될 상태 기반의 가치 함수는 다음과 같다.

- `ValueFunctionMLP`: 상태 기반의 가치 함수 클래스(A2C, PPO에서 사용)

Q-가치 함수는 하나의 행동에 대해 Q-가치를 출력하는 `QFunctionMLP`와 모든 이산 행동에 대해 Q-가치를 한꺼번에 출력하는 `QFunctionMLPDQN`으로 확장된다.

- `QFunctionMLP`: 상태와 행동을 입력받아서 Q-가치를 출력하는 Q-가치 함수 클래스

- `QFunctionMLPDQN`: 상태를 입력하고 모든 이산 행동에 대한 Q-가치를 한꺼번에 출력하는 Q-가치 함수 클래스(DQN, 더블 DQN에서 사용)

3.2.7 데이터셋과 버퍼

데이터셋을 메모리에서 관리하는 버퍼의 클래스 구성도는 그림 3-19와 같다.

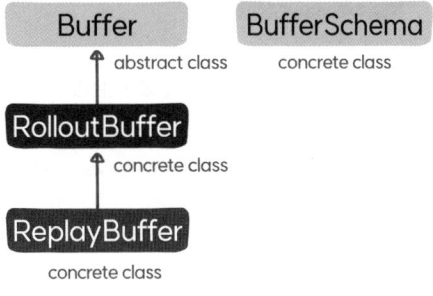

그림 3-19 버퍼 클래스 구성도

버퍼는 Buffer라는 베이스 클래스에서 시작한다. 버퍼를 생성할 때는 버퍼 스키마를 정의하는 BufferSchema를 참조해서 데이터 저장 공간을 할당한다.

- Buffer: 버퍼 스키마에 따라 메모리 공간을 할당하고 관리

- BufferSchema: 버퍼를 구성하는 데이터 필드의 모양과 데이터 타입을 스키마로 정의

Buffer를 상속해서 트랜지션 데이터를 관리하는 RolloutBuffer를 정의한다.

- RolloutBuffer: 온라인 정책을 위한 버퍼로 트랜지션 데이터를 저장할 수 있는 1차원 버퍼로 정의되며 인덱스 기반의 접근과 데이터의 추가, 배치 샘플링 기능을 제공

RolloutBuffer를 상속받아서 오프라인 정책을 위한 버퍼인 ReplayBuffer를 정의한다.

- ReplayBuffer: 오프라인 정책을 위한 버퍼로, 새로운 데이터는 계속해서 추가하고 버퍼가 꽉 차면 오래된 데이터부터 지우는 **순환 버퍼**circular buffer로 운영

3.2.8 환경

환경의 클래스 구성도는 그림 3-20과 같다. 현재 강화학습 프레임워크에는 OpenGym 환경만 추가돼 있지만 다양한 환경을 쉽게 추가할 수 있는 구조로 돼 있다.

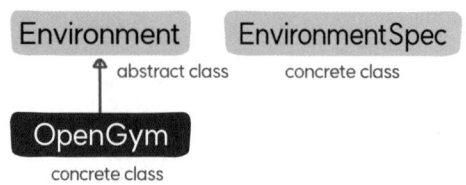

그림 3-20 환경 클래스 구성도

Environment는 환경을 정의하는 베이스 클래스이고 여기서 OpenGym 패키지에서 제공하는 환경을 위한 OpenGym 클래스를 확장하고 있다.

- Environment: 환경을 정의하는 베이스 클래스

- EnvironmentSpec: 환경의 MDP 정보를 표준화된 형태로 제공하는 클래스

- OpenGym: OpenGym 패키지에서 제공하는 강화학습 환경을 강화학습 프레임워크에 표준화된 형태로 제공하기 위한 **래퍼**^{wrapper} 클래스[9]

---

[9] 래퍼 클래스(Wrapper class) 패턴은 기존 객체를 감싸서 그 객체에 추가 기능을 제공하거나 인터페이스를 맞추기 위해 사용되는 디자인 패턴이다. 이 패턴은 '데코레이터 패턴'이라고도 불린다.

Chapter.4
강화학습 프레임워크 개발 환경

이제 강화학습 프레임워크의 실체를 만나볼 시간이다. 이 책에서 설명하고 있는 ❶ 강화학습 프레임워크의 GitHub에서 소스 코드를 내려받고 ❷ 개발 환경을 구축한 후 ❸ 시작 스크립트를 실행해 전체 프레임워크의 구성과 구조를 확인해 보자.

또한 이 책은 OpenGym 패키지에서 제공하는 강화학습 환경을 이용해서 구현하고 있기 때문에 ❶ OpenGym **패키지의 사용법**과 ❷ OpenGym 패키지에서 제공되는 **강화학습 환경의 종류**를 살펴보려고 한다. 그리고 ❸ OpenGym의 **강화학습 환경을 실행**해 보면서 강화학습이 어떤 문제를 풀기 위한 학습 방법인지 시각적으로 확인하는 시간도 가져 보자.

4.1 개발 환경 구성

이 책의 GitHub에서 강화학습 프레임워크의 소스 코드를 내려받고 개발 환경을 구성해 보자.

4.1.1 소스 코드 내려 받기

다음 GitHub으로 가면 이 책에서 설명하는 강화학습 프레임워크의 레파지토리^{repository}가 있다.

- https://github.com/yseongjin/RL_Book

GitHub 레파지토리

다음 두 방법 중 하나를 이용해서 로컬 환경에 레파지토리를 내려보자.

- Zip **파일로 내려 받기**: GitHub에서 'Download ZIP' 메뉴를 선택해서 zip 파일을 내려 받는다. 내려받은 zip 파일을 개발 디렉토리로 옮기고 압축을 푼다.

- Git**으로 복제하기**: Git이 설치돼 있다면 콘솔 상태에서 개발 디렉토리로 이동한 뒤 다음 콘솔 명령어로 레파지토리를 복제한다.
    - $git clone https://github.com/yseongjin/RL_Book.git

파일 및 디렉토리 구성

강화학습 프레임워크의 RL_Book 디렉토리에는 다음과 같은 파일들이 있다.

- main.py: 강화학습 프레임워크를 실행하기 위한 프로그램

- run_gym.py: OpenGym 환경이 정상적으로 실행되는지 점검하기 위한 프로그램

- requirements.txt: 강화학습 프레임워크에서 사용하는 패키지 목록 파일

- README.md: 강화학습 프레임워크 사용법 안내

이 파일들을 이용해서 개발 환경을 설치하고, 강화학습 프레임워크를 실행하고, OpenGym 환경을 테스트해 볼 것이다. 강화학습 프레임워크는 그림 4-1과 같은 디렉토리 구조로 구성돼 있다.

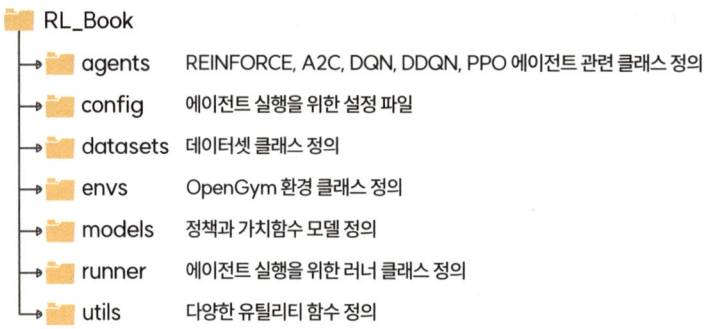

그림 4-1 RL 프레임워크 디렉토리 구조

디렉토리 이름을 보면 3장에서 살펴봤던 강화학습 프레임워크의 모듈이 어디에 정의돼 있는지 알 수 있을 것이다. 각 모듈에 대한 파일 구성과 클래스 정의는 각 모듈의 설명 부분에서 다루고 있으니 지금은 디렉토리 구조만 확인하고 넘어가도록 하자.

4.1.2 IDE 설치 및 프로젝트 생성

강화학습 프레임워크를 손쉽게 개발하기 위해서 통합개발환경을 제공하는 IDE Integrated development environment를 설치해 보자. 어떤 IDE를 사용해도 무방하지만 이 책은 PyCharm을 설치한 것으로 가정하고 설명할 것이다.[1]

---

1 PyCharm Community 버전은 무료이며 https://www.jetbrains.com/pycharm에서 제공하고 있다.

그림 4-2 PyCharm 홈페이지

PyCharm을 설치했는가? PyCharm이 설치됐으면 실행을 한 뒤 Open 메뉴를 이용해서 RL_Book 디렉토리를 열어 보자. 그러면 그림 4-3과 같이 강화학습 프레임워크의 프로젝트가 생성돼 있을 것이다.

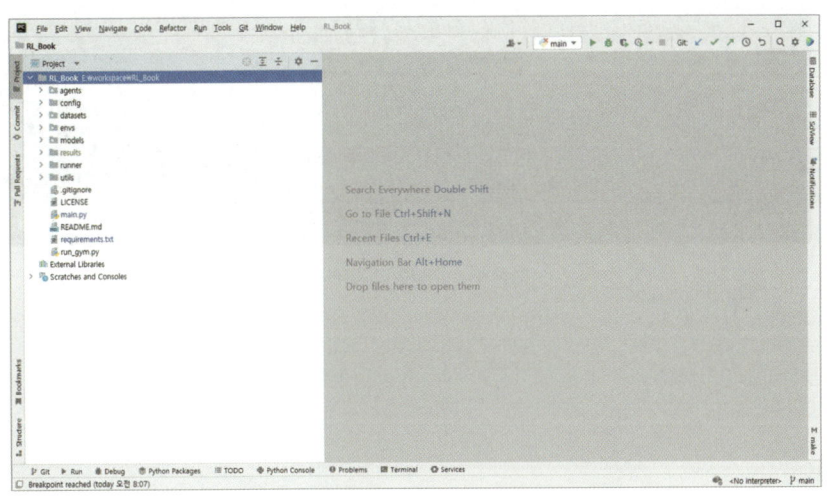

그림 4-3 PyCharm으로 연 강화학습 프레임워크의 모습

4.1 개발 환경 구성 129

4.1.3 개발 환경 구성

IDE에서 강화학습 프레임워크를 실행하려면 개발 환경이 구성돼야 한다. 특정 프로젝트의 개발 환경을 구성할 때는 다른 환경과 격리되도록 가상 환경으로 구성하는 것이 좋다.[2] 가상 환경은 IDE와 연동되는 가상 환경 관리 툴을 설치한 후 IDE를 통해 구성하면 된다. PyCharm의 경우 가상 환경 관리 툴로 virtualenv, conda, pipenv, poetry를 지원하고 있다. 이 책에서는 아나콘다Andaconda를 설치해서 conda 가상 환경을 구성해 볼 것이다.

아나콘다 설치

그림 4-4와 같이 아나콘다 홈페이지에서 아나콘다 설치 파일을 내려받아 설치해 보자.[3]

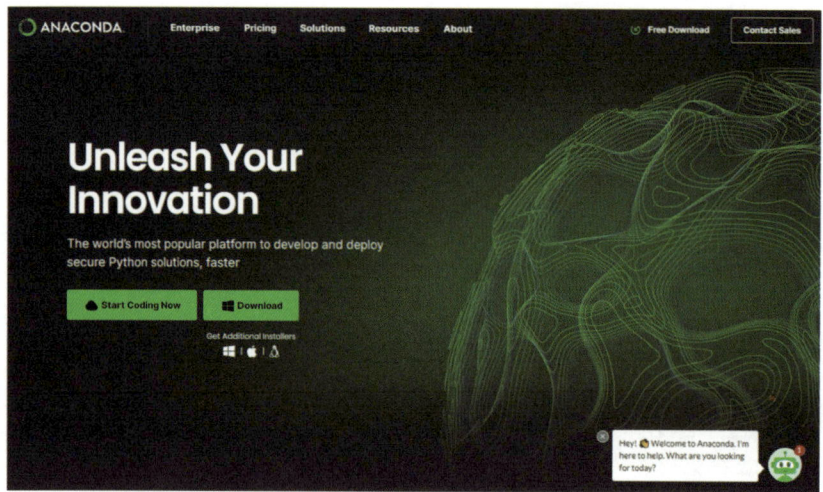

그림 4-4 아나콘다 홈페이지

---

2 가상 환경은 Python 패키지와 의존성을 격리하기 위한 독립적인 실행 환경이다. 프로젝트별로 사용하는 패키지의 종류와 버전이 다를 수 있고, 같은 프로젝트라고 하더라도 여러 패키지 버전에 대해 테스트해야 할 수도 있기 때문에 가상 환경을 이용하면 다양한 패키지 구성을 갖는 환경을 만들어서 상호 독립적으로 실행할 수 있다.

3 아나콘다는 https://www.anaconda.com/에서 내려받을 수 있다.

PyCharm에서 가상 환경 만들기

아나콘다 설치가 끝났다면 이를 이용해서 가상 환경을 만들어 보자. 가상 환경은 PyCharm에서 직접 만들거나 아나콘다로 만든 가상 환경을 PyCharm에서 사용하도록 설정할 수 있다. PyCharm에서 가상 환경을 만들 때는 다음과 같은 순서로 만든다.

1. File 메뉴에서 Settings를 선택한다.

2. Settings 윈도우의 왼쪽 패널에서 Project:RL_Book > Python Interpreter 메뉴를 선택한다(그림 4-5).

3. 이때 나타난 오른쪽 화면에서 톱니바퀴 아이콘을 눌러서 Add 메뉴를 선택한다.

4. Add Python Interpreter 윈도우가 나타나면 왼쪽 패널에서 Conda Environment를 선택한다(그림 4-6).

5. 오른쪽 패널에서 New Environment 선택 후 환경 이름 'RL_Book'과 Python 버전 3.9를 선택한 후 OK 버튼을 클릭한다.

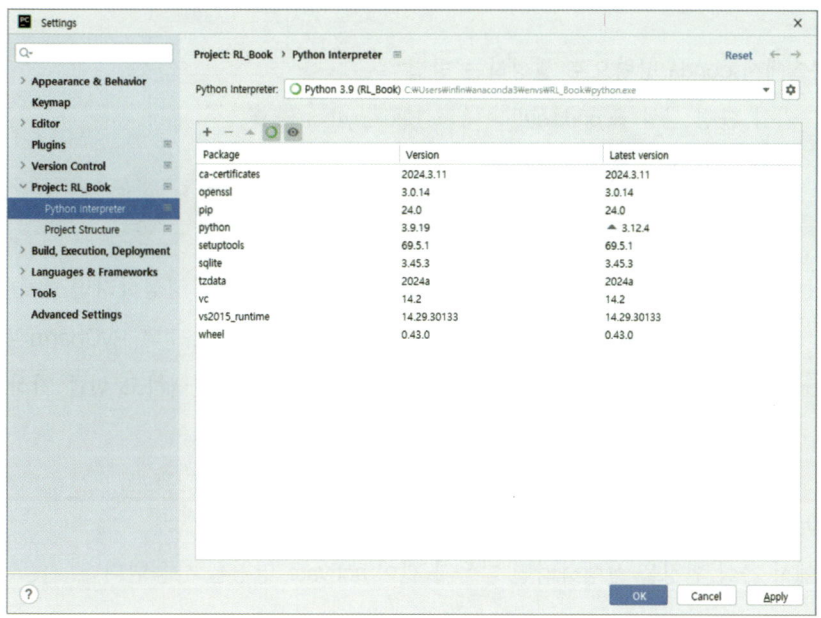

그림 4-5 PyCharm의 Python Interpreter 화면

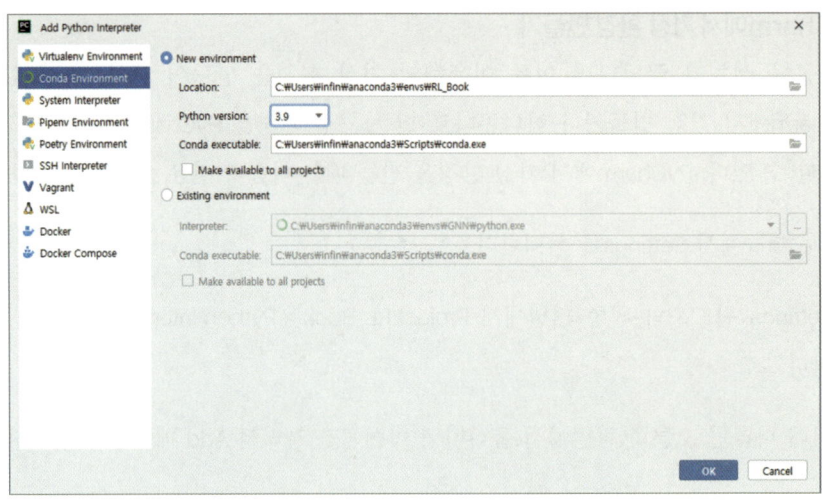

그림 4-6 PyCharm의 Add Python Interpreter 화면

아나콘다로 가상 환경 만들기

가상 환경은 다음과 같이 아나콘다 내비게이터나 conda 콘솔 명령어로도 만들 수 있다.

1. 아나콘다 내비게이터를 실행해서 UI를 통해 만드는 방법

2. 콘솔에서 conda 명령으로 생성하는 방법[4]
   - 가상 환경 생성: `$conda create -n RL_Book python=3.9`
   - 가상 환경 확인: `$conda env list`
   - 가상 환경 삭제: `$conda env remove -n RL_Book`

아나콘다 내비게이터는 실행이 느리므로 가상 환경을 빠르게 생성하려면 콘솔 명령어를 이용하는 것이 편하다. 가상 환경을 만들었다면 그림 4-7의 PyCharm의 Add Interpreter 윈도우의 오른쪽 패널에서 Existing environment를 선택하고 만든 가상 환경을 지정하면 된다.

콘솔에서 가상 환경 활성화하기

콘솔에서 가상 환경을 실행하려면 다음과 같이 activate 명령을 사용한다.

4　이 책에서 콘솔 명령어는 Windows 기준으로 작성돼 있다.

- 가상 환경 활성화: `$source activate RL_Book`

- 가상 환경 비활성화: `$conda deactivate`

가상 환경에 패키지를 설치할 때는 콘솔로 설치하는 것이 편해서 이 명령어를 많이 사용하게 될 것이다.

PyTorch 설치

가상 환경이 생성됐다면 가상 환경을 활성화하고 패키지를 설치해 보자. 가장 먼저 설치할 패키지는 딥러닝 프레임워크인 PyTorch[5]이다. 강화학습 프레임워크의 학습자와 네트워크에서 딥러닝 모델을 학습하는 부분이 PyTorch로 구현돼 있다. PyTorch를 설치할 때 로컬 환경에 CPU만 있는지 GPU까지 있는지 확인하고 설치해야 한다. GPU가 있는 경우 호환되는 버전의 CUDA$^{\text{Compute Unified Device Architecture}}$와 cuDNN$^{\text{CUDA Deep Neural Network library}}$을 설치하고 설치된 CUDA 버전에 맞춰 PyTorch를 설치하자. CUDA와 cuDNN 설치는 바로 뒤에서 설명하도록 하겠다.

PyTorch 홈페이지에 가면 그림 4-7과 같이 로컬 환경에 맞게 설치 명령어를 생성해 주는 기능이 제공되고 있다. 이 기능을 이용해서 자신의 환경에 맞는 PyTorch 설치 명령어를 만들어보라.

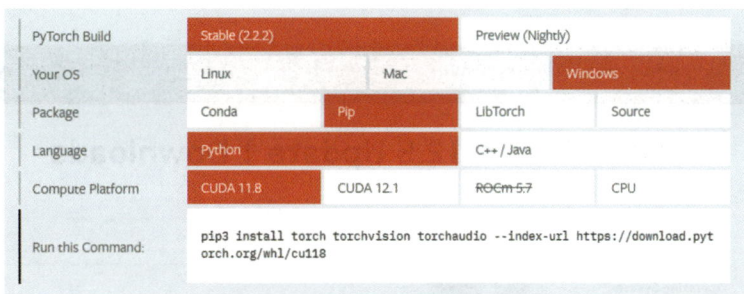

그림 4-7 PyTorch 설치 명령어 생성 기능

CPU 버전의 경우 다음 명령어로 설치한다.

`$ pip3 install torch torchvision torchaudio`

---

5   PyTorch는 https://pytorch.org/에서 내려받아 설치할 수 있다.

GPU 버전의 경우 CUDA 11.8을 예로 들면 다음 명령어로 설치한다.

`$ pip3 install torch torchvision torchaudio --index-url https://download.pytorch.org/whl/cu118`

CUDA 설치

NVIDIA GPU를 사용하고 있다면 nvidia-smi 명령어로 GPU 모델의 종류와 CUDA 버전을 확인할 수 있다.

`$nvidia-smi`

그림 4-8 GPU 및 CUDA 버전 확인

CUDA 버전이 11.4라는 것을 확인할 수 있다. 다음 NVIDIA 사이트에 가서 OS와 CUDA 버전에 맞는 CUDA 툴킷을 다운로드 받아 보자.

- https://developer.nvidia.com/cuda-downloads

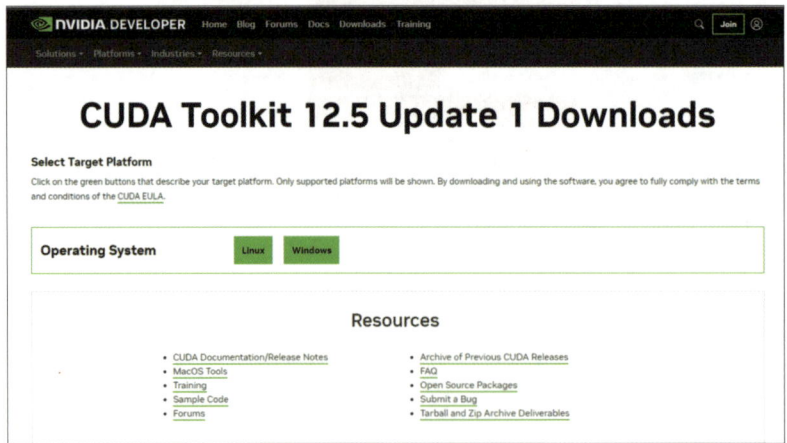

그림 4-9 CUDA Toolkit 다운로드

CUDA를 설치하면 Windows의 경우 아래 폴더와 같이 설치가 된다.

- C:/Program Files/NVIDIA GPU Computing Toolkit/CUDA/v11.4

CUDA 설치가 완료됐다면 cuDNN을 설치한다. cuDNN은 CUDA를 기반으로 한 딥러닝 가속 라이브러리이다. 아래 URL에 들어가서 CUDA 버전에 맞는 cuDNN을 선택해서 내려받자.

- https://developer.nvidia.com/rdp/cudnn-archive

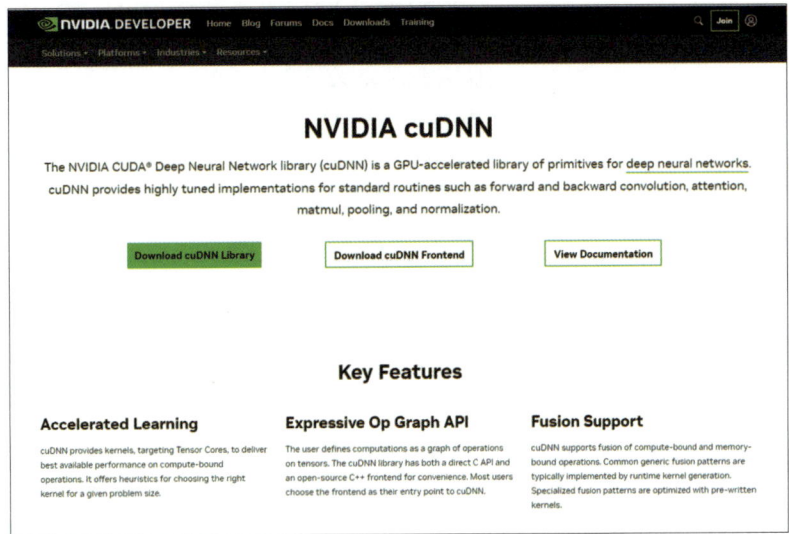

그림 4-10 cuDNN 다운로드

cuDNN 압축 파일 풀면 다음과 같은 디렉토리와 파일이 나타난다.

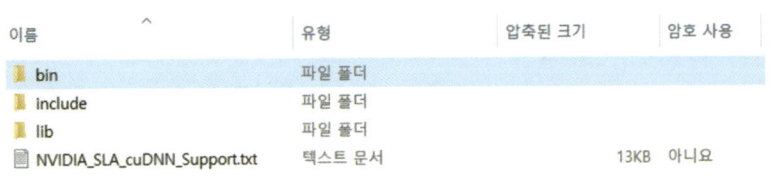

그림 4-11 cuDNN 디렉토리 구조

이 파일을 그대로 CUDA가 설치된 디렉토리에 복사하면 cuDNN 설치도 완료된다.

- C:\Program Files\NVIDIA GPU Computing Toolkit\CUDA\v11.4

파이썬 패키지 설치

PyTorch가 설치됐으면 남은 패키지를 일괄로 설치해 보자. RL_Book 디렉토리에 있는 requirement.txt 파일에 강화학습 프레임워크를 실행할 때 필요한 패키지 목록이 작성돼 있다.

```
pyyaml==6.0.1
gym==0.22.0
gym[Box2D]==0.22.0
pybullet==3.2.0
pyglet==1.5.27
tensorboard==2.6.0
ray[default]==1.13
```

다음 명령어로 requirements.txt에 작성된 패키지를 설치한다.

```
$ pip3 install -r requirements.txt
```

강화학습 프레임워크에서 각 패키지의 용도는 다음과 같다.

- **pyyaml**: YAML^{YAML Ain't Markup Language} 데이터를 파이썬 객체로 읽고 쓰기 위한 라이브러리로 강화학습 프레임워크의 설정 파일을 관리할 때 사용한다.

- **gym**: OpenGym 패키지로 다양한 강화학습을 위한 환경을 표준된 형태로 제공하기 위해 OpenAI에서 개발한 오픈 소스이다.

- **gym[Box2D]**: OpenGym에서 제공하는 물리 기반 토이 환경이다. 이 책에서 LunarLanderContinuous-v2라는 달탐사선 환경을 예제로 사용하고 있다.

- **pybullet**: OpenGym에서 제공하는 물리기반 환경으로 이 책에서 AntBulletEnv-v0라는 개미 로봇 환경을 예제로 사용하고 있다.

- **piglet**: 그래픽, 오디오, 이벤트 처리를 위한 라이브러리로 gym 0.21.0 버전에서 pybullet을 사용할 때 생기는 오류를 없애기 위해 1.5.27 버전으로 내려서 설치한다.

- **tensorboard**: Tensorflow에서 제공하는 시각화 툴로 PyTorch에서도 연동해서 사용한다.

- **ray**: 분산 처리를 위한 오픈 소스 프레임워크로, 강화학습의 학습 속도를 높이기 위해 여러 환경을 실행할 때 사용한다.

개발 환경 설치 점검

패키지 설치가 완료됐으면 강화학습 프레임워크를 개발하기 위한 환경이 정상적으로 구성됐는지 확인해 보자! OpenGym이 잘 설치됐는지 다음 콘솔 명령어로 확인할 수 있다.

```
$ python run_gym.py --env LunarLanderContinuous-v2 --steps 1000
```

- --env: OpenGym 환경 이름

- --steps: 환경과의 상호작용 횟수

run_gym.py는 환경의 이름과 환경과의 상호작용 횟수를 인자로 받아서 지정한 환경을 실행한다. 위의 명령은 환경 이름으로 Box2D의 'LunarLanderContinuous-v2'[6]를 지정했고 상호작용 횟수는 1,000번으로 지정했다.

다른 방법으로는 그림 4-12와 같이 PyCharm에서 run_gym.py를 열고 오른쪽 편집 화면에서 마우스를 우클릭 해서 Run 'run_gym' 메뉴를 선택해서 실행하는 것이다.[7]

---

[6] LunarLanderContinuous-v2는 달의 표면에 착륙하는 탐사선을 조종해 달에 안전하게 착륙해야 하는 환경으로 연속 행동 공간을 갖는다.

[7] PyCharm에서 실행할 경우 명령어 인자는 두 가지 방식으로 지정할 수 있다. 1) PyCharm의 Edit Configuration 메뉴에서 실행할 명령어와 인자를 지정해 실행 설정을 만들고 해당 설정을 선택해서 실행한다. 2) 소스 코드에서 인자의 default 값을 직접 수정해서 실행한다.

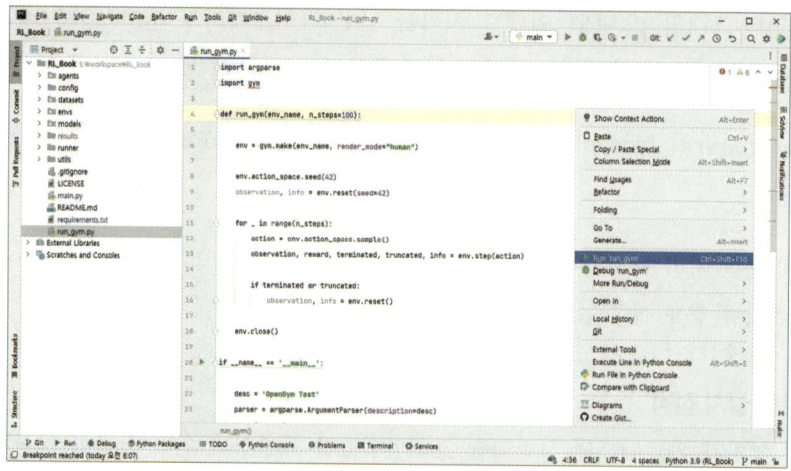

그림 4-12 run_gym.py 실행 메뉴

이 명령을 실행했을 때 그림 4-13과 같은 화면이 정상적으로 보이는가? 화면이 보인다면 OpenGym이 정상적으로 설치된 것이다.[8] 단, **run_gym.py**는 에이전트 없이 랜덤한 행동을 하도록 구현돼 있기 때문에 탐사선이 달 착륙에 성공하는 모습을 보기는 어려울 것이다.

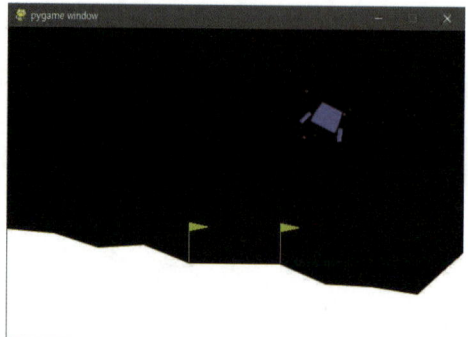

그림 4-13 LunarLanderContinuous-v2 환경의 화면

---

8   화면이 보이지 않고 오류가 난다면 RL_Book 가상 환경이 활성화돼 있는지 확인하라.

이제 강화학습 프레임워크를 실행해 보자. RL_Book 디렉토리에 있는 main.py를 실행했을 때 오류 없이 정상적으로 실행되는지 확인하면 된다. main.py를 실행하기 위한 콘솔 명령은 다음과 같다.

`$ python main.py`

그리고 그림 4-14와 같이 PyCharm에서 main.py를 열고 오른쪽 편집 화면에서 마우스를 우 클릭해서 Run 'main' 메뉴를 선택해서 실행해도 된다.

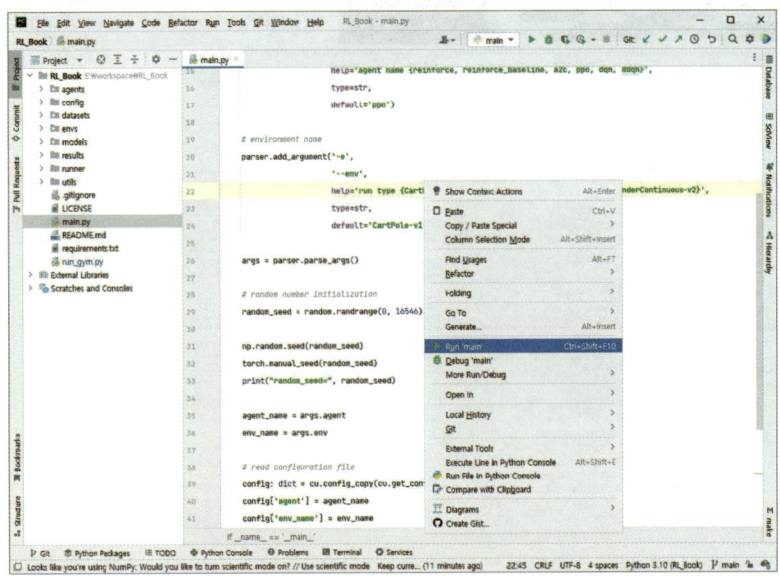

그림 4-14 main.py 실행 메뉴

강화학습 프레임워크도 정상적으로 실행이 되는가? 생각보다 실행 시간이 오래 걸리면 실행을 중단시키고 다음 단계로 넘어가도록 한다.

4.2 OpenGym 소개

강화학습 프레임워크에서 환경으로 제공하고 있는 OpenGym 패키지의 사용법과 OpenGym에서 제공하고 있는 강화학습 환경에 대해 알아보자.

4.2.1 OpenGym

OpenGym은 다양한 강화학습 환경을 표준화된 형태로 제공하는 오픈 소스이다.

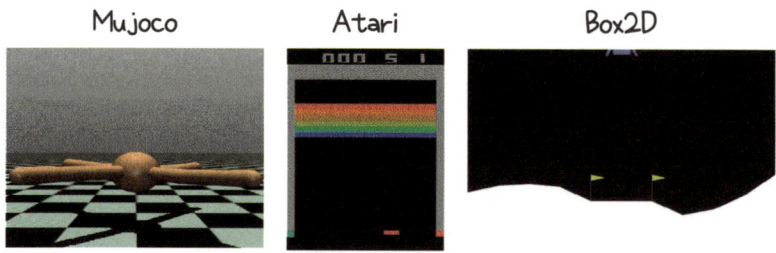

그림 4-15 다양한 환경을 제공하는 OpenGym

OpenGym은 기본적으로 다음과 같은 환경을 제공하며 이 외에 다양한 써드 파티[3rd Party] 환경과 연동을 지원하고 있다.

- 고전 제어[Classic Control]

- 물리 기반의 토이 게임[Box2D]

- 아타리 게임[Atari]

- 토이 텍스트[Toy Text]

- Mujoco[Multi-Joint dynamics with Contact]

OpenGym은 0.26.3 버전부터 Gymnasium으로 이름을 변경해서 유지보수 되고 있다.[9] 이 책에서는 OpenGym의 Box2D 환경과 PyBullet 환경을 이용하기 위해 0.22.0 버전을 사용하고 있다. Gymnasium을 사용하고 싶다면 프레임워크의 OpenGym 환경의 소스 코드를 복사해서 Gymnasium 환경용으로 쉽게 만들 수 있으니 프레임워크 파악이 완료되면 도전해 보길 바란다!

---

[9] OpenGym의 GitHub은 https://github.com/openai/gym 이고 문서는 https://www.gymlibrary.dev/에 있다. Gymnasium의 GtHub은 https://github.com/Farama-Foundation/Gymnasium 이고 문서는 https://gymnasium.farama.org/에 있다.

4.2.2 API 사용법

OpenGym의 사용법은 매우 간단하다. 그림 4-16에는 OpenGym으로 강화학습 환경을 생성해서 일정 횟수만큼 환경과 상호작용을 하는 코드를 보여주고 있다. gym.make(), env.reset(), env.step(), env.render(), env.close() 5개의 메서드만 알아도 OpenGym을 사용할 수 있다.

패키지 임포트 ① `import gym`

환경 생성 ② `env = gym.make("CartPole-v1")`

행동 공간 및
환경 초기화 ③
```
env.action_space.seed(42)
observation = env.reset()
```

행동 실행 및
환경 정보 반환 ④
```
for _in range(n_steps):
    action = env.action_space.sample()
    observation, reward, done, env_info = env.step(action)
    env.render()
```

환경 리셋 ⑤ `if done: observation = env.reset()`

환경 닫기 ⑥ `env.close()`

그림 4-16 OpenGym 사용법 예시

그림 4-16의 코드를 순서대로 설명하면 다음과 같다.

- 패지지 임포트: OpenGym 패키지를 gym으로 임포트한다.

- 환경 생성: gym.make()로 환경을 생성한다.
  - 환경 이름은 "CartPole-v1"를 지정하고 있다.

- 행동 공간 및 환경 초기화: 액션 공간 및 환경을 초기화한다.
  - env.reset()으로 환경을 초기화한다.

- 환경과의 상호작용: for 루프를 통해 환경과의 상호작용을 n_steps번 실행한다.
  - 행동 실행 및 환경 정보 반환:
    - 액션 공간에서 행동을 랜덤하게 샘플링 한다.
    - env.step()으로 행동을 실행하고 환경에서 (상태, 보상, 에피소드 종료 상태, 환경 정보)를 반환 받는다.
    - env.render()로 화면을 렌더링한다.
  - 환경 리셋: 에피소드가 종료됐다면 새로운 에피소드를 시작하도록 환경을 초기화한다.
- 환경 닫기: env.close()로 환경을 종료한다.

4.2.3 환경의 종류

OpenGym은 매우 다양한 환경을 제공하고 있다. 앞으로 살펴볼 강화학습 알고리즘에 OpenGym에서 제공하는 다양한 환경을 적용해볼 수 있으니 관심이 있는 환경이 있다면 기억해 두기 바란다.

고전 제어

고전 제어 환경은 간단한 제어를 할 수 있는 환경으로 OpenGym 환경 중에 난이도가 낮은 편이다.

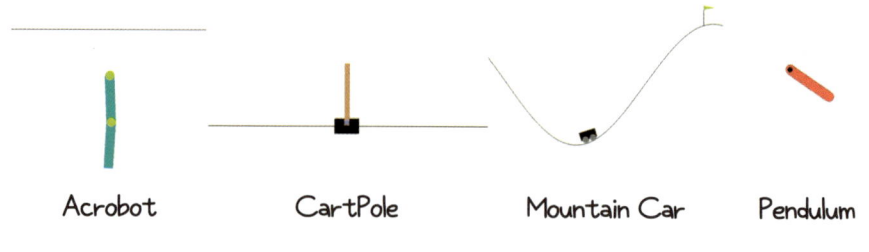

그림 4-17 고전 제어 환경의 종류

- **Acrobot**: 두 개의 링크로 이뤄진 로봇을 최소로 움직여서 상단의 목표 선에 닿는 것이 목표이다.

- **CartPole**: 카트 위의 막대기가 넘어지지 않게 균형을 잡고 오래 유지해야 한다. 단, 바닥의 마찰력은 없고 카트는 좌우로만 움직일 수 있으며 카트와 막대기를 연결하는 액츄에이터는 고장나 있다. 막대기가 넘어지지 않도록 카트를 좌우로 움직여서 중심을 잡는 방법을 학습해야 한다.

- **Mountain Car**: 언덕 아래에 있는 자동차를 움직여서 언덕 위에 깃발이 있는 지점에 도달해야 한다. 자동차의 엔진 힘만으로는 언덕에 올라갈 수 없기 때문에 관성을 이용해야 한다.

- **Pendulum**: 진자를 회전시켜서 세운 후 최대한 오래 유지해야 한다.

물리 기반의 토이 게임

Box2D는 물리 기반의 box2d에 PyGame을 합친 토이 게임이다.

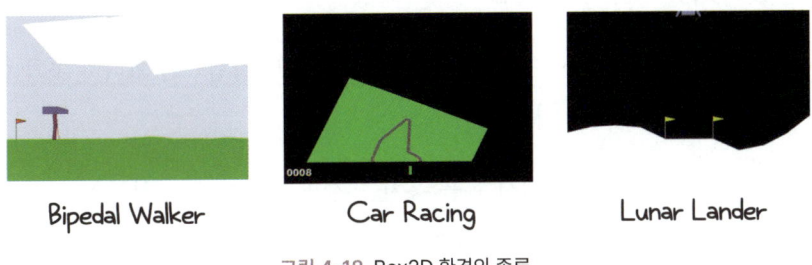

그림 4-18 Box2D 환경의 종류

- **Bipedal Walker**: 다양한 지형과 장애물이 있는 환경에서 두 개의 다리를 가진 로봇을 걷게 해야 한다.

- **Car Racing**: 다양한 트랙과 경주에서 자동차를 조종해서 가장 빠르게 주행해야 한다.

- **Lunar Lander**: 달의 표면에 착륙하는 탐사선을 조종하는 문제로, 탐사선의 추진력과 방향을 조절해 안전하게 착륙해야 한다.

아타리 게임

아타리 게임을 **아케이드 학습 환경**(ALE, Arcade Learning Environment)을 통해 시뮬레이션 하는 환경이다.

그림 4-19 아타리 게임 환경의 종류

- **Assault**: 외계인 모함과 작은 우주선을 제거하고 이들로부터 공격받지 않도록 하단에 있는 우주선을 좌우로 조종하는 게임이다.

- **Breakout**: 벽돌 깨기 게임으로 공을 패들로 반사해 벽돌을 파괴하고 최고 점수를 얻는 것이 목표이다.

- **Montezuma's Revenge**: 고대 아즈텍 피라미드에서 탐험가인 파나마 조가 함정과 적을 피해 보물을 찾도록 하는 것이 목표이다.

- **Bank Heist**: 은행에 침투해서 돈을 훔치는 강도 게임이다. 경찰차와 경찰 헬리콥터를 피해 은행에서 돈을 훔쳐 탈출해야 한다.

- **Atlantis**: 위협적인 외계인의 공격으로부터 우주 기지를 방어하는 게임이다. 외계인의 공격을 피하고 적을 격추해 우주 기지를 보호해야 한다.

Mujoco

Mujuco는 로봇, 생체 동역학, 그래픽, 애니메이션 등의 분야에 빠르고 정확한 시뮬레이션을 제공하는 연구개발용 물리 엔진이다. 개미나 휴머노이드와 같은 다관절 로봇을 학습시켜서 특정 작업을 수행하도록 하는 것이 목표이다.

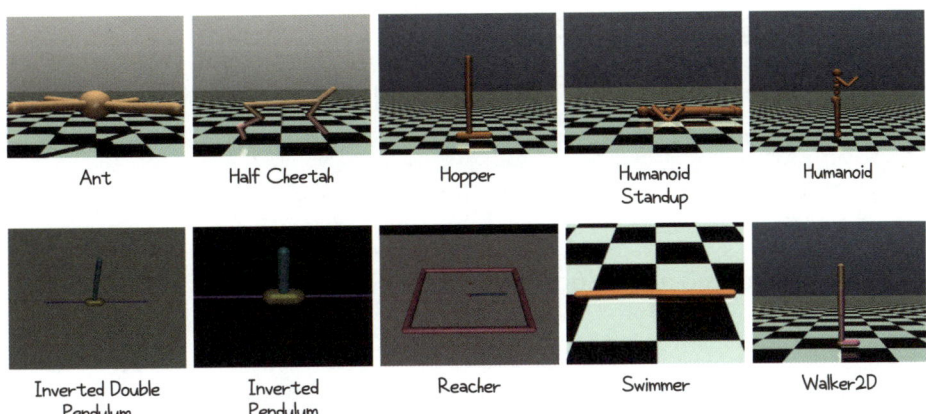

그림 4-20 Mujoco 환경의 종류

- **Ant**: 다리가 네 개인 개미 로봇이 걷는 동작을 학습한다.

- **Half Cheetah**: 다리가 두 개인 치타 로봇이 빠르게 달리는 동작을 학습한다.

- **Hopper**: 다리가 하나인 로봇이 뛰어서 이동하는 동작을 학습한다.

- **Humanoid Standup**: 사람 모양의 로봇이 바닥에 쓰러진 상태에서 일어서는 동작을 학습한다.

- **Humanoid**: 사람 모양의 로봇이 두 발로 걷는 동작을 학습한다.

- **Inverted Double Pendulum**: CartPole 환경으로 카트 위에 연결된 첫 번째 막대기에 연결된 두 번째 막대기의 균형을 잡도록 학습한다.

- **Inverted Pendulum**: CartPole 환경으로 카트 위의 막대기의 균형을 잡도록 학습한다.

- **Reacher**: 로봇 팔을 움직여서 목표물에 닿도록 하는 동작을 학습한다.

- **Swimmer**: 로봇이 물 속에서 효율적으로 움직여서 이동하는 동작을 학습한다.

- **Walker2D**: 두 다리를 가진 로봇이 걷는 동작을 학습한다.

4.3 강화학습 프레임워크의 실행

이제 다음 명령어로 강화학습 프레임워크를 실행해 보자. 강화학습 알고리즘 중에 가장 먼저 살펴보게 될 REINFORCE를 디버거로 한 스텝씩 따라가면서 클래스 간에 호출 경로를 확인해 보자. 다음은 강화학습 프레임워크의 실행 명령어이다.

python main.py --agent reinforce --env CartPole-v1
                    에이전트 이름   환경 이름

3장에서 설명했던 순서대로 알고리즘에 관련된 클래스 객체들이 생성되고 있는가? 그리고 강화학습의 의사 코드대로 실행되고 있는가? 이번 절에서 이런 질문에 대한 답을 확인해 보면 좋을 것이다.

4.3.1 main.py 실행 순서

강화학습 프레임워크를 실행하기 위해 시작 프로그램인 main.py의 사용법과 코드를 살펴보자. main.py는 다음 콘솔 명령어와 같이 에이전트 이름과 환경 이름을 인자로 받는다.[10]

```
$ python main.py --agent ppo --env CartPole-v1
```

- --agent: 에이전트 이름 {reinforce, reinforce_b, a2c, dqn, ddqn, ppo}

- --env: 환경 이름 {CartPole-v1, Acrobot-v1, LunarLanderContinuous-v2, ...}

main.py 파일에 구현돼 있는 코드를 살펴보자.

패키지 임포트

강화학습 프레임워크를 실행하기 위해 필요한 패키지를 임포트한다.

---

10 에이전트 이름은 강화학습 알고리즘의 이름과 같다. 현재 강화학습 프레임워크에는 이 책에서 설명하는 6개 알고리즘만 구현돼 있지만 새로운 알고리즘을 얼마든지 쉽게 추가할 수 있다. 또한 OpenGym에서 제공하는 환경 이름을 넣으면 실행할 수 있다. 단, 실행을 위한 설정 파일을 알고리즘과 환경별로 정의해야 한다. 자세한 방법은 알고리즘과 환경을 추가하는 실습을 할 때 설명한다.

코드 4-1 패키지 임포트

```
import torch
import numpy as np
import random
import utils.config as cu
import argparse
from runner.runner import Runner
from runner.multienv_runner import MultiEnvRunner
from runner.multienv_async_runner import MultiEnvAsyncRunner
```

실행 순서는 다음과 같다.
1. 딥러닝 구현을 위한 PyTorch 패키지 torch를 임포트 한다.
2. 환경의 상태와 행동을 다차원 배열로 표현하기 위한 numpy를 임포트 한다.
3. 난수 발생기의 씨드를 생성하기 위해 random을 임포트 한다.
4. 설정 파일을 읽는 유틸리티 함수가 정의돼 있는 utils.config를 임포트 한다.
5. 콘솔 명령어의 인자를 파싱하기 위해 argparse를 임포트 한다.
6. 강화학습 프레임워크의 실행을 관장하는 Runner를 임포트 한다.
7. 환경이 여러 개일 때 강화학습 프레임워크의 실행을 관장하는 MultiEnvRunner를 임포트 한다.

명령어 인자 처리
프로그램의 인자로 에이전트의 이름과 환경 이름을 정의하고 전달된 인자 값을 파싱한다.

코드 4-2 명령어 인자 처리

```
if __name__ == '__main__':

    # 1. 명령어 인자 파서 생성
    desc = 'RL Framework'
    parser = argparse.ArgumentParser(description=desc)

    # 2. 에이전트 이름 인자 추가
    parser.add_argument('-a',
```

```python
                         '--agent',
                         help='agent name {'
                              'reinforce, '
                              'reinforce_b, '
                              'a2c, '
                              'dqn, '
                              'ddqn, '
                              'ppo, '
                              '}',
                         type=str,
                         default='reinforce')

    # 3. 환경 이름 인자 추가
    parser.add_argument('-e',
                        '--env',
                        help='run type {'
                             'CartPole-v1, '
                             'LunarLanderContinuous-v2,'
                             'Acrobot-v1, '
                             'AntBulletEnv-v0}',
                        type=str,
                        default='CartPole-v1')

    # 4. 명령어 인자 파싱
    args = parser.parse_args()
```

실행 순서는 다음과 같다.

1. 명령어 인자 파서 생성: 명령어 인자를 파싱하기 위해 파서를 생성한다.
2. 에이전트 이름 인자 추가: 에이전트 이름을 인자로 파서에 추가한다.
3. 환경 이름 인자 추가: 환경 이름을 인자로 파서에 추가한다.
4. 명령어 인자 파싱: 명령어 인자를 파싱한다.

난수 발생기 초기화

강화학습에 사용되는 패키지에서 난수를 사용하는 경우 난수 발생기의 씨드에 따라 강화학습의 결과가 달라진다. 대표적으로 numpy와 PyTorch가 이에 해당된다. 그래서 실험을 할 때 동일한 학습 결과를 원한다면 씨드^{seed}를 고정하면 된다. main.py에서는 패키지의 난수 발생기를 초기화한다.

코드 4-3 난수 발생기 초기화

```python
# 5. 난수 발생기 씨드 랜덤 생성
random_seed = random.randrange(0, 16546)

# 6. 난수 발생기를 초기화
np.random.seed(random_seed)
torch.manual_seed(random_seed)
print("random_seed=", random_seed)
```

5. 난수 발생기 씨드 랜덤 생성: 난수 발생기의 씨드로 지정할 난수를 생성한다.
6. 난수 발생기를 초기화: numpy와 PyTorch의 난수 발생기를 초기화한다.

설정 파일 읽기

강화학습 프레임워크를 실행하기 위한 설정 파일을 읽고 딕셔너리로 만들어서 설정 항목을 추가하거나 수정한다.

코드 4-4 설정 파일 읽기

```python
# 7. 에이전트 이름과 환경 이름 받기
agent_name = args.agent
env_name = args.env

# 8. 설정 파일 읽기
config: dict = cu.config_copy(cu.get_config(agent_name, env_name))

# 9. 설정 값 추가
config['agent'] = agent_name                      # 에이전트 이름 추가
config['env_name'] = env_name                     # 환경 이름 추가
config['random_seed'] = random_seed               # 난수발생기 씨드 추가
if config.get('env_args', None) is None:          # 환경 인자 기본값 처리
    config['env_args'] = {}
```

7. 에이전트 이름과 환경이름 받기: 명령어 인자로 들어온 에이전트 이름과 환경 이름을 변수에 저장한다.
8. 설정 파일 읽기: 강화학습 프레임워크의 설정 파일을 읽는다.
    - 설정 파일은 다음과 같은 규칙에 따라 에이전트 이름과 환경 이름을 이용해 지정된 경로와 파일 이름을 갖는다.
    - /config/[에이전트 이름]/[환경 이름].yaml
    - 설정 파일을 읽어서 딕셔너리 형태로 반환하면 config 변수에 저장한다.
9. 설정 항목 추가 및 수정
    - 에이전트/환경 이름 추가: 설정 딕셔너리에 에이전트 이름과 환경 이름, 난수 발생기의 씨드를 추가로 저장한다.
    - 환경 인자 기본값 처리: 설정 딕셔너리에 환경을 생성할 때 전달할 인자(env_args)가 지정돼 있지 않으면 0으로 초기화한다.

강화학습 프레임워크 실행

러너를 생성해서 강화학습 프레임워크를 실행한다.

코드 4-5 강화학습 프레임워크 실행

```python
# 10. 러너 클래스 선택
if config['n_envs'] == 1:
    RunnerClass = Runner
elif config.get('env_loop_type',"sync") == "sync":
    config['env_loop_type'] = "sync"
    RunnerClass = MultiEnvRunner
else:
    RunnerClass = MultiEnvAsyncRunner

# 11. 러너의 run() 메서드 호출
RunnerClass(config).run()
```

10. 러너 클래스 선택
    - 환경이 1개이면 러너 클래스로 Runner를 선택한다.

- 환경이 여러 개이고 ❶ 동기적 분산 처리 방식이면 러너 클래스로 `MultiEnvRunner`를 선택하고, ❷ 비동기적 분산 처리 방식이면 러너 클래스로 `MultiEnvAsyncRunner`를 선택한다.
11. 러너의 run() 메서드 호출
    - 선택한 러너 클래스를 이용해 러너를 생성한다. 이때 설정 딕셔너리를 넘겨서 강화학습 프레임워크 내에서 참조할 수 있도록 한다.
    - 생성된 러너의 run() 메서드를 호출해 강화학습 프레임워크를 실행한다.

4.3.2 설정 항목

강화학습 프레임워크를 실행하기 위한 설정 항목을 살펴보자. 이번 절에서는 어떤 설정 항목이 있는지 정도로만 파악하고 개별 설정 항목의 의미와 사용 방법은 이후 실습 과정에서 소스 코드를 분석하고 알고리즘을 실행하면서 이해하면 된다. 먼저 알고리즘의 종류와 무관한 GPU, 옵티마이저, 환경, 로깅과 같은 공통 설정 항목에 대해 살펴보자.

GPU

- `use_cuda: True`
    - GPU 사용 여부
    - 로컬 환경에 GPU가 없는데 `use_cuda`를 `True`로 설정하면 `Runner`에서 이를 체크해서 `False`로 만든다.

- `device_num: 0`
    - 딥러닝 모델 학습 및 추론 시 사용할 GPU 번호(기본 값은 0)

Ray

- `n_cpus: 4`
    - Ray에서 분산 처리를 할 때 사용할 CPU 개수

- `n_gpus: 1`
    - Ray에서 분산 처리를 할 때 사용할 GPU 개수

기타

- epsilon: 0.0000001
  - 산술 연산을 할 때 수치적 안정성을 위해 사용하는 작은 상수
  - 예를 들어 나누기를 할 때 분모가 0이 되지 않게 분모에 더해준다.

옵티마이저

- optim_betas: [0.9, 0.999]
  - Adam에서 사용하는 (beta1, beta2) 계수
  - beta1: 그레이디언트^{gradient}의 이동 평균을 계산할 때 사용하는 계수
  - beta2: 그레이디언트 제곱의 이동 평균을 계산할 때 사용하는 계수

- optim_eps: 0.00001
  - Adam에서 사용하는 상수 값

- torch_deterministic: True
  - PyTorch에서 난수를 고정했을 때 동일한 학습 결과가 나오게 하는 옵션이다. 값을 True로 하면 학습 성능이 조금 느려질 수 있다.

환경

- env_wrapper: 'opengym'
  - 강화학습 환경을 제공하는 패키지 이름
  - 단, 현재는 'opengym'만 제공하고 있다.

- env_name: 'CartPole-v1'
  - 환경 이름(환경 이름은 패키지에서 제공하는 이름을 준수해야 한다)
  - 단, main.py에서는 인자로 받은 환경 이름을 사용하므로 설정 파일의 환경 이름은 실행에 영향을 주지 않는다.

- n_envs: 1
  - 학습 시 사용할 환경의 개수

- distributed_processing_type: "sync"
    - 분산 처리 방식 {"sync", "async"}
    - "sync": 동기적 분산 처리 방식
    - "async": 비동기적 분산 처리 방식

- render: False
    - 강화학습 환경을 화면으로 보여줄지 여부
    - 학습할 때는 환경을 화면으로 보여주면 학습 속도가 매우 늦어지므로 False로 두는 것이 좋다.

로깅

- log_interval: 2000
    - 로깅 주기(타임 스텝 단위)
    - Runner에서 학습 성능을 주기적으로 콘솔로 출력할 때 사용한다.

- use_tensorboard: True
    - 로거에 통계 정보를 로깅할 때 텐서보드에도 같이 로깅할지를 지정
    - 전체적인 학습 곡선의 모양을 확인할 때 사용

체크포인트

- save_model: True
    - 학습 시 모델과 옵티마이저의 체크포인트를 저장할지 여부
    - 학습 과정이 길어질 경우 주기적으로 체크포인트를 저장해서 장애가 발생했을 때 복구해서 사용한다.
    - 학습이 완료된 체크포인트는 모델 선정 과정을 거쳐 추론 모델로 사용한다.

- save_model_interval: 20000
    - 체크포인트를 저장하는 주기(타임 스텝 단위)
    - 체크포인트를 저장 시점별로 구분하기 위해 타임 스텝 디렉토리에 저장한다.

- checkpoint_path: ""
    - 복구해야 할 체크포인트가 있는 경로

- load_step: 0
    - 복구할 체크포인트의 타임 스텝
    - 지정한 타임 스텝의 체크포인트가 없다면 가장 가까운 타임 스텝의 체크포인트로 복구한다.

- local_results_path: "results"
    - 학습 과정의 산출물을 저장하기 위한 디렉토리의 이름
    - 텐서보드 로그이나 체크포인트를 저장하기 위한 용도로 강화학습 프레임워크의 실행 디렉토리 하위에 생성된다.

여기서부터는 학습과 관련된 설정 항목으로 성능 튜닝의 대상이 된다. 강화학습 알고리즘에 따라 설정 항목이 달라질 수 있다.

실행 모드

- training_mode: True
    - 학습 모드인 경우 True로 추론 모드인 경우 False로 설정

- inference_model_path: ""
    - 추론 모델의 경로

- inference_max_episodes: 100
    - 추론 모드에서 실행할 최대 에피소드 수
    - 현재 추론 모드에서는 지정된 에피소드 수만큼 환경을 실행하고 종료하는 방식으로 구현돼 있다.

훈련 스텝

- max_environment_steps: 100000
    - 학습 모드에서 실행할 최대 환경 타임 스텝 수

- n_steps: 1000
    - 환경 루프에서 실행할 타임 스텝 수

- n_episodes: 0
    - 환경 루프에서 실행할 에피소드 수
    - n_steps과 n_episodes가 같이 설정돼 있으면 n_steps의 우선순위가 높음
- n_epochs: 1
    - Learner가 실행할 에포크 수
    - REINFORCE, A2C, PPO와 같은 온라인 정책 알고리즘에서 롤아웃 버퍼에 저장된 데이터셋을 몇 번 학습할지를 나타내는 횟수
- gradient_steps: 64
    - Learner가 실행할 그레이디언트 스텝 수
    - DQN, DDQN과 같은 오프라인 정책 알고리즘에서 리플레이 버퍼에서 몇 번 배치를 샘플링해서 학습할지를 나타내는 횟수
- batch_size: 32
    - 배치 크기

할인 계수
- gamma: 0.99
    - 리턴이나 이득, 가치를 계산할 때 사용하는 할인 계수$^{\text{discount factor}}$

학습률
- lr_policy: 0.005
    - 정책 모델의 학습률
- lr_ciritic: 0.005
    - 가치 함수 모델의 학습률

학습률 스케줄링
- lr_annealing: True
    - 학습률 감소를 처리할지 여부
    - 현재 학습률 감소 방식은 코사인 어닐링$^{\text{cosine annealing}}$으로 고정돼 있다.

리플레이 버퍼 워밍업

- `warmup_step: 0`
  - 학습 초반에 리플레이 버퍼를 채우기 위해 대기하는 타임 스텝 수

입실론 그리디

- `epsilon_greedy: False`
  - 입실론-그리디 사용 여부
  - 입실론-그리디는 ε의 확률로 무작위 행동을 선택하고 $1-\varepsilon$의 확률로 가장 가치가 높은 최적 행동을 선택한다.

- `epsilon_start: 0.1`
  - 입실론-그리디에서 입실론을 감쇄할 때 입실론의 시작 값

- `epsilon_finish: 0.01`
  - 입실론-그리디에서 입실론을 감쇄할 때 입실론의 종료 값

- `epsilon_anneal_time: 70000`
  - 입실론을 줄여 나가는 기간(타임 스텝 기준)

그레이디언트 클리핑

- `grad_norm_clip: 0.3`
  - 그레이디언트 클리핑에 사용하는 임계치 값
  - 그레이디언트 클리핑은 그레이디언트 폭발을 막기 위해 사용한다.
  - 단, 임계치가 너무 작으면 정상적인 그레이디언트 값도 작아져서 학습이 원활하지 않을 수 있으니 임계치를 주의해서 지정해야 한다.

리턴과 이득

- `advantage_type: 'gae'`
  - **리턴** 또는 **이득**Advantage의 유형으로 {"gae", "n_step", "mc"} 중에 선택한다.
    - "gae": GAE Generalized Advantage Estimate
    - "n_step": n 스텝 리턴
    - "mc": 몬테카를로 리턴

- 정책을 학습하는 REINFORCE, A2C, PPO 알고리즘에서 사용한다.
- n_steps_of_return: 10
  - n 스텝 리턴을 계산하기 위한 스텝 수
- return_standardization: True
  - (n_step이나 mc인 경우) 리턴을 표준화할지를 지정한다.
- gae_standardization: False
  - GAE 계산 시 이득을 표준화할지를 지정한다.
- gae_lambda: 0.98
  - GAE 계산 시 분산-편향 조절 할인 계수

PPO 클리핑

- ppo_clipping_epsilon: 0.2
  - PPO에서 이전 정책과 현재 정책의 로그 가능도 비율의 클리핑 임계치
- clip_schedule: True
  - 클리핑 임계치인 입실론을 감쇄할지 여부를 지정한다.

손실 함수 계수

- vloss_coef: 0.2
  - 가치 함수의 손실 계수(PPO, A2C에서 사용)
- eloss_coef: 0
  - 엔트로피 보너스 계수(PPO, A2C에서 사용)

네트워크

- actor_hidden_dims: [64, 64, 64]
  - 정책 모델의 은닉 계층별 뉴런 수를 나타내는 리스트
- critic_hidden_dims: [64, 64, 64]
  - 가치 모델의 은닉 계층별 뉴런 수를 나타내는 리스트

Part.3

강화학습 맛보기
정책 기반 방법

이번 파트부터는 강화학습 프레임워크를 이해하고 강화학습 알고리즘의 핵심코드를 구현해 보는 방식으로 진행한다. 그 중 첫 번째 진행으로 러너와 환경을 통해 전체적인 프레임워크의 골격을 파악해 본 후 강화학습 알고리즘의 정책 기반 방법에 대해 살펴보고 REINFORCE 알고리즘을 구현해 본다. 이를 통해 강화학습이 어떤 방식으로 구성돼 있고 어떻게 작동되는지 이해해 보도록 하자.

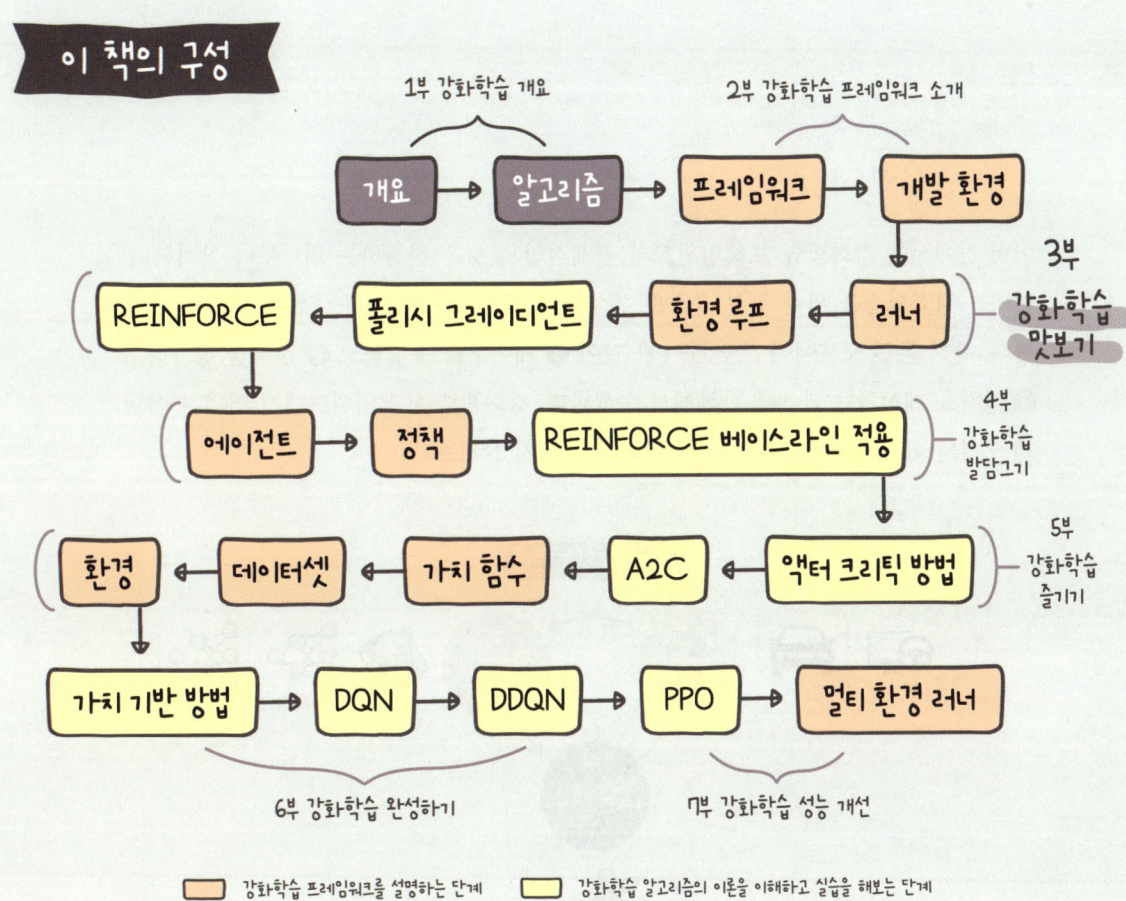

Chapter.5
러너

이번 장에서는 강화학습 프레임워크의 전체적인 실행을 관장하는 **러너**부터 살펴본다. 러너는 강화학습을 위한 구성 요소를 생성하고 실행 모드에 따라 추론과 학습을 실행한다. 특히 훈련 모드에서 그림 5-1과 같이 ❶ 데이터를 수집하고 ❷ 정책을 평가하고 ❸ 정책을 개선하는 단계를 반복해서 수행한다. 강화학습 프레임워크에서 러너가 어떻게 구성돼 있고 실제코드로 어떻게 구현돼 있는지 살펴보자.

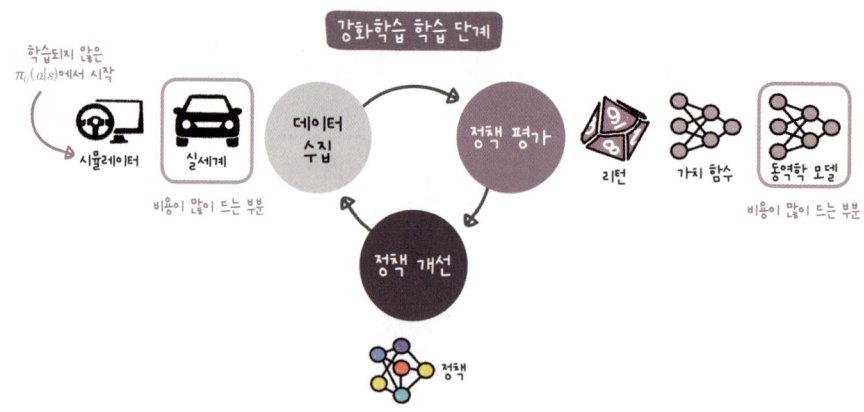

그림 5-1 강화학습 학습 단계(그림 2-14와 동일)

5.1 러너의 구성

강화학습 프레임워크에서 러너가 어떻게 구성돼 있는지 살펴보자.

5.1.1 디렉토리 구조

러너의 소스코드는 그림 5-2와 같이 "/runner" 디렉토리에 정의돼 있다.[1]

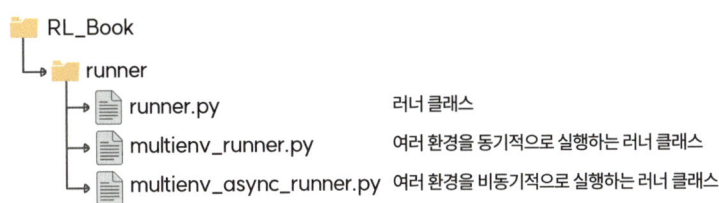

그림 5-2 러너 디렉토리 구조

각 파일에 구현돼 있는 내용은 다음과 같다.

- runner.py: 강화학습 프레임워크 실행자인 `Runner`가 정의돼 있다.

- multienv_runner.py: 다중 환경에서 동기식으로 분산 처리를 하는 강화학습 프레임워크 실행자인 `MultiEnvRunner`가 정의돼 있다.

- multienv_async_runner.py: 다중 환경에서 비동기식으로 분산 처리를 하는 강화학습 프레임워크 실행자인 `MultiEnvAsyncRunner`가 정의돼 있다.

5.1.2 클래스 구성도

러너의 클래스는 다음과 같이 구성돼 있다.

---

1 이 책에서는 강화학습 프레임워크의 특정 디렉토리나 파일의 경로를 나타낼 때 RL_Book을 루트 디렉토리로 가정하고 표현한다.

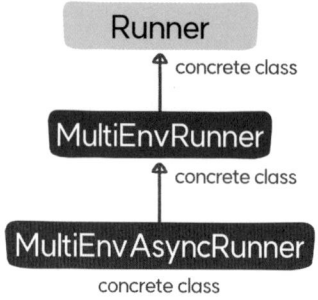

그림 5-3 러너 클래스의 구성도

- `Runner`: 환경이 한 개일 때 강화학습의 구성 요소를 생성하고 추론과 학습을 위한 전체적인 실행을 관장

- `MultiEnvRunner`: 여러 개의 환경을 동기적으로 분산 처리를 하기 위해 강화학습의 구성 요소를 생성하고 추론과 학습을 위한 전체적인 실행을 관장

- `MultiEnvAsyncRunner`: 여러 개의 환경을 비동기적으로 분산 처리를 하기 위해 강화학습의 구성 요소를 생성하고 추론과 학습을 위한 전체적인 실행을 관장

이번 장에서는 하나의 환경을 실행해서 학습하는 `Runner`에 대해 살펴보고 여러 환경을 실행해서 학습하는 분산 처리 방식의 `MultiEnvRunner`와 `MultiEnvAsyncRunner`는 22장에서 살펴본다.

5.2 러너의 작동 방식

러너는 그림 5-4와 같이 강화학습 프레임워크를 전체적으로 구성하고 실행하는 최상위 모듈이다. 러너는

- 강화학습의 **실행 구조**를 결정한다.

- 강화학습의 실행 구조에 따라 **구성 요소를 생성**한다.

- 실행 모드에 따라 **학습 또는 추론**을 한다.

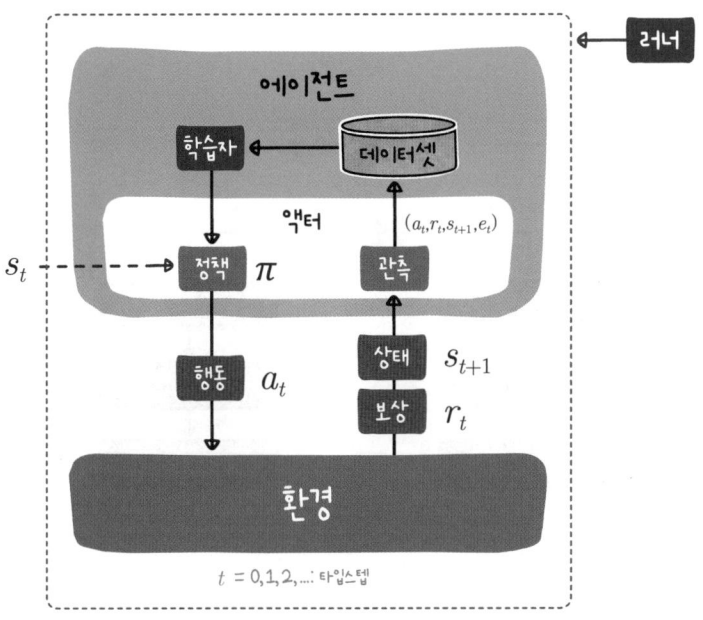

그림 5-4 러너

5.2.1 강화학습 프레임워크의 실행

4장에서 main.py의 코드로 확인한 바와 같이 강화학습의 프레임워크를 실행할 때는 러너를 생성해서 run( ) 메서드를 호출한다. 그러면 러너의 run( ) 메서드에서는 그림 5-5와 같은 흐름으로 강화학습의 ❶ **구성 요소를 생성하고** ❷ **훈련 모드이면** train( )을 호출하고 ❸ **추론 모드이면** test( )를 호출한다.

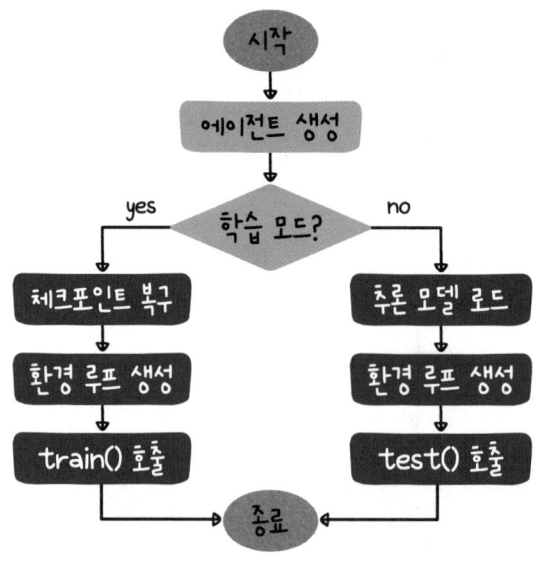

그림 5-5 러너 run() 메서드 실행 과정

이를 코드로 확인해 보면 다음과 같다.

코드 5-1 Runner 강화학습 프레임워크 실행

```
def run(self):
    """
        환경과 환경 루프를 생성하고
        1)추론 모드이면 test() 메서드를 실행
        2)훈련 모드이면 train() 메서드를 실행
    Returns:
        실행 성공 여부
    """

    # 1. 환경 이름 출력
    self.logger.console_logger.info("environment name : "
                                   + self.config.env_name)

    # 2. 에이전트 생성
    self.make_agent()
```

```
    # 3. 훈련 모드 (Training Mode)
    if self.config.training_mode:
        # 체크포인트 복구
        if self.config.checkpoint_path != "" \
                and self.restore() is False: return False
        self.make_environment_loops()          # 환경 루프 생성
        self.train()                           # 학습 (train() 호출)
    else:   # 4. 추론 모드 (Inference Mode)
        if self.load() is False: return False  # 추론 모델 로드
        self.make_environment_loops()          # 환경 루프 생성
        self.test()                            # 추론 (test() 호출)

    return True
```

실행 순서는 다음과 같다.

1. **환경 이름 출력**: 강화학습 프레임워크의 실행을 알리기 위해 환경 이름을 출력한다.
2. **에이전트 생성**: **에이전트**를 생성한다. 에이전트는 다시 **데이터셋**과 **네트워크**, **학습자**를 생성한다.
3. 훈련 모드
   - 체크포인트 경로가 지정돼 있으면 모델과 옵티마이저를 복구한다.
   - **환경 루프를 생성**한다. 환경 루프는 다시 **액터**와 **환경**을 생성한다. 이때 액터는 전달된 에이전트의 네트워크를 복사해서 자신의 네트워크를 만든다.
   - train() 메서드를 실행한다.
4. 추론 모드
   - 지정된 경로의 추론 모델을 에이전트의 네트워크로 로딩한다.
   - **환경 루프를 생성**한다. 환경 루프는 다시 **액터**와 **환경**을 생성한다. 이때 액터는 전달된 에이전트의 네트워크를 복사해서 자신의 네트워크를 만든다.
   - test() 메서드를 실행한다.

5.2.2 훈련 모드 실행

러너의 train() 메서드에서는 강화학습을 위해 ❶ **데이터를 수집**하고 ❷ **정책을 평가하고 개선**하는 단계를 반복한다.

주요 학습 루프

그림 5-6은 train() 메서드의 실행 흐름과 학습 루프의 주요 코드 부분을 보여주고 있다.

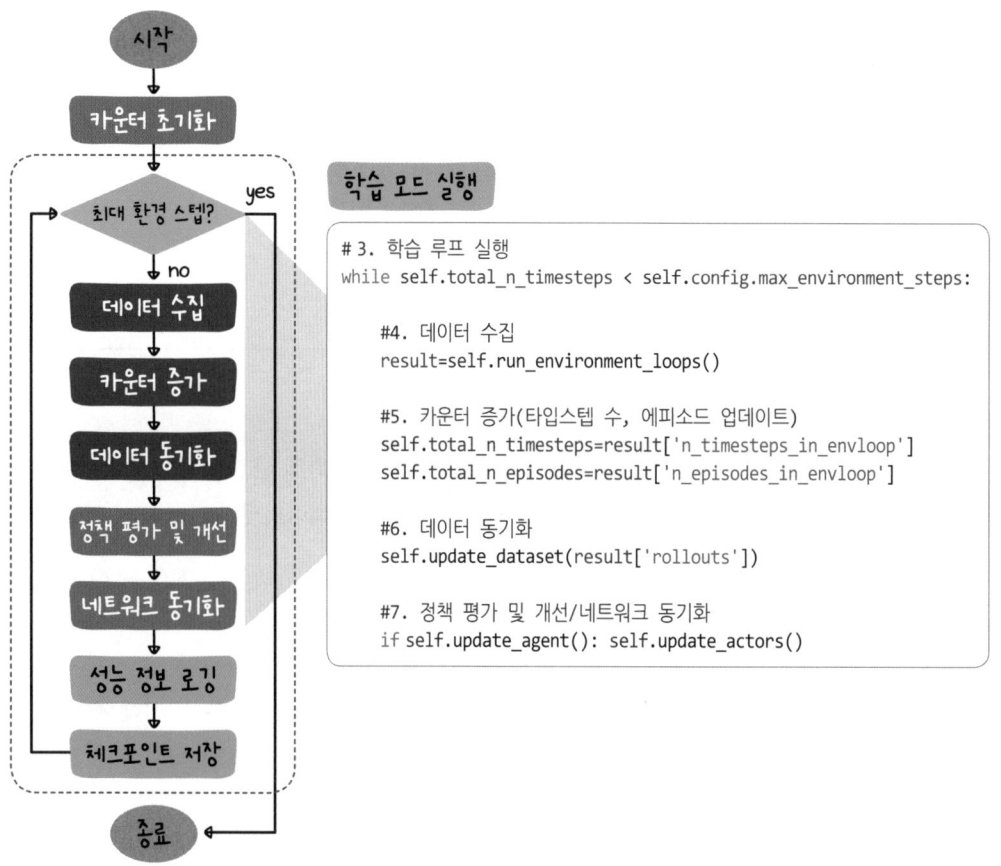

그림 5-6 러너의 훈련 모드 실행

오른쪽 코드의 실행 순서는 다음과 같다.

3. 학습 루프 실행: 설정에 지정된 최대 환경 스텝 수만큼 학습을 실행한다.
4. 데이터 수집: 환경 루프를 실행하고 결과를 반환 받는다. 실행 결과에는 실행 카운터 정보와 액터가 수집한 경로 데이터, 환경 루프의 실행 통계 데이터가 들어 있다.
5. 카운터 증가: 환경 루프에서 반환 받은 결과 데이터를 이용해서 학습 타입 스텝 수와 에피소드 수를 업데이트 한다.

6. 데이터 동기화: 액터가 수집한 경로 데이터를 에이전트에 전달해서 데이터셋을 구성한다.
7. 정책 평가 및 개선, 네트워크 동기화: 에이전트를 학습시킨다. 에이전트가 학습됐다면 에이전트의 네트워크 파라미터를 액터의 복사본에 동기화한다.

정책과 네트워크 동기화

학습 과정에서 에이전트와 액터는 그림 5-7과 같이 데이터와 네트워크 파라미터를 주고받는다. 이러한 동기화 과정은 에이전트와 액터가 직접 처리하기보다는, 러너가 둘 사이를 중재하는 방식으로 이뤄지며 그림 5-6의 코드에서 이 과정을 확인할 수 있다.

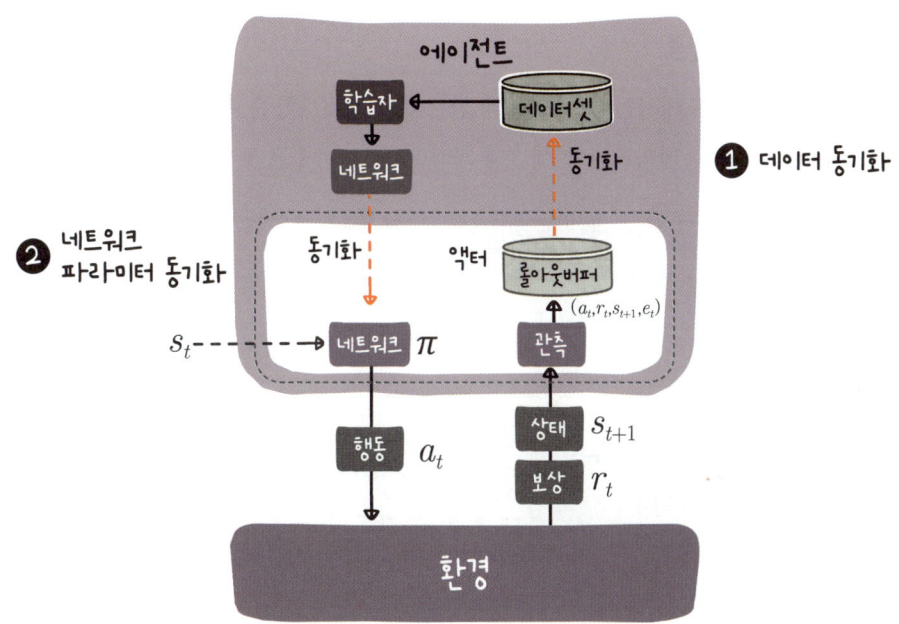

그림 5-7 훈련 모드에서 데이터셋과 네트워크 동기화

액터는 환경과의 상호작용을 통해 자신만의 롤아웃 버퍼에 데이터를 수집하고 에이전트는 액터가 수집한 데이터를 이용해서 데이터셋을 구성한 후 정책을 평가하고 개선한다. 액터는 개선된 정책을 이용해 다시 환경과 상호작용한다.

이 과정에서 액터의 데이터를 에이전트의 데이터셋으로 옮기고 에이전트의 네트워크 파라미터를 액터의 복사본에 적용하는 과정을 **데이터 동기화**, **네트워크 동기화**라고 말하겠다. 이런 동기화를 통해 액터는 에이전트의 프록시로서의 역할을 수행한다.

- **데이터 수집**: 액터는 환경과 상호작용하면서 관측한 트랜지션 데이터를 자신의 롤아웃 버퍼에 수집한다.
- **데이터 동기화**: 액터의 롤아웃 버퍼 데이터를 에이전트의 데이터셋으로 옮긴다.
- **정책 평가 및 개선**: 에이전트는 학습자를 통해 가치 함수와 정책을 업데이트한다.
- **네트워크 동기화**: 에이전트는 업데이트 된 네트워크 파라미터를 액터의 복사본에 적용한다.

5.2.3 추론 모드 실행

러너의 test() 메서드에서는 에이전트와 환경과의 상호작용을 추론 모드로 실행한다. 그림 5-8에는 test() 메서드의 실행 흐름과 코드를 보여주고 있다.

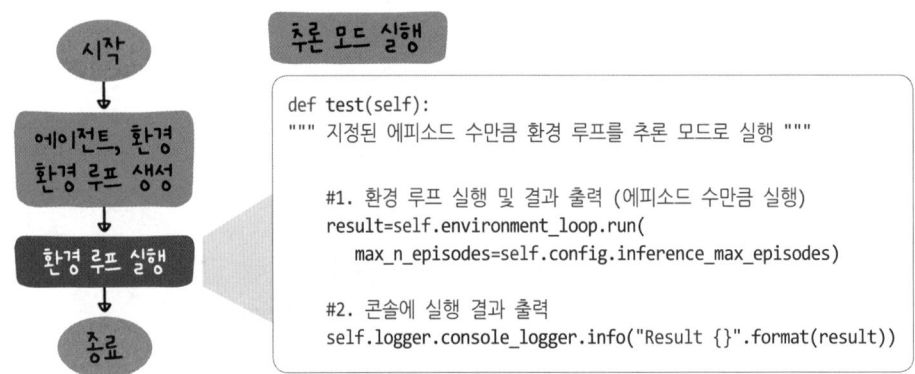

그림 5-8 러너의 추론 모드 실행

오른쪽 코드의 실행 순서는 다음과 같다.
1. 환경 루프 실행: 환경 루프를 통해 설정에 지정된 에피소드 수만큼 에이전트와 환경의 상호작용을 실행하고 실행 결과를 받는다. 실행 결과에는 환경 루프 실행 통계 데이터가 포함돼 있다.
2. 콘솔에 실행 결과 출력: 환경 루프의 실행 결과를 콘솔에 출력한다.

5.3 Runner 클래스 정의

이제부터 러너의 클래스 정의를 살펴보려고 한다. 소스 코드를 보면서 러너 클래스의 구조와 기능을 이해해보면 좋을 것이다. 러너는 Runner 클래스로 정의돼 있다.

그림 5-9 러너 클래스 구성도

5.3.1 속성

Runner는 강화학습 프레임워크 실행에 필요한 유틸리티 객체와 에이전트와 환경 루프를 주요 속성으로 갖는다.[2]

- **로거**(logger): 강화학습 프레임워크 실행 중 발생하는 오류 또는 학습 성능과 관련된 정보를 콘솔 또는 텐서보드에 로깅한다.

- **토큰**(unique_token): 강화학습 프레임워크의 실행을 구분하기 위한 ID이다. 예를 들어 매 실행마다 생성되는 로그나 체크포인트 파일의 저장 경로에 토큰을 넣어서 실행에 대한 산출물을 구분한다.

- **설정**(config): 강화학습 프레임워크의 설정을 관리하는 SimpleNamespace 객체이다. 설정을 SimpleNamespace 객체로 정의하면 닷 표기법 dot notation 으로 설정 항목을 접근할 수 있다. 예를 들면 학습 에포크 epoch 를 나타내는 설정 항목은 config.epoch와 같이 접근하게 된다.

- **에이전트**(agent): 액터를 통해 환경과 상호작용하며 정책을 평가하고 개선하는 객체이다. 데이터셋, 네트워크, 학습자를 서브 모듈로 두고 있다.

- **환경 루프**(environment_loop): 액터와 환경의 상호작용을 실행하는 객체로 훈련 모드에서는 데이터를 수집하고 추론 모드에서는 강화학습 문제를 해결한다.

---

2 이 책에서는 변수 또는 함수를 표기할 때 한글 이름과 함께 괄호 안에 변수 또는 함수 이름을 병기한다.

학습과 관련한 카운터counter 속성[3]에는 다음과 같은 것들이 있다.

- **타입 스텝 수**(total_n_timesteps): 에이전트가 환경과 상호작용을 한 누적 타입 스텝 수

- **에피소드 수**(total_n_episodes): 에이전트가 환경에서 실행한 누적 에피소드 수

- **마지막 체크포인트 저장 시점**(last_model_save_timestep): 학습 과정에서 가장 최근에 체크포인트를 저장한 타입 스텝으로 체크포인트 주기를 확인하기 위한 용도로 사용한다.

- **마지막 로깅 시점**(last_logging_step): 학습 과정에서 가장 최근에 화면에 통계 정보를 출력한 타입 스텝으로 통계 정보 콘솔 출력 주기를 확인하기 위한 용도로 사용한다.

5.3.2 메서드

Runner 클래스는 다음과 같은 메서드로 구현돼 있다.

초기화

- __init__: 강화학습 프레임워크 실행에 필요한 유틸리티 객체인 로거, 실행 토큰, 설정을 생성하고 학습에 필요한 카운터 변수를 초기화한다.

- sanity_check_config: 로컬 실행 환경에 GPU가 있는지 확인해서 설정을 맞게 조정한다. 또한 추론 모드에서 환경이 여러 개이면 한 개로 조정한다.

학습 및 추론

- run: 환경과 환경 루프를 생성하고 **추론 모드이면** test() 메서드를 실행하고 **훈련 모드이면** train() 메서드를 실행한다.

---

3 카운터 속성은 숫자를 세는 용도의 속성을 말한다.

- train: 최대 환경 실행 스텝만큼 ❶ 환경 루프를 실행해서 데이터를 수집하고 ❷ 정책을 평가하고 개선하는 과정을 반복한다.

- logging_stats: 환경 루프의 실행 통계 정보를 로깅한다. 그리고 로깅 주기에 따라 학습 성능과 환경 루프의 실행 통계 정보를 콘솔에 출력한다.

- save_checkpoint: 학습중인 에이전트의 네트워크와 옵티마이저의 체크포인트를 저장한다.

- test: 지정된 에피소드 수만큼 환경 루프를 추론 모드로 실행한다.

에이전트

- make_agent: 설정에 지정된 에이전트 이름으로 에이전트를 생성한다.

- update_dataset: 환경 루프에서 반환 받은 액터가 수집한 경로 데이터를 에이전트에 전달해서 데이터셋을 구성한다.

- update_agent: 정책을 평가하고 개선하기 위해 에이전트를 학습한다. 단, 리플레이 버퍼를 **워밍업**warming up 하는 단계라면 학습하지 않고 반환한다.

- make_environments: 에이전트 생성에 필요한 환경 정보를 얻기 위해 임시로 환경을 생성한다.

환경 루프

- make_environment_loops: 액터를 생성할 때 필요한 정보인 에이전트의 네트워크, 버퍼 스키마, 액터 클래스와 환경 ID를 인자로 전달해 환경 루프를 생성한다.

- run_environment_loops: 환경 루프를 통해 지정된 실행 타입 스텝 수 또는 에피소드 수만큼 에이전트와 환경의 상호작용을 실행하고 결과를 반환 받는다.

- update_actors: 에이전트의 네트워크 파라미터를 액터의 복사본에 동기화한다.

- reset_stats_environment_loops: 환경 루프의 실행 통계 정보를 초기화 한다.

모델 로딩/체크포인트 저장 및 복구

- `load`: 지정된 경로에 있는 모델을 에이전트의 네트워크로 로딩한다. 학습이 완료된 추론 모델을 로딩할 때 호출한다.

- `save`: 에이전트를 통해 모델과 옵티마이저의 체크포인트를 저장한다.

- `restore`: 특정 타임 스텝의 체크포인트를 로딩해서 에이전트의 모델과 옵티마이저를 복구한다.

5.4 Runner 클래스 구현코드

Runner 클래스가 어떻게 구현돼 있는지 살펴보자.

5.4.1 초기화

Runner 클래스는 다음과 같이 구현돼 있다.

패키지 임포트

코드 5-2 Runner 패키지 임포트

```python
import os
import pprint
import datetime
import torch
from types import SimpleNamespace
from utils.logging import get_console_logger
from utils.logging import Logger
from utils.config import save_config
from agents import REGISTRY as agent_REGISTRY
from envs import REGISTRY as env_REGISTRY
from runner.environment_loop import EnvironmentLoop
```

실행 순서는 다음과 같다.

1. 학습 산출물의 저장 경로와 디렉토리를 생성하기 위해 os를 임포트 한다.
2. 설정 내용을 포맷팅해서 출력하기 위해 pprint를 임포트 한다.
3. 학습 시간을 측정하기 위해 datetime을 임포트 한다.
4. 딥러닝 구현을 위한 PyTorch 패키지 torch를 임포트 한다.
5. 설정(config) 객체를 나타내는 SimpleNamespace를 임포트 한다.
6. 콘솔 로거를 생성하기 위한 유틸리티 함수인 get_console_logger를 임포트 한다.
7. 로거 클래스인 Logger를 임포트 한다.
8. 설정 객체를 파일로 덤프하기 위해 save_config 함수를 임포트 한다.
9. 에이전트 레지스트리를 agent_REGISTRY로 임포트 한다.
10. 환경 레지스트리를 env_REGISTRY로 임포트 한다.
11. 환경 루프 클래스인 EnvironmentLoop를 임포트 한다.

초기화

강화학습 프레임워크 실행에 필요한 유틸리티 객체인 로거, 실행 토큰, 설정을 생성하고 학습에 필요 한 카운터 변수를 초기화한다.

코드 5-3 Runner 초기화(1/ 2)

```
class Runner:
    """
        환경이 한 개일 때 강화학습의 구성 요소를 생성하고
        추론과 학습을 위한 전체적인 실행을 관장.
    """
    def __init__(self,
                 config: dict,
                 console_logger: Logger = None,
                 logger: Logger = None,
                 verbose: bool = False):
        """
            강화학습 프레임워크 실행에 필요한 유틸리티 객체인
            로거, 실행 토큰, 설정을 생성하고 학습에 필요한 카운터 변수를 초기화.
        Args:
            config: 설정
```

```
        console_logger: 콘솔 로거
        logger: 로거
        verbose: 설정을 콘솔에 출력할지 여부
    """

    # 1. 콘솔 로거 생성
    if console_logger is None:
        self.console_logger = get_console_logger()

    # 2. GPU 설정 확인 및 설정 객체 변환
    config = self._sanity_check_config(config)
    # SimpleNameSpace 객체로 변환
    self.config = SimpleNamespace(**config)
    # GPU 디바이스 이름 생성
    self.config.device = (
        "cuda:{}".format(self.config.device_num)
        if self.config.use_cuda else "cpu"
    )

    # 3. 실행 토큰 생성
    unique_token = "{}_{}_{}".format(
        self.config.agent,
        self.config.env_name,
        datetime.datetime.now().strftime("%Y-%m-%d_%H-%M-%S")
    )
    self.config.unique_token = unique_token
```

실행 순서는 다음과 같다.

1. 콘솔 로거 생성: 콘솔 로거를 생성한다.
   - 콘솔 로거를 로거와는 별도로 먼저 만드는 이유는 설정을 점검하는 함수인 _sanity_check_config()에서 콘솔 로거를 이용해서 경고 메시지를 출력하기 때문이다.
   - _sanity_check_config()를 통과해야 설정을 만들 수 있고 설정을 만들어야 로거를 생성할 수 있다.
2. GPU 설정 확인 및 설정 객체 변환

- 설정(config)을 딕셔너리 객체에서 SimpleNamespace 객체로 변환한다.
- GPU 디바이스 이름을 생성한다.
  - **CUDA 사용 시**: "cuda:0"과 같이 "cuda" 뒤에 GPU 번호를 붙인다.
  - **CUDA 미사용 시**: "cpu"
3. 실행 토큰 생성: 프레임워크 실행을 구분하기 위한 토큰을 생성한다.
   - 토큰 생성 규칙: [에이전트 이름]_[환경 이름]_[현재날짜_현재시각]
   - 예: "ppo_CartPole-v1_2024-04-02_07-57-55"

코드 5-4 Runner 초기화(2/ 2)

```python
# 4. 로거 생성
if logger is None:
    # 로거 생성
    logger = Logger(self.console_logger)

    # 텐서보드 로거 생성
    if self.config.use_tensorboard:
        tb_logs_dir = os.path.join(
            os.getcwd(),
            self.config.local_results_path,
            "tb_logs",
            unique_token,
        )
        logger.setup_tensorboard(tb_logs_dir)

self.logger = logger

# 5. 설정 출력
if verbose:
    self.logger.console_logger.info("Experiment Parameters:")
    experiment_params = pprint.pformat(config, indent=4, width=1)
    self.logger.console_logger.info("\n\n" + experiment_params + "\n")

# 6. 체크포인트 폴더에 설정 저장
if self.config.training_mode and self.config.save_model:
    save_config(self.config)
```

```
# 7. 학습 변수 초기화
self.total_n_timesteps = 0   # 타입 스텝 카운터 초기화
self.total_n_episodes = 0    # 에피소드 카운터 초기화

# 8. CUDNN 결정적 실행 설정
torch.backends.cudnn.deterministic = self.config.torch_deterministic
```

4. 로거 생성
   - 로거 객체를 생성한다.
   - 텐서보드 로그를 저장하기 위한 디렉토리 경로를 생성한다. 이를 로거에 전달해 로거가 텐서보드 로깅을 준비를 하도록 한다.
5. 설정 출력: 설정 내용을 콘솔에 출력해서 설정을 쉽게 확인할 수 있도록 한다.
6. 체크포인트 폴더에 설정 저장: 설정을 체크포인트 폴더에 저장해서 체크포인트를 사용할 때 참고할 수 있도록 한다.
7. 학습 변수 초기화
   - 타입 스텝 카운터(total_n_timesteps)를 0으로 초기화한다.
   - 에피소드 카운터(total_n_episode)를 0으로 초기화한다.
8. cnDNN 결정적 실행 설정
   - 딥러닝 모델의 학습 결과가 매번 달라지지 않도록 cnDNN의 실행 결과를 결정적으로 만들지 여부를 설정한다(참고로 main.py에서 난수 발생기의 초기값도 고정해야 한다).

설정 확인

로컬 실행 환경에 GPU가 있는지 확인해서 설정을 맞게 조정한다. 또한 추론 모드에서 환경이 여러 개이면 한 개로 조정한다.

코드 5-5 Runner 설정 확인

```
def _sanity_check_config(self, config:dict):
    """
        로컬 실행 환경에 GPU가 있는지 확인해서 설정을 맞게 조정
        추론 모드에서 환경이 여러 개이면 한 개로 조정
```

```
    Args:
        config: 설정 딕셔너리

    Returns:
        조정된 설정 딕셔너리
    """

    # 1. GPU 설정 확인
    if config["use_cuda"] and not torch.cuda.is_available():
        config["use_cuda"] = False
        warning_msg = \
            "CUDA flag use_cuda was switched OFF automatically " \
            "because no CUDA devices are available!"
        self.console_logger.warning(warning_msg)

    # 2. 추론 모들에서 환경 개수 확인
    if not config["training_mode"] and config["n_envs"] != 1:
        config["n_envs"] = 1
        warning_msg = "In inference mode, " \
                      "convert the environment count to 1."
        self.console_logger.warning(warning_msg)

    return config
```

실행 순서는 다음과 같다.
1. GPU 설정 확인: 로컬 머신에 GPU가 없는데 GPU 사용 설정(use_cuda)이 True이면 False로 바꾼다.
2. 추론 모드에서 환경 개수 확인: 다중 환경은 학습 시에만 필요하므로 추론 모드에서 환경의 개수(n_envs)가 여러 개로 설정돼 있으면 한 개로 바꾼다.

5.4.2 강화학습 프레임워크 실행

강화학습 프레임워크를 실행하는 메서드로, 환경과 환경 루프를 생성하고 **추론 모드이면** test() 메서드를 실행하고 **훈련 모드이면** train() 메서드를 실행한다.

코드 5-6 Runner 강화학습 프레임워크 실행

```
def run(self):
    """
        환경과 환경 루프를 생성하고
        1) 추론 모드이면 test() 메서드를 실행
        2) 훈련 모드이면 train() 메서드를 실행
    Returns:
        실행 성공 여부
    """

    # 1. 환경 이름 출력
    self.logger.console_logger.info("environment name : "
                                    + self.config.env_name)

    # 2. 에이전트 생성
    self.make_agent()

    # 3. 훈련 모드 (Training Mode)
    if self.config.training_mode:
        # 체크포인트 복구
        if self.config.checkpoint_path != "" \
                and self.restore() is False: return False
        self.make_environment_loops()           # 환경 루프 생성
        self.train()                            # 학습 (train() 호출)
    else:       # 4. 추론 모드 (Inference Mode)
        if self.load() is False: return False   # 추론 모델 로드
        self.make_environment_loops()           # 환경 루프 생성
        self.test()                             # 추론 (test() 호출)

    return True
```

실행 순서는 다음과 같다.

1. **환경 이름 출력**: 강화학습 프레임워크의 실행을 알리기 위해 환경 이름을 출력한다.
2. **에이전트 생성**: **에이전트**를 생성한다. 에이전트는 다시 **데이터셋**과 **네트워크**, **학습자**를 생성한다.

3. 훈련 모드
   - 체크포인트 경로가 지정돼 있으면 모델과 옵티마이저를 복구한다.
   - **환경 루프를 생성**한다. 환경 루프는 다시 **액터**와 **환경**을 생성한다. 이때 액터는 전달된 에이전트의 네트워크를 복사해서 자신의 네트워크를 만든다.
   - train() 메서드를 실행한다.
4. 추론 모드
   - 지정된 경로의 추론 모델을 에이전트의 네트워크로 로딩한다.
   - **환경 루프를 생성**한다. 환경 루프는 다시 **액터**와 **환경**을 생성한다. 이때 액터는 전달된 에이전트의 네트워크를 복사해서 자신의 네트워크를 만든다.
   - test() 메서드를 실행한다.

5.4.3 훈련 모드 실행

train()은 그림 5-10의 강화학습의 의사코드를 구현한 메서드이다. 최대 환경 실행 스텝만큼 ❶ 환경 루프를 실행해서 데이터를 수집하고 ❷ 정책을 평가하고 개선하는 과정을 반복한다.

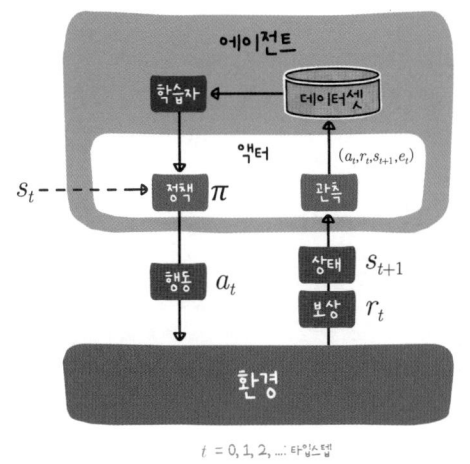

그림 5-10 강화학습 의사코드(그림 3-9와 동일)

훈련 모드 실행

최대 환경 실행 스텝만큼 ❶ 환경 루프를 실행해서 데이터를 수집하고 ❷ 정책을 평가하고 개선하는 과정을 반복한다.

코드 5-7 Runner 훈련 모드 실행

```python
def train(self):
    """
        최대 환경 실행 스텝만큼
            1) 환경 루프를 실행해서 데이터를 수집하고
            2) 정책을 평가하고 개선
        하는 과정을 반복
    """

    # 1. 타임 스텝 초기화
    self.last_model_save_timestep = 0   # 체크포인트 타임 스텝
    self.last_logging_step = 0          # 로깅 타임 스텝

    # 2. 학습 시작 시점 측정
    start_time = datetime.datetime.now().replace(microsecond=0)

    # 3. 학습 루프 실행
    while self.total_n_timesteps < self.config.max_environment_steps:

        # 4. 데이터 수집
        result = self.run_environment_loops()

        # 5. 카운터 증가 (타임스텝 수, 에피소드 수 업데이트)
        self.total_n_timesteps = result['n_timesteps_in_envloop']
        self.total_n_episodes = result['n_episodes_in_envloop']

        # 6. 데이터 동기화
        self.update_dataset(result['rollouts'])

        # 7. 정책 평가 및 개선/네트워크 동기화
        if self.update_agent(): self.update_actors()
```

```
            # 8. 환경 루프 통계 정보 로깅
            self.logging_stats(result)

            # 9. 체크포인트 저장
            self.save_checkpoint()

        # 10. 총 학습 시간 출력
        end_time = datetime.datetime.now().replace(microsecond=0)
        self.logger.console_logger.info(f"Start time: {start_time}")
        self.logger.console_logger.info(f"End time: {end_time}")
        self.logger.console_logger.info(f"Total: {end_time - start_time}")
```

실행 순서는 다음과 같다.

1. 타임 스텝 초기화
    - 마지막 체크포인트 저장 시점(last_model_save_timestep)을 0으로 초기화 한다.
    - 마지막 로깅 시점(last_logging_step)을 0으로 초기화 한다.
2. 학습 시작 시점 측정: 전체 학습 시간을 추적하기 위해 시작 시간을 측정한다.
3. 학습 루프 실행: 설정에 지정된 최대 환경 스텝 수(config.max_environment_steps)만큼 학습을 실행한다.
4. 데이터 수집
    - 환경 루프를 실행하고 결과를 반환 받는다.
    - 실행 결과에는 ❶ 실행 카운터 정보와 ❷ 액터가 수집한 경로 데이터 ❸ 환경 루프의 실행 통계 데이터가 들어 있다.
5. 카운터 증가: 환경 루프에서 반환 받은 결과 데이터를 이용해서 학습 타입 스텝 수(total_n_timesteps)와 에피소드 수(total_n_episodes)를 업데이트 한다.
6. 데이터 동기화: 액터가 수집한 경로 데이터를 에이전트에 전달해서 데이터셋을 구성한다.
7. 정책 평가 및 개선, 네트워크 동기화: 에이전트를 학습시킨다. 에이전트가 학습됐다면 에이전트의 네트워크 파라미터를 액터의 복사본에 동기화한다.
8. 환경 루프 통계 정보 로깅: 환경 루프를 실행했을 때 만들어진 통계 정보를 로깅하고 주기적으로 최신 통계 정보를 화면에 출력한다.

9. 체크포인트 저장: 체크포인트 저장 주기에 맞춰 에이전트의 네트워크 모델과 옵티마이저의 체크포인트를 저장한다(save() 호출).
10. 총 학습 시간 출력: 학습 시작 시점, 종료 시점 그리고 전체 학습 시간을 출력한다.

학습 성능 로깅

환경 루프의 실행 통계 정보를 로깅한다. 그리고 로깅 주기(config.log_interval)에 따라 학습 성능과 환경 루프의 실행 통계 정보를 콘솔에 출력한다.

코드 5-8 Runner 통계 정보 로깅

```python
def logging_stats(self, result):
    """
    환경 루프의 실행 통계 정보를 로깅
    로깅 주기에 따라 학습 성능과 환경 루프의 실행 통계 정보를 콘솔에 출력
    Args:
        result: 환경 루프 실행 결과 딕셔너리
    """

    # 1. 환경 루프 통계 정보 로깅
    for key, value in result['stats'].items():
        # 실행 에피소드 수는 평균 계산에서 제외
        if key == 'n_episodes': continue
        # 환경 루프 실행 통계 정보를 에피소드 단위로 평균을 계산해서 로깅
        mean_value = value / result['stats']['n_episodes']
        self.logger.log_stat(f"{key}_mean",
                             mean_value,
                             self.total_n_timesteps)

    # 2. 로깅 주기 체크
    if (self.total_n_timesteps - self.last_logging_step) \
            >= self.config.log_interval:
        # 3. 환경 루프 통계 정보 초기화
        self.reset_stats_environment_loops()

        # 4. 로거의 최근 통계 정보 출력
        self.logger.log_stat("episode",
                             self.total_n_episodes,
```

```
                    self.total_n_timesteps)
    self.logger.print_recent_stats()

    # 5. 마지막 로깅 시점 업데이트
    self.last_logging_step = self.total_n_timesteps
```

실행 순서는 다음과 같다.

1. 환경 루프의 실행 통계 정보 로깅
   ◦ 환경 루프를 실행했을 때 만들어진 통계 정보를 {에피소드 수, 리턴, 에피소드 길이}를 이용해서 평균 에피소드 길이와 평균 리턴을 계산한 후 로깅한다.
   ◦ 단, 에피소드 수는 평균을 계산할 때 분모로 들어가기 때문에 제외한다.
2. 로깅 주기 체크: 현재 타임 스텝이 로깅 주기(config.log_interval)에 도달했는지 확인한다.
3. 환경 루프 실행 통계 정보 초기화: 환경 루프의 실행 통계 정보를 출력하고 나면 통계 정보를 초기화한다.
4. 로거가 수집한 최근 통계정보 출력:
   ◦ 로거에 수집된 최신 통계 정보를 화면에 출력한다.
5. 마지막 로깅 시점 업데이트
   ◦ 마지막 로깅 시점(last_logging_step)을 현재 타임 스텝으로 변경한다.

체크포인트 저장

학습중인 에이전트의 네트워크와 옵티마이저의 체크포인트를 저장한다.

코드 5-9 Runner 체크포인트 저장

```python
def save_checkpoint(self):
    """학습 중인 에이전트의 네트워크와 옵티마이저의 체크포인트를 저장"""

    # 1. 체크포인트 주기 체크
    if self.config.save_model and \
            ((self.total_n_timesteps - self.last_model_save_timestep)
                >= self.config.save_model_interval):
        # 2. 체크포인트 저장
```

```
        self.save(self.total_n_timesteps)

    # 3. 마지막 체크포인트 시점 업데이트
    self.last_model_save_timestep = self.total_n_timesteps
```

실행 순서는 다음과 같다.
1. 체크포인트 주기 체크: 현재 타임 스텝이 체크포인트 주기에 도달했는지 확인한다.
2. 체크포인트 저장: 체크포인트 저장 주기에 맞춰 에이전트의 네트워크 모델와 옵티마이저의 체크포인트를 저장한다(save() 호출).
3. 마지막 체크포인트 시점 업데이트: 마지막 체크포인트 저장 시점(last_model_save_timestep)을 현재 타입 스텝으로 변경한다.

5.4.4 추론 모드 실행

test()는 추론 모드를 실행하는 메서드이다. 지정된 에피소드 수만큼 환경 루프를 추론 모드로 실행한다.

코드 5-10 Runner 추론 모드 실행

```
def test(self):
    """지정된 에피소드 수만큼 환경 루프를 추론 모드로 실행"""

    # 1. 환경 루프 실행 및 결과 출력 (에피소드 수만큼 실행)
    result = self.environment_loop.run(
        max_n_episodes=self.config.inference_max_episodes)

    # 2. 콘솔에 실행 결과 출력
    self.logger.console_logger.info("Result: {} ".format(result))
```

실행 순서는 다음과 같다.
1. 환경 루프 실행: 환경 루프를 통해 설정에 지정된 에피소드 수(config.inference_max_episodes) 만큼 에이전트와 환경의 상호작용을 실행하고 실행 결과를 받는다. 실행 결과에는 환경 루프 실행 통계 데이터가 포함돼 있다.

2. 콘솔에 실행 결과 출력: 환경 루프의 실행 결과를 콘솔에 출력한다.

5.4.5 에이전트

run()과 train()에서 호출하는 에이전트 관련 메서드에는 ❶ 에이전트 생성 ❷ 데이터셋 동기화 ❸ 정책의 평가와 개선이 있다.

에이전트 생성

설정에 지정된 에이전트 이름으로 에이전트를 생성한다.

코드 5-11 Runner 에이전트 생성

```python
def make_agent(self):
    """설정에 지정된 에이전트 이름으로 에이전트를 생성"""

    # 1. 에이전트 생성
    self.agent = agent_REGISTRY[self.config.agent](
        config=self.config,
        logger=self.logger,
        env=self.make_environment(0),
    )
    # 2. 모델 GPU 로딩
    if self.config.use_cuda: self.agent.cuda()
```

실행 순서는 다음과 같다.
1. 에이전트 생성: 설정에 지정된 에이전트 이름으로 에이전트를 생성한다. 이때 환경을 임시로 생성해서 에이전트가 데이터셋과 네트워크 생성할 때 환경 정보를 참고하도록 초기화 인자로 전달한다.
2. 모델 GPU 로딩: 에이전트의 네트워크 상태(파라미터와 버퍼)를 GPU로 이동한다.

데이터 동기화

환경 루프에서 반환 받은 액터가 수집한 경로 데이터를 에이전트에 전달해서 데이터셋을 구성한다.

코드 5-12 Runner 데이터 동기화

```python
def update_dataset(self, rollout):
    """
        환경 루프에서 반환 받은 액터가 수집한 경로 데이터를
        에이전트에 전달해서 데이터셋을 구성
    Args:
        rollout: 환경 루프에서 반환 받은 액터의 롤아웃 버퍼
    """
    # 데이터 동기화
    self.agent.add_rollouts(rollout)
```

- 데이터 동기화: 환경 루프에서 반환 받은 액터가 수집한 경로 데이터를 에이전트에 전달해서 데이터셋을 구성한다.

정책 개선 및 평가

정책을 평가하고 개선하기 위해 에이전트를 학습한다. 단, 리플레이 버퍼를 워밍업 하는 단계라면 학습하지 않고 반환한다.

코드 5-13 Runner 에이전트 학습

```python
def update_agent(self):
    """
        정책을 평가하고 개선하기 위해 에이전트를 학습
        단, 리플레이 버퍼를 워밍업 하는 단계라면 학습하지 않고 반환
    Returns:
        정책 개선 및 평가 성공 여부
    """

    # 1. 워밍업 단계면 반환
    if self.total_n_timesteps < self.config.warmup_step: return False

    # 2. 정책 개선 및 평가
    return self.agent.update(self.total_n_timesteps,
                             self.total_n_episodes)
```

실행 순서는 다음과 같다.

1. 워밍업 단계이면 반환: (오프라인 정책에서)리플레이 버퍼에 데이터를 모으기 위한 워밍업 단계라면 에이전트를 학습하지 않고 바로 반환한다.
2. 정책 평가 및 개선: 정책 평가 및 개선을 위해 에이전트를 학습시키고 실제 모델이 업데이트 됐는지 결과를 반환한다.

환경 생성

에이전트 생성에 필요한 환경 정보를 얻기 위해 임시로 환경을 생성한다.

코드 5-14 Runner 환경 생성

```
def make_environment(self, env_id):
    """
        에이전트 생성에 필요한 환경 정보를 얻기 위해 임시로 환경을 생성
    Args:
        env_id: 환경 ID

    Returns:
        환경 객체
    """

    # 환경 생성
    return env_REGISTRY[self.config.env_wrapper](
        self.config,
        env_id,
        **self.config.env_args)
```

- 환경 생성: 설정에 지정된 환경 이름과 환경 ID로 환경을 생성한다.

5.4.6 환경 루프

run()과 train()에서 호출하는 환경 루프 관련 메서드에는 ❶ 환경 루프 생성 ❷ 환경 루프 실행 ❸ 네트워크 동기화 ❹ 환경 루프 실행 통계 정보 초기화가 있다.

환경 루프 생성

액터를 생성할 때 필요한 정보인 에이전트의 (네트워크, 버퍼 스키마, 액터 클래스)와 환경 ID를 인자로 전달해 환경 루프를 생성한다.

코드 5-15 Runner 환경 루프 생성

```python
def make_environment_loops(self):
    """
        액터를 생성할 때 필요한 정보인
        에이전트의 네트워크, 버퍼 스키마, 액터 클래스와 환경 ID를
        인자로 전달해 환경 루프를 생성
    """

    # 환경 루프 생성
    env_id = 0
    self.environment_loop = EnvironmentLoop(
        config=self.config,
        network=self.agent.network,
        buffer_schema=self.agent.buffer_schema,
        actor_class=self.agent.actor_class,
        env_id=env_id)
```

- 환경 루프 생성: 환경 루프를 생성한다. 이때 액터를 생성할 때 필요한 정보인 에이전트의 (네트워크, 버퍼 스키마, 액터 클래스)와 환경 ID를 전달한다.

환경 루프 실행

환경 루프를 통해 지정된 실행 타입 스텝 수 또는 에피소드 수만큼 에이전트와 환경의 상호작용을 실행하고 결과를 반환 받는다.

코드 5-16 Runner 환경 루프 실행

```python
def run_environment_loops(self):
    """
        환경 루프를 통해 지정된 실행 타입 스텝 수 또는 에피소드 수만큼
        에이전트와 환경의 상호작용을 실행하고 결과를 반환
```

```
    Returns:
        환경 루프 실행 결과 딕셔너리
    """

    # 환경 루프 실행
    result = self.environment_loop.run(
        max_n_timesteps=self.config.n_steps,
        max_n_episodes=self.config.n_episodes)

    return result
```

- 환경 루프 실행:
  - 환경 루프를 통해 에이전트와 환경의 상호작용을 지정된 실행 타입 스텝 수 또는 에피소드 수만큼 실행하고 결과를 반환 받는다.
  - 실행 결과에는 ❶ 실행 카운터 정보와 ❷ 액터가 수집한 경로 데이터 ❸ 환경 루프의 실행 통계 데이터가 들어 있다.[4]

네트워크 동기화

에이전트의 네트워크 파라미터를 액터의 복사본에 동기화한다.

코드 5-17 Runner 네트워크 동기화

```
def update_actors(self):
    """
        에이전트의 네트워크 파라미터를 액터의 복사본에 동기화
    """

    # 1. 에이전트 네트워크 파라미터 읽기
    state_dict = self.agent.network.get_variables()

    # 2. 액터의 복사본에 동기화
    self.environment_loop.update_policy(state_dict)
```

---

4   환경 루프의 실행과 통계 데이터에 대한 내용은 6장에서 자세히 다루고 있다.

실행 순서는 다음과 같다.
1. 에이전트 네트워크 파라미터 읽기: 에이전트의 네트워크의 파라미터를 읽는다.
2. 액터의 복사본에 동기화: 네트워크 파라미터를 환경 루프에 보내서 액터의 복사본에 로딩한다.

환경 루프 실행 통계 정보 초기화

환경 루프의 실행 통계 정보를 초기화 한다.

코드 5-18 Runner 환경 루프 통계 정보 초기화

```
def reset_stats_environment_loops(self):
    """
        환경 루프의 실행 통계 정보를 초기화
    """
    self.environment_loop.reset_stats()
```

- 환경 루프 실행 통계 정보 초기화: 환경 루프의 실행 통계 정보를 초기화해서 최근 데이터로 통계 정보를 새롭게 수집하도록 만든다.

5.4.7 모델 로딩/체크포인트 저장 및 복구

run()과 train()에서 호출하는 모델 저장과 로딩 관련 메서드로 ❶ 모델 로딩 ❷ 체크포인트 저장 ❸ 체크포인트 복구가 이에 해당된다.

모델 로딩

지정된 경로에 있는 모델을 에이전트의 네크워크로 로딩한다. 학습이 완료된 추론 모델을 로딩할 때 호출한다.

코드 5-19 Runner 모델 로딩

```
def load(self):
    """
        지정된 경로에 있는 모델을 에이전트의 네트워크로 로딩
        (학습이 완료된 추론 모델을 로딩할 때 호출)
```

```
   Returns:
       모델 로딩 성공 여부
   """

   # 추론 모델 경로에서 모델 로딩
   return self.agent.load(self.config.inference_model_path)
```

- 추론 모델 경로에서 모델 로딩: 지정된 경로에 있는 추론 모델을 에이전트의 네크워크로 로딩한다(agent.load() 호출).

체크포인트 저장

에이전트를 통해 모델과 옵티마이저의 체크포인트를 저장한다.

코드 5-20 Runner 체크포인트 저장

```
def save(self, time_step):
    """
        에이전트를 통해 모델과 옵티마이저의 체크포인트를 저장
    Args:
        time_step: 현재 타임 스텝
    """

    # 1. 체크포인트 경로 생성
    checkpoint_path = os.path.join(
        os.getcwd(),
        self.config.local_results_path,
        "models",
        self.config.unique_token,
        str(time_step),
    )

    # 2. 체크포인트 디렉토리 생성
    os.makedirs(checkpoint_path, exist_ok=True)
    self.logger.console_logger.info(f"Saving models to {checkpoint_path}")

    # 3. 체크포인트 저장
    if self.agent is not None:
```

```
self.agent.save(checkpoint_path)
```

실행 순서는 다음과 같다.

1. 체크포인트 경로 생성
    - 체크포인트를 저장할 디렉토리 경로를 생성한다.
    - 이때 체크포인트 생성 시점이 구분되도록 디렉토리 이름을 저장 시점의 타임 스텝으로 만든다.
    - 예를 들어 체크포인트 저장 시점이 1000번째 타임 스텝이라면 현재 디렉토리 하위에 "/results/models/[unique_token]/1000"으로 디렉토리 이름이 만들어진다.
2. 체크포인트 디렉토리 생성: 체크포인트 저장 디렉토리가 없으면 새로 만든다.
3. 체크포인트 저장: 에이전트를 통해 모델과 옵티마이저의 체크포인트를 저장한다 (agent.save() 호출).

체크포인트 복구

특정 타임 스텝의 체크포인트를 로딩해서 에이전트의 모델과 옵티마이저를 복구한다.

코드 5-21 Runner 체크포인트 복구

```
def restore(self):
    """
    특정 타임 스텝의 체크포인트를 로딩해서
    에이전트의 모델과 옵티마이저를 복구
    Returns:
        체크포인트 복구 성공 여부
    """
    timesteps = []

    # 1. 체크포인트 경로 확인
    if not os.path.isdir(self.config.checkpoint_path):
        self.logger.console_logger.info(
            "Checkpoint directory {} doesn't exist".format(
                self.config.checkpoint_path
            )
        )
```

```python
    return False

# 2. 저장된 체크포인트 타입 스텝 수집
for name in os.listdir(self.config.checkpoint_path):
    full_name = os.path.join(self.config.checkpoint_path, name)
    # 디렉토리 이름이 타입 스텝으로 돼 있는지 체크
    if os.path.isdir(full_name) and name.isdigit():
        timesteps.append(int(name))

# 3. 복구할 타입 스텝이 0이면 마지막 체크포인트로 복구
if self.config.load_step == 0:
    timestep_to_load = max(timesteps)
else:
    # 4. 복구할 타입 스텝이 0이 아니면 가장 가까운 체크포인트로 복구
    timestep_to_load = min(
        timesteps, key=lambda x: abs(x - self.config.load_step)
    )

# 5. 체크포인트 모델 경로 생성
model_path = os.path.join(self.config.checkpoint_path,
                          str(timestep_to_load))
self.total_time_step = timestep_to_load

# 6. 체크포인트 복구
self.logger.console_logger.info(f"Loading model from {model_path}")
self.agent.restore(model_path)

return True
```

실행 순서는 다음과 같다.

1. 체크포인트 경로 확인
    - 설정에 지정된 경로에 체크포인트 저장 상태가 유효한지 확인한다. 즉 체크포인트 저장 디렉토리가 존재하고 디렉토리 이름이 타임 스텝으로 돼 있는지 확인한다.
    - 예를 들어 경로를 "…/results/models/[unique_token]/"로 지정했다면 하위 디렉토리 이름이 체크포인트를 저장할 시점의 타임 스텝으로 돼 있는지 확인한다.

2. 저장된 체크포인트 타입 스텝 수집: 설정에 지정된 경로에서 체크포인트를 저장한 타임 스텝을 모두 추출한다.
3. 복구 타입 스텝(config.load_step)이 0이면: 마지막으로 저장한 체크포인트로 복구한다.
4. 복구 타입 스텝(config.load_step)이 0이 아니면: 복구 타임 스텝과 가장 가까운 타임 스텝의 체크포인트로 복구한다.
5. 체크포인트 모델 경로 생성: 복구할 체크포인트의 타임 스텝으로 체크포인트의 전체 경로를 생성한다.
6. 체크포인트 복구: 체크포인트에서 모델과 옵티마이저를 복구한다.

Chapter.6
환경 루프

강화학습 프레임워크에서는 그림 6-1과 같이 에이전트를 대리해서 액터와 환경이 상호작용하는 과정을 **환경 루프**로 정의하고 있다.

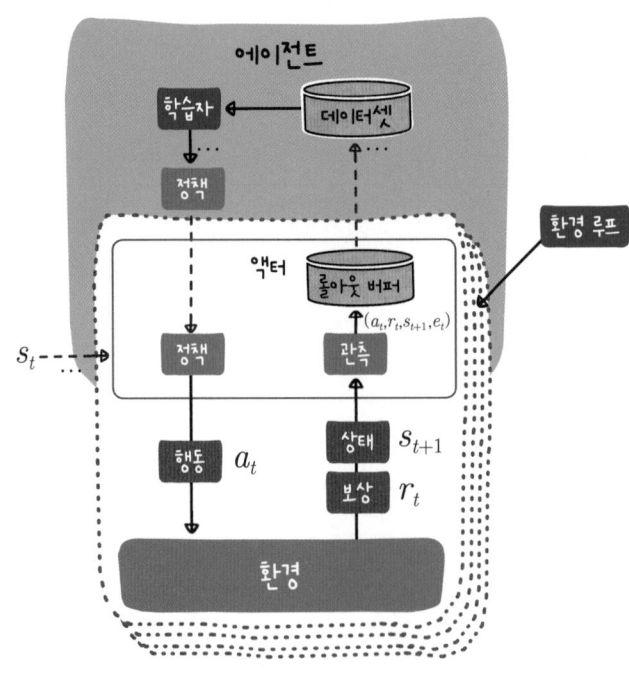

그림 6-1 환경 루프

강화학습의 학습 루프에서 액터와 환경의 상호작용을 환경 루프로 분리하면 어떤 이점이 생길까? 액터와 환경의 상호작용을 별도의 환경 루프로 분리하면 분산 처리 구조로의 확장이 용이해진다. 예를 들어, 환경 루프 별로 서로 다른 경로 데이터를 독립적으로 수집하도록 병렬 처리를 하면 동시에 다양한 경험을 확보하게 돼 학습 속도와 샘플 효율을 모두 향상시킬 수 있다. 22장에서는 이러한 분산 강화학습 방식에 대해 자세히 살펴본다.

6.1 환경 루프의 구성

강화학습 프레임워크에서 환경 루프는 어떻게 구성돼 있는지 살펴보자.

6.1.1 디렉토리 구조

환경 루프의 소스 코드는 그림 6-2와 같이 "/runner" 디렉토리에 러너와 함께 정의돼 있다.[1]

그림 6-2 환경 루프 디렉토리 구조

파일에 구현돼 있는 내용은 다음과 같다.

- environment_loop.py: 액터와 환경의 상호작용 루프를 실행하는 EnvironmentLoop가 정의돼 있다.

---

1 이 책에서는 강화학습 프레임워크의 특정 디렉토리나 파일의 경로를 나타낼 때 RL_Book을 루트 디렉토리로 가정하고 표현한다.

6.1.2 클래스 구성도

액터와 환경의 상호작용 루프를 실행하는 **환경 루프**[2]의 클래스 구성도는 다음과 같다.

EnvironmentLoop
concrete class

그림 6-3 환경 루프 클래스 구성도

- `EnvironmentLoop`: 액터와 환경의 상호작용 루프를 실행

6.2 환경 루프의 작동 방식

환경 루프는 지정된 ❶ **타임 스텝 수** 또는 ❷ **에피소드 수**만큼 에이전트와 환경의 상호작용을 실행한다.

6.2.1 환경 루프 초기화

환경 루프 초기화 단계에서는 ❶ **환경과 액터를 생성**하고 ❷ **환경 루프 카운터, 통계 정보, 에피소드를 초기화**한다. 그림 6-4는 환경 루프의 초기화의 실행 흐름과 코드를 볼 수 있다.

---

[2] 현재는 환경 루프가 데이터를 수집하는 역할로만 정의돼 있지만 강화학습의 분산처리 방식에 따라 환경 루프의 역할이 확장될 수 있다.

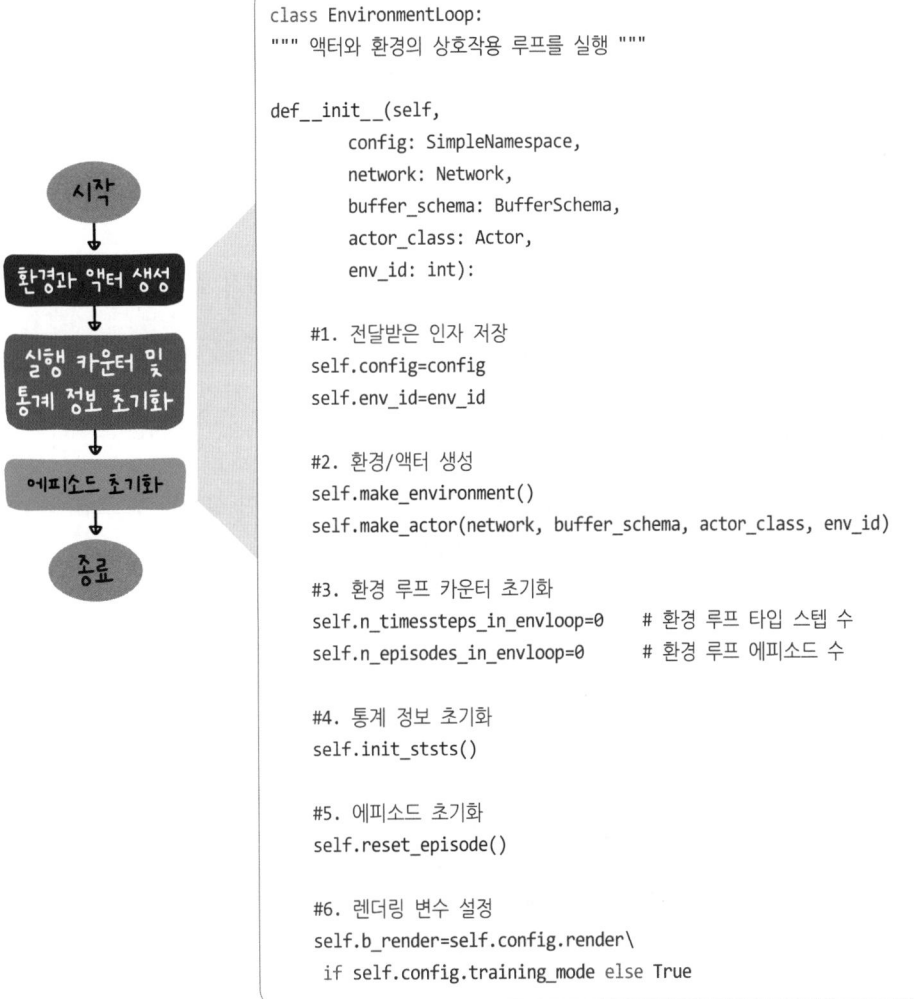

그림 6-4 환경 루프 초기화

오른쪽 코드의 실행 순서는 다음과 같다.

1. 전달받은 인자 저장: 인자로 전달받은 설정, 환경 ID를 속성으로 저장한다.
2. 환경 및 액터 생성
   - 환경 ID를 이용해서 환경을 생성한다.

- 전달받은 (에이전트의 네트워크, 버퍼 스키마, 액터 클래스 정보, 환경 ID)를 이용해 액터를 생성한다.
3. 환경 루프 카운터 초기화: 환경 루프의 전체 상호작용 실행 횟수를 세기 위한 환경 루프 카운터를 0으로 초기화 한다.
4. 통계 정보 초기화: 환경 루프의 실행 통계 정보를 저장하기 위한 딕셔너리를 생성한다.
5. 에피소드 초기화: 새로운 에피소드를 실행하기 위해 ❶ 환경과 ❷ 에피소드 카운터를 초기화 한다.
6. 렌더링 변수 설정: 렌더링 변수를 ❶ 훈련 모드에서는 설정 값으로 초기화 하고 ❷ 추론 모드에서는 True로 초기화한다.

6.2.2 환경 루프 실행

환경 루프의 run() 메서드를 호출하면 액터와 환경의 상호작용이 실행된다. 그림 6-5에는 환경 루프의 실행 흐름과 코드를 볼 수 있다.[3]

---

[3] 카운터 증가 및 통계 관련 코드는 생략했으므로 전체 코드를 보려면 6.4의 구현 코드 부분을 참고하라.

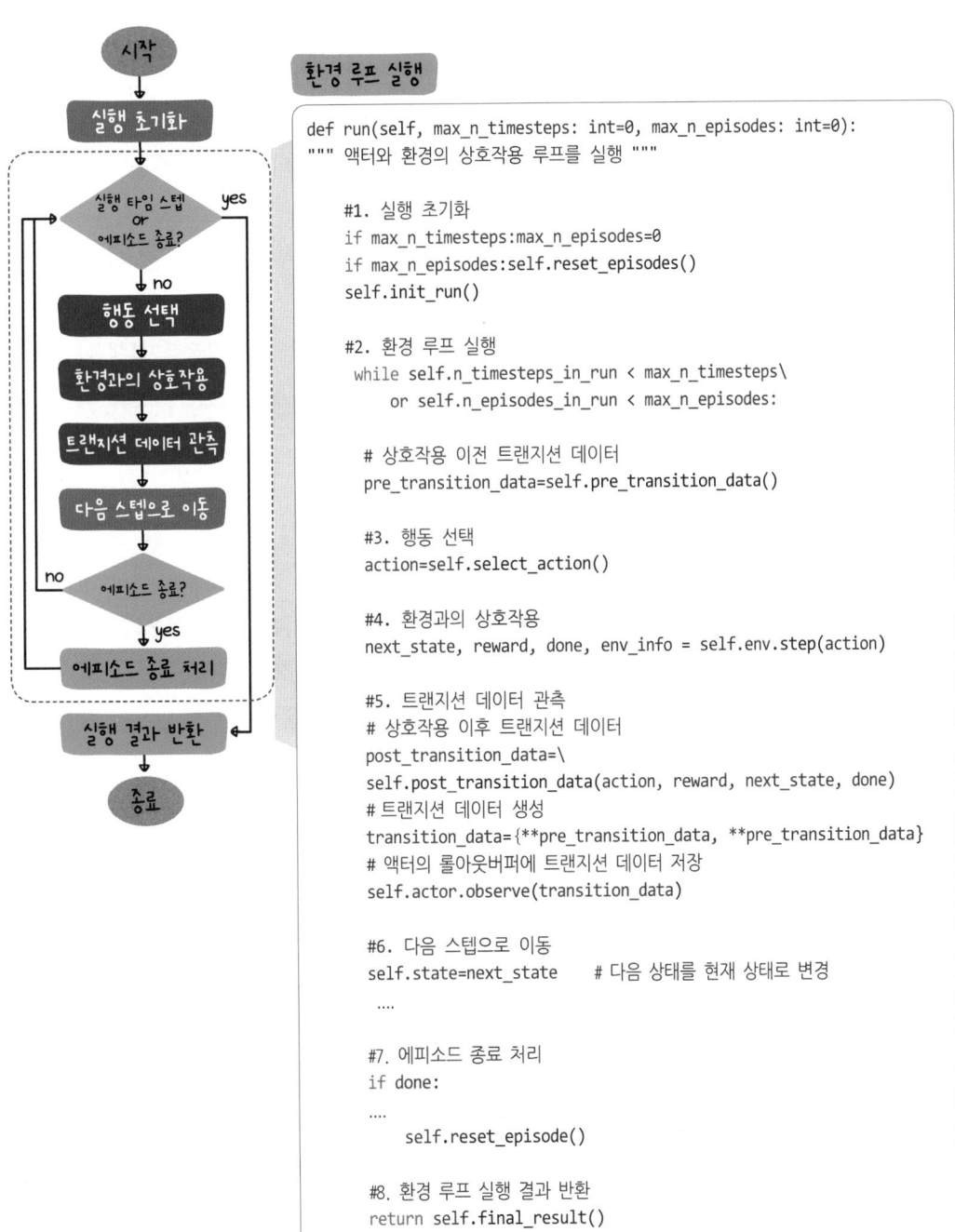

```
def run(self, max_n_timesteps: int=0, max_n_episodes: int=0):
""" 액터와 환경의 상호작용 루프를 실행 """

#1. 실행 초기화
if max_n_timesteps:max_n_episodes=0
if max_n_episodes:self.reset_episodes()
self.init_run()

#2. 환경 루프 실행
 while self.n_timesteps_in_run < max_n_timesteps\
     or self.n_episodes_in_run < max_n_episodes:

  # 상호작용 이전 트랜지션 데이터
  pre_transition_data=self.pre_transition_data()

  #3. 행동 선택
  action=self.select_action()

  #4. 환경과의 상호작용
  next_state, reward, done, env_info = self.env.step(action)

  #5. 트랜지션 데이터 관측
  # 상호작용 이후 트랜지션 데이터
  post_transition_data=\
  self.post_transition_data(action, reward, next_state, done)
  # 트랜지션 데이터 생성
  transition_data={**pre_transition_data, **pre_transition_data}
  # 액터의 롤아웃버퍼에 트랜지션 데이터 저장
  self.actor.observe(transition_data)

  #6. 다음 스텝으로 이동
  self.state=next_state       # 다음 상태를 현재 상태로 변경
   ....

  #7. 에피소드 종료 처리
  if done:
   ....
       self.reset_episode()

#8. 환경 루프 실행 결과 반환
return self.final_result()
```

그림 6-5 환경 루프 실행

오른쪽 코드의 실행 순서는 다음과 같다.

1. 실행 초기화
    - 환경 루프 실행 조건: 타입 스텝 수와 에피소드의 수가 둘 다 지정돼 있으면 타입 스텝 수 기준으로 실행하기 위해 에피소드의 수를 0으로 만든다.
    - 에피소드 초기화: 에피소드 단위로 실행을 할 경우 에피소드 초기화를 수행한다. ❶ 환경 리셋 ❷ 에피소드 카운터를 0으로 초기화
    - 실행 초기화: 실행 초기화를 수행한다. ❶ 액터의 롤아웃 버퍼 리셋 ❷ 런 메서드 카운터를 0으로 초기화
2. 환경 루프 실행: 지정된 타입 스텝 수 또는 에피소드 수만큼 상호작용을 실행한다.
3. 행동 선택: 액터는 자신의 네트워크를 이용해서 상태 s_t에서 행동 a_t을 선택한다.
4. 환경과의 상호작용: 행동 a_t를 환경에 전달하고 그 결과로 (다음 상태, 보상, 에피소드 종료 여부, 환경 정보)를 받는다.
5. 트랜지션 데이터 관측: 트랜지션 데이터 {$s_t, a_t, r_t, s_{t+1}, e_t$}를 생성하고 액터는 이를 관측하는 과정에서 경로 데이터를 수집한다.
6. 다음 스텝으로 이동: 현재 상태를 s_t에서 s_{t+1}로 변경하고 카운터를 증가한다.
7. 에피소드 종료 처리: 새로운 에피소드를 실행하기 위해 환경을 리셋한다.
8. 환경 루프 실행 결과 반환: 실행 결과에 경로 데이터과 카운터 정보를 담아서 반환한다.

트랜지션 데이터 생성

트랜지션 데이터를 만들 때는 그림 6-6과 같이 액터와 환경과의 상호작용 전후 데이터를 합쳐서 만든다.

```
상호작용 이전 데이터
pre_transition_data={
  "state":self.state,
}
```
+
```
상호작용 이후 데이터
pre_transition_data={
  "action":action,
  "reward":reward,
  "next_state":next_state,
  "done":done,
}
```
=
```
트랜지션 데이터
transition_data={
  "state":self.state,
  "action":action,
  "reward":reward,
  "next_state":next_state,
  "done":done,
}
```

그림 6-6 트랜지션 데이터 생성 과정

상호작용 이전 데이터에는 $\{s_t\}$를 담고 상호작용 이후 데이터에는 $\{a_t, r_t, s_{t+1}, e_t\}$를 담아 이 둘을 합쳐서 트랜지션 데이터 $\{s_t, a_t, r_t, s_{t+1}, e_t\}$를 만든다.

훈련 모드 실행

훈련 모드에서 환경 루프를 실행하는 이유는 경로 데이터를 수집하기 위해서이다. 훈련 모드에서 환경 루프는 다음과 같이 작동한다.

- 지정된 타임 스텝 수 또는 에피소드 수만큼 액터와 환경의 상호작용을 실행한다.

- 액터는 환경과의 상호작용 결과로 트랜지션 데이터 $(s_t, a_t, r_t, s_{t+1}, e_t)$를 관측하며 자신의 롤아웃 버퍼에 트랜지션 데이터를 저장한다.

- 강화학습 환경을 화면에 렌더링 할지는 설정(config.render)에 따른다.

강화학습 환경을 렌더링하면서 학습을 하면 학습 속도가 매우 느려질 수 있다. 훈련 모드에서는 이 점을 유의해야 한다.

추론 모드 실행

추론 모드에서 환경 루프를 실행하는 이유는 주어진 강화학습 문제를 해결하기 위해서이다. 추론 모드에서 환경 루프는 다음과 같이 작동한다.

- 지정된 에피소드 수만큼 액터와 환경의 상호작용을 실행한다.

- 액터는 환경과의 상호작용 결과로 트랜지션 데이터 $(s_t, a_t, r_t, s_{t+1}, e_t)$를 관측하지만 저장하지는 않는다.

- 설정(config.render)에 관계 없이 강화학습 환경을 화면에 렌더링 한다.

참고로, 추론 모드의 실행 방식은 강화학습의 활용에 따라 달라질 수 있다. 이 책에서는 간단히 에이전트가 목표를 달성하는 과정을 화면을 통해 확인하도록 구현돼 있다.

6.2.3 실행 카운터와 통계 정보

환경 루프에서 정책의 성능 변화를 모니터링하기 위해 실행 카운터와 통계 정보를 관리한다.

실행 카운터

실행 카운터는 다음 세 범위에 따라 실행한 ❶ 타임 스텝 수와 ❷ 에피소드 수를 센다.

- 환경 루프 카운터: 환경 루프 단위의 실행 횟수

- 런 메서드 카운터: run() 메서드 호출 단위의 실행 횟수

- 에피소드 카운터: 실행 중인 에피소드 단위의 타임 스텝 수와 리턴[4]

통계 정보

통계 정보는 정책의 성능을 측정하기 위한 에피소드 단위의 정보로 구성된다.

- 에피소드 실행 횟수

- 에피소드 리턴의 누적 값

- 에피소드 길이의 누적 값

학습이 진행될수록 에피소드의 수행 길이가 길어지고 에피소드의 리턴도 커지게 된다. run()을 호출할 때마다 정책의 성능이 얼마나 개선됐는지 확인하기 위해 통계 정보를 계산한다.[5]

6.3 EnvironmentLoop 클래스 정의

환경 루프는 다음과 같이 EnvironmentLoop 클래스로 정의돼 있다.

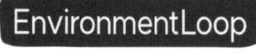

그림 6-7 EnvironmentLoop 클래스 구성도

---

4   에피소드 카운터의 경우 타임스텝 수과 리턴을 계산한다.
5   현재 로깅 주기에 따라 환경 루프의 통계 정보를 초기화하고 다시 계산하고 있다.

6.3.1 속성

EnvironmentLoop는 에이전트와 환경의 상호작용을 수행하므로 **환경**과 **액터**를 주요 속성으로 가지며 **렌더링 여부**와 에이전트의 성능을 측정하기 위한 **통계 정보**와 **카운터**를 속성으로 갖는다.

- **환경**(env): 강화학습 환경을 제공하는 객체이다. 다양한 강화학습 환경과 연동할 수 있으며 이 책에서 정의하는 강화학습 프레임워크에는 OpenGym 패키지와 연동되는 환경 클래스가 구현돼 있다. 설정에 환경 래퍼(env_wrapper)를 'opengym'으로 설정하고 환경 이름(config.env_name)을 지정하면 OpenGym 패키지에서 지원하는 모든 환경을 실행할 수 있다.

- **액터**(actor): 에이전트를 대리해서 환경과 상호작용을 하는 프록시 모듈이다.

- **렌더링 여부**(b_render): 강화학습 환경을 화면에 렌더링할지 여부를 나타낸다.

- **통계 정보**(stats): 환경 루프의 실행 통계로 {에피소드 실행 횟수, 에피소드 리턴의 누적 값, 에피소드 길이의 누적 값}을 딕셔너리로 저장한다.

- **환경 루프 카운터**
  - 환경 루프 타임 스텝 수(n_timesteps_in_envloop): 환경 루프에서 실행한 타임 스텝 수
  - 환경 루프 에피소드 수(n_episodes_in_envloop): 환경 루프에서 실행한 에피소드 수

- **런 메서드 카운터**
  - 런 메서드 타임 스텝 수(n_timesteps_in_run): run() 메서드 호출 시 실행한 타임 스텝 수
  - 런 메서드 에피소드 수(n_episodes_in_run): run() 메서드 호출 시 실행한 에피소드 수

- **에피소드 카운터**
  - 에피소드 타임 스텝 수(n_timesteps_in_episode): 실행 중인 에피소드의 타임 스텝 수
  - 에피소드 리턴(return_in_episode): 실행 중인 에피소드의 리턴(즉 보상의 합)

6.3.2 메서드

EnvironmentLoop 클래스는 다음과 같은 메서드로 구현돼 있다.

초기화

- __init__: ❶ 환경과 액터를 생성하고 ❷ 환경 루프 카운터 ❸ 통계 정보 ❹ 에피소드를 초기화한다.

- make_environment: 환경 루프에서 사용할 환경을 생성한다.

- make_actor: 환경 루프에서 사용할 액터를 생성한다.

환경 루프 실행

- run: 지정된 타임 스텝 수 또는 에피소드 수만큼 액터와 환경의 상호작용을 실행하고 경로 데이터와 통계 정보를 반환한다.

환경 루프 실행 초기화 및 결과 생성, 에피소드 초기화

- init_run: run() 메서드를 실행하기 위해 ❶ 런 메서드 카운터와 ❷ 액터의 롤아웃 버퍼를 초기화 한다.

- final_result: run() 메서드의 실행 결과인 {경로 데이터, 환경 루프 타임 스텝 수, 환경 루프 에피소드 수, 통계 정보}를 포함하는 딕셔너리를 생성한다.

- reset_episode: 새로운 에피소드를 실행하기 위해 ❶ 환경과 ❷ 에피소드 카운터를 초기화 한다.

행동 선택

- select_action: 액터가 환경과 상호작용을 하기 위해 행동을 선택한다. 워밍업 상태이면 환경에서 제공하는 랜덤한 행동을 선택하고, 워밍업 상태가 아니면 액터를 통해 행동을 선택한다.

네트워크 동기화

- update_policy: 에이전트의 네트워크 상태(파라미터와 버퍼)를 액터의 네트워크에 로

딩한다.

트랜지션 데이터 생성

- pre_transition_data: 에이전트와 환경의 상호작용 이전 데이터 $\{s_t\}$를 생성한다.

- post_transition_data: 에이전트와 환경의 상호작용 이후 데이터 $\{a_t, r_t, s_{t+1}, e_t\}$를 생성한다.

실행 통계

- init_stats: 환경 루프의 실행 통계 정보 딕셔너리를 생성한다.

- reset_stats: 통계 정보 딕셔너리를 초기화한다.

- update_stats: 통계 정보 딕셔너리에 저장된 통계량을 업데이트한다.

6.4 EnvironmentLoop 클래스 구현 코드

EnvironmentLoop 클래스가 어떻게 구현돼 있는지 살펴보자.

6.4.1 초기화

__init()__ 메서드는 ❶ 환경과 액터를 생성하고 ❷ 환경 루프 카운터 ❸ 통계 정보 ❹ 에피소드를 초기화한다.

패키지 임포트

코드 6-1 EnvironmentLoop 패키지 임포트

```
from types import SimpleNamespace
from collections import defaultdict
from agents.base import Network
from datasets.buffer_schema import BufferSchema
from agents.actor import Actor
from envs import REGISTRY as env_REGISTRY
```

실행 순서는 다음과 같다.

1. 설정(config) 객체를 나타내는 SimpleNamespace를 임포트 한다.
2. 통계 정보를 딕셔너리로 수집하기 위해 defaultdict를 임포트 한다.
3. 네트워크의 베이스 클래스인 Network를 임포트 한다.
4. 버퍼 스키마 클래스인 BufferSchema를 임포트 한다.
5. 액터의 베이스 클래스인 Actor를 임포트 한다.
6. 환경 레지스트리인 env_REGISTRY로 임포트 한다.

초기화

❶ 환경과 액터를 생성하고 ❷ 환경 루프 카운터 ❸ 통계 정보 ❹ 에피소드를 초기화한다.

코드 6-2 EnvironmentLoop 초기화

```python
class EnvironmentLoop:

    """액터와 환경의 상호작용 루프를 실행"""

    def __init__(self,
                 config: SimpleNamespace,
                 network: Network,
                 buffer_schema: BufferSchema,
                 actor_class: Actor,
                 env_id: int):
        """
            1) 환경과 액터를 생성하고
            2) 환경 루프 카운터, 통계 정보, 에피소드를 초기화
        Args:
            config: 설정
            network: 네트워크
            buffer_schema: 버퍼 스키마
            actor_class: 액터 클래스
            env_id: 환경 ID
        """
        # 1. 전달받은 인자 저장
        self.config = config
        self.env_id = env_id
```

```python
# 2. 환경/액터 생성
self.make_environment()
self.make_actor(network, buffer_schema, actor_class, env_id)

# 3. 환경 루프 카운터 초기화
self.n_timesteps_in_envloop = 0    # 환경 루프 타입 스텝 수
self.n_episodes_in_envloop = 0     # 환경 루프 에피소드 수

# 4. 통계 정보 초기화
self.init_stats()

# 5. 에피소드 초기화
self.reset_episode()

# 6. 렌더링 변수 설정
self.b_render = self.config.render \
    if self.config.training_mode else True
```

실행 순서는 다음과 같다.

1. 전달받은 인자 저장: 인자로 전달받은 설정(config), 환경 ID(env_id)를 속성으로 저장한다.
2. 환경/액터 생성
   - 환경 ID(env_id)를 이용해서 환경(env)를 생성한다.
   - 전달받은 에이전트의 네트워크(network), 버퍼 스키마(buffer_schema)와 액터 클래스 정보(actor_class), 환경 ID(env_id)를 이용해 액터를 생성한다.
3. 환경 루프 카운터 초기화: 환경 루프의 전체 상호작용 실행 횟수를 세기 위한 환경 루프 카운터를 0으로 초기화 한다.
   - 환경 루프 타입 스텝 수(n_timesteps_in_envloop)
   - 환경 루프 에피소드 수(n_episodes_in_envloop)
4. 통계 정보 초기화: 환경 루프의 성능 통계 정보를 저장하기 위한 딕셔너리를 생성한다.
5. 에피소드 초기화: 새로운 에피소드를 실행하기 위해 ❶ 환경과 ❷ 에피소드 카운터를 초기화 한다.

6. 렌더링 변수 설정: 렌더링 변수를 ❶ 훈련 모드에서는 설정 값으로 초기화 하고 ❷ 추론 모드에서는 True로 초기화한다.

환경 생성

환경 루프에서 사용할 환경을 생성한다.

코드 6-3 EnvironmentLoop 환경 생성

```python
def make_environment(self):
    """환경 루프에서 사용할 환경을 생성"""

    self.env = env_REGISTRY[self.config.env_wrapper](
        self.config,
        self.env_id,
        **self.config.env_args)
```

- 환경 생성: 환경 루프에서 사용할 환경을 설정된 환경 이름(config.env_wrapper)과 환경 ID(env_id), 환경에 특화된 인자(config.env_args)를 이용해 생성한다.

액터 생성

환경 루프에서 사용할 액터를 생성한다.

코드 6-3 EnvironmentLoop 액터 생성

```python
def make_actor(self, network, buffer_schema, actor_class, actor_id):
    """
        환경 루프에서 사용할 액터를 생성
    Args:
        network: 네트워크
        buffer_schema: 버퍼 스키마
        actor_class: 액터 클래스
        actor_id: 액터 ID
    """

    # 1. 액터 생성
```

```
        self.actor = actor_class(
            config=self.config,
            env=self.env,
            buffer_schema=buffer_schema,
            network=network,
            actor_id=actor_id)

        # 2. 모델 GPU 로딩
        if self.config.use_cuda: self.actor.cuda()
```

실행 순서는 다음과 같다.

1. 액터 생성: 전달받은 에이전트의 {네트워크(network), 버퍼 스키마(buffer_schema), 액터 클래스 정보(actor_class)}와 환경 ID(env_id)를 이용해 액터를 생성한다. 액터는 이 정보를 이용해 자신만의 네트워크와 롤아웃 버퍼를 생성한다.
2. 모델 GPU 로딩: 액터의 네트워크의 상태(파라미터와 버퍼)를 GPU로 이동한다.

6.4.2 환경 루프 실행

run() 메서드는 지정된 타입 스텝 수 또는 에피소드 수만큼 액터와 환경의 상호작용 루프를 실행한다. 단, 타입 스텝 기준으로 실행할 때 에피소드가 끝나지 않은 상태라면 다음 run() 메서드 호출 시 이어서 실행한다.

환경 루프 실행

지정된 타입 스텝 수 또는 에피소드 수만큼 액터와 환경의 상호작용을 실행하고 경로 데이터와 통계 정보를 반환한다.

코드 6-4 EnvironmentLoop 환경 루프 실행

```
def run(self, max_n_timesteps: int = 0, max_n_episodes: int = 0):
    """
        지정된 타입 스텝 수 또는 에피소드 수만큼
        액터와 환경의 상호작용을 실행하고 경로 데이터와 통계 정보를 반환
    Args:
        max_n_timesteps: 타입 스텝 수
```

```python
        max_n_episodes: 에피소드 수

    Returns:

    """

    # 1. 실행 초기화
    if max_n_timesteps: max_n_episodes = 0
    if max_n_episodes: self.reset_episode()
    self.init_run()

    # 2. 환경 루프 실행
    while self.n_timesteps_in_run < max_n_timesteps \
            or self.n_episodes_in_run < max_n_episodes:

        # 상호작용 이전 트랜지션 데이터
        pre_transition_data = self.pre_transition_data()

        # 3. 행동 선택
        action = self.select_action()

        # 4. 환경과의 상호작용
        next_state, reward, done, env_info = self.env.step(action)

        # 5. 트랜지션 데이터 관측
        # 상호작용 이후 트랜지션 데이터
        post_transition_data = \
            self.post_transition_data(action, reward, next_state, done)
        # 트랜지션 데이터 생성
        transition_data = {**pre_transition_data, **post_transition_data}
        # 액터의 롤아웃 버퍼에 트랜지션 데이터 저장
        self.actor.observe(transition_data)

        # 6. 다음 스텝으로 이동
        self.state = next_state            # 다음 상태를 현재 상태로 변경

        # 타임 스텝 카운터 증가
        self.n_timesteps_in_envloop += 1   # 환경 루프 타임 스텝 수
```

```
            self.n_timesteps_in_run += 1        # 런 메서드 타입 스텝 수
            self.n_timesteps_in_episode += 1    # 에피소드 타입 스텝 수
            self.return_in_episode += reward    # 에피소드 리턴 계산

            # 7. 에피소드 종료 처리
            if done:
                # 에피소드 카운터 증가
                self.n_episodes_in_envloop += 1 # 환경 루프 에피소드 수
                self.n_episodes_in_run     += 1 # 런 메서드 에피소드 수

                # 통계 정보 업데이트
                self.update_stats()

                # 에피소드 리셋
                self.reset_episode()

        # 8. 환경 루프 실행 결과 반환
        return self.final_result()
```

실행 순서는 다음과 같다.

1. 실행 초기화
   - 환경 루프 실행 조건 정리: 타입 스텝 수(max_n_timesteps)와 에피소드의 수(max_n_episodes)가 둘 다 지정돼 있으면 타입 스텝 수 기준으로 실행하기 위해 에피소드의 수를 0으로 만든다.
   - 에피소드 초기화: 에피소드 단위로 실행을 할 경우 에피소드 초기화를 수행한다(reset_episode() 호출).
   - 실행 초기화: run() 메서드 실행 초기화를 수행한다(init_run() 호출).
2. 환경 루프 실행: 지정된 타입 스텝 또는 에피소드 수만큼 상호작용을 실행한다.
3. 행동 선택: 액터는 자신의 네트워크를 이용해서 상태 s_t에서 행동 a_t을 선택한다 (select_action() 호출).
4. 환경과의 상호작용
   - 행동 a_t를 환경에 전달하고 그 결과로 (다음 상태, 보상, 에피소드 종료 여부, 환경 정보)를 받는다(env.step() 호출).

5. 트랜지션 데이터 관측
   - 트랜지션 데이터 $\{s_t, a_t, r_t, s_{t+1}, e_t\}$를 생성한다.
   - 액터는 트랜지션 데이터를 관측하며 훈련 모드이면 트랜지션 데이터를 자신의 롤아웃 버퍼에 저장한다(actor.observe() 호출).
6. 다음 스텝으로 이동
   - 현재 상태(state)를 s_t에서 s_{t+1}로 변경한다.
   - 환경 루프/런 메서드/에피소드의 **타입 스텝 수**를 증가시킨다.
     - 환경 루프 타입 스텝 수(n_timesteps_in_envloop)
     - 런 메서드 타입 스텝 수(n_timesteps_in_run)
     - 에피소드 타입 스텝 수(n_timesteps_in_episode)
   - **에피소드 리턴**(return_in_episode)에 보상(return)을 더한다.
7. 에피소드 종료 시마다 환경 리셋
   - 환경 루프/런 메서드의 **에피소드 수**를 증가시킨다.
     - 환경 루프 에피소드 수(n_episodes_in_envloop)
     - 런 메서드 에피소드 수(n_episodes_in_run)
   - **통계 정보**를 업데이트한다.
   - 새로운 에피소드를 실행하기 위해 **에피소드 초기화**를 수행한다.
     - 환경을 리셋하고 에피소드 리턴과 에피소드 타입스텝 수를 0으로 초기화한다.
8. 환경 루프 실행 결과 반환
   - 실행 결과 딕셔너리(results)에 다음과 같은 내용을 담아서 반환한다.
     - 액터의 롤아웃 버퍼("rollouts")
     - 환경 루프 타입 스텝 수("n_timesteps_in_envloop")
     - 환경 루프 에피소드 수("n_episodes_in_envloop")
     - 런 메서드 타입 스텝 수("n_timesteps_in_run")
     - 런 메서드 에피소드 수("n_episodes_in_run")
     - 환경 루프의 통계 정보("stats")

6.4.3 환경 루프 실행 초기화 및 결과 생성, 에피소드 초기화

환경 루프를 실행할 때마다 ❶ **환경 루프 실행 초기화**를 하고 ❷ 에피소드가 끝낼 때마다 다음 에피소드를 시작하기 위해 **에피소드 초기화**를 하며 ❸ 환경 루프 실행이 끝나면 **실행 결과 딕셔너리를 생성**해서 반환한다.

환경 루프 실행 초기화

run() 메서드를 실행하기 위해 ❶ **런 메서드 카운터**와 ❷ **액터의 롤아웃 버퍼**를 초기화 한다.

코드 6-5 EnvironmentLoop 환경 루프 실행 초기화

```python
def init_run(self):
    """
        run() 메서드를 실행하기 위해
        1) 런 메서드 카운터와 2) 액터의 롤아웃 버퍼를 초기화
    """

    # 1. 런 메서드 카운터를 초기화
    self.n_timesteps_in_run = 0     # 런 메서드 타임 스텝 수
    self.n_episodes_in_run  = 0     # 런 메서드 에피소드 수

    # 2. 액터 롤아웃 버퍼 초기화
    self.actor.clear_rollouts()
```

실행 순서는 다음과 같다.
1. 런 메서드 카운터 초기화: 런 메서드 카운터를 0으로 초기화 한다.
    - 런 메서드 타임 스텝 수(n_timesteps_in_run)
    - 런 메서드 에피소드 수(n_episodes_in_run)
2. 액터 롤아웃 버퍼 초기화: 환경 루프를 실행할 때 액터가 새롭게 데이터를 수집할 수 있도록 롤아웃 버퍼를 비운다.

환경 루프 실행 결과 생성

run() 메서드의 실행 결과인 {경로 데이터, 환경 루프 타임 스텝 수, 환경 루프 에피소드 수, 런 메서드 타임 스텝 수, 런 메서드 에피소드 수, 통계 정보}를 포함하는 딕셔너리를 생성한다.

코드 6-6 EnvironmentLoop 환경 루프 실행 결과 생성

```python
def final_result(self):
    """
    환경 루프 실행 결과 딕셔너리를 생성
    {경로 데이터, 환경 루프 타임 스텝 수, 환경 루프 에피소드 수,
    런 메서드 타임 스텝 수, 런 메서드 에피소드 수, 통계 정보}

    Returns:
        환경 루프 실행 결과 딕셔너리
    """

    # 실행 결과 딕셔너리 생성
    result = {
        'rollouts': self.actor.rollouts(),              # 액터의 롤아웃 버퍼
        'n_timesteps_in_envloop': self.n_timesteps_in_envloop,  # 환경 루프 타임 스텝 수
        'n_episodes_in_envloop': self.n_episodes_in_envloop,    # 환경 루프 에피소드 수
        'n_timesteps_in_run': self.n_timesteps_in_run,  # 런 메서드 타임 스텝 수
        'n_episodes_in_run': self.n_episodes_in_run,    # 런 메서드 에피소드 수
        'stats': self.stats                             # 환경 루프의 통계 정보
    }
    return result
```

- 실행 결과 딕셔너리 생성: 다음과 같은 정보를 담은 실행 결과 딕셔너리(results)를 만든다.
    - 경로 데이터: 액터의 롤아웃 버퍼("rollouts")
    - 환경 루프 카운터
        - 환경 루프 타임 스텝 수("n_timesteps_in_envloop")
        - 환경 루프 에피소드 수("n_episodes_in_envloop")

- 런 메서드 카운터
  - 런 메서드 타임 스텝 수("n_timesteps_in_run")
  - 런 메서드 에피소드 수("n_episodes_in_run")
  - 통계 정보: 통계 정보("stats")

에피소드 초기화

새로운 에피소드를 실행하기 위해 ❶ **환경**과 ❷ **에피소드 카운터**를 초기화 한다.

코드 6-7 EnvironmentLoop 에피소드 초기화

```
def reset_episode(self):
    """
        새로운 에피소드를 실행하기 위해 1) 환경 2) 에피소드 카운터를 초기화
    """

    # 1. 환경 초기화
    self.state = self.env.reset()

    # 2. 에피소드 카운터 초기화
    self.return_in_episode = 0          # 에피소드의 리턴
    self.n_timesteps_in_episode = 0     # 에피소드의 타입 스텝 수
```

실행 순서는 다음과 같다.
1. 환경 초기화: 환경이 새로운 에피소드를 실행할 수 있도록 `env.reset()`을 호출한다.
2. 에피소드 카운터 초기화: 에피소드 카운터를 0으로 초기화 한다.
   - 에피소드의 리턴(return_in_episode)
   - 에피소드 타입 스텝 수(n_timesteps_in_episode)

6.4.4 행동 선택과 네트워크 동기화

환경과의 상호작용을 위해 액터는 ❶ **행동을 선택**하며 ❷ 최신 네트워크 상태를 유지하기 위해 **네트워크 동기화**를 수행한다.

행동 선택

액터는 환경과 상호작용하기 위해 행동을 선택한다. 워밍업 상태이면 환경에서 제공하는 랜덤한 행동을 선택하고 워밍업 상태가 아니면 액터를 통해 행동을 선택한다.

코드 6-8 EnvironmentLoop 행동 선택

```python
def select_action(self):
    """
        에이전트가 환경과 상호작용을 하기 위해 행동을 선택
        (단, 워밍업 상태이면 환경에서 제공하는 랜덤한 행동을 선택)
    Returns:
        선택한 행동
    """

    # 1. 워밍업 시 환경의 랜덤 행동 선택
    if self.n_timesteps_in_envloop < self.config.warmup_step:
        return self.env.select_action()

    # 2. 액터의 행동을 선택
    action = self.actor.select_action(self.state,
                                      self.n_timesteps_in_envloop)

    return action
```

실행 순서는 다음과 같다.
1. 워밍업 시 환경의 랜덤 행동 선택: 워밍업 상태이면 에이전트의 정책이 학습되지 않는 상황이기 때문에 환경에서 제공하는 임의의 행동을 선택한다.
2. 액터의 행동 선택: 액터의 행동을 선택한다. 액터는 에이전트가 학습한 네트워크의 복사본을 갖고 있어서 이를 통해 행동을 선택할 수 있다.

네트워크 동기화

에이전트의 네트워크 상태(파라미터와 버퍼)를 액터의 네트워크에 로딩한다.

코드 6-9 EnvironmentLoop 네트워크 동기화

```
def update_policy(self, state_dict):
    """
        에이전트의 네트워크 상태(파라미터와 버퍼)를 액터의 네트워크에 로딩
    Args:
        state_dict: 네트워크 상태(파라미터와 버퍼) 딕셔너리
    """
    
    self.actor.update(state_dict)
```

- 액터의 네트워크에 상태 로딩: 전달받은 에이전트의 네트워크 상태를 액터의 네트워크에 로딩한다.

6.4.5 트랜지션 데이터 생성

트랜지션 데이터를 만들기 위해 에이전트와 환경 간의 ❶ **상호작용 이전 관측 데이터**와 ❷ **상호작용 이후 관측 데이터**를 구성한다.

상호작용 이전 데이터 생성

에이전트와 환경의 상호작용 이전 데이터 $\{s_t\}$를 생성한다.

코드 6-10 EnvironmentLoop 상호작용 이전 데이터 생성

```
def pre_transition_data(self):
    """
        에이전트와 환경의 상호작용 이전 데이터 {s_t}를 생성
    Returns:
        상호작용 이전 데이터 딕셔너리
    """
    # 1. 상호작용 이전 데이터 생성
    pre_transition_data = {
        "state": self.state,    # 상태 데이터
    }
    # 2. 상호작용 이전 데이터 반환
    return pre_transition_data
```

- 상호작용 이전 데이터 생성: {상태} 정보를 저장한 상호작용 이전 데이터 $\{s_t\}$를 생성한다.

상호작용 이후 데이터 생성

에이전트와 환경의 상호작용 이후 데이터 $\{a_t, r_t, s_{t+1}, e_t\}$를 생성한다.

코드 6-11 EnvironmentLoop 상호작용 이후 데이터 생성

```python
def post_transition_data(self, action, reward, next_state, done):
    """
        에이전트와 환경의 상호작용 이후 데이터 {a_t, r_t, s_(t+1), e_t}를 생성
    Args:
        action: 행동
        reward: 보상
        next_state: 다음 상태
        done: 에피소드 완료 여부

    Returns:
        상호작용 이후 데이터 딕셔너리
    """

    # 1. 상호작용 이후 데이터 생성
    post_transition_data = {
        "action": action,          # 행동
        "reward": reward,          # 보상
        "next_state": next_state,  # 다음 상태
        "done": done               # 에피소드 종료 여부
    }

    # 1. 상호작용 이후 데이터 반환
    return post_transition_data
```

- 상호작용 이후 데이터 생성: {액션, 보상, 다음 상태, 에피소드 종료} 정보를 저장한 상호작용 이후 데이터 $\{a_t, r_t, s_{t+1}, e_t\}$를 생성한다.

6.4.6 실행 통계

환경 루프의 실행 통계 정보에는 에피소드 단위의 통계 정보인 {에피소드 실행 횟수, 에피소드 리턴의 누적 값, 에피소드 길이의 누적 값이 들어 있다. 환경 루프에서 에피소드가 끝날 때마다 이 값들을 업데이트 한다.[6]

통계 정보 초기화

환경 루프의 실행 통계 정보 딕셔너리를 생성한다.

코드 6-12 EnvironmentLoop 통계 정보 초기화

```python
def init_stats(self):
    """환경 루프의 실행 통계 정보 딕셔너리를 생성"""

    # 1. 통계 정보 딕셔너리 생성
    self.stats = defaultdict(float)

    # 2. 실행 결과 초기화
    self.result = None
```

실행 순서는 다음과 같다.
1. 통계 정보 딕셔너리 생성: 다음과 같은 통계 정보를 저장하기 위한 딕셔너리(stats)를 생성한다.
    - 에피소드 실행 횟수("n_episodes")
    - 에피소드 리턴의 누적 값("returns")
    - 에피소드 길이의 누적 값("len_episodes")
2. 실행 결과 초기화: 실행 결과(results)를 None으로 초기화 한다.

통계 정보 리셋

통계 정보 딕셔너리를 초기화한다.

---

6 러너는 로깅 주기에 따라 환경 루프에서 집계된 통계 정보를 이용해서 에피소드 평균 길이와 에피소드 평균 리턴을 로깅한다.

코드 6-13 EnvironmentLoop 통계 정보 삭제

```python
def reset_stats(self):
    """통계 정보 딕셔너리를 초기화"""

    self.stats.clear()
```

1. 통계 정보 삭제: 통계 정보를 저장하기 위한 딕셔너리(stats)를 비운다.

통계 정보 업데이트

통계 정보 딕셔너리에 저장된 통계량을 업데이트한다.

코드 6-14 EnvironmentLoop 통계 정보 업데이트

```python
def update_stats(self):
    """통계 정보 딕셔너리 값을 업데이트"""

    # 1. 에피소드 실행 횟수 증가
    self.stats['n_episodes'] += 1

    # 2. 에피소드 리턴와 에피소드 길이 누적 합산
    self.stats['returns'] += self.return_in_episode
    self.stats['len_episodes'] += self.n_timesteps_in_episode
```

실행 순서는 다음과 같다.
1. 에피소드 실행 횟수 증가: 에피소드 실행 횟수("n_episodes")에 1을 더한다.
2. 에피소드 리턴 및 길이 누적 합산
    - 에피소드 리턴의 누적 값("returns")에 현재 에피소드의 리턴을 더한다.
    - 에피소드 길이의 누적 값("len_episodes")에 현재 에피소드의 길이를 더한다.

Chapter.7
폴리시 그레이디언트

강화학습 프레임워크의 가장 상위 모듈인 러너와 환경 루프를 살펴봤다. 아직 전체 프레임워크를 살펴보지는 않았지만 강화학습 알고리즘을 이론적으로 살펴보고 구현하는 과정을 진행해 보려고 한다.

가장 먼저 살펴볼 알고리즘은 **정책 기반 방법**이다. 정책 기반 방법은 강화학습의 목표를 달성하기 위해 정책을 직접 학습하도록 유도됐기 때문에 매우 직관적이고 단순하다. 그래서 다른 방법에 비해 사용이 쉽고 항상 최적의 정책이 학습되는 것을 보장한다. 이런 장점 때문에 강화학습을 공부하거나 적용할 때 가장 먼저 시도해 볼 수 있는 방법이 정책 기반 방법이다. 다만, 강화학습의 목표에서 알고리즘이 바로 유도된 상태에서는 목적 함수의 분산이 높기 때문에 학습이 불안정하다는 단점을 갖고 있다. 이번 장에서는 이런 단점을 보완하기 위한 방법도 함께 살펴볼 것이다.

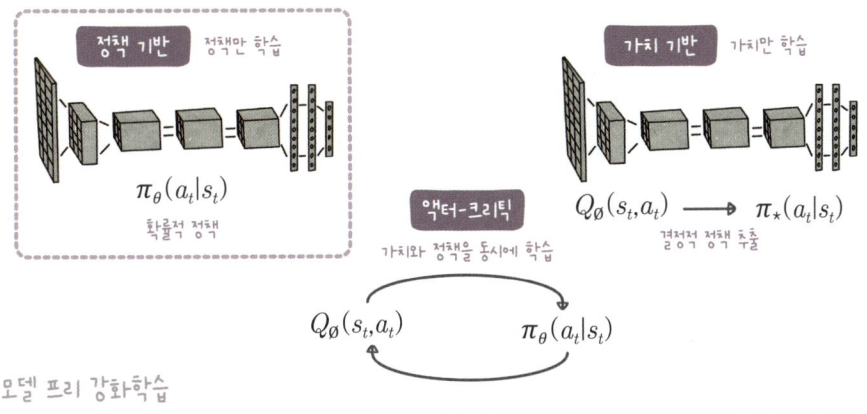

그림 7-1 강화학습 알고리즘의 종류(그림 2-6과 동일)

7.1 정책 기반 방법의 유도

정책 기반 방법은 강화학습의 목표를 달성하기 위해 정책을 직접 학습하는 방식이다. 다음과 같은 강화학습의 목표를 달성하려면 최적의 경로의 분포 $p_\theta(\tau)$를 찾아야 하고, 이는 곧 최적의 정책을 찾는 것과 동일하다. 이에 따라 정책 기반 방법에서는 정책 모델의 파라미터 θ를 최적화해 강화학습의 목표를 달성하고자 한다.

$$\theta^* = \underset{\theta}{\mathrm{argmax}}\, \mathbb{E}_{\tau \sim p_\theta(\tau)} \left[\sum_{t=1}^{T} r(s_t, a_t) \right]$$

경로의 분포 $p_\theta(\tau)$의 식을 보면 정책 $\pi_\theta(a_t|s_t)$만이 학습 가능한 대상이므로 자연스럽게 정책 기반의 방법을 도출할 수 있다.

$$p_\theta(\tau) = p(s_1) \prod_{t=1}^{T} \pi_\theta(a_t|s_t) p(s_{t+1}|s_t, a_t)$$

(변하지 않는 것 → 초기 상태 분포, 정책, 전이 함수, 변하지 않는 것)

정책 기반 방법 중에 정책을 딥러닝 모델로 정의해서 경사 하강법으로 학습하는 알고리즘을 **폴리시 그레이디언트**라고 한다. 그림 7-2에는 폴리시 그레이디언트의 목적 함수와 정책 모델이 그려져 있다. 여기서 정책 모델은 상태 s_t를 입력 받아서 행동 a_t의 확률 분포를 출력하는 확률적 정책이다.

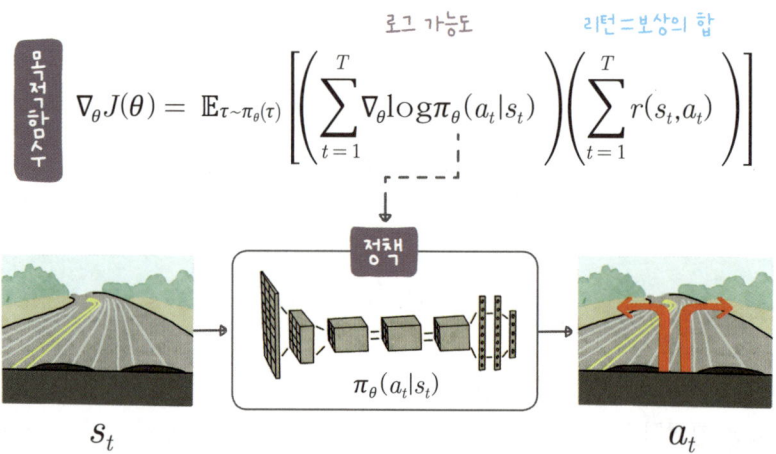

그림 7-2 폴리시 그레이디언트(그림 2-7과 동일)

폴리시 그레이디언트의 목적 함수는 강화학습의 목표에서 바로 유도할 수 있다. 유도 과정을 자세히 살펴보도록 하자.

7.1.1 폴리시 그레이디언트의 목적 함수 유도

강화학습의 목표를 $J(\theta)$로 정의하고 경로 τ에 대한 식으로 표현해 보자. 먼저 보상의 합을 리턴 $r(\tau)$로 표기한다. 그리고 기댓값 표기를 적분 형태로 바꿔서 $p_\theta(\tau)$가 식에 나타나도록 만든다.

$$J(\theta) = \mathbb{E}_{\tau \sim p_\theta(\tau)} \left[\sum_{t=1}^{T} r(s_t, a_t) \right]$$

$$= \mathbb{E}_{\tau \sim p_\theta(\tau)} [r(\tau)] \quad \text{보상의 합을 리턴으로 표기}$$

$$= \int p_\theta(\tau) r(\tau) \mathrm{d}\tau \quad \text{적분 형태로 변경}$$

이제 $J(\theta)$를 θ로 미분해 보자.

$$\nabla_\theta J(\theta) = \int \boxed{\nabla_\theta p_\theta(\tau)} r(\tau) \mathrm{d}\tau \quad \text{목적 함수의 미분}$$

$$= \int \boxed{p_\theta(\tau) \nabla_\theta \log p_\theta(\tau)} r(\tau) \mathrm{d}\tau \quad \text{로그 미분 트릭 사용}$$

$$= \mathbb{E}_{\tau \sim p_\theta(\tau)} [\nabla_\theta \log p_\theta(\tau) r(\tau)] \quad \text{기댓값 형태로 변환}$$

첫 번째 줄은 라이프니츠 공식[Leibniz's Integral Rule]에 따라 적분과 미분의 순서를 바꾼 결과이다.[1] 두 번째 줄은 **로그 미분 트릭**[Log Derivative Trick]을 사용해 $\nabla_\theta p_\theta(\tau)$를 $p_\theta(\tau) \nabla_\theta \log p_\theta(\tau)$로 바꾸었다.[2]

> **로그 미분 트릭(Log Derivative Trick)**
>
> 확률 미분에 많이 사용하는 공식
> $$\nabla_\theta p_\theta(\tau) = p_\theta(\tau) \frac{\nabla_\theta p_\theta(\tau)}{p_\theta(\tau)} = p_\theta(\tau) \nabla_\theta \log p_\theta(\tau)$$

세 번째 줄은 적분식을 다시 기댓값으로 표현한 것이다. 이제 식이 다음과 같이 정리됐다.

---

1 $p_\theta(\tau)$는 확률 함수여서 0에서 1 사이의 값을 갖고 리턴 $r(\tau)$도 발산하지 않는다는 가정 하에 균등 수렴(Uniformly Convergent)의 성질을 만족하기 때문에 적분과 미분의 순서를 바꿀 수 있다.

2 로그 미분 트릭은 확률의 미분에 많이 사용한다. 식이 바뀌는 과정을 보면 $\nabla_\theta p_\theta(\tau)$에 $\frac{p_\theta(\tau)}{p_\theta(\tau)}$를 곱해서 두 번째 식을 만든다. 그리고 로그의 미분 $\nabla_\theta \log p_\theta(\tau) = \frac{\nabla_\theta p_\theta(\tau)}{p_\theta(\tau)}$에 따라 $\frac{\nabla_\theta p_\theta(\tau)}{p_\theta(\tau)}$를 $\nabla_\theta \log p_\theta(\tau)$로 바꾸면 세번째 식과 같이 된다.

$$\nabla_\theta J(\theta) = \mathbb{E}_{\tau \sim p_\theta(\tau)}[\nabla_\theta \log p_\theta(\tau) r(\tau)]$$

이 식에서 $\nabla_\theta \log p_\theta(\tau)$ 부분을 계산해 보자. 경로의 분포 $p_\theta(\tau)$ 식의 양변에 log를 취하면 분포의 곱으로 표현된 식이 log 분포의 합산 형태로 바뀐다. 이 상태에서 θ로 미분하면 θ와 무관한 항은 모두 소거되고 정책의 항만 남는다.

$$p_\theta(\tau) = p(s_1) \prod_{t=1}^{T} \pi_\theta(a_t|s_t) p(s_{t+1}|s_t, a_t)$$

$$\log p_\theta(\tau) = \log p(s_1) + \sum_{t=1}^{T} \log \pi_\theta(a_t|s_t) + \log p(s_{t+1}|s_t, a_t) \quad \text{양변에 log 적용}$$

$$\nabla_\theta \log p_\theta(\tau) = \nabla_\theta \left[\cancel{\log p(s_1)} + \sum_{t=1}^{T} \log \pi_\theta(a_t|s_t) + \cancel{\log p(s_{t+1}|s_t, a_t)} \right]$$

θ와 무관한 항 소거 θ와 무관한 항 소거

$$= \sum_{t=1}^{T} \nabla_\theta \log \pi_\theta(a_t|s_t) \quad \text{θ에 대해 미분}$$

이 결과를 $\nabla_\theta J(\theta)$ 식에 대입하고 리턴 $r(\tau)$를 보상의 합으로 표기하면 폴리시 그레이디언트의 목적 함수가 된다.

$$\nabla_\theta J(\theta) = \mathbb{E}_{\tau \sim p_\theta(\tau)}[\nabla_\theta \log p_\theta(\tau) r(\tau)]$$

$$= \mathbb{E}_{\tau \sim p_\theta(\tau)} \left[\sum_{t=1}^{T} \nabla_\theta \log \pi_\theta(a_t|s_t) r(\tau) \right] \quad \nabla_\theta \log p_\theta(\tau) = \sum_{t=1}^{T} \nabla_\theta \log \pi_\theta(a_t|s_t) \text{이므로}$$

$$= \mathbb{E}_{\tau \sim p_\theta(\tau)} \left[\left(\sum_{t=1}^{T} \nabla_\theta \log \pi_\theta(a_t|s_t) \right) \left(\sum_{t=1}^{T} r(s_t, a_t) \right) \right] \quad r(\tau) = \sum_{t=1}^{T} r(s_t, a_t) \text{이므로}$$

$r(\tau)$를 원래 형태로 복구

결과적으로 강화학습의 목표에 있던 초기 상태의 분포 $p(s_1)$와 상태의 전이 함수 $p(s_{t+1}|s_t,a_t)$가 사라지고 정책 $\pi_\theta(a_t|s_t)$과 보상 $r(s_t,a_t)$만으로 구성된 목적 함수가 정의됐다.

7.1.2 목적 함수의 해석

폴리시 그레이디언트의 목적 함수는 지도 학습의 목적 함수와 상당히 유사하다. 지도 학습은 **최대 가능도 추정**을 하기 때문에 **로그 가능도**의 기댓값을 최대화하는 목적 함수를 갖는다.

지도 학습의 목적 함수

$$\nabla_\theta J(\theta) = \mathbb{E}_{\tau \sim p_\theta(\tau)}\left[\left(\sum_{t=1}^{T} \nabla_\theta \log \pi_\theta(a_t|s_t)\right)\right]$$

로그 가능도

반면에 폴리시 그레이디언트의 목적 함수[3]는 로그 가능도와 리턴이 곱해져 있어서 리턴이 로그 가능도의 가중치의 역할을 한다.

폴리시 그레이디언트의 목적 함수

가중치 역할

$$\nabla_\theta J(\theta) = \mathbb{E}_{\tau \sim p_\theta(\tau)}\left[\left(\sum_{t=1}^{T} \nabla_\theta \log \pi_\theta(a_t|s_t)\right)\left(\sum_{t=1}^{T} r(s_t, a_t)\right)\right]$$

로그 가능도　　　　리턴 = 보상의 합

$$= \mathbb{E}_{\tau \sim p_\theta(\tau)}[\nabla_\theta \log p_\theta(\tau) r(\tau)]$$

따라서 정책은 기대하는 행동의 확률과 리턴을 최대화하도록 학습한다. 이를 시각화해 보면 정책은 그림 7-3과 같이 리턴이 높은 경로를 만들도록 학습된다.

---

[3] 폴리시 그레이디언트의 목적 함수는 1) 지도 학습과 유사하기 때문에 의사 손실(pseudo-loss)이라고 부르기도 하고 2) 리턴이 가중치 역할을 한다고 해서 가중 로그 가능도(weighted log likelihood)라고 부르기도 한다.

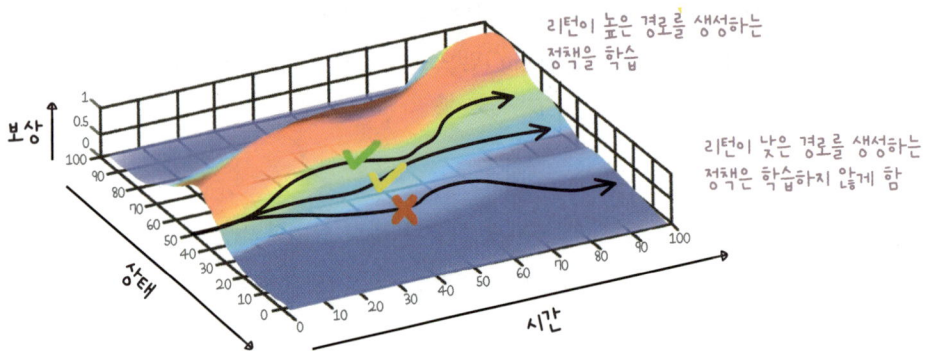

그림 7-3 리턴이 높은 경로를 생성하는 정책의 학습

7.1.3 REINFORCE 알고리즘

이렇게 유도된 목적 함수는 직접 사용하기가 어렵다. 그 이유는 경로의 분포에 대해 기댓값을 계산하려면 적분을 해야 하는데 추정하고 있는 경로의 분포를 수식으로 표현하기 어렵기 때문에 적분할 수가 없다. 따라서 몬테카를로 샘플링을 통해 만들어진 N개의 경로에 대해 기댓값을 근사할 수 있다. 샘플링 된 경로 τ는 경로의 분포 $p_\theta(\tau)$를 따르므로 목적 함수를 근사할 수 있으며 이렇게 랜덤 샘플링을 통해 원래 함수를 근사하는 방식을 **몬테카를로 추정**이라고 한다.

폴리시 그레이디언트의 목적 함수

$$\nabla_\theta J(\theta) = \mathbb{E}_{\tau \sim p_\theta(\tau)} \left[\left(\sum_{t=1}^{T} \nabla_\theta \log \pi_\theta(a_t | s_t) \right) \left(\sum_{t=1}^{T} r(s_t, a_t) \right) \right]$$

$$\approx \frac{1}{N} \sum_{i=1}^{N} \left(\sum_{t=1}^{T} \nabla_\theta \log \pi_\theta(a_t | s_t) \right) \left(\sum_{t=1}^{T} r(s_t, a_t) \right)$$

몬테카를로 추정
N: 경로 데이터 수

그리고 폴리시 그레이디언트의 목적 함수를 몬테카를로 추정으로 학습하는 방식을 **REINFORCE 알고리즘**이라고 한다.

REINFORCE 학습 순서

REINFORCE 알고리즘의 학습 순서는 다음과 같다.

REINFORCE 알고리즘

1. 정책 $\pi_\theta(a_t|s_t)$에서 $\{\tau^i\}$ 샘플링 *정책을 실행해서 데이터셋 수집*
2. $\nabla_\theta J(\theta) \approx \frac{1}{N}\sum_{i=1}^{N}(\sum_{t=1}^{T}\nabla_\theta \log\pi_\theta(a_t|s_t))(\sum_{t=1}^{T}r(s_t,a_t))$ *목적 함수 미분*
3. $\theta \leftarrow \theta + \alpha\nabla_\theta J(\theta)$ *파라미터 업데이트*

먼저 정책을 실행해서 N개의 경로를 샘플링한다. 그리고 경로의 리턴을 계산해서 목적 함수를 정의한다. 목적 함수를 정책의 파라미터 θ로 미분해서 경사 하강법으로 θ를 업데이트한다. 정책이 수렴할 때까지 이 과정을 반복한다.[4]

REINFORCE 구현 시 목적 함수

REINFORCE 알고리즘을 구현할 때는 먼저 $\nabla_\theta J(\theta)$의 양변에 미분 연산자를 빼서 $J(\theta)$로 변경한다.

REINFORCE 목적함수

$$J(\theta) \approx \frac{1}{N}\sum_{i=1}^{N}\sum_{t=1}^{T}\log\pi_\theta(a_t|s_t)r(\tau_{t:T}), \quad r(\tau_{t:T}) = \sum_{t'=t}^{T}r(s_{t'}, a_{t'})$$

그리고 전체 데이터셋에 대해 타임 스텝 t의 목표 $\log\pi_\theta(a_t|s_t)r(\tau_{t:T})$의 평균 식으로 변경한다.

---

4   실제 경사 하강법이 아닌 딥러닝 모델을 학습하기 위한 어떤 최적화 방식이어도 상관없다.

REINFORCE 목적함수

$$J(\theta) \approx \frac{1}{|D|} \sum_{s \in D} \log \pi_\theta(a_t|s_t) r(\tau_{t:T}), \quad r(\tau_{t:T}) = \sum_{t'=t}^{T} r(s_{t'}, a_{t'})$$

로그 가능도 / 리턴 / 리턴

$$D = \{(s_t, a_t) \in \tau_i, i = 1, 2, \ldots, N\} \quad \text{데이터셋}$$

전체 데이터셋의 크기는 $|D| = N \times T$이므로 아래 식은 위의 식에 상수 $\frac{1}{T}$을 곱한 식이 돼 최적해는 변하지 않는다.

7.2 분산 최소화 방안

폴리시 그레이디언트는 목적 함수의 분산이 높기 때문에 학습이 불안정해지는 문제가 있다. 그 원인은 목적 함수의 리턴에 있다.

$$\nabla_\theta J(\theta) = \mathbb{E}_{\tau \sim \pi_\theta(\tau)} \left[\sum_{t=1}^{T} \nabla_\theta \log \pi_\theta(a_t|s_t) \underbrace{\left(\sum_{t=1}^{T} r(s_t, a_t) \right)}_{\text{리턴 = 보상의 합}} \right]$$

그림 7-4와 같이 현재 상태에서 갈 수 있는 다양한 경로 중 오직 한 경로에 대해서만 리턴을 계산하기 때문에 어떤 경로가 샘플링 됐는지에 따라 리턴이 크게 달라진다. 상태 s_t에서 매번 리턴이 달라지면 그에 따라 목적 함수 값과 그레이디언트 방향이 바뀌기 때문에 파라미터가 업데이트 된 후에는 이전과 전혀 다른 행동을 선택하게 된다. 결국 학습의 일관성은 낮아지고 모델의 수렴이 늦어지면서 최적 정책을 구하기 힘들어진다. 그렇다면 목적 함수의 분산을 줄이려면 어떻게 해야 할까?

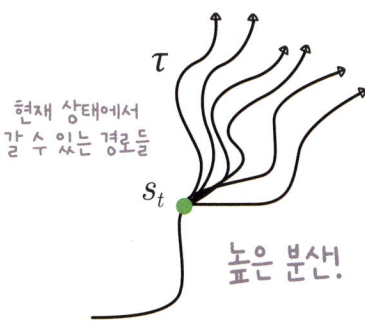

그림 7-4 폴리시 그레이디언트의 목적 함수가 분산이 높은 이유 (그림 2-8과 동일)

7.2.1 인과성 적용

목적 함수의 분산을 줄이기 위해 리턴의 크기를 최대한 작게 만드는 방법을 고려해 볼 수 있다. 그 중 가장 먼저 생각해 볼 수 있는 방법이 정책과 보상의 **인과성**causality을 고려해서 리턴의 크기를 줄이는 것이다. 목적 함수를 보면 모든 시점에서 정책의 가능도 $\nabla_\theta \log \pi_\theta(a_t|s_t)$는 모든 경로의 보상의 합 $\sum_{t=1}^{T} r(s_t, a_t)$과 곱해지고 있다.

$$\left(\sum_{t=1}^{T} \nabla_\theta \log \pi_\theta(a_t|s_t)\right)\left(\sum_{t=1}^{T} r(s_t, a_t)\right)$$

그런데 정책은 현재 시점의 행동을 결정하기 때문에 미래의 보상에는 영향을 주지만 과거의 보상에는 영향을 주지 못한다. 정책과 보상 간에는 분명한 인과 관계가 존재하는 것이다.

> **인과성**
> $r_1, r_2, \ldots, \boxed{r_t, r_{t+1}, \ldots, r_{T-1}, r_T}$
> 현재 시점의 정책은 미래의 보상에만 영향을 주고 과거의 보상에는 영향을 주지 못함

정책이 미래에 발생할 보상을 최대화하는 행동을 결정하게 만들려면 가중치를 미래에 발생할 보상으로만 주는 것이 합리적일 것이다. 과거의 보상은 사용하지 않고 미래의

보상만으로 리턴을 계산하면 목적 함수는 다음과 같이 바뀐다.

$$\nabla_\theta J(\theta) = \mathbb{E}_{\tau \sim \pi_\theta(\tau)} \left[\sum_{t=1}^{T} \nabla_\theta \log \pi_\theta(a_t | s_t) \right) \left(\underbrace{\sum_{t'=t}^{T} r(s_{t'}, a_{t'})}_{\text{리턴 = 미래에 받을 보상의 합}} \right)\right]$$

리턴이 **미래에 받을 보상의 합**Reward to go 으로 바뀌면서 리턴의 크기도 작아지고 목적 함수의 분산도 같이 작아진다.

7.2.2 베이스라인

리턴의 크기를 줄이기 위한 또 다른 방법은 리턴에서 **베이스라인**baseline을 빼는 것이다. 베이스라인은 임의의 숫자나 함수가 될 수 있으며 편향을 발생시키지 않는다. 이렇게 하면 리턴의 가중치 역할은 동일하지만 리턴의 크기가 작아지면서 분산도 작아지고 학습에 안정성이 생기게 된다.

$$\nabla_\theta J(\theta) = \mathbb{E}_{\tau \sim p_\theta(\tau)} [\nabla_\theta \log p_\theta(\tau) r(\tau)]$$

$$\approx \frac{1}{N} \sum_{t=1}^{T} \nabla_\theta \log \pi_\theta(\tau)(r(\tau) - \underbrace{b(s)}_{\text{베이스라인}})$$

베인스라인으로 어떤 값을 사용하면 좋을까? 리턴의 평균은 최적의 베이스라인은 아닐 수 있지만 좋은 성능을 보여주는 베이스라인 중 하나이다.

$$b(s) = \frac{1}{N} \sum_{t=1}^{T} r(\tau) \quad \text{베이스라인}$$

베인스라인을 사용했을 때 정말 편향이 발생하지 않을까? 베이스라인은 기댓값이 0이기 때문에 편향이 발생하지 않으며 최적해도 달라지지 않는다. 다음 식은 베이스라인의 기댓값이 0이 되는 과정을 보여주고 있다.

$$\mathbb{E}_{\tau \sim p_\theta(\tau)}[\nabla_\theta \log p_\theta(\tau) b(s)]$$

$$= \int \boxed{p_\theta(\tau) \nabla_\theta \log p_\theta(\tau)} b(s) d\tau$$

$$= \int \boxed{\nabla_\theta p_\theta(\tau)} b(s) d\tau$$

$$= b(s) \nabla_\theta \int p_\theta(\tau) d\tau$$

$$= b(s) \nabla_\theta 1 = 0$$

색이 칠해진 부분은 로그 미분 트릭을 사용해서 대체됐다.

로그 미분 트릭
$$\nabla_\theta p_\theta(\tau) = p_\theta(\tau) \frac{\nabla_\theta p_\theta(\tau)}{p_\theta(\tau)} = p_\theta(\tau) \nabla_\theta \log p_\theta(\tau)$$

네 번째 줄에서 $b(s)$는 상태 s에만 의존하기 때문에 상수처럼 취급해서 적분식 밖으로 뺄 수 있고 라이프니츠 공식에 따라 미분과 적분의 순서를 바꿀 수 있다. 다섯 번째 줄은 확률을 적분하면 1이 되고 1을 미분하면 0이 되면서 전체 결과가 0이 된다. 이와 같이 베이스라인을 사용해도 기댓값이 항상 0이 되므로 편향이 발생하지 않는다.

Chapter.8
REINFORCE 알고리즘 구현

이제 이론으로 살펴봤던 REINFORCE 알고리즘을 구현해 보자. REINFORCE는 그림 8-1과 같이 정의된 목적 함수를 이용해서 정책을 학습하는 알고리즘이다. 여러분도 몬테카를로 리턴과 로그 가능도를 이용해서 목적 함수를 구현하고 정책도 학습시켜 보면서 강화학습 알고리즘이 어떻게 구성되고 어떤 원리로 작동하는지 확인하길 바란다.

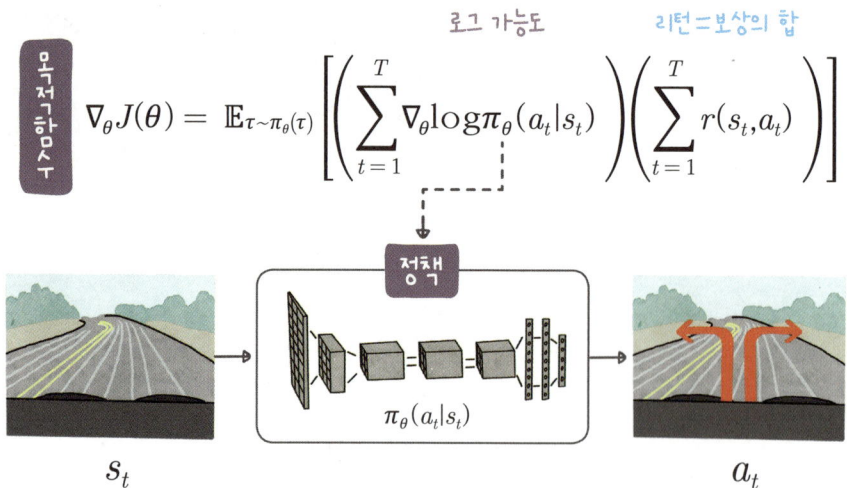

그림 8-1 폴리시 그레이디언트(그림 3-2와 동일)

REINFORCE의 학습 순서는 다음과 같다. 이 순서에 따라 REINFORCE 알고리즘을 구현해 보고 강화학습 환경에 적용했을 때 원하는 성능으로 학습이 되는지 텐서보드를 통해 확인해 보자.

REINFORCE 알고리즘

1. 정책 $\pi_\theta(a_t|s_t)$에서 $\{\tau^i\}$ 샘플링 *정책을 실행해서 데이터셋 수집*
2. $\nabla_\theta J(\theta) \approx \frac{1}{N}\sum_{i=1}^{N}(\sum_{t=1}^{T} \nabla_\theta \log \pi_\theta(a_t|s_t))(\sum_{t=1}^{T} r(s_t, a_t))$ *목적 함수 미분*
3. $\theta \leftarrow \theta + \alpha \nabla_\theta J(\theta)$ *파라미터 업데이트*

8.1 REINFORCE 알고리즘 구성

강화학습 프레임워크에서 REINFORCE 알고리즘의 소스 코드는 그림 8-2와 같이 "/agents/reinforce" 디렉토리에 정의돼 있고 설정 파일은 "/config/agent/reinforce"에 정의돼 있다.

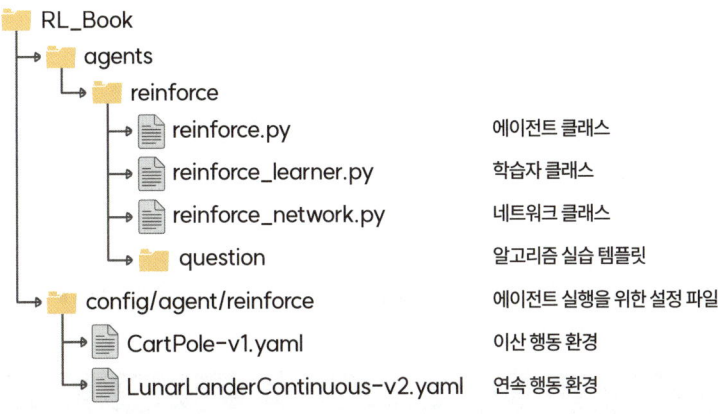

그림 8-2 REINFORCE 디렉토리 구조

각 파일의 내용은 다음과 같다.

- REINFORCE 알고리즘의 소스 코드
    - reinforce.py: REINFORCE 알고리즘의 에이전트인 `REINFORCE`가 정의돼 있다.
    - reinforce_learner.py: REINFORCE 알고리즘의 학습자인 `REINFORCELearner`가 정의돼 있다.
    - reinforce_network.py: REINFORCE 알고리즘의 네트워크인 `REINFORCENetwork`가 정의돼 있다.

- REINFORCE 알고리즘의 설정 파일
    - CartPole-v1.yaml: REINFORCE 알고리즘으로 CartPole-v1을 실행할 때 필요할 설정이 정의돼 있다.
    - LunarLanderContinuous-v2.yaml: REINFORCE 알고리즘으로 LunarLanderContinuous-v2을 실행할 때 필요할 설정이 정의돼 있다.

- **REINFORCE 알고리즘 실습 템플릿**
    - REINFORCE 알고리즘을 구현해볼 때 사용할 템플릿 파일이 들어 있다.

8.1.1 에이전트 관련 클래스

REINFORCE 알고리즘은 에이전트, 네트워크, 학습자 클래스인 `REINFORCE`, `REINFORCELearner`, `REINFORCENetwork`로 구현돼 있으며 이들은 `Agent`, `Learner`, `Network`를 상속하고 있다.

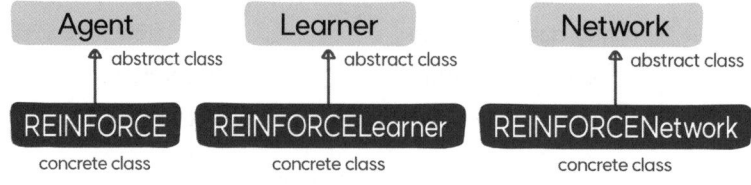

그림 8-3 REINFORCE 알고리즘의 에이전트, 학습자, 네트워크 클래스

8.1.2 주요 클래스 구성

REINFORCE 알고리즘을 실행하면 그림 8-4와 같은 순서로 관련 객체가 생성된다.

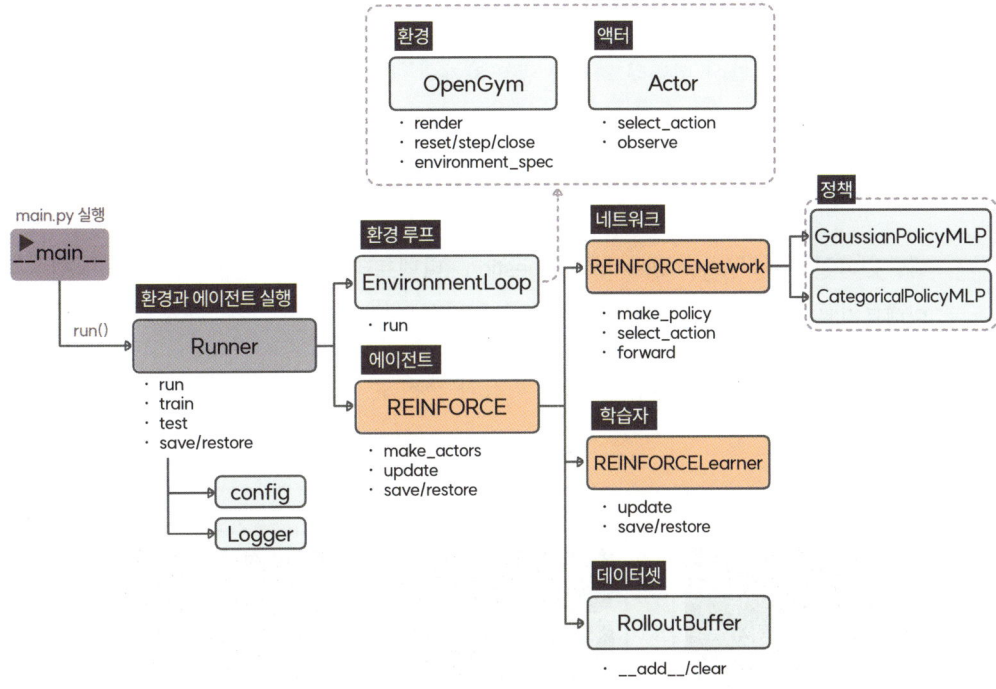

그림 8-4 REINFORCE 클래스 관계도

객체의 생성 순서를 설명하면 다음과 같다.

- main.py는 Runner를 생성하고 run() 메서드를 호출한다.

- Runner의 run() 메서드에서는 강화학습의 핵심 구성 모듈인 에이전트 REINFORCE와 에이전트와 환경이 상호작용을 하도록 환경 루프 EnvironmentLoop를 생성한다.

- REINFORCE는 에이전트를 구성하는 네트워크, 학습자, 데이터셋인 REINFORCENetwork, REINFORCELearner, RolloutBuffer를 생성한다.

- REINFORCENetwork는 연속 행동인 경우에는 GaussianPolicyMLP를 생성하고, 이산 행동인 경우에는 CategoricalPolicyMLP를 생성한다.

- 환경 루프 EnvironmentLoop는 환경인 OpenGym과 액터 Actor를 생성한다.

8.1.3 알고리즘 구현을 위한 실습 준비

이제 REINFORCE 알고리즘의 각 클래스를 살펴보면서 주요 로직을 구현해 보겠다. 실습을 위해 다음과 같이 템플릿 파일을 준비하자.

- **정답 파일 백업**: "/agents/reinforce/answer" 디렉토리를 만들어서 알고리즘 구현 파일을 백업한다.

- **템플릿 파일 이동**: "/agents/reinforce/question" 디렉토리에 있는 템플릿 파일을 상위 디렉토리로 옮겨서 실습 준비를 완료한다.

이 책에서는 알고리즘 구현 실습을 할 때 다음과 같은 순서로 진행하고 있다.

그림 8-5 알고리즘 실습 방식

- 강화학습 프레임워크는 완성된 형태로 제공되지만, 강화학습 알고리즘의 템플릿 파일에는 일부 코드가 비워져 있다. 독자들은 비워진 코드를 채워서 코드를 완성하면 된다.

- 강화학습 알고리즘을 소스 코드 레벨로 설명하면서 # your code 부분을 구현하는 문제를 출제하고 있다. 문제가 나오면 구현해 보고 정답을 확인한다. 문제 바로 다음에 정답을 설명하기 때문에 구현된 코드가 올바르게 작성돼 있는지 즉시 확인할 수 있다.

- 코드가 모두 완성되면 OpenGym에서 제공하는 강화학습 환경을 실행하면서 학습

성능을 확인하고 하이퍼파라미터를 튜닝해서 성능을 개선해 본다. 앞으로 이 책에서는 이산 환경인 CartPole-v1과 연속 환경인 LunarLanderContinuous-v2를 모든 알고리즘에 대해 실행하면서 성능을 비교할 것이다. 또한 분산 학습의 이점을 확인하기 위해 PPO 알고리즘부터는 연속 환경인 AntBulletEnv-v0를 추가로 실행할 것이다.

- 학습이 완료되면 모델의 체크포인트 파일을 로딩해서 추론 모드를 실행해 본다. 환경이 제시하는 목표를 에이전트가 달성하는지 강화학습 환경의 화면을 통해 확인해 보자.

8.2 REINFORCE 클래스

이제 REINFORCE 알고리즘을 구성하는 REINFORCE, REINFORCENetwork, REINFORCELearner 클래스와 몬테카를로 리턴을 구현해 보자.

REINFORCE는 에이전트 클래스로 Agent를 상속하고 있다. 에이전트 클래스는 대부분 베이스 클래스인 Agent의 기능을 그대로 사용한다. 그래서 초기화 함수에서는 부모 클래스인 Agent의 초기화 함수를 다시 호출하면서 ❶ **설정, 로거, 환경을 전달하고** ❷ **학습자와 네트워크 클래스를 지정하며** ❸ **온라인 정책과 오프라인 정책을 구분**한다.

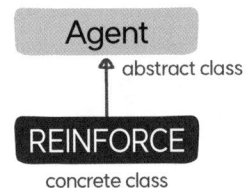

그림 8-5 REINFORCE 클래스 구성도

8.2.1 클래스 정의

REINFORCE 클래스는 다음과 같이 정의된다.

메서드

- __init__: REINFORCE 알고리즘을 실행하는 학습자, 네트워크, 데이터셋으로 구성된 에이전트를 생성한다.

8.2.2 클래스 구현 코드

REINFORCE 클래스는 다음과 같이 구현돼 있다.

패키지 임포트

코드 8-1 REINFORCE 에이전트 패키지 임포트

```
from types import SimpleNamespace
from utils.logging import Logger
from envs.environment import Environment
from agents.agent import Agent
from agents.reinforce.reinforce_network import REINFORCENetwork
from agents.reinforce.reinforce_learner import REINFORCELearner
```

실행 순서는 다음과 같다.

1. 설정(config) 객체를 나타내는 SimpleNamespace를 임포트 한다.
2. 로거 클래스인 Logger를 임포트 한다.
3. 환경 클래스인 Environment를 임포트 한다.
4. 에이전트의 베이스 클래스인 Agent을 임포트 한다.
5. REINFORCE 알고리즘의 네트워크인 REINFORCENetwork를 임포트 한다.
6. REINFORCE 알고리즘의 학습자인 REINFORCELearner를 임포트 한다.

초기화

REINFORCE 알고리즘을 실행하는 학습자, 네트워크, 데이터셋으로 구성된 에이전트를 생성한다.

코드 8-2 REINFORCE 에이전트 초기화

```
class REINFORCE(Agent):
    """REINFORCE 알고리즘 에이전트 클래스"""
    def __init__(self,
                 config: SimpleNamespace,
                 logger: Logger,
                 env: Environment):
        """
            REINFORCE 알고리즘을 실행하는
            학습자, 네트워크, 데이터셋으로 구성된 에이전트를 생성
        Args:
            config: 설정
            logger: 로거
            env: 환경
        """

        # 에이전트 초기화
        super().__init__(
            config=config,
            logger=logger,
            env=env,
            network_class=REINFORCENetwork,
            learner_class=REINFORCELearner,
            policy_type="on_policy")
```

- 에이전트 초기화: 부모 클래스인 Agent의 초기화 함수를 호출한다. 이때 다음과 같은 정보를 전달해서 에이전트의 서브 모듈인 학습자, 네트워크, 데이터셋이 생성되도록 한다.
    - 인자로 받은 설정(config), 로거(logger), 환경(env)을 다시 전달한다.
    - REINFORCE의 학습자와 네트워크 클래스를 지정한다.
        - 네트워크 클래스로 REINFORCENetwork를 지정한다.
        - 학습자 클래스로 REINFORCELearner를 지정한다.
        - 정책 유형을 온라인 정책을 나타내는 "on_policy"로 지정한다.

8.3 REINFORCENetwork 클래스

REINFORCENetwork는 네트워크 클래스로 Network를 상속해 정의한다. 주요 역할은 ❶ **정책 모델을 생성**하고 ❷ 정책을 실행해서 **행동을 선택**하며 ❸ 정책의 학습에 필요한 **로그 가능도를 계산**하는 것이다.

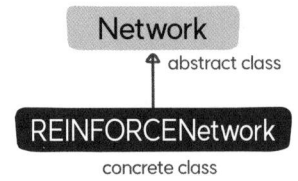

그림 8-6 REINFORCENetwork 클래스 구성도

8.3.1 클래스 정의

REINFORCENetwork 클래스는 다음과 같이 정의한다.

속성
- **정책 모델**(policy): 정책의 딥러닝 모델로 에이전트의 행동이 이산 행동인 경우 CategoricalPolicyMLP 클래스로 정의하고 연속 행동인 경우 GaussianPolicyMLP 클래스로 정의한다.

메서드
- __init__: 부모 클래스인 Network의 초기화 함수를 호출해서 네트워크를 초기화하고 정책을 생성한다.

- make_policy: 연속 행동인 경우 가우시안 분포를 출력하는 MLP 정책인 GaussianPolicyMLP를 생성하고, 이산 행동인 경우 카테고리 분포를 출력하는 MLP 정책인 CategoricalPolicyMLP를 생성한다.

- select_action: 정책 모델을 실행해서 행동을 선택한다. 단, 학습 모드와 추론 모드에 따라 행동을 선택하는 방식이 달라진다.

- cuda: 정책 모델의 상태(파라미터와 버퍼)를 GPU로 이동한다.

- forward: 네트워크를 실행해서 해당 상태에서의 행동의 로그 가능도를 계산한다.

8.3.2 클래스 구현 코드

REINFORCENetwork 클래스를 구현해 보자. 앞에서 설명한대로 템플릿 파일을 준비했다면 # your code를 채우면서 REINFORCENetwork 클래스를 완성해 보자.

패키지 임포트

코드 8-3 REINFORCENetwork 패키지 임포트

```
import torch
from types import SimpleNamespace
from envs.environment import EnvironmentSpec
from models.model import GaussianPolicyMLP, CategoricalPolicyMLP
from agents.base import Network
```

실행 순서는 다음과 같다.
1. 딥러닝 구현을 위한 PyTorch 패키지 torch를 임포트 한다.
2. 설정(config) 객체를 표현하기 위한 SimpleNamespace를 임포트 한다.
3. 환경의 정보를 제공하는 EnvironmentSpec을 임포트 한다.
4. 정책 모델인 GaussianPolicyMLP와 CategoricalPolicyMLP를 임포트 한다.
5. 네트워크의 베이스 클래스인 Network를 임포트 한다.

네트워크 초기화

부모 클래스인 Network의 초기화 함수를 호출해서 네트워크를 초기화하고 정책을 생성한다.

코드 8-4 REINFORCENetwork 초기화

```
class REINFORCENetwork(Network):
    """REINFORCE 알고리즘 네트워크 클래스"""
```

```
def __init__(self,
             config: SimpleNamespace,
             environment_spec: EnvironmentSpec):
    """
    부모 클래스인 Network의 초기화 함수를 호출해서
    네트워크를 초기화하고 정책을 생성

    Args:
        config: 설정
        environment_spec: 환경 정보
    """

    # 1. 네트워크 초기화
    super().__init__(config, environment_spec)

    # 2. 정책 모델 생성
    self.policy = self.make_policy()
```

실행 순서는 다음과 같다.
1. 네트워크 초기화: 부모 클래스인 Network의 초기화 함수를 호출해서 네트워크 모듈의 공통적인 초기화를 수행한다.
2. 정책 모델 생성: 환경에서 정의하는 행동 공간이 연속 행동인지 이산 행동인지에 따라 정책 모델을 생성한다.

Q 정책 생성

정책 생성 메서드인 make_policy()의 # your code 부분을 완성해 보자. 연속 행동인 경우 가우시안 분포를 출력하는 MLP 정책인 GaussianPolicyMLP를 생성하고, 이산 행동인 경우 카테고리 분포를 출력하는 MLP 정책인 CategoricalPolicyMLP를 생성하면 된다. 이산 행동과 연속 행동의 구분은 부모 클래스인 Network의 b_continuous_action 속성으로 구분할 수 있다. 정책의 인자를 나타내는 poliy_argument 변수를 이용해서 정책 모델을 생성해 보라.

코드 8-5 REINFORCENetwork 정책 생성

```
def make_policy(self):
    """
```

연속 행동인 경우
- 가우시안 분포를 출력하는 MLP 정책인 GaussianPolicyMLP를 생성
이산 행동인 경우
- 카테고리 분포를 출력하는 MLP 정책인 CategoricalPolicyMLP를 생성

Returns:
    정책 모델
"""

# 1. 정책 인자 정의
hidden_dim = self.config.actor_hidden_dims
policy_argument = [self.config,
                   self.state_size,
                   hidden_dim,
                   self.action_size]

2. 연속 행동: 가우시안 정책 생성
your code

3. 이산 행동: 카테고리 정책 생성
your code

코드의 실행 순서는 다음과 같다.

1. 정책 인자 정의
   - 설정과 정책 모델의 크기를 나타내는 인자를 목록(poliy_argument)로 만든다.
     - 설정(config)
     - 입력 계층의 뉴런 수를 결정하는 상태 벡터의 크기(state_size)
     - 은닉 계층의 뉴런 수 목록(hidden_dim)
     - 출력 계층의 뉴런 수를 결정하는 행동 벡터의 크기(action_size)
2. 연속 행동인 경우
   - 가우시안 분포를 출력하는 MLP 정책인 GaussianPolicyMLP를 생성한다.
3. 이산 행동인 경우
   - 카테고리 분포를 출력하는 MLP 정책인 CategoricalPolicyMLP를 생성한다.

A 정책 생성

작성한 코드가 잘 구현됐는지 다음 코드로 확인해 보자.

코드 8-6 REINFORCENetwork 정책 생성

```python
def make_policy(self):
    """
        연속 행동인 경우
        - 가우시안 분포를 출력하는 MLP 정책인 GaussianPolicyMLP를 생성하고
        이산 행동인 경우
        - 카테고리 분포를 출력하는 MLP 정책인 CategoricalPolicyMLP를 생성한다
    """
    # 1. 정책 인자 정의
    hidden_dim = self.config.actor_hidden_dims
    policy_argument = [self.config,
                       self.state_size,
                       hidden_dim,
                       self.action_size]

    # 2. 연속 행동: 가우시안 정책 생성
    if self.b_continuous_action:
        return GaussianPolicyMLP(*policy_argument)

    # 3. 이산 행동: 카테고리 정책 생성
    return CategoricalPolicyMLP(*policy_argument)
```

b_continuous_action 속성으로 이산 행동과 연속 행동을 구분해 정책을 생성한다. 이때 정책 클래스에 policy_argument를 언패킹해서 인자로 전달한다.

Q 행동 선택

이번에는 정책을 실행해 행동을 선택하는 select_action() 메서드를 완성해 보자. 정책 모델 policy에서 행동을 선택하기 위한 메서드인 select_action()를 제공하므로 이를 이용하면 된다. 단, 학습 모드와 추론 모드에서 행동을 선택하는 방식이 달라지므로 실행 모드인 self.config.training_mode를 인자로 전달해 주자.

정책 클래스는 "/models/model.py" 파일에 정의돼 있으므로 클래스 정의를 확인하고 구현하기 바란다.[1]

코드 8-7 REINFORCENetwork 행동 선택

```
def select_action(self,
                  state: torch.Tensor,
                  total_n_timesteps: int) -> torch.Tensor:
    """
        정책 모델을 실행해서 행동을 선택
    Args:
        state: 상태
        total_n_timesteps: 현재 타임 스텝

    Returns:
        선택된 행동
    """
    # 정책을 실행해서 행동을 선택
    return 0 # your code
```

- 정책에서 행동 선택: 행동은 정책 모델에서 제공하는 select_action() 메서드를 호출해 선택한다. 이때 학습 모드인지 추론 모드인지를 구분하도록 설정 값을 전달한다.

A 행동 선택

작성한 코드가 잘 구현됐는지 다음 코드로 확인해 보자.

코드 8-8 REINFORCENetwork 행동 선택

```
def select_action(self,
                  state: torch.Tensor,
                  total_n_timesteps: int) -> torch.Tensor:
    """
        정책 모델을 실행해서 행동을 선택
```

---

[1] 정책 클래스에 대한 자세한 내용은 10장에서 설명할 예정이다.

```
    Args:
        state: 상태
        total_n_timesteps: 현재 타임 스텝

    Returns:
        선택된 행동
    """
    # 정책을 실행해서 행동을 선택
    return self.policy.select_action(state, self.config.training_mode)
```

정책 policy의 select_action()을 호출하며 실행 모드를 나타내는 설정인 config.training_mode를 인자로 전달한다.

CUDA

정책 모델의 상태(파라미터와 버퍼)를 GPU로 이동한다.

코드 8-9 REINFORCENetwork CUDA

```
def cuda(self):
    """정책 모델의 상태(파라미터와 버퍼)를 GPU로 이동"""

    self.policy.cuda(self.config.device_num)    # 정책 모델 cuda() 호출
```

- 정책 모델 cuda() 호출: 정책 모델의 cuda() 메서드를 호출한다.

Q 네트워크 실행

네트워크를 실행했을 때 행동(action)의 로그 가능도를 계산하도록 # your code를 채워 보라. 로그 가능도를 계산하려면 분포가 있어야 한다. 따라서 정책 policy의 distribution() 메서드를 활용해서 해당 상태(state)에서의 행동의 분포를 구하라. 그리고 부모 클래스인 Network에서 제공하는 _log_prob() 메서드를 이용해서 로그 가능도를 계산해 보라.

코드 8-11 REINFORCENetwork 네트워크 실행

```
def forward(self, state, action) -> torch.Tensor:
    """
        학습자에서 정책의 손실을 계산할 때
        필요한 정보를 제공하기 위해 네트워크를 실행해서
        해당 상태에서의 행동의 로그 가능도를 계산
    Args:
        state: 상태
        action: 행동

    Returns:
        행동의 로그 가능도
    """
    # 1. 행동의 분포를 구함
    # your code

    # 2. 로그 가능도 계산
    log_prob = 0  # your code

    # 3. 로그 가능도 반환
    return log_prob
```

실행 순서는 다음과 같다.

1. 행동의 분포를 구함: 상태(state)를 입력했을 때 정책이 출력한 행동의 분포(distribution)를 구한다.
2. 로그 가능도를 계산: 행동의 분포(distribution)에서 행동의 로그 가능도(log_prob)를 계산한다.
3. 로그 가능도 반환: 계산한 행동의 로그 가능도(log_prob)를 반환한다.

A 네트워크 실행

작성한 코드가 잘 구현됐는지 다음 코드로 확인해 보자.

코드 8-12 REINFORCENetwork 네트워크 실행

```python
def forward(self, state, action) -> torch.Tensor:
    """
    학습자에서 정책의 손실을 계산할 때
        필요한 정보를 제공하기 위해 네트워크를 실행해서
        해당 상태에서의 행동의 로그 가능도를 계산
    Args:
        state: 상태
        action: 행동

    Returns:
        행동의 로그 가능도
    """
    # 1. 행동의 분포를 구함
    distribution = self.policy.distribution(state)

    # 2. 로그 가능도 계산
    log_prob = self._log_prob(distribution, action)

    # 3. 로그 가능도 반환
    return log_prob
```

정책에서 제공하는 행동의 분포를 구하는 메서드인 distribution()와 _log_prob()를 이용해서 로그 가능도를 구하고 있다.

이제 REINFORCENetwork 클래스가 완성됐는가? 정답 코드와 비교해서 문제가 없는지 확인했다면 다음 절로 넘어가자. 구현된 코드가 정상적으로 작동하는지는 REINFORCE Learner 클래스까지 구현한 후에 Cartple-v1 환경을 실행하는 절에서 확인하면 된다.

8.4 REINFORCELearner 클래스

REINFORCELearner는 학습자 클래스로 Learner를 상속한다. 주요 역할은 정책 모델을 학습하기 위해 ❶ 몬테카를로 리턴을 계산해서 데이터셋에 추가하고 ❷ 설정된 에포크만큼 학습하기 위해 데이터셋에서 배치를 샘플링하며 ❸ 몬테카를로 리턴으로 정책 모델

의 손실을 계산하고 ❹ 모델을 업데이트하고 ❺ 주요 성능 정보를 로깅하는 과정을 반복하는 일이다.

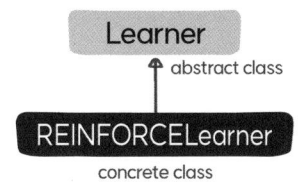

그림 8-6 REINFORCELearner 클래스 구성도

8.4.1 클래스 정의

REINFORCELearner 클래스는 다음과 같이 정의된다.

속성

- **옵티마이저**(optimizer): 딥러닝 모델의 학습을 위한 최적화 알고리즘으로 Adam을 사용한다.

- **학습률 스케줄러**(policy_lr_scheduler): 학습률을 스케줄링 하기 위한 코사인 스케줄러이다. 초기 학습률을 0도에서 90도 사이의 코사인 곡선을 따라 최대 환경 스텝까지 서서히 감소시키는 방식으로 구현돼 있다.

메서드

- __init__: Learner 클래스의 초기화 메서드를 호출해 학습자를 초기화 하고 Adam 옵티마이저 학습률 스케줄러를 생성한다.

- _calc_returns: 데이터셋에 저장된 모든 트랜지션에 대해 몬테카를로 리턴을 계산해서 데이터셋에 추가 필드로 저장한다.

- update: REINFORCE 알고리즘의 목적 함수에 따라 손실을 계산해서 정책을 학습하고 성능 정보를 로깅한다.

8.4.2 클래스 구현 코드

이제 REINFORCELearner 클래스를 구현해 보자. REINFORCELearner 클래스의 코드에는 손실을 계산하는 부분이 비어 있다. REINFORCE 알고리즘의 목표 함수를 참고해서 코드를 완성하자.

패키지 임포트

코드 8-13 REINFORCELearner 패키지 임포트

```
import torch
from types import SimpleNamespace
from datasets.rollout_buffer import RolloutBuffer
from agents.reinforce.reinforce_network import REINFORCENetwork
from envs.environment import EnvironmentSpec
from utils.logging import Logger
from agents.base import Learner
from utils.lr_scheduler import CosineLR
from utils.value_util import monte_carlo_returns
```

실행 순서는 다음과 같다.

1. 딥러닝 구현을 위한 PyTorch 패키지 torch를 임포트 한다.
2. 설정(config) 객체를 표현하기 위한 SimpleNamespace를 임포트 한다.
3. 온라인 정책의 데이터셋 버퍼인 RolloutBuffer를 임포트 한다.
4. REINFORCE 알고리즘의 네트워크인 REINFORCENetwork를 임포트 한다.
5. 환경의 정보를 제공하는 EnvironmentSpec을 임포트 한다.
6. 로거 클래스인 Logger를 임포트 한다.
7. 학습자의 베이스 클래스인 Learner를 임포트 한다.
8. 코사인 학습률 스케줄러인 CosineLR을 임포트 한다.
9. 몬테카를로 리턴을 계산해주는 유틸리티 함수인 monte_carlo_returns를 임포트 한다.

초기화

Learner 클래스의 초기화 메서드를 호출해 학습자를 초기화 하고, Adam 옵티마이저와

학습률 스케줄러를 생성한다.

코드 8-14 REINFORCELearner 초기화

```
class REINFORCELearner(Learner):
    """REINFORCE 알고리즘 학습자 클래스"""

    def __init__(self,
                 config: SimpleNamespace,
                 logger: Logger,
                 environment_spec: EnvironmentSpec,
                 network: REINFORCENetwork,
                 buffer: RolloutBuffer):
        """
        Learner 클래스의 초기화 메서드를 호출해 학습자를 초기화 하고,
        Adam 옵티마이저와 학습률 스케줄러를 생성
        Args:
            config: 설정
            logger: 로거
            environment_spec: 환경 정보
            network: 네트워크
            buffer: 버퍼
        """
        # 1. 부모 클래스 초기화 호출
        super().__init__(config, logger, environment_spec, network, buffer)

        # 2. 옵티마이저 생성
        self.optimizer = torch.optim.Adam([
            {'params': self.network.policy.parameters(),
             'lr': self.config.lr_policy},
        ])

        # 3. 학습률 스케줄러 생성
        if self.config.lr_annealing:
            self.policy_lr_scheduler = CosineLR(
                logger=self.logger,
                param_groups=self.optimizer.param_groups[0],
                start_lr=self.config.lr_policy,
```

```
                end_timesteps=self.config.max_environment_steps,
                name="policy lr")
```

실행 순서는 다음과 같다.

1. 부모 클래스 초기화 호출: Learner 클래스의 초기화 함수를 호출한다.
   - Learner의 초기화 함수에서는 설정(config), 로거(logger), 환경 스펙(environment_spec), 연속 행동 여부(b_continuous_action), 버퍼(buffer)와 네트워크(network)를 저장하고 학습 타입 스텝(learner_step)을 0으로 초기화 한다.
2. 옵티마이저 생성
   - 정책을 학습하기 위해 Adam을 생성한다.
   - 초기 학습률은 설정의 정책 학습률(lr_policy)로 지정한다.
3. 학습률 스케줄러 생성: 정책의 학습률 스케줄러(policy_lr_scheduler)를 코사인 스케줄러로 생성한다.

몬테카를로 리턴 계산

데이터셋에 저장된 모든 트랜지션에 대해 몬테카를로 리턴을 계산해서 데이터셋에 추가 필드로 저장한다.

코드 8-15 REINFORCELearner 몬테카를로 리턴 계산

```python
def _calc_returns(self):
    """
    데이터셋에 저장된 모든 트랜지션에 대해 몬테카를로 리턴을 계산해서
        버퍼에 추가 데이터 필드로 저장한다
    """
    # 1. 버퍼가 비어 있으면 반환
    if len(self.buffer) == 0: return

    # 2. 몬테카를로 리턴 계산
    returns, _ = monte_carlo_returns(
        self.config,
        self.buffer['state'],
        self.buffer['next_state'],
        self.buffer['reward'],
```

```python
        self.buffer['done'],
    )

    # 3. 버퍼 스키마 확장
    if self.buffer["returns"] is None:
        schema = {'returns': {'shape': (1,)}, }
        self.buffer.extend_schema(schema)

    # 4. 버퍼에 리턴 저장
    self.buffer['returns'] = returns
```

실행 순서는 다음과 같다.
1. 버퍼가 비어 있으면 반환: 버퍼가 비어 있으면 바로 반환한다.
2. 몬테카를로 리턴 계산: 데이터셋에 저장된 모든 트랜지션에 대해 일괄적으로 리턴을 계산한다. 이때 리턴을 계산하기 위해 데이터셋의 상태("state"), 다음 상태("next_state") 보상("reward"), 에피소드 종료 여부("done")를 전달한다.
3. 버퍼 스키마 확장: 버퍼에 리턴(returns) 키가 없으면 스키마 확장한다.
4. 버퍼에 리턴 저장: 버퍼의 리턴 데이터를 저장한다.

Q 모델 업데이트

REINFORCE 알고리즘의 목적 함수에 따라 손실을 계산해서 정책을 학습하고 성능 정보를 로깅한다.

코드 8-16 REINFORCELearner 모델 업데이트(1/3)

```python
def update(self, total_n_timesteps: int, total_n_episodes: int) -> bool:
    """
    REINFORCE 알고리즘의 목적 함수에 따라 손실을 계산해서
        정책을 학습하고 성능 정보를 로깅
    Args:
        total_n_timesteps: 현재 타임 스텝
        total_n_episodes: 현재 에피소드

    Returns:
        정책 평가 및 개선 실행 여부
```

```
"""
# 1. 버퍼가 비어 있으면 반환
if len(self.buffer) == 0: return False

# 2. 리턴 계산
self._calc_returns()

# 3. 배치 실행 횟수 계산
num_batch_times = (len(self.buffer)-1)//self.config.batch_size+1
```

실행 순서는 다음과 같다.

1. 버퍼가 비어 있으면 반환: 버퍼가 비어 있으면 모델을 업데이트 하지 않고 바로 반환한다.
2. 리턴 계산: 몬테카를로 리턴을 계산해서 데이터셋에 추가한다.
3. 배치 실행 횟수 계산: 에포크별 모델 업데이트 횟수를 계산하기 위해 버퍼의 크기를 배치 크기로 나눠서 배치 실행 횟수(num_batch_times) 변수로 저장한다.

이제 다음 코드에서 손실 계산 부분을 채워 보자. REINFORCE의 목적 함수를 다음과 같이 전체 경로와 전체 타입 스텝에 대해 $L_t^\pi(\theta)$의 평균을 최대화하도록 구성해 보자.

REINFORCE 목적함수

$$J(\theta) \approx \frac{1}{|D|} \sum_{s \in D} \mathcal{L}_s^\pi(\theta), \quad \mathcal{L}_s^\pi(\theta) = \log \pi_\theta(a_t|s_t) r(\tau_{t:T}), \quad r(\tau_{t:T}) = \sum_{t'=t}^{T} r(s_{t'}, a_{t'})$$

타입 스텝의 목표   로그 가능도   리턴   리턴

$$D = \{(s_t, a_t) \in \tau_i, i = 1, 2, \ldots, N\} \quad \text{데이터셋}$$

단, 로그 가능도와 리턴이 log_probs와 return 변수에 저장돼 있으므로 이를 활용하면 된다. 그리고 목적 함수의 부호를 바꿔서 손실 함수로 정의하라.

코드 8-17 REINFORCELearner 모델 업데이트(2/3)

```python
# 4. 학습 루프
for epoch in range(0, self.config.n_epochs):
    for i in range(num_batch_times):
        # 5. 롤아웃 버퍼에서 배치 샘플링
        sample_batched = self.buffer.sample(self.config.batch_size)

        # 6. 특징별 변수 처리
        state = sample_batched["state"]
        action = sample_batched["action"]
        returns = sample_batched["returns"]

        # 7. 학습 타입 스텝 증가
        self.learner_step += 1

        # 8. 로그 가능도 계산
        log_probs = self.network(state, action)

        # 9. 손실 계산
        policy_loss = 0     # your code

        # 10. 백워드 패스 실행 (그레이디언트 계산)
        self.optimizer.zero_grad(set_to_none=True)
        policy_loss.backward()

        # 11. 그레이디언트 클리핑
        torch.nn.utils.clip_grad_norm_(
            self.network.parameters(), self.config.grad_norm_clip
        )

        # 12. 파라미터 업데이트
        self.optimizer.step()

        # 13. 손실 로깅
        self.logger.log_stat("policy_loss",
                             policy_loss.item(),
                             self.learner_step)
```

실행 순서는 다음과 같다.

4. **학습 루프**: 설정에 지정된 에포크(epoch)만큼 학습 루프를 실행하고 에포크별로 배치 실행 횟수(num_batch_times)만큼 모델을 업데이트 한다.
5. **롤아웃 버퍼에서 배치 샘플링**: 롤아웃 버퍼에서 지정된 배치 크기로 배치 샘플링한다.
6. **특징별 변수 처리**: 샘플링된 배치의 데이터 필드별로 변수를 할당한다.
7. **학습 타입 스텝 증가**: 학습 타입 스텝을 1 증가시킨다.
8. **로그 가능도 계산**: 손실을 계산할 때 사용할 행동의 로그 가능도를 계산한다. 특정 상태에서 정책이 출력하는 행동의 분포를 이용해서 로그 가능도를 계산한다.
9. **손실 계산**: REINFORCE 알고리즘의 목적 함수를 구성하고 손실로 표현한다.

REINFORCE 목적함수

$$J(\theta) \approx \frac{1}{|D|} \sum_{s \in D} \mathcal{L}_s^\pi(\theta), \quad \mathcal{L}_s^\pi(\theta) = \log \pi_\theta(a_t|s_t) r(\tau_{t:T}), \quad r(\tau_{t:T}) = \sum_{t'=t}^{T} r(s_{t'}, a_{t'})$$

$$D = \{(s_t, a_t) \in \tau_i, i = 1, 2, \ldots, N\} \quad \text{데이터셋}$$

10. **백워드 패스 실행**(그레이디언트 계산): 역전파 알고리즘을 실행한다.
11. **그레이디언트 클리핑**: 그레이디언트가 너무 커지지 않도록 클리핑한다.
12. **파라미터 업데이트**: 옵티마이저를 이용해서 파라미터를 업데이트한다.
13. **손실 로깅**: 정책의 손실 그래프를 텐서보드로 확인할 수 있도록 로깅한다.

코드 8-18 REINFORCELearner 모델 업데이트(3/3)

```
# 14. 학습률 스케줄 업데이트
if self.config.lr_annealing:
    self.policy_lr_scheduler.step(total_n_timesteps)
    # 15. 학습률 로깅
    self.logger.log_stat("policy learning rate",
                         self.optimizer.param_groups[0]['lr'],
                         total_n_timesteps)

# 16. 데이터셋 삭제
```

```
            self.buffer.clear()

        return True
```

실행 순서는 다음과 같다.

14. 학습률 스케줄 업데이트: 현재 타입 스텝에 맞춰 학습률을 스케줄링한다.
15. 학습률 로깅: 학습률 스케줄을 텐서보드로 확인할 수 있도록 정책 학습률을 로깅한다.
16. 데이터셋 삭제: 온라인 정책이므로 학습이 완료됐으면 데이터셋을 삭제한다.

A 모델 업데이트

작성한 코드가 잘 구현됐는지 다음 코드로 확인해 보자.

코드 8-19 REINFORCELearner 모델 업데이트(2/3)

```python
        # 4. 학습 루프
        for epoch in range(0, self.config.n_epochs):
            for i in range(num_batch_times):
                # 5. 롤아웃 버퍼에서 배치 샘플링
                sample_batched = self.buffer.sample(self.config.batch_size)

                # 6. 특징별 변수 처리
                state = sample_batched["state"]
                action = sample_batched["action"]
                returns = sample_batched["returns"]

                # 7. 학습 타입 스텝 증가
                self.learner_step += 1

                # 8. 로그 가능도 계산
                log_probs = self.network(state, action)

                # 9. 손실 계산
                policy_loss = -(log_probs * returns).mean()

                # 10. 백워드 패스 실행
                self.optimizer.zero_grad(set_to_none=True)
```

```
            policy_loss.backward()

            # 11. 그레이디언트 클리핑
            torch.nn.utils.clip_grad_norm_(
                self.network.parameters(), self.config.grad_norm_clip
            )

            # 12. 파라미터 업데이트
            self.optimizer.step()

            # 13. 손실 로깅
            self.logger.log_stat("policy_loss",
                                 policy_loss.item(),
                                 self.learner_step)
```

손실 함수는 로그 가능도(log_probs)와 리턴(returns)을 곱하고 mean()을 호출해서 평균을 계산한 뒤 손실로 표현하기 위해 음수를 붙이면 된다.

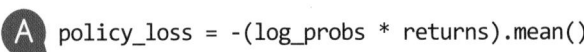　`policy_loss = -(log_probs * returns).mean()`

이제 # your code가 모두 채워졌다면 REINFORCELearner 클래스도 완성이 됐다.

8.5 몬테카를로 리턴

마지막으로 몬테카를로 리턴을 어떻게 계산하는지 유틸리티 함수의 코드를 확인해 보자.

8.5.1 몬테카를로 리턴 계산 방식

리턴은 미래에 받을 보상의 합이다. 따라서 타임 스텝 t에서의 리턴을 계산하려면 t에서 에피소드가 끝나는 T까지의 보상을 모두 더하면 된다. 단, 각 보상에 할인 계수를 적용해서 현재 시점에서 멀어질수록 반영되는 비율이 작아지게 만든다.

> **몬테카를로 리턴**
>
> $$r(\tau_{t:T}) = r_t + \gamma r_{t+1} + \gamma^2 r_{t+2} + \gamma^3 r_{t+3} + \cdots + \gamma^{T-t} r_T$$
>
> t 시점에서 T 시점까지의 리턴 γ: 할인 계수 $0 \leq \gamma \leq 1$

리턴의 계산 식을 재귀적으로 표현하면 다음과 같다.

$$r(\tau_{t:T}) = r_t + \gamma r(\tau_{t+1:T})$$

(t 시점의 리턴, t 시점의 보상, $t+1$ 시점의 리턴)

타임 스텝 t의 리턴 $r(\tau_{t:T})$은 타임 스텝 $t+1$의 리턴 $r(\tau_{t+1:T})$에 할인 계수 γ을 곱해서 현재의 보상 r_t과 더하면 된다. 리턴의 재귀 식을 이용하면 다음과 같이 시간의 역순으로 모든 타임 스텝의 리턴을 일괄적으로 계산할 수 있다.

		데이터셋	
T	$r(\tau_{T:T}) = r_T$	$r(\tau_{T:T}) = r_T$	
$T-1$	$r(\tau_{T-1:T}) = r_{T-1} + \gamma r_T$	$r(\tau_{T-1:T}) = r_{T-1} + \gamma r(\tau_{T:T})$	시간의 역순으로 계산
$T-2$	$r(\tau_{T-2:T}) = r_{T-2} + \gamma r_{T-1} + \gamma^2 r_T$	$r(\tau_{T-2:T}) = r_{T-2} + \gamma r(\tau_{T-1:T})$	
...	...	...	
t	$r(\tau_{t:T}) = r_t + \gamma r_{t+1} + \gamma^2 r_{t+2} + \cdots + \gamma^{T-t} r_T$	$r(\tau_{t:T}) = r_t + \gamma r(\tau_{t+1:T})$	

타임 스텝 T에서 리턴 $r(\tau_{T:T})$는 보상 r_T로 초기화 하고 타임 스텝 $T-1$부터는 재귀 식으로 리턴을 계산한다.

8.5.2 몬테카를로 리턴 구현 아이디어

몬테카를로 리턴은 "/utils/value_util.py" 파일에 정의된 monte_carlo_returns() 함수로 계산할 수 있다. 이 함수는 앞에서 정의한 재귀식으로 리턴을 계산한다. 데이터셋에는 그림 8-8과 같이 여러 에피소드가 순차적으로 들어 있다. 리턴을 계산할 때는 데이터셋의 끝에서 앞쪽으로 한 칸씩 이동하며 각 타임 스텝의 리턴을 계산하면 된다.

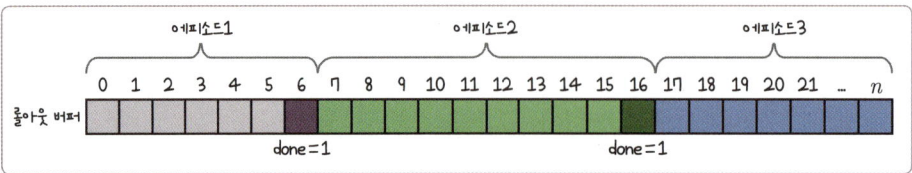

그림 8-8 롤아웃 버퍼에 여러 에피소드가 저장돼 있는 모습

이때 주의해야 할 사항은 에피소드 단위로 리턴을 계산해야 한다는 점이다. 에피소드 단위로 리턴을 계산하기 위해 에피소드의 마지막 타임 스텝의 에피소드의 종료 여부를 나타내는 done 필드 값 1이라는 점을 활용해볼 수 있다. 즉 재귀식에서 done이 1일 때는 다음 스텝의 리턴이 더해지지 않도록 다음 재귀식의 두 번째 항이 done=0인 경우에만 더해지도록 처리하면 된다.

$$r(\tau_{t:T}) = r_t + \gamma r(\tau_{t+1:T})$$

(t시점의 리턴, t시점의 보상, $t+1$ 시점의 리턴)

다음 코드는 코드 8-21의 4단계 부분으로, for 루프를 통해 데이터셋의 마지막에서 처음 방향으로 한 스텝씩 이동하며 재귀 식을 계산하고 있다. 코드에서 두 번째 항을 보면 (1-done)이 곱해져 있어서 done = 0인 경우에만 더해지며 결과적으로 에피소드 단위로 리턴을 계산할 수 있다.

코드 8-20 monte_carlo_returns 몬테카를로 리턴 계산 4단계

```
for t in reversed(range(total_len - 1)):
    returns[:, t] += (1 - done[:, t]) * config.gamma * returns[:, t + 1]
```

8.5.3 몬테카를로 리턴 구현 코드

전체 몬테카를로 리턴의 구현 코드를 확인해 보자.

코드 8-21 monte_carlo_returns 몬테카를로 리턴 계산 (1/2)

```
def monte_carlo_returns(
        config: SimpleNamespace,
        state: torch.FloatTensor,
        next_state: torch.FloatTensor,
        reward: torch.FloatTensor,
        done: torch.int,
        critic: ValueFunctionMLP = None) -> torch.FloatTensor:
    """
        몬테카를로 리턴 계산
    Args:
        config: 설정
        state: 상태
        next_state: 다음 상태
        reward: 보상
        done: 에피소드 완료 여부
        critic: 가치 함수

    Returns:
        returns: 리턴
        advantage: 이득
    """
    # 1. 전체 타입 스텝 수 계산
    total_len = reward.shape[-2]

    # 2. 보상을 리턴으로 복사
    returns = reward.clone()

    # 3. 리턴과 종료 여부의 차원 변경(시간 차원을 마지막으로 이동)
    returns = returns.view(-1, total_len)  # [total_len,1] -> [1,total_len]
    done = done.view(-1, total_len)  # [total_len,1] -> [1,total_len]

    # 4. 리턴 계산
```

```python
        for t in reversed(range(total_len - 1)):
            returns[:, t] += (1 - done[:, t]) * config.gamma * returns[:, t + 1]

        # 5. 리턴 표준화
        if config.return_standardization:
            returns = (returns - returns.mean(dim=1, keepdim=True)) / \
                      (returns.std(dim=1, keepdim=True) + config.epsilon)

        # 6. 리턴의 모양 복구
        returns = returns.view_as(reward)  # [1,total_len] -> [total_len,1]

        # 7. 이득 계산
        advantage = returns
        if critic is not None:
            with torch.no_grad():
                value = critic(state)
            advantage = returns - value

        # 8. 리턴과 이득 반환
        return returns, advantage
```

실행 순서는 다음과 같다.

1. 전체 타입 스텝 수 계산: 데이터셋에 보상이 [시간 차원, 1] 모양으로 저장돼 있으므로 시간 차원의 크기를 전체 타입 스텝 수(total_len)로 저장한다.
2. 보상을 리턴으로 복사: 리턴(returns)을 보상(reward)으로 초기화한다.
3. 리턴과 종료 여부의 차원 변경: 리턴의 계산을 표준화하기 위해 리턴(returns)과 에피소드 종료 여부(done)의 시간 차원을 마지막 차원으로 옮기고 전체 차원을 임시로 2차원으로 바꾼다.
4. 리턴 계산: 재귀식 $r(\tau_{t:T}) = r_t + \gamma r(\tau_{t+1:T})$에 따라 버퍼의 끝에서부터 역순으로 리턴을 계산한다. 단, 마지막 타입 스텝은 보상으로 초기화 됐으므로 끝에서 두 번째부터 계산을 시작한다.
    - 리턴(returns)은 보상으로 초기화 됐으므로 t 시점의 리턴은 자신 returns[:, t]과 $t+1$ 시점의 리턴인 returns[:, t+1]에 할인 계수를 적용해서 더해주면 된다.

- 에피소드 종료 타임 스텝에서는 (1-done[:, t])을 앞에 곱해서 다음 에피소드의 리턴이 반영되지 않도록 한다.
5. 리턴 표준화: 설정에 따라 리턴을 표준 정규 분포로 표준화한다.
6. 리턴의 모양 복구: 2차원으로 변경됐던 리턴(returns)을 원래 모양으로 되돌려 놓는다.
7. 이득[2] 계산:
   - 가치 함수가 없다면 이득을 계산할 수 없으므로 이득에 리턴 값을 지정한다.
   - 가치 함수가 있다면 $A_\pi(s_t, a_t) = Q_\pi(s_t, a_t) - V_\pi(s_t)$와 같이 이득을 계산한다. 단, $Q_\pi(s_t, a_t)$는 몬테카를로 리턴으로 근사한다.
8. 리턴과 이득 반환: 리턴과 이득을 반환한다.

8.5.4 리턴 표준화

리턴을 표준화하면 어떤 점이 좋을까? 리턴을 표준화하면 학습 과정에서 다음과 같은 측면에서 학습 효율이 높아지게 된다.

- **속도 향상**: 리턴이 너무 크면 그레이디언트 폭발이 생기고 리턴이 너무 작으면 그레이디언트 소실이 생긴다. 따라서 리턴을 표준화해 스케일을 조절하면 학습이 원활해질 수 있다.

- **안정성 증가**: 리턴을 표준화하면 목적 함수의 분산이 줄어들고, 그에 따라 그레이디언트도 크게 바뀌지 않아 학습이 안정화된다.

- **스케일 불변성**: 보상 값의 스케일에 상관없이 표준화를 하면 일관된 학습 성능을 유지하게 해준다. 즉 보상 함수가 바뀌더라도 학습 알고리즘이 잘 작동할 수 있다.

- **정책 탐색의 균형**: 보상의 스케일이 조절되면 탐색을 더욱 균형되게 실행할 수 있다. 보상이 갑자기 커지더라도 정책이 급격히 변하지 않아 안정적인 탐색을 할 수 있다.

단, 보상의 분포가 일정하거나 변동성이 작은 환경에서는 표준화를 하지 않아도 된다.

---

2 이득은 12.3.2절에서 자세히 설명하고 있다. REINFORCE 알고리즘은 리턴만 사용하고 있고 이득을 사용하지 않으므로 이 부분은 넘어가도 좋다.

또한 보상의 절대 크기가 중요한 경우에는 표준화를 하지 않고 정보를 유지하는 것이 유리할 때도 있다.

8.6 CartPole-v1 환경

이제 REINFORCE 알고리즘을 이용해서 강화학습 환경인 CartPole-v1을 학습시켜 보고 리턴이 최대 값인 500에 도달하는지 확인해 보자.

그림 8-9 OpenGym에서 제공하는 CartPole-v1 환경

8.6.1 CartPole-v1

CartPole-v1은 그림 8-9와 같은 물리적 환경에서 카트에 달린 막대기를 오랫동안 세워서 유지하는 것이 목표인 환경이다. 바닥은 마찰력이 없고 막대기와 카드 사이에 있는 연결 액츄에이터는 고장이 나있다. 그래서 카트를 왼쪽 또는 오른쪽으로 움직이며 막대기의 중심을 잡도록 학습해야 한다.

행동 공간

행동 공간은 카트를 왼쪽으로 이동하거나 오른쪽으로 이동하는 두 가지 행동으로 정의돼 있다.

표 8-1 CartPole-v1의 행동 공간

숫자	행동
0	카트를 왼쪽으로 이동
1	카트를 오른쪽으로 이동

관측 공간

상태 공간은 카트의 위치와 속도, 막대기의 각도와 각속도로 구성돼 있다.

표 8-2 CartPole-v1의 관측 공간

숫자	관측	최솟값	최댓값
0	카트 위치	−4.8	4.8
1	카트 속도	−Inf	Inf
2	막대기 각도	−0.418 rad (−24°)	0.418 rad (24°)
3	막대기 각속도	−Inf	Inf

카트의 위치와 막대기의 각도는 범위가 한정적이지만 카트의 속도와 막대기의 각속도는 범위가 무한대이다.

보상

막대기를 오래 세워서 유지하는 것이 목표이므로 매 타임 스텝마다 1점씩 보상을 받는다. 최대 보상은 500이다.

- 매 타임 스텝마다 1점씩 받음
- 최대 보상은 500

에피소드 종료 조건

다음 조건을 만나면 에피소드는 종료하거나 강제로 중단된다.[3]

- (막대기가 쓰러지는 경우) 막대기 각도가 ±12° 보다 커지면 종료한다.
- (카트의 중심이 화면의 끝에 도달한 경우) 카트의 위치가 ±2.4보다 커지면 종료한다.
- 에피소드 길이가 500보다 커지면 중단한다.

---

3   CartPole-v1 환경에 대한 자세한 내용은 다음 URL에 있는 OpenGym 문서를 참고하라. https://www.gymlibrary.dev/environments/classic_control/cart_pole/

8.6.2 학습 관련 설정

CarPole-v1 환경을 REINFORCE로 실행할 때 다음과 같이 학습과 관련된 설정 항목은 성능 튜닝의 대상이 된다. "/config/agent/reinforce/CartPole-v1.yaml" 파일에서 설정 내용을 확인해 보라.

훈련 스텝

- `max_environment_steps: 100000` # 학습 모드에서 실행할 최대 환경 타임 스텝
- `n_steps: 500` # 학습 데이터를 수집하기 위해 실행할 타임 스텝
- `n_epochs: 1` # Learner에서 정책 학습 시 에포크 수
- `batch_size: 18` # 배치 크기

할인 계수

- `gamma: 0.99` # 리턴 계산 시 사용하는 할인 계수

학습률

- `lr_policy: 0.0003` # 정책 모델의 학습률

학습률 스케줄링

- `lr_annealing: True` # 학습률 감소를 처리할 지 여부

그레이디언트 클리핑

- `grad_norm_clip: 0.3` # 그레이디언트 클리핑 임계치 값

리턴과 이득

- `return_standardization: True` # 리턴을 표준화할지 여부

네트워크

- `actor_hidden_dims: [512]` # 정책 모델의 은닉 계층별 뉴런 수 리스트

8.6.3 REINFORCE 실행

CartPole-v1을 REINFORCE 알고리즘을 실행하려면 다음과 같은 쉘 명령어로 실행한다.[4]

python main.py --agent reinforce --env CartPole-v1
　　　　　　　　　에이전트 이름　　　　환경 이름

main.py를 실행할 때 에이전트 이름은 'reinforce'로, 환경 이름은 'CarPole-v1'으로 지정한다. 그림 8-10과 같이 PyCharm에서 main.py를 실행해도 된다.

- main.py에서 명령어 인자인 agent의 default 값을 'reinforce'로 수정한다.

- main.py에서 명령어 인자인 env의 default 값을 'CartPole-v1'으로 수정한다.

- main.py 편집 창에 마우스 우클릭을 해서 'Run main' 메뉴를 선택한다.

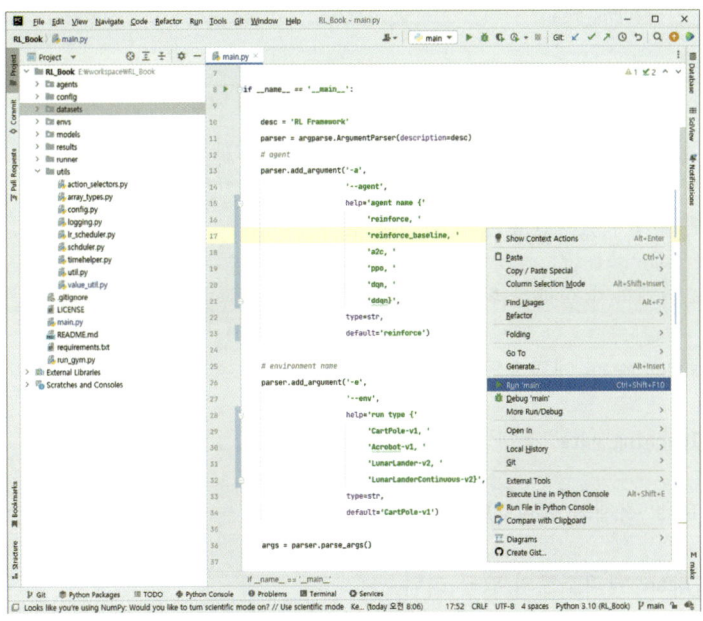

그림 8-10 PyCharm에서 main.py의 인자를 수정해서 실행하는 방법

4　쉘 명령어로 실행할 때는 가상 환경을 활성화 했는지 확인하라. $source activate RL_Book

위의 명령을 실행하면 다음과 같은 콘솔 로그를 확인할 수 있을 것이다.

코드 8-22 REINFORCE 알고리즘 CartPole-v1 학습 콘솔 로그

```
[INFO 12:28:37] root Steps:       2000 | Episode:      64
len_episodes_mean:        25.805817    policy learning rate:     0.000300    policy_loss:
-0.006341     returns_mean:        25.805817

[INFO 12:28:41] root Steps:       4000 | Episode:      108
len_episodes_mean:        40.793334    policy learning rate:     0.000300    policy_loss:
-0.080984     returns_mean:        40.793334

[INFO 12:28:44] root Steps:       6000 | Episode:      139
len_episodes_mean:        61.217369    policy learning rate:     0.000299    policy_loss:
-0.120195     returns_mean:        61.217369

[INFO 12:28:47] root Steps:       8000 | Episode:      159
len_episodes_mean:        95.972366    policy learning rate:     0.000298    policy_loss:
-0.181858     returns_mean:        95.972366
...
```

로그의 각 항목은 다음과 같다.

- Steps: 현재까지 실행한 환경의 타임 스텝 수

- Episode: 현재까지 실행한 환경의 에피소드 수

- len_episodes_mean: 에피소드 평균 길이

- policy learning rate: 정책의 학습률

- policy_loss: 정책의 손실 값

- returns_mean: 에피소드의 평균 리턴

실행을 완료했을 때 평균 리턴이 최대 500에 도달하면 학습이 잘 됐다고 볼 수 있다.

8.6.4 텐서보드 성능 모니터링

텐서보드를 통해 학습 성능을 그래프로 확인해 보자.

1. 콘솔에서 다음 명령으로 텐서보드를 실행한다.
   - `$tensorboard --logdir results`

2. 웹 브라우저를 통해 텐서보드의 URL로 들어간다.
   - `http://localhost:6006/`

3. 텐서보드 화면이 나타나면 return_mean 그래프를 확인해본다.
   - 그림 8-11과 같은 학습 곡선이 나타나는지 확인해 보라.

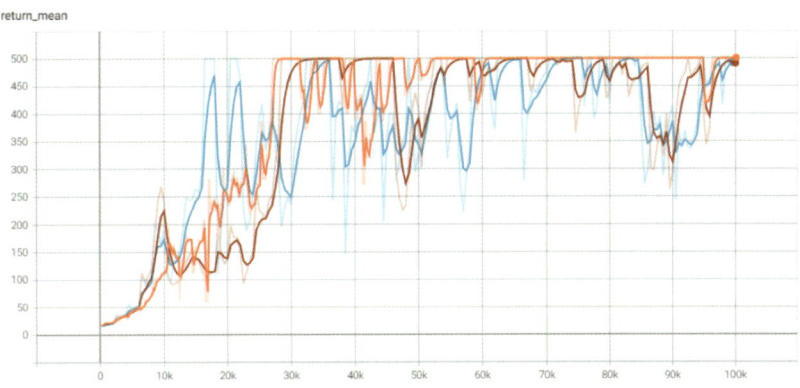

그림 8-11 학습 곡선 확인(에피소드의 평균 리턴 그래프)

매번 실행할 때마다 성능 곡선이 조금씩 달라질 것이다. 설정 파일에서 하이퍼파라미터를 조정했을 때 성능이 어떻게 달라지는지 확인해 보라. 실행을 반복하다가 좋은 성능을 보이는 실행을 발견해 이를 재현하고 싶다면 main.py의 난수 발생기 씨드 값을 해당 실행에서의 씨드 값으로 고정하면 된다. 이때 설정 파일의 torch_deterministic는 True로 해야 한다.

8.6.5 모델 추론

학습을 여러 번 실행해 보면서 좋은 성능을 보이는 실행의 체크포인트를 로딩해서 추론 모드로 실행해보자. 그리고, 강화학습 환경의 화면을 통해서도 좋은 성능을 보이는지 확인해 보자.

추론 모델 선정

추론 모델로 어떤 체크포인트를 선택할지는 고민이 된다면 다음의 내용을 참고하자.

- 추론 모델은 좋은 성능을 보이는 실행의 체크포인트를 사용하면 된다.

- 체크포인트는 "/results/models/[알고리즘이름]_[환경 이름]_년-월-일_시-분-초" 디렉토리에 있다.

- 어떤 시점의 체크포인트가 가장 성능이 좋은지 판단하기 어려우면 가장 마지막 체크포인트를 사용해 보라.

- 체크포인트가 저장돼 있지 않다면 설정 파일의 save_model 항목이 True로 돼 있는지 확인해 보라.

추론 모드 실행

추론 모드를 실행하려면 설정 파일에서 세 가지의 항목을 수정해야 한다.

- training_mode : False   # 학습 모드 여부

- inference_model_path: ".../80384/network.th"   # 추론할 때 사용할 모델의 경로

- inference_max_episodes: 100   # 추론 모드로 실행할 최대 에피소드 수

실행 모드를 추론 모드로 변경하기 위해 training_mode를 False로 변경한다. 그리고 추론 모델로 사용할 체크포인트 파일의 network.th의 경로를 inference_model_path에 지정한다. 추론 모드에서 실행할 에피소드 수를 지정한다.

설정을 확인한 후 강화학습 프레임워크를 실행해 보자. 강화학습 화면에서 카트가 왼쪽 또는 오른쪽으로 움직이며 막대기의 중심을 잘 잡고 있는가? 학습 과정에서 평균 리턴이 500에 도달했다면 그런 모습을 확인할 수 있을 것이다.

8.7 LunarLanderContinuous-v2 학습

이번에는 REINFOCE 알고리즘으로 연속 행동을 갖는 강화학습 환경에 대해서 학습해 보자. LunarLanderContinuous-v2를 학습시켜 보고 리턴이 200에 도달하는지 확인해 보자.

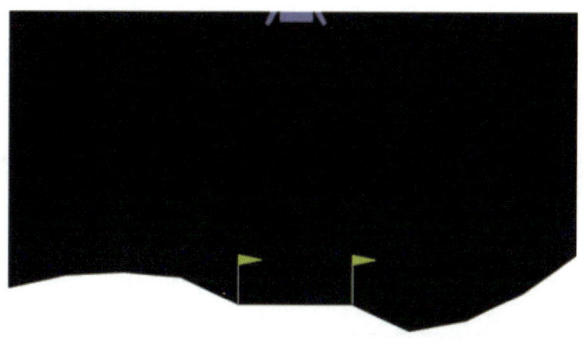

그림 8-12 OpenGym에서 제공하는 LunarLanderContinuous-v2 환경

8.7.1 LunarLanderContinuous-v2

LunarLanderContinuous-v2은 그림 8-12와 같은 물리적 환경에서 착륙선이 달에 있는 착륙장에 도착하는 것이 목표인 환경이다.

행동 공간

행동 공간은 메인 엔진과 좌우에 있는 방향 제어 엔진의 추력으로 정의된다.

표 8-3 LunarLanderContinuous-v2의 행동 공간

숫자	행동	최솟값	최댓값
0	메인 엔진의 추력	-1.0	1.0
1	좌우 방향 제어 엔진의 추력	-1.0	1.0

메인 엔진의 추력이 양수이면 위쪽으로 이동하고 음수이면 아래쪽으로 이동하며 0이면 움직이지 않는다. 좌우 방향 제어 엔진은 양수이면 오른쪽 엔진의 추력으로, 음수이

면 왼쪽 엔진의 추력으로 작용하며 0이면 움직이지 않는다.

관측 공간

상태 공간은 착륙선의 위치와 속도, 각도와 각속도, 왼쪽과 오른쪽 다리가 땅에 닿았는지 여부로 구성돼 있다.

표 8-4 LunarLanderContinuous-v2의 관측 공간

숫자	관측	최솟값	최댓값
0	착륙선의 x 좌표	−1.5	1.5
1	착륙선의 y 좌표	−1.5	1.5
2	착륙선의 x 속도	−5	5
3	착륙선의 y 속도	−5	5
4	착륙선의 각도	−3.14	3.14
5	착륙선의 각속도	−5	5
6	왼쪽 다리가 땅에 닿았는지 여부	0	1
7	오른쪽 다리가 땅에 닿았는지 여부	0	1

보상

착륙선의 연료 소비를 적게 하면서 땅에 부딪치지 않고 착륙장에 안전하게 도착하는 것이 목표이다. 받을 수 있는 최대 보상은 200이다.

- 착륙장에 안전하게 착륙하면 100~140점을 받으며 착륙장에 가까울수록 보상이 높고 멀어질수록 보상이 낮아진다.

- 착륙선이 완전 정지하면 +100점을 받고 한쪽 다리가 땅에 닿으면 +10점을 받는다.

- 착륙선이 추락하면 -100점을 받는다.

- 연료 소비: 메인 엔진 발사 시 프레임당 -0.3점, 측면 부스터 발사 시 프레임당 -0.03점의 벌점을 받는다.

- 최대값은 200점이다.

에피소드 종료 조건

다음 조건을 만나면 에피소드는 종료하거나 강제로 중단된다.[5]

- 착륙선이 달에 착륙하거나 충돌하면 종료한다.

- 착륙선이 시야에서 벗어나면 종료한다.

8.7.2 학습 관련 설정

LunarLanderContinuous-v2 환경을 REINFORCE로 실행할 때의 설정을 살펴보자. 다음과 같이 학습과 관련된 설정 항목은 성능 튜닝의 대상이 된다. "/config/agent/reinforce/LunarLanderContinuous-v2.yaml" 파일에서 설정 내용을 확인해 보라.

훈련 스텝

- `max_environment_steps: 100000`   # 훈련 모드에서 실행할 최대 환경 타임 스텝

- `n_steps: 8192`   # 학습 데이터를 수집하기 위해 실행할 타임 스텝

- `n_epochs: 4`   # Learner에서의 정책 학습 에포크 수

- `batch_size: 64`   # 배치 크기

할인 계수

- `gamma: 0.99`   # 리턴 계산 시 사용하는 할인 계수

학습률

- `lr_policy: 0.00002`   # 정책 모델의 학습률

학습률 스케줄링

- `lr_annealing: True`   # 학습률 감소를 처리할 지 여부

---

5   LunarLanderContinuous-v2 환경에 대한 자세한 내용은 다음 URL에 있는 OpenGym 문서를 참고하라. https://www.gymlibrary.dev/environments/box2d/lunar_lander/

그레이디언트 클리핑

- grad_norm_clip: 0.3   # 그레이디언트 클리핑 임계치 값

리턴과 이득

- return_standardization: True   # 리턴을 표준화할지 여부

네트워크

- actor_hidden_dims: [512]   # 정책 모델의 은닉 계층별 뉴런 수 리스트

8.7.3 REINFORCE 실행

LunarLanderContinuous-v2을 REINFORCE 알고리즘을 실행하려면 다음과 같은 쉘 명령어로 실행한다.[6]

python main.py --agent reinforce --env LunarLanderContinuous-v2
　　　　　　　　　　에이전트 이름　　　　　　　　환경 이름

main.py를 실행할 때 에이전트 이름은 'reinforce'로 환경 이름은 'LunarLanderContinuous-v2'로 지정한다. PyCharm에서 main.py의 default 값을 수정하고 실행해도 된다.

- main.py에서 명령어 인자인 agent의 default 값을 'reinforce'로 수정한다.

- main.py에서 명령어 인자인 env의 default 값을 'LunarLanderContinuous-v2'로 수정한다.

- main.py 편집 창에 마우스 우클릭을 해서 'Run main' 메뉴를 선택한다.

학습이 완료됐을 때 에피소드 길이가 최대 200이 됐다면 학습이 잘 됐다고 볼 수 있다. 학습 시간이 Cartpole-v1에 비해서 몇 배 오래 걸렸을 것이다. 같은 환경이라도 연속 행동 공간은 이산 행동 공간에 비해 학습이 어렵고 학습 시간도 오래 걸린다. 실행 시간을 비교해 보려면 이산 행동 공간으로 정의된 LunarLander-v2와 비교해 보라.

---

6   쉘 명령어로 실행할 때는 가상 환경을 활성화 했는지 확인하라. $source activate RL_Book

8.7.4 텐서보드 성능 모니터링

학습하면서 성능이 어떻게 변화하는지를 텐서보드를 통해 확인해 보자. 그림 8-13과 같은 학습 곡선이 나타나는지 확인해 보라.

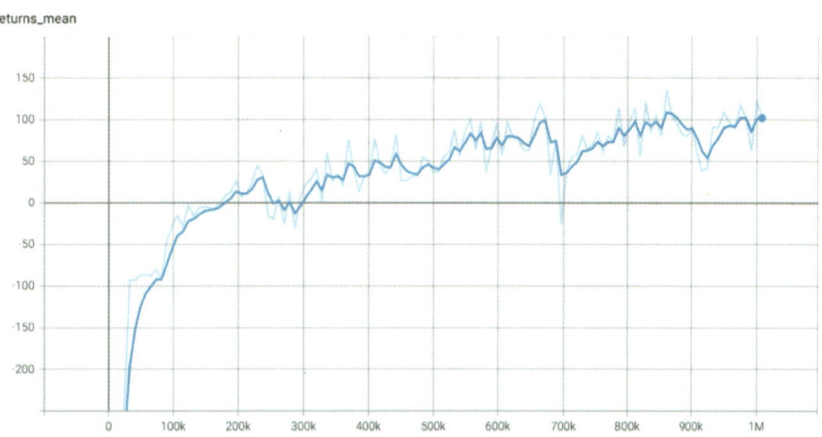

그림 8-13 REINFORCE 학습 곡선 확인(에피소드의 평균 리턴 그래프)

학습 곡선을 확인하고 가장 성능이 좋은 실행을 찾았다면 8.6.5의 모델 추론 방법을 참고해서 추론 모드로 실행해 보라. 달 착륙선이 달에 있는 착륙장에 무사히 도착하고 있는가?

지금까지 강화학습 알고리즘인 REINFORCE의 구현과 학습, 추론을 해봤다. 이 과정을 성공적으로 마쳤다면 앞으로 구현하게 될 알고리즘도 비슷한 난이도로 잘 해낼 수 있을 것이다!

Part.4

강화학습 발담그기
정책 기반 방법 성능 개선

REINFORCE 알고리즘을 구현하면서 에이전트가 어떻게 설계돼 있는지 궁금했을 것이다. 이번 파트에서는 강화학습의 핵심 모듈인 에이전트와 정책을 살펴보면서 강화학습의 구성을 깊이 이해하는 시간을 가져본다. 그리고 REINFORCE 알고리즘에 베이스라인을 적용해서 성능이 어떻게 개선되는지도 살펴보자.

이 책의 구성

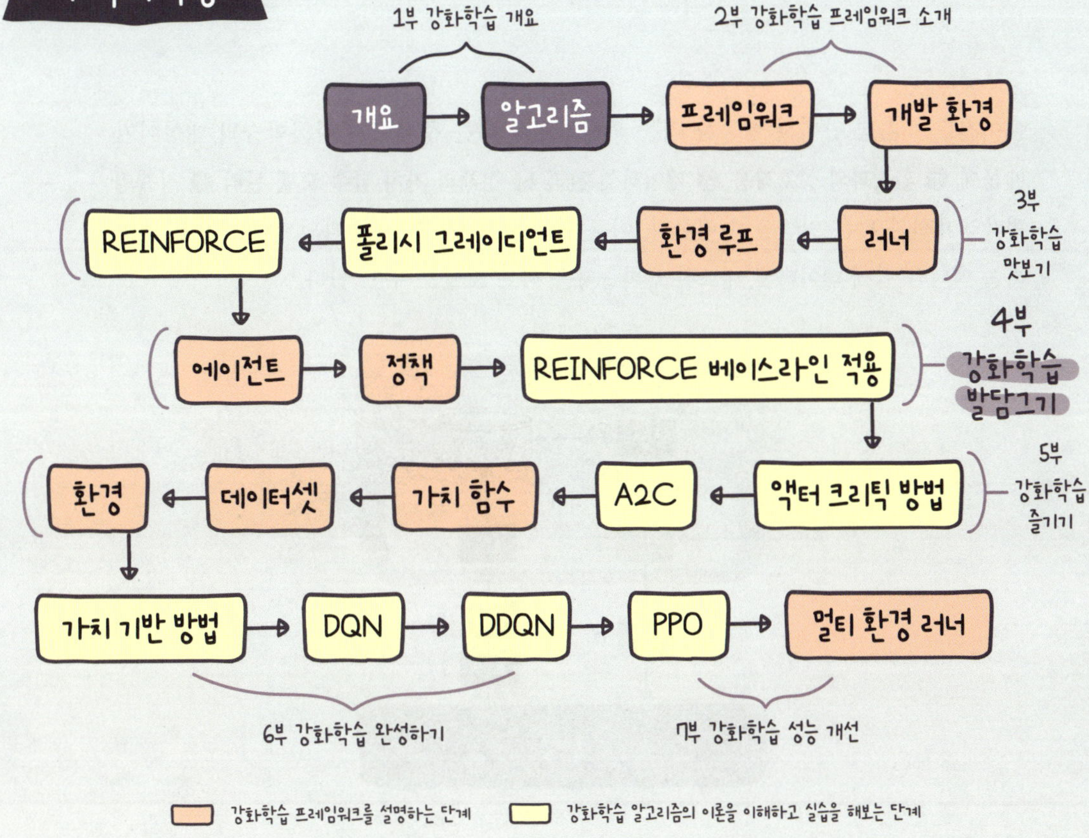

1부 강화학습 개요: 개요 → 알고리즘

2부 강화학습 프레임워크 소개: 프레임워크 → 개발 환경

3부 강화학습 맛보기: REINFORCE ← 폴리시 그레이디언트 ← 환경 루프 ← 러너

4부 강화학습 발담그기: 에이전트 → 정책 → REINFORCE 베이스라인 적용

5부 강화학습 즐기기: 환경 ← 데이터셋 ← 가치 함수 ← A2C ← 액터 크리틱 방법

6부 강화학습 완성하기: 가치 기반 방법 → DQN → DDQN

7부 강화학습 성능 개선: PPO → 멀티 환경 러너

■ 강화학습 프레임워크를 설명하는 단계　　□ 강화학습 알고리즘의 이론을 이해하고 실습을 해보는 단계

Chapter.9
에이전트

에이전트는 환경 안에서 행동을 하는 의사결정을 하는 주체이자 강화학습의 대상이기 때문에 ❶ **환경과의 상호작용** ❷ **데이터셋 관리** ❸ **정책과 가치 함수 모델 관리** ❹ **정책의 평가와 개선**과 같은 기능을 수행한다. 이를 위해 에이전트는 환경과의 상호작용을 대리하는 **액터**와 함께 **데이터셋**, **네트워크**, **학습자**를 서브 모듈로 두고 있다.[1]

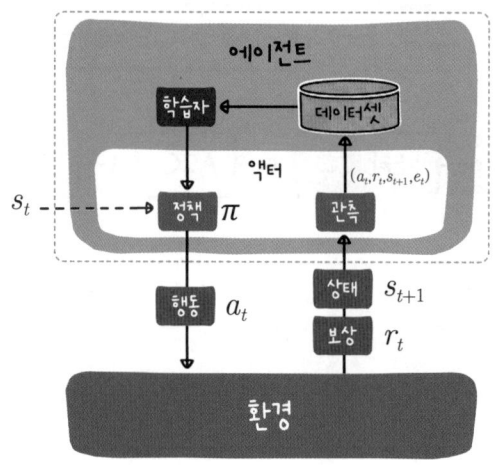

그림 9-1 에이전트와 구성 모듈

---

1 그림 9-1에는 에이전트에 필요한 모델을 정책으로만 표현했지만 강화학습 프레임워크에는 정책의 평가와 개선과정에 필요한 정책과 가치 함수를 포함한 딥러닝 모델을 통합적으로 관리하도록 네트워크 모듈로 정의하고 있다.

이번 장에서는 에이전트와 서브 모듈들의 ❶ 파일 및 클래스 구성과 ❷ 작동 방식과 ❸ 클래스 정의 ❹ 구현 코드를 설명한다.

9.1 에이전트 구성

강화학습 프레임워크에서 에이전트가 어떻게 구성돼 있는지 살펴보자.

9.1.1 디렉토리 구조

에이전트의 소스 코드는 그림 9-2와 같이 '/agent' 디렉토리에 정의돼 있다.

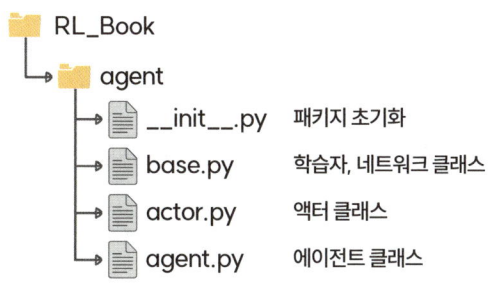

그림 9-2 에이전트 디렉토리 구조

각 파일에 구현돼 있는 내용은 다음과 같다.

- __init__.py: 강화학습 프레임워크에서 제공하는 에이전트 레지스트리를 정의하고 있다. 에이전트 레지스트리는 딕셔너리로 정의돼 있으며 에이전트 이름으로 클래스를 접근할 수 있도록 도와준다.

- base.py: 최상위 베이스 클래스인 Savable, VariableSource과 네트워크와 학습자의 베이스 클래스인 Network, Learner가 정의돼 있다.

- actor.py: 액터의 베이스 클래스인 Actor가 정의돼 있다.

- agent.py: 에이전트의 베이스 클래스인 Agent가 정의돼 있다.

9.1.2 클래스 구성도

에이전트 관련 클래스 구성은 그림 9-3과 같다.

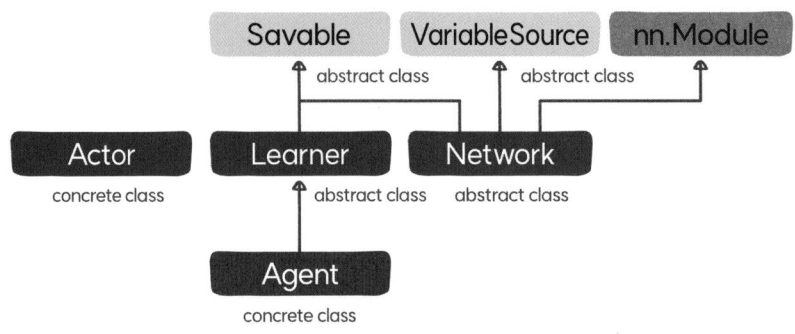

그림 9-3 에이전트 관련 클래스 구성도

최상위 베이스 클래스는 다음과 같은 역할을 한다.

- `VariableSource`: 네트워크의 상태(파라미터와 버퍼)를 제공하는 인터페이스 제공

- `Savable`: 네트워크의 체크포인트를 저장하고 로딩하는 인터페이스 제공

- `nn.Module`: PyTorch 신경망 모듈의 베이스 클래스

그리고 이들을 상속받아서 에이전트를 구성하기 위한 네 가지 베이스 클래스 `Agent`, `Learner`, `Network`와 `Actor`가 정의된다.

- `Agent`: 에이전트의 베이스 클래스로 ❶ 네트워크, 데이터셋, 학습자를 생성하고 ❷ 액터와 데이터셋 및 네트워크를 동기화하기 위한 인터페이스와 ❸ 학습자의 인터페이스를 제공

- `Actor`: 에이전트를 대리해 환경과의 상호작용을 수행하는 액터의 베이스 클래스

- `Learner`: 정책을 평가하고 개선하기 위한 학습자의 베이스 클래스

- `Network`: 정책과 가치함수 모델을 통합적으로 관리하는 네트워크의 베이스 클래스

Network는 PyTorch 신경망 모듈로 관리되도록 nn.Module을 상속한다. 이렇게 하면 네트워크가 관리하는 정책과 가치 함수 모델을 마치 하나의 모듈처럼 ❶ GPU 메모리에 로딩하거나 ❷ 모델의 상태를 읽거나 변경할 수 있다. 또한 Network는 VariableSource를 상속해서 네트워크의 파라미터를 제공하고, Savable을 상속해서 모델의 체크포인트를 저장하고 복구한다.

외부에서는 에이전트의 서브 모듈을 구분할 필요 없이 에이전트를 통해서 접근하면 된다. 그래서 Agent는 학습자와 동일한 인터페이스를 제공하도록 Learner를 상속하고 Learner는 네트워크와 동일하게 모델의 상태를 읽거나 변경할 수 있도록 Savable을 상속하고 있다. 단, Actor는 환경과의 상호작용을 위한 에이전트의 프록시로 직접 접근하도록 설계돼 있다.

9.2 에이전트

에이전트는 환경 안에서 행동을 하는 의사결정을 하는 주체이자 강화학습의 대상이다. 에이전트의 역할은 다음과 같다.

- 초기화 과정에서 서브 모듈인 **네트워크**, **데이터셋**, **학습자를 생성**한다.

- 액터가 수집한 데이터를 이용해 **데이터셋을 구성**한다.

- 학습자를 통해 **정책의 평가와 개선**을 수행한다.

- 단, **환경과의 상호작용**은 에이전트가 직접 수행하지 않고 **액터**를 통해 수행한다.

에이전트 역할 측면에서 보면 환경과의 상호작용은 액터가 대리로 수행하고 학습과 관련된 일은 에이전트가 직접 수행한다.

9.2.1 에이전트의 작동 방식

에이전트가 주요 역할을 어떻게 수행하는지 순서도와 함께 코드로 살펴보자.

초기화

에이전트는 초기화 단계에서 그림 9-4와 같은 순서대로 서브 모듈을 생성한다. 먼저 네트워크를 생성하고 훈련 모드의 경우 데이터셋과 학습자를 추가로 생성한다.[2]

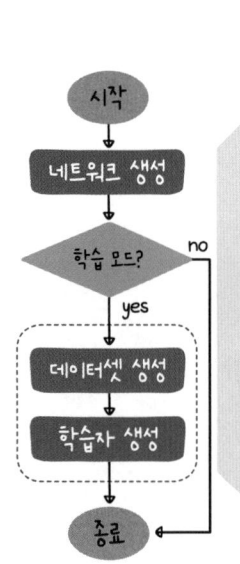

```
def __init__(self, ...):

...
#2. 네트워크 생성
self.network=network_clsaa(
  config-config,
  environment_spec=env.environment_spec(),
)

self.learner=None
self.buffer_schema=None
self.buffer=None

# training mode
if config.training_mode:
  #3. 버퍼 스키마 생성
  self.buffer_schema=BufferSchema(self.config, self.env)

  #4. 데이터셋을 관리하는 버퍼 생성(버퍼 클래스와 모양에 따라 생성)
  self.buffer=self.buffer_class()(
      config=config,
      buffer_schema=self.buffer_schema,
      buffer_shape=self.buffer_shape())

  #5. 학습자 생성
  self.learner=learner_class(
    config=config,
    logger=logger,
    environment_spec=env.environmment_spec(),
    network=self.network,
    buffer=self.buffer)
```

그림 9-4 에이전트 구성 요소 생성 단계

---

2 에이전트의 서브 모듈인 액터는 환경 루프가 관련 클래스 정보를 전달받아서 생성하는 것을 6장에서 살펴보았다.

오른쪽 코드의 실행 순서는 다음과 같다.

2. 네트워크 생성: 인자로 전달 받은 네트워크 클래스를 이용해 네트워크를 생성한다.
3. 버퍼 스키마 생성: 버퍼에 저장할 데이터 필드의 모양과 타입을 정의하는 **버퍼 스키마**$^{buffer\ schema}$를 생성한다.
4. 데이터셋을 관리하는 버퍼 생성: 버퍼 스키마와 버퍼의 모양을 전달해 버퍼를 생성한다.
5. 학습자: 인자로 전달 받은 학습자 클래스를 이용해 학습자를 생성한다.

데이터 동기화

에이전트는 러너의 중재로 액터의 롤아웃 버퍼를 전달받아서 데이터셋을 구축한다. 이때, 환경 루프가 하나라면 액터도 하나이므로 롤아웃 버퍼를 전달받고, 환경 루프가 여러 개라면 액터도 여러 개이므로 롤아웃 버퍼의 리스트를 전달받는다. 그림 9-5에는 에이전트가 액터의 데이터를 동기화해 데이터셋을 구축하는 과정이 그려져 있다.

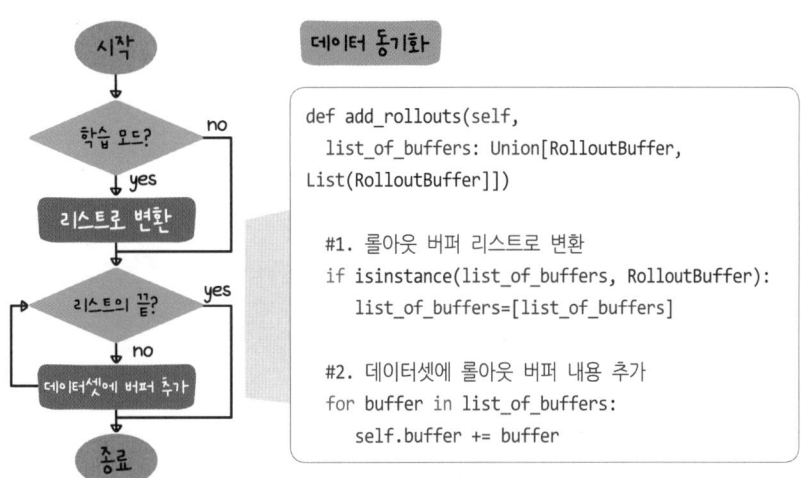

그림 9-5 에이전트 데이터 동기화

오른쪽 코드의 실행 순서는 다음과 같다.

1. 롤아웃 버퍼 리스트로 변환: 액터의 롤아웃 버퍼가 들어오면 리스트로 변환한다.
2. 데이터셋에 롤아웃 버퍼 내용 추가: 롤아웃 버퍼 리스트의 버퍼를 순차적으로 데이터셋에 추가한다.

정책 평가 및 개선

에이전트는 정책을 평가하고 개선하기 위해 학습자에게 요청을 전달하고 그 결과를 반환한다. 그림 9-6에는 이런 과정이 그려져 있다.

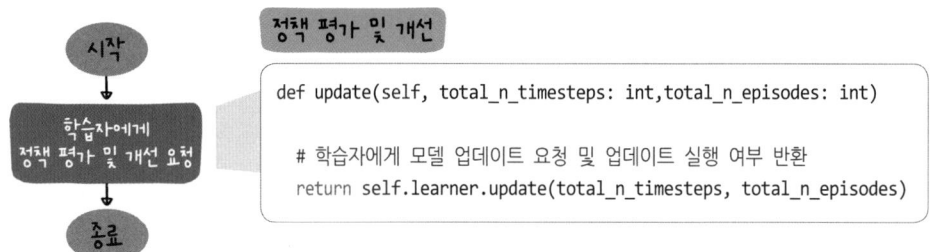

그림 9-6 에이전트 정책 평가 및 개선

오른쪽 코드의 실행 순서는 다음과 같다.

- 학습자에게 모델 업데이트 요청 및 업데이트 실행 여부 반환: 학습자의 update() 메서드를 호출해서 정책을 평가하고 개선한다. 학습자가 모델을 업데이트 했는지 여부를 반환한다.

9.2.2 Agent 클래스 정의

에이전트는 Agent 클래스로 정의되며 Learner를 상속한다.

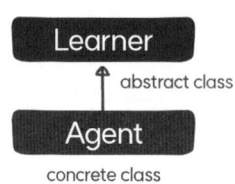

그림 9-7 Agent 클래스 구성도

속성

초기화 인자로 전달받아서 저장하고 있는 속성은 다음과 같다.

- **설정**(config): 설정 항목을 저장하고 있는 SimpleNamespace 객체이다.
- **로거**(logger): 강화학습 프레임워크 실행 중 발생하는 오류 또는 학습 성능과 관련된 정보를 콘솔 또는 텐서보드에 로깅한다.
- **환경**(env): 강화학습 환경을 제공하는 객체이다.
- **정책 타입**(policy_type): 온라인 정책과 오프라인 정책을 구분하는 문자열 속성이다. 온라인 정책이면 "on_policy"이고 오프라인 정책이면 "off_policy"이다.

에이전트(Agent)의 주요 속성은 에이전트를 구성하는 서브 모듈로 구성돼 있다.

- **네트워크**(network): 강화학습 알고리즘에 따라 정책과 가치 함수를 포함한 딥러닝 모델을 통합적으로 관리한다.
- **학습자**(learner): 강화학습 알고리즘에 따라 정책을 평가하고 개선한다.
- **버퍼 스키마**(bufferschema): 버퍼의 데이터 필드 구조를 정의한다.
- **버퍼**(buffer): 정책 평가 및 개선에 필요한 데이터셋을 관리하는 메모리 버퍼이다.

초기화
- `__init__`: 인자로 전달받은 클래스 정보와 환경 정보, 설정 정보를 이용해 서브 모듈인 네트워크를 생성한다. 훈련 모드인 경우 데이터셋과 학습자까지 생성한다.

데이터셋 생성
- `buffer_class`: 에이전트의 데이터셋을 관리하는 버퍼 클래스를 반환한다.
- `buffer_shape`: 에이전트의 데이터셋을 관리하는 버퍼의 모양을 반환한다.

데이터 동기화
- `add_rollouts`: 액터의 롤아웃 버퍼에 있는 데이터를 에이전트의 데이터셋에 추가한다.

정책 평가 및 개선
- `update`: 학습자를 통해 정책을 평가하고 개선한다.

모델 로딩 및 체크포인트

- `load`: 지정된 경로에서 추론 모델의 파라미터를 읽어서 에이전트의 네트워크에 로딩한다.

- `save`: 학습자를 통해 모델과 옵티마이저를 체크포인트로 저장한다.

- `restore`: 학습자를 통해 모델과 옵티마이저를 체크포인트에서 복구한다.

CUDA

- `cuda`: 네트워크의 상태(파라미터와 버퍼)를 GPU로 이동한다.

9.2.3 Agent 클래스 구현 코드

Agent 클래스는 다음과 같이 구현돼 있다.

패키지 임포트

코드 9-1 Agent 패키지 임포트

```
from typing import List, Union
import torch
from types import SimpleNamespace
from utils.logging import Logger
from envs.environment import Environment
from agents.base import Network
from datasets.buffer_schema import BufferSchema
from datasets.buffer import Buffer
from datasets.rollout_buffer import RolloutBuffer
from datasets.replay_buffer import ReplayBuffer
from agents.base import Learner
from agents.actor import Actor
```

실행 순서는 다음과 같다.

1. 타입 정의를 위해 List, Union을 임포트 한다.
2. 딥러닝 구현을 위한 PyTorch 패키지 torch를 임포트 한다.

3. 설정(config) 객체를 나타내는 SimpleNamespace를 임포트 한다.
4. 로거 클래스인 Logger를 임포트 한다.
5. 환경 클래스인 Environment를 임포트 한다.
6. 네트워크의 베이스 클래스인 Network를 임포트 한다.
7. 버퍼 스키마 클래스인 BufferSchema를 임포트 한다.
8. 버퍼의 베이스 클래스인 Buffer를 임포트 한다.
9. 롤아웃 버퍼 클래스인 RolloutBuffer를 임포트 한다.
10. 리플레이 버퍼 클래스인 ReplayBuffer를 임포트 한다.
11. 학습자의 베이스 클래스인 Learner를 임포트 한다.
12. 액터의 베이스 클래스인 Actor을 임포트 한다.

초기화

인자로 전달받은 클래스 정보와 환경 정보, 설정 정보를 이용해 서브 모듈인 네트워크를 생성한다. 훈련 모드인 경우 데이터셋과 학습자까지 생성한다.

코드 9-2 Agent 초기화 (1/2)

```python
class Agent(Learner):
    """
    에이전트의 베이스 클래스로
        1) 네트워크, 데이터셋, 학습자를 생성하고
        2) 액터와 데이터셋 및 네트워크를 동기화하기 위한 인터페이스와
        3) 학습자의 인터페이스를 제공
    """

    def __init__(self,
                 config: SimpleNamespace,
                 logger: Logger,
                 env: Environment,
                 network_class: Network,
                 learner_class: Learner,
                 actor_class=Actor,
                 policy_type: str = "on_policy"):
        """
        인자로 전달받은 클래스 정보와 환경 정보,
```

```
    설정 정보를 이용해 서브 모듈인 네트워크를 생성
    훈련 모드인 경우 데이터셋과 학습자까지 생성
Args:
    config: 설정
    logger: 로거
    env: 환경
    network_class: 네트워크 클래스
    learner_class: 학습자 클래스
    actor_class: 액터 클래스
    policy_type: 정책 타입 (온라인 정책, 오프라인 정책)
"""

# 1. 전달받은 인자 저장
self.config = config
self.logger = logger
self.env = env
self.policy_type = policy_type
self.actor_class = actor_class

# 2. 네트워크 생성
self.network = network_class(
    config=config,
    environment_spec=env.environment_spec(),
)
```

실행 순서는 다음과 같다.

1. 전달받은 인자 저장: 인자로 전달받은 설정(config), 로거(logger), 환경(env), 정책 유형(policy_type)을 속성으로 저장한다.
2. 네트워크 생성: 인자로 전달 받은 네크워크 클래스(network_class)를 이용해 네트워크를 생성한다.

코드 9-3 **Agent 초기화 (2/2)**

```
self.learner = None
self.buffer_schema = None
self.buffer = None
```

```
# training mode
if config.training_mode:
    # 3. 버퍼 스키마 생성
    self.buffer_schema = BufferSchema(self.config, self.env)

    # 4. 버퍼 생성 (버퍼 클래스와 모양에 따라 생성)
    self.buffer = self.buffer_class()(
        config=config,
        buffer_schema=self.buffer_schema,
        buffer_shape=self.buffer_shape())

    # 5. 학습자 생성
    self.learner = learner_class(
        config=config,
        logger=logger,
        environment_spec=env.environment_spec(),
        network=self.network,
        buffer=self.buffer)
```

3. 버퍼 스키마 생성
   - 버퍼 스키마는 버퍼[3]에 저장할 데이터 필드의 모양과 타입을 정의하는 딕셔너리이다. 기본 스키마는 트랜지션 데이터를 저장하는 구조로 정의되어 있으며, 환경에서 제공하는 상태 공간와 행동 공간의 정보를 이용해 자동으로 생성된다.
4. 버퍼 생성
   - buffer_class()를 호출해 버퍼 클래스를 알아낸 후 이를 이용해 버퍼를 생성한다. 강화학습 알고리즘이 온라인 정책인지 오프라인 정책인지에 따라 다른 종류의 버퍼를 생성한다.
     - 온라인 정책이면 롤아웃 버퍼를 생성
     - 오프라인 정책이면 리플레이 버퍼를 생성
   - 버퍼 크기를 계산해서 버퍼 모양(buffer_shape) 리스트를 정의한다.

---

3 버퍼와 버퍼 스키마에 대해서는 15장에서 자세히 다룬다.

5. 학습자 생성: 인자로 전달받은 학습자 클래스(learner_class)를 이용해 학습자를 생성한다.

버퍼 클래스

에이전트의 데이터셋을 관리하는 버퍼 클래스 반환한다.

코드 9-4 Agent 버퍼 클래스

```python
def buffer_class(self) -> Buffer:
    """
    에이전트의 데이터셋을 관리하는 버퍼 클래스 반환
    1) 온라인 정책: RolloutBuffer
    2) 오프라인 정책: ReplayBuffer
    Returns:
        버퍼 클래스
    """

    if self.policy_type == "on_policy": return RolloutBuffer
    return ReplayBuffer
```

- 버퍼 클래스를 반환
  - 온라인 정책: 롤아웃 버퍼 클래스인 RolloutBuffer를 반환한다.
  - 오프라인 정책: 리플레이 버퍼 클래스인 ReplayBuffer를 반환한다.

버퍼 모양

에이전트의 데이터셋을 관리하는 버퍼 모양을 반환한다.

코드 9-5 Agent 버퍼 모양

```python
def buffer_shape(self) -> List[int]:
    """
    에이전트의 데이터셋을 관리하는 버퍼의 모양을 반환
    1. 온라인 정책:
        - 환경이 하나이거나 동기적 분산 처리 방식: 액터의 롤아웃 버퍼 × 환경 개수
        - 비동기적 분산 처리 방식: 액터의 롤아웃 버퍼
```

            2. 오프라인 정책: 설정된 리플레이 버퍼 크기
    Returns:
        버퍼 모양
    """

    # 1. 온라인 정책
    if self.policy_type == "on_policy":
        actor_buffer_size = \
            self.actor_class.buffer_shape(self.config, self.env)[0]
        if self.config.distributed_processing_type == "async":
            return [actor_buffer_size]   # 비동기적 분산 처리 방식
        # 환경이 하나이거나 동기적 분산 처리 방식
        return [actor_buffer_size * self.config.n_envs]

    # 2. 오프라인 정책
    return [self.config.replay_buffer_size]

- 버퍼 모양 반환: 다음과 같이 버퍼 크기를 계산해서 버퍼 모양을 반환한다. 예를 들어 롤아웃 버퍼 크기가 500이면 [500,]와 같은 리스트 형태로 반환한다.
  - 온라인 정책
    - 단일 환경 또는 동기적 분산 처리 방식[4]
      - 롤아웃 버퍼 크기 = 액터의 롤아웃 버퍼 크기 × 액터 수
    - 비동기적 분산 처리 방식
      - 롤아웃 버퍼 크기 = 액터의 롤아웃 버퍼 크기
  - 오프라인 정책
    - 리플레이 버퍼 크기 = 설정에 지정된 리플레이 버퍼 크기

데이터 동기화
액터의 롤아웃 버퍼에 있는 데이터를 에이전트의 데이터셋에 추가한다.

---

[4] 22장에서 소개할 강화학습의 분산 처리 방식은 동기적(synchronous) 방식과 비동기적(asynchronous) 방식을 지원한다. 단, 환경이 하나인 경우 분산 처리 방식은 아니지만 main.py에서 강제로 동기적 방식으로 설정한다.

코드 9-6 Agent 데이터 동기화

```
def add_rollouts(self,
    list_of_buffers: Union[RolloutBuffer, List[RolloutBuffer]]):
    """
        액터의 롤아웃 버퍼에 있는 데이터를 에이전트의 데이터셋에 추가.
    Args:
        list_of_buffers: 롤아웃 버퍼 or 롤아웃 버퍼 리스트
    """

    # 1. 롤아웃 버퍼 리스트로 변환
    if isinstance(list_of_buffers, RolloutBuffer):
        list_of_buffers = [list_of_buffers]

    # 2. 데이터셋에 롤아웃 버퍼 내용 추가
    for buffer in list_of_buffers:
        self.buffer += buffer
```

실행 순서는 다음과 같다.

1. 롤아웃 버퍼 리스트로 변환: 액터의 롤아웃 버퍼가 한 개 전달된 경우 리스트로 변환한다.[5]
2. 데이터셋에 롤아웃 버퍼 내용 추가: 롤아웃 버퍼 리스트에 있는 액터의 롤아웃 버퍼를 순차적으로 에이전트의 데이터셋에 추가한다.

정책 평가 및 개선

학습자를 통해 정책을 평가하고 개선한다.

코드 9-7 Agent 정책 평가 및 개선

```
def update(self,total_n_timesteps: int,total_n_episodes: int):
    """
        학습자를 통해 정책을 평가하고 개선
    Args:
```

---

[5] 데이터셋과 버퍼 대한 자세한 내용은 15장에서 설명한다.

```
                total_n_timesteps: 현재 타임 스텝
                total_n_episodes: 현재 에피소드

        Returns:
                정책 개선 및 평가 실행 여부 반환
        """

        # 학습자에게 모델 업데이트 요청 및 업데이트 실행 여부 반환
        return self.learner.update(total_n_timesteps, total_n_episodes)
```

- 학습자에게 모델 업데이트 요청 및 업데이트 실행 여부 반환: 학습자의 update() 메서드를 호출해서 정책을 평가하고 개선한다. 학습자가 모델을 업데이트 했는지 여부를 반환한다.

모델 로딩

지정된 경로에서 추론 모델의 파라미터를 읽어서 에이전트의 네트워크에 로딩한다.

코드 9-8 Agent 모델 로딩

```
def load(self, model_path):
    """
            지정된 경로에서 추론 모델의 파라미터를 읽어서 에이전트의 네트워크에 로딩
    Args:
            model_path: 모델 파일 경로

    Returns:
            모델 로딩 성공 여부
    """

    # 1. 모델 파라미터 읽기
    try:
        state_dict = torch.load(model_path,
                                map_location=lambda storage, loc: storage)
    except:
        return False
```

```
# 2. 모델 파라미터를 네트워크에 로딩
self.network.load_state_dict(state_dict)
return True
```

실행 순서는 다음과 같다.

1. 모델 파라미터 읽기: 지정된 경로에서 학습된 추론 모델의 파라미터를 읽는다.
2. 모델 파라미터를 네트워크에 로딩: 모델 파라미터를 에이전트의 네트워크에 로딩한다.

체크포인트 저장

학습자를 통해 모델과 옵티마이저를 체크포인트로 저장한다.

코드 9-9 Agent 체크포인트 저장

```
def save(self, checkpoint_path):
    """
        학습자를 통해 모델과 옵티마이저의 체크포인트를 저장
    Args:
        checkpoint_path: 체크포인트 저장 디렉토리 경로
    """

    self.learner.save(checkpoint_path)  # 학습자의 save() 호출
```

- 학습자의 save() 호출: 체크포인트 저장을 위해 학습자의 save()를 호출한다.

체크포인트 복구

학습자를 통해 모델과 옵티마이저를 체크포인트에서 복구한다.

코드 9-10 Agent 체크포인트 복구

```
def restore(self, path):
    """
        학습자를 통해 모델과 옵티마이저의 체크포인트 복구
    Args:
        path: 체크포인트 저장 디렉토리 경로
```

```
    """
    self.learner.restore(path)   # 학습자의 restore() 호출
```

- 학습자의 restore() 호출: 체크포인트 복구를 위해 학습자의 restore()를 호출한다.

CUDA

네트워크의 상태(파라미터와 버퍼)를 GPU로 이동한다.

코드 9-11 Agent CUDA

```
def cuda(self):
    """네트워크의 상태(파라미터와 버퍼)를 GPU로 이동"""

    self.network.cuda()   # 네트워크의 cuda() 호출
```

- 네트워크의 cuda() 호출: 네트워크의 cuda()를 호출한다.

9.3 액터

액터는 에이전트를 대리해서 환경과 상호작용을 하는 프록시 모듈이다. 액터의 주요 역할은 다음과 같다.

- 환경과 상호작용을 하기 위해 정책을 이용해서 **행동을 선택**한다.
- 트랜지션 데이터를 관측하면서 **경로 데이터 수집**한다.
- **에이전트의 네트워크 파라미터**를 자신의 **네트워크에 적용**한다.

이를 위해 액터는 내부적으로 **네트워크와 롤아웃 버퍼**를 서브 모듈로 두고 있다.

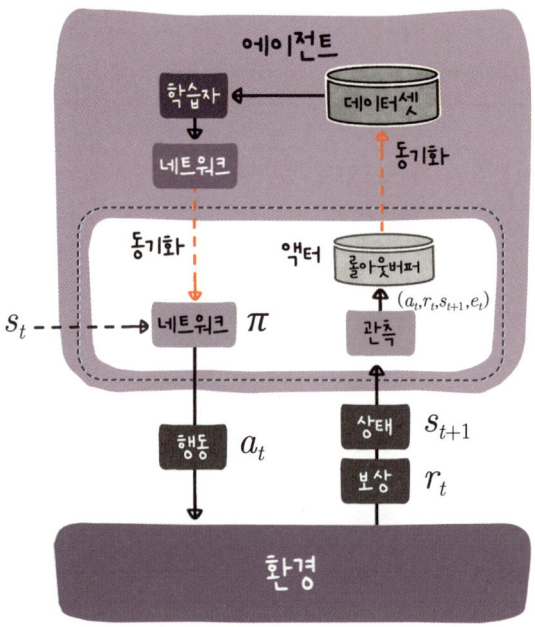

그림 9-8 액터

9.3.1 액터의 작동 방식

초기화

액터를 초기화할 때는 그림 9-9와 같이 ❶ 에이전트 **네트워크의 복사본**을 만들고 ❷ 훈련 모드인 경우 트랜지션 데이터를 저장하기 위한 **롤아웃 버퍼**를 생성한다.

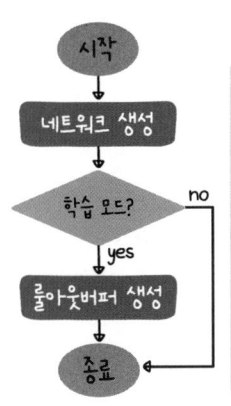

```python
class Actor():
    """
    환경과의 상호작용을 수행하는 액터의 베이스 클래스
    """

    def __init__(self,
                 config: SimpleNamespace,
                 env: Environment,
                 buffer_schema: BufferSchema,
                 network: Network,
                 actor_id: int=0):

        #1. 전달받은 인자 저장
        self.config=config
        self.env=env
        self.actor_id=actor_id

        #2. 네트워크 복사본 생성
        self.network=deepcopy(network)
        state_dict=network.get_variables()
        self.network.load_state_dict(state_dict)

        self.buffer=None
        if self.config.training_mode:
            #3. 버퍼 생성 (버퍼 클래스와 버퍼 모양에 따라 버퍼 생성)
            self.buffer=self.buffer_class())
              config=self.config,
              buffer_schema=buffer_schema,
              buffer_shape=self.buffer_shape(self.config, self.env))
```

그림 9-9 액터 구성 요소 생성 단계

오른쪽 코드의 실행 순서는 다음과 같다.

1. 전달받은 인자 저장: 인자로 전달받은 변수를 속성으로 저장한다.
2. 네트워크 복사본 생성: 전달된 에이전트의 네트워크를 복제해서 자신의 네트워크를 생성한다.
3. 버퍼 생성: 훈련 모드라면 트랜지션 데이터를 저장할 롤아웃 버퍼를 생성한다.

행동 선택

액터는 환경과 상호작용을 할 때 자신이 갖고 있는 네트워크의 복사본을 이용해서 행동을 선택한다. 그림 9-10에 액터가 행동을 선택하는 과정의 흐름과 코드가 나타나 있다.

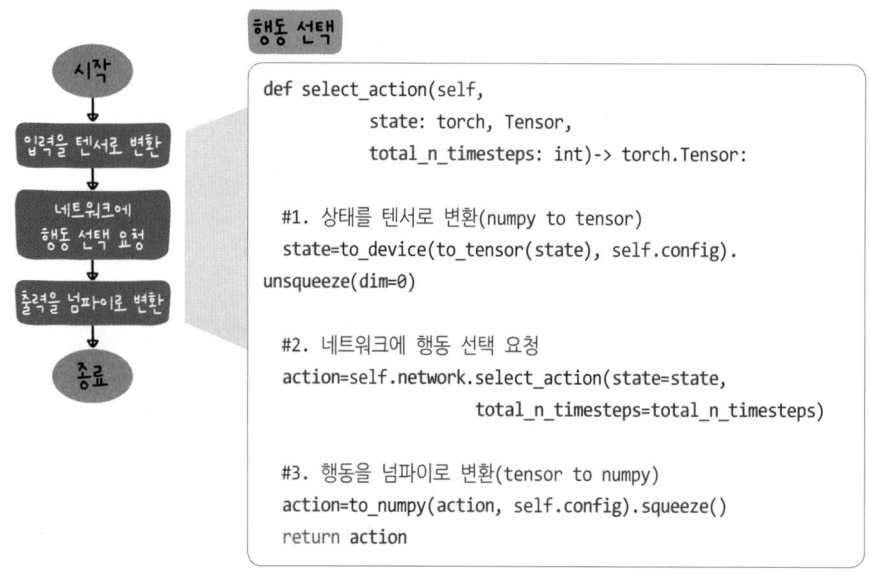

그림 9-10 액터의 행동 선택

오른쪽 코드의 실행 순서는 다음과 같다.
1. 상태를 텐서로 변환: 상태의 타입과 모양을 정책 모델에 입력할 수 있도록 텐서 타입으로 변환하고 배치 차원을 추가한다.
2. 네트워크에 행동 선택 요청: 정책을 실행해서 현재 상태에서 취할 수 있는 액터의 행동을 선택한다.
3. 행동을 넘파이로 변환: 액터가 환경과 상호작용을 할 수 있도록 행동의 타입을 넘파이 타입으로 복구하고 배치 차원도 제거한다.

트랜지션 데이터 관측

액터는 환경 루프에서 환경과의 상호작용을 하며 정책 평가 및 개선을 위한 데이터를 수집한다. 트랜지션 데이터 (a_t, r_t, s_{t+1}, e_t)를 관측하는 과정에서 자신의 롤아웃 버퍼에 데이터를 저장한다. 그림 9-11에 액터가 트랜지션 데이터를 관측하는 과정의 흐름과 코드가 나타나 있다.

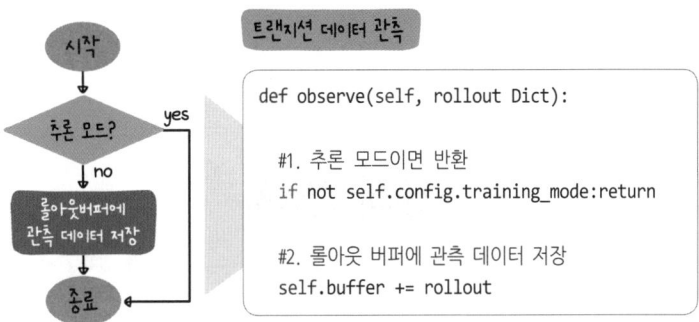

그림 9-11 액터의 트랜지션 데이터 관측

오른쪽 코드의 실행 순서는 다음과 같다.
1. 추론 모드이면 반환: 추론 모드에서는 별다른 처리 없이 바로 반환한다.
2. 롤아웃 버퍼에 관측 데이터 저장: 관측한 데이터를 액터의 롤아웃 버퍼에 추가한다.

네트워크 동기화

에이전트의 정책이 개선되면 업데이트된 네트워크의 파라미터를 액터의 네트워크 복사본에 로딩한다. 그림 9-12에는 액터가 전달받은 파라미터를 로딩하는 과정과 코드가 나타나 있다.

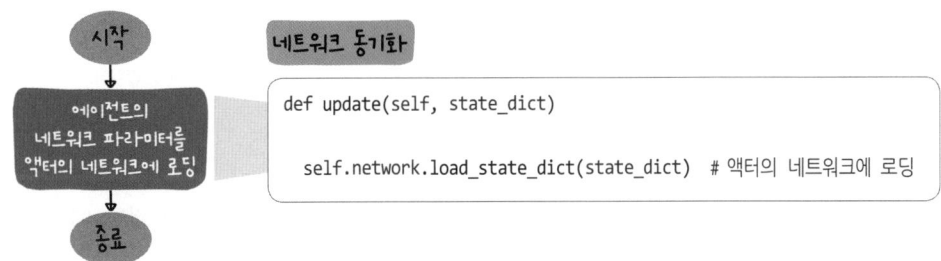

그림 9-12 액터의 네트워크 동기화

9.3 액터 **303**

1. 액터의 네트워크에 로딩: 전달받은 에이전트 네트워크의 파라미터를 액터의 네트워크 복사본에 로딩한다.

9.3.2 Actor 클래스 정의

액터는 Actor 클래스로 정의된다.

그림 9-13 Actor 클래스 구성도

속성

초기화 인자로 전달받아서 저장하고 있는 속성은 다음과 같다.

- **설정**(config): 설정 항목을 저장하고 있는 SimpleNamespace 타입의 객체이다.

- **로거**(logger): 강화학습 프레임워크 실행 중 발생하는 오류 또는 학습 성능과 관련된 정보를 콘솔 또는 텐서보드에 로깅한다.

- **환경**(env): 강화학습 환경을 제공하는 객체이다.

- **액터 아이디**(actor_id): 액터를 구분하기 위해 ID이다. 액터는 환경과 쌍을 이루기 때문에 환경 ID와 같은 값을 사용한다.

- **버퍼 정보**(buffer_schema): 에이전트의 버퍼 스키마로 액터가 롤아웃 버퍼를 생성할 때 사용한다.

액터의 주요 속성은 다음과 같다.

- **네트워크**(network): 에이전트의 네트워크 복사본이다. 액터가 행동을 결정할 때 사용한다.

- **버퍼**(buffer): 액터가 관측한 트랜지션 데이터를 저장하기 위한 롤아웃 버퍼다. 훈련 모드에서만 생성된다.

초기화

- `__init__`: 에이전트의 네트워크를 복제해서 자신의 네트워크를 생성한다. 훈련 모드에서는 트랜지션 데이터를 저장할 롤아웃 버퍼를 생성한다.

롤아웃 버퍼

- `buffer_class`: 액터의 롤아웃 버퍼 클래스를 반환한다.

- `buffer_shape`: 설정과 환경 정보를 이용해서 액터의 롤아웃 버퍼 모양을 계산한다.

- `rollouts`: 액터의 롤아웃 버퍼를 반환한다.

- `clear_rollouts`: 액터의 롤아웃 버퍼를 비운다.

행동 선택

- `select_action`: 정책을 실행해서 전달받은 상태에 대한 행동을 선택한다.

트랜지션 데이터 관측

- `observe`: 트랜지션 데이터 $\eta_t = (a_t, r_t, s_{t+1}, e_t)$를 관측하고, 훈련 모드에서는 관측한 트랜지션 데이터를 롤아웃 버퍼에 저장한다.

네트워크 동기화/CUDA

- `update`: 에이전트의 네트워크 파라미터를 액터의 네트워크 복사본에 로딩한다.

- `cuda`: 네트워크의 상태(파라미터와 버퍼)를 GPU로 이동한다.

9.3.3 Actor 클래스 구현 코드

Actor 클래스는 다음과 같이 구현돼 있다.

패키지 임포트

코드 9-12 Actor 패키지 임포트

```
import torch
from typing import Dict, List
from copy import deepcopy
from types import SimpleNamespace
from envs.environment import Environment
from agents.base import Network
from datasets.buffer_schema import BufferSchema
from datasets.buffer import Buffer
from datasets.rollout_buffer import RolloutBuffer
from utils.util import to_tensor, to_device, to_numpy
```

실행 순서는 다음과 같다.
1. 딥러닝 구현을 위한 PyTorch 패키지 torch를 임포트 한다.
2. 타입 정의를 위해 Dict, List를 임포트 한다.
3. 네트워크를 복사하기 위해 deepcopy를 임포트 한다.
4. 설정(config) 객체를 나타내는 SimpleNamespace를 임포트 한다.
5. 환경 클래스인 Environment를 임포트 한다.
6. 네트워크의 베이스 클래스인 Network를 임포트 한다.
7. 버퍼 스키마 클래스인 BufferSchema를 임포트 한다.
8. 버퍼의 베이스 클래스인 Buffer를 임포트 한다.
9. 롤아웃 버퍼 클래스인 RolloutBuffer를 임포트 한다.
10. 텐서와 넘파이 변환 유틸리티 함수인 to_tensor, to_device, to_numpy를 임포트 한다.

초기화

에이전트의 네트워크를 복제해서 자신의 네트워크를 생성한다. 훈련 모드에서는 트랜지션 데이터를 저장할 롤아웃 버퍼를 생성한다.

코드 9-13 Actor 초기화

```python
class Actor():
    """
    환경과의 상호작용을 수행하는 액터의 베이스 클래스
    """

    def __init__(self,
                 config: SimpleNamespace,
                 env: Environment,
                 buffer_schema: BufferSchema,
                 network: Network,
                 actor_id: int = 0):
        """
        에이전트의 네트워크를 복제해서 자신의 네트워크를 생성
        훈련 모드에서는 트랜지션 데이터를 저장할 롤아웃 버퍼를 생성
        Args:
            config: 설정
            env: 환경
            buffer_schema: 버퍼 스키마
            network: 네트워크
            actor_id: 액터 ID
        """
        # 1. 전달받은 인자 저장
        self.config = config
        self.env = env
        self.actor_id = actor_id

        # 2. 네트워크 복사본 생성
        self.network = deepcopy(network)
        state_dict = network.get_variables()
        self.network.load_state_dict(state_dict)

        self.buffer = None
        if self.config.training_mode:
            # 3. 버퍼 생성 (버퍼 클래스와 버퍼 모양에 따라 버퍼 생성)
            self.buffer = self.buffer_class()(
                config=self.config,
```

```
            buffer_schema=buffer_schema,
            buffer_shape=self.buffer_shape(self.config, self.env))
```

실행 순서는 다음과 같다.

1. **전달받은 인자 저장**: 인자로 전달받은 설정(config), 로거(logger), 환경(env), 네트워크 파라미터 소스(VariableSource), 액터 아이디(actor_id)를 속성으로 저장한다.
2. **네트워크 복사본 생성**: 전달된 에이전트의 네트워크를 복제해서 자신의 네트워크를 생성한다.
3. **버퍼 생성**: 훈련 모드라면 트랜지션 데이터를 저장할 롤아웃 버퍼를 생성한다.

버퍼 클래스

액터의 롤아웃 버퍼 클래스를 반환한다.

코드 9-14 Actor 버퍼 클래스

```
def buffer_class(self) -> Buffer:
    """
        액터의 롤아웃 버퍼 클래스를 반환
    Returns:
        버퍼 클래스
    """
    return RolloutBuffer     # 버퍼 클래스 반환
```

- **버퍼 클래스 반환**: RolloutBuffer 클래스를 반환한다.

버퍼 모양

설정과 환경 정보를 이용해서 액터의 롤아웃 버퍼 모양을 계산한다. 에이전트가 버퍼의 크기를 계산할 때 액터의 버퍼 크기를 참조하는데, 이때 액터를 생성하지 않고도 액터의 버퍼 크기를 참조할 수 있도록 @staticmethod로 정의한다.

코드 9-15 Actor 버퍼 모양

```
@staticmethod
def buffer_shape(config: SimpleNamespace, env: Environment) -> List[int]:
    """
        설정과 환경 정보를 이용해서 액터의 롤아웃 버퍼 모양을 계산
    Args:
        config: 설정
        env: 환경

    Returns:
        버퍼 모양
    """
    # 1. 타입 스텝 수로 환경 루프 실행 시: 지정된 타입 스텝 수 반환
    if config.n_steps != 0: return [config.n_steps]

    # 2. 에피소드 수로 환경 루프 실행 시: 최대 에피소드 길이x에피소드 수
    return [env.max_episode_limit()*config.n_episodes]
```

실행 순서는 다음과 같다.

1. 타임스텝 수로 환경 루프 실행 시
   - 액터의 롤아웃 버퍼 크기 = 설정에 지정한 타임 스텝 수
2. 에피소드 수로 환경 루프 실행 시
   - 액터의 롤아웃 버퍼 크기 = 최대 에피소드 길이 × 설정에 지정한 에피소드 수
   - 최대 에피소드 길이는 환경에서 제공한다.

버퍼 반환

액터의 롤아웃 버퍼를 반환한다.

코드 9-16 Actor 버퍼 반환

```
def rollouts(self) -> RolloutBuffer:
    """
        액터의 롤아웃 버퍼를 반환
    Returns:
```

```
        액터의 롤아웃 버퍼
    """
    return self.buffer
```

- 버퍼 반환: 액터의 롤아웃 버퍼를 반환한다.

버퍼 비우기

액터의 롤아웃 버퍼를 비운다.

코드 9-17 Actor 버퍼 비우기

```
def clear_rollouts(self):
    """
        액터의 롤아웃 버퍼를 비움
    """

    # 1. 추론 모드이면 반환
    if not self.config.training_mode: return

    # 2. 버퍼 비우기
    self.buffer.clear()
```

실행 순서는 다음과 같다.
1. 추론 모드이면 반환: 추론 모드에서는 별다른 처리 없이 바로 반환한다.
2. 버퍼 비우기: 액터의 롤아웃 버퍼를 초기화한다.

행동 선택

정책을 실행해서 전달받은 상태에 대한 행동을 선택한다.

코드 9-18 Actor 행동 선택

```
def select_action(self,
                  state: torch.Tensor,
                  total_n_timesteps: int) -> torch.Tensor:
    """
```

```
       정책을 실행해서 전달받은 상태에 대한 행동을 선택
   Args:
       state: 상태
       total_n_timesteps: 현재 타임 스텝

   Returns:
       선택된 행동
   """

   # 1. 상태를 텐서로 변환 (numpy to tensor)
   state = to_device(to_tensor(state), self.config).unsqueeze(dim=0)

   # 2. 네트워크에 행동 선택 요청
   action = self.network.select_action(state=state,
           total_n_timesteps=total_n_timesteps)

   # 3. 행동을 넘파이로 변환 (tensor to numpy)
   action = to_numpy(action, self.config).squeeze()
   return action
```

실행 순서는 다음과 같다.

1. 상태를 텐서로 변환: 상태(state)의 타입과 모양을 정책 모델에 입력할 수 있도록 변환한다. 즉 넘파이(numpy) 타입에서 텐서(tensor) 타입으로 변환하고 배치 차원을 추가한다.
2. 네트워크에 행동 선택 요청: 정책을 실행해서 현재 상태(state)에서 취할 수 있는 액터의 행동(action)을 선택한다.
3. 행동을 넘파이로 변환: 행동(action)을 액터가 환경과 상호작용을 할 수 있도록 변환한다. 즉 행동의 타입을 텐서(tensor) 타입에서 넘파이(numpy) 타입으로 복구하고 배치 차원도 제거한다.

트랜지션 데이터 관측

트랜지션 데이터 $\eta_t = (a_t, r_t, s_{t+1}, e_t)$를 관측한다. 이때 훈련 모드인 경우 추가적으로 관측한 트랜지션 데이터를 롤아웃 버퍼에 저장한다.

코드 9-19 Actor 트랜지션 데이터 관측

```python
def observe(self, rollout: Dict):
    """
        트랜지션 데이터를 관측하고
        훈련 모드에서는 관측한 트랜지션 데이터를 롤아웃 버퍼에 저장
    Args:
        rollout: 트랜지션 데이터
    """

    # 1. 추론 모드이면 반환
    if not self.config.training_mode: return

    # 2. 롤아웃 버퍼에 관측 데이터 저장
    self.buffer += rollout
```

실행 순서는 다음과 같다.

1. 추론 모드이면 반환: 추론 모드에서는 별다른 처리 없이 바로 반환한다.
2. 롤아웃 버퍼에 관측 데이터 저장: 관측한 데이터를 액터의 롤아웃 버퍼에 추가한다.

네트워크 동기화

에이전트의 네트워크 파라미터를 액터의 네트워크 복사본에 로딩한다.

코드 9-20 Actor 네트워크 동기화

```python
def update(self, state_dict):
    """
        에이전트의 네트워크의 파라미터를 액터의 네트워크에 로딩
    Args:
        state_dict: 에이전트의 네트워크 상태 딕셔너리(가중치 및 버퍼)
    """
    self.network.load_state_dict(state_dict)
```

- 액터의 네트워크에 로딩: 전달받은 에이전트 네트워크의 상태를 액터의 네트워크 복사본에 로딩한다.

CUDA

네트워크의 상태(파라미터와 버퍼)를 GPU로 이동한다.

코드 9-21 Actor CUDA

```
def cuda(self):
    """
        네트워크의 상태(파라미터와 버퍼)를 GPU로 이동한다
    """
    self.network.cuda()
```

- 네트워크 cuda() 호출: 액터의 네트워크의 cuda()를 호출한다.

9.4 학습자

학습자는 강화학습 알고리즘의 학습 방식에 따라 정책을 평가하고 개선한다. 학습자의 주요 역할은 다음과 같다.

- 정책을 평가하기 위해 **가치 함수를 학습**한다.

- 정책을 개선하기 위해 **정책을 학습**한다.

- 학습에 필요한 추가 데이터를 생성해 데이터셋을 확장한다.

- 네트워크와 옵티마이저의 체크포인트를 저장하고 복구한다.

이를 위해 학습자는 **네트워크**와 **데이터셋**, **옵티마이저**, **학습률 스케줄러**와 같은 학습 관련 객체를 갖고 있다.

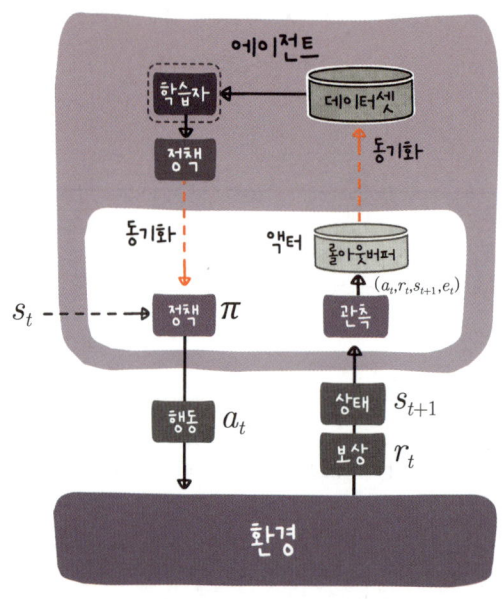

그림 9-14 학습자

9.4.1 학습자의 작동 방식

학습자의 세부적인 작동 방식은 강화학습 알고리즘마다 다르다. 그래서, 이번 절에서는 학습자의 공통적인 작동 방식에 대해서만 간단히 설명하고자 한다.

초기화

학습자의 초기화 과정에서는 학습을 위한 ❶ 옵티마이저, ❷ 학습률 스케줄러, ❸ 손실 함수, ❹ 기타 스케줄러(ex. PPO 클립 스케줄러)를 정의한다.

네트워크 업데이트

학습자는 강화학습 알고리즘에 따라 정책과 가치 함수를 학습시킨다. 따라서 학습에 관한 세부적인 내용은 강화학습 알고리즘마다 다를 수밖에 없다. 다만 학습자가 학습자가 정책을 평가하고 개선하는 과정은 온라인 정책인지 오프라인 정책인지에 따라 조금 차이가 있다.

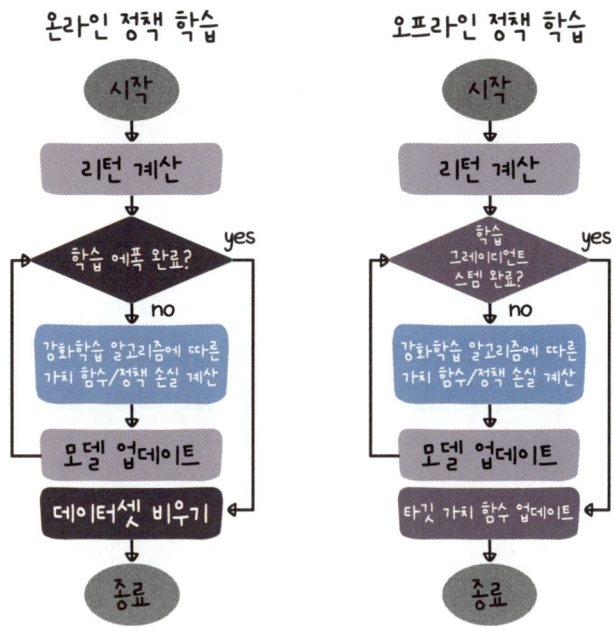

그림 9-15 학습자의 학습 실행

온라인 정책의 학습 과정은 앞에서 REINFORCE 알고리즘을 구현하면서 봤기 때문에 조금은 익숙할 것이다. 오프라인 정책의 학습 과정은 약간의 차이가 있는데 나중에 보게 될 DQN이나 DDQN과 같은 알고리즘에서 자세히 보도록 하자. 두 과정에서 실행되는 내용을 단계별로 비교해보면 다음과 같다.

- **리턴 계산**
    - 학습에 필요한 **리턴**과 **이득, 이전 정책의 로그 가능도** 등을 계산해서 데이터셋에 추가한다.

- **모델 학습 루프**
    - 온라인 정책과 오프라인 정책에 따라 모델의 학습 단위가 달라진다.
    - 온라인 정책: 에포크epoch 단위
    - 오프라인 정책: 그레이디언트 스텝gradient step 단위[6]

---

6 그레이디언트 스텝은 모델을 업데이트하는 횟수이다.

- **가치함수 또는 정책의 손실 계산**
  - 강화학습 알고리즘에 따라 손실을 계산한다.
  - 이때 필요한 정책의 엔트로피^{entropy}, 로그 가능도와 가치는 네트워크를 실행해서 구한다.

- **모델 업데이트**
  - 옵티마이저를 이용해서 가치 함수와 정책을 업데이트한다.

- **후처리**: 모델 업데이트가 끝나면 다음과 같은 후처리를 수행한다.
  - 온라인 정책: 온라인 정책은 정책이 개선된 수집한 데이터를 사용할 수 없기 때문에 데이터셋을 비운다.
  - 오프라인 정책: 가치 함수가 바뀌면 타깃 가치 함수도 업데이트 한다.
  - 스케줄링: 학습률, PPO 클리핑과 같은 학습 관련 스케줄링을 수행한다.

9.4.2 Savable 클래스

Savable은 모델의 체크포인트를 저장하거나 복구하는 인터페이스를 제공하는 추상 클래스이다.

Savable
abstract class

그림 9-16 Savable 클래스 구성도

메서드

- save: 네트워크와 옵티마이저의 상태(파라미터와 버퍼)를 체크포인트로 저장하는 추상 메서드이다.

- Restore: 체크포인트에서 네트워크와 옵티마이저의 상태(파라미터와 버퍼)를 복구하는 추상 메서드이다.

구현 코드

Savable 클래스는 save()와 restore() 두 개의 추상 메서드로 정의돼 있다.

코드 9-19 Savable 클래스

```python
class Saveable(abc.ABC):
    """네트워크의 체크포인트 관리 인터페이스"""

    @abc.abstractmethod
    def save(self, checkpoint_path: str):
        """
        네트워크와 옵티마이저의 상태(파라미터와 버퍼)를 체크포인트로 저장
        Args:
            checkpoint_path: 체크포인트 저장 디렉토리 경로
        """

    @abc.abstractmethod
    def restore(self, checkpoint_path: str):
        """
        체크포인트에서 네트워크와 옵티마이저의 상태(파라미터와 버퍼)를 복구
        Args:
            checkpoint_path: 체크포인트 저장 디렉토리 경로
        """
```

9.4.3 Learner 클래스 정의

Learner는 학습자의 베이스 클래스로 Savable을 상속하고 있다.

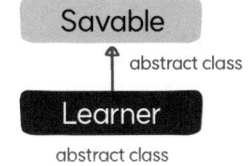

그림 9-17 Learner 클래스 구성도

속성

- **설정**(config): 설정 항목을 저장하고 있는 SimpleNamespace 타입의 객체이다.

- **로거**(logger): 강화학습 프레임워크 실행 중 발생하는 오류 또는 학습 성능과 관련된 정보를 콘솔 또는 텐서보드에 로깅한다.

- **환경 스펙**(environment_spec): 환경의 MDP 구성 정보를 표준화된 형태로 제공한다.

- **네트워크**(network): 정책과 가치 함수의 딥러닝 모델을 통합적으로 관리한다.

- **버퍼**(buffer): 데이터셋을 제공하는 버퍼로 온라인 정책이면 롤아웃 버퍼가 되고 오프라인 정책이면 리플레이 버퍼가 된다.

- **연속 행동 여부**(b_continuous_action): 행동이 연속 행동인지 여부를 나타낸다.

- **학습 타입 스텝**(learner_step): 학습자가 수행한 모델 업데이트 횟수를 나타낸다. 학습자에서 학습 성능을 로깅할 때는 이 기준으로 로깅한다.

메서드

- __init__: ❶ 전달받은 인자를 저장하고, ❷ 행동이 연속 행동인지 이산 행동인지 구분하며, ❸ 학습 타입 스텝을 0으로 초기화 한다.

- update: 정책 또는 가치 함수를 학습하는 추상 메서드이다.

- save: 네트워크와 옵티마이저의 상태(파라미터와 버퍼)를 체크포인트로 저장한다.

- restore: 체크포인트로 저장된 네트워크와 옵티마이저의 상태(파라미터와 버퍼)를 로딩한다.

9.4.4 Learner 클래스 구현 코드

Learner 클래스는 다음과 같이 구현돼 있다.

패키지 임포트

코드 9-22 Learner 패키지 임포트

```
import abc
import torch
import torch.nn as nn
from typing import Tuple
import numpy as np
from types import SimpleNamespace
from utils.logging import Logger
from datasets.buffer import Buffer
from envs.environment import EnvironmentSpec
```

실행 순서는 다음과 같다.

1. 추상 클래스를 정의하기 위해 abc를 임포트 한다.
2. 딥러닝 구현을 위한 PyTorch 패키지 torch를 임포트 한다.
3. PyTorch 패키지의 네트워크 모듈 torch.nn을 임포트 한다.
4. 타입 정의를 위해 Tuple을 임포트 한다.
5. 다차원 배열을 관리하는 넘파이 패키지 numpy를 임포트 한다.
6. 설정(config) 객체를 나타내는 SimpleNamespace를 임포트 한다.
7. 로거 클래스인 Logger를 임포트 한다.
8. 버퍼 클래스인 Buffer를 임포트 한다.
9. 환경 정보 클래스인 EnvironmentSpec을 임포트 한다.[7]

초기화

❶ 전달받은 인자를 저장하고 ❷ 행동이 연속 행동인지 이산 행동인지 구분하며 ❸ 학습 타임 스텝을 0으로 초기화 한다.

---

[7] 환경 정보는 16장 '환경'에서 자세히 설명한다.

코드 9-23 Learner 초기화

```python
class Learner(Saveable):
    """
    정책을 평가하고 개선하기 위한 학습자의 베이스 클래스
    """

    def __init__(self,
                 config: SimpleNamespace,
                 logger: Logger,
                 environment_spec: EnvironmentSpec,
                 network: Network,
                 buffer: Buffer):
        """
            1) 전달받은 인자를 저장하고
            2) 행동이 연속 행동인지 이산 행동인지 구분하며
            3) 학습 타입 스텝을 0으로 초기화
        한다.
        Args:
            config: 설정
            logger: 로거
            environment_spec: 환경 정보
            network: 네트워크
            buffer: 버퍼
        """

        # 1. 전달받은 인자 저장
        self.config = config
        self.logger = logger
        self.environment_spec = environment_spec
        self.network = network
        self.buffer = buffer

        # 2. 연동 행동 여부
        self.b_continuous_action = \
            self.environment_spec.b_continuous_action

        # 3. 학습 타입 스텝 초기화
```

```
self.learner_step = 0
```

실행 순서는 다음과 같다.

1. 전달받은 인자 저장: 인자로 전달받은 설정(config), 로거(logger), 환경 스펙(environment_spec), 버퍼(buffer)와 네트워크(network)를 저장한다.
2. 연속 행동 여부(b_continuous_action): 환경 스펙에서 제공하는 연속 행동 여부를 저장한다. 코드 간결성을 위해 추가한 속성이다.
3. 학습 타입 스텝 초기화: 학습 타입 스텝(learner_step)을 0으로 초기화 한다.

학습

정책 또는 가치 함수를 학습하기 위한 추상 메서드이다.

코드 9-24 Learner 모델 업데이트

```
@abc.abstractmethod
def update(self, total_n_timesteps: int, total_n_episodes:int) -> bool:
    """
        정책 평가 및 개선
    Args:
        total_n_timesteps: 현재 타입 스텝
        total_n_episodes: 현재 에피소드

    Returns:
        정책 평가 및 개선 실행 여부
    """
```

체크포인트 저장

네트워크와 옵티마이저의 상태(파라미터와 버퍼)를 체크포인트로 저장한다.

코드 9-25 Learner 체크포인트 저장

```
def save(self, checkpoint_path: str):
    """
        네트워크와 옵티마이저의 상태(파라미터와 버퍼)를
```

```
        체크포인트로 저장
    Args:
        checkpoint_path: 체크포인트 저장 디렉토리 경로
    """

    # 1. 네트워크 상태 저장
    self.network.save(checkpoint_path)

    # 2. 옵티마이저 상태 저장
    torch.save(self.optimizer.state_dict(),
               "{}/opt.th".format(checkpoint_path))
```

실행 순서는 다음과 같다.

1. 네트워크 상태 저장: 네트워크의 상태(파라미터와 버퍼)를 체크포인트로 저장한다.
2. 옵티마이저 상태 저장: 옵티마이저의 상태(파라미터와 버퍼)를 체크포인트로 저장한다.

체크포인트 복구

체크포인트로 저장된 네트워크와 옵티마이저의 상태(파라미터와 버퍼)를 로딩한다.

코드 9-26 Learner 체크포인트 복구

```
def restore(self, checkpoint_path: str):
    """
        체크포인트로 저장된 네트워크와 옵티마이저의
        상태(파라미터와 버퍼)를 로딩
    Args:
        checkpoint_path: 체크포인트 저장 디렉토리 경로
    """

    # 1. 네트워크 상태 복구
    self.network.restore(checkpoint_path)

    # 2. 옵티마이저 상태 복구
    self.optimizer.load_state_dict(
        torch.load("{}/opt.th".format(checkpoint_path)),
```

```
map_location=lambda storage, loc: storage))
```

실행 순서는 다음과 같다.
1. 네트워크 상태 복구: 체크포인트로 저장된 네트워크의 상태(파라미터와 버퍼)를 로딩한다.
2. 옵티마이저 상태 복구: 체크포인트로 저장된 옵티마이저의 상태(파라미터와 버퍼)를 로딩한다.

9.5 네트워크

네트워크는 정책과 가치 함수를 통합적으로 관리한다. 네트워크의 주요 역할은 다음과 같다.

- **정책과 가치 함수와 같은 딥러닝 모델**을 생성하고 관리한다.

- 정책을 실행해 **행동을 선택**한다.

- 정책과 가치 함수의 손실을 정의할 때 필요한 정보를 제공한다(엔트로피, 로그 가능도, 가치 등).

- 네트워크의 **체크포인트를 저장하고 복구**하며 외부에 **네트워크의 상태**(파라미터와 버퍼) 정보를 **제공**한다.

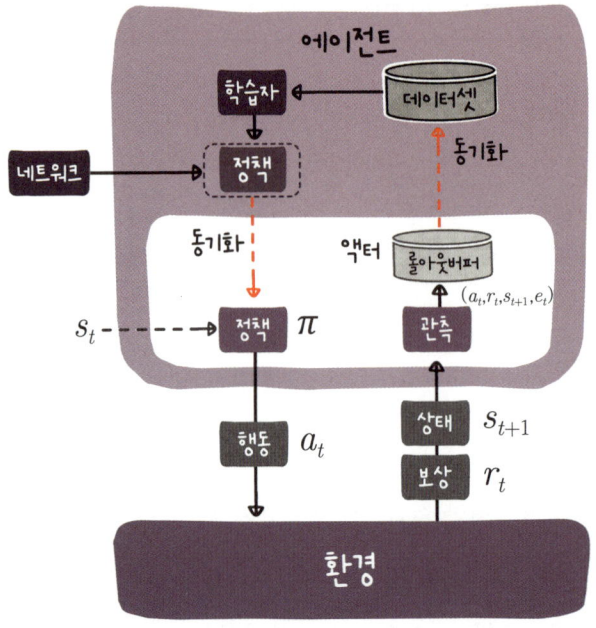

그림 9-18 네트워크

9.5.1 네트워크의 작동 방식

네트워크도 학습자와 마찬가지로 강화학습 알고리즘마다 구성이 달라진다. 그래서, 이번 절에서는 네트워크의 공통적인 구성에 대해 간단히 설명하고자 한다.

초기화

네트워크를 초기화할 때는 정책 평가와 개선에 필요한 딥러닝 모델과 행동을 선택할 때 사용하는 **탐험**exploration[8] 객체를 생성한다.

- **딥러닝 모델**
    - 정책 모델
    - 가치 함수와 타깃 가치 함수 모델

---

8 탐험은 최적 경로를 찾기 위해 새로운 행동을 시도하며 환경에 대해 더 많이 알아가려는 과정을 말한다. 탐험에 대해서는 17장에서 자세히 설명한다.

- **탐험 객체**
    - 입실론 그리디 등

정책과 가치 함수 생성

정책과 가치 함수를 생성할 때는 모델의 크기를 다음과 같이 계산한다.

- **입력 뉴런 수, 출력 뉴런 수**: 환경에서 제공하는 상태와 행동의 크기에 따라 계산한다.
- **은닉 계층의 뉴런 수 목록**: 설정에 지정된 값을 읽어온다.

명시적 정책과 암묵적 정책

정책이 명시적으로 존재하는지 또는 암묵적으로 존재하는지에 따라 다음과 같이 행동을 선택한다.

- **명시적 정책**
    - **결정적 정책**: 정책을 실행해서 행동을 직접 출력한다.
    - **확률적 정책**: 정책을 실행해서 행동의 분포를 출력한 후 분포를 통해 행동을 선택한다.
- **암묵적 정책**: 가치 함수를 실행해서 각 행동에 대한 가치를 계산한 후 가치를 기준으로 행동을 선택한다.

훈련 모드에서의 행동의 선택

훈련 모드에서 행동을 선택할 때 탐험이 필요하며 정책의 종류에 따라 **탐험 방식**이 달라진다.

- **확률적 정책**: 확률적 정책은 행동의 분포를 출력한다. 행동을 선택하기 위해 행동의 분포에서 랜덤한 행동을 샘플링 하면서 자연스럽게 탐험이 실행된다.
- **결정적 정책**: 가치 함수에서 결정적 정책을 추출하거나 결정적 정책 모델을 통해 행동을 출력한다. 이 경우 입실론 그리디와 같은 탐험 방법을 결합해 일정 비율로 랜덤한 행동을 선택할 수 있다.

추론 모드에서의 행동의 선택

추론 모드에서는 최대 확률을 갖는 행동을 최적 행동으로 선택한다.[9]

- **연속 행동**: 가우시안 분포에서는 평균 행동을 선택한다. 가우시안 분포는 평균이 최대 확률을 갖기 때문이다.

- **이산 행동**: 카테고리 분포에서 최대 확률을 갖는 행동을 선택한다.

9.5.2 VariableSource 클래스

VariableSource는 네트워크의 상태(파라미터와 버퍼)를 제공하는 인터페이스를 정의하는 추상 클래스이다. 에이전트의 네트워크 파라미터를 액터의 복사본으로 동기화할 때 사용한다.

VariableSource
abstract class

그림 9-19 VariableSource 클래스 구성도

메서드

- `get_variables`: 네트워크의 상태(파라미터와 버퍼)를 반환하는 추상 메서드이다.

구현 코드

VariableSource 클래스에는 추상 메서드인 get_variables()가 정의돼 있다.

코드 9-26 VariableSource 클래스

```
class VariableSource(abc.ABC):
    """네트워크의 상태(파라미터와 버퍼)를 제공 인터페이스"""
```

---

[9] 현재 강화학습 프레임워크에서는 추론 모드에서 최적 행동을 선택하도록 구현돼 있다. 하지만 문제에 따라 확률적으로 행동을 선택할 필요도 있다. 이에 대한 설명은 10장에서 설명한다.

```
@abc.abstractmethod
def get_variables(self) -> dict:
    """네트워크의 상태(파라미터와 버퍼)를 반환"""
```

9.5.3 Network 클래스 정의

Network는 네트워크의 베이스 클래스로 nn.Module, VariableSource, Savable을 상속한다.

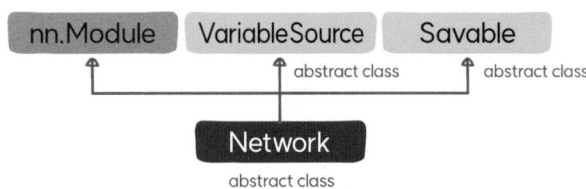

그림 9-20 Network 클래스 구성도

속성

- **설정**(config): 설정 항목을 저장하고 있는 SimpleNamespace 타입의 객체이다.

- **환경 정보**(environment_spec): 환경 정보를 제공하는 객체로 행동 공간과 상태 공간을 확인할 때 사용한다.

- **연속 행동 여부**(b_continuous_action): 행동이 연속 행동인지 여부를 나타낸다.

- **행동 벡터의 크기**(action_dim): 연속 행동인 경우 정책이 출력해야 할 행동의 개수가 되고 이산 행동의 경우 행동의 종류가 된다.[10]

- **상태 벡터의 크기**(state_dim): 정책과 가치 함수의 입력으로 사용될 상태 벡터의 크기이다.

---

10 이산 행동과 연속 행동에 따라 정책의 출력이 어떻게 달라지는지는 10장 정책에서 자세히 설명한다.

메서드

- `__init__`: ❶ 정책과 가치 함수의 입력과 출력 데이터인 **상태와 행동의 크기를 계산**하고 ❷ 행동이 **연속 행동인지 이산 행동인지 구분**한다.

- `select_action`: 정책 또는 가치 함수를 통해 행동을 선택하는 추상 메서드이다.

- `_log_prob`: 정책의 손실을 계산할 때 필요한 행동의 로그 가능도를 계산한다.

- `forward`: 정책과 가치 함수를 실행해서 정책과 가치 함수의 손실을 계산할 때 필요한 정보를 반환한다.

- `cuda`: 네트워크의 상태(파라미터와 버퍼)를 GPU로 이동하는 추상 메서드이다.

- `save`: 네트워크의 상태(파라미터와 버퍼)를 체크포인트로 저장한다.

- `restore`: 체크포인트에서 네트워크의 상태(파라미터와 버퍼)를 읽어서 로딩한다.

- `get_variables`: 네트워크의 상태(파라미터와 버퍼)를 반환한다.

9.5.4 Network 클래스 구현 코드

Network 클래스는 다음과 같이 구현돼 있다.

초기화

❶ 정책과 가치 함수의 입력과 출력 데이터인 **상태와 행동의 크기를 계산**하고 ❷ 행동이 **연속 행동인지 이산 행동인지 구분**한다.

코드 9-27 Network 초기화

```
class Network(nn.Module, VariableSource, Saveable):
    """
        정책과 가치 함수 모델을 통합적으로 관리하는
        네트워크의 베이스 클래스
    """

    def __init__(self,
```

```
                    config: SimpleNamespace,
                    environment_spec: EnvironmentSpec):
    """
        1) 정책과 가치 함수의 입출력 데이터인 상태와 행동의 크기를 계산
        2) 행동이 연속 행동인지 이산 행동인지 구분.
    Args:
        config: 설정
        environment_spec: 환경 정보
    """

    super(Network, self).__init__()

    # 1. 전달받은 인자 저장
    self.config = config
    self.environment_spec = environment_spec

    # 2. 연동 행동 여부
    self.b_continuous_action = \
        self.environment_spec.b_continuous_action

    # 3. 행동과 상태의 벡터 크기 계산
    self.action_size = self.environment_spec.action_size
    self.state_size = \
        np.array(self.environment_spec.state_spec.shape).prod()
```

실행 순서는 다음과 같다.

1. 전달받은 인자 저장: 인자로 전달받은 설정(config), 환경 스펙(environment_spec)을 저장한다.
2. 연속 행동 여부(b_continuous_action): 환경 스펙에서 제공하는 연속 행동 여부를 별도의 변수에 저장한다. 코드 간결성을 위해 추가한 변수이다.
3. 행동과 상태의 벡터 크기 계산: 정책과 가치 함수의 입출력 데이터인 상태와 행동의 크기를 계산한다.

행동 선택

정책 또는 가치 함수를 통해 행동을 선택하는 추상 메서드이다.

코드 9-28 Network 행동 선택

```
@abc.abstractmethod
def select_action(self,
                  state: torch.Tensor,
                  total_n_timesteps: int) -> torch.Tensor:
    """
        정책 또는 가치 함수를 통해 행동을 선택.
    Args:
        state: 상태
        total_n_timesteps: 현재 타임 스텝

    Returns:
        선택된 행동
    """
```

로그 가능도 계산

정책의 손실을 계산할 때 필요한 행동의 로그 가능도를 계산한다.

코드 9-29 Network 로그 가능도 계산

```
def _log_prob(self, distribution, action):
    """
        책의 손실을 계산할 때 필요한 행동의 로그 가능도 계산
    Args:
        distribution: 행동의 분포
        action: 행동

    Returns:
        행동의 로그 가능도
    """

    # 1. 이산 행동: 1차원으로 변경
    b_squeeze = self.b_continuous_action is False \
                and action.shape[-1] == 1
    if b_squeeze: action = action.squeeze()
```

```python
# 2. 로그 가능도 계산
if self.b_continuous_action:
    action = torch.atanh(torch.clamp(action, -1 + 1e-7, 1 - 1e-7))
log_prob = distribution.log_prob(action)

# 3. 차원 변경 시 원래 차원으로 복구
if b_squeeze: log_prob = log_prob.unsqueeze(-1)

# 4. 로그 가능도 반환
return log_prob
```

실행 순서는 다음과 같다.

1. 이산 행동을 1차원으로 변경
   - 이산 행동인 경우 로그 가능도 함수의 입력 형태로 변환하기 위해 행동 텐서의 모양을 [배치 차원, 행동 차원]에서 [배치 차원]과 같이 1차원으로 변경한다.
   - 이산 행동의 경우 정책이 하나의 행동만 결정하기 때문에, 행동(action) 텐서의 마지막 차원의 크기가 1이 돼 이를 없앨 수 있다.
2. 연속 행동의 크기 클리핑: 연속 행동인 경우 행동(action)의 크기를 [-1,1] 사이로 클리핑한다.
3. 로그 가능도 계산: 행동의 분포(distribution)를 이용해서 행동(action)의 로그 가능도를 계산한다.
4. 원래 차원으로 복구: 행동의 차원을 줄였다면 원래의 차원으로 복구한다.
5. 로그 가능도 반환: 계산한 로그 가능도를 반환한다.

모델 실행

정책과 가치 함수를 실행해서 정책과 가치 함수의 손실을 계산할 때 필요한 정보를 반환한다.

코드 9-30 Network 모델 실행

```python
def forward(self, state, action) -> Tuple[torch.Tensor]:
    """
    정책과 가치 함수를 실행해서
```

정책과 가치 함수의 손실을 계산할 때 필요한 정보를 반환
Args:
    state: 상태
    action: 행동

Returns:
    로그 가능도, 엔트로피, 가치 등 학습에 필요한 정보
"""
return None
```

## CUDA

네트워크의 상태(파라미터와 버퍼)를 GPU로 이동하는 추상 메서드이다.

코드 9-31 Network CUDA

```
@abc.abstractmethod
def cuda(self):
    """네트워크의 상태(파라미터와 버퍼)를 GPU로 이동"""
```

체크포인트 저장

네트워크의 상태(파라미터와 버퍼)를 체크포인트로 저장한다.

코드 9-32 Network 체크포인트 저장

```
def save(self, checkpoint_path: str):
    """
        네트워크의 상태(파라미터와 버퍼)를 체크포인트로 저장.
    Args:
        checkpoint_path: 체크포인트 저장 디렉토리 경로
    """

    # 네트워크의 상태 저장
    torch.save(self.state_dict(), "{}/network.th".format(checkpoint_path))
```

- 네트워크 상태 저장: 네트워크의 상태(파라미터와 버퍼)를 지정된 경로에 저장한다.
```

체크포인트 복구

체크포인트에서 네트워크의 상태(파라미터와 버퍼)를 읽어서 로딩한다.

코드 9-33 Network 체크포인트 복구

```
def restore(self, checkpoint_path: str):
    """
        채크포인트에서 네트워크의 상태(파라미터와 버퍼)를 로딩.
    Args:
        checkpoint_path: 체크포인트 저장 디렉토리 경로
    """

    # 네트워크의 상태 복구
    state_dict = torch.load("{}/network.th".format(checkpoint_path),
                            map_location=torch.device(self.config.device))
    self.load_state_dict(state_dict)
```

- 네트워크 상태 복구: 지정된 경로에 있는 체크포인트에서 네트워크의 상태(파라미터와 버퍼)를 읽는다.

네트워크 상태

네트워크의 상태(파라미터와 버퍼)를 반환한다.

코드 9-34 Network 네트워크 상태

```
def get_variables(self) -> dict:
    """
        네트워크의 상태(파라미터와 버퍼)를 반환.
    Returns:
        네트워크의 상태
    """

    # 네트워크의 상태 반환
    return self.state_dict()
```

- 네트워크 상태 반환: 네트워크의 상태(파라미터와 버퍼)를 반환한다.

Chapter.10
정책

이번 장에서는 정책 모델에 대해 살펴보려고 한다. 정책은 에이전트가 행동을 결정할 때 사용하는 함수로 다음과 같은 기준에 따라 설계될 수 있다.

- **전체 관측과 부분 관측**
    - 에이전트가 환경을 관측할 때 전체 상태를 관측할 수 있는가? 부분적인 상태만 관측할 수 있는가?

- **확률적 정책과 결정적 정책**
    - 에이전트의 행동을 확률 분포로 예측할 것인가? 결정적으로 예측할 것인가?

- **이산 행동과 연속 행동**
    - 환경에서 에이전트의 행동을 이산 행동으로 정의하고 있는가? 연속 행동으로 정의하고 있는가?

- **상태 데이터의 종류**
    - 에이전트가 환경에서 관측한 상태 데이터가 어떤 종류의 데이터인가?

이와 같은 기준에 따라 정책 모델의 설계가 어떻게 달라지는지 살펴보자.

10.1 정책의 종류

10.1.1 상태의 전체 관측과 부분 관측

정책은 환경의 상태 s_t를 입력 받아서 행동 a_t을 출력하는 함수로 $\pi_\theta(a_t|o_t)$와 같이 조건부 확률로 표현할 수 있다. 그림 10-1은 에이전트가 호랑이를 봤을 때 정책을 통해 어떤 행동을 해야 할지를 결정하는 과정을 보여주고 있다.

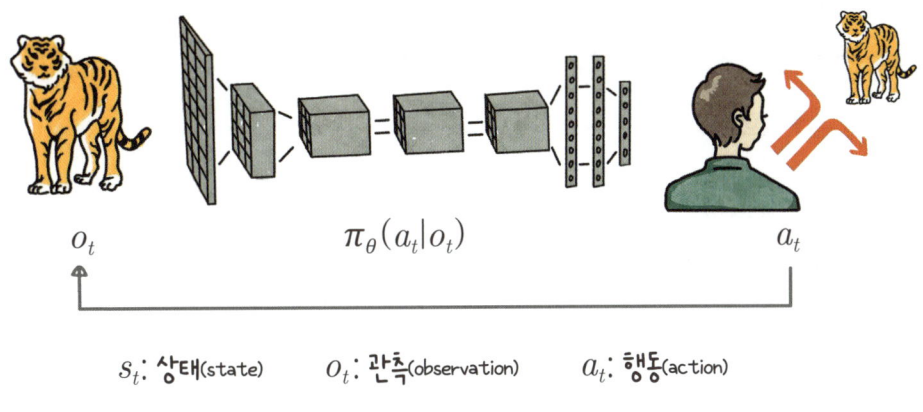

그림 10-1 정책의 입력과 출력

전체 관측이 가능한 환경과 부분 관측만 가능한 환경

환경이 시뮬레이션이나 게임과 같은 가상의 환경이라면 환경은 호랑이의 크기나 위치, 움직이는 속도와 가속도 같은 정확한 상태 데이터 s_t를 제공할 수 있다. 환경이 전체 상태를 제공하면 에이전트는 전체 상태를 관측할 수 있다.

반면 실세계 환경이라면 에이전트는 센서를 통해 환경을 관측해야 하므로 센서를 통해 들어오는 부분적인 관측 데이터 o_t로 상태를 인식해야 한다. 예를 들어 에이전트가 카메라 센서와 초음파 센서가 장착된 로봇이라고 하자. 로봇은 카메라 센서로 들어온 외부의 이미지 데이터와 초음파 센서로 들어온 주변 사물과의 거리 데이터로 호랑이의 모습과 위치, 속도, 가속도를 인식하게 된다.

이와 같이 에이전트가 관측한 상태가 전체 관측 s_t인지, 부분 관측 o_t인지에 따라 다음과 같이 정책을 분류할 수 있다.

- $\pi_\theta(a_t|s_t)$: **전체 관측**fully observable 정책

- $\pi_\theta(a_t|o_t)$: **부분 관측**partially observable 정책

부분 관측 마르코프 의사결정 과정

에이전트가 환경의 상태를 부분적으로만 관측할 수 있을 때의 강화학습 문제를 **부분 관측 마르코프 의사결정 과정**Partially observable Markov decision process 또는 **POMDP**라고 부른다. POMDP에서는 환경의 상태가 불완전하게 관측되므로 현재 관측만으로 학습할 경우 최적의 성능을 내기 어렵다. 그래서 불완전한 관측을 보완하기 위해 다음과 같은 기법을 사용한다.

- 이전 관측 정보 사용
  - 이전 관측이나 관측 히스토리를 사용해 정책이나 가치 함수를 학습한다.
  - RNNRecurrent Neural Network 또는 LSTMLong Short-Term Memory을 사용해 관측 히스토리를 유지하면서 정책이나 가치 함수를 학습한다.

- 신념 상태 추정
  - 관측 데이터를 이용해서 현재 상태에 대한 **신념 상태**belief state를 추정한다.
  - 추정된 신념 상태를 정책이나 가치 함수의 입력으로 사용해서 학습한다.

또한 정책 기반 방법이나 모델 기반 방법으로 부분 관측의 불완전성을 회피할 수 있다. 정책 기반 방법에서는 직접적으로 정책을 최적화해 상태 추정을 피할 수 있고 모델 기반 방법에서는 환경의 동역학 모델을 학습해 불완전한 관측을 보완할 수 있다.

10.1.2 확률적 정책과 결정적 정책

정책은 행동의 확률 분포로 출력하는지 결정적으로 출력하는지에 따라 **확률적 정책**과 **결정적 정책**으로 구분된다. 그림 10-2는 확률적 정책과 결정적 정책을 보여주고 있다.

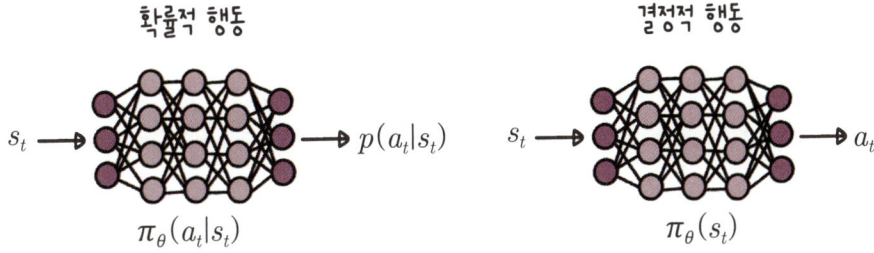

그림 10-2 확률적 정책과 결정적 정책

- **확률적 정책**
    - $\pi_\theta(a_t|s_t)$와 같이 조건부 확률로 정의한다.
    - 입력은 상태 데이터이고 출력은 행동의 확률 분포가 된다.
    - 정책 기반의 방법이나 액터-크리틱 방법에서 사용한다.
    - REINFORCE, A2C, PPO, SAC 등

- **결정적 정책**
    - $\pi_\theta(s_t)$와 같이 함수 형태로 정의한다.
    - 입력은 상태 데이터이고 출력은 결정적 행동이 된다.
    - 가치 기반 방법이나 가치 기반의 방법에서 확장된 액터-크리틱 방법에서 사용한다.
    - DQN, DDQN, DDPG, TD3 등

학습 과정에서 행동의 선택

학습 과정에서 두 정책의 탐험 방식은 다음과 같다.

- **확률적 정책**: 행동의 확률 분포에서 행동을 샘플링해 자연스럽게 탐험이 이뤄진다.
- **결정적 정책**: 정책이 출력한 최적 행동에 탐험 기법을 적용해 다양한 행동을 선택한다.

추론 과정에서 행동의 선택

일반적으로 추론 과정에서는 최적 행동을 선택한다.

- **확률적 정책**: 최대 확률을 갖는 행동을 최적 행동으로 선택한다.

- **결정적 정책**: 정책이 출력한 최적 행동을 선택한다.

하지만 다음과 상황에서는 확률적으로 행동을 선택할 필요가 있다.

- **의사 결정을 다양화하고 싶을 때**: 추천 시스템에서 상품을 추천할 때와 같이 동일한 상태라도 다양한 행동을 해야 할 필요가 있는 경우 확률이 높은 행동 중에 랜덤하게 행동을 선택하는 것이 좋다.
- **환경이 불확실하고 동적일 경우**: 동적으로 변하는 환경에서 불확실성이 커질 경우 행동을 확률적으로 선택해 예상치 못한 상황에 대비할 수 있다.
- **다중 에이전트 환경**: 다중 에이전트 환경에서는 다른 에이전트의 행동을 예측하기 어렵기 때문에 확률적으로 행동을 선택해 상대 에이전트의 다양한 전략에 대응한다.

10.1.3 이산 행동과 연속 행동

에이전트의 행동이 연속 행동인지 이산 행동인지에 따라 정책이 출력하는 확률 분포가 달라진다. 그림 10-3은 에이전트의 행동이 이산 행동인 환경과 연속 행동인 환경을 보여주고 있다.

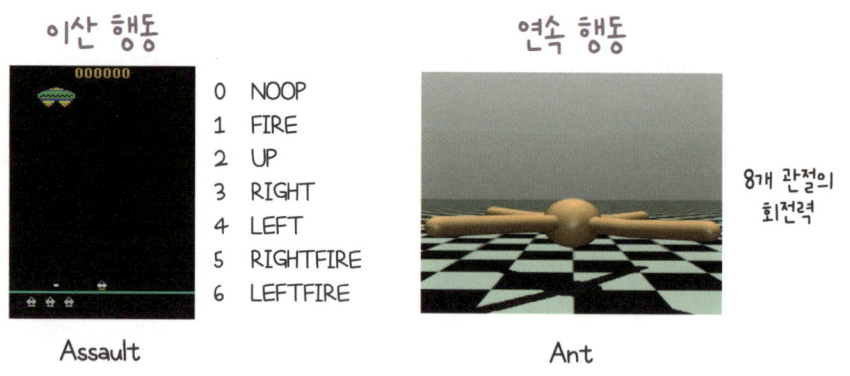

그림 10-3 연속 행동과 이산 행동

이산 행동을 갖는 Assault 환경은 행동 공간을 0~6의 숫자로 정의하며 연속 행동을 갖는 Ant 환경은 행동 공간을 8개 관절의 회전력^{Torque}을 나타내는 [-1, 1]의 실수로 정의하고 있다.

이산 행동

이산 행동일 때 정책은 어떤 확률 분포를 예측해야 할까? 이 경우에는 정책 모델을 분류 모델로 정의해서 행동의 **카테고리 분포**를 출력하면 된다. 그림 10-4는 이산 행동일 때 정책이 카테고리 분포를 예측하는 모습을 보여주고 있다.

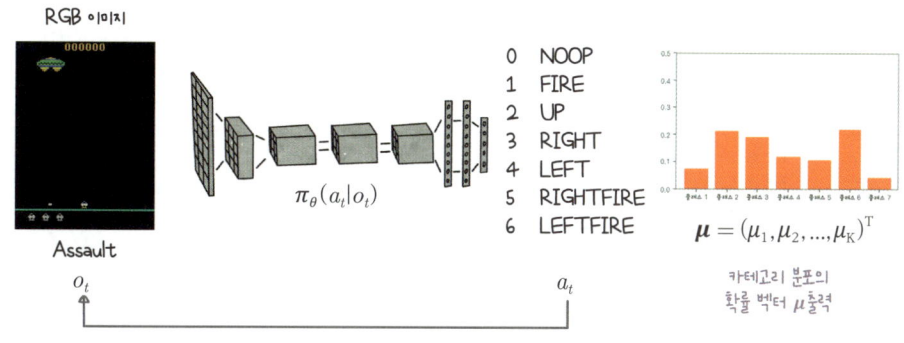

그림 10-4 이산 행동의 확률적 정책

Assault 환경의 상태는 게임 화면 이미지로 정책에 상태 이미지를 입력해서 7개 행동에 대한 카테고리 분포의 확률 벡터인 μ를 출력하고 있다.

연속 행동

연속 행동인 경우 각 행동의 실수 값을 예측해야 하므로 정책 모델을 회귀 모델로 정의해서 행동의 **가우시안 분포**를 출력하면 된다. 그림 10-5는 연속 행동일 때 정책이 가우시안 분포를 예측하는 모습을 보여주고 있다.

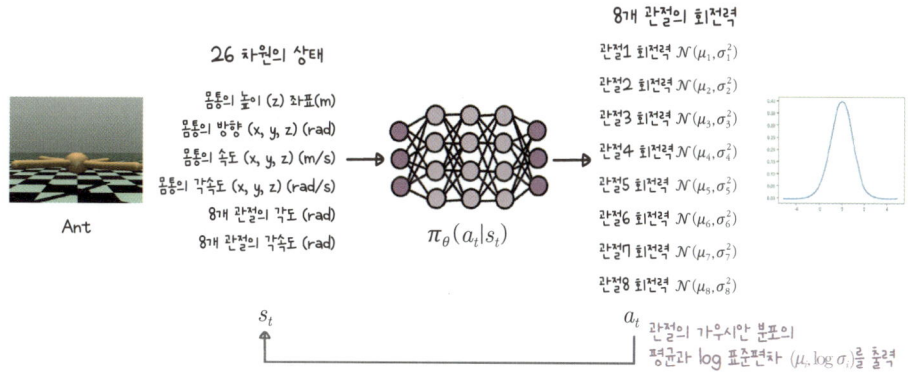

그림 10-5 연속 행동의 확률적 정책

10.1 정책의 종류 **339**

Ant의 상태는 다음과 같은 항목으로 구성된 26차원의 벡터이다.

표 10-1 Ant의 상태 공간

숫자	관측
0	몸통의 높이 (z) 좌표 (m)
1	몸통의 방향 (x, y, z) (rad)
2	몸통의 속도 (x, y, z) (m/s)
3	몸통의 각속도 (x, y, z) (rad/s)
4	8개 관절의 각도 (rad)
5	8개 관절의 각속도 (rad)

정책에 상태 벡터를 입력해서 8개 관절의 회전력을 나타내는 가우시안 분포의 평균 μ_i 과 로그 표준편차 $\log \sigma_i$를 출력하고 있다.[1]

행동의 확률 분포에 따라 최적 행동을 선택할 때는 다음과 같이 선택한다.

- **카테고리 분포**: 최대 확률을 갖는 행동을 선택한다.

- **가우시안 분포**: 가우시안 분포는 평균에서 최대 확률을 가지므로, 평균 행동을 선택한다.

10.1.4 상태 데이터의 종류

정책은 환경의 상태를 인식해서 행동을 결정하기 때문에 상태 데이터의 종류에 따라 모델의 종류도 달라진다. 환경의 상태는 다음과 같이 다양한 형태로 표현될 수 있다.

- **상태 벡터**: 상태가 이산 값이나 연속 값으로 이뤄진 벡터로 정의되는 경우이다.
    - 이산 상태: 체스나 바둑과 같은 보드게임에서 각 보드의 구성 상태
    - 연속 상태: 로봇의 위치나 속도 등과 같은 물리적 환경의 변수

- **이미지 데이터**: 상태가 이미지인 경우로 자율주행차의 전방 카메라 이미지, 비디오

---

1 가우시안 분포의 표준편차를 출력하지 않고 로그 표준편차를 출력하는 이유는 표준편차 σ가 항상 양수가 되도록 보장하기 위해서이다. $\sigma = e^{\log \log \sigma}$와 같이 로그 표준편차에 지수를 적용하면 항상 양수가 된다.

게임의 화면 이미지가 이에 해당한다.

- **시계열 데이터**: 상태가 시간의 흐름에 따라 변화하는 데이터로 주식 시장의 가격 변화, 센서 데이터 등이 이에 해당한다.

- **다중 센서 데이터**: 로봇이나 자율주행차에서는 카메라 이미지, GPS 좌표, 라이더 거리 측정값, 가속도계 데이터와 같이 다양한 센터 데이터가 통합된 경우에 해당한다.

정책이 상태를 정확히 인식해 최적 행동을 결정하려면 상태 데이터에서 효과적으로 특징을 추출할 수 있는 모델이 필요하다. 예를 들어 상태 벡터는 **순방향 신경망**Multi-Layered Perceptron으로, 이미지 데이터는 **컨볼루션 신경망**Convolutional Neural Net으로, 시계열 데이터는 **순환 신경망**Recurrent Neural Net으로, 다중 센서 데이터는 데이터의 종류별로 인코더를 두고 특징으로 변환한 후 모든 특징을 합쳐서 처리하는 계층적 모델로 구성할 수 있다.

10.2 정책의 구성

강화학습 프레임워크에서 정책이 어떻게 구성돼 있는지 살펴보자.

10.2.1 디렉토리 구조

정책 모델의 소스코드는 그림 10-6과 같이 '/models' 디렉토리에 정의돼 있다.

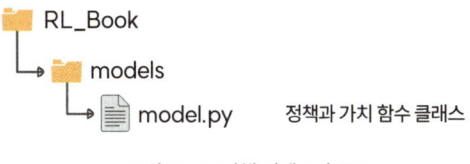

그림 10-6 정책 디렉토리 구조

파일에 구현돼 있는 내용은 다음과 같다.

- **models.py**: 정책 클래스인 Policy, StochasticPolicy, GaussianPolicy, CategoricalPolicy, GaussianPolicyMLP, CategoricalPolicyMLP와 순방향 신경망 클래스인 MLP가 정의돼 있다.

10.2.2 클래스 구성도

정책의 클래스 구성은 그림 10-7[2]과 같다. 가장 상위에는 정책의 베이스 클래스인 Policy가 있고 하위에 상속받는 클래스는 정책이 ❶ 확률적 정책인지 결정적 정책인지 ❷ 이산 행동인지 연속 행동인지 ❸ 상태 데이터의 종류에 따라 구분된다. 단, 현재는 상태 데이터가 벡터인 경우만 확장하고 있다.

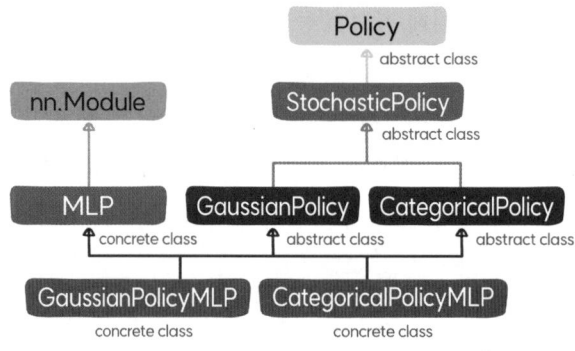

그림 10-7 정책 클래스 구성도

정책 클래스는 Policy라는 베이스 클래스에서 시작한다.

- `Policy`: 정책 클래스의 최상위 클래스

정책은 행동의 분포를 출력하는 **확률적 정책** StochasticPolicy과 결정적인 행동을 출력하는 **결정적 정책** DeterminiticPolicy로 확장된다.[3] 단, 현재 강화학습 프레임워크에는 StochasticPolicy만 포함돼 있다.

- `StochasticPolicy`: 행동의 확률 분포를 출력하는 정책

확률적 정책은 연속 행동일 경우 가우시안 분포로 출력하는 GaussianPolicy로, 이산 행동일 경우 카테고리 분포로 출력하는 CategoricalPolicy로 확장된다.

---

2 클래스 구성도에는 이 책의 범위에 필요한 클래스만 정의하고 있어서 일부 클래스가 빠져 있다. 예를 들어 결정적 정책은 DeterministicPolicy로 정의될 수 있으며 StochaticPolicy와 같은 레벨에 위치할 수 있다. 또한 상태 데이터의 종류에 따라 MLP와 같은 레벨로 CNN이나 RNN이 존재할 수 있다.

3 DDPG나 TD3와 같은 알고리즘은 결정적 정책을 학습하는 알고리즘이다.

- `GaussianPolicy`: 가우시안 분포를 출력하는 정책
- `CategoricalPolicy`: 카테고리 분포를 출력하는 정책

상태 데이터가 벡터인 경우 정책을 순방향 신경망 모델로 정의하기 위해 MLP 클래스를 상속한다.

- `MLP`: 순방향 신경망 클래스

다음 두 클래스는 연속 행동과 및 이산 행동에 대한 확률 분포를 출력하는 순방향 신경망으로 정의된 정책이다.

- `GaussianPolicyMLP`: 가우시안 분포를 출력하는 MLP 정책
- `CategoricalPolicyMLP`: 카테고리 분포를 출력하는 MLP 정책

REINFORCE, A2C, PPO와 같이 이산 행동과 연속 행동을 모두 지원하는 알고리즘은 행동 공간에 맞춰 적합한 정책을 생성한다.

10.3 Policy 클래스

Policy는 정책의 베이스 클래스이다.

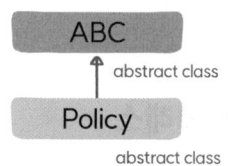

그림 10-8 Policy 클래스 구성도

10.3.1 클래스 정의

Policy 클래스는 다음과 같이 정의한다.

속성

- **상태의 크기**(state_size): 상태 벡터의 크기로 정책 모델의 입력 계층의 뉴런 수를 결정한다.

- **행동의 크기**(action_size): 정책 모델의 출력 계층의 뉴런 수를 결정한다. ❶ 연속 행동인 경우에는 행동의 개수를 의미하고 ❷ 이산 행동인 경우 행동의 종류를 의미한다.

10.3.2 클래스 구현코드

Policy 클래스는 상태 크기(state_size)와 행동의 크기(action_size)를 속성으로 정의하고 있다.

코드 10-1 Policy 클래스

```python
class Policy(abc.ABC):
    """정책 클래스의 최상위 클래스"""
    # 상태와 행동의 크기 변수 선언
    state_size = 0      # 상태 크기
    action_size = 0     # 행동 크기
```

- 상태 또는 행동의 크기 변수 선언: 상태의 크기와 행동의 크기 변수를 0으로 초기화한다.

10.4 StochasticPolicy 클래스

StochasticPolicy는 행동의 확률 분포를 출력하는 확률적 정책 클래스이다.

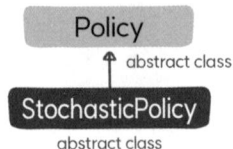

그림 10-9 StochasticPolicy 클래스 구성도

10.4.1 클래스 정의

StochasticPolicy 클래스는 다음과 같이 정의한다.

메서드 정의

- distribution: 정책이 출력한 분포의 파라미터를 이용해서 행동의 확률 분포를 생성하는 추상 메서드이다.

- select_action: 정책을 실행해서 행동의 확률 분포를 구한 후 행동을 선택하는 추상 메서드이다.

10.4.2 클래스 구현코드

StochasticPolicy 클래스는 distribution과 select_aciton 추상 메서드를 정의하고 있다.

코드 10-2 StochasticPolicy 클래스

```
class StochasticPolicy(Policy):
    """행동의 확률 분포를 출력하는 정책"""

    @abc.abstractmethod
    def distribution(self, state):
        """
            정책이 출력한 분포의 파라미터를 이용해서 행동의 확률 분포를 생성
        Args:
            state: 상태

        Returns:
            행동의 분포
        """

    @abc.abstractmethod
    def select_action(self, state: torch.Tensor, training_mode: bool = True):
        """
            정책을 실행해서 행동의 확률 분포를 구한 후 행동을 선택
        Args:
            state: 상태
```

```
        training_mode: 훈련 모드

    Returns:
        선택된 행동
    """
```

10.5 CategoricalPolicy 클래스

CategoricalPolicy는 이산 행동에 대해 카테고리 분포를 출력하는 확률적 정책 클래스이다.

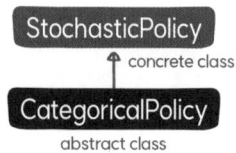

그림 10-10 CategoricalPolicy 클래스 구성도

10.5.1 클래스 정의

CategoricalPolicy 클래스는 다음과 같이 정의한다.

메서드 정의

- distribution: 카테고리 분포의 확률 벡터를 Categorical로 변환한다.

- select_action: 정책을 실행해서 행동의 카테고리 분포를 구한 후 행동을 선택한다.

10.5.2 클래스 구현코드

CategoricalPolicy 클래스는 다음과 같이 구현돼 있다.

행동의 확률 분포

카테고리 분포의 확률 벡터를 Categorical로 변환한다.

코드 10-3 CategoricalPolicy 카테고리 분포

```python
class CategoricalPolicy(StochasticPolicy):
    """카테고리 분포를 출력하는 정책"""

    def distribution(self, state):
        """
            카테고리 분포의 확률 벡터를 Categorical로 변환한다.
        Args:
            state: 상태

        Returns:
            행동의 카테고리 분포
        """
        return Categorical(self(state))
```

- 정책 실행 후 카테고리 분포 생성: 정책이 출력한 카테고리 분포의 확률 벡터를 Categorical 로 변환해서 반환한다.

행동 선택

정책을 실행해서 행동의 카테고리 분포를 구한 후 행동을 선택한다.

코드 10-4 CategoricalPolicy 행동 선택

```python
@torch.no_grad()
def select_action(self, state: torch.Tensor, training_mode: bool = True):
    """
        정책을 실행해서 행동의 카테고리 분포를 구한 후 행동을 선택
    Args:
        state: 상태
        training_mode: 훈련 모드

    Returns:
```

```
        선택된 행동
    """

    # 1. 카테고리 분포 생성
    distribution = self.distribution(state)

    # 2. 카테고리 분포에서 행동 선택
    if training_mode:
        # 학습 모드: 행동 샘플링
        action = distribution.sample()
    else:
        # 추론 모드: 최대 확률로 선택
        action = distribution.probs.argmax(dim=-1, keepdim=True)
    return action
```

실행 순서는 다음과 같다.

1. 카테고리 분포 생성: 정책을 실행해서 행동의 카테고리 분포를 구한다.
2. 카테고리 분포에서 행동 선택: 카테고리 분포에서 다음과 같이 행동을 선택해서 반환한다.
    - 학습 모드: 랜덤하게 샘플링한 행동을 선택한다.
    - 추론 모드: 가장 확률이 높은 행동을 선택한다.

10.6 GaussianPolicy 클래스

GaussianPolicy는 연속 행동에 대해 가우시안 분포를 출력하는 확률적 정책 클래스이다.

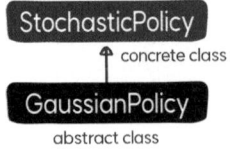

그림 10-11 GaussianPolicy 클래스 구성도

10.6.1 클래스 정의

GaussianPolicy 클래스는 다음과 같이 정의한다.

메서드 정의

- distribution: 가우시안 분포의 (평균, 로그 표준편차)를 Normal로 변환해서 반환한다.

- select_action: 정책을 실행해서 행동의 가우시안 분포를 구한 후 행동을 선택한다.

10.6.2 클래스 구현코드

GaussianPolicy 클래스는 다음과 같이 구현돼 있다.

행동의 확률 분포

가우시안 분포의 (평균, 로그 표준편차)를 Normal로 변환해서 반환한다.

코드 10-5 GaussianPolicy 가우시안 분포

```python
class GaussianPolicy(StochasticPolicy):
    """가우시안 분포를 출력하는 정책"""

    def distribution(self, state):
        """
            가우시안 분포의 (평균, 로그 표준편차)를 Normal로 변환해서 반환
        Args:
            state: 상태

        Returns:
            행동의 가우시안 분포
        """

        # 1. 정책 실행
        mean, log_std = self(state)
        log_std = torch.clamp(log_std, min=-20, max=2)  # log_std 안정화

        # 2. 표준 편차 계산
        std = log_std.exp()
```

```
        action_std = torch.ones_like(mean) * std

    # 3. 가우시안 분포 생성
    return Normal(mean, action_std)
```

실행 순서는 다음과 같다.
1. 정책 실행: 정책을 실행해서 가우시안 분포의 (평균, 로그 표준편차)를 출력한다. 수치적 안정성을 위해 로그 표준편차를 안정된 범위로 클립핑한다.
2. 표준 편차 계산: 로그 표준편차를 지수화해서 표준 편차를 계산한다.
3. 가우시안 분포 생성: 가우시안 분포의 (평균, 표준편차)를 Normal로 변환해서 반환한다.

행동 선택
정책을 실행해서 행동의 가우시안 분포를 구한 후 행동을 선택한다.

코드 10-6 GaussianPolicy 행동 선택

```
@torch.no_grad()
def select_action(self, state: torch.Tensor, training_mode: bool = True):
    """
        정책을 실행해서 행동의 가우시안 분포를 구한 후 행동을 선택
    Args:
        state: 상태
        training_mode: 훈련 모드

    Returns:
        선택된 행동
    """

    # 1. 가우시안 분포 생성
    distribution = self.distribution(state)

    # 2. 가우시안 분포에서 행동 선택
    if training_mode:
        # 학습 모드: 행동 샘플링
```

```
        action = distribution.sample()
        action = torch.tanh(action)
    else:
        # 추론 모드: 평균으로 선택
        action = distribution.mean
    return action.detach()
```

실행 순서는 다음과 같다.
- 가우시안 분포 생성: 정책을 실행해서 행동의 가우시안 분포를 구한다.
- 가우시안 분포에서 행동 선택: 가우시안 분포에서 다음과 같이 행동을 선택해서 반환한다.
    - 학습 모드: 랜덤하게 샘플링한 행동을 선택한다.
    - 추론 모드: 가장 확률이 높은 평균으로 행동을 선택한다.

10.7 MLP 클래스

MLP^{Multi-Layered Perceptron}는 순방향 신경망 클래스로 전달된 모델 정보를 이용해서 모델을 구성한다.

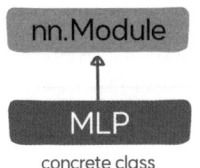

그림 10-12 MLP 클래스 구성도

10.7.1 클래스 정의

MLP 클래스는 다음과 같이 정의한다.

속성

- **설정**(config): 설정 항목을 저장하고 있는 SimpleNamespace 타입의 객체이다.

- **계층**(layers): MLP를 구성하는 계층 리스트이다.

메서드

- __init__: 각 계층의 뉴런 수와 활성 함수를 전달받아서 MLP를 구성한다.

- forward: 전달받은 입력 데이터를 전체 계층에 대해 순차적으로 실행한다.

10.7.2 클래스 구현코드

MLP 클래스는 다음과 같이 구현돼 있다.

패키지 임포트

코드 10-7 model.py 패키지 임포트

```
import abc
import torch
import torch.nn as nn
from typing import Callable, List
from types import SimpleNamespace
from torch.distributions import Normal, Categorical
```

실행 순서는 다음과 같다.

10. 추상 클래스를 정의하기 위해 abc를 임포트 한다.
11. 딥러닝 구현을 위한 PyTorch 패키지 torch를 임포트 한다.
12. PyTorch 패키지의 네트워크 모듈 torch.nn을 임포트 한다.
13. 타입 정의를 위해 Callable, List를 임포트 한다.
14. 설정(config) 객체를 나타내는 SimpleNamespace를 임포트 한다.
15. 가우시안 분포와 카테고리 분포 클래스인 Normal, Categorical을 임포트 한다.

직교 초기화

모델의 가중치를 **직교 초기화**^{orthogonal initialization}[4] 방법으로 초기화하고 편향을 0으로 초기화 한다.

코드 10-8 모델 파라미터 직교 초기화

```python
def orthogonal_init(module, activation="tanh"):
    """
        가중치 직교 초기화 (Orthogonal Initialization)
    Args:
        module: 모듈
        activation: 활성 함수
    """

    # 1. 활성 함수의 게인 계산
    gain = 0.01
    if activation != "policy":
        gain = torch.nn.init.calculate_gain(activation)

    # 2. 가중치 또는 편향 초기화
    if isinstance(module, nn.Linear):
        torch.nn.init.orthogonal_(module.weight.data, gain)
        torch.nn.init.zeros_(module.bias.data)
```

실행 순서는 다음과 같다.
1. 활성 함수의 게인 계산
    - 정책 모델의 게인은 0.01로 설정한다. 정책의 게인을 작게 설정하는 이유는 학습 초기에 정책이 과도하게 변화하는 것을 방지해 학습을 안정화하기 위해서이다.
    - 정책 모델이 아니면 활성 함수의 특성에 맞게 게인을 계산한다.

---

4 직교 초기화는 신경망의 가중치를 직교 행렬로 초기화하는 방법이다. 계층을 초기화할 때 가중치 행렬의 열 또는 행이 서로 직교하도록 만들어서 정보 손실을 최소화하고 학습이 안정적으로 이뤄지도록 한다. 직교 초기화를 하면 출력의 크기를 일정하게 유지할 수 있으며 계층별로 활성 함수의 게인(gain)을 조정해 출력 크기를 조정할 수도 있다(활성 함수의 게인은 입력 신호가 출력으로 얼마나 증폭되거나 축소되는지를 나타내는 비율이다).

2. 가중치 또는 편향 초기화: 모듈이 nn.Linear이면 직교 방식으로 가중치 초기화를 하고 편향은 0으로 초기화를 한다.

초기화

각 계층의 뉴런 수와 활성 함수를 전달받아서 MLP를 구성한다. 초기화 인자는 다음과 같다.

- 입력 계층의 뉴런 수(input_size)

- 은닉 계층과 출력 계층의 뉴런 수 리스트(layer_sizes): 예 [64, 64, 64, 10]

- 은닉 계층의 활성 함수(activation): default는 nn.Tanh

- 출력 계층의 활성 함수(output_activation): default는 nn.Identity

코드 10-9 MLP 초기화

```
class MLP(nn.Module):
    """순방향 신경망 클래스"""

    def __init__(self,
                 config: SimpleNamespace,
                 input_size: int,
                 layer_sizes: List[int],
                 activation: Callable[[torch.Tensor],torch.Tensor] = nn.ReLU,
                 output_activation: Callable[[torch.Tensor],torch.Tensor]
                 = nn.Identity):
        """
            각 계층의 뉴런 수와 활성 함수를 전달받아서 MLP를 구성
        Args:
            config: 설정
            input_size: 입력 계층의 크기
            layer_sizes: 은닉과 출력 계층의 크기 리스트
            activation: 은닉 계층의 활성 함수
            output_activation: 출력 계층의 활성 함수
        """
```

```python
        super().__init__()

        # 1. 전달받은 인자 저장
        self.config = config

        # 2. 계층별 활성함수 리스트 생성
        activations = [activation for _ in layer_sizes[:-1]]
        activations.append(output_activation)

        # 3. MLP 계층 생성
        layers = []
        for output_size, activation in zip(layer_sizes, activations):
            layer = nn.Sequential(nn.Linear(input_size, output_size),
                                  activation())
            layers.append(layer)
            input_size = output_size
        self.layers = nn.Sequential(*layers)

        # 4. 모델 파라미터 초기화
        self.apply(orthogonal_init)
```

실행 순서는 다음과 같다.
1. 전달받은 인자 저장: 인자로 전달받은 설정(config)을 속성으로 저장한다.
2. 계층별 활성함수 리스트 생성: 은닉 계층의 활성 함수와 출력 계층의 활성 함수를 이용해서 각 계층의 활성 함수 리스트를 만든다.
3. MLP 계층 생성: nn.Linear와 활성 함수를 순차적으로 실행하는 MLP 계층을 생성한다.
4. 모델 파라미터 초기화: 모델의 파라미터를 직교 방식으로 초기화한다.

모델 실행
전달받은 입력 데이터를 전체 계층에 대해 순차적으로 실행한다.

코드 10-10 MLP 모델 실행

```python
def forward(self, x: torch.Tensor):
    """
        전달받은 입력 데이터를 전체 계층에 대해 순차적으로 실행
    Args:
        x: 입력 데이터

    Returns:
        모델의 출력 데이터
    """

    # 1. MLP 계층 실행
    for layer in self.layers:
        x = layer(x)

    return x  # 2. 실행 결과 반환
```

실행 순서는 다음과 같다.
1. MLP 계층 실행: 입력 데이터 x를 이용해서 각 계층을 순차적으로 실행한다.
2. 실행 결과 반환: 마지막 계층을 실행한 결과를 반환한다.

10.8 CategoricalPolicyMLP 클래스

CategoricalPolicyMLP는 상태 벡터를 입력 받아서 이산 행동에 대해 카테고리 분포를 출력하는 MLP로 구현된 확률적 정책 클래스이다.

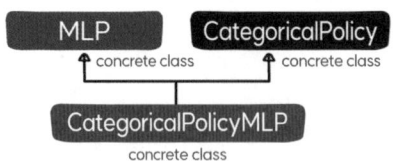

그림 10-13 CategoricalPolicyMLP 클래스 구성도

10.8.1 클래스 정의

CategoricalPolicyMLP 클래스는 다음과 같이 정의한다.

속성

- **소프트맥스**(Softmax): 카테고리 분포의 확률 벡터를 출력하기 위한 출력 계층의 활성 함수이다.

메서드

- __init__: 모델 정보를 입력 받아서 MLP를 구성한다.
- forward: 정책을 실행해서 카테고리 분포의 확률 벡터 $\mu = (\mu_1, \mu_2, ..., \mu_K)^T$를 출력한다.

10.8.2 클래스 구현코드

CategoricalPolicyMLP 클래스는 다음과 같이 구현돼 있다.

초기화

모델 정보를 입력 받아서 MLP를 구성한다. 모델 정보와 관련된 초기화 인자는 다음과 같다.

- 입력 계층의 뉴런 수를 결정하는 상태의 크기(state_size)
- 은닉 계층의 뉴런 수 리스트(hidden_dims): 예 [64, 64, 64]
- 출력 계층의 뉴런 수를 결정하는 행동의 크기(action_size)

코드 10-11 CategoricalPolicyMLP 초기화

```python
class CategoricalPolicyMLP(MLP, CategoricalPolicy):
    """카테고리 분포를 출력하는 MLP 정책"""

    def __init__(self,
                 config: SimpleNamespace,
```

```python
            state_size: int,
            hidden_dims: List[int],
            action_size: int):
    """
        모델 정보를 입력 받아서 MLP를 구성
    Args:
        config: 설정
        state_size: 상태의 크기
        hidden_dims: 은닉 계층의 뉴런 수 리스트
        action_size: 행동의 크기
    """

    # 1. 계층별 뉴런 수 리스트 생성
    layer_sizes = hidden_dims + [action_size]

    # 2. MLP 생성
    super().__init__(config,
                     state_size,
                     layer_sizes,
                     activation=nn.Tanh,
                     output_activation=nn.Identity)

    # 3. 전달받은 인자 저장
    self.state_size = state_size
    self.action_size = action_size

    # 4. 소프트맥스 활성 함수
    self.Softmax = nn.Softmax(dim=-1)

    # 5. 모델 파라미터 초기화
    self.apply(lambda m: orthogonal_init(m, "policy"))
```

실행 순서는 다음과 같다.

1. 계층별 뉴런 수 리스트 생성: 은닉 계층 뉴런 수 리스트에 출력 계층의 뉴런 수인 행동의 크기를 추가한다.
2. MLP 생성: 상태 크기(state_size)와 계층별 뉴런 수 리스트(layer_sizes)를 부모 클

래스의 초기화 메서드에 전달해서 전달해서 MLP를 구성한다.
3. 전달받은 인자 저장: 상태 크기(state_size)와 행동의 크기(action_size)를 저장한다.
4. 소프트맥스 활성 함수
   - 출력 계층의 활성 함수로 소프트맥스를 정의한다.
   - dim=-1는 마지막 차원에 Softmax 함수를 적용하라는 의미이다.
5. 모델 파라미터 초기화: 모델의 파라미터를 직교 방식으로 초기화 한다.

모델 실행

정책을 실행해서 카테고리 분포의 확률 벡터 $\mu = (\mu_1, \mu_2, ..., \mu_K)^T$를 출력한다.

코드 10-12 CategoricalPolicyMLP 모델 실행

```python
def forward(self, state):
    """
        정책을 실행해서 카테고리 분포의 확률 벡터를 출력
    Args:
        state: 상태

    Returns:
        이산 행동의 확률 벡터
    """

    # 1. MLP 실행 및 로짓 출력
    logits = super().forward(state)

    # 2. 소프트맥스 실행
    return self.Softmax(logits)
```

실행 순서는 다음과 같다.
- MLP 실행 및 로짓 출력: 정책을 실행해서 로짓을 출력한다.
- 소프트맥스 실행: 소프트맥스를 실행해서 로짓을 카테고리 분포의 확률 벡터 $\mu = (\mu_1, \mu_2, ..., \mu_K)^T$로 변환한다.

10.9 GaussianPolicyMLP 클래스

GaussianPolicyMLP는 상태 벡터를 입력 받아서 연속 행동에 대해 가우시안 분포를 출력하는 MLP로 구현된 확률적 정책 클래스이다.

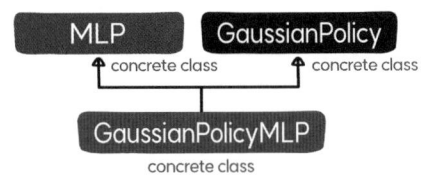

그림 10-14 GaussianPolicyMLP 클래스 구성도

10.9.1 클래스 정의

GaussianPolicyMLP 클래스는 다음과 같이 정의한다.

속성

- **평균 헤드**(mean_head): 가우시안 분포의 평균을 출력하는 출력 계층이다.

- **로그 표준편차**(log_std): 가우시안 분포의 로그 표준편차를 학습하는 파라미터이다.

메서드

- __init__: 모델 정보를 입력 받아서 ❶ **MLP를 구성**하고 추가로 ❷ **가우시안 분포의 평균을 출력하는 헤드**와 ❸ **로그 표준편차를 학습하는 모델 파라미터**를 정의한다.

- forward: 정책을 실행해서 가우시안 분포의 평균을 구하고 평균과 로그 표준편차(μ, $\log \sigma$)를 반환한다.

10.9.2 클래스 구현코드

GaussianPolicyMLP 클래스는 다음과 같이 구현돼 있다.

초기화

모델 정보를 입력 받아서 ❶ MLP를 구성하고 추가로 ❷ 가우시안 분포의 평균을 출력하는 헤드와 ❸ 로그 표준편차를 학습하는 모델 파라미터를 정의한다. 모델 정보와 관련된 초기화 인자는 다음과 같다.

- 입력 계층의 뉴런 수를 결정하는 상태의 크기(state_size)

- 은닉 계층의 뉴런 수 리스트(hidden_dims): 예 [64, 64, 64]

- 출력 계층의 뉴런 수를 결정하는 행동의 크기(action_size)

코드 10-13 GaussianPolicyMLP 초기화

```python
class GaussianPolicyMLP(MLP, GaussianPolicy):
    """가우시안 분포를 출력하는 MLP 정책"""

    def __init__(self,
                 config: SimpleNamespace,
                 state_size: int,
                 hidden_dims: List[int],
                 action_size: int,
                 log_std_init: float = 0.0):
        """
        모델 정보를 입력 받아서 MLP를 구성하고
        가우시안 분포의 평균을 출력하는 헤드와
        로그 표준편차를 학습하는 모델 파라미터를 정의한다

        Args:
            config: 설정
            state_size: 상태의 크기
            hidden_dims: 은닉 계층의 뉴런 수 리스트
            action_size: 행동의 크기
            log_std_init: 로그 표준편차 파라미터의 초기화 값
        """

        # 1. MLP 생성
        super().__init__(config, state_size, hidden_dims)
```

```
# 2. 전달받은 인자 저장
self.state_size = state_size
self.action_size = action_size

# 3. 평균 헤드 구성
self.mean_head = nn.Linear(hidden_dims[-1], self.action_size)

# 4. 로그 표준편차 파라미터 정의
self.log_std = nn.Parameter(torch.ones(self.action_size) * log_std_init,
                            requires_grad=True)

# 5. 모델 파라미터 초기화
self.apply(orthogonal_init)
```

실행 순서는 다음과 같다.
1. MLP 생성: 상태 크기(state_size)와 은닉 계층의 뉴런 수 리스트(hidden_dims)를 전달해서 MLP를 구성한다.
2. 전달받은 인자 저장: 상태의 크기(state_size)와 행동의 크기(action_size)를 저장한다.
3. 평균 헤드 구성: 가우시안 분포의 평균을 출력하는 헤드를 구성한다.
4. 표준편차 파라미터 정의: 가우시안 분포의 로그 표준편차를 학습하는 모델 파라미터를 정의한다.
5. 모델 파라미터 초기화: 모델의 파라미터를 직교 방식으로 초기화 한다.

모델 실행

정책을 실행해서 가우시안 분포의 평균을 구하고, 평균과 로그 표준편차 ($\mu, \log \sigma$)를 반환한다.

코드 10-14 GaussianPolicyMLP 모델 실행

```
def forward(self, state):
    """
    정책을 실행해서 가우시안 분포의 평균을 출력하고
    평균과 로그 표준편차를 반환한다.
    Args:
```

```
            state: 상태

        Returns:
            연속 행동의 가우시안 분포의 평균과 로그 표준 편차
        """

        # 1. 은닉 계층까지 실행
        x = super(GaussianPolicyMLP, self).forward(state)

        # 2. 평균 출력
        mean = self.mean_head(x)

        # 3. 평균 또는 로그 표준 편차 반환
        return mean, self.log_std
```

실행 순서는 다음과 같다.

1. 은닉 계층까지 실행: 전달받은 상태로 정책의 은닉 계층까지 실행한다.
2. 평균 출력: 가우시안 분포의 평균 μ를 출력한다.
3. 평균 또는 로그 표준편차 반환: 가우시안 분포의 평균과 로그 표준편차 (μ_i, $\log \sigma$)를 반환한다.

Chapter.11
REINFORCE 베이스라인 적용

강화학습 프레임워크의 에이전트와 정책까지 살펴봤다. 이번 장에서는 8장에서 구현한 REINFORCE 알고리즘에 베이스라인을 적용했을 때 성능이 얼마나 개선되는지 확인해 보자. 베이스라인을 적용하는 방법은 다양하지만 그림 11-1과 같이 베이스라인을 모델로 학습해서 정책의 목적 함수에 적용해 보자. 이때 베이스라인은 리턴의 평균으로 가정한다.

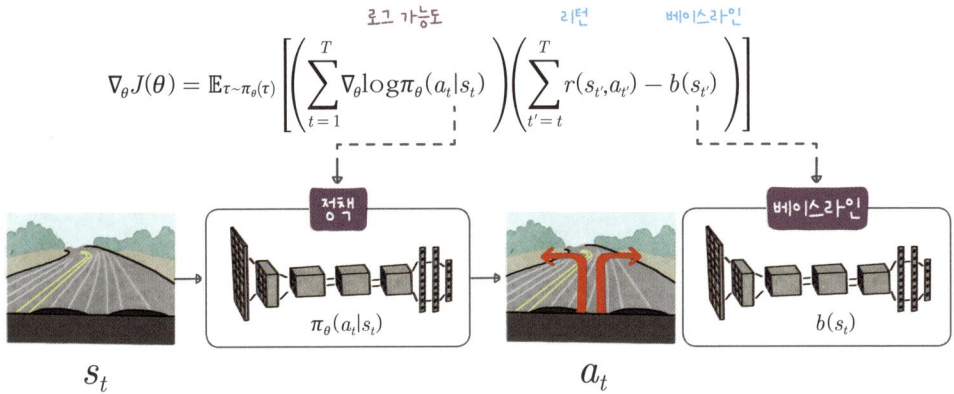

그림 11-1 REINFORCEB에 베이스라인 적용

베이스라인이 리턴의 평균이 되게 예측하려면 베이스라인 모델의 손실 함수는 어떻게 정의하면 될까? 힌트는 **회귀 모델**Regression Model에 있다. 회귀 모델은 모든 관측 데이터가 가우시안 분포를 이루며 동일한 분산을 갖는 **등분산 가정**을 하기 때문에 가우시안 분포의 평균을 예측한다. 베이스라인 모델도 관측 데이터를 가우시안 분포를 이루는 리턴으로 정의해 이를 예측하는 회귀 모델로 정의하면 리턴의 평균을 예측할 수 있다. 따라서 베이스라인 모델은 그림 11-2와 같이 상태를 입력해서 리턴을 타깃으로 학습하는 회귀 모델로 구성하고, 손실 함수는 **평균 제곱 오차**Mean Squared Error로 정의하면 된다.

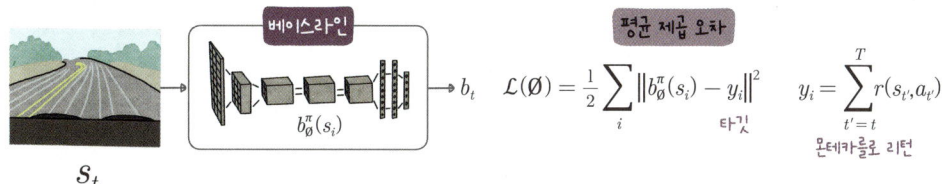

그림 11-2 베이스라인 모델과 목적 함수

이제 8장에서 구현해 봤던 REINFORCE 알고리즘에 베이스라인 모델을 추가해서 성능이 개선된 REINFORCE 알고리즘으로 업그레이드 해 보자.

11.1 새로운 알고리즘 추가

REINFORCE를 변형해서 베이스라인을 적용한 알고리즘을 만든다면 ❶ 이를 실행하는 새로운 에이전트를 구현해서 ❷ 강화학습 프레임워크에 추가해야 한다. 새로운 알고리즘을 추가하는 방법을 알아보기 위해 이번 절에서는 REINFORCE 알고리즘을 복사해서 새로운 에이전트를 만들고 이를 프레임워크에 추가하는 과정을 살펴보겠다.

11.1.1 에이전트 구현

REINFORCE 알고리즘을 복사해서 **MyAgent**[1]라는 알고리즘을 만들어 보자. 그림 11-3과 같은 디렉토리와 파일을 만들면 된다.

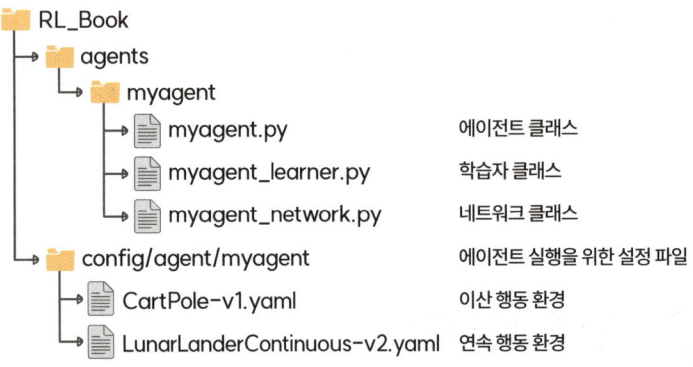

그림 11-3 MyAgent 디렉토리 구조

그 과정을 설명하면 다음과 같다.

- 에이전트 구현 파일을 복사한다.
  - "/agents/reinforce" 디렉토리를 복사해서 "/agents/myagent"로 만든다.
  - "/agents/myagent" 하위의 파일 이름을 그림 11-3과 같이 바꾼다.

- 각 파일에 정의된 클래스 이름을 변경한다.
  - myagent.py: REINFORCE를 MyAgent로 변경한다.
  - myagent_learner.py: REINFORCELearner를 MyAgentLearner로 변경한다.
  - myagent_network.py: REINFORCENetwork를 MyAgentNetwork로 변경한다.
  - 각 파일의 클래스 참조를 새로운 클래스로 변경한다.

---

1 이름은 MyAgent가 아니어도 상관없다. 각자 자신만의 알고리즘 이름을 지어서 만들어 보자.

- 설정 파일을 복사한다.
  - "/config/agent/reinforce" 디렉토리를 복사해서 "/config/agent/myagent"로 만든다.

이제 MyAgent 알고리즘의 에이전트, 네트워크, 학습자에 해당하는 MyAgent, MyAgent Learner, MyAgentNetwork 클래스가 그림 11-4와 같이 정의됐을 것이다.

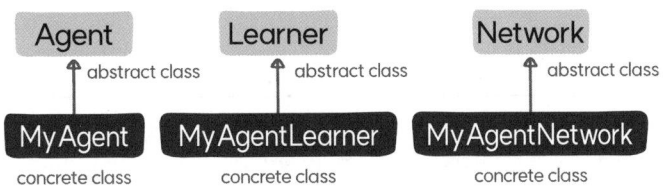

그림 11-4 MyAgent의 에이전트, 학습자, 네트워크 클래스

11.1.2 에이전트 레지스트리에 등록

MyAgent 알고리즘을 main.py로 실행하려면 에이전트 레지스트리에 등록해야 한다. 에이전트 레지스트리는 코드 11-1과 같이 "/agents/__init__.py"에 REGISTRY 딕셔너리로 정의돼 있다.

코드 11-1 /agents/__init__.py

```
from agents.reinforce.reinforce import REINFORCE
from agents.reinforce_b.reinforce_b import REINFORCEB
from agents.a2c.a2c import A2C
from agents.ppo.ppo import PPO
from agents.dqn.dqn import DQN
from agents.ddqn.ddqn import DDQN

# 에이전트 레지스트리
REGISTRY = {}
REGISTRY["reinforce"] = REINFORCE           # REINFORCE 알고리즘
REGISTRY["reinforce_b"] = REINFORCEB        # REINFORCE 베이스라인 적용 알고리즘
REGISTRY["a2c"] = A2C                       # A2C 알고리즘
REGISTRY["dqn"] = DQN                       # DQN 알고리즘
```

```
REGISTRY["ddqn"] = DDQN                    # 더블 DQN 알고리즘
REGISTRY["ppo"] = PPO                      # PPO 알고리즘
```

MyAgent 에이전트를 등록하려면 "/agents/__init__.py" 파일에 MyAgent 클래스를 임포트하고 REGISTRY 딕셔너리에 추가하면 된다. 코드 11-2에 새로운 에이전트가 등록된 모습을 확인할 수 있다.

코드 11-2 MyAgent 에이전트 레지스트리에 등록

```
from agents.reinforce.reinforce import REINFORCE
from agents.reinforce_b.reinforce_b import REINFORCEB
from agents.a2c.a2c import A2C
from agents.ppo.ppo import PPO
from agents.dqn.dqn import DQN
from agents.ddqn.ddqn import DDQN
from agents.myagent.myagent import MyAgent

# 에이전트 레지스트리
REGISTRY = {}
REGISTRY["reinforce"] = REINFORCE          # REINFORCE 알고리즘
REGISTRY["reinforce_b"] = REINFORCEB       # REINFORCE 베이스라인 적용 알고리즘
REGISTRY["a2c"] = A2C                      # A2C 알고리즘
REGISTRY["dqn"] = DQN                      # DQN 알고리즘
REGISTRY["ddqn"] = DDQN                    # 더블 DQN 알고리즘
REGISTRY["ppo"] = PPO                      # PPO 알고리즘
REGISTRY["myagent"] = MyAgent              # MyAgent알고리즘
```

MyAgent 에이전트를 "myagent"라는 이름으로 레지스트리에 등록했다. 이제 "myagent"라는 에이전트 이름으로 main.py를 통해 MyAgent 알고리즘을 실행할 수 있다.

11.1.3 에이전트 실행

main.py를 통해 MyAgent 알고리즘으로 CartPole-v1을 실행하려면 가상 환경을 실행한 상태에서 다음과 같은 쉘 명령어를 실행하면 된다.

```
python main.py --agent myagent --env CartPole-v1
                    에이전트 이름          환경 이름
```

PyCharm에서 main.py를 직접 실행하려면 다음과 같이 실해하면 된다.

- main.py에서 명령어 인자인 agent의 default 값을 'myagent'로 수정한다.

- main.py에서 명령어 인자인 env의 default 값을 'CartPole-v1'으로 수정한다.

- main.py 편집 창에 마우스 우클릭을 해서 'Run main' 메뉴를 선택한다.

11.1.4 베이스라인 추가하기

MyAgent를 실행하는데 성공했다면 MyAgent 에이전트에 베이스라인을 추가해 보자. 구현해 보면서 강화학습 프레임워크의 구조와 강화학습 알고리즘의 작동 방식을 이해하고 체감해 보도록 하자. 어떤 부분을 수정해야 할지 감이 잡히지 않는다면 다음 내용을 참고해본다. 베이스라인 모델을 추가하려면 다음과 같이 네트워크 클래스와 학습자 클래스를 수정해야 한다.

- **베이스라인 모델 추가 및 베이스라인 계산**
  - 베이스라인 모델은 네트워크 클래스(MyAgentNetwork)에 추가한다. 이때 베이스라인 모델의 크기는 정책 모델과 같은 크기로 정의해도 된다.
  - 베이스라인 값은 네트워크 클래스(MyAgentNetwork)의 forward() 실행 결과로 반환한다.

- **베이스라인 데이터 필드 구성**
  - 학습자 클래스(MyAgentLearner)의 _calc_returns() 메서드에서 리턴을 계산할 때, 베이스라인도 함께 계산해서 리턴에서 베이스라인을 뺀 값을 데이터셋에 추가한다.

- **베이스라인 모델 학습**
  - 학습자 클래스(MyAgentLearner)의 update() 메서드에서 베이스라인 모델을 학습한다.

- 이때 타깃은 몬테카를로 리턴으로, 손실 함수는 PyTorch의 nn.MSELoss를 사용해서 평균 제곱 오차로 구현한다.
- **정책의 손실 함수에 베이스라인 반영**
  - 정책의 손실 함수에서 리턴을 리턴에서 베이스라인을 뺀 값으로 변경한다.

구현을 마쳤다면 다음 절로 넘어가서 베이스라인이 적용된 코드를 확인해 보자.

11.2 REINFORCE 베이스라인 버전 구성

REINFORCE에 베이스라인을 적용해 봤다면 지금부터 설명할 베이스라인 적용 알고리즘과 비교해 보자. **REINFORCE 베이스라인 적용 알고리즘**의 소스 코드는 그림 11-5와 같이 "/agents/reinforce_b" 디렉터리에 정의돼 있고 설정 파일은 "/config/agent/reinforce_b" 디렉터리에 정의돼 있다.

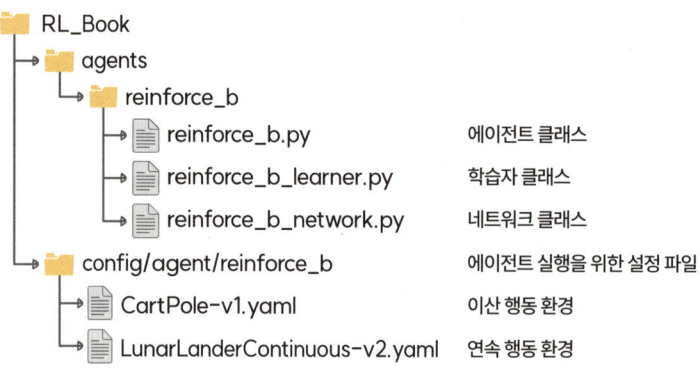

그림 11-5 REINFORCE 베이스라인 적용 알고리즘 디렉터리 구조

각 파일의 내용은 다음과 같다.

- REINFORCE 베이스라인 적용 알고리즘 소스 코드
  - reinforce_b.py: REINFORCE 베이스라인 적용 알고리즘의 에이전트인 REINFORCEB가 정의돼 있다.
  - reinforce_b_learner.py: REINFORCE 베이스라인 적용 알고리즘의 학습자인

REINFORCEBLearner가 정의돼 있다.
- reinforce_b_network.py: REINFORCE 베이스라인 적용 알고리즘의 네트워크인 REINFORCEBNetwork가 정의돼 있다.

- REINFORCE 베이스라인 적용 알고리즘 설정 파일
  - CartPole-v1.yaml: REINFORCE 베이스라인 적용 알고리즘으로 CartPole-v1을 실행할 때 필요할 설정이 정의돼 있다.
  - LunarLanderContinuous-v2.yaml: REINFORCE 베이스라인 적용 알고리즘으로 LunarLanderContinuous-v2을 실행할 때 필요할 설정이 정의돼 있다.

11.2.1 에이전트 관련 클래스

REINFORCE 베이스라인 적용 알고리즘은 에이전트, 네트워크, 학습자 클래스인 REINFORCEB, REINFORCEBLearner, REINFORCEBNetwork로 구현돼 있으며 이들은 Agent, Learner, Network를 상속하고 있다.

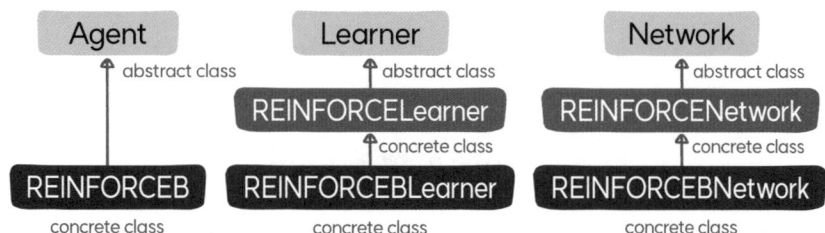

그림 11-6 REINFORCE 베이스라인 적용 알고리즘의 에이전트, 학습자, 네트워크 클래스

REINFORCEBLearner, REINFORCEBNetwork는 REINFORCELearner, REINFORCENetwork를 상속해서 REINFORCE의 메서드를 재사용한다.

11.2.2 주요 클래스 구성

REINFORCE 베이스라인 적용 알고리즘을 실행하면 그림 11-7과 같은 순서로 관련 객체가 생성된다. REINFORCE와 생성된 객체의 구성은 거의 같고 REINFORCEBNetwork에서 베이스라인을 MLP 모델로 생성하는 부분만 차이가 있다.

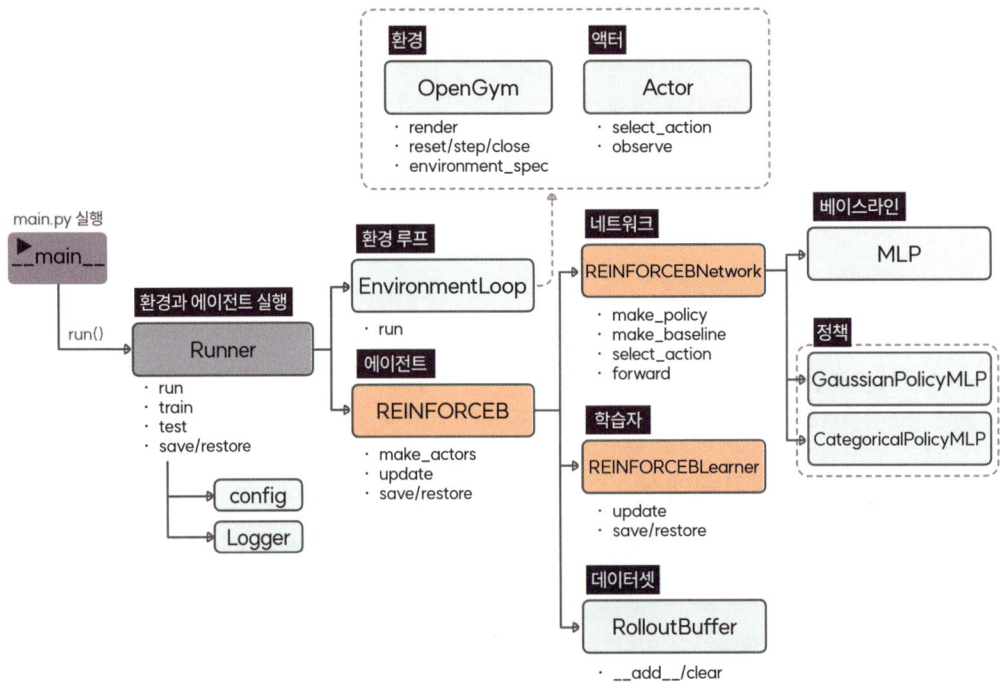

그림 11-7 REINFORCEB 클래스 관계도

객체의 생성 순서를 설명하면 다음과 같다.

- main.py는 Runner를 생성하고 run() 메서드를 호출한다.

- Runner의 run() 메서드에서는 강화학습의 핵심 구성 모듈인 에이전트 REINFORCEB와 에이전트와 환경이 상호작용을 하도록 환경 루프 EnvironmentLoop를 생성한다.

- REINFORCEB는 에이전트를 구성하는 네트워크, 학습자, 데이터셋인 REINFORCEBNetwork, REINFORCEBLearner, RolloutBuffer를 생성한다.

- REINFORCEBNetwork는 연속 행동인 경우에는 GaussianPolicyMLP를 생성하고 이산 행동인 경우에는 CategoricalPolicyMLP를 생성한다. 그리고 베이스라인 모델로 MLP를 생성한다.

- 환경 루프 EnvironmentLoop는 환경인 OpenGym과 액터 Actor를 생성한다.

11.3 REINFORCEB 클래스

REINFORCE 베이스라인 적용 알고리즘을 구성하는 REINFORCEB, REINFORCEBNetwork, REINFORCEBLearner 클래스가 어떻게 구현돼 있는지 코드를 통해 확인해 보자. REINFORCEB는 에이전트 클래스로 Agent를 상속하고 있다. 에이전트 클래스의 역할과 초기화 방식은 REINFORCE와 동일하다.

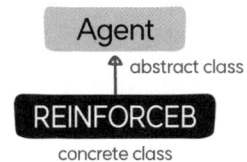

그림 11-8 REINFORCEB 클래스 구성도

11.3.1 클래스 정의

REINFORCEB 클래스는 다음과 같이 정의된다.

메서드

- __init__: REINFORCE 베이스라인 적용 알고리즘을 실행하는 학습자, 네트워크, 데이터셋으로 구성된 에이전트를 생성한다.

11.3.2 클래스 구현 코드

REINFORCEB 클래스는 다음과 같이 구현돼 있다.

패키지 임포트

코드 11-3 REINFORCEB 에이전트 패키지 임포트

```
from types import SimpleNamespace
from utils.logging import Logger
from envs.environment import Environment
from agents.agent import Agent
```

```
from agents.reinforce_b.reinforce_b_network import REINFORCEBNetwork
from agents.reinforce_b.reinforce_b_learner import REINFORCEBLearner
```

실행 순서는 다음과 같다.

1. 설정(config) 객체를 나타내는 SimpleNamespace를 임포트 한다.
2. 로거 클래스인 Logger를 임포트 한다.
3. 환경 클래스인 Environment를 임포트 한다.
4. 에이전트의 베이스 클래스인 Agent을 임포트 한다.
5. REINFORCE 베이스라인 적용 알고리즘의 네트워크인 REINFORCEBNetwork를 임포트 한다.
6. REINFORCE 베이스라인 적용 알고리즘의 학습자인 REINFORCEBLearner를 임포트 한다.

초기화

REINFORCE 베이스라인 적용 알고리즘을 실행하는 학습자, 네트워크, 데이터셋으로 구성된 에이전트를 생성한다.

코드 11-4 REINFORCEB 에이전트

```
class REINFORCEB(Agent):
    """REINFORCE 베이스라인 적용 알고리즘 에이전트 클래스"""
    def __init__(self,
                 config: SimpleNamespace,
                 logger: Logger,
                 env: Environment):
        """
        REINFORCE 베이스라인 적용 알고리즘을 실행하는
        학습자, 네트워크, 데이터셋으로 구성된 에이전트를 생성

        Args:
            config: 설정
            logger: 로거
            env: 환경
        """
```

```
# 에이전트 초기화
super(REINFORCEB, self).__init__(
    config=config,
    logger=logger,
    env=env,
    network_class=REINFORCEBNetwork,
    learner_class=REINFORCEBLearner,
    policy_type="on_policy")
```

코드 11-4의 실행 순서는 REINFORCE와 동일하다. 다만, 네트워크 클래스와 학습자 클래스를 REINFORCEBNetwork와 REINFORCEBLearner로 지정하는 부분만 차이가 있다.

- 에이전트 초기화: 부모 클래스인 Agent의 초기화 함수를 호출한다. 이때 다음과 같은 정보를 전달해서 에이전트의 서브 모듈인 학습자, 네트워크, 데이터셋이 생성되도록 한다.
    - 인자로 받은 설정(config), 로거(logger), 환경(env)을 다시 전달한다.
    - REINFORCE 베이스라인 적용 알고리즘의 학습자와 네트워크 클래스를 지정한다.
        - 네트워크 클래스로 REINFORCEBNetwork를 지정한다.
        - 학습자 클래스로 REINFORCEBLearner를 지정한다.
    - 정책 유형을 온라인 정책을 나타내는 "on_policy"로 지정한다.

11.4 REINFORCEBNetwork 클래스

REINFORCEBNetwork는 네트워크 클래스로 REINFORCENetwork를 상속하고 있다. REINFORCENetwork의 역할 외에 추가적인 역할은 ❶ **베이스라인 모델을 생성**하고 ❷ 정책의 학습에 필요한 **베이스라인을 계산**하는 것이다.

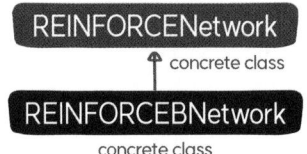

그림 11-9 REINFORCEBNetwork 클래스 구성도

11.4.1 클래스 정의

REINFORCEBNetwork 클래스는 다음과 같이 정의한다.

속성

- **베이스라인 모델**(baseline): 정책의 목적 함수를 계산할 때 분산을 줄이기 위해 사용하는 베이스라인을 출력하는 모델로 MLP 클래스를 이용해서 생성한다.

메서드

- `__init__`: 부모 클래스인 REINFORCENetwork의 초기화 함수를 호출해서 네트워크를 초기화 및 정책을 생성하고 추가적으로 베이스라인을 생성한다.

- `make_baseline`: 상태를 입력 받고 베이스라인을 출력하는 베이스라인 모델 생성한다.

- `cuda`: 정책과 베이스라인 모델의 상태(파라미터와 버퍼)를 GPU로 이동한다.

- `forward`: 네트워크를 실행해서 해당 상태에서의 행동의 로그 가능도와 베이스라인을 계산한다.

11.4.2 클래스 구현 코드

REINFORCEBNetwork 클래스의 코드를 확인하면서 앞에서 직접 구현했던 코드가 맞는지 확인해 보자.

패키지 임포트

코드 11-5 REINFORCEBNetwork 패키지 임포트

```python
from types import SimpleNamespace
from envs.environment import EnvironmentSpec
from models.model import MLP
from agents.reinforce.reinforce_network import REINFORCENetwork
```

실행 순서는 다음과 같다.

1. 설정(config) 객체를 표현하기 위한 SimpleNamespace를 임포트 한다.
2. 환경의 정보를 제공하는 EnvironmentSpec을 임포트 한다.
3. 순방향 신경망 모델인 MLP를 임포트 한다.
4. REINFORCE의 네트워크 클래스인 REINFORCENetwork를 임포트 한다.

초기화

부모 클래스인 REINFORCENetwork의 초기화 함수를 호출해서 네트워크를 초기화 및 정책을 생성하고 추가적으로 베이스라인을 생성한다.

코드 11-6 REINFORCEBNetwork 초기화

```python
class REINFORCEBNetwork(REINFORCENetwork):
    """REINFORCE 베이스라인 적용 알고리즘 네트워크 클래스"""
    def __init__(self,
                 config: SimpleNamespace,
                 environment_spec: EnvironmentSpec):
        """
            부모 클래스인 REINFORCENetwork의 초기화 함수를 호출해서
            네트워크를 초기화 및 정책을 생성하고 추가적으로 베이스라인을 생성
        Args:
            config: 설정
            environment_spec: 환경 정보
        """

        # 1. 부모 클래스의 초기화 호출
```

```
        super(REINFORCEBNetwork, self).__init__(config,
                                                environment_spec)
        # 2. 베이스라인 생성
        self.baseline = self.make_baseline()
```

실행 순서는 다음과 같다.

1. 부모 클래스의 초기화 호출: 부모 클래스인 REINFORCENetwork의 초기화 함수를 호출해서 네트워크 모듈의 공통적인 초기화를 수행하고 정책 모델을 생성한다.
2. 베이스라인 생성: 베이스라인 모델을 생성한다.

베이스라인 생성

상태를 입력 받고 베이스라인을 출력하는 베이스라인 모델 생성한다.

코드 11-7 REINFORCEBNetwork 베이스라인 생성

```
def make_baseline(self):
    """
        상태를 입력 받고 베이스라인을 출력하는 베이스라인 모델 생성

    Returns:
        베이스라인 모델
    """

    # 1. 정책과 같은 크기로 모델 구성
    layer_sizes = self.config.actor_hidden_dims + [1]

    # 2. MLP로 베이스라인 모델 생성
    return MLP(config=self.config,
               input_size=self.state_size,
               layer_sizes=layer_sizes)
```

실행 순서는 다음과 같다.

1. 정책과 같은 크기로 모델 구성: 베이스라인 모델의 계층별 뉴런 수 리스트(layer_sizes)를 만든다. 은닉 계층은 정책의 은닉 계층과 동일한 크기로, 출력 계층은 베이스라인을 출력하는 뉴런 하나로 구성한다.

2. MLP로 베이스라인 모델 생성: 베이스라인 모델의 입력 크기는 상태의 크기로 나머지 계층은 계층별 뉴런 수 리스트(layer_sizes)로 지정한다.

CUDA

정책과 베이스라인 모델의 상태(파라미터와 버퍼)를 GPU로 이동한다.

코드 11-8 REINFORCEBNetwork CUDA

```
def cuda(self):
    """
        정책과 베이스라인 모델의 상태(파라미터와 버퍼)를 GPU로 이동
    """

    # 1. 부모 클래스의 cuda() 호출
    super(REINFORCEBNetwork, self).cuda()

    # 2. 베이스라인의 cuda() 호출
    self.baseline.cuda(self.config.device_num)
```

실행 순서는 다음과 같다.
4. 부모 클래스의 cuda() 호출: 부모 클래스인 REINFORCENetwork의 cuda()를 호출한다.
5. 베이스라인의 cuda() 호출: 베이스라인 모델에 대해서도 cuda()를 호출한다.

네트워크 실행

네트워크를 실행해서 해당 상태에서의 행동의 로그 가능도와 베이스라인을 계산한다.

코드 11-9 REINFORCEBNetwork 네트워크 실행

```
def forward(self, state, action) -> tuple[Any, Any]:
    """
        학습자에서 정책과 베이스라인의 손실을 계산할 때
        필요한 정보를 제공하기 위해, 네트워크를 실행해서
        해당 상태에서의 행동의 로그 가능도와 베이스라인을 계산
    Args:
        state: 상태
```

```
        action: 행동

    Returns:
        행동의 로그 가능도, 베이스라인
    """

    # 1. 행동의 분포를 구함
    distribution = self.policy.distribution(state)

    # 2. 로그 가능도 계산
    log_prob = self._log_prob(distribution, action)

    # 3. 베이스라인 계산
    baseline = self.baseline(state)

    # 4. 로그 가능도와 베이스라인 반환
    return log_prob, baseline
```

실행 순서는 다음과 같다.
1. 행동의 분포를 구함: 상태(state)를 입력했을 때 정책이 출력한 행동의 분포를 구한다.
2. 로그 가능도를 계산: 행동의 로그 가능도를 계산한다.
3. 베이스라인 계산: 베이스라인 모델에 상태를 입력해서 베이스라인을 출력한다.
4. 로그 가능도와 베이스라인 반환: 계산한 로그 가능도와 베이스라인을 함께 반환한다.

11.5 REINFORCEBLearner 클래스

REINFORCEBLearner는 학습자 클래스로 REINFORCELearner를 상속하고 있다. 주요 역할은 REINFORCELearner와 거의 같고 베이스라인 모델을 학습하기 위한 부분만 차이가 있다. ❶ 베이스라인을 계산해서 **리턴에서 베이스라인을 뺀 값을 데이터셋에 추가**하고 ❷ 정책의 손실을 계산할 때 **리턴에서 베이스라인을 뺀 값을 사용**하고 ❸ 정책과 함께 **베이스라인 모델을 업데이트**하며 ❹ **베이스라인 손실을 로깅**한다는 점이다.

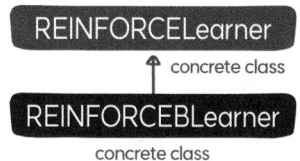

그림 11-10 REINFORCEBLearner 클래스 구성도

11.5.1 클래스 정의

REINFORCEBLearner 클래스는 다음과 같이 정의된다.

속성

- **베이스라인 모델**(baseline): 정책의 목적 함수를 계산할 때 분산을 줄이기 위해 사용하는 베이스라인을 출력하는 모델이다.

- **베이스라인 학습률 스케줄러**(baseline_lr_scheduler): 베이스라인 모델을 위한 학습률 스케줄러로 코사인 스케줄러를 사용한다.

- **MSE 손실 함수**(MSELoss): 베이스라인 모델의 손실 함수로 사용할 평균 제곱 오차 손실 함수이다.

메서드

- __init__: REINFORCELearner 클래스의 초기화 메서드를 호출해 학습자를 초기화 하고, 베이스라인 모델의 학습을 위한 Adam 옵티마이저와 학습률 스케줄러를 생성한다.

- make_lr_scheduler: 정책과 베이스라인 모델의 학습률 스케줄러를 생성한다.

- _calc_returns: 몬테카를로 리턴을 계산할 때 베이스라인을 이용해서 리턴에서 베이스라인을 뺀 값을 이득으로 계산한 후 버퍼에 추가 데이터 필드로 저장한다.

- update: 정책의 손실 함수에 리턴 대신 베이스라인을 적용한 이득을 사용해서 정책과 함께 베이스라인 모델을 학습한다.

11.5.2 클래스 구현 코드

패키지 임포트

코드 11-11 REINFORCEBLearner 패키지 임포트

```
import torch
import torch.nn as nn
from types import SimpleNamespace
from datasets.rollout_buffer import RolloutBuffer
from agents.reinforce_b.reinforce_b_network import REINFORCEBNetwork
from envs.environment import EnvironmentSpec
from utils.logging import Logger
from agents.reinforce.reinforce_learner import REINFORCELearner
from utils.lr_scheduler import CosineLR
from utils.value_util import monte_carlo_returns
```

실행 순서는 다음과 같다.

1. 딥러닝 구현을 위한 PyTorch 패키지 torch를 임포트 한다.
2. PyTorch 패키지의 네트워크 모듈 torch.nn을 임포트 한다.
3. 설정(config) 객체를 표현하기 위한 SimpleNamespace를 임포트 한다.
4. 온라인 정책의 데이터셋 버퍼인 RolloutBuffer를 임포트 한다.
5. REINFORCE 베이스라인 적용 알고리즘의 네트워크인 REINFORCEBNetwork를 임포트 한다.
6. 환경의 정보를 제공하는 EnvironmentSpec을 임포트 한다.
7. 로거 클래스인 Logger를 임포트 한다.
8. REINFORCE 알고리즘의 학습자인 REINFORCELearner를 임포트 한다.
9. 코사인 학습률 스케줄러인 CosineLR을 임포트 한다.
10. 몬테카를로 리턴을 계산해주는 유틸리티 함수인 monte_carlo_returns를 임포트 한다.

초기화

REINFORCELearner 클래스의 초기화 메서드를 호출해 학습자를 초기화 하고, 베이스라인 모델의 학습을 위한 Adam 옵티마이저와 학습률 스케줄러를 생성한다.

코드 11-12 REINFORCEBLearner 초기화

```python
class REINFORCEBLearner(REINFORCELearner):
    """REINFORCE 베이스라인 적용 알고리즘 학습자 클래스"""
    def __init__(self,
                 config: SimpleNamespace,
                 logger: Logger,
                 environment_spec: EnvironmentSpec,
                 network: REINFORCEBNetwork,
                 buffer: RolloutBuffer):
        """
        REINFORCELearner 클래스의 초기화 메서드를 호출해 학습자를 초기화 하고,
        베이스라인 모델의 학습을 위한 Adam 옵티마이저와 학습률 스케줄러를 생성
        Args:
            config: 설정
            logger: 로거
            environment_spec: 환경 정보
            network: 네트워크
            buffer: 버퍼
        """

        # 1. 부모 클래스 초기화 호출
        super(REINFORCEBLearner, self).__init__(config,
                                                logger,
                                                environment_spec,
                                                network, buffer)

        # 2. 베이스라인 모델을 변수에 할당
        self.baseline = self.network.baseline

        # 3. 옵티마이저 생성
        self.optimizer = torch.optim.Adam([
                    {'params': self.network.policy.parameters(),
                     'lr': self.config.lr_policy},
                    {'params': self.network.baseline.parameters(),
                     'lr': self.config.lr_policy},
        ])

        # 4. 학습률 스케줄러 생성
```

```
    self.make_lr_scheduler()

    # 5. 평균 제곱 오차 손실 함수 생성
    self.MSELoss = nn.MSELoss()
```

실행 순서는 다음과 같다.

1. **부모 클래스 초기화 호출**: `REINFORCELearner`의 초기화 함수를 호출해 학습자를 초기화하고 정책 모델을 학습하기 위한 학습률 스케줄러를 생성한다.
2. **베이스라인 모델을 변수에 할당**: 개발 편의성을 위해 네트워크 모듈에 있는 베이스라인 모델을 변수에 할당한다.
3. **옵티마이저 생성**: 정책과 베이스라인 모델을 학습하기 위한 `Adam` 옵티마이저를 생성한다.
4. **학습률 스케줄러 생성**: 정책과 베이스라인 모델의 학습률 스케줄러를 생성한다.
5. **평균 제곱 오차 손실 함수 생성**: 베이스라인 모델을 학습하기 위한 평균 제곱 오차 손실 함수를 생성한다.

학습률 스케줄러 생성

정책과 베이스라인 모델의 학습률 스케줄러를 생성한다.

코드 11-13 REINFORCEBLearner 학습률 스케줄러 생성

```python
def make_lr_scheduler(self):
    """학습률 스케줄러 생성"""

    self.policy_lr_scheduler = None
    self.critic_lr_scheduler = None

    # 1. 학습률 스케줄링을 하지 않으면 반환
    if not self.config.lr_annealing: return

    # 2. 정책 학습률 스케줄러 생성
    self.policy_lr_scheduler = CosineLR(
        logger=self.logger,
        param_groups=self.optimizer.param_groups[0],
```

```
        start_lr=self.config.lr_policy,
        end_timesteps=self.config.max_environment_steps,
        name="policy lr"
    )

    # 3. 베이스라인 학습률 스케줄러 생성
    self.baseline_lr_scheduler = CosineLR(
        logger=self.logger,
        param_groups=self.optimizer.param_groups[1],
        start_lr=self.config.lr_policy,
        end_timesteps=self.config.max_environment_steps,
        name="policy lr"
    )
```

실행 순서는 다음과 같다.
1. 정책 학습률 스케줄러 생성: 정책 모델의 학습률 스케줄러를 생성한다.
2. 베이스라인 학습률 스케줄러 생성: 베이스라인 모델의 학습률 스케줄러를 생성한다.

몬테카를로 리턴 계산

몬테카를로 리턴을 계산할 때 베이스라인을 이용해서 리턴에서 베이스라인을 뺀 값을 이득으로 계산한 후 버퍼에 추가 데이터 필드로 저장한다.

코드 11-14 REINFORCEBLearner 몬테카를로 리턴 계산

```
def _calc_returns(self):
    """
    몬테카를로 리턴을 계산할 때 베이스라인을 이용해서
    리턴에서 베이스라인을 뺀 값을 이득으로 계산한 후
    버퍼에 추가 데이터 필드로 저장
    """

    # 1. 버퍼가 비어 있으면 반환
    if len(self.buffer) == 0: return

    # 2. 몬테카를로 리턴 계산
    returns, _ = monte_carlo_returns(
```

```python
        self.config,
        self.buffer['state'],
        self.buffer['next_state'],
        self.buffer['reward'],
        self.buffer['done'],
    )

    # 3. 베이스라인과 이득 계산
    with torch.no_grad():
        baseline = self.baseline(self.buffer['state'])
        advantage = returns - baseline

    # 4. 버퍼 스키마 확장
    if self.buffer["returns"] is None:
        schema = {'returns': {'shape': (1,)},
                  'advantage': {'shape': (1,)},
                  }
        self.buffer.extend_schema(schema)

    # 5. 버퍼에 리턴과 이득 저장
    self.buffer['returns'] = returns
    self.buffer['advantage'] = advantage
```

실행 순서는 다음과 같다.

1. 버퍼가 비어 있으면 반환: 버퍼가 비어 있으면 리턴을 계산할 수 없으므로 반환한다.
2. 몬테카를로 리턴 계산: 데이터셋에 순차적으로 저장된 트랜지션의 리턴(returns)을 일괄적으로 계산한다.
3. 베이스라인과 이득 계산: 베이스라인 모델을 실행해서 베이스라인(baseline)을 구한 후 리턴에서 베이스라인을 빼서 이득(advantage)으로 계산한다.
4. 버퍼 스키마 확장: 버퍼에 리턴 키가 없으면 리턴과 이득을 저장할 수 있도록 스키마 확장한다.
5. 버퍼에 리턴과 이득 저장: 버퍼에 리턴과 이득 데이터를 저장한다.

모델 업데이트

정책의 손실 함수에 리턴 대신 베이스라인을 적용한 이득을 사용하고 정책과 함께 베이스라인 모델도 학습한다. ❶ 베이스라인을 이용해서 정책의 손실을 계산하고 ❷ 정책과 함께 베이스라인 모델을 학습하며 ❸ 베이스라인 손실을 로깅하고 ❹ 베이스라인 학습률을 스케줄링을 하는 부분이 추가됐다.

코드 11-15 REINFORCEBLearner 모델 업데이트(1/3)

```python
def update(self, total_n_timesteps: int, total_n_episodes: int) -> bool:
    """
        정책의 손실 함수에 리턴 대신 베이스라인을 적용한 이득을 사용하고
        정책과 함께 베이스라인 모델도 학습

    Args:
        total_n_timesteps: 현재 타임 스텝
        total_n_episodes: 현재 에피소드

    Returns:
        정책 평가 및 개선 실행 여부
    """

    # 1. 버퍼가 비어 있으면 반환
    if len(self.buffer) == 0: return False

    # 2. 리턴 계산
    self._calc_returns()

    # 3. 배치 실행 횟수 계산
    num_batch_times = (len(self.buffer)-1)//self.config.batch_size+1
```

실행 순서는 다음과 같다.
1. 버퍼가 비어 있으면 반환: 버퍼가 비어 있으면 모델을 업데이트 하지 않고 바로 반환한다.
2. 리턴 계산: 전체 데이터셋에 대해 트랜지션별로 몬테카를로 리턴을 계산해서 데이터셋에 추가한다.

3. **배치 실행 횟수 계산**: 1 에포크마다 모델 업데이트 횟수를 계산하기 위해 버퍼의 크기를 배치 크기로 나눠서 배치 실행 횟수(num_batch_times)로 둔다.

코드 11-16 REINFORCEBLearner 모델 업데이트(2/3)

```python
# 4. 학습 루프
for epoch in range(0, self.config.n_epochs):
    for i in range(num_batch_times):
        # 5. 롤아웃 버퍼에서 배치 샘플링
        sample_batched = self.buffer.sample(self.config.batch_size)

        # 6. 특징별 변수 처리
        state = sample_batched["state"]
        action = sample_batched["action"]
        returns = sample_batched["returns"]
        advantage = sample_batched["advantage"]

        # 7. 학습 타입 스텝 증가
        self.learner_step += 1

        # 8. 로그 가능도과 베이스라인 계산
        log_probs, baseline = self.network(state, action)

        # 9. 손실 계산
        baseline_loss = self.MSELoss(baseline, returns)  # 베이스라인 손실
        policy_loss = -(log_probs * advantage).mean()    # 정책 손실
        total_loss = baseline_loss + policy_loss         # 총 손실

        # 10. 백워드 패스 실행 (그레이디언트 계산)
        self.optimizer.zero_grad(set_to_none=True)
        total_loss.backward()

        # 11. 그레이디언트 클리핑
        torch.nn.utils.clip_grad_norm_(
            self.network.parameters(), self.config.grad_norm_clip
        )
```

```
# 12. 파라미터 업데이트
self.optimizer.step()

# 13. 손실 로깅
# 정책 손실
self.logger.log_stat("policy_loss",
                     policy_loss.item(),
                     self.learner_step)
# 베이스라인 손실
self.logger.log_stat("baseline_loss",
                     baseline_loss.item(),
                     self.learner_step)
```

실행 순서는 다음과 같다.

4. 학습 루프: 설정에 지정된 에포크(epoch)만큼 학습 루프를 실행하고 에포크별로 배치 실행 횟수(num_batch_times)만큼 모델을 업데이트 한다.

5. 롤아웃 버퍼에서 배치 샘플링: 롤아웃 버퍼에서 지정된 배치 크기로 배치를 샘플링한다.

6. 특징별 변수 처리: 코드를 간결하게 하기 위해 샘플링된 배치의 필드별로 변수를 할당해서 사용한다.

7. 학습 타입 스텝 증가: 학습 타입 스텝을 1 증가시킨다.

8. 로그 가능도와 베이스라인 계산: 손실을 계산할 때 사용할 해당 상태(state)에서 행동(action)의 로그 가능도와 베이스라인을 계산한다.

9. 손실 계산: REINFORCE 베이스라인 적용 알고리즘에 따라 다음과 같이 손실을 계산한다.
   - 베이스라인 손실: 베이스라인 손실은 평균제곱오차로 계산한다.
   - 정책 손실: 로그 가능도(log_prob)와 이득(advnatage)를 곱해서 평균을 계산한 뒤 손실로 표현하기 위해 음수를 붙인다.

$$\nabla_\theta J(\theta) \approx \frac{1}{N} \left(\sum_{t=1}^{T} \nabla_\theta \log \pi_\theta(a_t|s_t) \right) \left(\sum_{t'=t}^{T} r(s_{t'}, a_{t'}) - b(s_{t'}) \right)$$

(로그 가능도) (이득=리턴-베이스라인)

- 총 손실 계산: 베이스라인 손실과 정책 손실을 더해서 총 손실을 계산한다.
10. 백워드 패스 실행(그레이디언트 계산): 역전파 알고리즘을 실행한다.
11. 그레이디언트 클리핑: 그레이디언트가 너무 커지지 않도록 클리핑한다.
12. 파라미터 업데이트: 옵티마이저를 이용해서 파라미터를 업데이트 한다.
13. 손실 로깅: 손실 그래프를 텐서보드로 확인할 수 있도록 정책 손실과 베이스라인 손실을 로깅한다.

코드 11-17 REINFORCEBLearner 모델 업데이트(3/3)

```
if self.config.lr_annealing:
    # 14. 학습률 스케줄 업데이트
    self.policy_lr_scheduler.step(total_n_timesteps)
    self.baseline_lr_scheduler.step(total_n_timesteps)

    # 15. 학습률 로깅
    self.logger.log_stat("policy learning rate",
                         self.optimizer.param_groups[0]['lr'],
                         total_n_timesteps)
    self.logger.log_stat("baseline learning rate",
                         self.optimizer.param_groups[1]['lr'],
                         total_n_timesteps)

# 16. 데이터셋 삭제
self.buffer.clear()

return True
```

실행 순서는 다음과 같다.

14. 학습률 스케줄 업데이트: 현재 타입 스텝에 맞춰 정책과 베이스라인 학습률을 스케줄링한다.
15. 학습률 로깅: 학습률 스케줄을 텐서보드로 확인할 수 있도록 정책과 베이스라인 학습률을 로깅한다.
16. 데이터셋 삭제: 온라인 정책이므로 학습이 완료됐으면 데이터셋을 삭제한다.

11.6 CartPole-v1 학습

이제 REINFORCE 베이스라인 적용 알고리즘을 이용해서 강화학습 환경인 CartPole-v1[2]을 학습시켜 보고 성능 그래프가 어떻게 변화하는지 확인해 보자.

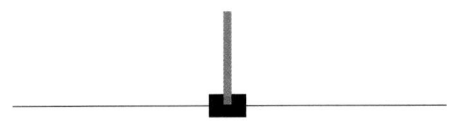

그림 11-11 OpenGym에서 제공하는 CartPole-v1 환경

11.6.1 학습관련 설정

학습과 관련된 설정 항목을 튜닝해서 성능을 최대화해 보자.[3]

훈련 스텝

- `max_environment_steps: 100000`   # 훈련 모드에서 실행할 최대 환경 타임 스텝
- `n_steps: 500`   # 학습 데이터를 수집하기 위해 실행할 타입 스텝
- `n_epochs: 1`   # Learner에서의 정책 학습 에포크 수
- `batch_size: 18`   # 배치 크기

할인 계수

- `gamma: 0.99`   # 리턴 계산 시 사용하는 할인 계수

학습률

- `lr_policy: 0.0005`   # 정책 모델의 학습률

---

2   CartPole-v1 환경에 설명은 8장을 참고하라.
3   설정 파일에는 정책의 학습률(lr_policy)만 0.0003에서 0.0005로 수정됐고 나머지는 동일하다.

학습률 스케줄링

- `lr_annealing: True`   # 학습률 감소를 처리할 지 여부

그레이디언트 클리핑

- `grad_norm_clip: 0.3`   # 그레이디언트 클리핑 임계치 값

리턴과 이득

- `return_standardization: True`   # 리턴을 표준화할지 여부

네트워크

- `actor_hidden_dims: [512]`   # 정책 모델의 은닉 계층별 뉴런 수 리스트

11.6.2 텐서보드 성능 모니터링

그러면 학습하면서 성능이 어떻게 변화하는지를 텐서보드를 통해 확인해 보자.

1. 콘솔에서 다음 명령으로 텐서보드를 실행한다.
    - `$ tensorboard --logdir results`

2. 텐서보드가 실행하면서 알려주는 URL에 웹 브라우저를 실행해서 들어간다.
    - http://localhost:6006/

3. 텐서보드 화면이 나타나면 이 중 return_mean 항목을 확인해본다.
    - 그림 11-12와 같은 학습 곡선이 나타나는지 확인해 보라.

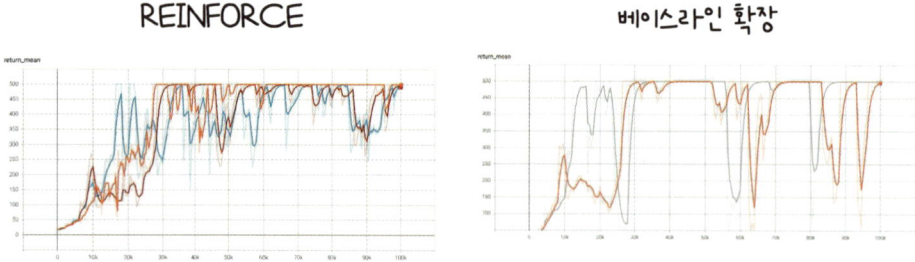

그림 11-12 학습 곡선 확인(에피소드의 평균 리턴 그래프)

REINFORCE를 학습했을 때보다 베이스라인 적용 버전이 성능이 아주 좋아졌다고 보기는 어려운 것 같다. 곡선은 많이 부드러워져서 베이스라인을 적용한 후 목적 함수의 분산이 적어지고 그에 따라 성능의 변동도 적어졌다고 볼 수 있을 것 같다. 하지만 수렴 이후에 성능 하락이 크게 나타나는 현상도 있어서 조금은 불안정한 모습도 있다. 어떤 점을 개선해야 성능이 더욱 개선될까? 다음 장에서 액터-크리틱 알고리즘인 A2C를 구현해 보면서 REINFORCE 베이스라인 적용 알고리즘과 어떻게 다른지 비교해 보자.

11.7 LunarLanderContinuous-v2 학습

REINFORCE 베이스라인 적용 알고리즘으로 연속 행동을 갖는 강화학습 환경에 대해서도 학습해 보자. LunarLanderContinuous-v2[4]를 학습시켜 보고 리턴이 200에 도달하는지 확인해 보자.

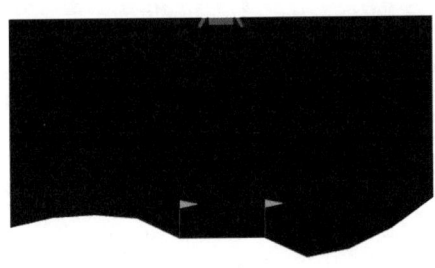

그림 11-13 OpenGym에서 제공하는 LunarLanderContinuous-v2 환경

11.7.1 학습관련 설정

학습과 관련된 설정 항목을 튜닝해서 성능을 최대화해 보자.

---

4 LunarLanderContinuous-v2 환경에 설명은 8장을 참고하라.

훈련 스텝

- `max_environment_steps: 100000`   # 훈련 모드에서 실행할 최대 환경 타임 스텝
- `n_steps: 8192`   # 학습 데이터를 수집하기 위해 실행할 타입 스텝
- `n_epochs: 4`   # Learner에서의 정책 학습 에포크 수
- `batch_size: 64`   # 배치 크기

할인 계수

- `gamma: 0.99`   # 리턴 계산 시 사용하는 할인 계수

학습률

- `lr_policy: 0.00002`   # 정책 모델의 학습률

학습률 스케줄링

- `lr_annealing: True`   # 학습률 감소를 처리할 지 여부

그레이디언트 클리핑

- `grad_norm_clip: 0.3`   # 그레이디언트 클리핑 임계치 값

리턴과 이득

- `return_standardization: True`   # 리턴을 표준화할지 여부

네트워크

- `actor_hidden_dims: [512]`   # 정책 모델의 은닉 계층별 뉴런 수 리스트

11.7.2 REINFORCE 실행

LunarLanderContinuous-v2을 REINFORCE 베이스라인 적용 알고리즘을 실행

하려면 다음과 같은 쉘 명령어로 실행한다.[5]

python main.py --agent reinforce_b --env LunarLanderContinuous-v2
         에이전트 이름   환경 이름

main.py를 실행할 때 에이전트 이름은 'reinforce_b'로 환경 이름은 'LunarLanderContinuous-v2'으로 지정한다. PyCharm에서 main.py의 default 값을 수정하고 실행해도 된다.

- main.py에서 명령어 인자인 agent의 default 값을 'reinforce_b'로 수정한다.
- main.py에서 명령어 인자인 env의 default 값을 'LunarLanderContinuous-v2'으로 수정한다.
- main.py 편집 창에 마우스 우클릭을 해서 'Run main' 메뉴를 선택한다.

실행이 완료됐을 때 에피소드 길이가 최대 200이 됐다면 학습이 잘 됐다고 볼 수 있다.

11.7.3 텐서보드 성능 모니터링

학습하면서 성능이 어떻게 변화하는지를 텐서보드를 통해 확인해 보자. 그림 11-14와 같은 학습 곡선이 나타나는지 확인해 보라.

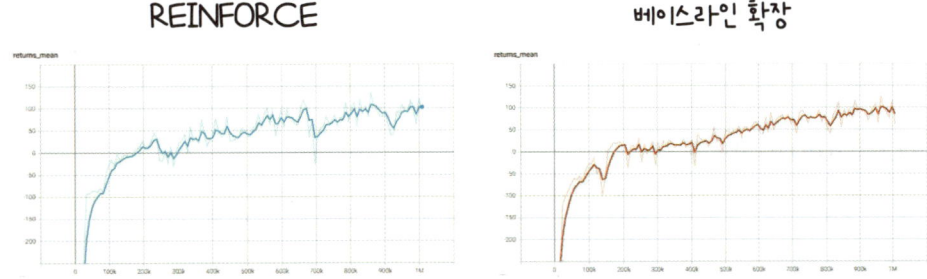

그림 11-14 REINFORCE 베이스라인 적용 알고리즘 학습 곡선 확인(에피소드의 평균 리턴 그래프)

---

5 쉘 명령어로 실행할 때는 가상 환경을 활성화했는지 확인하라. $source activate RL_Book

상대적으로 학습이 어려운 연속 행동을 갖는 강화학습 환경에서 REINFORCE 베이스라인 적용 알고리즘이 보다 안정적인 학습 곡선을 그리고 있는 모습을 잘 보여주고 있다.

11.8 새로운 환경 학습

지금까지 실험을 해봤던 CartPole-v1이나 LunarLanderContinuous-v2가 아닌 새로운 강화학습 환경을 학습하려면 어떻게 해야 할까? 강화학습 프레임워크에 실행 시 필요한 설정 파일만 추가해주면 OpenGym에서 제공하는 어떤 환경도 별도의 코드 수정 없이 바로 실행할 수 있다. 그러면 그림 11-15에 있는 Acrobot-v1 환경을 새롭게 학습하기 위한 과정을 살펴보자. 그리고 같은 방식으로 새로운 강화학습 환경을 선택해서 실험해 보자. Acrobot-v1 환경은 최대 리턴인 -100에 도달하면 학습이 잘 된 것이다.

그림 11-15 OpenGym에서 제공하는 Acrobot-v1 환경

11.8.1 Acrobot-v1

Acrobot-v1은 물리적 환경에서 두 개의 링크로 이뤄진 로봇을 최소로 움직여서 상단의 목표 선에 닿는 것이 목표인 환경이다.[6]

---

6   Acrobot-v1 환경에 대한 자세한 내용은 다음 URL에 있는 OpenGym 문서를 참고하라.
    https://www.gymlibrary.dev/environments/classic_control/acrobot/

행동 공간

행동 공간은 두 개의 링크 사이의 관절에 양의 토크(1), 토크 없음(0), 음의 토크(-1)를 주는 행동으로 정의된다.

표 11-1 Acrobot-v1의 행동 공간

숫자	행동	단위
0	관절에 -1 토크 적용	토크(torque) (N m)
1	관절에 0 토크 적용	토크(torque) (N m)
2	관절에 1 토크 적용	토크(torque) (N m)

관측 공간

상태 공간은 두 회전 관절의 각도와 각속도로 구성돼 있다.

표 11-2 Acrobot-v1의 관측 공간

숫자	관측(Observation)	최솟값	최댓값
0	θ_1의 코사인(cosine)	-1	1
1	θ_1의 사인(sine)	-1	1
2	θ_2의 코사인(cosine)	-1	1
3	θ_2의 사인(sine)	-1	1
4	θ_1의 각속도	-12.567(-4π)	12.567(4π)
5	θ_2의 각속도	-28.274(-9π)	28.274(9π)

보상

- 각 단계에서 보상을 -1을 받는다.

- 링크의 끝이 목표 높이에 도달하면 보상이 0으로 종료한다.

- 보상의 임계값은 -100이다.

에피소드 종료 조건

다음 조건을 만나면 에피소드는 종료하거나 강제로 중단된다.

- 링크의 끝이 목표 높이에 도달하면 에피소드가 종료된다.

- 에피소드 길이가 500보다 커지면 중단한다.

11.8.2 환경 추가 방법

Acrobot-v1 환경을 새롭게 실행하려면 그림 11-16과 같이 Acrobot-v1.yaml 설정 파일을 "/config/agent/reinforce_b" 디렉토리에 추가한다. 간단히 CartPole-v1.yaml을 복사해서 Acrobot-v1.yaml을 만들어 보자.

```
RL_Book/config/agent/reinforce_b
├── CartPole-v1.yaml
├── LunarLanderContinuous-v2.yaml
└── Acrobot-v1.yaml
```

그림 11-16 환경에 대한 설정파일 추가

설정 파일을 만들었으면 REINFORCE 베이스라인 적용 알고리즘을 실행해 보자. 다음과 같은 쉘 명령어로 main.py를 실행하면 되며 에이전트 이름은 'reinforce_b'로 환경 이름은 'Acrobot-v1'으로 지정한다.[7]

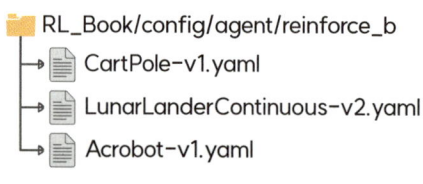

python main.py —agent reinforce_b —env Acrobot-v1
　　　　　　　　　　　에이전트 이름　　　　　환경 이름

간단히 PyCharm에서 main.py에 명령어 인자인 default 값을 수정해서 실행해도 된다.

11.8.3 텐서보드 성능 모니터링

학습 곡선을 확인하기 위해 텐서보드를 실행해서 에피소드 평균 리턴인 return_mean을 확인해 보자. 그림 11-17과 같은 학습 곡선이 나타나는가? 최대 리턴인 -100에 도달하지 않았다면 설정을 튜닝해서 학습 성능을 최적화해 보라.

---

[7] 쉘 명령어로 실행할 때는 가상 환경을 활성화 했는지 확인하라. $source activate RL_Book

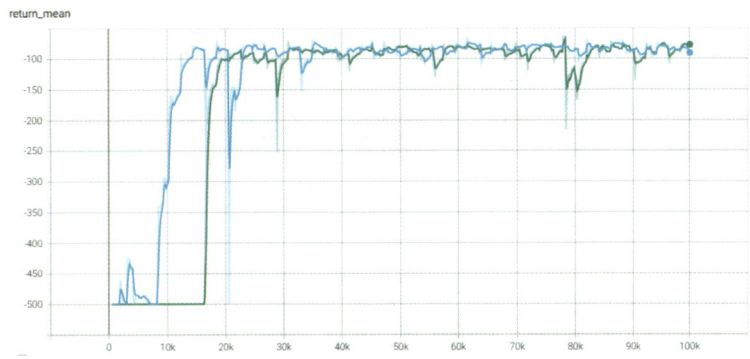

그림 11-17 학습 곡선 확인(에피소드의 평균 리턴 그래프)

Part.5

강화학습 즐기기
액터-크리틱 방법

> 이번 파트에서는 강화학습 알고리즘의 액터-크리틱 방법에 대해 살펴보고 A2C 알고리즘을 구현해본다. 그리고 강화학습 프레임워크의 가치 함수와 데이터셋, 환경을 살펴보면서 강화학습 프레임워크의 모듈 설명을 마무리하고자 한다. 이번 파트를 통해 강화학습을 위한 전체적인 구조와 과정을 체계적으로 이해해 보도록 하자.

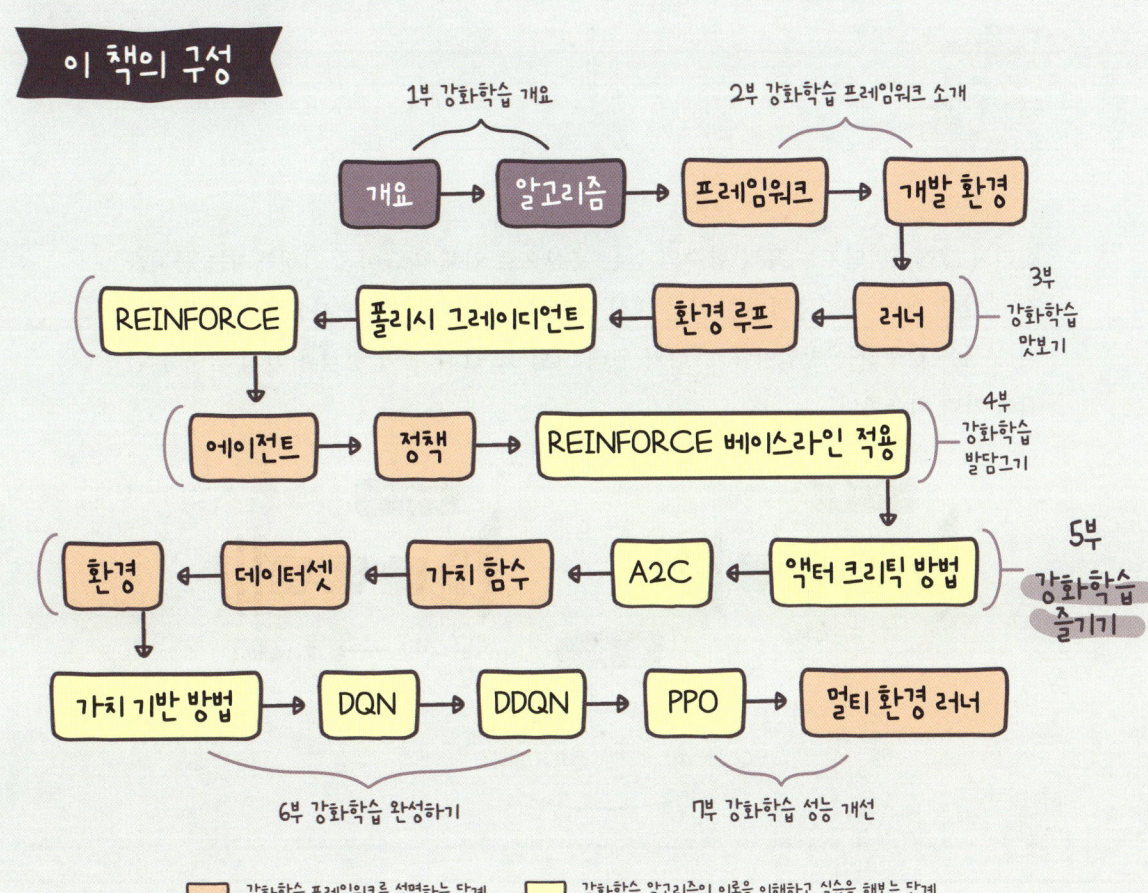

Chapter.12
액터-크리틱 방법

폴리시 그레이디언트는 목적 함수의 높은 분산으로 인해 학습이 불안정해지는 문제를 갖고 있다. **액터-크리틱 방법**은 리턴 대신 리턴의 기댓값인 가치를 사용해서 목적 함수의 분산을 낮추려는 방법이다. 그러기 위해 그림 12-1과 같이 정책과 가치 함수를 번갈아 가며 학습한다.

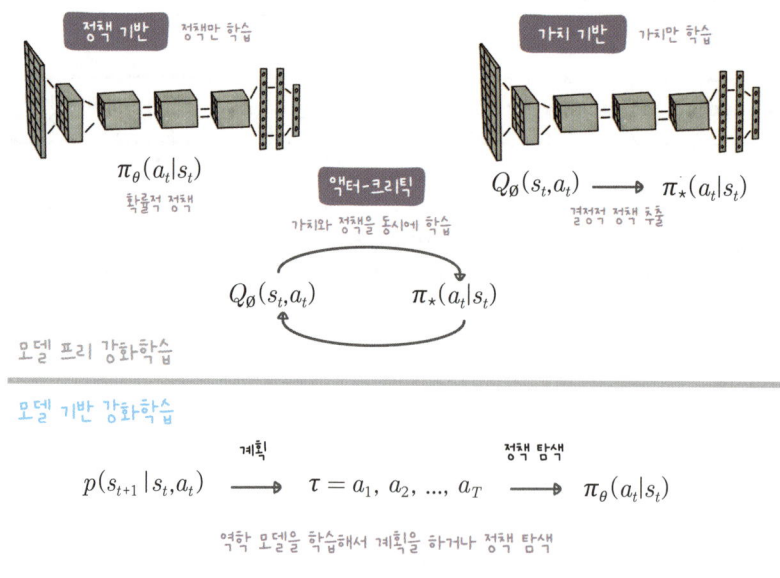

그림 12-1 강화학습 알고리즘의 종류(그림 2-6과 동일)

액터-크리틱 방법에는 다음과 같은 질문에 따른 다양한 알고리즘이 존재한다.

1. 가치를 얼마나 정확히 근사할 것인가?

2. 정책을 학습하기 위해 어떤 형태로 가치를 활용할 것인가?

이번 장에서는 어떤 종류의 액터-크리틱 알고리즘이 있는지 살펴보고 가장 기본 알고리즘인 A2C^{Advantage Actor Critic}에 대해 살펴볼 것이다.

12.1 가치 함수

액터-크리틱 알고리즘을 이해하려면 가치의 개념을 이해해야 한다. 그림 12-2를 보면 상태 s_t에서의 보상, 리턴, 가치를 보여주고 있다.

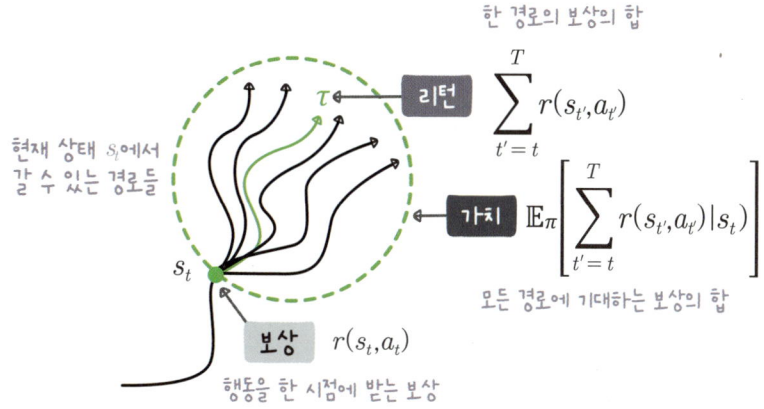

그림 12-2 상태 s_t에서의 보상과 리턴, 가치

- **보상**: 특정 상태 s_t에서 행동 a_t를 했을 때 환경으로 받는 행동에 대한 평가

$$r(s_t, a_t)$$

- **리턴**: 특정 상태 s_t에서 경로 τ로 갔을 때 받을 수 있는 보상의 합

$$r(\tau_{t:T}) = \sum_{t'=t}^{T} r(s_{t'}, a_{t'})$$

- **가치**: 특정 상태 s_t에서 갈수 있는 모든 경로에 대해 기대하는 보상의 합(즉 리턴의 기댓값)

$$V_\pi(s_t) = E_\pi[\sum_{t'=t}^{T} r(s_{t'}, a_{t'})|s_t] = E_\pi[r(\tau_{t:T})|s_t]$$

12.1.1 가치의 정의

에이전트는 환경과의 상호작용을 하며 경로 τ로 이동한다. 이때 경로 τ는 경로의 분포인 $p_\theta(\tau)$를 따르므로 초기 상태의 분포, 전이 함수, 정책의 확률에 따라 다양한 경로가 만들어질 수 있다.

경로의 분포

$$p_\theta(\tau) = \underbrace{p_\theta(s_1)}_{\text{초기 상태 분포}} \prod_{t=1}^{T} \underbrace{\pi_\theta(a_t|s_t)}_{\text{정책}} \underbrace{p(s_{t+1}|s_t, a_t)}_{\text{전이 함수}}$$

에이전트가 경로 $\tau = s_1, a_1, ..., s_t$만큼 이동해서 상태 s_t에 있고 앞으로 $a_t, ..., s_T, a_T$를 더 갈 예정이라고 하자. 이때 에이전트가 상태 s_t에서 미래에 받게 될 보상의 합을 **리턴**이라고 한다.

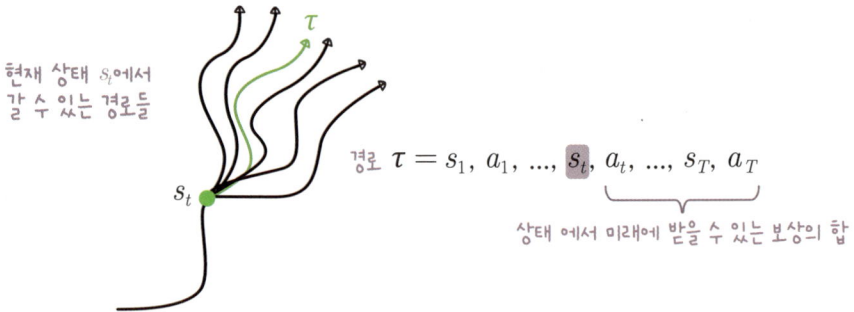

그림 12-2 상태 s_t에서의 리턴

그런데 에이전트가 특정 경로 τ의 리턴을 기준으로 행동을 결정한다고 해보자. 에이전트는 상태 s_t에서 리턴이 큰 행동 a_t을 선택한다. 그런데 그 이후 경로 τ가 아닌 다른 경로 τ'로 갔다면 경로가 약간만 바뀌더라도 리턴은 크게 달라질 수 있다. 따라서 리턴은 에이전트의 행동을 결정하기 위한 기준으로 삼기에는 일관성이 낮다. 대신 에이전트가 상태 s_t에서 갈 수 있는 모든 경로에 대해 기대하는 리턴을 기준으로 행동을 결정한다면 이런 문제는 완화될 수 있다.

가치(상태 기반의 가치)

에이전트가 상태 s_t에서 갈 수 있는 모든 경로에 대해 기대하는 리턴은 어떤 값으로 표현하면 좋을까? 상태 s_t에서 기대하는 값이므로 리턴의 기댓값으로 표현할 수 있다. 이와 같이 **상태 s_t에서 기대하는 리턴을 가치**라고 부른다.

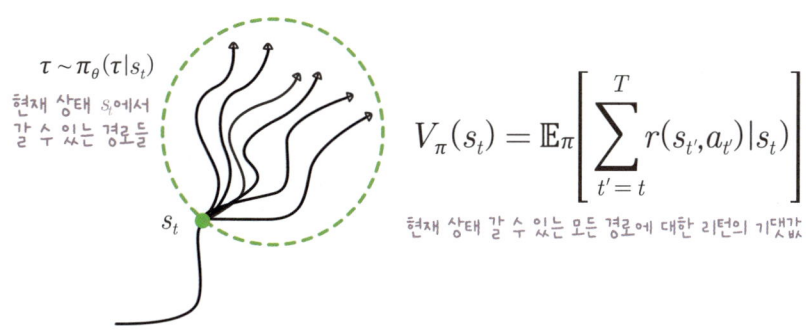

그림 12-3 상태 s_t에서의 가치

결과적으로 에이전트는 상태 s_t에서 행동을 결정할 때 가치가 높은 행동을 결정해야 하며 그와 같은 결정을 하는 정책을 만드는 것이 강화학습의 목표라고 할 수 있다. 가치의 정의를 이용해서 강화학습의 목표를 재정의하면 다음과 같다. 즉 강화학습의 목표는 초기 상태 s_1에서 가치의 기댓값을 최대화하는 것이 된다.

강화학습의 목표

$$\theta^\star = \underset{\theta}{\operatorname{argmax}} \; \mathbb{E}_{\tau \sim p_\theta(\tau)}\left[\sum_{t=1}^{T} r(s_t, a_t)\right] \;\longrightarrow\; \theta^\star = \underset{\theta}{\operatorname{argmax}} \; \mathbb{E}_{s_1 \sim p(s_1)}[V_\pi(s_1)]$$

Q-가치(행동 기반의 가치)

Q-가치Q-Value는 에이전트가 $\tau = s_1, a_1, ..., s_t, a_t$로 이동해서 상태 s_t에서 행동 a_t까지 취했을 때 기대하는 리턴이다. 그래서 그림 12-4와 같이 상태와 행동 (s_t, a_t)이 정해진 상태에서 리턴의 기댓값으로 정의된다.

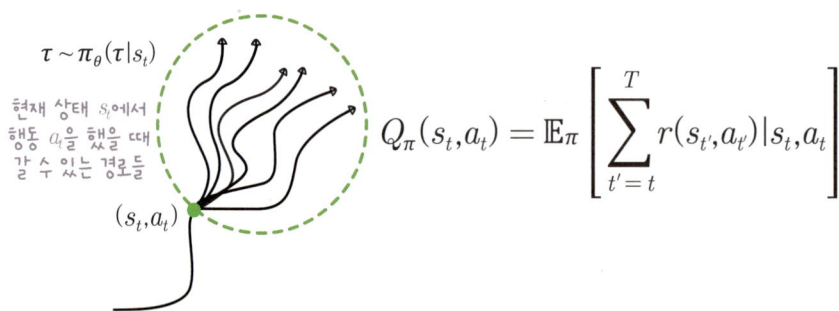

그림 12-4 상태 s_t와 행동 a_t에서의 Q-가치

Q-가치 $Q_\pi(s_t, a_t)$가 가치 $V_\pi(s_t)$의 차이점은 행동 a_t를 취한 후의 가치인지 전의 가치인지에 따른다. 그래서 Q-가치는 **행동 기반의 가치**action-based value라고 하며, 가치는 **상태 기반의 가치**state-based value라고 한다. Q-가치를 사용하면 환경과의 상호작용 없이도 특정 행동에 대한 가치를 알 수 있다. 즉 가치 $V_\pi(s_t)$만 안다면 (s_t, a_t)에서의 가치는 실제 환경에 행동 a_t를 취하고 환경으로부터 보상을 받아 봐야 계산할 수 있지만, Q-가치를 안다면 환경과의 상호작용 없이도 가치를 적용할 수 있어서 가치 추정이 간편해진다. $Q_\pi(s_t, a_t)$는 보상과 가치의 기댓값으로 표현할 수 있다.

$$Q_\pi(s_t, a_t) = r(s_t, a_t) + E_{s_{t+1} \sim p(s_{t+1}|s_t, a_t)}[V_\pi(s_{t+1})]$$

여기서 몬테카를로 추정을 하면 식이 더욱 간단해진다. 두 번째 항의 기댓값 대신 s_{t+1}을 몬테카를로 샘플링을 하면 다음과 같은 근사식이 된다.

$$Q_\pi(s_t, a_t) \approx r(s_t, a_t) + V_\pi(s_{t+1})$$

또한 가치는 Q-가치의 기댓값이라는 점도 기억해두자. 즉, 특정 상태 s_t에서 취할 수 있는 모든 행동 a_t에 대한 Q-가치의 평균이 가치이다.

$$V_\pi(s_t) = \sum_{a_t} \pi_\theta(a_t|s_t) Q_\pi(s_t, a_t)$$

12.1.2 가치 함수의 타깃

가치를 정확히 계산하는 것은 매우 어렵다. 경로의 분포에 대해 리턴의 기댓값을 계산하려면 적분을 해야 하는데 추정하고 있는 경로의 분포를 수식으로 표현하기 어렵기 때문에 적분을 할 수가 없다. 이럴 때 간단히 근사 하는 방법으로 몬테카를로 추정을 할 수 있다. 가치의 몬테카를로 추정은 다음과 같이 수행한다.

- 정책을 실행해서 N개의 경로를 샘플링한다.

- 경로별로 각 상태의 리턴을 계산한다.

- 상태별 리턴에 대해 평균을 계산하면 가치가 근사된다.

이와 같이 리턴의 평균을 직접 계산해서 가치를 근사할 수도 있지만, 가치 함수를 모델링해서 가치를 예측할 수도 있다. **가치 함수**는 상태(또는 상태와 행동)를 입력해서 가치를 출력하는 함수이다. 그림 12-5와 같이 가치 함수를 딥러닝 모델로 정의할 수 있으며, 회귀 모델로서 **평균 제곱 오차**^{Mean Squared Error}를 최소화 하도록 학습한다. 타깃은 몬테카를로 리턴이나 부트스트랩핑으로 정의할 수 있다.

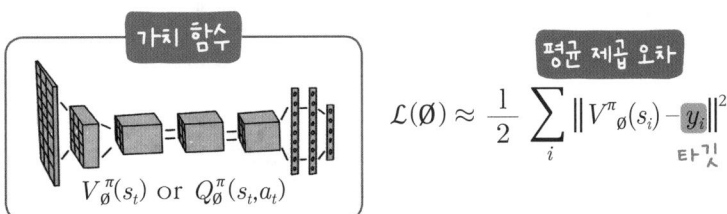

그림 12-5 가치 함수와 손실 함수

몬테카를로 리턴

그림 12-6에는 몬테카를로 샘플링을 통해 계산한 리턴 즉, 몬테카를로 리턴을 계산하기 위한 경로의 범위가 그려져 있다.

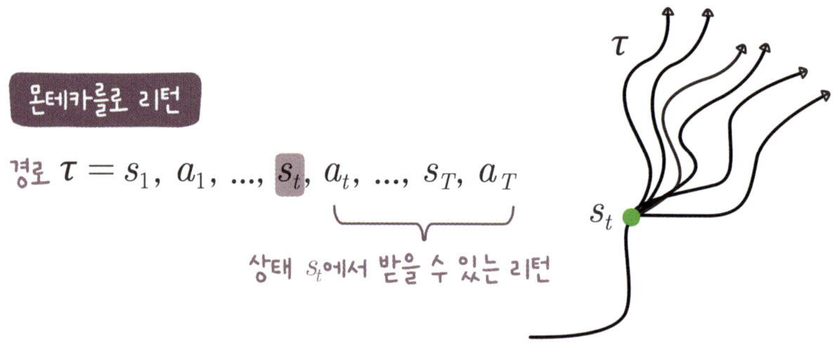

몬테카를로 리턴

경로 $\tau = s_1, a_1, ..., s_t, a_t, ..., s_T, a_T$

상태 s_t에서 받을 수 있는 리턴

그림 12-6 몬테카를로 리턴을 계산하기 위한 경로의 범위

이렇게 계산한 리턴은 가치 함수의 타깃으로 사용할 수 있다. 이때 데이터셋은 입력 데이터인 상태 s_t와 타깃인 리턴 y_i로 구성하면 된다.

$$D = \{(s_t, y_t), \quad t = 1, 2, ..., N\}, \quad y_i = \sum_{t'=t}^{T} r(s_{t'}, a_{t'})$$

가치함수의 타깃을 몬테카를로 리턴으로 정의하면 가치를 몬테카를로 추정한 결과가 된다. 가치 함수는 회귀 모델이고 리턴을 타깃으로 학습하면 리턴의 기댓값인 가치를 추정할 수 있게 되므로 전체 학습 과정을 통해 가치를 몬테카를로 추정했다고 볼 수 있는 것이다.

부트스트랩핑

가치는 **부트스트랩핑**Bootstrapping으로도 계산할 수 있다. 상태 s_t의 가치는 한 스텝 이동했을 때 보상과 가치의 합으로 계산된다. 이런 형태의 식을 부트스트랩핑이라고 한다.

$$V_\pi(s_t) \approx r(s_t, a_t) + V_\pi(s_{t+1})$$

부트스트랩핑이란 부츠의 끈을 맬 때 부츠 끈을 끌어당기듯이 주어진 상황에서 외부의 힘을 빌리지 않고 자신의 노력과 능력을 통해 문제를 해결하는 방식을 의미한다. 이 식에서도 $V_\pi(s_{t+1})$를 이용해서 $V_\pi(s_t)$를 계산하고 있는 방식이 자신의 다른 부분으로 자기 자신을 다시 계산하고 있기 때문에 부트스트랩핑을 하고 있는 것이다.

그림 12-7 부트스트래핑

부트스트래핑 식은 가치의 정의에서 유도할 수 있다. 다음은 부트스트래핑 식의 유도 과정이다.

$$V_\pi(s_t) = \mathbb{E}_\pi\left[\sum_{t'=t}^{T} r(s_t, a_t) | s_t\right] \quad \text{가치의 정의}$$

$$= \mathbb{E}_\pi\left[r(s_t, a_t) + \sum_{t'=t+1}^{T} r(s_{t'}, a_{t'}) | s_{t+1}\right] \quad \text{보상의 합을 t와 t+1 스텝 이후로 분리}$$

$$= \mathbb{E}_{a_t \sim \pi(a_t|s_t), s_{t+1}|s_t, a_t}[r(s_t, a_t) + V_\pi(s_{t+1})] \quad \text{두 번째 항에 기댓값을 적용}$$

$$\approx r(s_t, a_t) + V(s_{t+1}) \quad \text{몬테카를로 샘플링(액션 } a_t \text{와 상태 } s_{t+1} \text{ 샘플링)}$$

먼저 가치의 정의에서 보상의 합을 t와 $t+1$ 스텝 이후로 분리한다. 그리고 분리된 두 번째 항에 기댓값을 적용해서 가치로 변환한다. 이때 남은 기댓값은 $\mathbb{E}_{a_t \sim \pi(a_t|s_t), s_{t+1} \sim p(s_{t+1}|s_t, a_t)}$가 되는데 두 번째 항이 s_{t+1}부터 시작되므로 a_t와 s_{t+1}을 순차적으로 생성하는 과정이 남아있기 때문이다. 기댓값에서 a_t와 s_{t+1}을 몬테카를로 샘플링을 하면 부트스트래핑 식이 나타난다.

데이터셋은 상태 s_t와 부트스트래핑으로 계산한 가치 y_i를 입력과 타깃으로 구성하면 된다.

$$D = \{(s_t, y_t), t = 1, 2, ..., N\}, \quad y_i = r(s_t, a_t) + V_\pi(s_{t+1})$$

부트스트랩핑으로 타깃을 생성하면 몬테카를로 추정 방식과는 달리 에피소드가 끝날 때까지 기다리지 않아도 가치 함수를 학습시킬 수 있다. 그렇기 때문에, 에피소드 종결 기준이 명확치 않거나 무한히 진행되는 문제에 자연스럽게 적용할 수 있다. 자기 자신을 이용하는 부트스트랩핑 방식으로 인해 편향이 생기지만 분산이 작아지면서 안정적인 학습이 가능해진다.

12.2 액터-크리틱 방법

폴리시 그레이디언트의 목적 함수가 분산이 높은 이유는 리턴 때문이다. 목적 함수의 분산을 낮추려면 리턴의 크기를 줄이면 된다.

$$\nabla_\theta J(\theta) = \mathbb{E}_{\pi \sim \pi_\theta(\tau)} \left[\left(\sum_{t'=t}^{T} \nabla_\theta \log \pi_\theta(a_t|s_t) \right) \left(\underbrace{\sum_{t=1}^{T} r(s_t, a_t)}_{\text{리턴=보상의 합}} \right) \right]$$

리턴의 크기를 줄이는 방법에는 ❶ **인과성**을 적용해서 미래의 보상으로만 리턴을 계산하는 방법과 ❷ 리턴을 **표준화**하는 방법 ❸ **베이스라인**을 적용하는 방법이 있다. REINFORCE 알고리즘에서 몬테카를로 리턴을 계산할 때 기본적으로 인과성을 적용하고 있고 표준화를 옵션으로 적용할 수 있다. 그리고 REINFORCE에 베이스라인을 적용해서 학습 곡선이 부드러워지는 것도 확인했다.

분산을 낮추기 위해 리턴의 크기를 줄이는 방법 말고 다른 방법도 있을까? 리턴 대신에 리턴의 기댓값인 가치를 적용하면 목적 함수의 분산이 낮아진다.

그림 12-8 목적 함수의 분산을 낮추는 방법

12.2.1 Ψ_θ의 대안들

목적 함수에 가치를 적용하는 알고리즘에는 어떤 것들이 있는지 살펴보도록 하자. 먼저 목적 함수에서 리턴 부분을 Ψ_θ로 대체해 보자. 과연 Ψ_θ에는 어떤 표현이 들어갈 수 있을까?

$$\nabla_\theta J(\theta) = \mathbb{E}_{\pi \sim \pi_\theta(\tau)} \left[\sum_{t=1}^{T} \nabla_\theta \log \pi_\theta(a_t|s_t) \Psi_\theta \right]$$

Ψ_θ에 들어갈 수 있는 표현은 다음과 같이 다양하다.

Ψ_θ의 대안

① $\sum_{t=1}^{\infty} r_{t'}$: 경로의 보상의 합

② $\sum_{t'=t}^{\infty} r_{t'}$: a_t 이후의 보상의 합

③ $\sum_{t'=t}^{\infty} r_{t'} - b(s_t)$: 베이스라인 버전

$A^\pi(s_t, a_t) = Q^\pi(s_t, a_t) - V^\pi(s_t)$

<small>Q 함수의 평균은 V이므로 V가 베이스라인이 됨</small>

④ $Q^\pi(s_t, a_t)$: Q 가치 함수

⑤ $A^\pi(s_t, a_t)$: 이득 함수

⑥ δ_t: TD 잔차

$\delta_t = r_t + V^\pi(s_{t+1}) - V^\pi(s_t)$

<small>$Q^\pi(s_t, a_t) \approx r_t + V^\pi(s_{t+1})$이므로 이득의 근사치</small>

1, 2, 3은 7장에서 살펴봤던 식이다. 1, 2, 3에 가치를 적용하면 4, 5, 6이 유도된다.

1. $\sum_{t=1}^{\infty} r_t$: 경로의 보상의 합
   - 강화학습의 목표에서 목적 함수를 유도했을 때의 식으로 한 경로의 리턴

2. $\sum_{t'=t}^{\infty} r_{t'}$: a_t 이후의 보상의 합
   - **인과성**을 적용해서 미래에 발생할 보상만을 합산한 리턴을 계산한 식

3. $\sum_{t'=t}^{\infty} r_{t'} - b(s_t)$: 베이스라인 버전
   - **인과성**과 **베이스라인**을 적용한 식

4. $Q_\pi(s_t, a_t)$: Q 가치 함수
   - **리턴에 기댓값**을 취해 **Q-가치**로 변경한 식

5. $A_\pi(s_t, a_t)$: 이득 함수
   - 이득의 식은 $A_\pi(s_t, a_t) = Q_\pi(s_t, a_t) - V_\pi(s_t)$이며 **Q-가치에 베이스라인**을 적용해서 **이득**으로 변경한 식
   - $V_\pi(s_t) = \sum_{a_t} \pi_\theta(a_t|s_t) Q_\pi(s_t, a_t)$에 따라 $Q_\pi(s_t, a_t)$의 평균인 $V_\pi(s_t)$를 베이스라인으로 사용

6. δ_t: TD 잔차 Temporal Difference Error
   - TD 잔차는 $\delta_t = r_t + V^\pi(s_{t+1}) - V^\pi(s_t)$로 예측된 보상과 실제 보상의 차이를 측정
   - $Q^\pi(s_t, a_t) \approx r_t + V^\pi(s_{t+1})$를 적용하면 $\delta_t \approx Q^\pi(s_t, a_t) - V^\pi(s_t)$이므로 이득의 근사치로 해석해 볼 수 있다.

이와 같이 Ψ_θ에 다양한 대안을 적용하면 다음과 같은 알고리즘이 된다. 이 중 가치를 적용한 4, 5, 6을 **액터-크리틱** 알고리즘이라고 한다.

① $\sum_{t=1}^{\infty} r_t$: 경로의 보상의 합

② $\sum_{t'=t}^{\infty} r_{t'}$: a_t 이후의 보상의 합

③ $\sum_{t'=t}^{\infty} r_{t'} - b(s_t)$: 베이스라인 버전

④ $Q_\pi(s_t, a_t)$: Q 가치 함수

⑤ $A_\pi(s_t, a_t)$: 이득 함수

⑥ δ_t: TD 잔차

REINFORCE 알고리즘

Q 액터-크리틱 알고리즘

이득 액터-크리틱 알고리즘

TD 액터-크리틱 알고리즘

12.2.2 액터-크리틱 방법

정책을 학습하기 위해 가치를 적용했을 뿐인데 왜 액터-크리틱이란 이름이 붙었을까? 먼저 **액터**는 정책을 학습해서 행동을 하기 때문에 붙여진 이름이다. 그러면 **크리틱**은 왜 비평가라고 불리는 것일까? 크리틱은 액터의 행동을 가치로 평가한다. 즉 액터의 행동이 얼마나 가치가 있는지 가치 함수로 비평을 하는 것이다. 액터는 크리틱이 평가한 가치를 이용해서 가치가 낮은 행동은 약화하고 가치가 높은 행동은 강화하도록 학습한다. 따라서 크리틱의 평가에 따라 정책의 학습 방향이 결정된다.

그림 12-9 액터와 크리틱

액터-크리틱 방법은 가치를 사용하므로 별도의 가치 함수를 학습한다. 그림 12-10과 같이 정책과 가치 함수를 딥러닝 모델로 정의하고 번갈아 가며 학습한다. 이때 알고리즘에 따라 Ψ_θ에는 Q-가치, 이득, TD 잔차를 적용할 수 있다.

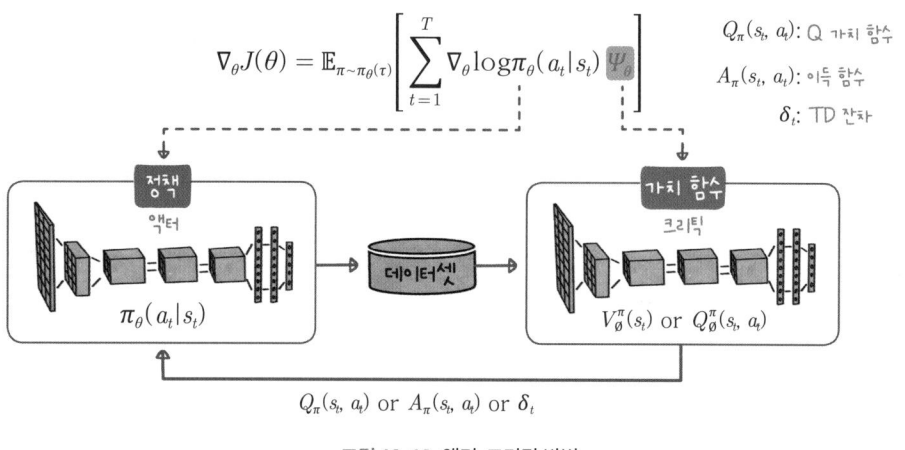

그림 12-10 액터-크리틱 방법

액터-크리틱 방법의 실행 순서는 다음과 같다.

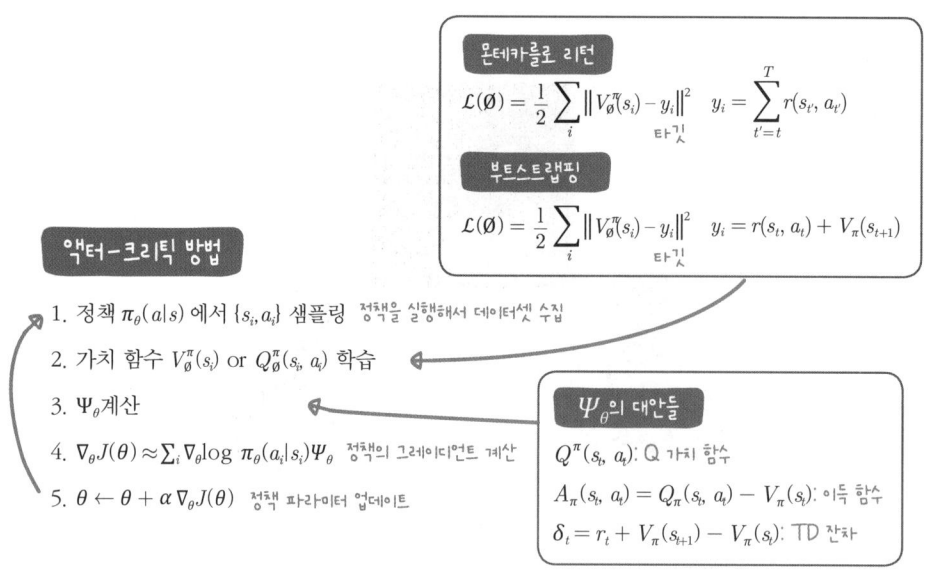

먼저 정책을 실행해서 데이터셋을 수집한다. 가치 함수 $V_\phi^\pi(s_i)$ 또는 Q-가치 함수 $Q_\phi^\pi(s_i, a_i)$를 학습한다. 이때 가치 함수의 타깃은 몬테카를로 리턴이나 부트스트랩핑으로 계산하며 평균 제곱 오차로 학습한다. 정책의 목적 함수의 Ψ_θ에 해당하는 Q-가치, 이득, TD 잔차를 계산하고 목적 함수를 구성한다. 정책의 목적 함수를 정책의 파라미터 θ에 대해 미분해서 경사 하강법에 따라 θ를 업데이트한다. 가치 함수와 정책이 수렴할 때까지 이 과정을 반복한다.

12.3 A2C

이번 절에서는 이득을 이용해서 정책을 학습하는 A2C^{Advantage Actor Critic} 알고리즘에 대해 살펴보고 이득의 정의와 이득을 계산하는 여러 방법에 대해 살펴보고자 한다.

12.3.1 A2C 알고리즘

A2C에서 사용하는 정책의 목적 함수와 모델은 그림 12-11과 같다. A2C는 로그 가능도와 이득을 최대화하도록 정책을 학습한다.

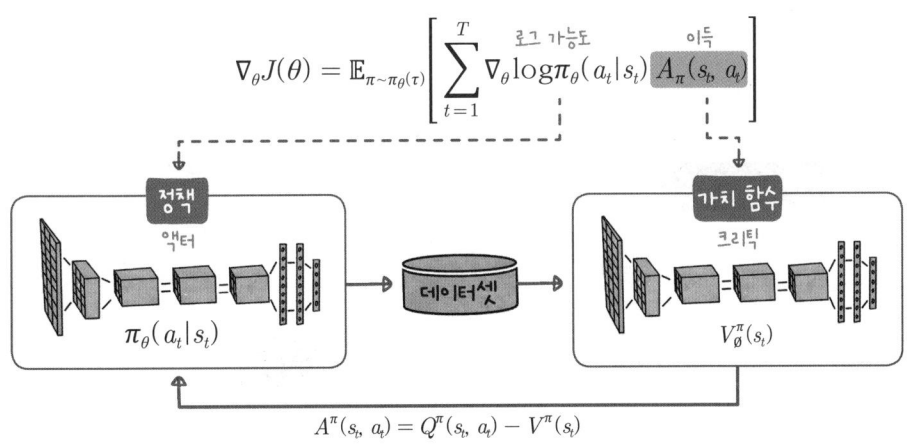

그림 12-11 **A2C 알고리즘**

A2C의 목적 함수

A2C의 손실 함수는 ❶ 정책 목표 ❷ 가치 함수 손실 ❸ 엔트로피 보너스 항으로 구성된다.

A2C 목적함수

$$J(\theta, \emptyset) = J^\pi(\theta) - c_1 J^V(\emptyset) + c_2 J^E(\theta)$$

❶ 정책 목표   ❷ 가치 함수 손실   ❸ 엔트로피 보너스

가치 손실 계수
엔트로피 보너스 계수

❶ 정책 목표
$$\nabla_\theta J^\pi(\theta) = \mathbb{E}_{\pi \sim \pi_\theta(\tau)} \left[\sum_{t=1}^{T} \underbrace{\nabla_\theta \log \pi_\theta(a_t|s_t)}_{\text{로그 가능도}} \underbrace{A^\pi(s_t, a_t)}_{\text{이득}} \right]$$

❷ 가치 함수 손실
$$J^V(\emptyset) = \mathbb{E}_{\pi \sim \pi_\theta(\tau)} \left[\sum_{t=1}^{T} (V_\emptyset(s_t) - \underbrace{V_t^{\text{targ}}}_{\text{타깃}})^2 \right]$$

❸ 엔트로피 보너스
$$J^E(\theta) = \mathbb{E}_{\pi \sim \pi_\theta(\tau)} \left[\sum_{t=1}^{T} \underbrace{\mathcal{H}[\pi_0(s_t)]}_{\text{엔트로피}} \right]$$

정책의 목표

정책의 목표는 로그 가능도와 이득의 곱의 기댓값을 최대화하는 것이다. 알고리즘을 구현할 때는 목적 함수에서 기댓값 계산 부분을 몬테카를로 추정을 해서 다음과 같이 경로에 대한 평균 식으로 변형해서 사용한다.

A2C 목적함수

$$\nabla_\theta J^\pi(\theta) = \mathbb{E}_{\tau \sim \pi_\theta(\tau)} \left[\sum_{t=1}^{T} \nabla_\theta \log \pi_\theta(a_t|s_t) A^\pi(s_t, a_t) \right]$$

$$\approx \frac{1}{N} \sum_{i=1}^{N} \sum_{t=1}^{T} \nabla_\theta \log \pi_\theta(a_t|s_t) A^\pi(s_t, a_t)$$

몬테카를로 추정
N: 경로 데이터 수

그리고 목적 함수를 조금 더 변경하게 되는데 먼저 $\nabla_\theta J(\theta)$의 양변에 미분 연산자를 빼서 $J(\theta)$로 만든다.

A2C 목적함수

$$J^\pi(\theta) \approx \frac{1}{N} \sum_{i=1}^{N} \sum_{t=1}^{T} \log \pi_\theta(a_t|s_t) \, A^\pi(s_t, a_t)$$

로그 가능도   이득

그리고 전체 데이터셋에 대해 타임 스텝 t의 목표 $\log \pi_\theta(a_t|s_t) \, A^\pi(s_t, a_t)$의 평균 식으로 변경한다.

A2C 목적함수

$$J^\pi(\theta) \approx \frac{1}{|D|} \sum_{s \in D} \log \pi_\theta(a_t|s_t) \, A^\pi(s_t, a_t)$$

$D = \{(s_t, a_t) \in \tau_i, \ i = 1, 2, \ldots, N\}$ 데이터셋

전체 데이터셋의 크기는 $|D| = N \times T$이므로 아래 식은 위의 식에 상수 $\frac{1}{T}$을 곱한 식이 돼 최적해는 변하지 않는다.

가치 함수의 손실

가치 함수의 손실 함수는 평균 제곱 오차이며 타깃은 MC 리턴이나 n-스텝 리턴과 같은 리턴 또는 GAE로 계산한 이득에 가치를 더한 값으로 지정한다.

엔트로피 보너스

엔트로피 보너스는 정책의 엔트로피를 최대화해 탐색과 활용의 균형을 맞추는 것이 목표이다. 정책의 엔트로피가 높을수록 다양한 행동의 탐색이 강화되며 엔트로피가 낮을수록[1] 최적 행동의 활용이 강화된다. 정책을 학습할수록 엔트로피는 점점 작아진다.

---

1   탐색과 이용은 17장에서 자세히 설명한다.

> **조금 더 알아보자면**   **확률 분포의 엔트로피와 정보량**
>
> 확률 분포의 엔트로피는 분포의 불확실성이나 무질서도를 나타낸다. 엔트로피가 높을수록 해당 분포의 예측이 불확실하고, 엔트로피가 낮을수록 예측이 더욱 정확해진다.
>
>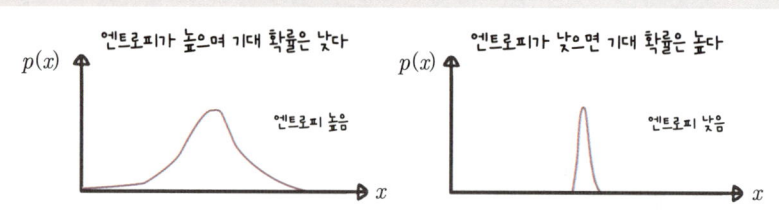
>
> 그림 12-12 엔트로피와 확률분포
>
> 확률 분포가 $p(x)$일 때 엔트로피는 $E_{p(x)}[-\log\log p(x)]$로 정의된다. 엔트로피는 정보량 $-\log p(x)$에 대한 기댓값이다.
>
> 정보량은 사건의 놀라움의 정도를 나타내며 확률에 반비례한다. 즉 발생 확률이 낮을수록 정보량은 높아진다. 따라서 정보량은 $\frac{1}{p(x)}$에 비례하며 이 값에 log를 취해서 bit로 표현한 값인 $-\log p(x)$로 정의된다.

12.3.2 이득

이득은 어떤 행동을 했을 때 평균 대비 추가적으로 얻을 수 있는 가치를 의미한다. 다음과 같이 Q-가치와 가치의 차이로 계산한다.

$$A_\pi(s_t, a_t) = Q_\pi(s_t, a_t) - V_\pi(s_t)$$

가치 $V_\pi(s_t)$는 Q-가치 $Q_\pi(s_t, a_t)$의 평균이다.

$$V_\pi(s_t) = \sum_{a_t \in A} \pi(a_t | s_t) Q_\pi(s_t, a_t)$$

따라서 이득은 상태 s_t에서 어떤 행동 a_t를 했을 때의 가치에서 모든 행동에 대한 평균적인 가치를 뺀 값이다.

이득의 계산 방법

A2C 알고리즘에서는 가치 함수 $V_\pi(s_t)$를 학습해서 이득을 계산한다.

$$A_\pi(s_t, a_t) = \boxed{Q_\pi(s_t, a_t)} - V_\pi(s_t)$$

이 식에서 Q-가치 $Q_\pi(s_t, a_t)$는 **몬테카를로 리턴**Monte-Carlo Return[2]이나 **n-스텝 리턴**n-Step Return으로 근사할 수 있다.

몬테카를로 리턴 $r(\tau_{t:t+n}) = r_t + \gamma r_{t+1} + \gamma^2 r_{t+2} + \cdots + \gamma^n r_{t+n}$ $0 \leq \gamma \leq 1$ 할인 계수

n-스텝 리턴 $r(\tau_{t:t+n}) = r_t + \gamma r_{t+1} + \gamma^2 r_{t+2} + \cdots + \gamma^n V(s_{t+n})$

GAE $\hat{A}_t^{\text{GAE}(\gamma, \lambda)} = \sum_{l=0} (\gamma \lambda)^l \delta_{t+l}^V$ $\delta_t^V = r_t + \gamma^n V(s_{t+1}) - V(s_t)$ $0 \leq \lambda \leq 1$

편향-분산 조절 할인 계수

TD 잔차

일반화된 이득인 **GAE**Generalized Advantage Estimate를 계산한다면 다음과 같이 GAE를 이용해서 Q가치 $Q_\pi(s_t, a_t)$를 계산할 수도 있다.

$$Q_\pi(s_t, a_t) = \hat{A}_t^{\text{GAE}(\gamma, \lambda)} - V_\pi(s_t)$$

12.3.3 몬테카를로 리턴

몬테카를로 리턴 $r(\tau_{t:T})$은 다음과 같이 계산한다.

몬테카를로 리턴

$$r(\tau_{t:t+n}) = r_t + \gamma r_{t+1} + \gamma^2 r_{t+2} + \gamma^3 r_{t+3} + \cdots + \gamma^n r_T$$

t 시점에서 $t+n$ 시점까지의 리턴 γ: 할인 계수 $0 \leq \gamma \leq 1$

---

[2] 몬테카를로 리턴은 간단히 MC 리턴(MC Return)이라고도 부른다.

할인 계수 γ를 적용해서 현재 시점에서 멀어질수록 보상을 적게 반영한다. 할인 계수 γ는 0과 1사이의 값으로 정의되며 값이 1에 가까울수록 보상이 반영되는 범위가 길어지고 값이 0에 가까울수록 보상이 반영되는 범위가 짧아진다고 볼 수 있다. 몬테카를로 리턴은 보상을 합산하기 때문에 편향 없이 높은 정확도를 보이는 장점이 있다. 반면에 특정 경로에 대해서만 리턴을 계산하기 때문에 분산이 커지는 문제가 있다.

12.3.4 n-스텝 리턴

n-**스텝 리턴** $r(\tau_{t:t+n})$은 몬테카를로 리턴과 부트스트래핑의 중간 형태이다. $n-1$-스텝까지는 보상을 합산하고 n-스텝에서는 가치로 리턴을 추정한다.

n-스텝 리턴

$$r(\tau_{t:t+n}) = r_t + \gamma r_{t+1} + \gamma^2 r_{t+2} + \gamma^3 r_{t+3} + \cdots + \gamma^n V(s_{t+n})$$

t 시점에서 $t+n$ 시점까지의 리턴 γ: 할인 계수 $0 \leq \gamma \leq 1$

또한, $n = 1$인 경우 부트스트래핑이 되고, $n = T$이면 몬테카를로 리턴이 된다.

n-스텝 리턴

1-스텝 $r(\tau_{t:t+1}) = r_t + \gamma V(s_{t+1})$ γ: 할인 계수 $0 \leq \gamma \leq 1$
2-스텝 $r(\tau_{t:t+2}) = r_t + \gamma r_{t+1} + \gamma^2 V(s_{t+2})$
3-스텝 $r(\tau_{t:t+3}) = r_t + \gamma r_{t+1} + \gamma^2 r_{t+2} + \gamma^3 V(s_{t+3})$
…
n-스텝 $r(\tau_{t:t+n}) = r_t + \gamma r_{t+1} + \gamma^2 r_{t+2} + \gamma^3 r_{t+3} + \cdots + \gamma^n V(s_{t+n})$

부트스트래핑은 가치로 근사하기 때문에 ❶ 편향은 있지만 ❷ 분산이 낮아지고 ❸ 에피소드 끝나기 전에 업데이트가 가능하기 때문에 에피소드가 긴 환경에 적용하기 좋다. 반면에 **몬테카를로 리턴**은 ❶ 편향은 없지만 ❷ 분산은 높고 ❸ 에피소드가 짧은 환경에 적용하기 좋다. 이 둘의 중간 형태인 n-**스텝 리턴**은 n값을 잘 선택하면 편향과 분산의 균형을 찾을 수 있다.

12.3.5 GAE

다음과 같이 n-스텝 리턴을 이용해서 이득을 계산한다고 해 보자. 이 중 어떤 n-스텝 리턴을 사용해야 좋을까? 사실 어떤 스텝이 가장 최적일지는 찾기가 쉽지 않다. 그래서 가능한 모든 스텝의 리턴에 대한 이득을 계산해서 평균을 내 보자는 생각에서 나온 방법이 GAE이다.

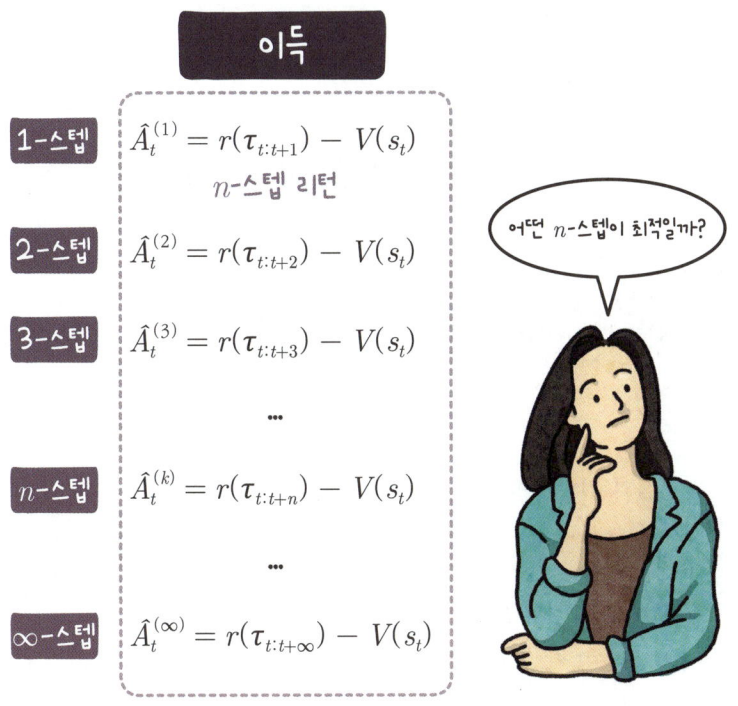

GAE 식

GAE는 일반화된 이득을 추정하는 방식으로 다음과 같이 정의된다.

> **GAE(Generalized Advantage Estimate)**
>
> $$\hat{A}_t^{GAE(\gamma,\lambda)} = \sum_{l=0}^{\infty} (\gamma\lambda)^l \delta_{t+l}^V \qquad 0 \leq \lambda \leq 1 \qquad \text{편향-분산 조절 할인 계수}$$
>
> $$\delta_t^V = r_t + \gamma V(s_{t+1}) - V(s_t) \qquad 0 \leq \gamma \leq 1 \qquad \text{할인 계수}$$
> TD 잔차

여기서 λ는 **편향-분산 조절**bias-variance tradeoff 할인 계수로 $\lambda = 0$이면 한 스텝의 이득만 고려하고 $\lambda = 1$이면 모든 스텝의 이득을 고려하게 된다. $\lambda = 0$인 경우와 $\lambda = 1$인 경우에 GAE 식을 풀어보면 다음과 같다.

$$\text{GAE}(\gamma, \lambda = 0) \qquad \hat{A}_t = \delta_t^V = \underbrace{r_t + \gamma V(s_{t+1})}_{1-\text{스텝 리턴}} - V(s_t)$$

$$\text{GAE}(\gamma, \lambda = 1) \qquad \hat{A}_t = \sum_{t=0}^{\infty} (\gamma\lambda)^l \delta_{t+l}^V = \underbrace{\sum_{l=0}^{\infty} \gamma^l r_{t+l}}_{\infty-\text{스텝 리턴}=\text{MC 리턴}} - V(s_t)$$

따라서 λ에 따라 분산과 편향은 다음과 같이 조절된다.

- **편향**bias
  - λ가 작을수록 추정된 이득은 더 편향되지만 분산은 작아진다.
  - $\lambda = 0$일 때 GAE는 1-스텝 리턴으로 이득을 추정한다.
    - 이때 이득은 TD 잔차가 된다.
- **분산**variance
  - λ가 클수록 추정된 이득은 편향이 줄어들지만 분산은 커진다.
  - $\lambda = 1$일 때 GAE는 ∞-스텝 리턴으로 이득을 추정한다.
    - ∞-스텝 리턴은 몬테카를로 리턴과 같다.

GAE 유도 과정

이제 GAE가 어떤 단계를 거쳐 유도됐는지 살펴보자. 먼저 다음과 같이 이득을 TD 잔차에 대한 식으로 변환해 보자.

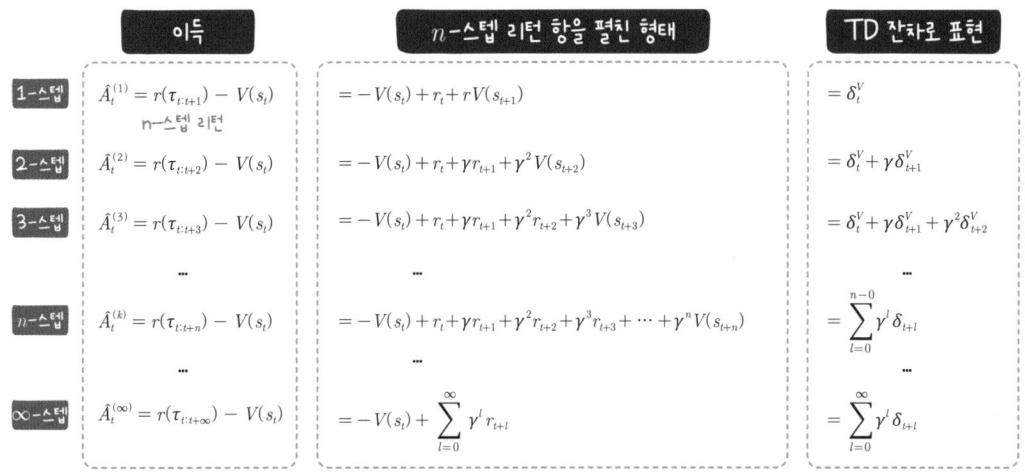

1. n-스텝 리턴에서 가치를 빼서 이득을 계산한다.

2. 이득의 식에서 두 항의 순서를 바꾼 후 n-스텝 리턴을 전개한다.

3. TD 잔차 δ_t^V의 합으로 변환한다.

TD 잔차 δ_t^V에 대한 식으로 변환하는 과정을 자세히 살펴보자. 먼저 TD 잔차는 다음과 같이 정의된다.

$$\delta_t^V = r_t + \gamma V(s_{t+1}) - V(s_t)$$

2-스텝으로 계산한 이득의 TD 잔차 표현인 $\delta_t^V + \gamma \delta_{t+1}^V$를 전개해 보자. δ_t^V와 $\gamma \delta_{t+1}^V$가 더해질 때 중간에 있는 가치 $\gamma V(s_{t+1})$는 소거되고, 결국 처음과 마지막의 가치와 보상들만 남게 된다.

> **Tip**
> $$\delta_t^V + \gamma \delta_{t+1}^V = -V(s_t) + r_t + \gamma V(s_{t+1}) + \gamma(-V(s_{t+1}) + r_{t+1} + \gamma V(s_{t+2}))$$

이 식의 양변을 바꿔보면 2-스텝으로 계산한 이득의 2단계에서 3단계로 변환하는 과정이 된다.

$$-V(s_t) + r_t + \gamma r_{t+1} + \gamma^2 V(s_{t+2}) = \delta_t^V + \gamma \delta_{t+1}^V$$

동일하게 n-스텝으로 계산한 이득의 TD 잔차 표현인 $\sum_{l=0}^{n-1} \gamma^l \delta_{t+l}^V$를 전개해 보면 중간에 있는 가치는 모두 소거되고 결국 처음과 마지막의 가치와 보상들만 남게 된다.

$$\sum_{l=0}^{n-1} \gamma^l \delta_{t+l}^V = -V(s_t) + r_t + \gamma r_{t+1} + \gamma^2 r_{t+2} + \gamma^3 r_{t+3} + \cdots + \gamma^n V(s_{t+n})$$

이 식의 양변을 바꿔보면 n-스텝으로 계산한 이득의 2단계에서 3단계로 변환하는 과정이 된다.

$$-V(s_t) + r_t + \gamma r_{t+1} + \gamma^2 r_{t+2} + \gamma^3 r_{t+3} + \cdots + \gamma^n V(s_{t+}n) = \sum_{l=0}^{n-1} \gamma^l \delta_{t+1}^V$$

그리고 ∞-스텝이 됐을 때는 다음과 같이 표현된다.

$$-V(s_t) + \sum_{l=0}^{\infty} \gamma^l r_{t+l} = \sum_{l=0}^{\infty} \gamma^l \delta_{t+l}^V$$

이제 모든 이득에 대해 다음과 같이 평균을 계산해 보자.

$$\hat{A}_t^{\text{GAE}(\gamma,\lambda)} = (1-\lambda)(\hat{A}_t^{(1)} + \gamma \hat{A}_t^{(2)} + \gamma^2 \hat{A}_t^{(3)} + \cdots)$$

이 식은 λ에 대해 지수 가중 평균을 계산한 식이다. $(1-\lambda)$을 곱한 이유는 λ로 표현되는 가중치의 합이 1이 되도록 정규화하기 위한 것이다.

이제 이득을 TD-잔차의 합으로 대체해 보자. 그러면 다음 두 번째 줄과 같은 식으로 바뀌게 된다.

$$\begin{aligned}
\hat{A}_t^{\text{GAE}(\gamma,\lambda)} &= (1-\lambda)(\hat{A}_t^{(1)} + \gamma \hat{A}_t^{(2)} + \gamma^2 \hat{A}_t^{(3)} + \cdots) \quad \text{n-스텝 리턴으로 계산한 이득의 평균}\\
&= (1-\lambda)(\delta_t^V + \lambda(\delta_t^V + \gamma \delta_{t+1}^V) + \lambda^2(\delta_t^V + \gamma \delta_{t+1}^V + \gamma^2 \delta_{t+2}^V) + \cdots) \quad \text{이득을 TD 잔차의 합으로 변경}\\
&= (1-\lambda)(\delta_t^V(1+\lambda+\lambda^2+\cdots) + \gamma \delta_{t+1}^V(\lambda + \lambda^2 + +\lambda^3 \cdots)\\
&\quad + \gamma^2 \delta_{t+2}^V(\lambda^2 + \lambda^3 + \lambda^4 + \cdots) + \cdots) \quad \text{TD 잔차 항으로 묶기}\\
&= (1-\lambda)\left(\delta_t^V\left(\frac{1}{1-\lambda}\right) + \gamma \delta_{t+1}^V\left(\frac{\lambda}{1-\lambda}\right) + \gamma^2 \delta_{t+2}^V\left(\frac{\lambda^2}{1-\lambda}\right) + \cdots\right) \quad \text{등비 급수}\\
&= \sum_{l=0}^{\infty} (\gamma\lambda)^l \delta_{t+1}^V \quad \text{시그마로 표현}
\end{aligned}$$

세 번째 줄은 TD-잔차 항으로 묶어서 표현한 식이다. 이때 괄호 안에 λ에 대한 등비 급수 $1+\lambda+\lambda^2+\cdots$는 $\frac{1}{1-\lambda}$가 되므로 바꿔서 정리하면 네 번째 줄과 같아진다.

$$1+\lambda+\lambda^2+\cdots = \frac{1}{1-\lambda}$$

마지막으로 전개된 식을 시그마로 표현하면 GAE 식이 완성된다.

Chapter.13
A2C 알고리즘 구현

앞 장에서 액터-크리틱 방법에 대해 살펴봤고, 액터-크리틱 방법의 기본 알고리즘인 A2C 알고리즘에 대해서도 살펴봤다. 이번 장에서는 A2C를 구현해 보면서 정책 기반의 방법과 비교해서 어떤점이 다른지 확인해 보자. A2C는 그림 13-1과 같이 가치 함수로 이득을 계산하고 이를 정책의 목적 함수에 적용해 정책을 학습한다.

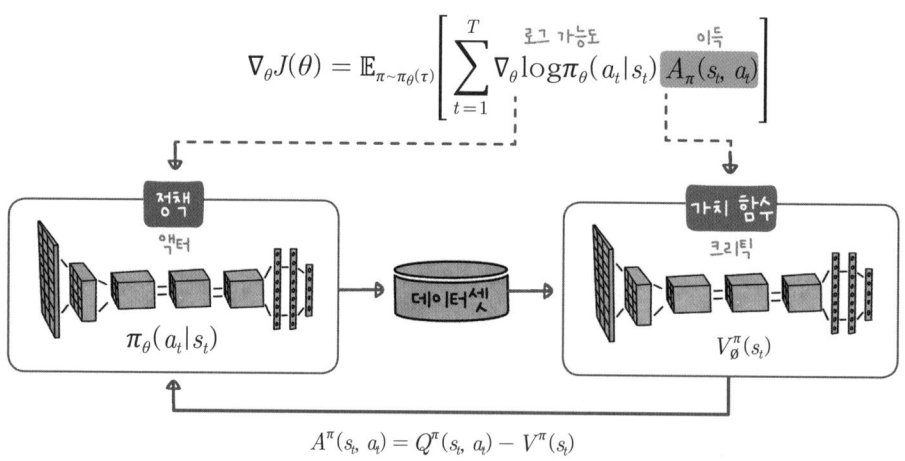

그림 13-1 A2C(그림 4-10과 동일)

이득은 Q-가치에서 가치를 뺀 값으로, 어떤 행동을 했을 때 평균 대비 추가적으로 얻을 수 있는 가치를 의미한다.

$$A_\pi(s_t, a_t) = \boxed{Q_\pi(s_t, a_t)} - V_\pi(s_t)$$

Q-가치 $Q_\pi(s_t,a_t)$와 이득 $A_\pi(s_t,a_t)$은 다음과 같이 다양한 방식으로 근사할 수 있다.

몬테카를로 리턴 $\quad r(\tau_{t:t+n}) = r_t + \gamma r_{t+1} + \gamma^2 r_{t+2} + \cdots + \gamma^n r_{t+n} \quad 0 \leq \gamma \leq 1$ 할인 계수

n-스텝 리턴 $\quad r(\tau_{t:t+n}) = r_t + \gamma r_{t+1} + \gamma^2 r_{t+2} + \cdots + \gamma^n V(s_{t+n})$

GAE $\quad \hat{A}_t^{\text{GAE}(\gamma,\lambda)} = \sum_{l=0}^{\infty} (\gamma\lambda)^l \delta_{t+l}^V \quad \delta_t^V = r_t + \gamma V(s_{t+1}) - V(s_t) \quad 0 \leq \lambda \leq 1$

편향-분산 조절 할인 계수 / TD 잔차

A2C의 학습 단계는 다음과 같다.

A2C(Advantage Actor Critic) 방법

1. 정책 $\pi_\theta(a|s)$에서 $\{s_i, a_i\}$ 샘플링 — 정책을 실행해서 데이터셋 수집
2. 가치 함수 $V_\emptyset^\pi(s_i)$ 학습 — 평균 제곱 오차로 학습
3. 이득 $A_\pi(s_t, a_t) = Q_\pi(s_t, a_t) - A_\pi(s_t)$ 계산 — MC 리턴, n-스텝 리턴, GAE로 근사
4. $\nabla_\theta J(\theta) \approx \sum_i \nabla_\theta \log \pi_\theta(a_i|s_i) A_\pi(s_t, a_t)$ — 정책의 그레이디언트 계산
5. $\theta \leftarrow \theta + \alpha \nabla_\theta J(\theta)$ — 정책 파라미터 업데이트

A2C의 학습 단계에 맞춰 A2C 알고리즘을 구현해 보고 강화학습 환경에 적용했을 때 원하는 수준으로 학습이 되는지 텐서보드를 통해 확인해 보자.

13.1 A2C 알고리즘 구성

강화학습 프레임워크에서 A2C 알고리즘의 소스 코드는 그림 13-2와 같이 "/agents/a2c" 디렉토리에, 설정 파일은 "/config/agent/a2c"에 정의돼 있다.

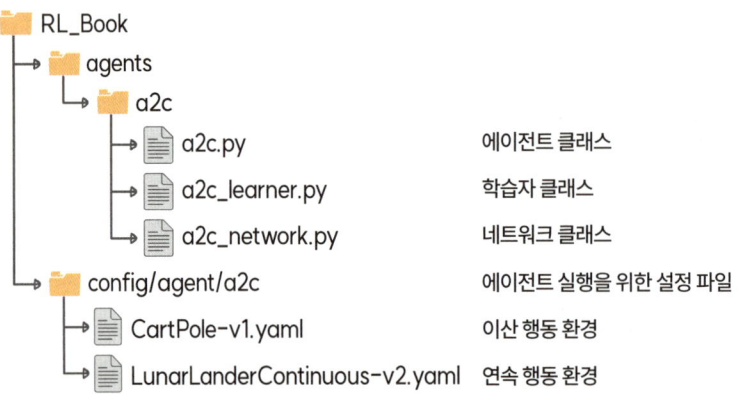

그림 13-2 A2C 디렉토리 구조

각 파일의 내용은 다음과 같다.

- **A2C 알고리즘 소스 코드**
  - a2c.py: A2C 알고리즘의 에이전트인 A2C가 정의돼 있다.
  - a2c_learner.py: A2C 알고리즘의 학습자인 A2CLearner가 정의돼 있다.
  - a2c_network.py: A2C 알고리즘의 네트워크인 A2CNetwork가 정의돼 있다.

- **A2C 알고리즘 설정 파일**
  - CartPole-v1.yaml: A2C 알고리즘으로 CartPole-v1을 실행할 때 필요할 설정이 정의돼 있다.
  - LunarLanderContinuous-v2.yaml: A2C 알고리즘으로 LunarLanderContinuous-v2을 실행할 때 필요할 설정이 정의돼 있다.

13.1.1 에이전트 관련 클래스

A2C 알고리즘의 에이전트, 네트워크, 학습자 클래스인 A2C, A2CLearner, A2CNetwork로 구현돼 있으며 이들은 Agent, Learner, Network를 상속하고 있다.

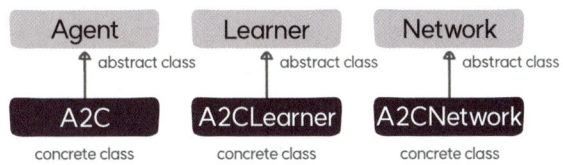

그림 13-3 A2C 알고리즘의 에이전트, 학습자, 네트워크의 클래스

13.1.2 주요 클래스 구성

A2C 알고리즘을 실행하면 그림 13-4와 같은 순서로 관련 객체가 생성된다.

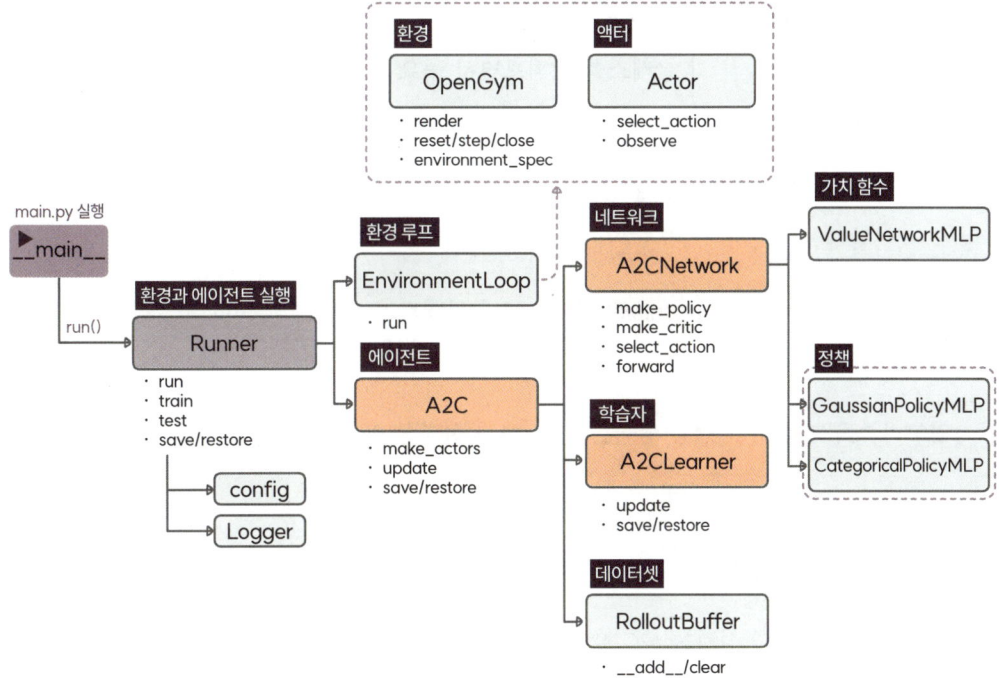

그림 13-4 A2C 클래스 관계도

13.1 A2C 알고리즘 구성 **429**

객체의 생성 순서를 설명하면 다음과 같다.

- main.py는 Runner를 생성하고 run() 메서드를 호출한다.

- Runner의 run() 메서드에서는 강화학습의 핵심 구성 모듈인 에이전트 A2C와 에이전트와 환경이 상호작용을 하도록 환경 루프 EnvironmentLoop를 생성한다.

- A2C는 에이전트를 구성하는 액터, 네트워크, 학습자, 데이터셋인 Actor, A2CNetwork, A2CLearner, RolloutBuffer를 생성한다.

- A2CNetwork는 정책과 가치 함수를 생성한다. 정책은 연속 행동인 경우에는 GaussianPolicyMLP를 생성하고, 이산 행동인 경우에는 CategoricalPolicyMLP를 생성한다. 가치 함수는 ValueFunctionMLP를 생성한다.

- 환경 루프 EnvironmentLoop는 환경인 OpenGym과 액터 Actor를 생성한다.

13.1.3 알고리즘 구현을 위한 실습 준비

이제 A2C 알고리즘의 각 클래스를 살펴보면서 주요 로직을 구현해 볼 것이다. 실습을 위해 다음과 같이 템플릿 파일을 준비해 보자.

- 정답 파일 백업: "/agents/a2c/answer" 디렉토리를 만들어서 알고리즘 구현 파일을 백업한다.

- 템플릿 파일 이동: "/agents/a2c/question" 디렉토리에 있는 템플릿 파일을 상위 디렉토리로 옮긴다.

알고리즘 구현을 위한 실습 방식은 8.1.3에서 설명한 방식으로 진행한다.

13.2 A2C 클래스

A2C 알고리즘을 구성하는 A2C, A2CNetwork, A2CLearner 클래스와 Q-가치와 이득을 계산하기 위해 n-스텝 리턴과 GAE를 구현해 보자. A2C는 에이전트 클래스로 Agent를 상속하고 있다. 에이전트 클래스는 대부분 베이스 클래스인 Agent의 기능을 그대로 사

용한다. 그래서 초기화 함수에서 Agent의 초기화 함수를 다시 호출하면서 ❶ 설정, 로거, 환경을 전달하고 ❷ 학습자와 네트워크 클래스를 지정해주며 ❸ 온라인 정책과 오프라인 정책을 구분한다.

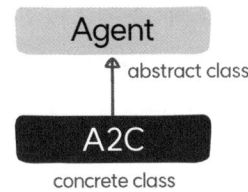

그림 13-5 A2C 클래스 구성도

13.2.1 클래스 정의

A2C 클래스는 다음과 같이 정의된다.

메서드

- __init__: A2C 알고리즘을 실행하는 학습자, 네트워크, 데이터셋으로 구성된 에이전트를 생성한다.

13.2.2 클래스 구현 코드

A2C 클래스는 다음과 같이 구현돼 있다.

패키지 임포트

코드 13-1 A2C 에이전트 패키지 임포트

```python
from types import SimpleNamespace
from utils.logging import Logger
from envs.environment import Environment
from agents.agent import Agent
from agents.a2c.a2c_network import A2CNetwork
from agents.a2c.a2c_learner import A2CLearner
```

실행 순서는 다음과 같다.

1. 설정(config) 객체를 나타내는 `SimpleNamespace`를 임포트 한다.
2. 로거 클래스인 `Logger`를 임포트 한다.
3. 환경 클래스인 `Environment`를 임포트 한다.
4. 에이전트의 베이스 클래스인 `Agent`을 임포트 한다.
5. A2C 알고리즘의 네트워크인 `A2CNetwork`를 임포트 한다.
6. A2C 알고리즘의 학습자인 `A2CLearner`를 임포트 한다.

초기화

A2C 알고리즘을 실행하는 학습자, 네트워크, 데이터셋으로 구성된 에이전트를 생성한다.

코드 13-2 A2C 에이전트

```python
class A2C(Agent):
    """A2C 알고리즘 에이전트 클래스"""

    def __init__(self,
                 config: SimpleNamespace,
                 logger: Logger,
                 env: Environment,):
        """
            A2C 알고리즘을 실행하는 학습자, 네트워크, 데이터셋으로 구성된 에이전트를 생성
        Args:
            config: 설정
            logger: 로거
            env: 환경
        """

        # 에이전트 초기화
        super(A2C, self).__init__(
            config=config,
            logger=logger,
            env=env,
            network_class=A2CNetwork,
```

```
                learner_class=A2CLearner,
                policy_type="on_policy")
```

실행 순서는 다음과 같다.

1. **에이전트 초기화**: 부모 클래스인 Agent의 초기화 함수를 호출한다. 이때 다음과 같은 정보를 전달해서 에이전트의 서브 모듈인 학습자, 네트워크, 데이터셋이 생성되도록 한다.
   - 인자로 받은 설정(config), 로거(logger), 환경(env)을 다시 전달한다.
   - 학습자와 네트워크 클래스를 지정한다.
     - 네트워크 클래스로 A2CNetwork를 지정한다.
     - 학습자 클래스로 A2CLearner를 지정한다.
   - 정책 유형을 온라인 정책을 나타내는 "on_policy"로 지정한다.

13.3 A2CNetwork 클래스

A2CNetwork는 네트워크 클래스로 Network를 상속하고 있다. 주요 역할은 ❶ **정책과 가치 함수 모델을 생성**하고 ❷ 정책을 실행해서 **행동을 선택하며** ❸ 정책과 가치 함수의 학습에 필요한 **로그 가능도, 엔트로피, 가치를 계산**하는 것이다.

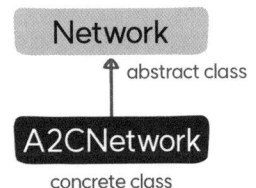

그림 13-6 A2CNetwork 클래스 구성도

13.3.1 클래스 정의

A2CNetwork 클래스는 다음과 같이 정의한다.

속성

- **정책 모델**(policy): 정책을 나타내는 딥러닝 모델로 이산 행동인 경우 Categorical PolicyMLP로 연속 행동인 경우 GaussianPolicyMLP로 생성된다.

- **가치 함수 모델**(critic): 가치 함수를 나타내는 딥러닝 모델로 ValueFunctionMLP로 생성된다.

메서드

- __init__: 부모 클래스인 Network의 초기화 함수를 호출해서 네트워크를 초기화하고 정책과 가치 함수를 생성한다.

- make_policy: 연속 행동인 경우 가우시안 분포를 출력하는 MLP 정책인 GaussianPolicyMLP를 생성하고, 이산 행동인 경우 카테고리 분포를 출력하는 MLP 정책인 CategoricalPolicyMLP를 생성한다.

- make_ciritic: 상태 기반의 MLP 가치 함수인 ValueFunctionMLP를 생성한다.

- select_action: 정책 모델을 실행해서 행동을 선택한다. 학습 모드와 추론 모드에서 행동을 선택하는 방식이 달라진다.

- cuda: 정책과 가치 함수 모델의 상태(파라미터와 버퍼)를 GPU로 이동한다.

- forward: 학습자에서 정책과 가치 함수의 손실을 계산할 때 필요한 정보를 한꺼번에 제공하기 위해 네트워크를 실행해서 해당 상태에서의 행동의 로그 가능도, 엔트로피, 가치를 계산한다.

13.3.2 클래스 구현 코드

A2CNetwork 클래스를 구현해 보도록 하자. 일부 메서드의 비워진 코드를 채워서 A2CNetwork 클래스를 완성해 보자.

패키지 임포트

코드 13-3 A2CNetwork 패키지 임포트

```python
import torch
from typing import Tuple
from types import SimpleNamespace
from envs.environment import EnvironmentSpec
from models.model import ValueFunctionMLP
from models.model import GaussianPolicyMLP, CategoricalPolicyMLP
from agents.base import Network
```

실행 순서는 다음과 같다.

10. 딥러닝 구현을 위한 PyTorch 패키지 `torch`를 임포트 한다.
11. 타입 정의를 위해 `Tuple`을 임포트 한다.
12. 설정(`config`) 객체를 표현하기 위한 `SimpleNamespace`를 임포트 한다.
13. 환경의 정보를 제공하는 `EnvironmentSpec`을 임포트 한다.
14. 가치 함수 모델인 `ValueFunctionMLP`를 임포트 한다.
15. 정책 모델인 `GaussianPolicyMLP`와 `CategoricalPolicyMLP`를 임포트 한다.
16. 네트워크의 베이스 클래스인 `Network`를 임포트 한다.

네트워크 초기화

부모 클래스인 `Network`의 초기화 함수를 호출해서 네트워크를 초기화하고 정책과 가치 함수를 생성한다.

코드 13-4 A2CNetwork 초기화

```python
class A2CNetwork(Network):
    """A2C 알고리즘 네트워크 클래스"""

    def __init__(self,
                 config: SimpleNamespace,
                 environment_spec: EnvironmentSpec):
        """
```

```
            부모 클래스인 Network의 초기화 함수를 호출해서
            네트워크를 초기화하고 정책과 가치 함수를 생성
        Args:
            config: 설정
            environment_spec: 환경 정보
        """

        # 1. 네트워크 초기화
        super(A2CNetwork, self).__init__(config, environment_spec)

        # 2. 정책 및 가치 함수 모델 생성
        self.policy = self.make_policy()
        self.critic = self.make_critic()
```

실행 순서는 다음과 같다.

5. 네트워크 초기화: 부모 클래스인 Network의 초기화 함수를 호출해서 네트워크 모듈의 공통적인 초기화를 수행한다.
6. 정책 및 가치 함수 모델 생성: 정책 모델과 가치 함수 모델을 생성한다.

정책 생성

연속 행동인 경우 가우시안 분포를 출력하는 MLP 정책인 GaussianPolicyMLP를 생성하고, 이산 행동인 경우 카테고리 분포를 출력하는 MLP 정책인 CategoricalPolicyMLP를 생성한다.

코드 13-5 A2CNetwork 정책 생성

```
def make_policy(self):
    """
    연속 행동인 경우
        - 가우시안 분포를 출력하는 MLP 정책인 GaussianPolicyMLP를 생성
    이산 행동인 경우
        - 카테고리 분포를 출력하는 MLP 정책인 CategoricalPolicyMLP를 생성

    Returns:
        정책 모델
```

```python
"""

# 1. 정책 인자 정의
hidden_dim = self.config.actor_hidden_dims
policy_argument = [self.config,
                   self.state_size,
                   hidden_dim,
                   self.action_size]

# 2. 연속 행동: 가우시안 정책 생성
if self.b_continuous_action:
    return GaussianPolicyMLP(*policy_argument)

# 3. 이산 행동: 카테고리 정책 생성
return CategoricalPolicyMLP(*policy_argument)
```

실행 순서는 다음과 같다.

1. 정책 인자 정의: 정책 모델의 구성을 위한 인자를 목록으로 만든다.
   - 설정(config)
   - 입력 계층의 뉴런 수를 결정하는 상태 벡터의 크기(state_size)
   - 은닉 계층의 뉴런 수 목록(hidden_dim)
   - 출력 계층의 뉴런 수를 결정하는 행동 벡터의 크기(action_size)
2. 연속 행동인 경우: 가우시안 분포를 출력하는 MLP 정책인 GaussianPolicyMLP를 생성한다.
3. 이산 행동인 경우: 카테고리 분포를 출력하는 MLP 정책인 CategoricalPolicyMLP를 생성한다.

Q 가치 함수 생성

A2C는 가치 함수를 학습하고 이를 이용해서 이득을 계산한다. 가치 함수의 딥러닝 모델을 생성하도록 make_critic()의 # your code 부분을 완성해 보자. A2C가 사용하는 가치 함수는 ValueFunctionMLP 클래스로 생성하되 "/model/modes.py"에 클래스가 정의돼 있으니 코드를 확인해서 구현해 보라. 단, 가치 함수 모델의 크기는 설정에 지정된 config.critic_hidden_dims을 이용해서 지정하라.

코드 13-6 A2CNetwork 가치 함수 생성

```
def make_critic(self):
    """
        상태 기반의 MLP 가치 함수인 ValueFunctionMLP를 생성
    
    Returns:
        가치 함수 모델
    """
    
    # 가치 함수 모델 생성
    # your code
    return None
```

- 가치 함수 모델 생성: 상태 기반의 MLP 가치 함수인 `ValueFunctionMLP`를 생성한다.

A 가치 함수 생성

작성한 코드가 잘 구현됐는지 다음 코드로 확인해 보자.

코드 13-7 A2CNetwork 가치 함수 생성

```
def make_critic(self):
    """
        상태 기반의 MLP 가치 함수인 ValueFunctionMLP를 생성
    
    Returns:
        가치 함수 모델
    """
    
    # 가치 함수 모델 생성
    return ValueFunctionMLP(self.config,
                            self.state_size,
                            self.config.critic_hidden_dims)
```

가치 함수 모델의 입력 계층의 뉴런 수로 `state_size`를 지정하고 은닉 계층 뉴런 수 리스트를 `config.critic_hidden_dims`로 지정해서 생성한다.

행동 선택

정책 모델을 실행해서 행동을 선택한다. 학습 모드와 추론 모드에서 행동을 선택하는 방식이 달라진다.

코드 13-8 A2CNetwork 행동 선택

```python
def select_action(self,
                  state: torch.Tensor,
                  total_n_timesteps: int) -> torch.Tensor:
    """
        정책 모델을 실행해서 행동을 선택
    Args:
        state: 상태
        total_n_timesteps: 현재 타임 스텝

    Returns:
        선택된 행동
    """

    # 정책에서 행동 선택
    return self.policy.select_action(state, self.config.training_mode)
```

- 정책에서 행동 선택: 행동은 정책 모델에서 제공하는 select_action() 메서드를 호출한다. 이때 학습 모드인지 추론 모드인지를 구분하도록 설정 값을 전달한다.

CUDA

정책과 가치 함수 모델의 상태(파라미터와 버퍼)를 GPU로 이동한다.

코드 13-9 A2CNetwork CUDA

```python
def cuda(self):
    """정책과 가치 함수 모델의 상태(파라미터와 버퍼)를 GPU로 이동"""

    # 1. 정책 모델 cuda() 호출
    self.policy.cuda(self.config.device_num)
```

```
# 2. 가치 함수 모델 cuda() 호출
self.critic.cuda(self.config.device_num)
```

실행 순서는 다음과 같다.
1. 정책 모델 cuda() 호출: 정책 모델의 cuda() 메서드를 호출한다.
2. 가치 함수 모델 cuda() 호출: 가치 함수 모델의 cuda() 메서드를 호출한다.

Q 네트워크 실행

정책과 가치 함수의 손실을 계산할 때 필요한 ❶ 행동의 로그 가능도 ❷ 행동의 분포의 엔트로피 ❸ 가치를 forward() 메서드를 통해 한꺼번에 구하려고 한다. 다음 코드에서 # your code 부분에 행동의 로그 가능도, 행동의 분포의 엔트로피와 가치를 계산하는 코드를 구현해 보자. 로그 가능도는 REINFORCE 알고리즘과 같은 방식으로 계산하면 된다. 또한 분포의 엔트로피는 분포의 entropy()를 사용해서 계산하고 가치는 가치 함수를 실행해서 구하라.

코드 13-11 A2CNetwork 네트워크 실행

```
def forward(self, state, action) -> Tuple[torch.Tensor]:
    """
        학습자에서 정책과 가치 함수의 손실을 계산할 때
        필요한 정보를 제공하기 위해 네트워크를 실행해서
        해당 상태에서의 행동의 로그 가능도, 엔트로피, 가치를 계산
    Args:
        state: 상태
        action: 행동

    Returns:
        행동의 로그 가능도, 엔트로피, 가치
    """

    # 1. 행동의 분포를 구함
    # your code

    # 2. 로그 가능도 계산
    log_prob = None       # your code
```

```
    # 3. 엔트로피 계산
    entropy = None      # your code

    # 4. 가치 계산
    value = None        # your code

    # 5. 로그 가능도, 엔트로피, 가치 반환
    return log_prob, entropy, value
```

실행 순서는 다음과 같다.

1. **행동의 분포를 구함**: 상태(state)를 입력했을 때 정책이 출력한 행동의 분포(distribution)를 구한다.
2. **로그 가능도를 계산**: 행동의 분포(distribution)에서 행동의 로그 가능도(log_prob)를 계산한다.
3. **엔트로피 계산**: 행동의 분포의 엔트로피(entropy)를 구한다.
4. **가치 계산**: 상태(state)를 입력했을 때 가치 함수가 출력한 가치(value)를 구한다.
5. **로그 가능도, 엔트로피, 가치 반환**: 계산한 로그 가능도(log_prob), 엔트로피(entropy), 가치(value)를 반환한다.

A 네트워크 실행

작성한 코드가 잘 구현됐는지 다음 코드로 확인해 보자.

코드 13-12 A2CNetwork 네트워크 실행

```python
def forward(self, state, action) -> Tuple[torch.Tensor]:
    """
    학습자에서 정책과 가치 함수의 손실을 계산할 때
    필요한 정보를 제공하기 위해 네트워크를 실행해서
    해당 상태에서의 행동의 로그 가능도, 엔트로피, 가치를 계산

    Args:
        state: 상태
        action: 행동

    Returns:
```

```
            행동의 로그 가능도, 엔트로피, 가치
    """

    # 1. 행동의 분포를 구함
    distribution = self.policy.distribution(state)

    # 2. 로그 가능도 계산
    log_prob = self._log_prob(distribution, action)

    # 3. 엔트로피 계산
    entropy = distribution.entropy()

    # 4. 가치 계산
    value = self.critic(state)

    # 5. 로그 가능도, 엔트로피, 가치 반환
    return log_prob, entropy, value
```

엔트로피는 distribution.entropy()로 구했고 가치도 가치 함수인 ciritc을 실행해서 구했다.

13.4 A2CLearner 클래스

A2CLearner는 학습자 클래스로 Learner를 상속하고 있다. 주요 역할은 정책 모델을 학습하기 위해 ❶ 리턴과 이득을 계산해서 데이터셋에 추가하고 ❷ 설정에 정해진 에포크만큼 데이터셋에서 **배치를 샘플링해** ❸ **정책과 가치 함수 모델의 손실을 계산**하고 ❹ **모델을 업데이트**하고 ❺ 주요 **성능 정보를 로깅**하는 과정을 반복하는 일이다.

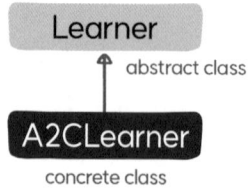

그림 13-7 A2CLearner 클래스 구성도

13.4.1 클래스 정의

A2CLearner 클래스는 다음과 같이 정의된다.

속성

- **정책**(policy): 네트워크에서 생성한 정책을 참조하는 변수로 편의를 위해 정의하고 있다.

- **가치 함수**(critic): 네트워크에서 생성한 가치 함수를 참조하는 변수로 편의를 위해 정의하고 있다.

- **옵티마이저**(optimizer): 딥러닝 모델의 학습을 위한 최적화 알고리즘으로 Adam을 사용한다.

- **정책 학습률 스케줄러**(policy_lr_scheduler): 정책의 학습률을 스케줄링하는 코사인 스케줄러이다. 초기 학습률을 0도에서 90도 사이의 곡선을 따라 최대 환경 스텝까지 서서히 감소시키는 방식으로 구현돼 있다.

- **가치 함수 학습률 스케줄러**(critic_lr_scheduler): 가치 함수의 학습률을 스케줄링하는 코사인 스케줄러이다.

메서드

- __init__: Learner 클래스의 초기화 메서드를 호출해 학습자를 초기화 하고, 정책과 가치 함수를 학습하기 위한 Adam 옵티마이저와 학습률 스케줄러를 생성한다.

- _loss: A2C 알고리즘의 목적 함수에 따라 정책의 손실을 계산하고, 가치 함수의 손실은 평균 제곱 오차로 계산한다.

- _calc_target_value: 가치 함수의 타깃과 이득을 ❶ 몬테카를로 리턴 ❷ n-스텝 리턴 ❸ GAE 방식 중 하나로 계산하고 버퍼에 추가 데이터 필드로 저장한다.

- update: A2C 알고리즘의 목적 함수에 따라 손실을 계산해서 정책과 가치 함수를 학습하고 성능 정보를 로깅한다.

13.4.2 클래스 구현 코드

이제 A2CLearner 클래스를 구현해 보자. 지금부터 설명할 A2CLearner 클래스의 코드에는 손실을 계산하는 부분이 비어 있다. A2C 알고리즘의 목표 함수를 참고해서 코드를 완성해 보자.

패키지 임포트

코드 13-13 A2CLearner 패키지 임포트

```
import torch
import torch.nn as nn
from typing import Any
from types import SimpleNamespace
from datasets.rollout_buffer import RolloutBuffer
from agents.a2c.a2c_network import A2CNetwork
from envs.environment import EnvironmentSpec
from utils.logging import Logger
from agents.base import Learner
from utils.lr_scheduler import CosineLR
from utils.value_util import REGISTRY as RETURN_REGISTRY
```

실행 순서는 다음과 같다.

1. 딥러닝 구현을 위한 PyTorch 패키지 torch를 임포트 한다.
2. PyTorch 패키지의 네트워크 모듈 torch.nn을 임포트 한다.
3. 변수 타입을 명시하기 위해 Any를 임포트 한다.
4. 설정(config) 객체를 표현하기 위한 SimpleNamespace를 임포트 한다.
5. 온라인 정책의 데이터셋 버퍼인 RolloutBuffer를 임포트 한다.
6. A2C 알고리즘의 네트워크인 A2CNetwork를 임포트 한다.
7. 환경의 정보를 제공하는 EnvironmentSpec을 임포트 한다.
8. 로거 클래스인 Logger를 임포트 한다.
9. 학습자의 베이스 클래스인 Learner를 임포트 한다.
10. 코사인 학습률 스케줄러인 CosineLR을 임포트 한다.

11. 유틸리티에서 리턴 함수의 레지스트리인 REGISTRY를 임포트 한다.

초기화

Learner 클래스의 초기화 메서드를 호출해 학습자를 초기화 하고 정책과 가치 함수를 학습하기 위한 Adam 옵티마이저와 학습률 스케줄러를 생성한다.

코드 13-14 A2CLearner 초기화

```
class A2CLearner(Learner):
    """A2C 알고리즘 학습자 클래스"""

    def __init__(self,
                 config: SimpleNamespace,
                 logger: Logger,
                 environment_spec: EnvironmentSpec,
                 network: A2CNetwork,
                 buffer: RolloutBuffer):
        """
        Learner 클래스의 초기화 메서드를 호출해 학습자를 초기화 하고
        정책과 가치 함수를 학습하기 위한 Adam 옵티마이저, 학습률 스케줄러, 입실론 스케줄러를 생성한다.
        Args:
            config: 설정
            logger: 로거
            environment_spec: 환경 정보
            network: 네트워크
            buffer: 버퍼
        """

        # 1. 부모 클래스 초기화 호출
        super().__init__(config, logger, environment_spec, network, buffer)

        # 2. 정책과 가치 함수 속성 정의
        self.policy = self.network.policy
        self.critic = self.network.critic

        # 3. 옵티마이저 생성
        self.optimizer = torch.optim.Adam([
            {'params': self.network.policy.parameters(),
```

```
                'lr': self.config.lr_policy},
               {'params': self.network.critic.parameters(),
                'lr': self.config.lr_critic}
           ])

# 4. 학습률 스케줄러 생성
if self.config.lr_annealing:
    self.policy_lr_scheduler = CosineLR(
        logger=self.logger,
        param_groups=self.optimizer.param_groups[0],
        start_lr=self.config.lr_policy,
        end_timesteps=self.config.max_environment_steps,
        name="policy lr")
    self.critic_lr_scheduler = CosineLR(
        logger=self.logger,
        param_groups=self.optimizer.param_groups[1],
        start_lr=self.config.lr_critic,
        end_timesteps=self.config.max_environment_steps,
        name="critic lr")

# 5. 평균 제곱 오차 손실 정의
self.MSELoss = nn.MSELoss()
```

실행 순서는 다음과 같다.

1. 부모 클래스 초기화 호출: Learner 클래스의 초기화 함수를 호출한다.
   - Learner의 초기화 함수에서는 설정(config), 로거(logger), 환경 스펙(environment_spec), 연속 행동 여부(b_continuous_action), 버퍼(buffer)와 네트워크(network)를 저장하고 학습 타입 스텝(learner_step)을 0으로 초기화 한다.
2. 정책과 가치 함수 속성 정의: 개발 편의를 위해 네트워크에 생성된 정책과 가치 함수를 학습자의 속성으로 할당한다.
3. 옵티마이저 생성: 정책과 가치 함수를 학습하기 위해 Adam을 생성한다. 학습률은 설정에 지정된 정책의 학습률(lr_policy)과 가치 학습의 학습률(lr_cirtic)로 지정한다.
4. 학습률 스케줄러 생성: 정책의 학습률 스케줄러(policy_lr_scheduler)와 가치 함수의 학습률 스케줄러(critic_lr_scheduler)를 코사인 스케줄러로 생성한다.

5. 평균 제곱 오차 손실 정의: 가치 함수를 학습할 때 사용할 평균 제곱 오차 손실(MSELoss)을 정의한다.

🅠 손실 계산

A2C 알고리즘의 목적 함수에 따라 정책의 손실을 계산하고, 평균 제곱 오차로 가치 함수의 손실을 계산해 보자.

A2C 목적함수

$$J^\pi(\theta) \approx \frac{1}{|D|} \sum_{s \in D} \mathcal{L}_t^\pi(\theta) \qquad \mathcal{L}_t^\pi(\theta) = \log \pi_\theta(a_t|s_t) \, A^\pi(s_t, a_t)$$

로그 가능도 / 이득 / 타임 스텝 t의 목표

$$D = \{(s_t, a_t) \in \tau_i, \ i = 1, 2, \ldots, N\} \quad \text{데이터셋}$$

정책의 손실 함수는 로그 가능도(log_probs)와 이득(advantage)을 이용해서 구현한다. 가치 함수의 손실 함수는 평균 제곱 오차 손실(MSELoss)을 이용해서 정의하며, 엔트로피 보너스는 엔트로피(entropy)의 평균으로 계산한다. 이때 목적 함수가 손실로 표현되도록 부호를 조정할 필요가 있다는 점을 유의하자.

코드 13-15 A2CLearner 손실 계산

```python
def _loss(self,
          states: torch.FloatTensor,
          actions: torch.FloatTensor,
          target_values: torch.FloatTensor,
          advantages: torch.FloatTensor = None,
          ) -> tuple[Any, dict[str, Any]]:
    """
    A2C 알고리즘의 목적 함수에 따라 정책의 손실을 계산 하고,
    가치 함수의 손실은 평균 제곱 오차로 계산.

    Args:
        states: 상태
        actions: 행동
        target_values: 타깃 가치
```

```
            advantages: 이득

        Returns:
            전체 손실
            손실 딕셔너리 {전체 손실, 정책의 손실, 가치 함수의 손실, 엔트로피 보너스}
        """

        # 1. 로그 가능도, 엔트로피, 가치 계산
        log_probs, entropy, values = self.network(states, actions)

        # 2. 정책 손실 계산
        policy_loss = 0     # your code

        # 3. 가치 함수 손실 계산
        value_loss = 0     # your code

        # 4. 엔트로피 보너스 계산
        entropy_loss = 0     # your code

        # 5. 총 손실 계산
        total_loss = (
            policy_loss
            + self.config.vloss_coef * value_loss
            + self.config.eloss_coef * entropy_loss
        )

        # 6. 손실 딕셔너리 반환
        return total_loss, {
            'total_loss': total_loss.item(),
            'policy_loss': policy_loss.item(),
            'value_loss': value_loss.item(),
            'entropy_loss': entropy_loss.item(),
        }
```

실행 순서는 다음과 같다.

1. 로그 가능도, 엔트로피, 가치 계산: 네트워크를 실행해서 손실을 계산할 때 사용할 정책의 로그 가능도(log_probs), 엔트로피(entropy), 가치(values)를 계산한다.

2. 정책 손실 계산: A2C 알고리즘에 따라 다음과 같이 손실을 계산한다.
   - 로그 가능도(log_probs)와 이득(advantage)을 곱해서 평균을 계산한 뒤 손실로 표현하기 위해 음수 부호를 붙인다.

A2C 목적함수

$$J^\pi(\theta) \approx \frac{1}{|D|} \sum_{s \in D} \mathcal{L}_t^\pi(\theta) \qquad \mathcal{L}_t^\pi(\theta) = \log \pi_\theta(a_t|s_t) \, A^\pi(s_t, a_t)$$

로그 가능도, 이득, 타임 스텝 t의 목표

$$D = \{(s_t, a_t) \in \tau_i, \ i = 1, 2, \ldots, N\} \quad \text{데이터셋}$$

3. 가치 함수 손실 계산: 가치 함수의 손실은 가치와 타깃 가치의 평균 제곱 오차로 계산한다.
4. 엔트로피 보너스 계산: 엔트로피의 평균에 음수를 붙여서 엔트로피 보너스를 계산한다.
5. 총 손실 계산: 정책 손실과 가치 함수 손실과 엔트로피 보너스를 더해서 총 손실을 계산한다. 이때 각 항에 계수를 붙여서 손실 비중을 조정한다.
6. 손실 딕셔너리 반환: 손실에 대한 정보를 딕셔너리로 정의해서 반환한다.

A 손실 계산

작성한 코드가 잘 구현됐는지 다음 코드로 확인해 보자.

코드 13-16 A2CLearner 손실 계산

```python
def _loss(self,
         states: torch.FloatTensor,
         actions: torch.FloatTensor,
         target_values: torch.FloatTensor,
         advantages: torch.FloatTensor = None,
         ) -> tuple[Any, dict[str, Any]]:
    """
    A2C 알고리즘의 목적 함수에 따라 정책의 손실을 계산 하고
```

```
        가치 함수의 손실은 평균 제곱 오차로 계산
Args:
    states: 상태
    actions: 행동
    target_values: 타깃 가치
    advantages: 이득

Returns:
    전체 손실
    손실 딕셔너리 {전체 손실, 정책의 손실, 가치 함수의 손실, 엔트로피 보너스}
"""

# 1. 로그 가능도, 엔트로피, 가치 계산
log_probs, entropy, values = self.network(states, actions)

# 2. 정책 손실 계산
policy_loss = -(log_probs * advantages).mean()

# 3. 가치 함수 손실 계산
value_loss = self.MSELoss(values, target_values)

# 4. 엔트로피 보너스 계산
entropy_loss = -entropy.mean()

# 5. 총 손실 계산
total_loss = (
        policy_loss
        + self.config.vloss_coef * value_loss
        + self.config.eloss_coef * entropy_loss
)

# 6. 손실 딕셔너리 반환
return total_loss, {
    'total_loss': total_loss.item(),
    'policy_loss': policy_loss.item(),
    'value_loss': value_loss.item(),
    'entropy_loss': entropy_loss.item(),
}
```

정책의 손실 함수와 가치 함수의 손실 함수, 엔트로피 보너스가 정확히 구현됐는지 확인해 보자.

Q 타깃 가치와 이득 계산

다음 _calc_target_value() 메서드는 가치 함수의 타깃과 이득을 ❶ **몬테카를로 리턴** ❷ **n-스텝 리턴** ❸ **GAE** 방식 중 하나로 계산하고 버퍼에 추가 데이터 필드로 저장한다. 다음 코드에서 `# your code` 부분에 가치 함수의 타깃은 "target_value"로 이득은 "advantage"로 저장할 수 있도록 버퍼 스키마를 확장하라. 그리고 계산된 타깃 가치와 이득을 추가된 데이터 필드에 저장하라.

코드 13-17 A2CLearner 타깃 가치와 이득 계산

```python
def _calc_target_value(self):
    """
        가치 함수의 타깃과 이득을
            1) 몬테카를로 리턴
            2) n-스텝 리턴
            3) GAE 방식
        중 하나로 계산하고 버퍼에 추가 데이터 필드로 저장
    """

    # 1. 버퍼가 비어 있으면 반환
    if len(self.buffer) == 0: return

    # 2. 타깃 가치와 이득 계산 (MC 리턴, n-스텝 리턴, GAE)
    target_value, advantage = \
        RETURN_REGISTRY[self.config.advantage_type](
            self.config,
            self.buffer['state'],
            self.buffer['next_state'],
            self.buffer['reward'],
            self.buffer['done'],
            self.critic
        )

    # 3. 버퍼 스키마 확장
```

```
        # your code

        # 4. 버퍼에 이득과 타깃 가치 저장
        # your code
```

실행 순서는 다음과 같다.

1. **버퍼가 비어 있으면 반환**: 버퍼가 비어 있으면 바로 반환한다.
2. **타깃 가치와 이득 계산**: 설정(config.advantage_type)에 따라 몬테카를로 리턴('mc'), n-스텝 리턴('n_step'), GAE('gae') 중 하나를 계산해서 타깃 가치와 이득을 반환한다. 이때 타깃 가치는 가치 함수의 타깃으로 리턴을 의미한다. 단, GAE의 경우 이득과 가치를 더한 Q-가치를 타깃 가치로 반환한다.
3. **버퍼 스키마 확장**: 버퍼에 이득(advantage) 키가 없으면 이득과 타깃 가치를 추가할 수 있도록 스키마 확장한다.
4. **버퍼에 이득과 타깃 가치 저장**: 버퍼의 이득과 타깃 가치 데이터를 저장한다.

A 타깃 가치와 이득 계산

작성한 코드가 잘 구현됐는지 다음 코드로 확인해 보자.

코드 13-18 A2CLearner 타깃 가치와 이득 계산

```python
def _calc_target_value(self):
    """
        가치 함수의 타깃과 이득을
            1) 몬테카를로 리턴
            2) n-스텝 리턴
            3) GAE 방식
        중 하나로 계산하고 버퍼에 추가 데이터 필드로 저장
    """

    # 1. 버퍼가 비어 있으면 반환
    if len(self.buffer) == 0: return

    # 2. 타깃 가치와 이득 계산 (MC 리턴, n-스텝 리턴, GAE)
    target_value, advantage = \
```

```
        RETURN_REGISTRY[self.config.advantage_type](
            self.config,
            self.buffer['state'],
            self.buffer['next_state'],
            self.buffer['reward'],
            self.buffer['done'],
            self.critic
        )

        # 3. 버퍼 스키마 확장
        if self.buffer["advantage"] is None:
            schema = {
                'advantage': {'shape': (1,)},
                'target_value': {'shape': (1,)},
            }
            self.buffer.extend_schema(schema)

        # 4. 버퍼에 이득과 타깃 가치 저장
        self.buffer['advantage'] = advantage
        self.buffer['target_value'] = target_value
```

이득과 타깃 가치를 저장하기 위해 버퍼 스키마를 확장하고 이들을 버퍼에 저장하는 코드를 올바르게 작성했는지 확인해 보라.

모델 업데이트

A2C 알고리즘의 목적 함수에 따라 손실을 계산해서 정책과 가치 함수를 학습하고 성능 정보를 로깅한다.

코드 13-19 A2CLearner 모델 업데이트(1/3)

```
def update(self, total_n_timesteps: int, total_n_episodes: int):
    """
    A2C 알고리즘의 목적 함수에 따라 손실을 계산해서
    정책과 가치 함수를 학습하고 성능 정보를 로깅한다.
    """
    # 1. 버퍼가 비어 있으면 반환
```

```
        if len(self.buffer) == 0: return False

        # 2. 타깃 가치와 이득 계산
        self._calc_target_value()

        # 3. 배치 실행 횟수 계산
        num_batch_times = (len(self.buffer)-1)//self.config.batch_size+1
```

실행 순서는 다음과 같다.

1. 버퍼가 비어 있으면 반환: 버퍼가 비어 있으면 모델 업데이트 및 학습을 하지 않고 바로 반환한다.
2. 타깃가치와 이득 계산: 전체 데이터셋에 있는 트랜지션별로 타깃 가치와 이득을 계산해서 데이터셋에 추가한다.
3. 배치 실행 횟수 계산: 1 에포크마다 모델 업데이트 횟수를 계산하기 위해 버퍼의 크기를 배치 크기로 나눠서 배치 실행 횟수(num_batch_times)로 둔다.

코드 13-20 A2CLearner 모델 업데이트(2/3)

```
        # 4. 학습 루프
        for epoch in range(0, self.config.n_epochs):
            for i in range(num_batch_times):
                # 5. 롤아웃 버퍼에서 배치 샘플링
                sample_batched = self.buffer.sample(self.config.batch_size)

                # 6. 특징별 변수 처리
                state = sample_batched["state"]
                action = sample_batched["action"]
                target_value = sample_batched["target_value"]
                advantage = sample_batched["advantage"]

                # 7. 학습 타입 스텝 증가
                self.learner_step += 1

                # 8. 손실 계산
                total_loss, loss_results = \
```

```
            self._loss(state, action, target_value, advantage)

        # 9. 백워드 패스 실행 (그레이디언트 계산)
        self.optimizer.zero_grad(set_to_none=True)
        total_loss.backward()

        # 10. 그레이디언트 클리핑
        torch.nn.utils.clip_grad_norm_(
            self.network.parameters(), self.config.grad_norm_clip
        )

        # 11. 파라미터 업데이트
        self.optimizer.step()

        # 12. 손실 로깅
        # 총 손실
        self.logger.log_stat("total_loss",
                             loss_results['total_loss'],
                             self.learner_step)
        # 정책 손실
        self.logger.log_stat("policy_loss",
                             loss_results['policy_loss'],
                             self.learner_step)
        # 가치 함수 손실
        self.logger.log_stat("value_loss",
                             loss_results['value_loss'],
                             self.learner_step)
        # 엔트로피 보너스
        self.logger.log_stat("entropy_loss",
                             loss_results['entropy_loss'],
                             self.learner_step)
```

실행 순서는 다음과 같다.

4. 학습 루프: 설정에 지정된 에포크(epoch)만큼 학습 루프를 실행하고, 에포크별로 배치 실행 횟수(num_batch_times)만큼 모델을 업데이트 한다.

5. 롤아웃 버퍼에서 배치 샘플링: 롤아웃 버퍼에서 배치를 지정된 배치 크기로 샘플링한다.

6. 특징별 변수 처리: 코드를 간결하게 하기 위해 샘플링된 배치의 필드별로 변수를 할당해서 사용한다.
7. 학습 타임 스텝 증가: 학습 타임 스텝을 1 증가시킨다.
8. 손실 계산: A2C 알고리즘에 따라 정책, 가치 함수, 엔트로피 보너스로 구성된 손실을 계산한다.
9. 백워드 패스 실행(그레이디언트 계산): 역전파 알고리즘을 실행한다.
10. 그레이디언트 클리핑: 그레이디언트가 너무 커지지 않도록 클리핑한다.
11. 파라미터 업데이트: 옵티마이저를 이용해서 파라미터를 업데이트 한다.
12. 손실 로깅: 정책과 가치 함수 손실과 엔트로피 보너스 그래프를 텐서보드로 확인할 수 있도록 로깅한다.

코드 13-21 A2CLearner 모델 업데이트(3/3)

```python
if self.config.lr_annealing:
    # 13. 학습률 스케줄 업데이트
    self.policy_lr_scheduler.step(total_n_timesteps)
    self.critic_lr_scheduler.step(total_n_timesteps)

    # 14. 학습률 로깅
    self.logger.log_stat("policy learning rate",
                        self.optimizer.param_groups[0]['lr'],
                        total_n_timesteps)
    self.logger.log_stat("critic learning rate",
                        self.optimizer.param_groups[1]['lr'],
                        total_n_timesteps)

# 15. 데이터셋 삭제
self.buffer.clear()

return True
```

실행 순서는 다음과 같다.

13. 학습률 스케줄 업데이트: 현재 타임 스텝에 맞춰 정책과 가치 함수의 학습률을 스케줄링한다.

14. 학습률 로깅: 학습률 스케줄을 텐서보드로 확인할 수 있도록 정책과 가치 함수의 학습률을 로깅한다.
15. 데이터셋 삭제: 온라인 정책이므로 학습이 완료됐으면 데이터셋을 삭제한다.

13.5 n-스텝 리턴

이제 n-스텝 리턴을 계산하는 방법을 확인해 보자.

13.5.1 n-스텝 리턴 계산 방식

n-스텝 리턴 $r(\tau_{t:t+n})$은 몬테카를로 리턴과 부트스트랩핑의 중간 형태이다. $n-1$-스텝까지는 보상을 합산하고 n-스텝에서는 가치로 리턴을 추정한다.

$$r(\tau_{t:t+n}) = r_t + \gamma r_{t+1} + \gamma^2 r_{t+2} + \gamma^3 r_{t+3} + \cdots + \gamma^n V(s_{t+n})$$

t 시점에서 T 시점까지의 리턴 γ: 할인 계수 $0 \leq \gamma \leq 1$

이 식은 몬테카를로 리턴과 같이 재귀식으로 표현해서 계산할 수 있다. 단, n번째 스텝을 보상 대신 가치로 표현하는 점이 몬테카를로 리턴과 다르다.

$$r(\tau_{t:t+n}) = r_t + \gamma r(\tau_{t+1:t+n})$$

즉 타임 스텝 t의 리턴 $r(\tau_{t:t+n})$은 타임 스텝 $t+1$의 리턴 $r(\tau_{t+1:t+n})$에 할인 계수 γ을 곱해서 현재의 보상 r_t과 더하면 된다. n-스텝 리턴의 재귀 식을 이용하면 다음과 같이 시간의 역순으로 리턴을 계산할 수 있다.

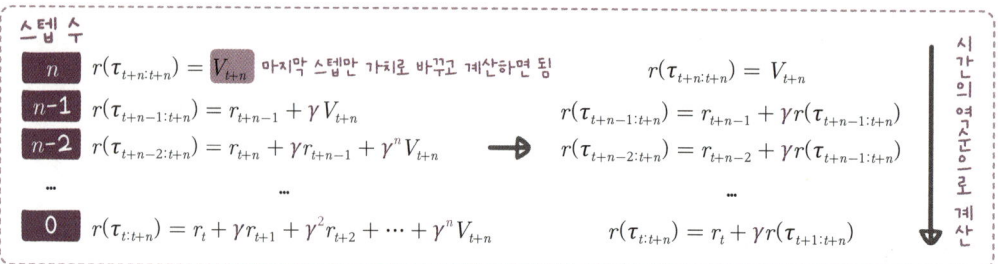

n번째 스텝의 리턴 $r(\tau_{T:T})$는 가치 V_{t+n}로 초기화 한다. $n-1$번째 스텝부터는 재귀식으로 리턴을 계산할 수 있다. 재귀식을 0번째 스텝까지 계산하면 n-스텝 리턴이 계산된다.

13.5.2 n-스텝 리턴 구현 아이디어

n-스텝 리턴은 "/utils/value_util.py" 파일에 정의된 n_step_return() 함수로 계산할 수 있다.

n-스텝 리턴 계산 시 보상과 가치의 사용 범위

그림 13-8은 롤아웃 버퍼에 저장된 한 개의 에피소드에 대해 2-스텝 리턴을 계산하는 과정을 보여주고 있다. t 시점에서 2-스텝 리턴을 계산한다면 보상은 파란색 범위의 값을 사용하고 가치는 보라색 범위의 값을 사용해서 계산한다.

$$r(\tau_{t:t+n}) = \sum_{t'=t}^{n-1} \gamma^{t'-t} r(s_{t'}, a_{t'}) + \gamma^n V(s_{t+n})$$

0~$n-1$ 스텝 n 스텝

	t	1	2	...	t	$t+1$	$t+2$	...	$T-1$	T	
value		V_1	V_2	...	V_t	V_{t+1}	V_{t+2}	...	V_{T-1}	V_T	n 스텝
reward		r_1	r_2	...	r_t	r_{t+1}	r_{t+2}	...	r_{T-1}	r_T	0~$n-1$ 스텝

$n=2$인 경우 예시

그림 13-8 2-스텝 리턴을 계산하기 위한 보상과 가치의 범위 예시

같은 방식으로 n-스텝인 경우 0 스텝에서 $n-1$스텝까지의 보상과 n-스텝의 가치를 더해서 계산한다.

마지막 n개 스텝에서 부족한 미래의 스텝 문제

이와 같이 n-스텝 리턴을 계산하려면 현재 스텝인 0 스텝과 미래의 n개 스텝이 필요하다. 그러므로 데이터셋에 있는 마지막 n개의 타임 스텝은 n-스텝 리턴을 계산하기 위한 스텝 수가 부족하다. 예를 들어 그림 13-9와 같이 2-스텝 리턴을 계산한다면 타임 스텝 $T-1$과 T는 미래의 스텝이 각기 1개와 0개여서 2-스텝 리턴을 계산할 수 없다.

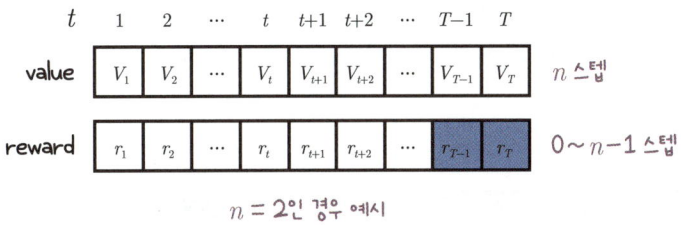

그림 13-9 마지막 n개의 스텝에서 n-스텝 리턴의 계산

n-스텝 리턴을 계산하기 위한 스텝 수가 부족한 경우 리턴을 어떻게 계산하면 좋을까? 답은 생각보다 간단하다. 남은 보상을 더해서 실제 리턴을 계산하면 된다.

미래의 n개 스텝 패딩하기

데이터셋의 마지막 n개 타임 스텝에서도 n-스텝 리턴의 계산 방식과 같은 방식으로 리턴을 계산하려면 어떻게 하면 좋을까? 데이터셋에 미래의 n개 스텝을 추가해서 0으로 패딩하면 된다. 그림 13-10과 같이 가치와 보상에 미래의 2개 스텝을 0으로 패딩하면 $T-1$ 시점과 T 시점에서도 미래의 n개 스텝이 생겨서 n-스텝 리턴의 계산 방식으로 리턴을 계산할 수 있게 됐다.

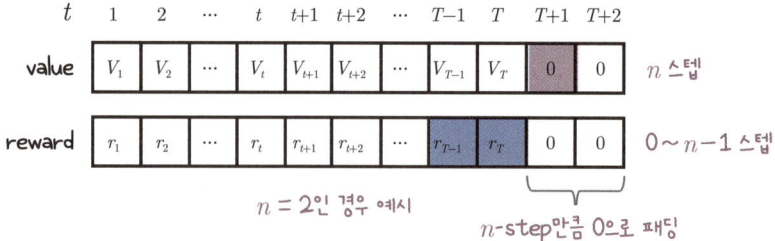

그림 13-10 n개 스텝 패딩

n-스텝 리턴 한꺼번에 계산하기

이제 모든 타입 스텝 $t \in \{0,1,2,...,n-1\}$에 대해 한꺼번에 n-스텝 리턴을 계산해 보자. 그림 13-11에 $n=2$일 때 스텝별 계산 과정과 리턴의 계산식이 보여지고 있다.

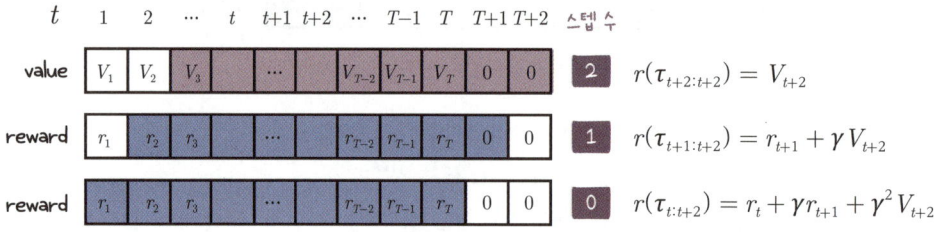

그림 13-11 n-스텝 리턴 일괄 계산

각 스텝에서 계산되는 내용은 다음과 같다.

- **2 스텝**: 2번째 스텝에서는 리턴을 가치로 초기화한다.
    - $r(\tau_{t+2:t+2}) = V_{t+2}$
    - 이때 가치의 범위는 value[2: T + 2]이다.

- **1 스텝**: 리턴에 할인 계수 γ를 곱하고 1번째 스텝의 보상을 더한다.
    - $r(\tau_{t+1:t+2}) = r_{t+1} + \gamma r(\tau_{t+2:t+2})$
    - 이때 보상의 범위는 reward[1: T + 1]이다.

- **0 스텝**: 리턴에 할인 계수 γ를 곱하고 0번째 스텝의 보상을 더한다.
    - $r(\tau_{t:t+2}) = r_t + \gamma r(\tau_{t+1:t+2})$

- 이때 보상의 범위는 reward[0: T]이다.

일반화된 n-스텝 리턴 계산 과정

n-스텝 리턴의 계산 과정을 일반화하면 다음과 같다.

- **n 스텝**: n번째 스텝에서는 리턴을 가치로 초기화한다.
    - $r(\tau_{t+n:t+n}) = V_{t+n}$
    - 이때 가치의 범위는 value[n: T + n]이다.
- $k \in \{0,1,2,...,n-1\}$ 스텝: 리턴에 할인 계수 γ를 곱하고 k번째 스텝의 보상을 더한다.
    - $r(\tau_{t+k:t+n}) = r_t + \gamma r(\tau_{t+k+1:t+n})$
    - 이때 보상의 범위는 reward[k: T + k]이다.

코드에서는 n-스텝 리턴의 계산 과정을 이런 단계로 구현하면 된다.

에피소드 구분 처리

데이터셋에는 그림 13-12와 여러 에피소드가 순차적으로 들어있으므로 에피소드 단위로 리턴을 계산하도록 처리한다.

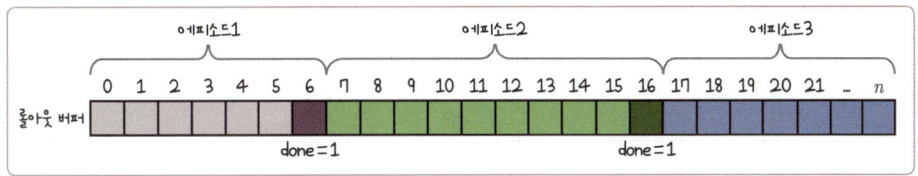

그림 13-12 롤아웃 버퍼에 여러 에피소드가 저장돼 있는 모습

에피소드 단위로 리턴을 계산하기 위해 에피소드의 마지막 타입 스텝의 에피소드의 종료 여부를 나타내는 done 필드 값 1이라는 점을 활용해 보자. 즉 재귀식에서 done이 1일 때는 다음 스텝의 리턴이 더해지지 않게 처리하면 된다. 즉 다음 재귀식의 두 번째 항이 done = 0인 경우에만 더해지면 된다.

$$r(\tau_{t:t+n}) = r_t + \gamma r(\tau_{t+1:t+n})$$

- t 시점의 리턴 (위)
- t 시점의 보상
- $t+1$ 시점의 리턴

다음 코드는 코드 13-23의 6단계 부분이다. for 루프를 통해 $n-1$ 스텝에서 0 스텝 방향으로 한 스텝씩 이동하며 재귀 식을 계산하고 있다. 이때 두 번째 항에 (1-done)을 곱해서 done = 0인 경우에만 더해지도록 처리하고 있다.

코드 13-22 n_step_return n-스텝 리턴 계산 6단계

```
for t in reversed(range(n_steps)):
    returns = reward[:, t:total_len + t] + \
              (1 - done[:, t:total_len + t]) * config.gamma * returns
```

13.5.3 n-스텝 리턴 구현 코드

전체 n-스텝 리턴의 구현 코드를 확인해 보자.

n-스텝 리턴 계산

코드 13-23 n_step_return n-스텝 리턴 계산

```
def n_step_return(
        config: SimpleNamespace,
        state: torch.FloatTensor,
        next_state: torch.FloatTensor,
        reward: torch.FloatTensor,
        done: torch.int,
        critic: ValueFunctionMLP,
) -> (torch.FloatTensor, torch.FloatTensor):
    """
    n-스텝 리턴 계산
    Args:
        config: 설정
```

        state: 상태
        next_state: 다음 상태
        reward: 보상
        done: 에피소드 완료 여부
        critic: 가치 함수

    Returns:
        returns: 리턴
        advantage: 이득
    """

    # 1. 타임 스텝 수 계산
    n_steps = config.n_steps_of_return # n 스텝
    total_len = reward.shape[-2] # 전체 타임 스텝 수 계산
    ext_len = total_len + n_steps # 패딩된 전체 타임 스텝 수 계산

    # 2. 가치 계산
    with torch.no_grad():
        value = critic(state)

    # 3. n 스텝 만큼 패딩
    p_value = padding(value, axis=-2, padding_size=n_steps)
    reward = padding(reward, axis=-2, padding_size=n_steps)
    done = padding(done, axis=-2, padding_size=n_steps)

    # 4. n 스텝에서 리턴에 가치 할당
    returns = p_value[n_steps:, :]

    # 5. 시간 차원을 마지막으로 이동
    returns = returns.view(-1, total_len) # [total_len,1] -> [1,total_len]
    reward = reward.view(-1, ext_len) # [ext_len,1] -> [1,ext_len]
    done = done.view(-1, ext_len) # [ext_len,1] -> [1,ext_len]

    # 6. 리턴 계산 : n-1스텝에서 0 스텝의 보상 합산
    for t in reversed(range(n_steps)):
        returns = reward[:, t:total_len + t] + \
                  (1 - done[:, t:total_len + t]) * config.gamma * returns

```python
    # 7. 리턴 표준화
    if config.return_standardization:
        returns = (returns - returns.mean(dim=1, keepdim=True)) / \
                  (returns.std(dim=1, keepdim=True) + config.epsilon)

    # 8. 리턴 모양 복구
    returns = returns.view_as(value)   # [1,total_len] -> [total_len,1]

    # 9. 이득 계산
    advantage = returns - value

    return returns, advantage   # 10. 리턴과 이득 반환
```

실행 순서는 다음과 같다.

1. 타임 스텝 수 계산
   - n 스텝: n-스텝 리턴의 n-스텝 수를 설정에서 읽어온다.
   - 전체 타임 스텝 수: 데이터셋에 보상이 [시간 차원, 1] 모양으로 저장돼 있으므로 시간 차원의 크기를 **전체 타임 스텝 수**(total_len)로 저장한다.
   - 패딩된 전체 타임 스텝 수: 전체 타임 스텝 수에 패딩할 n 스텝을 더해서 **패딩된 전체 타임 스텝 수**(ext_len)를 계산한다.
2. 가치 계산: 가치 함수를 이용해서 가치(value)를 계산한다.
3. 미래의 n 스텝 패딩: 가치(value), 보상(reward), 에피소드 종료 여부(done)에 미래의 n개의 스텝을 추가해서 0으로 패딩한다. 패딩을 할 때 axis=-2로 해서 시간 축으로 패딩이 되도록 한다.
4. n 스텝에서 리턴에 가치 할당: 가치(value)를 리턴(returns)으로 복사한다. 이때 가치의 복사 범위는 value[n:T+n]이다.
5. 시간 차원을 마지막으로 이동: 리턴 계산을 표준화하기 위해 리턴(returns)과 보상(reward), 에피소드 종료 여부(done)의 시간 차원을 마지막 차원으로 옮기고 전체 차원을 임시로 2차원으로 바꾼다.
6. 리턴 계산: $n-1$스텝에서 0 스텝 방향으로 리턴을 계산한다.
   - 타임 스텝 t의 리턴(returns)은 보상 reward[:,t:total_len+t]과 타임 스텝 t+1의 리턴인 returns에 할인 계수를 곱해서 더해주면 된다.

- 에피소드 종료 타임 스텝에서는 (1-done[:,t:total_len+t])을 앞에 곱해서 다음 에피소드의 리턴이 반영되지 않도록 한다.
7. 리턴 표준화: 설정에 따라 리턴을 표준 정규 분포로 표준화한다.
8. 리턴의 모양 복구: 2차원으로 변경됐던 리턴(returns)을 원래 모양으로 되돌려 놓는다.
9. 이득 계산:
    - $A_\pi(s_t,a_t) = Q_\pi(s_t,a_t) - V_\pi(s_t)$와 같이 이득을 계산한다.
    - 이때 $Q_\pi(s_t,a_t)$를 n-스텝 리턴으로 근사한다.
10. 리턴과 이득 반환: 리턴과 이득을 반환한다.

패딩 계산

텐서 타입의 데이터를 특정 차원으로 원하는 크기만큼 0으로 패딩하는 함수이다.

코드 13-24 텐서의 특정 차원에 0으로 패딩하는 함수

```python
def padding(data, axis, padding_size):
    """
        텐서 타입의 데이터를 특정 차원으로 원하는 크기만큼 0으로 패딩
    Args:
        data: 패딩할 텐서 데이터
        axis: 패딩할 텐서 데이터의 차원
        padding_size: 패딩의 크기

    Returns:
        패딩된 텐서 데이터
    """

    # 1. 패딩된 데이터 모양 계산
    new_shape = list(data.shape)  # 데이터 모양을 리스트로 변환
    new_shape[axis] += padding_size  # 지정된 차원에 패딩 크기를 더해줌

    # 2. 패딩된 크기의 텐서 생성
    new_data = torch.zeros(new_shape,
                           dtype=data.dtype,
                           device=data.device)
```

```
# 3. 데이터를 새로운 텐서에 복사
# 데이터 영역의 슬라이스를 생성
slices = [slice(0, size) for size in data.shape]
new_data[slices] = data   # 원래 데이터 복사

# 4. 새로운 텐서 반환
return new_data
```

실행 순서는 다음과 같다.

1. 패딩된 데이터 모양 계산
    - 데이터의 모양을 리스트로 변환: 데이터(data)의 모양을 읽어서 새로운 데이터의 모양(new_shape)으로 할당한다.
    - 지정된 차원에 패딩 크기를 더해줌: 새로운 데이터의 지정된 차원(axis)의 크기를 패딩 크기(padding_size) 만큼 늘린다.
2. 패딩된 크기의 텐서 생성: 패딩된 새로운 데이터의 모양(new_shape)으로 0으로 초기화 된 새로운 텐서(new_data)를 생성한다. 이때 데이터(data)의 데이터 타입과 디바이스 타입에 맞춰서 생성한다.
3. 데이터를 새로운 텐서에 복사
    - 원래 데이터 영역의 슬라이스 생성: 데이터(data)의 모양에 해당하는 슬라이스(slices)를 생성한다.
    - 원래 데이터 복사: 생성한 슬라이스(slices)를 이용해서 데이터(data)를 새로운 텐서(new_data)에 복사한다.
4. 새로운 텐서 반환: 패딩된 새로운 텐서(new_data)를 반환한다.

13.6 GAE

GAE$^{\text{Generalized Advantage Estimate}}$를 계산하는 방법은 몬테카를로 리턴을 계산하는 방법과 거의 유사하다. 단, 합산하는 대상이 보상이 아닌 TD 잔차이고 할인 계수에 편향-분산 조절 할인 계수가 추가된다는 점이 다르다.

13.6.1 GAE 계산

GAE는 일반화된 이득으로 가능한 모든 n-스텝 리턴으로 계산한 이득의 평균 값이다.

GAE

$$\hat{A}_t^{\text{GAE}(\gamma,\lambda)} = \sum_{l=0}^{\infty} (\gamma\lambda)^l \delta_{t+l}^V \qquad 0 \leq \gamma \leq 1 \quad \text{편향-분산 조절 할인 계수}$$

$$\delta_t^V = r_t + \gamma V(s_{t+1}) - V(s_t) \qquad 0 \leq \lambda \leq 1 \quad \text{할인 계수}$$

TD 잔차

GAE의 계산 식을 재귀적으로 표현하면 다음과 같다.

t 시점의 GAE

$$\hat{A}_t^{\text{GAE}(\gamma,\lambda)} = \delta_t^V + \gamma\lambda \hat{A}_{t+1}^{\text{GAE}(\gamma,\lambda)}$$

t 시점의 TD잔차 $t+1$ 시점의 GAE

타임 스텝 t의 GAE $\hat{A}_t^{\text{GAE}(\gamma,\lambda)}$은 타임 스텝 $t+1$의 GAE $\hat{A}_{t+1}^{\text{GAE}(\gamma,\lambda)}$에 두 개의 할인 계수 $\gamma\lambda$을 곱해서 현재의 TD 잔차인 δ_t^V와 더하면 된다. GAE의 재귀 식을 이용하면 다음과 같이 시간의 역순으로 모든 타임 스텝의 GAE를 계산할 수 있다.

T	$\hat{A}_T^{\text{GAE}(\gamma,\lambda)} = \delta_T^V$
$T-1$	$\hat{A}_{T-1}^{\text{GAE}(\gamma,\lambda)} = \delta_{T-1}^V + \gamma\lambda\delta_T^V$
$T-2$	$\hat{A}_{T-2}^{\text{GAE}(\gamma,\lambda)} = \delta_{T-2}^V + \gamma\lambda\delta_{T-1}^V + (\gamma\lambda)^2\delta_T^V$
...	...
t	$\hat{A}_t^{\text{GAE}(\gamma,\lambda)} = \delta_t^V + \gamma\lambda\delta_{t+1}^V + (\gamma\lambda)^2\delta_{t+2}^V + \cdots + (\gamma\lambda)^{T-t}\delta_T^V$

$\Rightarrow$

$\hat{A}_T^{\text{GAE}(\gamma,\lambda)} = \delta_T^V$
$\hat{A}_{T-1}^{\text{GAE}(\gamma,\lambda)} = \delta_{T-1}^V + \gamma\lambda\hat{A}_T^{\text{GAE}(\gamma,\lambda)}$
$\hat{A}_{T-2}^{\text{GAE}(\gamma,\lambda)} = \delta_{T-2}^V + \gamma\lambda\hat{A}_{T-1}^{\text{GAE}(\gamma,\lambda)}$
...
$\hat{A}_t^{\text{GAE}(\gamma,\lambda)} = \delta_t^V + \gamma\lambda\hat{A}_{t+1}^{\text{GAE}(\gamma,\lambda)}$

시간의 역순으로 계산

타임 스텝 T에서 GAE $\hat{A}_T^{\text{GAE}(\gamma,\lambda)}$는 TD 잔차 δ_T^V로 초기화 한다. 타임 스텝 $T-1$부터는 재귀식으로 GAE를 계산할 수 있다. 재귀식을 타임 스텝 t까지 계산하면 모든 스텝에서의 GAE가 계산된다.

13.6.2 GAE 구현 아이디어

GAE는 "/utils/value_util.py" 파일에 정의된 gae_advantages() 함수로 계산할 수 있다. 이 함수에서는 앞에서 정의한 재귀식으로 GAE을 계산한다. 데이터셋에는 그림 13-13과 같이 여러 에피소드가 순차적으로 들어있으므로 에피소드 단위로 GAE를 계산하도록 처리한다.

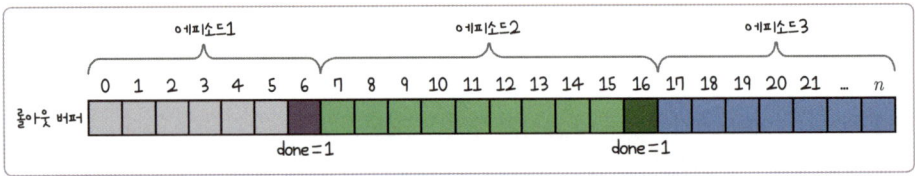

그림 13-13 롤아웃 버퍼에 여러 에피소드가 저장돼 있는 모습

이때 주의해야 할 사항은 에피소드 단위로 GAE를 계산해야 한다는 점이다. 에피소드 단위로 리턴을 계산하기 위해 에피소드의 마지막 타임 스텝의 에피소드의 종료 여부를 나타내는 done 필드 값 1이라는 점을 활용해볼 수 있다. 즉 재귀 식에서 done이 1일 때는 다음 스텝의 GAE가 더해지지 않도록 다음 재귀 식의 두 번째 항이 done = 0인 경우에만 더해지도록 처리하면 된다.

$$\hat{A}_t^{\text{GAE}(\gamma,\lambda)} = \delta_t^V + \gamma\lambda \hat{A}_{t+1}^{\text{GAE}(\gamma,\lambda)}$$

(t 시점의 GAE, t 시점의 TD잔차, $t+1$ 시점의 GAE)

다음 코드는 코드 13-26의 6단계 부분으로, for 루프를 통해 데이터셋의 마지막에서 처음 방향으로 한 스텝씩 이동하며 재귀 식을 계산하고 있다. 코드에서 두 번째 항을 보면 (1-done)이 곱해져 있어서 done = 0인 경우에만 더해지며 결과적으로 에피소드 단위로 GAE가 계산될 수 있다.

코드 13-25 monte_carlo_returns 몬테카를로 리턴 계산 4단계

```
for t in reversed(range(total_len - 1)):
    gae[:, t] += (1 - done[:, t]) * config.gamma * config.gae_lambda * gae[:, t + 1]
```

13.6.2 GAE 구현 코드

전체 GAE의 구현 코드를 확인해 보자.

코드 13-26 gae_advantages() GAE 계산

```
def gae_advantages(
    config: SimpleNamespace,
    state: torch.FloatTensor,
    next_state: torch.FloatTensor,
    reward: torch.FloatTensor,
    done: torch.int,
    critic: ValueFunctionMLP,
) -> (torch.FloatTensor, torch.FloatTensor):
    """
        GAE (Generalized Advantage Estimate) 계산
    Args:
        config: 설정
        state: 상태
        next_state: 다음 상태
        reward: 보상
        done: 에피소드 완료 여부
        critic: 가치 함수

    Returns:
        returns: 리턴
        advantage: 이득
    """

    # 1. 전체 타입 스텝 수 계산
    total_len = reward.shape[-2]
```

```python
# 2. 가치 계산
with torch.no_grad():
    value = critic(state)  # 현재 상태 가치
    next_value = critic(next_state)  # 다음 상태 가치

# 3. TD-잔차 계산
delta = reward + (1 - done) * config.gamma * next_value - value

# 4. TD-잔차을 GAE로 복사
gae = delta.clone()

# 5. 시간 차원을 마지막으로 이동
gae = gae.view(-1, total_len)  # [total_len,1] -> [1,total_len]
done = done.view(-1, total_len)  # [total_len,1] -> [1,total_len]

# 6. Truncated GAE 계산
for t in reversed(range(total_len - 1)):
    gae[:, t] += (1 - done[:, t]) * config.gamma * config.gae_lambda * gae[:, t + 1]

# 7. GAE 표준화
if config.gae_standardization:
    gae = (gae - gae.mean(dim=1, keepdim=True)) / \
          (gae.std(dim=1, keepdim=True) + config.epsilon)

# 8. GAE의 모양 복구
gae = gae.view_as(delta)  # [1,total_len] -> [total_len,1]

# 9. 리턴 (Q-가치) 계산
returns = gae + value

return returns, gae  # 10. 리턴과 GAE 반환
```

실행 순서는 다음과 같다.

1. 전체 타입 스텝 수 계산: 데이터셋에 보상이 [시간 차원, 1] 모양으로 저장돼 있으므로 시간 차원의 크기를 전체 타입 스텝 수(total_len)로 저장한다.

2. 가치 계산: 가치 함수를 이용해서 가치(value)와 다음 상태에서의 가치(next_value)를 계산한다.
3. δ_t^V 계산: TD 잔차(delta)를 $\delta_t^V = r_t + \gamma V(s_{t+1}) - V(s_t)$ 계산한다.
4. δ_t^V를 GAE로 복사: TD 잔차(delta)를 GAE(gae)으로 복사한다.
5. 시간 차원을 마지막으로 이동: GAE 계산을 표준화하기 위해 GAE(gae)과 에피소드 종료 여부(done)의 시간 차원을 마지막 차원으로 옮기고 전체 차원을 임시로 2차원으로 바꾼다.
6. 절단 GAE 계산: 재귀식 $\hat{A}_t^{GAE(\gamma\lambda)} = \delta_t^V + \gamma\lambda\hat{A}_{t+1}^{GAE(\gamma\lambda)}$에 따라 버퍼의 끝에서부터 역순으로 이득을 계산한다.
   - GAE(gae)은 TD 잔차(delta)로 초기화 돼 있으므로 타임 스텝 t의 GAE은 자신 gae[:, t]과 타임 스텝 $t+1$의 GAE인 gae[:, t+1]에 할인 계수 $\gamma\lambda$을 적용해서 더해주기만 하면 된다.
   - 에피소드가 종료된 시점에는 다음 에피소드의 GAE가 반영되지 않도록 (1-done[:, t])을 앞에 곱해서 done[:, t]이 1일 때 더해지는 GAE 값이 0이 되게 만든다.
7. GAE 표준화: 설정에 따라 GAE을 표준 정규 분포로 표준화한다.
8. GAE의 모양 복구: 2차원으로 변경됐던 GAE(gae)을 원래 모양으로 되돌려 놓는다.
9. 리턴(Q-가치) 계산
   - $Q_\pi(s_t, a_t) = \hat{A}_t^{GAE(\gamma\lambda)} + V_\pi(s_t)$와 같이 리턴을 계산한다.
10. 리턴과 GAE 반환: 리턴과 일반화된 이득인 GAE를 반환한다.

13.7 CartPole-v1 학습

이제 A2C 알고리즘을 이용해서 강화학습 환경인 CartPole-v1을 학습시켜 보고 리턴이 최대 값인 500에 도달하는지 확인해 보자.[1]

---

1   CartPole-v1 환경에 대한 설명은 8장을 참고하라.

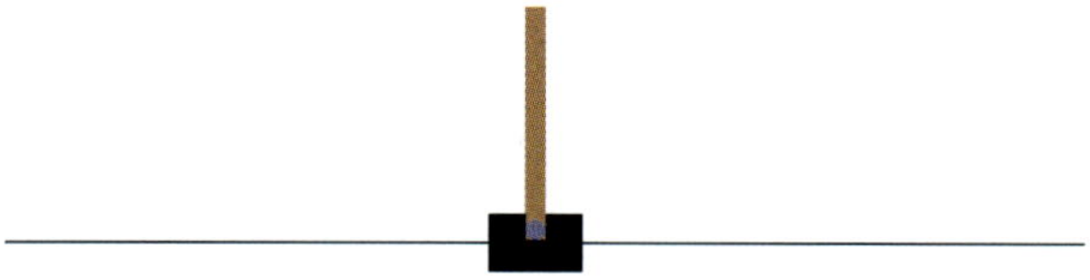

그림 13-14 OpenGym에서 제공하는 CartPole-v1 환경

13.7.1 학습관련 설정

CarPole-v1 환경을 A2C로 실행할 때 다음과 같이 학습과 관련된 설정 항목은 성능 튜닝의 대상이 된다.

훈련 스텝

- max_environment_steps: 100000   # 훈련 모드에서 실행할 최대 환경 타임 스텝
- n_steps: 128   # 학습 데이터를 수집하기 위해 실행할 타입 스텝
- n_epochs: 3   # Learner에서의 정책 학습 에포크 수
- batch_size: 32   # 배치 크기

할인 계수

- gamma: 0.99   # 리턴 계산 시 사용하는 할인 계수

학습률

- lr_policy: 0.0001   # 정책 모델의 학습률
- lr_critic: 0.0005   # 가치 함수 모델의 학습률

학습률 스케줄링

- lr_annealing: True   # 학습률 감소를 처리할 지 여부

그레이디언트 클리핑

- `grad_norm_clip: 0.3` # 그레이디언트 클리핑 임계치 값

리턴과 이득

- `advantage_type: 'gae'` # {mc, n_step, gae} 몬테카를로 리턴, n-스텝 리턴, GAE

- `n_steps_of_return: 20` # n 스텝 리턴을 계산하기 위한 스텝 수

- `return_standardization: False` # 리턴을 표준화할지 여부

- `gae_standardization: False` # GAE를 표준화할지 여부

- `gae_lambda: 0.98` # GAE의 분산-편향 조절 할인 계수

손실 함수 계수

- `vloss_coef: 0.1` # 가치 함수의 손실 계수

- `eloss_coef: 0` # 엔트로피 보너스 계수

네트워크

- `actor_hidden_dims: [512]` # 정책 모델의 은닉 계층별 뉴런 수 리스트

- `critic_hidden_dims: [512]` # 가치 모델의 은닉 계층 뉴런 수를 나타내는 리스트

리턴 종류별 설정 파일

리턴의 종류별로 다음과 같이 설정 파일이 정의돼 있다.

- 몬테카를로 리턴: CartPole-v1_mc.yaml

- n-스텝 리턴: CartPole-v1_n_steps.yaml

- GAE: CartPole-v1_gae.yaml

리턴 종류별 설정 내용을 CartPole-v1.yaml로 옮겨서 실행해 보고 성능이 어떻게 바뀌는지 확인해 보라.

13.7.2 A2C 실행

CartPole-v1을 A2C 알고리즘을 실행하려면 다음과 같은 쉘 명령어로 실행한다.[2]

$$\text{python main.py --agent } \underbrace{a2c}_{\text{에이전트 이름}} \text{ --env } \underbrace{CartPole-v1}_{\text{환경 이름}}$$

main.py를 실행할 때 에이전트 이름은 'a2c'로 환경 이름은 'CarPole-v1'으로 지정한다. PyCharm에서 main.py의 default 값을 수정하고 실행해도 된다.

- main.py에서 명령어 인자인 agent의 default 값을 'a2c'로 수정한다.

- main.py에서 명령어 인자인 env의 default 값을 'CartPole-v1'으로 수정한다.

- main.py 편집 창에 마우스 우클릭을 해서 'Run main' 메뉴를 선택한다.

다음과 같은 콘솔 로그를 확인할 수 있을 것이다.

코드 13-27 A2C 알고리즘 CartPole-v1 학습 콘솔 로그

```
[INFO 20:14:55] root Steps:       2048 | Episode:       92
critic learning rate:    0.000500    entropy_loss:            -0.680628  len_episodes_
mean:       22.006209    policy learning rate:  0.000100
policy_loss:            -0.143554    returns_mean:             22.006209  total_loss:
0.529314 value_loss:              0.672868

[INFO 20:14:59] root Steps:       4096 | Episode:      140
critic learning rate:    0.000499    entropy_loss:            -0.647653  len_episodes_
mean:       39.282986    policy learning rate:  0.000100
policy_loss:            -0.032539    returns_mean:             39.282986  total_loss:
0.566779 value_loss:              0.599318

[INFO 20:15:02] root Steps:       6144 | Episode:      181
critic learning rate:    0.000498    entropy_loss:            -0.615088  len_episodes_
mean:       50.448363    policy learning rate:  0.000100
```

---

2 쉘 명령어로 실행할때는 가상 환경을 활성화 했는지 확인하라. $source activate RL_Book

```
policy_loss:              0.064143    returns_mean:              50.448363  total_loss:
0.592012 value_loss:                  0.527869

[INFO 20:15:06] root Steps:       8192 | Episode:      209
critic learning rate:     0.000496    entropy_loss:              -0.611113  len_episodes_
mean:            71.890754     policy learning rate:     0.000099
policy_loss:              -0.020015   returns_mean:              71.890754  total_loss:
0.687876 value_loss:                  0.707891...
```

로그의 각 항목은 다음과 같다.

- Steps: 현재까지 실행한 환경의 타임 스텝 수

- Episode: 현재까지 실행한 환경의 에피소드 수

- len_episodes_mean: 평균 에피소드 길이

- policy learning rate: 정책의 학습률

- critic learning rate: 가치 함수의 학습률

- total_loss: 전체 손실

- policy_loss: 정책의 손실

- value_loss: 가치 함수의 손실

- entropy_loss: 엔트로피 보너스

- returns_mean: 에피소드의 평균 리턴

실행을 완료했을 때 평균 리턴이 최대 500에 도달하면 학습이 잘 됐다고 볼 수 있다.

13.7.3 텐서보드 성능 모니터링

텐서보드를 통해 학습 성능을 그래프로 확인해 보자.

1. 콘솔에서 다음 명령으로 텐서보드를 실행한다.
   - $ tensorboard --logdir results

2. 웹 브라우저를 통해 텐서보드의 URL로 들어간다.
   - http://localhost:6006/

3. 텐서보드 화면이 나타나면 return_mean 그래프를 확인해본다.
   - 그림 13-15와 같은 학습 곡선이 나타나는지 확인해 보라.

A2C(MC 리턴)

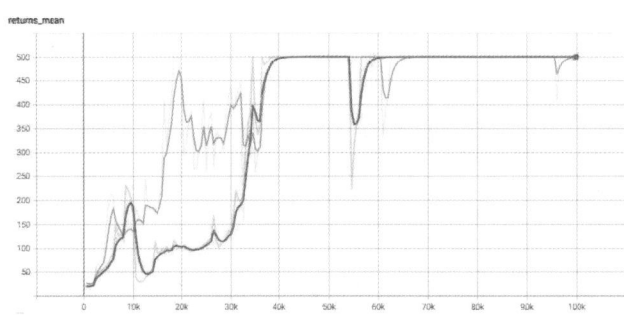

A2C(n 스텝사용)

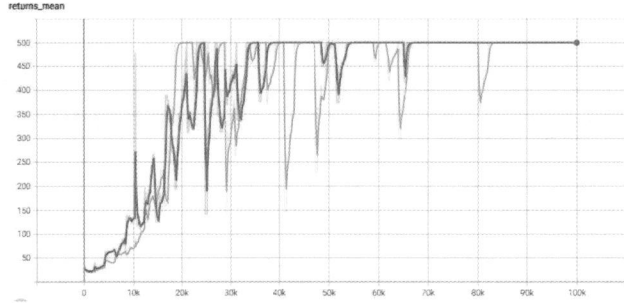

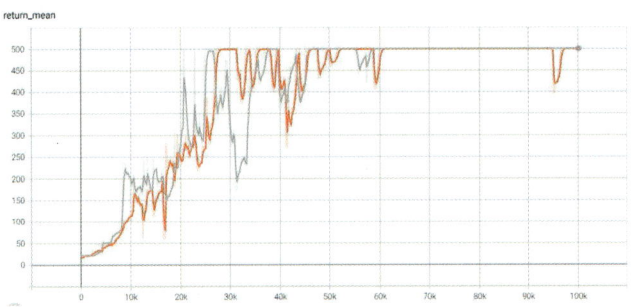

그림 13-15 A2C 학습 곡선 확인(에피소드의 평균 리턴 그래프)

몬테카를로 리턴, n-스텝 리턴, GAE의 성능을 비교해 보라. 세 방법 모두 최고 성능에 도달했기 때문에 어떤 방법이 낫다고 판단하기는 어려울 것이다. CartPole-v1 환경과 같이 에피소드가 짧은 경우 몬테카를로 리턴이 n-스텝 리턴에 비해 리턴을 정확히 추정하기 때문에 유리할 수 있다. 반면 n-스텝 리턴은 에피소드가 긴 환경에서 에피소드가 종료되지 않아도 학습을 빈번히 할 수 있으므로 빠른 수렴을 보장하며 끝이 없이 무한히 실행되는 환경에서도 학습이 가능하다. GAE의 경우 최고 성능에 도달하면 성능이 크게 하락하지 않는 안정적인 곡선을 그리고 있다.

REINFORCE 베이스라인 적용 알고리즘과 A2C 알고리즘의 비교

REINFORCE 베이스라인 적용 알고리즘과 A2C 알고리즘을 비교해 보자. REINFORCE 베이스라인 적용 알고리즘에서 베이스라인 모델은 몬테카를로 리턴을 타깃으로 학습됐기 때문에 A2C의 가치 함수와 실질적으로 같은 함수이다. 또한 REINFORCE 베이스라인 적용 알고리즘에서 정책의 목적 함수에서 리턴에서 베이스라인을 뺀 부분은 A2C에서 몬테카를로 리턴을 추정해서 이득을 계산했을 때의 식과 동일하다. 다만 A2C는 전체 손실에 엔트로피 보너스가 추가돼 있고 가치 함수에 대한 손실 계수를 적용하고 있다는 점에서 학습 성능을 올릴 수 있는 여지가 조금 더 있다. 실제 두 알고리즘의 설정을 동일하게 했을 때 그림 13-16과 같이 비슷한 학습 곡선을 그리는 것을 확인할 수 있다.

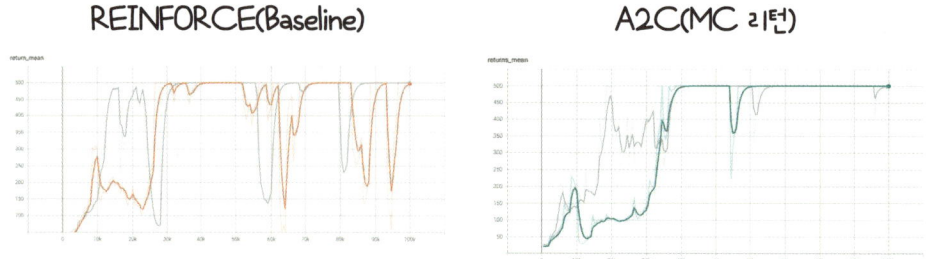

그림 13-16 학습 곡선 확인(에피소드의 평균 리턴 그래프)

13.8 LunarLanderContinuous-v2 학습

A2C 알고리즘으로 연속 행동을 갖는 강화학습 환경에 대해서도 학습해 보자. Lunar
LanderContinuous-v2를 학습시켜 보고 리턴이 200에 도달하는지 확인해 보자.[3]

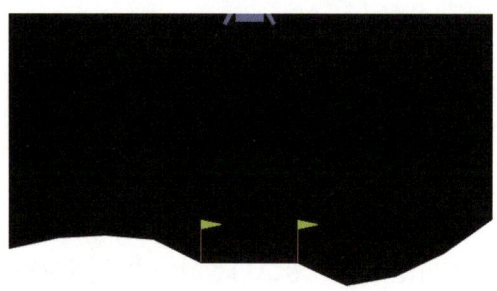

그림 13-17 OpenGym에서 제공하는 LunarLanderContinuous-v2 환경

13.8.1 학습관련 설정

LunarLanderContinuous-v2 환경을 A2C로 실행할 때의 설정을 살펴보자. 다음과
같이 학습과 관련된 설정 항목은 성능 튜닝의 대상이 된다.

---

3   LunarLanderContinuous-v2 환경에 대한 설명은 8장을 참고하라.

훈련 스텝

- max_environment_steps: 100000   # 훈련 모드에서 실행할 최대 환경 타임 스텝
- n_steps: 8192   # 학습 데이터를 수집하기 위해 실행할 타임 스텝
- n_epochs: 4   # Learner에서의 정책 학습 에포크 수
- batch_size: 64   # 배치 크기

할인 계수

- gamma: 0.99   # 리턴 계산 시 사용하는 할인 계수

학습률

- lr_policy: 0.00002   # 정책 모델의 학습률
- lr_critic: 0.0002   # 가치 함수 모델의 학습률

학습률 스케줄링

- lr_annealing: True   # 학습률 감소를 처리할 지 여부

그레이디언트 클리핑

- grad_norm_clip: 0.5   # 그레이디언트 클리핑 임계치 값

리턴과 이득

- advantage_type: 'gae'   # {mc, n_step, gae} 몬테카를로 리턴, n-스텝 리턴, GAE
- gae_standardization: True   # GAE를 표준화할지 여부
- gae_lambda: 0.98   # GAE의 분산-편향 조절 할인 계수

손실 함수 계수

- vloss_coef: 0.5   # 가치 함수의 손실 계수

- eloss_coef: 0.01   # 엔트로피 보너스 계수

네트워크
- actor_hidden_dims: [512]   # 정책 모델의 은닉 계층별 뉴런 수 리스트

- critic_hidden_dims: [512]   # 가치 모델의 은닉 계층 뉴런 수를 나타내는 리스트

13.8.2 A2C 실행

LunarLanderContinuous-v2을 A2C 알고리즘을 실행하려면 다음과 같은 쉘 명령어로 실행한다.[4]

```
python main.py --agent a2c --env LunarLanderContinuous-v2
                    에이전트 이름        환경 이름
```

main.py를 실행할 때 에이전트 이름은 'a2c'로 환경 이름은 'LunarLanderContinuous-v2'로 지정한다. PyCharm에서 main.py의 default 값을 수정하고 실행해도 된다.

- main.py에서 명령어 인자인 agent의 default 값을 'a2c'로 수정한다.

- main.py에서 명령어 인자인 env의 default 값을 'LunarLanderContinuous-v2'로 수정한다.

- main.py 편집 창에 마우스 우클릭을 해서 'Run main' 메뉴를 선택한다.

실행이 완료됐을 때 에피소드 길이가 최대 200이 됐다면 학습이 잘 됐다고 볼 수 있다.

13.6.3 텐서보드 성능 모니터링

학습하면서 성능이 어떻게 변화하는지를 텐서보드를 통해 확인해 보자. 그림 13-18과 같은 학습 곡선이 나타나는지 확인해 보라.

---

[4] 쉘 명령어로 실행할 때는 가상 환경을 활성화 했는지 확인하라. $ source activate RL_Book

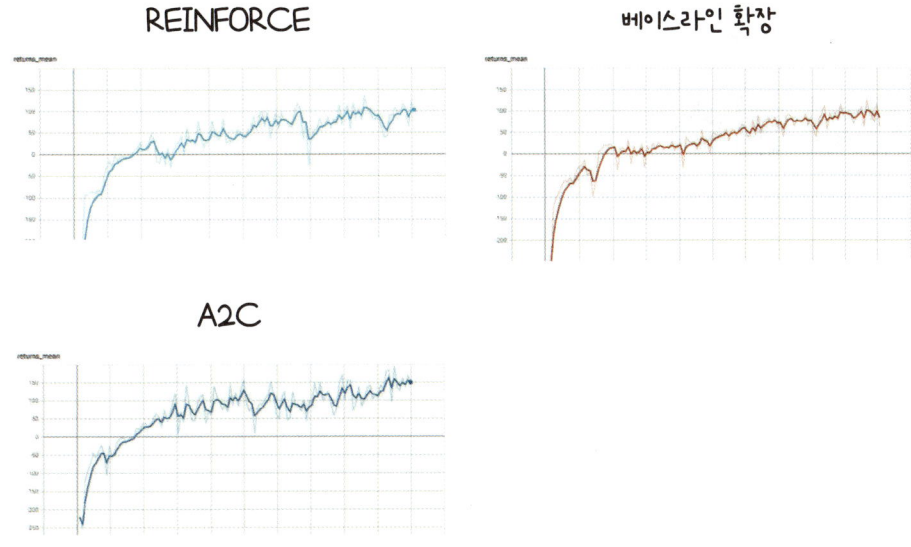

그림 13-18 A2C 학습 곡선 확인(에피소드의 평균 리턴 그래프)

지금까지 실행했던 알고리즘과 A2C의 성능을 비교해 보면 A2C 성능이 150까지 도달해서 가장 좋은 성능을 보이고 있다.

Chapter.14
가치 함수

이번 장에서는 A2C 알고리즘을 구현할 때 사용해 봤던 가치 함수가 강화학습 프레임워크에서 어떻게 구현돼 있는지 살펴본다. 가치 함수는 정책을 평가하는 함수로 다음과 같은 기준에 따라 다르게 설계될 수 있다.

- **상태 기반 가치 함수와 행동 기반의 가치 함수**
  - 상태를 기반으로 가치를 추정하는가? 행동을 기반으로 가치를 추정하는가?
  - 상태 기반의 가치 함수는 상태를 입력으로 가치를 추정하고 행동 기반의 가치 함수는 상태와 행동을 입력으로 가치를 추정한다.

- **명시적 정책을 위한 가치 추정과 암묵적 정책을 위한 가치 추정**
  - 명시적 정책을 평가하기 위해 가치를 추정하는가? 암묵적으로 정책을 추출하기 위해 가치를 추정하는가?
  - 명시적 정책을 평가하기 위해 가치를 추정하는 경우에는 특정 행동에 대한 가치만 추정하면 된다. 하지만 가치 기반의 방법에서와 같이 가치 함수를 통해 암묵적으로 정책을 추출하는 경우 모든 행동에 대한 가치를 추정해야 한다.

- **상태 데이터의 종류**
  - 가치 함수에 입력될 상태 데이터가 어떤 종류의 데이터인가?

- 상태 데이터는 다양한 특징으로 구성된 특징 벡터가 될 수도 있고 이미지나 오디오가 될 수도 있으며 자연어가 될 수도 있다. 상태 데이터의 종류에 따라 이를 효율적으로 처리하기 위한 가치 함수 모델이 달라질 수 있다.
- 상태 데이터의 종류에 따른 딥러닝 모델의 설명은 10.1.4를 참고하라.

14.1 가치 함수

이와 같은 기준에 따라 가치 함수의 모델 설계가 어떻게 달라지는지 살펴보자.

14.1.1 상태 기반 가치 함수와 행동 기반의 가치 함수

12장에서 살펴본 바와 같이 가치는 **상태 기반의 가치**와 **행동 기반의 가치**가 있으며 간단히 **가치** 또는 **Q-가치**라고 부른다.

- **상태 기반의 가치**: 상태 s_t에서 미래에 받을 리턴의 기댓값

$$V_\pi(s_t) = E_\pi[\sum_{t'=t}^{T} r(s_{t'}, a_{t'}) | s_t]$$

- **행동 기반의 가치**: 상태 s_t에서 행동 a_t까지 취했을 때 미래에 받을 리턴의 기댓값

$$Q_\pi(s_t, a_t) = E_\pi\Big[\sum_{t'=t}^{T} r(s_{t'}, a_{t'}) | s_t, a_t\Big]$$

가치의 종류에 따라 가치 함수도 **상태 기반의 가치 함수**와 **행동 기반의 가치 함수**로 구분된다. 상태 기반의 가치 함수는 짧게 **가치 함수**라고 부르고 행동 기반의 가치 함수는 **Q-가치 함수** 또는 **Q-함수**라고 부른다.

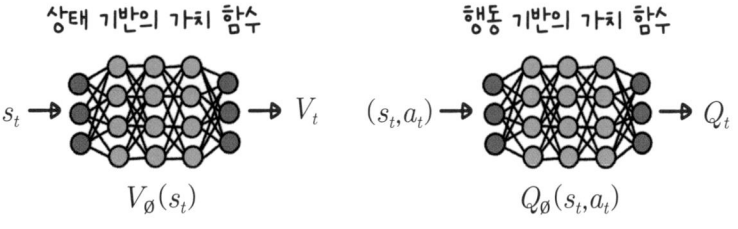

그림 14-1 상태 기반의 가치 함수와 행동 기반의 가치 함수

그림 14-1과 같이

- 상태 기반의 가치 함수(가치 함수)
    - 상태를 입력 받아서 가치를 출력한다.

- 행동 기반의 가치 함수(Q-가치 함수)
    - 상태와 행동을 입력 받아서 Q-가치를 출력한다.
    - Q-가치 함수는 환경과의 상호작용 없이 행동 가치를 평가할 수 있기 때문에 **효율성**, **안전성**, **빠른 정책 개선** 등의 이점을 제공한다. 특히 위험하거나 비용이 큰 환경에서 최적의 행동을 찾는 데 매우 유용하며, 강화학습의 실용성과 안정성을 높이는 데 큰 도움이 된다.

14.1.2 명시적 정책을 위한 가치 추정과 암묵적 정책을 위한 가치 추정

가치를 추정하는 목적에 따라 가치 함수 모델의 설계가 달라진다.

- 명시적 정책을 평가하기 위해 가치를 추정하는 경우
    - 가치 함수는 특정 상태와 행동에 대해서만 가치를 추정하면 된다.
    - 액터-크리틱 방법에서 사용한다.

- 가치 함수를 통해 암묵적으로 정책을 추출하는 경우[1]
    - 가치 함수는 모든 행동에 대한 가치를 추정할 수 있어야 한다.
        - 행동의 개수가 유한한 이산 행동에서만 정의가 가능하다.
        - 상태를 입력 받아서 모든 행동의 Q-가치를 출력하므로 Q-가치 함수의 변형으로 볼 수 있다.
    - DQN 또는 더블 DQN과 같은 가치 기반의 방법에서 최대 가치를 갖는 행동을 선택할 때 사용한다(이를 암묵적 정책을 추출하는 과정으로 본다).

그림 14-2는 상태를 입력 받아서 모든 행동의 Q-가치를 출력하는 Q-가치 함수를 보여주고 있다.

---

1 가치 기반 방법에서 암묵적으로 정책을 추출하는 과정은 17장에서 설명한다.

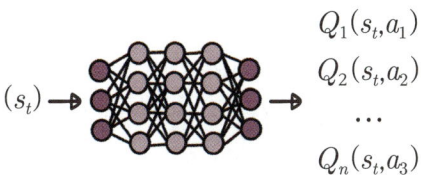

그림 14-2 DQN에서 사용하는 Q-가치 네트워크

이런 형태의 모델링은 이산 행동인 경우에만 가능하다. 연속 행동인 경우 행동의 종류가 무한하기 때문에 최대 가치를 갖는 행동을 찾을 때 별도의 결정적 정책 모델이 필요하다. 예를 들어 DDPG나 TD3와 같은 알고리즘에서는 최대 Q-가치를 출력하는 행동을 결정하기 위한 정책을 별도로 학습한다.

14.2 가치 함수의 구성

강화학습 프레임워크에서 가치 함수가 어떻게 구성돼 있는지 살펴보자.

14.2.2 디렉토리 구조

가치 함수 모델의 소스 코드는 그림 14-3과 같이 "/models" 디렉토리의 models.py에 정책과 함께 정의돼 있다.

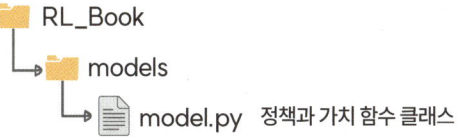

그림 14-3 가치 함수 디렉토리 구조

파일에 구현돼 있는 내용은 다음과 같다.

- models.py: 가치 함수 클래스인 ValueFunction, StateValueFunction, ActionValueFunction, ValueFunctionMLP, QFunctionMLP, QFunctionMLPDQN와 순방향 신경망 클래스인 MLP가 정의돼 있다.

14.2.3 클래스 구성도

가치 함수의 클래스 구성도는 그림 14-4와 같다. 가장 상위에는 가치 함수의 베이스 클래스인 ValueFunction이 있고 하위에 상속받는 클래스는 ❶ **상태 기반의 가치 함수**인지, **행동 기반의 가치 함수**인지 ❷ Q-가치 함수가 **하나의 행동에 대해 Q-가치를 출력**하는지, **모든 이산 행동에 대해 Q-가치를 한꺼번에 출력**하는지 ❸ 상태 데이터의 종류에 따라 구분된다. 단, 현재는 상태 데이터가 벡터인 경우만 확장하고 있다.

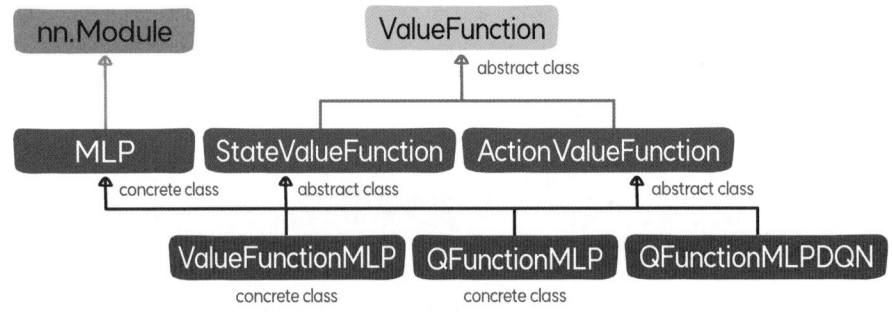

그림 14-4 가치 함수 클래스 구성도

가치 함수 클래스는 ValueFunction이라는 베이스 클래스에서 시작한다.

- ValueFunction: 가치 함수 클래스의 최상위 클래스

가치 함수는 상태 기반의 가치 함수 StateValueFunction과 행동 기반의 가치 함수 ActionValueFunction으로 확장된다.

- StateValueFunction: 상태 기반 가치 함수

- ActionValueFunction: 행동 기반 가치 함수

상태 데이터가 벡터인 경우 가치 함수를 순방향 신경망 모델로 정의하기 위해 MLP 클래스에서 상속을 받는다.

- MLP: 순방향 신경망 클래스

최종적으로 사용하게 될 상태 기반의 가치 함수는 다음과 같다.

- ValueFunctionMLP: 상태 기반의 가치 함수 클래스(A2C, PPO에서 사용)

Q-가치 함수는 하나의 행동에 대해 Q-가치를 출력하는 QFunctionMLP와 모든 이산 행동에 대해 Q-가치를 한꺼번에 출력하는 QFunctionMLPDQN으로 확장된다.

- QFunctionMLP: 상태와 행동을 입력 받아서 Q-가치를 출력하는 Q-가치 함수 클래스
- QFunctionMLPDQN: 상태를 입력 받아서 모든 이산 행동에 대한 Q-가치를 한꺼번에 출력하는 Q-가치 함수 클래스(DQN, 더블 DQN에서 사용)

14.3 ValueFunction 클래스

ValueFunction은 가치 함수의 베이스 클래스이다.

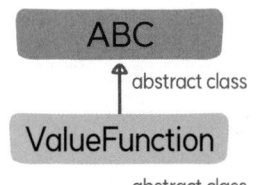

그림 14-5 ValueFunction 클래스 구성도

14.3.1 클래스 정의

ValueFunction 클래스는 다음과 같이 정의돼 있다.

속성 정의
- **상태의 크기**(state_size): 가치 함수의 입력 계층의 뉴런 수를 결정한다.

14.3.2 클래스 구현 코드

ValueFunction 클래스는 상태의 크기를 속성으로 갖는다.

코드 14-1 ValueFunction 클래스

```
class ValueFunction(abc.ABC):
    """가치 함수 클래스의 최상위 클래스"""

    # 상태의 크기 변수 선언
    state_size = 0
```

- 상태의 크기 변수 선언: 상태의 크기를 변수로 선언하고 0으로 초기화 한다.

14.4 StateValueFunction 클래스

StateValueFunction은 상태 기반 가치 함수의 베이스 클래스이다.

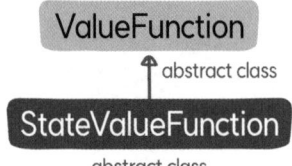

그림 14-6 StateValueFunction 클래스 구성도

14.4.1 클래스 구현 코드

StateValueFunction 클래스는 속성도 메서드도 없는 분류를 위한 추상 클래스이다.

코드 14-2 StateValueFunction 클래스

```
class StateValueFunction(ValueFunction):
    """상태 기반 가치 함수"""
```

14.5 ActionValueFunction 클래스

ActionValueFunction은 행동 기반 가치 함수의 베이스 클래스이다.

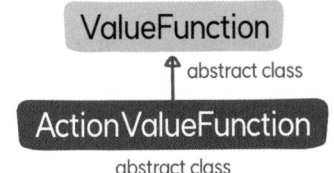

그림 14-7 ActionValueFunction 클래스 구성도

14.5.1 클래스 정의

ActionValueFunction 클래스는 다음과 같이 정의돼 있다.

속성 정의

- **행동의 크기**(action_size): Q-가치 함수의 입력 계층 또는 출력 계층의 뉴런 수를 결정한다.

14.5.2 클래스 구현 코드

ActionValueFunction 클래스는 행동의 크기를 속성으로 갖는 추상 클래스이다.

클래스 구현 코드

코드 14-3 ActionValueFunction 클래스

```
class ActionValueFunction(ValueFunction):
    """행동 기반 가치 함수"""

    # 행동의 크기 변수 선언
    action_size = 0
```

- 행동의 크기 변수 선언: 행동의 크기 변수를 선언하고 0으로 초기화 한다.

14.6 ValueFunctionMLP 클래스

ValueFunctionMLP은 상태 벡터를 입력 받아서 가치를 출력하는 MLP로 구현된 상태 기반 가치 함수 클래스이다.

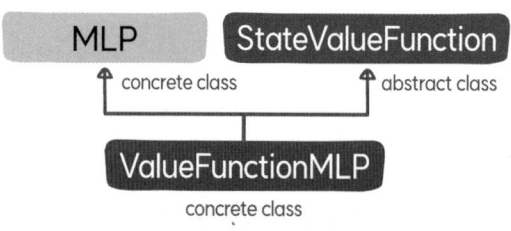

그림 14-8 ValueNetwork 클래스 구성도

14.6.1 클래스 정의

ValueFunctionMLP 클래스는 다음과 같이 정의돼 있다.

메서드 정의

- `__init__`: 모델 정보를 입력 받아서 MLP를 구성한다.

- `forward`: 상태를 입력 받아서 가치를 출력한다.

14.6.2 클래스 구현 코드

ValueFunctionMLP 클래스가 어떻게 구현돼 있는지 살펴보자.

초기화

모델 정보를 입력 받아서 MLP를 구성한다. 모델 정보와 관련된 초기화 인자는 다음과 같다.

- 입력 계층의 뉴런 수를 결정하는 상태의 크기(state_size)
- 은닉 계층의 뉴런 수 리스트(hidden_dims): 예 [64, 64, 64]

코드 14-4 ValueFunctionMLP 초기화

```python
class ValueFunctionMLP(MLP, StateValueFunction):
    """상태 기반의 가치 함수 클래스 (A2C, PPO에서 사용)"""

    def __init__(self,
                 config: SimpleNamespace,
                 state_size: int,
                 hidden_dims: List[int]):
        """
        모델 정보를 입력 받아서 MLP를 구성
        Args:
            config: 설정
            state_size: 상태의 크기
            hidden_dims: 은닉 계층의 뉴런 수 리스트
        """

        # 1. 전달받은 인자 저장
        self.state_size = state_size

        # 2. 계층별 뉴런 수 목록 생성
        output_size = 1
        layer_sizes = hidden_dims + [output_size]

        # 3. MLP 생성
        super().__init__(config, state_size, layer_sizes)
```

실행 순서는 다음과 같다.
1. 전달받은 인자 저장: 인자로 전달받은 상태의 크기(state_size)를 속성으로 저장한다.
2. 계층별 뉴런 수 리스트 생성: 은닉 계층 뉴런 수 리스트에 출력 계층의 뉴런 수인 [1]을 추가한다.

3. MLP 생성: 상태 크기(state_size)와 계층별 뉴런 수 리스트(layer_sizes)를 부모 클래스의 초기화 메서드에 전달해서 MLP를 구성한다.

모델 실행

상태를 입력 받아서 가치를 출력한다.

코드 14-5 ValueFunctionMLP 모델 실행

```
def forward(self, state):
    """
        상태를 입력 받아서 가치를 출력
    Args:
        state: 상태

    Returns:
        가치
    """

    # MLP 계층별 실행
    return super().forward(state)
```

- MLP 계층별 실행: 상태에 대한 가치를 계산하기 위해 부모 클래스의 모듈 실행을 호출해 MLP 계층별로 실행한다.

14.7 QFunctionMLP 클래스

QFunctionMLP는 상태와 행동을 벡터로 입력 받아서 가치를 출력 MLP로 구현된 행동기반 가치 함수 클래스이다.

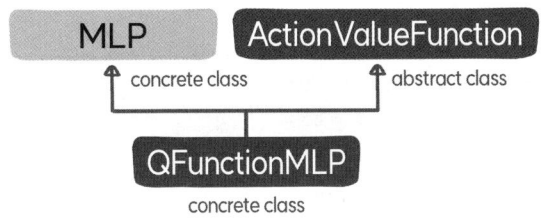

그림 14-9 QNetwork 클래스 구성도

14.7.1 클래스 정의

QFunctionMLP 클래스는 다음과 같이 정의돼 있다.

메서드 정의

- `__init__`: 모델 정보를 입력 받아서 MLP를 구성한다.

- `forward`: 상태와 행동을 입력 받아서 Q-가치를 출력한다.

14.7.2 클래스 구현 코드

QFunctionMLP 클래스가 어떻게 구현돼 있는지 살펴보자.

초기화

모델 정보를 입력 받아서 MLP를 구성한다. 모델 정보와 관련된 초기화 인자는 다음과 같다.

- 입력 계층의 뉴런 수를 결정하는 상태의 크기(`state_size`)

- 입력 계층의 뉴런 수를 결정하는 행동의 크기(`action_size`)

- 은닉 계층의 뉴런 수 리스트(`hidden_dims`): 예 [64, 64, 64]

코드 14-6 QFunctionMLP 초기화

```python
class QFunctionMLP(MLP, ActionValueFunction):
    """상태와 행동을 입력 받아서 Q-가치를 출력하는 Q-가치 함수 클래스"""
    def __init__(self,
                 config: SimpleNamespace,
                 state_size: int,
                 action_size: int,
                 hidden_dims: List[int]):
        """
            모델 정보를 입력 받아서 MLP를 구성
        Args:
            config: 설정
            state_size: 상태의 크기
            action_size: 행동의 크기
            hidden_dims: 은닉 계층의 뉴런 수 리스트
        """

        # 1. 전달받은 인자 저장
        self.state_size = state_size
        self.action_size = action_size

        # 2. 계층별 뉴런 수 목록 생성
        input_size = state_size + action_size
        output_size = 1
        layer_sizes = hidden_dims + [output_size]

        # 3. MLP 생성
        super().__init__(config, input_size, layer_sizes)

        # 4. 모델 파라미터 초기화
        self.apply(orthogonal_init)
```

실행 순서는 다음과 같다.

1. 전달받은 인자 저장: 인자로 전달받은 상태의 크기(state_size)와 행동의 크기 (action_size)를 속성으로 저장한다.
2. 계층별 뉴런 수 리스트 생성

- 입력 계층의 뉴런의 수는 상태 크기와 행동 크기를 더해서 계산한다.
- 은닉 계층 뉴런 수 리스트에 출력 계층의 뉴런 수인 [1]을 추가해서 계층별 뉴런 수 리스트를 만든다.
3. MLP 생성: 입력 크기(input_size)와 계층별 뉴런 수 리스트(layer_sizes)를 부모 클래스의 초기화 메서드에 전달해서 MLP를 구성한다.
4. 모델 파라미터 초기화: 모델의 파라미터를 직교 방식으로 초기화 한다.

모델 실행

상태와 행동을 입력 받아서 Q-가치를 출력한다.

코드 14-7 QFunctionMLP 모델 실행

```python
def forward(self, state, action):
    """
            상태와 행동을 입력 받아서 Q-가치를 출력
    Args:
        state: 상태
        action: 행동

    Returns:
        Q-가치
    """
    # 1. 상태와 행동을 연결
    state_action = torch.cat([state, action], dim=1)

    # 2. MLP 계층별 실행
    return super().forward(state_action)
```

실행 순서는 다음과 같다.
1. 상태와 행동을 연결: 입력 데이터인 상태와 행동을 연결한다.
2. MLP 계층별 실행: 상태와 행동에 대한 가치를 계산하기 위해 부모 클래스의 모듈 실행을 호출해 MLP 계층별로 실행한다.

14.8 QFunctionMLPDQN 클래스

QFunctionMLPDQN은 상태를 입력 받아서 모든 이산 행동에 대한 Q-가치를 한꺼번에 출력하는 MLP로 구현된 행동기반 가치 함수 클래스이다. DQN과 더블 DQN에서 사용한다.

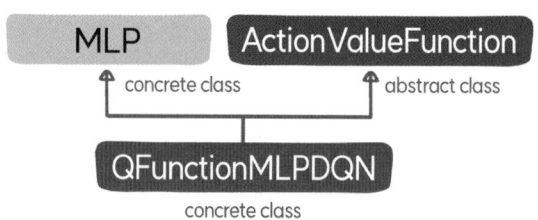

그림 14-10 QFunctionMLPDQN 클래스 구성도

14.8.1 클래스 정의

QFunctionMLPDQN 클래스는 다음과 같이 정의돼 있다.

메서드 정의

- `__init__`: 모델 정보를 입력 받아서 MLP를 구성한다.

- `forward`: 상태를 입력 받아서 모든 이산 행동의 Q-가치를 출력한다.

14.8.2 클래스 구현 코드

QFunctionMLPDQN 클래스가 어떻게 구현돼 있는지 살펴보자.

초기화

모델 정보를 입력 받아서 MLP를 구성한다. 모델 정보와 관련된 초기화 인자는 다음과 같다.

- 입력 계층의 뉴런 수를 결정하는 상태의 크기(state_size)

- 입력 계층의 뉴런 수를 결정하는 행동의 크기(action_size)

- 은닉 계층의 뉴런 수 리스트(hidden_dims): 예 [64, 64, 64]

코드 14-8 QFunctionMLPDQN 초기화

```python
class QFunctionMLPDQN(MLP, ActionValueFunction):
    """
    상태를 입력하고 모든 이산 행동에 대한 Q-가치를 한꺼번에 출력하는 Q-가치 함수 클래스
    (DQN, Double DQN에서 사용)
    """
    def __init__(self,
                 config: SimpleNamespace,
                 state_size: int,
                 action_size: int,
                 hidden_dims: List[int]):
        """
        모델 정보를 입력 받아서 MLP를 구성한다.
        Args:
            config: 설정
            state_size: 상태의 크기
            action_size: 행동의 크기
            hidden_dims: 은닉 계층의 뉴런 수 리스트
        """
        # 1. 전달받은 인자 저장
        self.state_size = state_size
        self.action_size = action_size

        # 2. 계층별 뉴런 수 목록 생성
        input_size = state_size
        output_size = action_size
        layer_sizes = hidden_dims + [output_size]

        # 3. MLP 생성
        super().__init__(config, input_size, layer_sizes)

        # 4. 모델 파라미터 초기화
        self.apply(orthogonal_init)
```

실행 순서는 다음과 같다.

1. 전달받은 인자 저장: 인자로 전달받은 상태의 크기(state_size)와 행동의 크기(action_size)를 속성으로 저장한다.
2. 계층별 뉴런 수 리스트 생성
   - 입력 계층의 뉴런의 수는 상태 크기로 지정한다.
   - 출력 계층의 뉴런 수는 행동 크기로 지정한다.
   - 은닉 계층 뉴런 수 리스트에 출력 계층의 뉴런 수를 추가해서 계층별 뉴런 수 리스트를 만든다.
3. MLP 생성: 입력 크기(input_size)와 계층별 뉴런 수 리스트(layer_sizes)를 부모 클래스의 초기화 메서드에 전달해서 MLP를 구성한다.
4. 모델 파라미터 초기화: 모델의 파라미터를 직교 방식으로 초기화 한다.

모델 실행

상태를 입력 받아서 모든 이산 행동의 Q-가치를 출력한다.

코드 14-9 QFunctionMLPDQN 모델 실행

```
def forward(self, state):
    """
        상태를 입력 받아서 모든 이산 행동의 Q-가치를 출력
    Args:
        state: 상태

    Returns:
        모든 행동의 Q-가치
    """
    # MLP 계층별 실행
    return super().forward(state)
```

- MLP 계층별 실행: 상태를 입력 받아서 모든 이산 행동의 Q-가치를 출력하기 위해 부모 클래스의 모듈 실행을 호출해 MLP 계층별로 실행한다.

Chapter.15
데이터셋

이번 장에서는 온라인 정책과 오프라인 정책에 따른 데이터셋 관리 방식과 이를 지원하는 버퍼 클래스에 대해 다룬다. 먼저 온라인 정책과 오프라인 정책 알고리즘이 구분되는 이유와 이에 따른 데이터셋 관리 방식의 차이를 살펴본다. 강화학습 프레임워크에서는 데이터셋을 효율적으로 관리하기 위해 메모리 기반의 버퍼를 정의하고 데이터 일관성과 정합성을 유지하기 위한 스키마 기반 데이터 저장소를 사용한다. 또한 기본 버퍼의 기능을 확장해 온라인 정책에는 롤아웃 버퍼, 오프라인 정책에는 리플레이 버퍼를 정의하고 있다. 각각의 기능과 역할을 강화학습 프레임워크 내에서 어떻게 구현하는지 자세히 살펴본다.

15.1 데이터셋 구성 방식

정책은 초기화 상태인 $\pi_0(a|s)$에서 시작해 학습 과정을 통해 $\pi_1(a|s), \pi_1(a|s), \cdots, \pi_t(a|s)$과 같이 반복적으로 개선된다.

$$\pi_0 \quad \pi_1 \quad \pi_2 \quad \cdots \quad \pi_t$$

그림 15-1 정책의 개선 과정

정책이 점진적으로 개선됨에 따라 정책을 실행해 수집되는 데이터의 분포도 함께 변화하게 된다. 초기에는 주로 무작위 경로에서 수집된 데이터가 대부분을 차지하지만 정책이 학습되고 최적화됨에 따라 점차 최적 경로에 가까운 데이터가 더 많이 수집된다. 이러한 변화는 강화학습 과정에서 중요한 요소로 데이터 분포의 변화에 따라 데이터 관리 방식에도 적응적인 조정이 필요하다.

정책이 개선될 때마다 새로운 데이터를 수집해 학습하는 것이 좋을지, 혹은 이전에 수집한 과거 데이터를 활용해 학습을 지속하는 것이 좋을지에 대한 고민이 필요하다. 새로운 데이터만을 학습에 사용하면 최신 정책에 맞는 데이터를 집중적으로 반영할 수 있어 현재 상태에 더 최적화된 학습이 가능하다. 그러나 과거 데이터도 함께 학습에 활용할 경우 과거 상황과 현재 상황의 다양한 경험을 반영해 정책이 더 넓은 범위의 상황에 대응할 수 있도록 일반화할 수 있다.

그림 15-2 데이터의 활용 방식

강화학습에서는 정책의 개선 과정에서 두 가지 학습 방식을 모두 활용할 수 있다. 정책이 개선될 때마다 새롭게 수집한 데이터를 기반으로 학습하는 방식은 **온라인 정책**이라고 하고 과거에 수집한 다양한 분포의 데이터를 활용해 학습하는 방식을 **오프라인 정책**이라고 한다.

15.1.1 온라인 정책

온라인 정책은 그림 15-4와 같이 최신 정책을 활용해 데이터를 수집하고 이를 즉시 학습에 반영하는 과정을 반복한다. 정책이 업데이트될 때마다 새로 수집된 데이터를 통해 정책이 지속적으로 개선되며 환경 변화에 빠르게 적응할 수 있다.

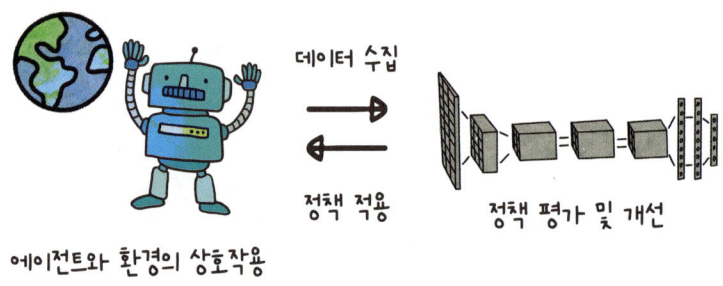

그림 15-3 온라인 정책

데이터를 수집할 때 사용하는 정책을 **행동 정책**(behavior policy)이라고 한다. 반면 학습을 통해 개선하고자 하는 정책을 **목표 정책**(target policy)이라고 하며 이는 행동 정책으로부터 수집된 데이터를 기반으로 최적화를 진행하는 대상이 된다.

- **행동 정책**: 데이터를 수집할 때 사용하는 정책

- **목표 정책**: 학습의 대상이 되는 정책

온라인 정책은 **행동 정책과 목표 정책이 동일한 경우**로 학습이 안정적이며 구현이 쉽다.

- **학습의 안정성**: 최신 정책으로 수집한 데이터로 학습하므로 안정적으로 학습할 수 있다.

- **간단한 구현**: 동일한 정책으로 데이터를 수집하고 학습하므로 구현이 간단하다.

반면 학습 데이터가 많이 필요하고 탐색을 충분히 하지 않으면 지역해로 빠질 가능성이 있다.

- **샘플 비효율성**: 수집한 데이터를 한번 쓰고 나면 버리기 때문에 데이터 효율이 낮다. 데이터 효율이 낮으면 학습 시 데이터가 많이 필요하다.

- **탐색과 활용의 균형**: 탐색을 충분히 하지 않으면 지역 해에 빠질 가능성이 있다.

앞 장에서 구현했던 REINFORCE, A2C와 뒤에 나올 PPO가 온라인 정책 알고리즘이다.

15.1.2 오프라인 정책

오프라인 정책에서는 그림 15-4와 같이 임의의 정책이나 최신 정책을 사용해 데이터를 수집하고 이를 리플레이 버퍼에 지속적으로 추가한다. 리플레이 버퍼에는 새롭게 수집된 데이터뿐만 아니라 이전에 수집된 데이터도 함께 저장되며 정책 학습 시 리플레이 버퍼에서 랜덤하게 배치를 샘플링해 과거와 최신 데이터가 섞인 상태로 학습이 이뤄진다. 이러한 방식은 정책이 다양한 경험에 기반해 학습되도록 해 정책의 일반화 성능을 높이고 특정 상황에 치우치지 않도록 돕는다.

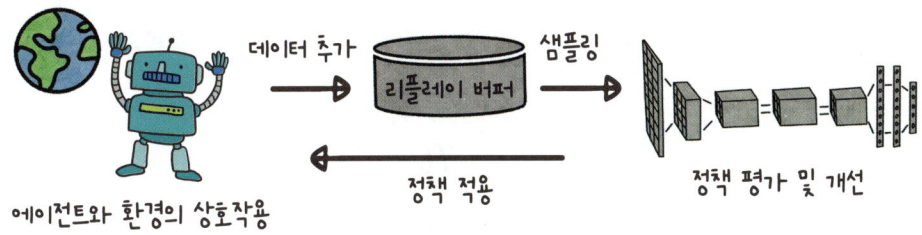

그림 15-4 오프라인 정책

오프라인 정책은 **행동 정책과 목표 정책이 서로 다른 경우**로, 과거 데이터를 재사용할 수 있다는 특징을 가진다. 이러한 특성 때문에 오프라인 정책은 데이터 효율이 높고 학습 데이터의 상관성을 낮출 수 있으며 다양한 탐색 전략을 사용할 수 있다.

- **데이터 효율성**: 과거 데이터를 재사용할 수 있기 때문에 온라인 정책에 비해 상대적으로 적은 데이터로 학습할 수 있다. 따라서 데이터 효율성이 높다.

- **경험의 재생**: 에이전트의 **경험을 재생**Experience Replay할 수 있어서 연속적으로 수집된 데이터의 상관성이 높을 경우 학습 데이터의 상관성을 낮추고자 할 때 유용하다.

- **탐색과 활용의 균형**: 과거에 다양한 탐색 전략을 통해 수집된 데이터를 통해 폭넓은 상황을 재현하고 여러 탐색 전략의 결과를 활용할 수 있다.

하지만 구현이 복잡하고 행동 정책과 목표 정책의 분포가 다르기 때문에 이를 보정해 줘야 한다.

- **복잡한 구현**: 두 가지 정책을 관리해야 하므로 구현이 복잡할 수 있다.

- **학습의 불안정성**: 행동 정책과 목표 정책이 다르면 두 정책의 확률 분포가 다르기 때문에 학습이 불안정해진다. 이를 해결하기 위해 중요도 샘플링과 같은 보정 기법이 필요하다.

곧이어 나오게 될 DQN, 더블 DQN과 같은 알고리즘이 오프라인 정책 알고리즘이다.

15.1.3 데이터셋 관리 방식

온라인 정책

온라인 정책에서는 정책이 개선될 때마다 새롭게 수집한 데이터로 데이터셋을 구성한다.

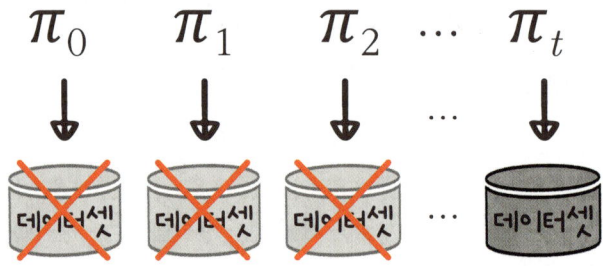

그림 15-5 온라인 정책의 데이터셋

따라서 정책 개선 단계마다 새로운 데이터셋을 구성해서 활용 후 폐기하는 과정이 반복된다.

- **데이터셋 구성**: 최신 정책으로 수집한 데이터로 새롭게 데이터셋을 구성한다.

- **데이터셋의 활용**: 전체 데이터셋을 이용해 정책을 평가하고 개선한다.

- **데이터셋 폐기**: 학습이 완료되면 데이터셋을 폐기한다.

오프라인 정책

오프라인 정책에서는 정책이 개선될 때마다 상대적으로 큰 저장소에 새롭게 수집한 데이터를 추가하며 데이터셋을 구축한다.

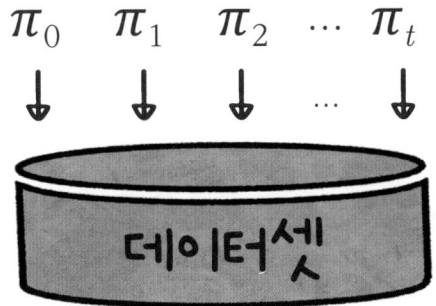

그림 15-6 오프라인 정책의 데이터셋

따라서 정책 개선 단계마다 데이터셋을 업데이트하는 과정을 수행한다.

- **데이터셋 구성**: 초기에 워밍업 단계를 통해 데이터를 쌓다가 어느 정도 데이터가 쌓이면 최신 정책 또는 임의의 정책으로 수집한 데이터를 추가하면서 고정 크기의 데이터셋을 유지한다.

- **데이터셋의 활용**: 데이터셋에서 지정된 횟수만큼 배치 샘플링을 해서 정책을 평가하고 개선한다. 이때 **랜덤 샘플링**을 하거나 데이터의 우선순위에 따라 **우선순위 샘플링** prioritized sampling을 할 수도 있다.

- **데이터 폐기**: 새로운 데이터를 추가할 때 데이터셋의 크기를 초과하면 학습 효용이 낮은 데이터를 폐기하고 새로운 데이터를 추가한다. 기본적으로 데이터가 오래됐거나 우선순위가 낮으면 학습 효용이 낮다고 판단한다.

버퍼의 종류

버퍼는 메모리 상에서 데이터셋을 관리하는 모듈로 에이전트가 **경험한 데이터를 저장**하고 이를 이용해서 학습할 수 있도록 **데이터 관리** 기능과 **배치 샘플링** 기능을 제공한다.

- **버퍼**: 메모리에서 데이터셋을 관리하고 학습을 위한 배치 샘플링 기능을 제공

버퍼는 강화학습 알고리즘이 온라인 정책인지 오프라인 정책인지에 따라 **롤아웃 버퍼**와 **리플레이 버퍼**로 세분화된다.

- **롤아웃 버퍼**: 온라인 정책을 위한 버퍼로 최신 데이터로만 구성된 데이터셋을 관리한다.

- **리플레이 버퍼**: 오프라인 정책을 위한 버퍼로 최신 데이터뿐만 아니라 과거의 경험 데이터로 구성된 데이터셋을 관리한다.

15.1.4 데이터셋 구축 단계

강화학습 프레임워크에서 에이전트는 정책을 평가하고 개선하기 위해 액터가 수집한 데이터를 이용해 데이터셋을 구축한다.

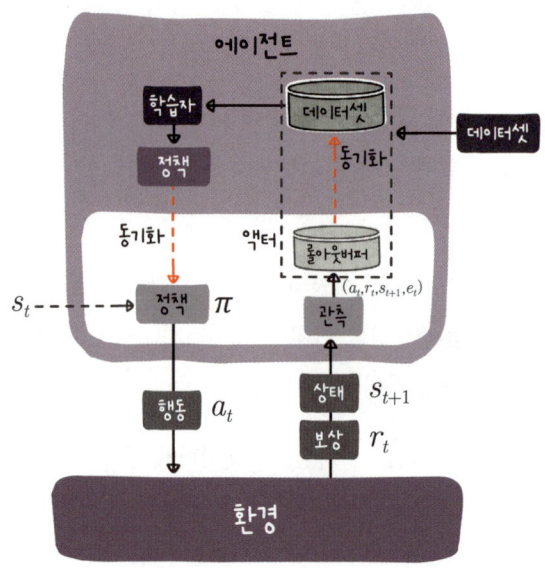

그림 15-7 에이전트의 데이터셋과 액터의 롤아웃 버퍼

데이터셋을 구축해서 활용하는 과정을 살펴보면 다음과 같다.

1. **데이터 수집**
   - 액터는 환경과의 상호작용을 통해 자신의 롤아웃 버퍼에 데이터를 수집한다.

2. **데이터셋 구축**
   - 에이전트는 액터가 수집한 데이터를 전달받아서 데이터셋을 구축한다.
     - 온라인 정책: 새로운 데이터셋을 롤아웃 버퍼에 구축한다.
     - 오프라인 정책: 리플레이 버퍼에 저장된 기존 데이터셋을 업데이트한다.

3. **데이터셋 활용**
   - 학습자는 새로 구축된 데이터셋을 이용해 정책을 평가하고 개선한다.

4. **데이터셋 폐기**
   - 온라인 정책인 경우 학습이 완료되면 데이터셋을 폐기한다.

15.2 데이터셋의 구성

강화학습 프레임워크에서 데이터셋이 어떻게 구성돼 있는지 살펴보자.

15.2.1 디렉토리 구조

데이터셋의 소스코드는 그림 15-8과 같이 "/datasets" 디렉토리에 정의돼 있다.

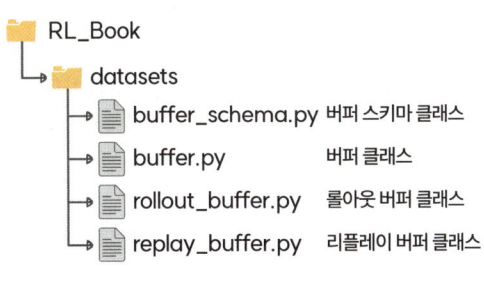

그림 15-8 데이터셋 디렉토리 구조

각 파일에 구현돼 있는 내용은 다음과 같다.

- **buffer_schema.py**: 버퍼의 구조를 정의하는 `BufferSchema`가 정의돼 있다.

- **buffer.py**: 버퍼를 정의하는 `Buffer`가 정의돼 있다.

- rollout_buffer.py: 온라인 정책을 위한 버퍼인 RolloutBuffer가 정의돼 있다.

- replay_buffer.py: 오프라인 정책을 위한 버퍼인 ReplayBuffer가 정의돼 있다.

15.2.2 클래스 구성도

데이터셋의 클래스 구성도는 그림 15-9와 같다.

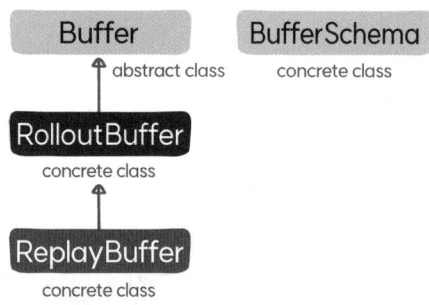

그림 15-9 데이터셋 클래스 구성도

버퍼는 Buffer라는 베이스 클래스에서 시작한다. 버퍼를 생성할 때는 버퍼 스키마를 정의하는 BufferSchema를 참조해서 데이터 저장 공간을 할당한다.

- Buffer: 버퍼 스키마에 따라 메모리 공간을 할당하고 관리

- BufferSchema: 버퍼를 구성하는 데이터 필드의 모양과 데이터 타입을 스키마로 정의

Buffer를 상속해서 트랜지션 데이터를 관리하는 RolloutBuffer를 정의한다.

- RolloutBuffer: 온라인 정책을 위한 버퍼로, 트랜지션 데이터를 저장할 수 있는 **1차원 버퍼**로 정의되며 인덱스 기반의 접근과 데이터의 추가, 배치 샘플링 기능을 제공

RolloutBuffer를 상속받아서 오프라인 정책을 위한 버퍼인 ReplayBuffer를 정의한다.

- ReplayBuffer: 오프라인 정책을 위한 버퍼로, 새로운 데이터는 계속해서 추가하고 버퍼가 꽉 차면 오래된 데이터부터 지우는 **순환 버퍼**로 운영

15.3 버퍼와 버퍼 스키마

메모리에서 데이터셋을 관리하기 위해 버퍼와 버퍼 스키마를 어떻게 정의하고 있는지 살펴보자.

15.3.1 버퍼의 구조

버퍼는 다양한 데이트 필드로 구성돼 있다. 그림 15-10에는 트랜지션 데이터를 저장하기 위한 버퍼 예시가 그려져 있다.

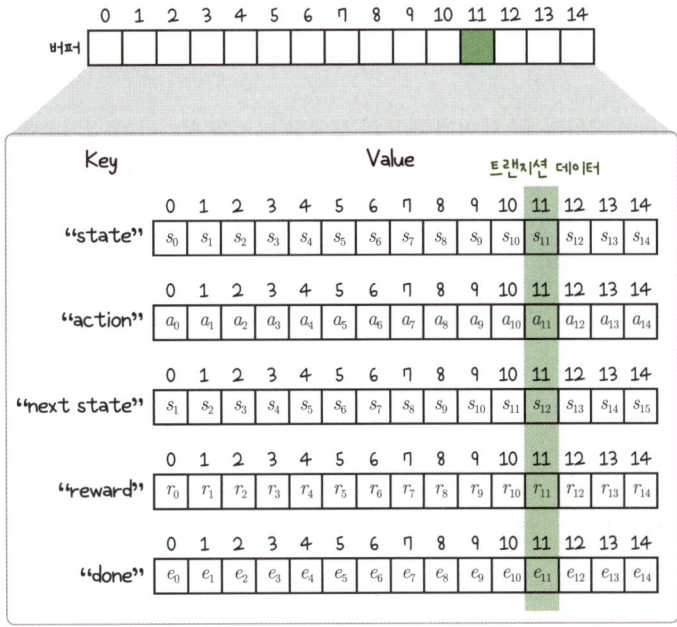

그림 15-10 트랜지션 데이터를 저장하기 위한 버퍼 예시

그림 15-10의 버퍼를 보면 버퍼의 모양은 (15,)이고 버퍼의 크기는 15로 트랜지션 데이터를 15개까지 저장할 수 있다. 데이터 필드는 이름과 데이터로 구성된 (Key, Value) 형태로 정의된다. Key에는 데이터 필드 이름인 "state", "action", "next_state", "reward", "done"가 지정돼 있고 Value에는 데이터를 저장하기 위한 다차원 배열이 할당돼 있다. 새로운 트랜지션 데이터가 11번 인덱스에 저장된다면 초록색으로 표시된 영

역과 같이 각 데이터 필드의 11번 인덱스에 걸쳐서 저장이 될 것이다.

버퍼의 역할과 구성

버퍼에 대해 정리하면 다음과 같다.

- **버퍼의 역할**: 다양한 데이터 필드를 저장하기 위한 메모리 공간이다.
    - 데이터 필드의 이름과 데이터 저장 공간으로 구성
    - 파이썬의 딕셔너리 구조로 구현

- **데이터 필드**: 각 필드는 이름과 데이터 저장 공간으로 이뤄져 있다.[1]
    - Key: 데이터 필드의 이름
    - Value: 데이터를 저장하기 위한 다양한 형태와 타입을 갖는 다차원 배열

버퍼는 ❶ 버퍼의 모양과 ❷ 데이터 필드의 모양과 타입을 정의하는 스키마에 따라 메모리 공간을 할당한다.

버퍼의 데이터 관리 단위

정책을 평가하고 개선할 때 데이터를 트랜지션 단위로 학습할지, 에피소드 단위로 학습할지 따라 데이터셋에서 관리하는 데이터의 단위도 달라진다.

- **트랜지션 단위**
    - 에피소드의 구분 없이 트랜지션을 순차적으로 저장한다.
        - **1차원 버퍼**로 저장: 버퍼의 모양 = (트랜지션)
    - 트랜지션 단위로 배치 샘플링

- **에피소드 단위**
    - 에피소드가 구분되도록 저장한다. 단, 에피소드가 가변 길이이므로 에피소드 내에서 데이터 저장 영역과 나머지를 구분하는 마스크가 필요하다.
        - **2차원 버퍼**로 저장: 버퍼의 모양 = (에피소드, 트랜지션)
    - 에피소드 단위로 배치 샘플링

---

1 버퍼의 구조는 Pandas의 DataFrame과 유사하다. 데이터 필드는 DataFrame의 컬럼에 해당하는 Series로 생각할 수 있다.

현재 강화학습 프레임워크에 있는 알고리즘은 트랜지션 단위로 학습하고 있어서 버퍼도 트랜지션 단위로 데이터를 관리하고 있다.[2]

15.3.2 버퍼 스키마

버퍼 스키마는 버퍼의 구조를 정의하는 메타 정보로, 버퍼를 구성하는 데이터 필드의 이름과 모양, 타입과 같은 메타 정보를 정의한다. 예를 들어 그림 15-8에 있는 버퍼를 생성하려면 코드 15-1과 같이 버퍼 스키마를 정의하면 된다.

코드 15-1 버퍼 스키마

```
schema = {                                    ← 데이터 항목의 모양
    "state": {"shape": env_spec.state_spec.shape},
    "action": {"shape": env_spec.action_spec.shape,    ← 데이터 항목의 타입
               "dtype": to_torch_type(env_spec.action_spec.dtype)},
    "next_state": {"shape": env_spec.state_spec.shape},
    "reward": {"shape": (1,)},
    "done": {"shape": (1,), "dtype": to_torch_type(int)},
}
```
← 데이터 항목의 이름

코드 15-1의 버퍼 스키마는 트랜지션 데이터를 저장하기 위한 스키마로, BufferSchema 클래스에서 환경 정보를 이용해서 자동으로 생성하는 기본 버퍼 스키마이다. 참고로 예시와 같이 데이터 필드 메타 정보에 "dtype"이 없으면 Buffer 클래스에서 버퍼를 생성할 때 torch.float32로 처리된다.

버퍼 스키마의 역할과 구성

버퍼 스키마는 다음과 같이 정리할 수 있다.

- **버퍼 스키마의 역할**: 버퍼를 구조를 정의하는 메타 정보이다.
  - 버퍼를 구성하는 데이터 필드의 이름과 메타 정보를 정의

---

2 멀티 에이전트 강화학습을 할 경우 여러 에이전트가 수집한 에피소드에 대해 하나의 모델로 에이전트별 정책이나 가치 함수를 학습하게 된다. 이때는 에피소드 단위로 데이터를 관리해야 할 필요가 있다.

- 파이썬의 딕셔너리 구조로 정의

- **데이터 필드의 메타 정보**
  - Key: 데이터 필드의 이름
  - Value: 데이터 필드의 메타 정보를 정의하는 딕셔너리
    - 데이터 타입: {"dtype", 데이터 타입}
    - 데이터 모양: {"shape", 다차원 배열의 모양}

15.3.3 Buffer 클래스 정의

Buffer 클래스는 그림 15-11과 같이 정의한다.

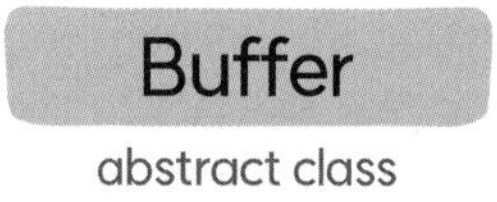

Buffer
abstract class

그림 15-11 Buffer 클래스 구성도

속성

- **설정**(config): 설정 항목을 저장하고 있는 SimpleNamespace 객체이다.

- **스키마**(buffer_schema): 버퍼의 구조를 정의하는 버퍼 스키마 딕셔너리이다.

- **버퍼의 모양**(buffer_shape): 버퍼의 모양을 정의하는 리스트이다.

- **버퍼 데이터**(data): 다양한 데이터 필드를 저장하기 위한 딕셔너리이다.

- **버퍼의 크기**(buffer_size): 버퍼의 크기로 버퍼의 첫 번째 차원의 크기와 같다. 개발 편의를 위해 추가된 속성이다.

초기화

- __init__: 인자로 전달받은 버퍼 스키마, 버퍼 모양, 버퍼 데이터를 속성으로 저장하고 버퍼 데이터가 None이면 버퍼 모양과 버퍼 스키마를 이용해 버퍼를 새롭게 할당한다.

데이터 저장 상태 및 초기화

- `__len__`: 버퍼에 저장된 데이터의 개수를 반환하는 추상 메서드이다.

- `is_full`: 버퍼가 모두 찼는지 여부를 반환한다.

- `clear`: 버퍼를 비우기 위해 모든 데이터를 0으로 초기화한다.

버퍼 생성 및 스키마 확장

- `_create_buffer_from_schema`: 버퍼 모양과 버퍼 스키마를 이용해서 버퍼를 할당한다.

- `extend_schema`: 전달받은 추가 데이터 필드의 스키마에 맞게 버퍼와 버퍼 스키마를 확장한다.

버퍼 업데이트

- `update`: 전달받은 데이터를 버퍼 슬라이스에 저장한다. 이때 각 데이터 필드가 버퍼 스키마에 적합한지 확인한 후 저장한다.

- `_check_safe_view`: 두 개의 다차원 배열이 서로 변환이 가능한 모양을 가졌는지 확인한다.

- `_parse_slices`: 인덱스 정보의 유효성을 검사하고 인덱스 리스트 또는 슬라이스 형태로 통일한다.

유틸리티 함수

- `_get_num_items`: 리스트, 넘파이 배열 또는 슬라이스 객체가 표현하는 요소의 개수를 센다.

- `_same_shape`: 두 다차원 배열이 같은 모양인지를 확인한다.

15.3.4 Buffer 클래스 구현코드

Buffer 클래스는 다음과 같이 구현돼 있다.

패키지 임포트

코드 15-2 Buffer 패키지 임포트

```
import abc
import torch
import numpy as np
import copy
from types import SimpleNamespace
from typing import Dict, Any, Union, Tuple
from utils.util import to_tensor, to_device
from datasets.buffer_schema import BufferSchema
```

실행 순서는 다음과 같다.
1. 추상 클래스를 정의하기 위해 abc를 임포트 한다.
2. 딥러닝 구현을 위한 PyTorch 패키지 torch를 임포트 한다.
3. 다차원 배열을 관리하는 넘파이 패키지 numpy를 임포트 한다.
4. 버퍼 스키마를 복사하기 위해 copy를 임포트 한다.
5. 설정(config) 객체를 나타내는 SimpleNamespace를 임포트 한다.
6. PyTorch 패키지의 네트워크 모듈 torch.nn을 임포트 한다.
7. 타입 정의를 위해 Dict, Any, Union, Tuple을 임포트 한다.
8. 텐서와 넘파이 변환 유틸리티 함수인 to_tensor, to_device, to_numpy를 임포트 한다.
9. 버퍼 스키마 클래스인 BufferSchema를 임포트 한다.

초기화

인자로 전달받은 버퍼 스키마, 버퍼 모양, 버퍼 데이터를 속성으로 저장하고 버퍼 데이터가 None이면 버퍼 모양과 버퍼 스키마를 이용해 버퍼를 새롭게 할당한다.

코드 15-3 Buffer 초기화

```python
class Buffer():
    """버퍼 스키마에 따라 메모리 공간을 할당하고 관리"""

    def __init__(self,
                 config: SimpleNamespace,
                 buffer_schema: BufferSchema,
                 buffer_shape: Tuple[int],
                 data: Dict = None):
        """
        인자로 전달받은 버퍼 스키마, 버퍼 모양, 버퍼 데이터를 속성으로 저장하고
        데이터가 None이면 버퍼 스키마를 이용해 버퍼를 할당한다.
        Args:
            config: 설정
            buffer_schema: 버퍼 스키마
            buffer_shape: 버퍼 모양
            data: 버퍼 데이터
        """

        # 1. 전달받은 인수 저장
        self.config = config
        self.buffer_schema = copy.deepcopy(buffer_schema)
        self.buffer_shape = buffer_shape
        self.buffer_size = self.buffer_shape[0]
        self.data = data

        # 2. 버퍼 할당
        if self.data is None:
            self.data = self._create_buffer_from_schema(
                schema=buffer_schema.schema,
                buffer_shape=buffer_shape)
```

실행 순서는 다음과 같다.

1. 전달받은 인수 저장
    - 인자로 전달받은 설정(config), 버퍼 스키마(buffer_schema), 버퍼 모양(buffer_shape), 버퍼 데이터(data)를 속성으로 저장한다.

- 버퍼의 크기(buffer_size)는 버퍼의 첫 번째 차원의 크기인 buffer_shape[0]으로 설정한다.
2. 버퍼 할당: 전달받은 데이터가 없으면 버퍼 모양과 버퍼 스키마를 이용해 새롭게 버퍼를 할당한다.

저장된 데이터 개수

다음은 버퍼에 저장된 데이터 개수를 반환하는 추상 메서드이다.

코드 15-4 Buffer 버퍼 길이

```python
@abc.abstractmethod
def __len__(self):
    """
        버퍼에 저장된 데이터의 개수를 반환
    Returns:
        버퍼에 저장된 데이터의 개수
    """
```

버퍼 full 확인

버퍼가 모두 찼는지 여부를 반환한다.

코드 15-5 Buffer 버퍼 full 확인

```python
def is_full(self):
    """
        버퍼가 찼는지 여부를 반환
    Returns:
        버퍼가 찼는지 여부
    """

    # 버퍼 크기와 저장 데이터 개수 확인
    return len(self) == self.buffer_size
```

- 버퍼 크기와 저장 데이터 개수 확인: 버퍼 크기와 버퍼에 저장된 데이터 개수가 같으면 True를 반환한다.

버퍼 비우기

버퍼를 비우기 위해 모든 데이터를 0으로 초기화한다.

코드 15-6 Buffer 버퍼 비우기

```python
def clear(self):
    """버퍼를 비우기 위해 모든 데이터를 0으로 초기화"""

    # 버퍼 데이터 필드별 초기화
    for key in self.data.keys():
        self.data[key][:, :] = 0
```

- 버퍼 데이터 필드별 초기화: 데이터 필드별로 데이터를 저장하고 있는 다차원 배열을 0으로 초기화한다.

버퍼 생성

버퍼 모양과 버퍼 스키마를 이용해서 버퍼를 할당한다.

코드 15-7 Buffer 버퍼 생성

```python
def _create_buffer_from_schema(
    self,
    schema: Dict[str, Any],
    buffer_shape: Tuple[int],) -> Dict[str, torch.Tensor]:
    """
    버퍼 모양과 버퍼 스키마를 이용해서 버퍼를 할당
    Args:
        schema: 버퍼 스키마
        buffer_shape: 버퍼 모양

    Returns:
        할당된 버퍼
    """
```

```python
# 1. 데이터 딕셔너리 생성
data = {}

# 2. 버퍼 스키마의 필드별 for 루프
for key, info in schema.items():
    assert "shape" in info,\
        "schema must define shape for {}".format(key)

    # 3. 데이터 모양과 타입 읽기 및 교정
    data_shape, dtype = info["shape"], info.get("dtype", torch.float32)
    # 스칼라인 경우 데이터 모양으로 (1,)로 변경
    if len(data_shape) == 0: data_shape = (1,)
    # 데이터 모양이 정수면 1차원으로 변경
    if isinstance(data_shape, int): data_shape = (data_shape,)

    # 4. 데이터 필드별로 버퍼 할당
    data[key] = to_device(torch.zeros((*buffer_shape, *data_shape),
                                      dtype=dtype), self.config)

return data # 5. 버퍼 반환
```

실행 순서는 다음과 같다.

1. 데이터 딕셔너리 생성: 데이터를 저장하기 위한 딕셔너리(data)를 생성한다.
2. 버퍼 스키마 필드별 for 루프: 버퍼 스키마에 정의된 데이터 필드의 메타 정보를 하나씩 읽으면서 버퍼를 할당한다.
3. 데이터 모양과 타입 읽기 및 교정: 데이터 필드의 데이터 모양과 데이터 타입을 읽는다. 단, 다음과 같이 기본 값과 예외 처리를 한다.
    - 데이터 타입이 명시돼 있지 않다면 기본 값으로 torch.float32로 지정한다.
    - 데이터 모양을 ()와 같이 지정했다면 (1,)로 변환한다.
    - 데이터 모양을 정수로 지정했다면 1차원 튜플로 변환한다.
4. 데이터 필드별로 버퍼 할당: 데이터 필드의 데이터 모양과 타입을 이용해서 0으로 초기화 된 텐서 타입의 다차원 배열을 할당한다.
    - 버퍼의 모양과 데이터의 모양이 합쳐진 모양의 텐서를 생성한다.

- 텐서의 모양 = (버퍼 모양, 데이터 모양)
  - 이때 디바이스 타입은 설정에 지정된 디바이스 타입을 따른다.
5. **버퍼 반환**: 생성된 버퍼를 반환한다.

버퍼 확장

전달받은 추가 데이터 필드의 스키마에 맞게 버퍼와 버퍼 스키마를 확장한다.

코드 15-8 Buffer 버퍼 확장

```
def extend_schema(self, schema: Dict[str, Any]):
    """
        전달받은 추가 데이터 필드의 스키마에 맞게 버퍼와 버퍼 스키마를 확장
    Args:
        schema: 버퍼 스키마
    """
    # 1. 새로운 스키마에 따라 버퍼 할당
    self.data.update(self._create_buffer_from_schema(schema,
                                                    self.buffer_shape))
    # 2. 버퍼 스키마에 새로운 스키마 추가
    self.buffer_schema.schema.update(schema)
```

실행 순서는 다음과 같다.
1. 새로운 스키마에 따라 버퍼 할당
   - create_buffer_from_schema 호출해서 새로운 스키마(schema)에 맞춰 버퍼를 할당한다.
   - 버퍼 데이터(data)에 새롭게 할당한 버퍼 데이터를 추가한다.
2. 버퍼 스키마에 새로운 스키마 추가
   - 버퍼 스키마(buffer_schema)에 새로운 스키마(schema)의 메타 정보를 추가한다.

버퍼 업데이트

전달받은 데이터를 버퍼 슬라이스에 저장한다. 이때 각 데이터 필드가 버퍼 스키마에 적합한지 확인한 후 저장한다.

코드 15-9 Buffer 버퍼 업데이트

```python
def update(self, data: Dict, slices):
    """
            전달받은 데이터를 버퍼 슬라이스에 저장
    Args:
        data: 데이터 딕셔너리
        slices: 데이터 인덱스 슬라이스

    Returns:

    """
    # 1. 슬라이스/인덱스 리스트로 변환
    slices = self._parse_slices((slices))

    # 2. 데이터 필드별 업데이트 for 루프
    for key, value in data.items():

        # 3. 키가 버퍼에 있는지 확인
        if key not in self.data:
            raise KeyError("{} not found in data".format(key))

        # 4. 텐서 타입으로 변환
        dtype = self.buffer_schema.schema[key].get("dtype", torch.float32)
        value = to_device(to_tensor(value, dtype=dtype), self.config)
        if len(value.shape) == 0: value = value.view((1,))

        # 5. 버퍼 슬라이스에 저장
        # 버퍼의 모양과의 호환성 체크
        self._check_safe_view(value, self.data[key][slices])
        # 버퍼의 모양으로 변경 후 저장
        self.data[key][slices] = value.view_as(self.data[key][slices])
```

실행 순서는 다음과 같다.

1. 슬라이스/인덱스 리스트로 변환
   - 버퍼를 인덱스 기반으로 접근하기 위해 다음과 같은 세 가지 형태의 인덱스 정보(slices)가 들어오면 _parse_slices() 메서드를 호출해 슬라이스 타입으로 통

일한다.
   - ❶ 인덱스 ❷ 인덱스 리스트 ❸ 인덱스 슬라이스 타입
2. 데이터 필드별 업데이트 for 루프: 데이터 필드별로 for 루프를 실행하면서 버퍼 슬라이스 영역에 데이터를 옮긴다.
3. 키가 버퍼에 있는지 확인: 데이터 필드의 키가 버퍼에 없으면 예외를 발생시킨다.
4. 텐서 타입으로 변환: 데이터 필드의 데이터를 버퍼에 저장하기 위해 텐서 타입으로 변환한다. 이때 버퍼 스키마와 설정에 따라 데이터 타입과 디바이스 타입을 맞춘다.
   - 데이터 타입이 명시돼 있지 않다면 기본 값으로 torch.float32로 지정한다.
   - 데이터 모양이 지정돼 있지 않은 경우 모양을 (1,)로 지정한다.
5. 버퍼 슬라이스에 저장: 버퍼 슬라이스에 데이터를 저장한다.
   - 버퍼의 모양과의 호환성 체크: 데이터 필드와 버퍼의 모양이 호환되지 않으면 오류를 발생시킨다.
   - 버퍼의 모양으로 변경 후 저장: 데이터 필드의 모양을 버퍼의 모양으로 바꾸고, 해당 버퍼 슬라이드에 데이터를 저장한다.

다차원 배열의 모양 호환성 확인

두 개의 다차원 배열이 서로 변환이 가능한 모양을 가졌는지 확인한다. 소스source가 대상destination으로 변환이 가능한지 확인하는 방법은 다음과 같다.

1. 소스의 모양과 대상의 모양을 각 차원별로 비교한다. 단, 비교할 때 높은 차원에서 낮은 차원으로 방향으로 비교한다.

2. 비교 시 대상의 크기가 1인 차원은 제거할 수 있다.

3. 결과적으로 동일한 모양이 나오면 서로 변환이 가능한 모양을 가졌다고 판단한다.

그림 15-12에는 소스의 모양이 (1, 2, 3)이고 대상의 모양이 (1, 1, 2, 3)일 때 소스가 대상으로 변환이 가능한지 확인하는 과정을 보여주고 있다.

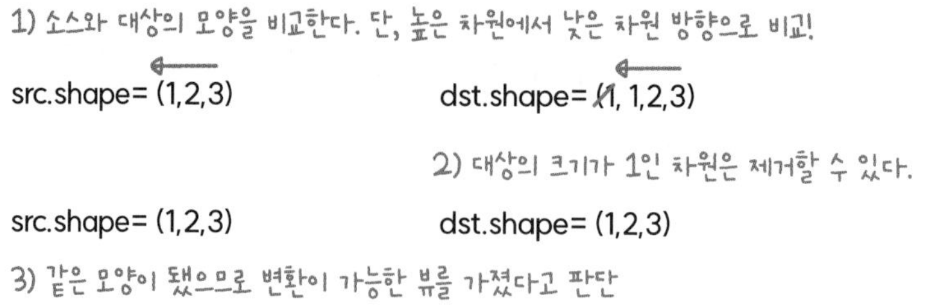

1) 소스와 대상의 모양을 비교한다. 단, 높은 차원에서 낮은 차원 방향으로 비교!

src.shape= (1,2,3)　　　　　　dst.shape= (1, 1,2,3)

2) 대상의 크기가 1인 차원은 제거할 수 있다.

src.shape= (1,2,3)　　　　　　dst.shape= (1,2,3)

3) 같은 모양이 됐으므로 변환이 가능한 뷰를 가졌다고 판단

그림 15-12 다차원 배열의 모양 호환성 확인 예시

코드 15-10 Buffer 텐서 모양 호환성 확인

```python
def _check_safe_view(self, src: Any, dst: Any):
    """
        두 개의 다차원 배열이 서로 변환될 수 있는 모양인지 확인
    Args:
        src: 소스 다차원 배열
        dst: 대상 다차원 배열
    """
    # 1. 소스 인덱스 계산
    idx = len(src.shape) - 1
    for dst_size in dst.shape[::-1]:
        # 2. 대상과 소스의 차원별 크기 계산
        src_size = src.shape[idx] if idx >= 0 else 0

        if src_size != dst_size:
            # 3. 소스와 대상의 크기가 다를 때 대상의 크기가 1이면 통과
            # 대상의 크기가 1이 아니면 오류
            if dst_size != 1:
                raise ValueError(f"Unsafe reshape of"
                                 f"{src.shape} to {dst.shape}")
        else:
            # 4. 소스와 대상의 크기가 같으면 소스 인덱스를 앞으로 이동
            idx -= 1
```

실행 순서는 다음과 같다.

1. 소스 인덱스 계산: 소스(src)와 대상(dst)의 모양을 높은 차원에서 낮은 차원으로

하나씩 이동하며 비교하기 위해 소스 모양의 마지막 인덱스를 가져온다.
2. **대상과 소스의 차원별 크기 계산**: for 루프를 통해 대상(dst)의 높은 차원에서 낮은 차원으로 이동하며 차원의 크기를 비교한다.
3. **둘의 크기가 다를 경우**: 소스와 대상의 차원의 크기가 다르면 호환이 되는지 확인한다.
    - 대상의 크기가 1이면 통과: 대상의 차원의 크기가 1이면 해당 차원은 없앨 수 있으므로 다음 차원과 비교하도록 통과시킨다.
    - 대상의 크기가 1이 아니면 오류: 비교하는 차원의 크기가 다르면 모양을 변환할 수 없으므로 오류를 발생시킨다.
4. **둘의 크기가 같으면**
    - 소스 인덱스를 앞으로 이동: 소스와 대상의 차원의 크기가 같으므로 소스 인덱스를 낮은 차원으로 이동한다.

슬라이스 파싱

인덱스 정보의 유효성을 검사하고 인덱스 리스트 또는 슬라이스 형태로 통일한다.

코드 15-11 Buffer 슬라이스 파싱

```
def _parse_slices(self,
                  slices: Union[int, list, slice, tuple]) -> Tuple[slice, slice]:
    """
            인덱스 정보의 유효성을 검사하고 인덱스 리스트 또는 슬라이스 형태로 통일한다.
                1) 인덱스
                2) 인덱스 리스트
                3) 인덱스 슬라이스
    Args:
        slices: 1)인덱스 2) 인덱스 리스트 3) 인덱스 슬라이스 중 하나

    Returns:
        인덱스 리스트 또는 슬라이스
    """

    # 1. 정수 인덱스는 슬라이스로 변환
    if isinstance(slices, int): return slice(slices, slices + 1)
```

```
# 2. 정수 인덱스가 아니면 유효성 검증 후 반환
index_list_type = \
    (tuple, list, np.ndarray, torch.LongTensor, torch.cuda.LongTensor)
assert isinstance(slices, (slice, *index_list_type))
return slices
```

실행 순서는 다음과 같다.

1. 정수 인덱스 슬라이스로 변환
    - 정수 인덱스이면 슬라이스로 변환한다.
    - 정수 인덱스를 슬라이스로 변환하는 이유는 값을 읽은 결과가 원래의 텐서의 차원을 유지하도록 하기 위해서이다.
    - 예를 들어 텐서 a = [1,2,3]를 a[0]으로 읽으면 스칼라 1이 되지만 a[0:1]로 읽으면 텐서 [1]이 돼 a의 차원을 유지할 수 있다.
2. 정수 인덱스가 아니면 유효성 검증 후 반환
    - 인덱스 리스트나 인덱스 슬라이스인지 검증한 후 반환한다.

시퀀스 객체의 요소의 개수 세기

리스트, 넘파이 배열 또는 슬라이스 객체가 표현하는 요소의 개수를 센다.

코드 15-12 Buffer 요소의 개수 세기

```
def _get_num_items(self,
                   item: Union[list, np.ndarray, slice],
                   max_size: int = 0):
    """
        리스트, 넘파이 배열 또는 슬라이스 객체가 표현하는 요소의 개수를 센다.
    Args:
        item: 1) 리스트 2) 넘파이 배열 3) 슬라이스 객체 중 하나
        max_size: (슬라이스 객체인 경우) 최대 크기

    Returns:
        데이터 개수
    """
```

```python
# 1. 리스트나 넘파이 배열이면 길이 반환
if isinstance(item, (list, np.ndarray)):
    return len(item)

# 2. 슬라이스 객체이면 범위 내 항목 수 계산
if isinstance(item, slice):
    _range = item.indices(max_size)
    # start, stop, step으로 계산
    return 1 + (_range[1] - _range[0] - 1)//_range[2]
```

실행 순서는 다음과 같다.

1. 리스트나 넘파이 배열이면 길이 반환: 길이를 계산해서 반환한다.
2. 슬라이스 객체일 경우: 슬라이스 (start, stop, step)가 표현하는 항목 수를 계산해서 반환한다.

다차원 배열의 모양이 같은지 확인

두 다차원 배열이 같은 모양인지를 확인한다.

코드 15-13 Buffer 다차원 배열의 모양이 같은지 확인

```python
def _same_shape(self, this_shape, that_shape):
    """
        두 다차원 배열이 같은 모양인지 확인
    Args:
        this_shape: 첫번째 다차원 배열의 모양
        that_shape: 두번째 다차원 배열의 모양

    Returns:
        두 다차원 배열이 같은지 여부
    """
    # 모든 차원의 크기가 같은지 확인
    if all((i == j for i, j in zip(this_shape, that_shape))):
        return True      # 모두 같으면 True 반환
    return False         # 모두 같지 않으면 False 반환
```

실행 순서는 다음과 같다.

1. 모든 차원의 크기가 같을 경우 True 반환: 두 다차원 배열이 모든 차원의 크기가 같으면 같은 모양이라고 판단한다.
2. 그렇지 않은 경우 False 반환: 두 다차원 배열이 한 차원의 크기라도 같지 않으면 다른 모양이라고 판단한다.

15.3.5 BufferSchema 클래스 정의

BufferSchema 클래스는 다음과 같이 정의한다.

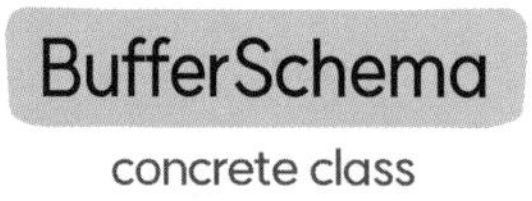

BufferSchema
concrete class

그림 15-13 BufferSchema 클래스 구성도

속성

- **설정**(config): 설정 항목을 저장하고 있는 SimpleNamespace 객체이다.
- **환경**(env): 강화학습 환경을 제공하는 객체이다.
- **스키마**(schema): 버퍼의 구조를 정의하는 버퍼 스키마 딕셔너리이다.

초기화

- __init__: 설정, 환경 정보, 스키마를 전달받아서 저장하고 스키마를 받지 못한 경우에는 환경 정보를 이용해서 기본 스키마를 생성한다.
- create: 환경 정보를 이용해서 트랜지션을 저장하기 위한 기본 스키마를 생성한다.

15.3.6 BufferSchema 클래스 구현코드

BufferSchema 클래스는 다음과 같이 구현돼 있다.

패키지 임포트

코드 15-14 BufferSchema 패키지 임포트

```
from types import SimpleNamespace
from typing import Dict, Any
from envs.environment import Environment
from utils.util import to_torch_type
```

실행 순서는 다음과 같다.

1. 설정(config) 객체를 나타내는 SimpleNamespace를 임포트 한다.
2. 타입 정의를 위해 Dict, Any를 임포트 한다.
3. 환경 클래스인 Environment를 임포트 한다.
4. 텐서 데이터 타입 변환 유틸리티 함수인 to_torch_type를 임포트 한다.

초기화

설정, 환경 정보, 스키마를 전달받아서 저장하고 스키마를 받지 못한 경우에는 환경 정보를 이용해서 기본 스키마를 생성한다.

코드 15-15 BufferSchema 초기화

```
class BufferSchema():
    """버퍼를 구성하는 데이터 필드의 모양과 데이터 타입을 스키마로 정의"""

    def __init__(self,
                 config: SimpleNamespace,
                 env: Environment,
                 schema: Dict[str, Any] = None):
        """
        설정, 환경 정보, 스키마를 전달받아서 저장하고
        스키마를 전달 받지 못한 경우 환경 정보를 이용해서 기본 스키마를 생성한다.
        Args:
            config: 설정
            env: 환경
            schema: 버퍼 스키마 딕셔너리
```

```python
    """
    # 1. 전달받은 인자 저장
    self.config = config
    self.env = env

    # 2. 기본 스키마 생성
    self.schema = self.create_default_schema() \
        if schema is None else schema
```

실행 순서는 다음과 같다.

1. 전달받은 인자 저장: 인자로 전달받은 설정(config), 환경(env), 스키마(schema)를 속성으로 저장한다.
2. 기본 스키마 생성: 스키마를 전달받지 못한 경우 트랜지션 데이터를 저장할 수 있는 기본 스키마를 생성한다.

기본 스키마 생성

환경 정보를 이용해서 트랜지션을 저장하기 위한 기본 스키마를 생성한다.

코드 15-16 BufferSchema 스카마 생성

```python
def create_default_schema(self):
    """
    환경 정보를 이용해서 트랜지션을 저장하기 위한 기본 버퍼 스키마를 생성한다.
    Returns:
        버퍼 스키마 딕셔너리
    """
    # 1. 트랜지션 데이터 저장 버퍼 스키마 정의
    env_spec = self.env.environment_spec()
    schema = {
        "state": {"shape": env_spec.state_spec.shape},                      # 상태
        "action": {"shape": env_spec.action_spec.shape,                     # 행동
                   "dtype": to_torch_type(env_spec.action_spec.dtype)},
        "next_state": {"shape": env_spec.state_spec.shape},                 # 다음 상태
        "reward": {"shape": (1,)},                                          # 보상
        "done": {"shape": (1,), "dtype": to_torch_type(int)},   # 에피소드 종료 여부
```

```
        }

        # 2. 버퍼 스키마 반환
        return schema
```

실행 순서는 다음과 같다.

1. 트랜지션 데이터 저장 스키마 정의
    - 트랜지션 데이터 (상태, 행동, 다음 상태, 보상, 에피소드 종료 여부)를 저장할 수 있는 버퍼 스키마를 정의한다.
    - 환경 정보(environment_spec)에서 상태의 크기와 행동의 데이터 타입과 크기를 읽어서 메타 데이터를 자동으로 구성한다.
    - 데이터 타입은 **PyTorch** 텐서 타입으로 지정한다. to_torch_type() 함수를 이용하면 파이썬 데이터 타입을 텐서 데이터 타입으로 변환할 수 있다.
2. 스키마 반환: 생성한 스키마를 반환한다.

15.4 롤아웃 버퍼

롤아웃 버퍼(RolloutBuffer)는 트랜지션 데이터를 저장하는 1차원 버퍼 클래스로 온라인 정책 알고리즘을 위한 데이터셋을 관리한다. 액터가 환경 루프에서 트랜지션 데이터를 수집할 때도 사용한다. Buffer 클래스를 상속받고 있으며 그림 15-13과 같이 버퍼를 순차적으로 채워나가기 위해 **버퍼의 현재 위치**(trainsition_index)를 관리한다. 즉 버퍼의 현재의 위치부터 새로운 데이터를 추가할 수 있다.

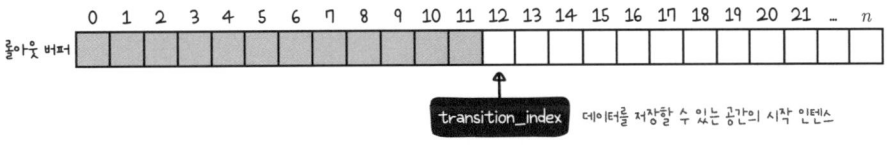

그림 15-14 롤아웃 버퍼

롤아웃 버퍼는 버퍼의 기능 이외에 다음과 같은 기능을 추가적으로 제공한다.

- 버퍼를 인덱스 방식으로 접근하게 해준다.
    - 버퍼를 ① 인덱스 ② 인덱스 리스트 ③ 인덱스 슬라이싱으로 접근할 수 있다.
- + 연산: 피연산자의 종류에 따라 두 가지 연산을 수행한다.
    - 트랜지션 데이터: 버퍼에 새로운 트랜지션 데이터를 추가한다(add 연산).
    - 롤아웃 버퍼: 버퍼와 다른 버퍼를 연결한다(concatenate 연산).
- 배치 샘플링 기능을 제공한다.
    - 지정된 배치 크기로 배치를 랜덤하게 샘플링한다.

버퍼 슬라이싱 연산

그림 15-14에는 롤아웃 버퍼를 슬라이싱하는 예시가 있다. 버퍼 buff를 인덱스 5까지 슬라이싱 하면 새로운 버퍼 new_buff가 생성된다.

$$new\_buff = buff[:5]$$

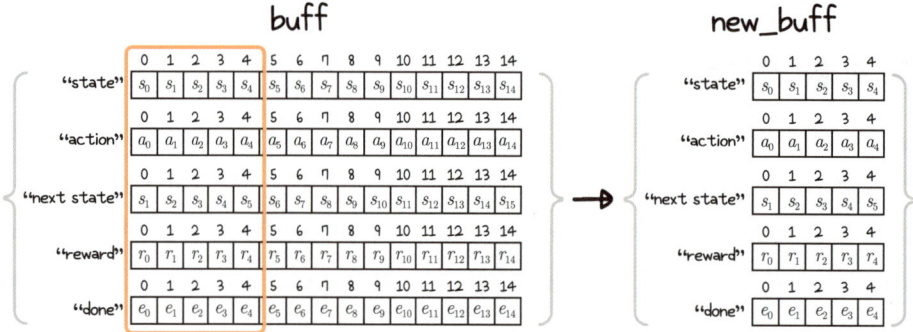

그림 15-15 슬라이싱 연산

버퍼 결합 연산

그림 15-15에는 두 버퍼를 +연산으로 결합하는 예시가 있다. 버퍼 buff와 새로운 버퍼 new_buff를 더하면 두 버퍼가 결합된 새로운 버퍼 merged_buff가 생성된다.

$$merged\_buff = buff + new\_buff$$

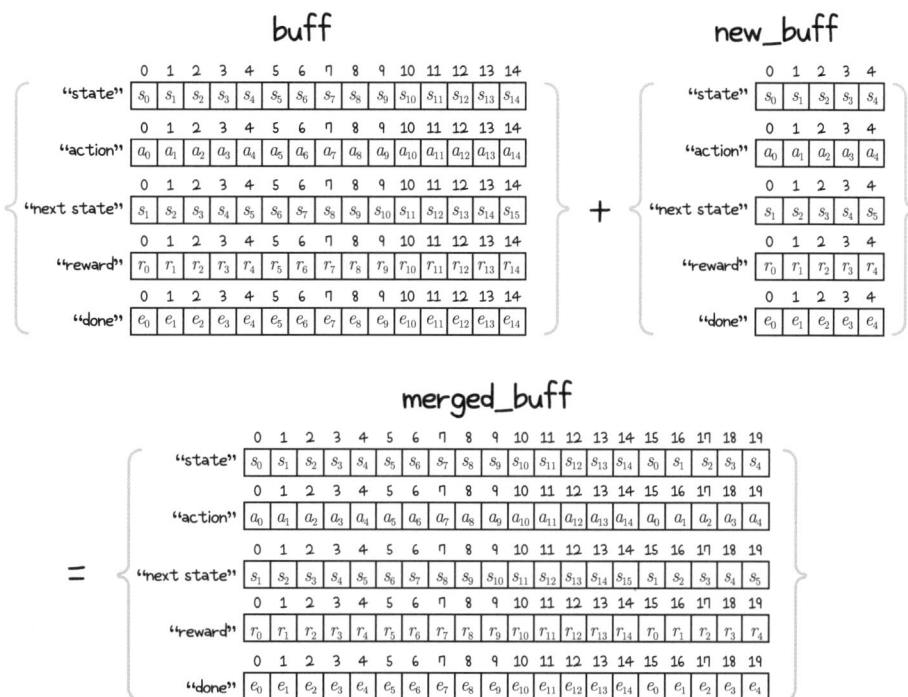

그림 15-16 버퍼 결합 연산

15.4.1 RolloutBuffer 클래스 정의

RolloutBuffer 클래스는 그림 15-17과 같이 정의한다.

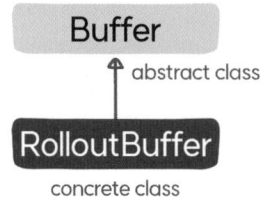

그림 15-17 RolloutBuffer 클래스 구성도

속성

- **버퍼의 현재의 위치**(transition_index): 버퍼에 데이터가 저장되지 않은 첫 번째 요소의 인덱스로 새로운 데이터를 추가할 수 있는 위치이다.

초기화

- `__init__`: 부모 클래스인 Buffer의 초기화 함수를 호출해 버퍼를 초기화 하고, 현재 버퍼의 위치를 초기화 한다.

인덱스 기반 접근

- `__getitem__`: 버퍼를 ❶ 데이터 필드 이름으로 읽거나 ❷ 인덱스 기반으로 읽는다.

- `__setitem__`: 버퍼에 ❶ 데이터 필드 이름으로 쓰거나 ❷ 인덱스 기반으로 쓴다.

배치 샘플링

- `can_sample`: 배치 샘플링이 가능한지 여부를 반환한다. 배치 크기보다 버퍼에 저장된 데이터가 많으면 True를 그렇지 않으면 False를 반환한다.

- `sample`: 배치를 랜덤 샘플링 한다.

+ 연산

- `__add__`: + 연산자 구현 메서드로 버퍼에 ❶ 트랜지션 데이터를 추가하거나 ❷ 다른 버퍼 내용을 추가한다.

- `append_from_other_buffer`: 다른 버퍼의 내용을 버퍼에 추가한다.

- `append_one_transition_data`: 트랜지션 데이터를 버퍼에 추가한다.

- `increment_transition_index`: 버퍼의 현재 위치를 오프셋만큼 뒤로 옮긴다.

버퍼 데이터 삭제/길이

- `clear`: 버퍼를 초기화 하고 버퍼의 현재 위치를 0으로 설정한다.

- `__len__`: 저장된 데이터의 개수를 반환한다.

15.4.2 RolloutBuffer 클래스 구현코드

RolloutBuffer 클래스는 다음과 같이 구현돼 있다.

패키지 임포트

코드 15-17 RolloutBuffer 패키지 임포트

```python
import torch
import numpy as np
from typing import Dict, Any, Union, Tuple
from types import SimpleNamespace
from datasets.buffer import Buffer
from datasets.buffer_schema import BufferSchema
```

실행 순서는 다음과 같다.
1. 추상 클래스를 정의하기 위해 abc를 임포트 한다.
2. 다차원 배열을 관리하는 넘파이 패키지 numpy를 임포트 한다.
3. 타입 정의를 위해 Dict, Any, Union, Tuple을 임포트 한다.
4. 설정(config) 객체를 나타내는 SimpleNamespace를 임포트 한다.
5. 버퍼 클래스인 Buffer를 임포트 한다.
6. 버퍼 스키마 클래스인 BufferSchema를 임포트 한다.

초기화

부모 클래스인 Buffer의 초기화 함수를 호출해 버퍼를 초기화 하고 현재 버퍼의 위치를 초기화 한다.

코드 15-18 RolloutBuffer 초기화

```python
class RolloutBuffer(Buffer):
    """
    온라인 정책을 위한 버퍼로 트랜지션 데이터를 저장할 수 있는 1차원 버퍼
    인덱스 기반의 접근과 데이터의 추가, 배치 샘플링 기능을 제공
    """
```

```python
def __init__(self,
             config: SimpleNamespace,
             buffer_schema: BufferSchema,
             buffer_shape: Tuple,
             data: Dict = None):
    """
        부모 클래스인 Buffer의 초기화 함수를 호출해
        버퍼를 초기화 하고 현재 버퍼의 위치를 초기화
    Args:
        config: 설정
        buffer_schema: 버퍼 스키마
        buffer_shape: 버퍼 모양
        data: 버퍼 데이터
    """
    # 1. 부모 클래스 호출로 버퍼 초기화
    super().__init__(
        config=config,
        buffer_schema=buffer_schema,
        buffer_shape=buffer_shape,
        data=data)

    # 2. 버퍼의 현재 위치 초기화
    self.transition_index = 0 if data is None else self.buffer_size
```

실행 순서는 다음과 같다.
1. 부모 클래스 호출로 버퍼 초기화: 부모 클래스인 Buffer의 초기화 함수를 호출해 버퍼를 초기화 한다.
2. 버퍼의 현재 위치 초기화: 현재 버퍼의 위치(transition_index)를 초기화 한다.
   - 전달받은 데이터(data)가 있으면 버퍼의 현재 위치(transition_index)를 버퍼의 크기(buffer_size)로 초기화한다.
   - 전달받은 데이터(data)가 없으면 0으로 설정한다.

인덱스 기반으로 버퍼 읽기

버퍼를 ❶ 데이터 필드 이름으로 읽거나 ❷ 인덱스 기반으로 읽는다.

코드 15-19 RolloutBuffer 인덱스 기반으로 버퍼 읽기

```python
def __getitem__(self, item: Union[str, tuple, slice]):
    """
        1) 데이터 필드 이름 또는 2) 인덱스 기반으로 버퍼의 값을 읽음
    Args:
        item: 1) 데이터 필드 이름 2) 인덱스 3) 인덱스 리스트 4) 인덱스 슬라이스

    Returns:
        1) 데이터 필드 이름인 경우: 해당 필드의 데이터 텐서
        2) 인덱스, 인덱스 리스트, 인덱스 슬라이스인 경우:
            해당 인덱스의 데이터로 재구성된 새로운 버퍼 객체
    """

    # 1. 데이터 필드 이름인 경우 데이터 필드 전체 반환
    if isinstance(item, str):
        if item in self.data: return self.data[item]
        return None

    # 2. 인덱스 슬라이스인 경우 슬라이스 객체로 변환
    slices = self._parse_slices(item)

    # 3. 버퍼 슬라이싱
    new_data = {}
    for k, v in self.data.items():
        new_data[k] = v[slices]

    # 4. 새로운 버퍼 모양 계산
    buffer_shape = [self._get_num_items(slices, self.buffer_size)]

    # 5. 버퍼 객체 생성 및 반환
    return type(self)(config=self.config,
                      buffer_schema=self.buffer_schema,
                      buffer_shape=buffer_shape,
                      data=new_data)
```

실행 순서는 다음과 같다.

1. 데이터 필드 이름인 경우: 데이터 필드 전체 반환한다.
2. 인덱스 슬라이스인 경우: item을 슬라이스 객체(slices)로 변환한다.
3. 버퍼 슬라이싱: 데이터 필드별로 데이터를 슬라이싱해서 새로운 **버퍼 데이터 딕셔너리**(new_data)를 생성한다.
4. 새로운 버퍼 모양 계산: 새로운 버퍼의 모양을 계산한다.
5. 버퍼 객체 생성 및 반환: 버퍼 슬라이싱 결과를 현재 버퍼 클래스 객체로 반환한다.

인덱스 기반으로 버퍼 쓰기

버퍼에 ❶ **데이터 필드 이름**으로 쓰거나 ❷ **인덱스 기반**으로 쓴다.

코드 15-20 RolloutBuffer 버퍼 인덱스 접근

```python
def __setitem__(self,
                item: Union[str, tuple, slice],
                value: Union[torch.tensor, Any]):
    """
    1) 데이터 필드 이름 또는 2) 인덱스 기반으로 버퍼에 값을 씀
    Args:
        item: 1) 데이터 필드 이름 2) 인덱스 3) 인덱스 리스트 4) 인덱스 슬라이스
        value: 버퍼에 저장할 데이터
    """

    # 1. item이 데이터 필드 이름인 경우
    if isinstance(item, str):
        # 데이터 필드가 버퍼에 있는지 확인
        if item in self.data:
            # 데이터 필드의 모양이 같은지 확인
            if not self._same_shape(self.data[item].shape, value.shape):
                raise IndexError(
                    f"Data shape {value.shape} is not proper"
                    f" to buffer shape {self.data[item].shape}")
            # 데이터 필드 전체 값을 변경
            self.data[item] = value
            return
        else:    # 오류
```

```
            raise ValueError

# 2. item이 인덱스 슬라이스인 경우 버퍼 슬라이스 업데이트
self.update(value.data, slice=item)
```

실행 순서는 다음과 같다.

1. item이 데이터 필드 이름인 경우
    - ❶ item이 유효한 키인지 ❷ 값(value)의 모양이 버퍼의 모양과 같은지를 확인한다.
    - 데이터 필드 전체 값을 변경한다.
2. item이 인덱스 슬라이스인 경우
    - update()를 호출해서 해당 버퍼 슬라이스의 데이터를 업데이트 한다.

배치 샘플링이 가능한지 확인

배치 샘플링이 가능한지 여부를 반환한다. 배치 크기보다 버퍼에 저장된 데이터가 많으면 True를, 그렇지 않으면 False를 반환한다.

코드 15-21 RolloutBuffer 배치 샘플링이 가능한지 확인

```
def can_sample(self, batch_size):
    """
        배치 샘플링이 가능한지 여부를 반환
        1) 배치 크기보다 버퍼에 저장된 데이터가 많으면 True를 반환
        2) 그렇지 않으면 False를 반환
    Args:
        batch_size: 배치 크기

    Returns:
        배치 샘플링이 가능한지 여부
    """
    return len(self) >= batch_size
```

- 데이터가 충분한지 확인: 버퍼에 저장된 데이터 길이가 배치 크기(batch_size)보다 크면 True를 반환하고 그렇지 않으면 False를 반환한다.

배치 샘플링

배치를 랜덤 샘플링 한다.

코드 15-22 RolloutBuffer 배치 샘플링

```python
def sample(self, batch_size, allow_remainder: bool = True):
    """
        배치 랜덤 샘플링
    Args:
        batch_size: 배치 크기
        allow_remainder: 배치 크기보다 버퍼에 저장된 데이터가 적더라도 데이터를 반환할지 여부

    Returns:
        샘플링된 배치를 저장하고 이는 버퍼 객체
    """
    # 1. 버퍼에 데이터가 충분한지 확인
    if not allow_remainder: assert self.can_sample(batch_size)

    # 2. 데이터가 적으면 배치 크기를 조정
    if len(self) < batch_size: batch_size = len(self)

    # 3. 배치 크기만큼 데이터를 샘플링
    time_ids = np.random.choice(len(self), batch_size, replace=False)

    # 4. 배치 반환
    return self[time_ids]
```

실행 순서는 다음과 같다.

1. 버퍼에 데이터가 충분한지 확인: 저장된 데이터 수가 배치 크기보다 작을 때 사용하지 않는다고 설정돼 있으면(allow_remainder=False) 배치 샘플링이 가능한지 확인한다.

2. 데이터가 적으면 배치 크기를 조정: 저장된 데이터 수가 배치 크기보다 적으면 배치 크기를 저장된 데이터 수로 조정한다.
3. 배치 크기만큼 데이터를 샘플링: 배치 크기(batch_size)로 인덱스 리스트를 랜덤하게 샘플링한다.
4. 배치 반환: 인덱스 리스트에 해당하는 데이터를 반환한다.

+ 연산

+ 연산자 구현 메서드로 버퍼에 ❶ 트랜지션 데이터를 추가하거나 ❷ 다른 버퍼 내용을 추가한다.

코드 15-23 RolloutBuffer '+' 연산

```python
def __add__(self, other: Union[Buffer, Dict]):
    """
        + 연산자 구현 메서드로 버퍼에
        1) 트랜지션 데이터를 추가하거나 2) 다른 버퍼 내용을 추가

    Args:
        other: 1) 트랜지션 데이터 2) 다른 버퍼 중 하나

    Returns:
        업데이트된 버퍼 객체
    """
    # 1. 트랜지션 데이터 추가
    if isinstance(other, Dict):
        return self.append_one_transition(other)

    # 2. 다른 버퍼 내용 추가
    return self.append_from_other_buffer(other)
```

실행 순서는 다음과 같다.

1. 트랜지션 데이터 추가: 피연산자(other)가 딕셔너리인 경우에는 트랜지션 데이터로 판단해서 버퍼 끝에 추가한다(append_one_transition() 호출).

2. **다른 버퍼 내용 추가**: 피연산자(other)가 롤아웃 버퍼인 경우에는 버퍼 끝에 버퍼 내용을 추가한다(append_from_other_buffer() 호출).

다른 버퍼 추가

다른 버퍼의 내용을 버퍼에 추가한다.

코드 15-24 RolloutBuffer 다른 버퍼 추가

```
def append_from_other_buffer(self, other):
    """
        다른 버퍼의 내용을 버퍼에 추가
    Args:
        other: 다른 버퍼

    Returns:
        버퍼를 추가하고 난 자신의 레퍼런스
    """
    # 1. 버퍼가 꽉 차 있으면 반환
    if self.is_full(): return self

    # 2. Other 버퍼의 데이터를 가져옴
    if not other.is_full(): other = other[:len(other)]

    # 3. 버퍼에 other 데이터 추가
    self.update(other.data,
                slices=slice(self.transition_index,
                             self.transition_index + other.buffer_size))

    # 4. 버퍼의 현재 위치 이동
    self.increment_transition_index(offset=other.buffer_size)
    return self
```

실행 순서는 다음과 같다.

1. 버퍼가 꽉 차 있으면 반환: 버퍼가 꽉 차 있으면 바로 반환한다.
2. Other 버퍼의 데이터를 가져옴: other 버퍼가 데이터가 꽉 찬 상태가 아니라면 데이터가 저장된 부분만 슬라이싱해서 가져온다.

3. 버퍼에 other 데이터 추가: 현재 버퍼의 끝에 other 버퍼의 데이터를 추가한다.
4. 버퍼의 현재 위치 이동: 현재 버퍼 위치를 추가된 데이터 크기만큼 뒤로 이동한다.

트랜지션 데이터 추가

트랜지션 데이터를 버퍼에 추가한다.

코드 15-25 RolloutBuffer 트랜지션 데이터 추가

```python
def append_one_transition(self, data: Dict):
    """
        트랜지션 데이터를 버퍼에 추가
    Args:
        data: 트랜지션 데이터

    Returns:
        버퍼를 추가하고 난 자신의 레퍼런스
    """

    # 1. 버퍼 끝에 트랜지션 데이터를 추가
    self.update(data, slices=len(self))

    # 2. 버퍼 인덱스를 1 증가 시킴
    self.increment_transition_index(offset=1)

    return self
```

실행 순서는 다음과 같다.
1. 버퍼 끝에 트랜지션 데이터를 추가: update()를 호출해서 트랜지션 데이터를 저장한다.
2. 버퍼 인덱스를 1 증가시킴: 현재 위치(transition_index)를 한 칸 뒤로 옮긴다.

현재 버퍼 위치 이동

버퍼의 현재 위치를 오프셋만큼 뒤로 옮긴다.

코드 15-26 RolloutBuffer 현재 버퍼 위치 이동

```python
def increment_transition_index(self, offset):
    """
        버퍼의 현재 위치를 오프셋만큼 뒤로 옮김
    Args:
        offset: 인덱스 오프셋
    """

    # 버퍼의 현재 위치 오프셋만큼 이동
    self.transition_index += offset
    assert self.transition_index <= self.buffer_size
```

- 현재 버퍼의 위치를 오프셋만큼 이동: 버퍼의 현재 위치(transition_index)를 오프셋(offset)만큼 뒤로 이동한다.

버퍼 데이터 삭제

버퍼를 초기화 하고 버퍼의 현재 위치를 0으로 설정한다.

코드 15-27 RolloutBuffer 버퍼 데이터 삭제

```python
def clear(self):
    """버퍼를 초기화 하고 버퍼의 현재 위치를 0으로 설정한다"""

    # 1. 버퍼에 저장된 데이터 삭제
    super().clear()

    # 2. 현재 버퍼 위치 초기화
    self.transition_index = 0
```

실행 순서는 다음과 같다.
1. 버퍼에 저장된 데이터 삭제: 부모 클래스의 clear()를 호출해 버퍼를 초기화한다.
2. 현재 버퍼 위치 초기화: 버퍼의 현재 위치(transition_index)를 0으로 설정한다.

저장된 데이터 개수

저장된 데이터의 개수를 반환한다.

코드 15-28 RolloutBuffer 버퍼에 저장된 데이터 개수

```
def __len__(self):
    """
        저장된 데이터의 개수 반환
    Returns:
        저장된 데이터의 개수
    """
    
    return self.transition_index    # 현재 버퍼 위치 반환
```

- 현재 버퍼 위치 반환: 저장된 데이터의 개수를 반환한다(버퍼의 현재 위치(transition_index)를 반환).

15.5 리플레이 버퍼

리플레이 버퍼는 트랜지션 데이터를 저장하는 1차원 순환 버퍼 클래스로 오프라인 정책 알고리즘의 학습을 위한 데이터셋을 관리한다. RolloutBuffer를 상속받고 있으며 그림 15-17과 같이 버퍼를 순환하는 방식으로 채워나가기 위해 **버퍼에 저장된 트랜지션 수** (n_transitions)를 관리한다.

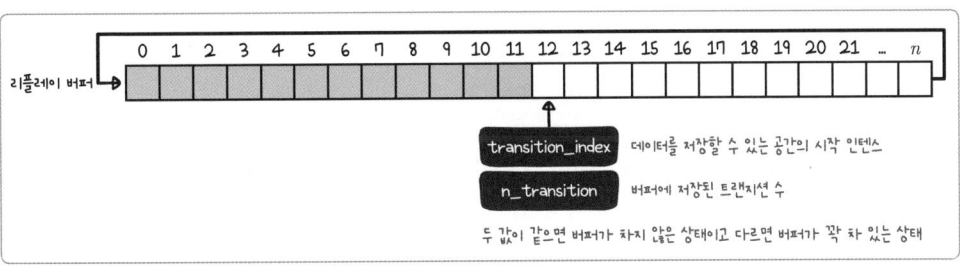

그림 15-18 리플레이 버퍼

리플레이 버퍼는 다음과 같은 방식으로 운영된다.

- 과거 데이터를 재현해서 학습하기 위해 과거 데이터부터 최신 데이터까지 순차적으로 저장한다.

- 버퍼가 차면 오래된 데이터부터 지우고 새로운 데이터를 저장한다. 이를 위해 순환 버퍼로 구현된다.

- 학습할 때에는 전체 버퍼에서 배치를 샘플링한다.

15.5.1 ReplayBuffer 클래스 정의

ReplayBuffer 클래스는 그림 15-19와 같이 정의한다.

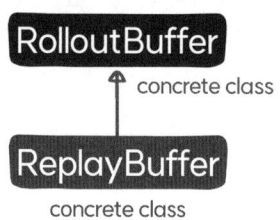

그림 15-19 리플레이 버퍼 클래스 구성도

속성

- 버퍼에 저장된 트랜지션 수(n_transitions): 버퍼에 저장된 데이터의 수를 나타낸다. **버퍼의 현재의 위치**(transition_index) 이후 공간이 비어 있는지 데이터로 채워져 있는지를 판단하기 위해 관리한다.

메서드

- __init__: 부모 클래스인 RolloutBuffer의 초기화 함수를 호출해 버퍼를 초기화하고 버퍼에 저장된 트랜지션 수를 설정한다.

- append_from_other_buffer: 다른 버퍼의 내용을 현재 위치부터 이어서 저장한다. 순환 버퍼이기 때문에 버퍼가 꽉 차면 처음으로 연결해서 저장한다.

- increment_transition_index: 버퍼의 현재 위치를 오프셋만큼 뒤로 이동한다. 단, 순환 버퍼이기 때문에 마지막에서 처음으로 연결해서 이동한다.

- clear: 버퍼를 초기화 하고 버퍼의 현재 위치와 버퍼에 저장된 트랜지션 수를 0으로 설정한다.

- __len__: 저장된 데이터의 개수를 반환한다.

15.5.2 ReplayBuffer 클래스 구현코드

ReplayBuffer 클래스는 다음과 같이 구현돼 있다.

패키지 임포트

코드 15-29 ReplayBuffer 패키지 임포트

```
from typing import Dict, Any, Union, Tuple
from types import SimpleNamespace
from datasets.rollout_buffer import RolloutBuffer
from datasets.buffer_schema import BufferSchema
```

실행 순서는 다음과 같다.
1. 타입 정의를 위해 Dict, Any, Union, Tuple을 임포트 한다.
2. 설정(config) 객체를 나타내는 SimpleNamespace를 임포트 한다.
3. 롤아웃 버퍼 클래스인 RolloutBuffer를 임포트 한다.
4. 버퍼 스키마 클래스인 BufferSchema를 임포트 한다.

초기화

부모 클래스인 RolloutBuffer의 초기화 함수를 호출해 버퍼를 초기화하고 버퍼에 저장된 트랜지션 수를 설정한다.

코드 15-30 ReplayBuffer 초기화

```python
class ReplayBuffer(RolloutBuffer):
    """
    오프라인 정책을 위한 버퍼로, 새로운 데이터는 계속해서 추가하고
    버퍼가 꽉 차면 오래된 데이터부터 지우는 순환 버퍼로 운영
    """
    def __init__(self,
                 config: SimpleNamespace,
                 buffer_schema: BufferSchema,
                 buffer_shape: Tuple,
                 data: Dict = None):
        """
        부모 클래스인 RolloutBuffer의 초기화 함수를 호출해
        버퍼를 초기화하고 버퍼에 저장된 트랜지션 수를 설정한다
        Args:
            config: 설정
            buffer_schema: 버퍼 스키마
            buffer_shape: 버퍼 모양
            data: 버퍼 데이터
        """
        # 1. 부모 클래스 초기화 호출
        super().__init__(config, buffer_schema, buffer_shape, data)

        # 2. 버퍼에 저장된 트랜지션 수 초기화
        self.n_transitions = self.transition_index
```

실행 순서는 다음과 같다.
1. 부모 클래스 초기화 호출: 부모 클래스인 RolloutBuffer의 초기화 함수를 호출해 버퍼를 초기화 한다.
2. 버퍼에 저장된 트랜지션 수 초기화: 현재 저장된 데이터의 개수를 **버퍼에 저장된 트랜지션 수**(n_transitions)로 설정한다.

다른 버퍼 추가
다른 버퍼의 내용을 현재 위치부터 이어서 저장한다. 순환 버퍼이기 때문에 버퍼가 꽉 차면 처음으로 연결해서 저장한다.

코드 15-31 ReplayBuffer 다른 버퍼 추가

```
def append_from_other_buffer(self, other):
    """
        다른 버퍼의 내용을 현재 위치부터 이어서 저장
        (순환 버퍼이기 때문에 버퍼가 꽉 차면 처음으로 연결해서 저장함)
    Args:
        other: 추가할 버퍼

    Returns:
        버퍼를 추가하고 난 자신의 레퍼런스
    """
    # 1. 남은 버퍼의 크기 계산
    buffer_left = self.buffer_size - self.transition_index

    # 2. 남은 공간에 저장할 수 있는 경우
    if other.buffer_size <= buffer_left:
        # 남은 공간에 저장
        self.update(other.data,
                    slices=slice(self.transition_index,
                                 self.transition_index + other.buffer_size))
        # 버퍼의 현재 위치 이동
        self.increment_transition_index(offset=other.buffer_size)
    else:
        # 3. 남은 버퍼를 초과하는 크기라면 Other를 분할해서 저장
        self += other[0:buffer_left]
        self += other[buffer_left:]
    return self
```

실행 순서는 다음과 같다.

1. 남은 버퍼의 크기 계산: 버퍼 크기(buffer_size)에서 현재 버퍼 위치(transition_index)를 빼서 남은 버퍼의 크기(buffer_left)를 계산한다.
2. 남은 버퍼에 저장할 수 있는 경우: 남은 공간에 데이터를 저장하고 버퍼의 현재 위치를 이동한다.
3. 남은 버퍼를 초과하는 크기인 경우: 순환 버퍼이기 때문에 버퍼가 꽉 차면 처음으로 연결해서 저장한다. 즉 Other를 현재 버퍼 위치에서 버퍼 끝까지 저장하고 처음

으로 이동해서 남은 부분을 저장한다.

현재 버퍼 위치 이동

버퍼의 현재 위치를 오프셋만큼 뒤로 이동한다. 단, 순환 버퍼이기 때문에 마지막에서 처음으로 연결해서 이동한다.

코드 15-32 ReplayBuffer 현재 버퍼 위치 이동

```python
def increment_transition_index(self, offset):
    """
        버퍼의 현재 위치를 오프셋만큼 뒤로 이동
        (순환 버퍼이기 때문에 마지막에서 처음으로 연결해서 이동)
    Args:
        offset: 인덱스 오프셋
    """
    # 1. 현재 위치를 오프셋만큼 이동
    self.transition_index += offset

    # 2. 저장 데이터 개수 업데이트
    self.n_transitions = min(self.buffer_size,
                             max(self.n_transitions, self.transition_index))

    # 3. 현재 위치를 모듈러 계산
    self.transition_index %= self.buffer_size
    assert self.transition_index < self.buffer_size
```

실행 순서는 다음과 같다.
1. 현재 버퍼의 위치를 오프셋만큼 이동: 버퍼의 현재 위치(transition_index)를 오프셋(offset)만큼 뒤로 이동한다.
2. 버퍼에 저장된 데이터 개수 업데이트: 저장된 데이터 개수(n_transitions)를 다음 두 경우에 대해 계산한다.
   - 버퍼가 꽉 차지 않는 경우: 버퍼의 현재 위치(transition_index)와 같다.
   - 버퍼가 꽉 찬 경우 버퍼 크기(buffer_size)와 같다.

- 따라서 transition_index <= n_transitions <= buffer_size이므로 min 연산과 max 연산으로 둘 중 하나가 되도록 계산한다.
3. 버퍼의 현재 위치 모듈러 계산: 순환 버퍼이기 때문에 버퍼의 현재 위치(transition_index)를 버퍼 크기에 대해 모듈러 연산을 해서 마지막에서 처음으로 연결해서 이동한다.

버퍼 데이터 삭제

버퍼를 초기화 하고 버퍼의 현재 위치와 버퍼에 저장된 트랜지션 수를 0으로 설정한다.

코드 15-33 ReplayBuffer 버퍼 데이터 삭제

```python
def clear(self):
    """
    버퍼를 초기화 하고 버퍼의 현재 위치와
    버퍼에 저장된 트랜지션 수를 0으로 설정
    """

    # 1. 버퍼에 저장된 데이터 삭제
    super().clear()

    # 2. 저장된 데이터 개수 초기화
    self.transition_index = 0
    self.n_transitions = 0
```

실행 순서는 다음과 같다.
1. 버퍼에 저장된 데이터 삭제: 부모 클래스의 clear()를 호출하며 버퍼에 저장된 내용을 삭제한다.
2. 저장된 데이터 개수 초기화: 버퍼에 저장된 트랜지션 수(n_transitions)를 0으로 설정한다.

저장된 데이터 개수

저장된 데이터의 개수를 반환한다.

코드 15-34 ReplayBuffer 버퍼에 저장된 데이터 개수

```
def __len__(self):
    """
        저장된 데이터의 개수 반환
    Returns:
        저장된 데이터의 개수
    """
    return self.n_transitions
```

- 저장된 데이터 개수 반환: 저장된 데이터의 개수를 반환한다(버퍼에 저장된 트랜지션 수(n_transitions)를 반환).

Chapter.16

환경

이번 장에서는 강화학습의 핵심 모듈인 에이전트와 환경 중 환경에 대해 살펴본다. 환경은 강화학습이 풀어야 할 문제를 정의한다. 즉 MDP를 구성하는 상태 공간 $\mathcal{S}$, 에이전트의 행동 a를 정의하는 행동 공간 $\mathcal{A}$, 상태의 전이 함수 $p(s'|s,a)$, 보상 함수 $r(s,a)$이 환경에 정의돼 있어야 한다.

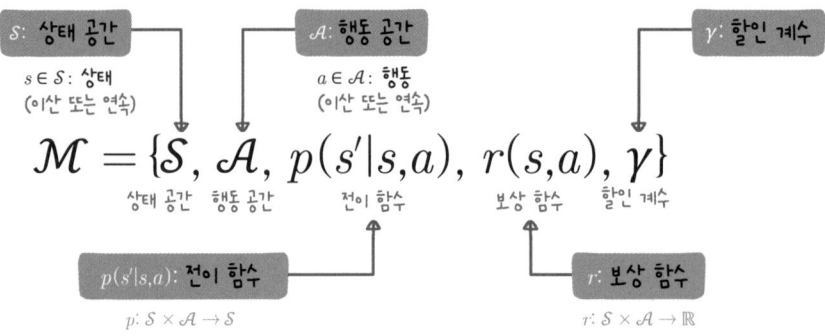

새로운 문제를 풀 때는 환경을 직접 설계해야 할 수도 있지만 이 책에서는 강화학습을 이해하는 데 집중하기 위해 OpenGym 패키지에서 제공하는 강화학습 환경을 활용하고자 한다. 다만 강화학습 프레임워크는 어떤 강화학습 환경이라도 표준화된 인터페이스에 맞춰 쉽게 통합될 수 있도록 설계돼 있으므로 다른 패키지에서 제공하는 강화학습

환경을 활용하고 싶다면 이번 장을 통해 환경에 대한 구조를 이해한 후에 해당 환경을 강화학습 프레임워크에 통합해 보자.

16.1 환경의 작동 방식

그림 16-1과 같이 환경은 에이전트가 행동을 취하면 환경에 정의된 보상 함수와 전이 함수를 실행해 보상과 다음 상태를 반환한다.

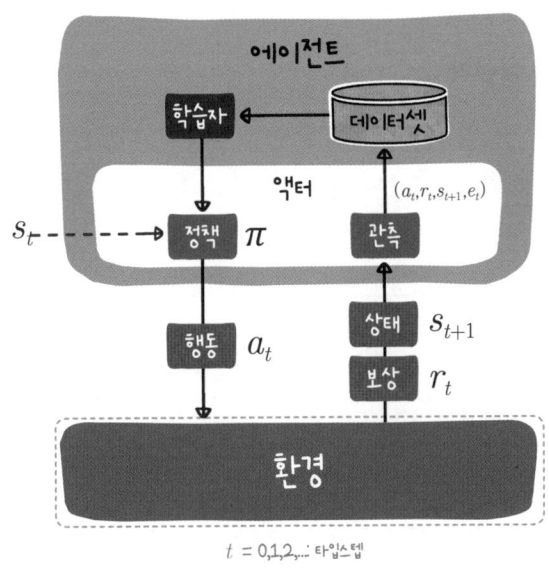

그림 16-1 환경

16.1.1 환경 인터페이스의 표준화

환경이 제공해야 할 최소한의 인터페이스를 정의해 보면 다음과 같다. 괄호 안의 이름은 OpenGym의 인터페이스와 유사하게 정의한 메서드 이름이다.

- **환경의 생성**(__init__): 강화학습 환경을 생성한다.
- **환경의 리셋**(reset): 환경을 초기화해서 새로운 에피소드를 실행할 준비를 한다.

- **렌더링**(render): 강화학습 환경을 화면에 그린다.
- **환경과의 상호작용**(step): 에이전트가 행동을 취하면 환경은 다음 상태, 보상, 에피소드 종료 여부를 반환한다.
- **환경 종료**(close): 환경을 종료하면서 사용했던 자원을 해제한다.
- **환경 정보**(environment_spec): 환경의 MDP 정보를 표준화된 형태로 제공한다.
- **최대 에피소드 길이**(max_episode_limit): 에피소드의 최대 길이를 반환한다.

16.1.2 상태 데이터 정규화

환경에서 제공하는 상태 공간이 연속 공간인지 이산 공간인지에 따라, 상태 데이터를 모델이 잘 처리하도록 전처리를 해줘야 한다. 연속 공간이면 스케일 정규화가 필요하고, 이산 공간이면 원핫인코딩이나 임베딩이 필요하다.

연속 상태

연속 상태라면 실수로 표현되므로 상태 공간의 스케일을 정규화해야 한다. 상태 공간을 정규화 하는 방법은 다음과 같다.

- 상태 공간이 제한된 범위를 갖는 경우
    - 상태 공간을 [−1,1] 범위로 정규화를 한다.
- 상태 공간이 [−∞,∞]의 범위에 있는 경우
    - 새로운 상태를 관측할 때마다 이동 평균을 이용해서 표준 정규화를 한다.
    - 또한 리플레이 버퍼에서 최대, 최소를 구해서 정규화를 한다.

다만 물리적 환경이라면 상태 값이 물리적으로 의미가 있으므로 값이 바뀌지 않도록 해야 할 수도 있다. 이런 경우 정규화를 적용할지 신중히 결정해야 한다.

이산 상태

이산 상태는 정수로 표현된다. 이산 상태는 범주 데이터(또는 카테고리 데이터)로서 표현을 강화하기 위해 다음과 같은 방법을 사용한다.

- **원핫인코딩**One-Hot Encoding: 상태 공간이 작을 경우 상태를 [1, 0, 0], [0, 1, 0], [0, 0, 1]과 같은 원핫벡터로 변환한다.

- **임베딩**Embedding: 상태 공간이 클 경우 상태를 연속 공간에 임베딩한다.

16.1.3 행동 데이터 정규화

행동 공간도 상태 공간과 마찬가지로 연속 공간인지 이산 공간인지에 따라, 행동 데이터를 모델이 잘 처리하도록 입력 전에 전처리를 하거나 출력 후에 후처리를 해줘야 한다. 연속 공간이면 입력과 출력에 대한 스케일 정규화가 필요하고, 이산 공간이면 입력에 대한 원핫인코딩이나 임베딩이 필요하다.

연속 행동

연속 행동은 실수real number로 표현되기 때문에 모델에 입력할 때는 정규화를 하고 모델에서 출력할 때는 정규화된 범위로 만들어 출력을 한다. 단, 환경과 상호작용을 할 때는 원래의 스케일로 복구한다.

- **모델 입력 시**
  - 행동 공간은 대부분 제한된 범위를 갖기 때문에 [−1,1] 범위로 정규화를 한다.

- **모델 출력 시**
  - 정규화된 범위로 출력하기 위해 다음과 같은 방법을 사용할 수 있다.
  - 가우시안 분포를 출력하는 확률적 정책
    − 정책에서 로그 표준편차를 출력할 때 정규화된 [−1,1] 범위로 클리핑을 한다.
    − 행동을 샘플링할 때, [−1,1] 범위로 클리핑하거나 tanh()와 atanh()를 순서대로 적용한다.

이산 행동

이산 행동은 정수로 표현되기 때문에 모델에 입력할 때는 원핫인코딩이나 임베딩을 하며 모델에서 출력할 때는 원래의 정수 값으로 행동을 샘플링한다. 따라서 환경과 상호작용을 할 때 그대로 사용하면 된다.

16.2 환경 구성

강화학습 프레임워크에서 환경이 어떻게 구성돼 있는지 살펴보자.

16.2.1 디렉토리 구조

환경의 소스 코드는 그림 13-3과 같이 "/envs" 디렉토리에 정의돼 있다.

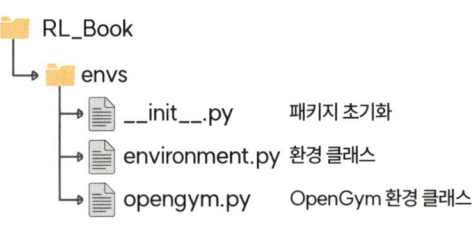

그림 16-2 환경 디렉토리 구조

파일에 구현돼 있는 내용은 다음과 같다.

- __init__.py: 환경을 제공하는 패키지를 관리하는 환경 레지스트리가 정의돼 있다. 예를 들어 OpenGym 패키지는 환경 레지스트리에 "opengym"으로 등록돼 있다.

- environment.py: 환경의 베이스 클래스인 Environment와 환경 정보를 제공하는 EnvironmentSpec이 정의돼 있다.

- opengym.py: OpenGym 환경을 제공하는 클래스인 OpenGym이 정의돼 있다.

16.2.2 클래스 구성도

환경의 클래스 구성도는 그림 16-3과 같다. 현재 강화학습 프레임워크에는 OpenGym 환경만 추가돼 있지만 다양한 환경을 쉽게 추가할 수 있다.

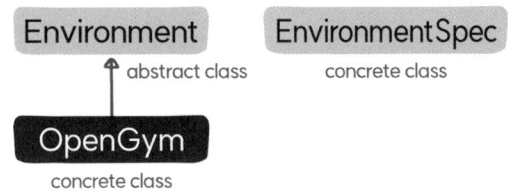

그림 16-3 환경 클래스 구성도

Environment는 환경을 정의하는 베이스 클래스이고 여기서 OpenGym 패키지에서 제공하는 환경을 위한 OpenGym 클래스를 확장하고 있다.

- Environment: 환경을 정의하는 베이스 클래스

- EnvironmentSpec: 환경의 MDP 정보를 표준화된 형태로 제공하는 클래스

- OpenGym: OpenGym 패키지에서 제공하는 강화학습 환경을 강화학습 프레임워크에 표준화된 형태로 제공하기 위한 래퍼 클래스

16.3 Environment 클래스

Environment 환경을 정의하는 베이스 클래스로 표준 인터페이스를 정의하고 있다.

그림 16-4 Environment 클래스 구성도

16.3.1 클래스 정의

Environment 클래스는 다음과 같이 정의된다.

메서드

- `render`: 강화학습 환경을 화면에 렌더링하는 추상 메서드이다.
- `reset`: 환경을 리셋하는 추상 메서드이다.
- `step`: 환경에 대해 행동을 취하고 결과를 반환하는 추상 메서드이다.
- `close`: 환경을 종료하는 추상 메서드이다.
- `environment_spec`: 환경의 MDP 정보를 표준화된 형태로 제공하는 추상 메서드이다.
- `max_episode_limit`: 환경의 최대 에피소드 길이를 반환하는 추상 메서드이다.

16.3.2 클래스 구현 코드

Environment 클래스는 모든 메서드가 추상 메서드로 정의돼 있다.

패키지 임포트

코드 16-1 Environment 패키지 임포트

```
import abc
import numpy as np
from utils.array_types import Array, BoundedArray
```

실행 순서는 다음과 같다.

1. 추상 클래스를 정의하기 위해 abc를 임포트 한다.
2. 다차원 배열을 관리하는 넘파이 패키지 numpy를 임포트 한다.
3. 다차원 배열의 모양과 타입을 나타내는 Array, BoundArray를 임포트 한다.

클래스 정의

코드 16-2 Environment 클래스 정의

```python
class Environment(abc.ABC):
    """환경을 정의하는 베이스 클래스"""

    @abc.abstractmethod
    def render(self):
        """강화학습 환경을 화면에 렌더링"""
        raise NotImplementedError

    @abc.abstractmethod
    def reset(self):
        """환경을 리셋한다"""
        raise NotImplementedError

    @abc.abstractmethod
    def step(self, action):
        """
            환경에 대해 행동을 취하고 결과를 반환
        Args:
            action: 행동

        Returns:
            (다음 상태, 보상, 에피소드 종료 여부, 환경 정보)
        """
        raise NotImplementedError

    @abc.abstractmethod
    def close(self):
        """환경 종료"""
        raise NotImplementedError

    @abc.abstractmethod
    def environment_spec(self):
        """
            환경의 MDP 정보를 표준화된 형태로 제공
```

```python
    Returns:
        환경 정보
    """
    raise NotImplementedError

@abc.abstractmethod
def max_episode_limit(self):
    """
    환경의 최대 에피소드 길이를 반환
    Returns:
        환경의 최대 에피소드 길이
    """
    raise NotImplementedError
```

16.4 EnvironmentSpec 클래스

EnvironmentSpec은 강화학습 환경의 MDP 정보를 표준화된 형태로 제공하는 클래스이다. 현재는 프레임워크에서 사용하는 범위 내에서 상태와 행동에 대한 정보만 제공하고 있다.

EnvironmentSpec
abstract class

그림 16-5 EnvironmentSpec 클래스 구성도

16.4.1 클래스 정의

EnvironmentSpec 클래스는 다음과 같이 정의된다.

속성

- **연속 행동 여부**(b_continuous_action): 행동이 연속인지 여부를 나타낸다.

- **행동 스펙**(action_spec): 행동의 모양, 데이터 타입, 행동 공간의 상한과 하한을 제공한다.

- **행동 크기**(action_size): 행동을 벡터로 나타내면 행동 벡터의 크기를 나타낸다.

- **상태 스펙**(state_spec): 상태의 모양, 데이터 타입을 제공한다.

메서드
- __init__: 전달받은 환경 정보를 일부는 그대로 저장하고 일부는 데이터의 타입, 모양, 상한, 하한을 표현하는 Array 또는 BoundedArray 객체로 변환해 제공한다.

16.4.1 클래스 구현 코드

EnvironmentSpec 클래스는 다음과 같이 구현돼 있다.

초기화

전달받은 환경 정보를 일부는 그대로 저장하고 일부는 데이터의 타입, 모양, 상한, 하한을 표현하는 Array 또는 BoundedArray 객체로 변환해 제공한다.

코드 16-3 EnvironmentSepc 초기화

```
class EnvironmentSpec:
    """환경의 MDP 정보를 표준화된 형태로 제공"""

    def __init__(self,
                 action_shape: list,
                 action_dtype,
                 action_high,
                 action_low,
                 action_size,
                 b_continuous_action,
                 state_shape: list,
                 state_dtype=np.float32,):
        """
        1) 연속 행동 여부 2) 행동 스펙 3) 행동 크기 4) 상태 스펙을 초기화
```

```
Args:
    action_shape: 행동의 모양
    action_dtype: 행동의 데이터 타입
    action_high: 행동의 상한
    action_low: 행동의 하한
    action_size: 행동의 크기(이산 행동의 개수)
    b_continuous_action: 연속 행동 여부
    state_shape: 상태의 모양
    state_dtype: 상태의 데이터 타입
"""

# 1. 연속 행동 여부 설정
self.b_continuous_action = b_continuous_action

# 2. 행동 정보 및 행동 크기 정의
self.action_spec = BoundedArray(action_shape,
                                action_dtype,
                                action_low,
                                action_high)
self.action_size = action_size

# 3. 상태 정보 정의
self.state_spec = Array(state_shape, state_dtype)
```

실행 순서는 다음과 같다.

1. 연속 행동 여부 설정: 전달받은 연속 행동 여부(b_continuous_action)를 저장한다.
2. 행동 정보 및 행동 크기 정의:
   ◦ 행동의 모양(shape), 데이터 타입(dtype), 하한(minimum), 상한(maximum)을 BoundedArray 객체로 제공한다.
   ◦ 전달받은 행동의 크기(action_size)를 저장한다.
3. 상태 정보 정의:
   ◦ 상태의 모양(shape), 데이터 타입(dtype)을 Array 객체로 제공한다.

16.5 OpenGym 클래스

OpenGym 클래스는 OpenGym 패키지에서 제공하는 환경을 프레임워크에 표준화된 형태로 제공하기 위한 래퍼 클래스이다.

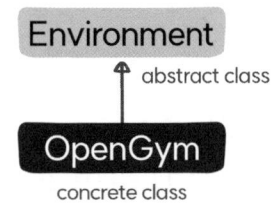

그림 16-6 OpenGym 클래스 구성도

16.5.1 클래스 정의

OpenGym 클래스는 다음과 같이 정의된다.

속성

- **설정**(config): 설정 항목을 저장하고 있는 SimpleNamespace 객체이다.

- **환경**(env): 강화학습 환경을 제공하는 객체이다.

- **연속 행동 여부**(b_continuous_action): 행동이 연속 행동인지를 구분한다.

메서드

- __init__: 환경을 생성하고 연속 행동인 경우 정규화를 하기 위해 편향과 스케일을 계산한다.

- render: 강화학습 환경을 화면에 렌더링한다.

- reset: 환경을 초기 상태로 리셋한다.

- step: 환경에 맞는 형태로 행동의 스케일과 데이터 타입을 맞추고 환경에 대해 행동을 취한다.

- close: 환경을 종료한다.

- original_scale: 정규화된 연속 행동의 크기를 원래 스케일로 복구한다.

- normed_scale: 연속 행동의 크기를 [−1,1] 범위로 정규화한다.

- environment_spec: 환경의 MDP 정보를 표준화된 형태로 제공하기 위해, OpenGym에서 제공하는 환경 정보를 EnvironmentSpec으로 변환해서 제공한다.

- select_action: 환경에서 제공하는 행동 공간에서 임의의 행동을 샘플링해서 반환한다. 단, 연속 행동인 경우 값을 [−1,1] 범위로 정규화해서 반환한다.

- max_episode_limit: 환경의 최대 에피소드 길이를 반환한다.

16.5.2 클래스 구현 코드

OpenGym 클래스는 다음과 같이 구현돼 있다.

패키지 임포트

코드 16-4 OpenGym 패키지 임포트

```python
from types import SimpleNamespace
from envs.environment import Environment, EnvironmentSpec
import numpy as np
from utils.util import scale_bias
import gym
import pybullet_envs
```

실행 순서는 다음과 같다.
1. 설정(config) 객체를 나타내는 SimpleNamespace를 임포트 한다.
2. 환경과 환경의 정보를 제공하는 Environment, EnvironmentSpec을 임포트 한다.
3. 다차원 배열을 관리하는 넘파이 패키지 numpy를 임포트 한다.
4. 상태 공간의 스케일과 편향을 계산하는 함수인 scale_bias를 임포트 한다.

5. OpenGym 패키지인 gym을 임포트 한다.
6. 물리 기반의 시뮬레이션 환경인 pybullet_envs를 임포트 한다.

초기화

환경을 생성하고 연속 행동인 경우 정규화하기 위해 편향과 스케일을 계산한다.

코드 16-5 OpenGym 초기화

```python
class OpenGym(Environment):
    """
        OpenGym 패키지에서 제공하는 강화학습 환경을
        강화학습 프레임워크에 표준화된 형태로 제공하기 위한 래퍼 클래스
    """

    def __init__(self, config: SimpleNamespace, env_id, **kwargs):
        """
            환경을 생성하고 연속 행동인 경우 정규화 하기 위해 편향과 스케일을 계산
        Args:
            config: 설정
            env_id: 환경 ID
            **kwargs: 환경를 생성할 때 사용할 인자
        """
        # 1. 전달받은 인자 저장
        self.config = config
        self.env_id = env_id
        env_name = self.config.env_name
        random_seed = self.config.random_seed

        # 2. 환경 생성
        self.env = gym.make(env_name, **kwargs)

        # 3. 환경의 난수 발생기 초기화
        self.env.seed(random_seed+env_id)
        self.env.action_space.seed(random_seed+env_id)
        self.env.observation_space.seed(random_seed+env_id)

        # 4. 연속 행동 여부 설정
```

```
            self.b_continuous_action = True
            if isinstance(self.env.action_space, gym.spaces.Discrete):
                self.b_continuous_action = False

            # 5. 연속 행동의 크기와 편향 계산
            if self.b_continuous_action:
                self.action_scale, self.action_bias = \
                    scale_bias(self.env.action_space.high,
                               self.env.action_space.low)
```

실행 순서는 다음과 같다.

1. 전달받은 인자 저장: 설정(config)을 저장한다.
2. 환경 생성: 설정에 있는 환경 이름을 이용해서 환경을 생성한다.
3. 환경의 난수 발생기 초기화:
   - 환경과 환경의 행동 공간과 관측 공간의 난수 발생기의 초깃값을 지정한다.
   - 환경이 여러 개일 때 환경 마다 초깃값이 달라지도록 환경 ID를 더한다.
4. 연속 행동 여부 설정: 연속 행동 여부(b_continuous_action)를 설정한다.
5. 연속 행동의 크기와 편향 계산: 행동의 값을 정규화하기 위해 편향과 스케일을 계산한다.

렌더링

강화학습 환경을 화면에 렌더링한다.

코드 16-6 OpenGym 렌더링

```
def render(self):
    """강화학습 환경을 화면에 렌더링"""

    return self.env.render()
```

- 환경 렌더링: 강화학습 환경을 화면에 렌더링한다(OpenGym의 render() 호출).

환경 리셋

환경을 초기 상태로 리셋한다.

코드 16-7 OpenGym 환경 리셋

```python
def reset(self):
    """환경 리셋"""

    return self.env.reset()
```

- 환경 리셋: 환경을 리셋한다(OpenGym의 reset() 호출).

행동 실행

OpenGym 환경에 맞는 형태로 행동의 스케일과 데이터 타입을 맞춘다.

코드 16-8 OpenGym 행동 실행

```python
def step(self, action):
    """
        환경에 맞게 행동의 스케일과 데이터 타입을 맞추고 환경에 대해 행동을 취함
    Args:
        action: 행동

    Returns:
        (다음 상태, 보상, 에피소드 종료 여부, 환경 정보)
    """
    # 1. 행동을 원래의 크기로 복구
    action = self.original_scale(action)

    # 2. 연속 행동인 경우 원래 모양 복구
    if self.b_continuous_action:
        action = np.reshape(action, self.env.action_space.shape)
    else:
        # 3. 이산 행동인 경우 스칼라로 복구
        if isinstance(action, np.ndarray):
            action = action.item()
```

16.5 OpenGym 클래스

```
# 4. 환경에 대해 행동을 실행
return self.env.step(action)
```

실행 순서는 다음과 같다.
1. 행동을 원래의 크기로 복구: 모델에서 출력한 행동을 원래의 스케일로 복구한다.
2. 연속 행동인 경우 원래 모양 복구: 연속 행동인 경우 행동을 환경의 모양으로 맞춘다.
3. 이산 행동인 경우 스칼라로 복구: 이산 행동이고 다차원 배열인 경우 스칼라로 변환한다.
4. 환경에 대해 행동을 실행: 환경에 대해 행동을 취하고 결과를 반환한다.

환경 종료
환경을 종료한다.

코드 16-9 OpenGym 환경 종료

```
def close(self):
    """환경 종료"""

    self.env.close()
```

- 환경 종료: 강화학습 환경을 종료한다(OpenGym의 close() 호출).

행동의 크기 복구
정규화된 연속 행동의 크기를 원래 스케일로 복구한다.

코드 16-10 OpenGym 행동의 크기 복구

```
def original_scale(self, action):
    """
        정규화된 연속 행동의 크기를 원래 스케일로 복구
    Args:
        action: 정규화된 크기의 행동

    Returns:
```

```
        원래 크기의 행동
    """

    # 1. 연속 행동인 경우 원래 크기로 복구
    if self.b_continuous_action:
        return self.action_scale*action + self.action_bias

    # 2. 이산 행동을 그대로 반환
    return action
```

실행 순서는 다음과 같다.
1. 연속 행동인 경우 원래 크기로 복구: 정규화된 크기의 값을 원래의 스케일로 변환한다.
2. 이산 행동을 그대로 반환: 이산 행동인 경우 스케일의 변화 없이 그대로 반환한다.

행동의 크기 정규화

연속 행동의 크기를 [−1,1] 범위로 정규화한다.

코드 16-11 OpenGym 행동의 크기 정규화

```
def normed_scale(self, value, bias, scale):
    """
        연속 행동의 크기를 [-1,1] 범위로 정규화
    Args:
        value: 행동
        bias: 편향
        scale: 스케일

    Returns:
        정규화된 크기의 행동
    """
    # 1. 연속 행동인 경우 정규화
    if self.b_continuous_action:
        return (value - bias)/scale

    # 2. 이산 행동을 그대로 반환
    return value
```

실행 순서는 다음과 같다.

1. 연속 행동인 경우 정규화: 값을 [-1,1] 범위로 정규화한다.
2. 이산 행동을 그대로 반환: 이산 행동인 경우 스케일의 변화 없이 그대로 반환한다.

환경 정보

환경의 MDP 정보를 표준화된 형태로 제공하기 위해 OpenGym에서 제공하는 환경 정보를 EnvironmentSpec으로 변환해서 제공한다.

코드 16-12 OpenGym 환경 정보

```python
def environment_spec(self):
    """
    환경의 MDP 정보를 표준화된 형태로 제공하기 위해
    OpenGym에서 제공하는 환경 정보를
    EnvironmentSpec으로 변환해서 제공

    Returns:
        환경 정보
    """
    # 1. 연속 행동에 대한 정보 추출
    if self.b_continuous_action:
        action_shape = self.env.action_space.shape           # 행동의 모양
        action_size = self.env.action_space.shape[0]         # 행동의 크기
        action_high = self.env.action_space.high             # 행동은 상한과 하한
        action_low = self.env.action_space.low
    else:
        # 2. 이산 행동에 대한 정보 추출
        action_shape = self.env.action_space.shape or [1]    # 행동의 모양 계산
        action_size = self.env.action_space.n                # 행동의 크기
        action_high = [action_size - 1]                      # 행동은 상한과 하한
        action_low = [0]

    # 3. 환경 정보 객체 생성 및 반환
    environment_spec = EnvironmentSpec(
        action_shape=action_shape,
        action_dtype=self.env.action_space.dtype,
```

```
            action_high=action_high,
            action_low=action_low,
            action_size=action_size,
            b_continuous_action=self.b_continuous_action,
            state_shape=self.env.observation_space.shape,
            state_dtype=self.env.observation_space.dtype)

    return environment_spec
```

실행 순서는 다음과 같다.
1. 연속 행동에 대한 정보 추출: 연속 행동인 경우 환경 공간에서 행동의 모양과 크기, 상한과 하한을 추출한다.
2. 이산 행동에 대한 정보 추출: 이산 행동인 경우 환경 공간에서 행동의 모양과 크기를 추출하고 상한과 하한은 행동의 종류로 계산한다.
3. 환경 정보 객체 생성 및 반환: 행동 공간과 상태 공간에 대한 정보를 EnvironmentSpec으로 만들어서 반환한다.

행동 선택

환경에서 제공하는 행동 공간에서 임의의 행동을 샘플링해서 반환한다. 단, 연속 행동인 경우 값을 [−1,1] 범위로 정규화해서 반환한다.

코드 16-13 OpenGym 행동 선택

```python
def select_action(self):
    """
        환경에서 제공하는 행동 공간에서 임의의 행동을 샘플링해서 반환
        (연속 행동인 경우 값을 [-1,1] 범위로 정규화해서 반환)
    Returns:
        선택된 행동
    """

    # 1. 환경에서 랜덤 행동 샘플링
    action = self.env.action_space.sample()

    # 2. 연속 행동인 경우 정규화
```

```
if self.b_continuous_action:
    action = self.normed_scale(action,
                               self.action_bias,
                               self.action_scale)
# 3. 행동 반환
return action
```

실행 순서는 다음과 같다.

1. 환경에서 랜덤 행동 샘플링: 환경에서 제공하는 행동 공간에서 임의의 행동을 샘플링해서 반환한다.
2. 연속 행동인 경우 정규화: 연속 행동인 경우 값을 [-1,1] 범위로 정규화해서 반환한다.
3. 행동 반환: 행동을 반환한다.

최대 에피소드 길이

환경의 최대 에피소드 길이를 반환한다.

코드 16-14 OpenGym 최대 에피소드 길이

```
def max_episode_limit(self):
    """환경의 최대 에피소드 길이를 반환"""

    return self.env._max_episode_steps
```

- 최대 에피소드 길이 반환: 환경에서 제공하는 최대 에피소드 길이를 반환한다.

Part.6

강화학습 완성하기
가치 기반 방법

조금은 긴 여정이었지만 강화학습 프레임워크의 구성 모듈을 모두 살펴봤다. 강화학습을 위한 전체적인 구조와 과정을 체계적으로 이해하고 강화학습 프레임워크화 했을 때 아키텍처 표준화, 모듈의 재사용, 시스템 확장성, 알고리즘의 구현 용이성과 같은 이점도 알게 됐을 것이다. 이번 파트에서는 모델 프리 강화학습 알고리즘의 세 번째 종류인 가치 기반 방법에 대해 살펴본다.

이 책의 구성

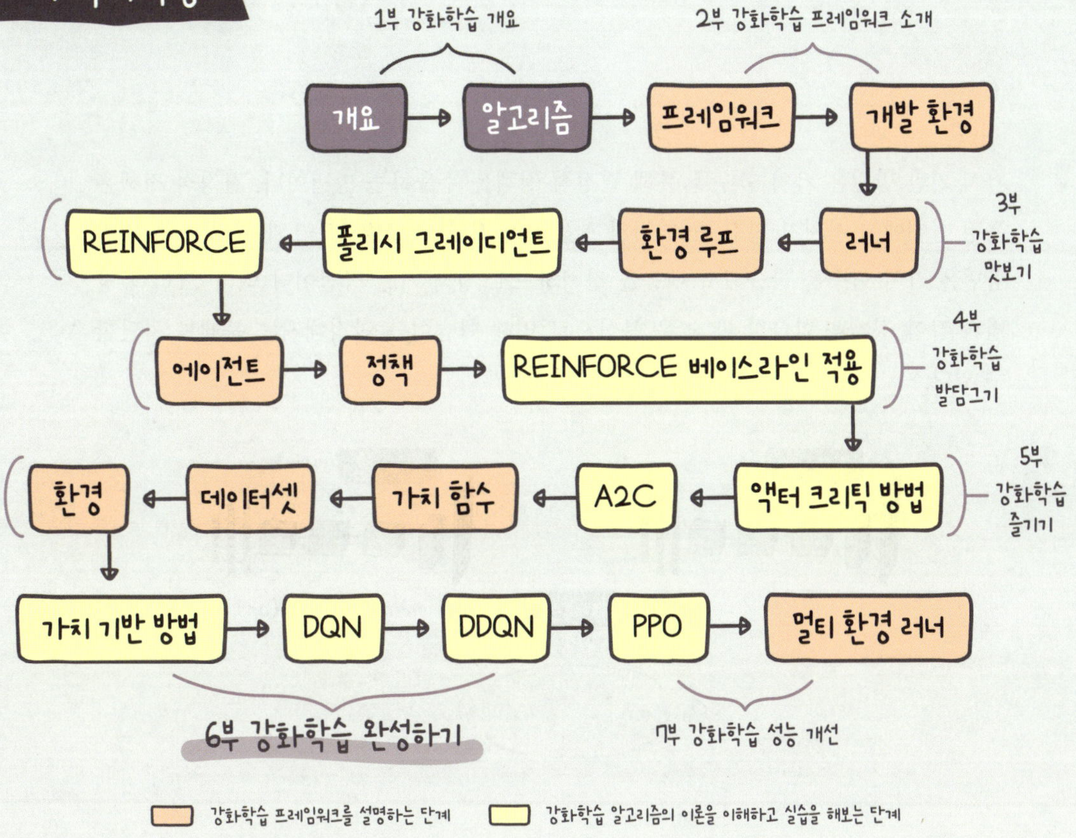

1부 강화학습 개요: 개요 → 알고리즘

2부 강화학습 프레임워크 소개: 프레임워크 → 개발 환경

3부 강화학습 맛보기: 러너 → 환경 루프 → 폴리시 그레이디언트 → REINFORCE

4부 강화학습 발담그기: 에이전트 → 정책 → REINFORCE 베이스라인 적용

5부 강화학습 즐기기: 액터 크리틱 방법 → A2C → 가치 함수 → 데이터셋 → 환경

6부 강화학습 완성하기: 가치 기반 방법 → DQN → DDQN

7부 강화학습 성능 개선: PPO → 멀티 환경 러너

■ 강화학습 프레임워크를 설명하는 단계   ■ 강화학습 알고리즘의 이론을 이해하고 실습을 해보는 단계

Chapter.17
가치 기반 방법

가치 기반 방법은 가치 함수를 통해 결정적 정책을 추출하는 방법이다. 결정적 정책은 특정 상태에서 가치가 가장 큰 최적의 행동을 결정한다. 그림 17-1과 같이 가치 기반 방법은 가치 함수를 학습해서 행동을 결정하므로 정책 기반 방법이나 액터-크리틱 방법과 같이 정책을 학습할 때 높은 분산으로 인해 학습이 불안정해지는 문제를 차단할 수 있다.

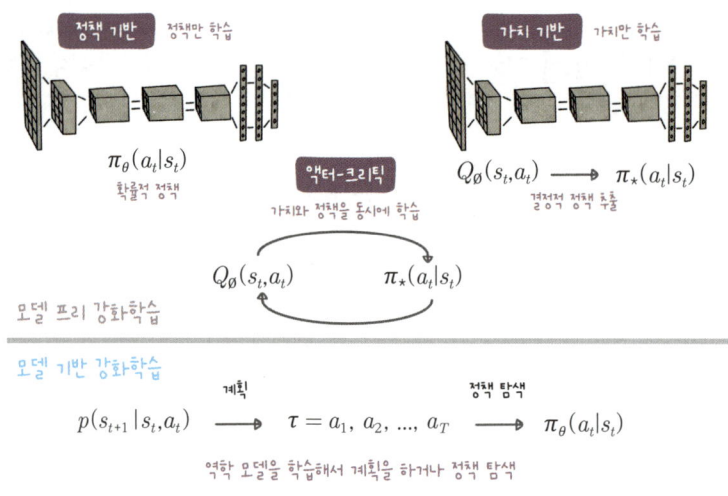

그림 17-1 강화학습 알고리즘의 종류(그림 2-6과 동일)

17.1 가치 기반 방법

가치 기반 방법은 어떤 식으로 결정적 정책을 추출할까? 가치 기반 방법은 가치 함수를 통해 행동을 결정하기 때문에 정책이 명시적으로 존재하지 않는다. 다만, 행동을 결정하는 순간에 결정적 정책이 암묵적으로 존재한다고 본다. 이와 같이 가치를 통해 행동을 결정하는 과정을 '**결정적 정책을 추출**'한다고 말한다.

결정적 정책의 추출

그림 17-2와 같이 가치 기반 방법은 현재 상태에서 Q-가치가 가장 큰 행동을 선택한다. 이때 가치가 가장 큰 행동의 확률은 1이고 나머지 행동에 대한 확률은 0인 확률 분포가 정의된다. 어떤 사건의 확률이 1이란 의미는 무조건 발생하는 사건이라는 의미이므로 이 확률 분포는 결정적 정책이 된다.[1]

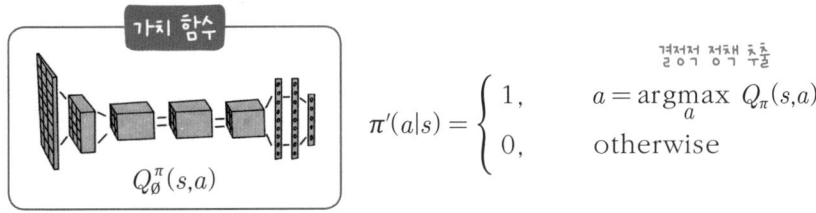

그림 17-2 가치 기반 방법

가치 기반 방법의 학습 단계

가치 기반 방법을 의사 코드로 간단히 표현하면 다음과 같다.

> 가치 기반 방법
> 1. 가치 함수 $Q_\pi(s,a)$ 학습
> 2. 정책 업데이트 $\pi \leftarrow \pi'$

---

1 확률적 정책은 조건부 확률 분포의 형태로 $\pi(a|s)$와 같이 표기하고 결정적 정책은 함수 형태로 $a = \pi(s)$와 같이 표기한다.

Q-가치 함수 $Q_\pi(s,a)$를 학습한다. Q-가치 함수 $Q_\pi(s,a)$에서 결정적 정책 π'을 추출해서 정책 π에 적용한다. 이 과정을 최적의 정책이 추출될 때까지 반복한다.

17.2 DQN

DQN$^{\text{Deep Q-Network}}$은 가치 기반 강화학습 알고리즘인 **Q-러닝**$^{\text{Q-Learning}}$에 딥러닝을 접목한 알고리즘이다. Q-러닝이 유한한 상태 공간을 갖는 문제를 해결한다면 DQN은 무한한 상태 공간을 갖는 문제를 해결하기 위해 만들어졌다. DQN을 살펴보기 전에 먼저 Q-러닝이 어떤 알고리즘인지 알아보자.

17.2.1 Q-러닝

Q-러닝은 다음과 같은 식으로 Q-가치 함수를 업데이트하고 이렇게 학습한 Q-가치 함수를 통해 행동을 결정하는 알고리즘이다.

$$Q_\pi(s_t, a_t) = r(s_t, a_t) + \gamma \max_{a_{t+1}} Q_\pi(s_{t+1}, a_{t+1})$$

Q-러닝 식 유도하기

Q-러닝의 업데이트 식은 어떻게 만들어졌을까? Q-가치를 부트스트랩핑으로 계산한다고 가정하자.

$$Q_\pi(s_t, a_t) = r(s_t, a_t) + \gamma Q_\pi(s_{t+1}, a_{t+1})$$

다음 상태와 행동의 Q-가치인 $Q_\pi(s_{t+1}, a_{t+1})$를 계산하려면 상태 s_{t+1}에서 행동 a_{t+1}를 선택해야 한다. 이때 Q-가치가 가장 큰 행동은 최적 행동이므로 다음 식과 같이 Q-가치가 가장 큰 행동을 선택할 수 있다.

$$a_{t+1} = \operatorname*{argmax}_{a_{t+1}} Q_\pi(s_{t+1}, a_{t+1})$$

두 식을 합치면 Q-러닝의 업데이트 식이 완성된다.

$$Q_\pi(s_t, a_t) = r(s_t, a_t) + \gamma \max_{a_{t+1}} Q_\pi(s_{t+1}, a_{t+1})$$

그림 17-2와 같이 이 식은 결정적 정책을 통해 다음 상태에서의 최적 행동을 결정하는 단계와 Q-가치 함수를 부트스트랩핑으로 업데이트하는 단계를 합친 식이라고 할 수 있다.

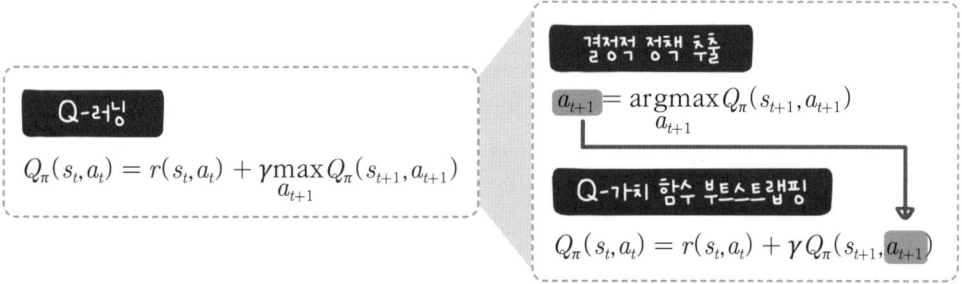

그림 17-2 Q-러닝 업데이트 식의 구성

17.2.2 Q-가치 함수 모델

Q-가치 함수는 어떤 모델로 표현하면 좋을까?

$$\boxed{\text{Q-러닝}} \quad Q_\pi(s_t, a_t) = r(s_t, a_t) + \gamma \max_{a_{t+1}} Q_\pi(s_{t+1}, a_{t+1})$$

상태와 행동이 유한하다면 그림 17-3과 같이 테이블로 Q-가치 함수를 표현할 수 있다. 상태와 행동이 만나는 셀에 Q-가치를 저장해두고 Q-러닝 업데이트 식을 이용해서 학습할 수 있다.

Q	a_1	a_2	a_3
s_1	$Q(s_1,a_1)$	$Q(s_1,a_2)$	$Q(s_1,a_3)$
s_2	$Q(s_2,a_1)$	$Q(s_2,a_2)$	$Q(s_2,a_3)$
s_3	$Q(s_3,a_1)$	$Q(s_3,a_2)$	$Q(s_3,a_3)$
s_4	$Q(s_4,a_1)$	$Q(s_4,a_2)$	$Q(s_4,a_3)$

그림 17-3 Q-가치 함수의 테이블 표현

그런데 상태와 행동이 무한히 많다면 어떻게 해야 할까? MDP에서 상태 공간과 행동 공간이 연속이면 상태와 행동이 무한히 많아지며, 이 경우에는 Q-가치 함수를 테이블로 표현할 수 없게 된다. 상태와 행동이 무한히 많을 때 Q-가치 함수를 표현할 방법은 없을까? 이럴 때 딥러닝이 답이 될 수 있다. 딥러닝 모델은 임의의 연속 함수를 표현할 수 있는 **범용 함수 근사기**이기 때문이다.

17.2.3 DQN

DQN은 상태 공간이 연속이고 행동 공간이 이산일 때 ❶ Q-가치 함수를 **딥러닝 모델**로 정의하고 ❷ **타깃**은 Q-러닝의 업데이트 식에 따라 계산하며 ❸ **평균 제곱 오차**를 최소화하도록 학습하는 알고리즘이다. 그림 17-4에는 DQN의 Q-가치 함수 모델과 손실 함수가 나타나 있다.

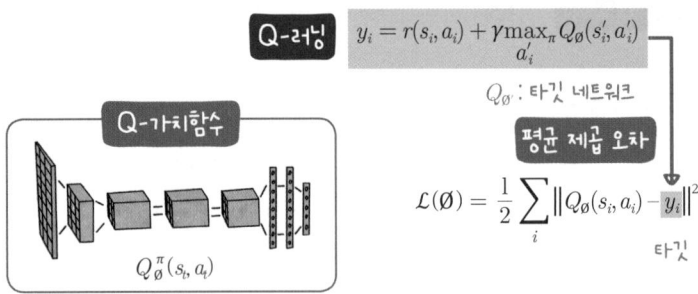

그림 17-4 DQN(Deep Q-Network)

DQN의 학습 단계를 의사 코드로 보면 다음과 같다. 이와 같이 Q-가치 함수를 반복해서 업데이트 하는 경우를 **Q-반복**$^{Q\text{-Iteration}}$이라고 부른다.

Q-반복

1. 임의의 정책으로 데이터셋 $\{(s_i, a_i, s'_i, r_i)\}$ 수집   오프라인 정책
2. 타깃 계산 $y_i \leftarrow r(s_i, a_i) + \gamma \max_{a'_i} Q_\emptyset(s'_i, a')$ 현재의 정책 π와 무관한 보상
3. $\emptyset \leftarrow \underset{\emptyset}{\mathrm{argmax}} \frac{1}{2} \sum_i \|Q_\emptyset(s_i, a_i) - y_i\|^2$ 파라미터 업데이트

먼저 임의의 정책을 실행해서 트랜지션 데이터를 모은다. 이때 트랜지션 데이터는 (s_i, a_i, s'_i, r_i)과 같이 (현재 상태, 현재 행동, 다음 상태, 보상)의 튜플로 구성된다. 타깃 y_i를 Q-러닝 방식으로 계산하고 타깃으로 정의한 평균 제곱 오차가 최소화되도록 Q-가치 함수의 파라미터 $\emptyset$를 업데이트 한다.

DQN의 기술 이슈

그런데 이와 같은 기본적인 방식으로 DQN을 학습하면 학습이 원활히 되지 않는 몇 가지 기술 이슈가 있다.

1. DQN은 **결정적 정책**을 추출해서 사용하기 때문에 그 상태에서 가장 가치가 높은 최적의 행동을 선택한다. 문제는 늘 같은 행동만 선택하면 **탐험 과정**이 없기 때문에 최적 경로를 찾지 못한다는 것이다. 특히, 학습 초반에는 어떤 경로가 최적인지 모르기 때문에 다양한 공간을 탐험하면서 좋은 경로를 파악할 필요가 있다. 그런데 탐험 과정이 없으면 상태 공간을 골고루 탐험하지 못하면서 최적의 경로를 찾지 못할 수 있다.

2. **상관성이 높은 데이터**가 순차적으로 들어오면 학습이 잘되지 않는다. 데이터의 상관성이 높으면 비슷한 데이터로만 학습하기 때문에 모델이 과적합되기 쉽다.

3. Q-가치 함수가 업데이트되면 **타깃**도 같이 변하게 된다. 이와 같이 타깃이 고정되지 않으면 학습해도 모델의 오차가 줄어들지 않기 때문에 학습이 매우 불안정해진다.

DQN에서는 이런 이슈를 해결하기 위해 **입실론 그리디**e-greedy 탐험 방법과 **리플레이 버퍼, 타깃 가치 함수**Target Value Function를 사용하고 있다. 각 기술 이슈와 해결 방법에 대해 자세히 살펴보자.

> **조금 더 알아보자면** — **DQN이 오프라인 정책 알고리즘인 이유**
>
> DQN은 **오프라인 정책** 알고리즘이다. 오프라인 정책은 데이터를 생성하는 행동 정책과 학습하는 정책인 목표 정책이 다르다. 따라서 임의의 정책 또는 과거의 정책으로 생성한 데이터를 쌓아두고 학습할 수 있다. DQN이 오프라인 정책인 이유는 y_i를 계산할 때 보상 $r(s_i, a_i)$을 받고 다음 상태로 s_i'로 전이되도록 한 행동이 a_i가 임의의 정책을 실행해서 수집한 행동이기 때문이다. 단, 두 번째 항의 경우 a_i'을 결정할 때 $Q_\phi(s_i', a_i')$를 통해 결정했기 때문에 새로 학습된 정책을 실행해서 행동을 결정하고 있다.

17.2.4 입실론 그리디

강화학습 과정에서 에이전트는 자신이 관측한 상태 공간에서 최적의 경로를 찾는다. 따라서 최적 경로를 찾기 위해서는 상태 공간을 골고루 탐험하는 것이 매우 중요하다. 에이전트는 행동을 할 때마다 '**이미 알고 있는 정보를 활용해 현재까지 발견된 최적의 행동을 선택할 것인가?**'와 '**새로운 행동을 시도해서 더 높은 보상을 받을 수 있는 방법을 찾을 것인가?**' 사이에서 선택할 수 있다. 전자를 **활용**이라고 하고 후자를 **탐험**이라고 한다. 강화학습에서는 활용과 탐험을 전략적으로 사용할 필요가 있다.

그림 17-5 활용과 탐험

활용과 탐험

활용은 에이전트가 현재까지의 파악된 최적 행동을 함으로써 빠르게 보상을 얻는 과정이고 **탐험**은 새로운 경험을 통해 더 나은 행동을 발견하기 위한 과정이다. 예를 들어 그림 17-5와 같이 밥을 먹으러 식당을 가는 상황을 생각해 보자. 늘 가던 단골 식당을 간다면 내가 아는 정보를 활용해서 최소한의 맛을 보장할 수는 있다. 반면 얼마 전 새로 연 식당을 갔는데 우연히 음식 맛이 좋았다면 탐험을 통해 더 좋은 결과를 얻은 셈이 되고, 음식 맛이 좋지 않았다면 새로운 정보를 얻었으므로 다시는 그 집에 가지 않으면 된다. 즉 탐험을 통해 새로운 정보를 얻게 되면서 더 나은 방향으로 나아갈 수 있는 기회가 생긴다.

학습 과정에서 탐험과 활용은 어떻게 선택해야 할까? 학습 초기에는 상태 공간에 대한 정보가 없기 때문에 탐험을 많이 해서 보상을 최대화할 수 있는 경로가 어느 공간에 분포하는지 크게 파악하는 것이 중요하다. 반면 학습을 통해 최적 경로에 대한 정보가 정확해질수록 탐험은 줄이고 활용을 통해 경로를 세밀하게 추적하도록 학습하는 것이 좋다.

확률적 정책은 행동을 확률적으로 결정하므로 기본적으로 탐험이 장착돼 있다. 반면 결정적 정책은 행동을 하나로 결정하기 때문에 별도의 탐험 기법이 필요하다.

입실론 그리디

입실론 그리디는 행동을 결정할 때 ε의 비율로 탐험을 선택하는 기법이다. 나머지 $1-\varepsilon$의 비율만큼은 활용을 선택한다. 그림 17-6은 입실론 그리디를 통해 탐험과 활용을 선택하는 과정을 보여주고 있다.

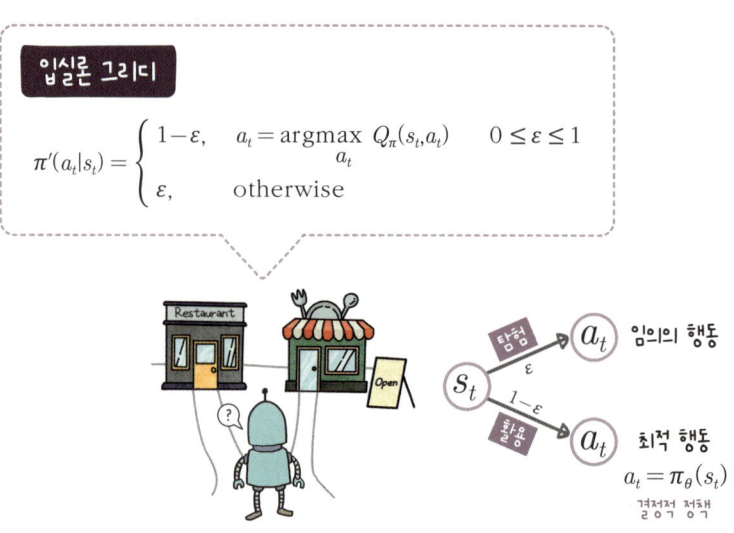

그림 17-6 입실론 그리디

예를 들어 $\varepsilon = 0.1$이면 10% 확률로 임의의 행동을 하고 90% 확률로 최적 행동을 한다. 그리고 임의의 행동을 선택할 때는 ε을 모든 행동에 대해 균등하게 나눈 확률로 선택한다. 또한 학습이 진행하면서 ε을 점점 줄이면서 탐험 비중을 줄이고 활용 비중을 높여나갈 수 있는데 이를 **입실론-감쇠**epsilon decay라고 한다.

> **조금 더 알아보자면** 입실론 그리디란 이름에서 그리디는 어떤 의미로 붙은 것일까?
>
> 그리디 알고리즘은 매번 선택을 할 때마다 그 상황에서 가장 좋은 선택을 하는 알고리즘을 말하다. 그래서 욕심 알고리즘이라고도 한다. 입실론 그리디도 ε 만큼을 제외하고 나머지에 대해서는 최적 행동을 선택하기 때문에 그리디라는 이름이 붙여졌다.

17.2.5 리플레이 버퍼

DQN은 강화학습의 역사에서 매우 중요한 의미를 지닌다. 강화학습에 딥러닝을 성공적으로 결합해 무한한 상태 공간을 신경망으로 처리함으로써 강화학습으로 보다 복잡한 문제를 다룰 수 있는 계기를 마련했기 때문이다. 특히 이전까지는 학습하기 어려웠던 비디오 게임에서 인간 수준의 성능을 달성할 수 있다는 것을 입증했다.

아타리 브레이크아웃 게임

그림 17-7은 아타리 2600 게임 중 하나인 브레이크아웃을 보여주고 있다. 브레이크아웃은 일명 벽돌깨기 게임으로 위에서 날아오는 공을 바닥에 있는 패들로 쳐서 벽돌을 최대한 많이 깨는 게임이다. DQN으로 브레이크아웃 게임을 학습한다고 해 보자. 이때 환경과 에이전트, 상태와 행동은 각기 어떻게 정의될까?

그림 17-7 DQN으로 실행하는 아타리 게임의 브레이크아웃(그림 1-13과 동일)

환경은 브레이크아웃 게임 자체가 되고 에이전트는 사람의 역할을 하는 플레이어가 된다. 상태는 게임 화면의 이미지가 되고 행동은 게임 명령이 된다.

표 17-1 브레이크아웃 게임의 행동 공간

번호	행동	설명
0	NOOP	가만히 있기
1	FIRE	패들로 공치기
2	RIGHT	오른쪽 이동
3	LEFT	왼쪽 이동

높은 데이터 상관성

에이전트는 초당 60프레임으로 생성되는 화면 이미지를 순차적으로 받아서 Q-가치 함수를 학습한다. 그런데 그림 17-8과 같이 순차적으로 입력된 30개 프레임을 보면 거의 변화가 없다. 이렇게 비슷한 상태 데이터가 연속으로 들어오면 가치 함수는 해당 상태에 과적합되고 이전에 학습했던 내용을 잊을 수 있다.

그림 17-8 브레이크아웃 화면의 연속 프레임

에이전트가 좀더 다양한 상황을 경험하고 안정적으로 학습할 수 있게 하려면 데이터의 상관성을 낮춰야 한다. 어떻게 하면 데이터의 상관성을 낮추면서 학습할 수 있을까?

그림 17-9 상관성이 높은 데이터

에이전트가 경험했던 데이터를 저장해 뒀다가 무작위로 꺼내서 학습하면 어떨까? 현재 정책에 따라 얻은 경험을 사용하지 않고 과거에 수집된 다양한 경험을 무작위로 샘플링해 학습하면 데이터 상관성을 낮출 수 있다. 이때 경험 데이터를 저장해 뒀다가 학습 과정에서 경험을 재현하도록 관리하는 메모리 공간을 **리플레이 버퍼**라고 한다.

리플레이 버퍼

리플레이 버퍼는 경험 데이터를 관리해 주는 메모리 버퍼이다.

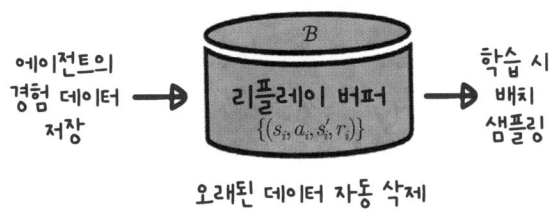

그림 17-10 리플레이 버퍼

에이전트가 경험했던 데이터 (상태, 행동, 보상, 다음 상태)를 고정된 크기의 메모리에 저장하고 관리한다. 경험 데이터를 저장할 때 버퍼가 꽉 차 있으면 오래된 순서로 데이터를 삭제한다. 에이전트가 학습할 때는 데이터를 임의의 배치 크기로 무작위 샘플링을 할 수 있도록 도와준다. 리플레이 버퍼를 사용하면 다양한 상황을 포함하는 경험 데이터로 더 빠르고 효율적인 학습을 할 수 있다.

리플레이 버퍼를 사용한 Q-반복

리플레이 버퍼를 적용하면 Q-반복을 수행하는 의사 코드가 다음과 같이 확장될 수 있다.

리플레이 버퍼 사용한 Q-반복

$K \times$
1. 임의의 정책으로 데이터셋 $\{(s_i, a_i, s'_i, r_i)\}$ 수집해서 리플레이 버퍼 B에 추가
2. 리플레이 버퍼 B에서 배치 $\{(s_i, a_i, s'_i, r_i)\}$ 샘플링
3. 타깃 계산 $y_i \leftarrow r(s_i, a_i) + \gamma \max_{a'_i} Q_\phi(s'_i, a'_i)$
4. $\phi \leftarrow \arg\max_\phi \frac{1}{2} \sum_i \|Q_\phi(s_i, a_i) - y_i\|^2$ 파라미터 업데이트

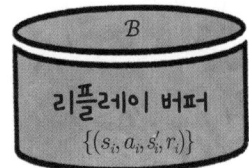

Q-반복 학습 루프를 K번 수행할 때마다 경험 데이터를 수집해서 리플레이 버퍼에 추가하는 과정이 실행된다. Q-반복 학습 루프를 실행할 때는 리플레이 버퍼에서 샘플링한 배치로 학습하도록 변경됐다.

17.2.6 타깃 가치 함수

DQN은 Q-가치 함수의 타깃을 Q-러닝의 업데이트 식으로 다음과 같이 계산한다.

$$y_i = r(s_i, a_i) + \gamma \max_{a_i'} Q_\emptyset(s_i', a_i')$$

이 식의 문제는 학습 대상인 $Q_\pi(s_{t+1}, a_{t+1})$이 타깃에 포함돼 있다는 것이다. 이런 상황이 왜 문제가 될까? 타깃이 학습 대상에 포함되면 모델이 업데이트 될 때마다 타깃도 바뀌게 된다. 모델이 타깃을 예측하도록 업데이트 돼도 타깃이 바뀌면서 또 다른 오차가 생기게 된다. 이런 과정이 반복되면 모델은 수렴되지 않는 상태로 남게 된다.
DQN은 모델 업데이트 과정에서 타깃이 바뀌지 않도록 별도의 Q-가치 함수를 두고 타깃을 계산하는 용도로 사용한다. 이를 **타깃 가치 함수**라고 한다. 그림 17-11에는 DQN에서 Q-가치 함수와 별도로 타깃 Q-가치 함수를 두고 타깃을 계산하는 모습을 보여주고 있다. 이때 타깃은 Q-가치 함수의 파라미터로 주기적으로 업데이트 한다.

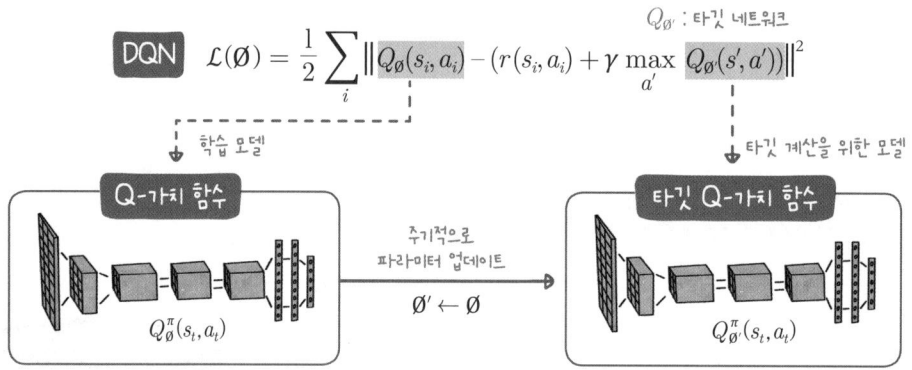

그림 17-11 타깃 가치 함수

리플레이 버퍼와 타깃 가치 함수를 사용한 Q-반복

Q-반복을 할 때 타깃 가치 함수를 사용해서 타깃을 계산하면 의사 코드가 다음과 같이 확장된다.

> **리플레이 버퍼와 타깃 네트워크를 사용한 Q-반복**
>
> $N\times$ $\Biggl\{$ $K\times$ $\Biggl\{$
> 1. 타깃 네트워크 파라미터 업데이트 $\emptyset' \leftarrow \emptyset$
> 2. 임의의 정책으로 데이터셋 $\{(s_i, a_i, s'_i, r_i)\}$ 수집해서 리플레이 버퍼 $\mathcal{B}$에 추가
> 3. 리플레이 버퍼 $\mathcal{B}$에서 배치 $\{(s_i, a_i, s'_i, r_i)\}$ 샘플링
> 4. 타깃 계산 $y_i \leftarrow r(s_i, a_i) + \gamma \max_{a'_i} Q_{Q_\emptyset}(s'_i, a'_i)$
> 5. $\emptyset \leftarrow \arg\max_\emptyset \frac{1}{2} \sum_i \|Q_\emptyset(s_i, a_i) - y_i\|^2$ 파라미터 업데이트

타깃 가치 함수의 파라미터를 주기적으로 업데이트 하는 루프가 가장 밖에 생겼다. 이제 Q-반복 학습 루프를 K번 수행할 때마다 리플레이 버퍼에 데이터를 추가하고 데이터 추가를 N번 수행할 때마다 타깃 가치 함수의 파라미터를 업데이트 한다.

타깃 가치 함수의 파라미터 업데이트

그림 17-11과 같이 타깃 가치 함수를 주기적으로 업데이트 하면 타깃 가치 함수와 가치 함수의 파라미터 거리가 점점 멀어지는 문제점이 있다. 가치 함수를 학습할 때마다 둘 간의 거리가 점점 멀어지면서 다음 번 타깃 가치 함수를 업데이트하기 직전에 최대 지연이 발생한다. 그렇다면 타깃과 학습 모델의 파라미터 **지연**^{lag}을 일정하게 유지할 수는 없을까?

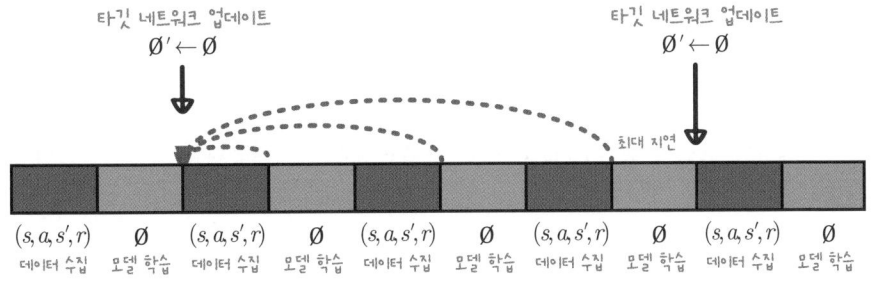

그림 17-11 주기적인 타깃 가치 함수 업데이트

타깃과 학습 모델과의 파라미터 거리를 일정하게 유지하려면 둘 사이의 이동 평균으로 타깃을 업데이트하면 된다.

$$\emptyset' \leftarrow \tau\emptyset' + (1-\tau)\emptyset, \quad \tau = 0.999$$

이런 방식으로 타깃 파라미터를 조금씩 업데이트하는 방식을 **소프트 업데이트**soft update 라고 한다. 반면에 학습 모델의 파라미터를 타깃에 주기적으로 복제하는 방식을 **하드 업데이트**hard update 라고 한다. 소프트 업데이트를 하면 학습 모델과 타깃과의 파라미터 지연이 작아지면서 학습 성능이 높아질 수 있다.

17.3 더블 DQN(Double DQN)

Q-러닝은 Q-가치를 과대평가하는 문제가 있다. 그래서 Q-러닝을 계승하고 있는 DQN도 같은 문제를 갖고 있다. Q-러닝이 Q-가치를 과대평가하는 이유와 해결 방안을 살펴보고 이를 DQN에도 적용해 보자.

Q-가치의 과대평가 문제

Q-러닝은 Q-가치를 추정할 때 max 연산을 사용해서 행동을 선택하기 때문에 Q-가치가 실제보다 높게 평가될 수 있다.

Q-러닝: $Q_\pi(s_t, a_t) = r(s_t, a_t) + \gamma \max_{a_{t+1}} \underbrace{Q'_\pi(s_{t+1}, a_{t+1})}_{\text{타깃 Q-가치 함수}}$

세부적으로는 다음과 같은 원인에 의해 Q-가치가 과대평가된다.

- **최대화 편향**Maximization Bias: 학습 초기에 Q-가치가 정확하지 않을 때 Q-가치의 랜덤한 초기화 값이나 랜덤한 행동을 선택하면서 실제 가치보다 높은 값이 선택될 수 있다.

- **탐험과 활용의 불균형**: 입실론 그리디를 사용할 때 탐험이 충분하지 않으면 에이전트는 최적의 행동이 아닌 Q-가치로 행동을 선택하면서 Q-가치가 과대평가될 수 있다.

- **잘못된 경험의 누적**: 과거의 경험으로 Q-가치를 업데이트할 때 잘못된 경험이 누적될 수 있다. 예를 들어 한 번의 높은 보상이 반복적으로 최대화 연산에 적용되면 해

당 상태와 행동의 Q-가치가 실제보다 높게 평가될 수 있다.

Q-가치 함수가 학습이 덜 됐거나 불안정한 상태에서 이런 문제가 발생할 수 있으며, 특히 상태나 행동 공간이 아주 크거나 환경이 계속해서 변화하는 경우에 심각해질 수 있다.

더블 Q-러닝

Q-가치가 과대평가되는 문제를 해결하기 위해 두 개의 타깃 Q-가치 함수 $Q_{\phi'}$와 $Q_{\phi''}$를 사용하는 **더블 Q-러닝**Double Q-learning이 제안됐다. 이 중 $Q_{\phi'}$는 행동을 선택할 때, $Q_{\phi''}$는 가치를 계산할 때 사용한다. 이러면 한 쪽의 Q-가치가 과대평가 되더라도 다른 쪽의 Q-가치로 이를 보정할 수 있어서 학습의 안정성과 성능이 향상된다.

더블 Q 러닝 $Q_\pi(s_t, a_t) = r(s_t, a_t) + \gamma \; Q'_\pi(s_{t+1}, \underset{a'}{\mathrm{argmax}} \; Q''_\pi(s_{t+1}, a_{t+1}))$

(행동 선택 / Q 가치 계산)

이때 타깃 Q-가치 함수를 2개 사용하는 대신 행동을 선택하는 Q-가치 함수 $Q_{\phi'}$를 학습중인 Q-가치 함수 Q_ϕ로 대체할 수도 있다. 그러면 더블 Q-러닝의 장점을 유지하면서도 Q-러닝과 같이 하나의 타깃 가치 함수로 학습할 수 있게 된다.

더블 DQN

Q-러닝이 딥러닝과 결합해서 DQN이 됐듯 더블 Q-러닝은 **더블 DQN**Double DQN이 됐다. 더블 DQN은 DDQN이라고 부르기도 한다. 그림 17-12를 보면 더블 DQN은 타깃 y_i를 계산할 때 더블 Q-러닝의 업데이트 식으로 계산하고 있다.

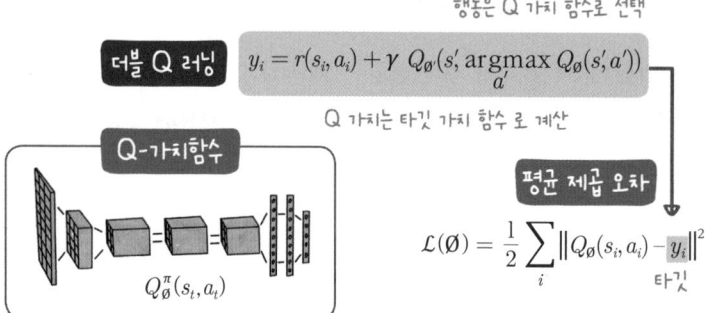

그림 17-12 더블 DQN의 타깃 계산

그리고 그림 17-13은 DDQN에서 Q-가치 함수와 타깃 Q-가치 함수의 역할을 보여주고 있다.

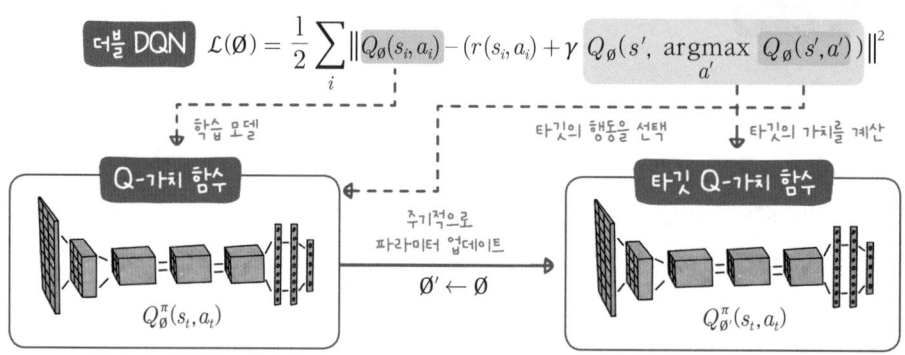

그림 17-13 더블 DQN의 타깃 가치 함수

Chapter.18
가치 기반 방법

이번 장에서는 가치 기반 알고리즘의 기본 알고리즘인 **DQN**을 구현해 보자. DQN은 그림 18-1과 같이 Q-러닝의 업데이트 식으로 계산한 타깃으로 Q-가치 함수의 딥러닝 모델을 학습하는 알고리즘이다.

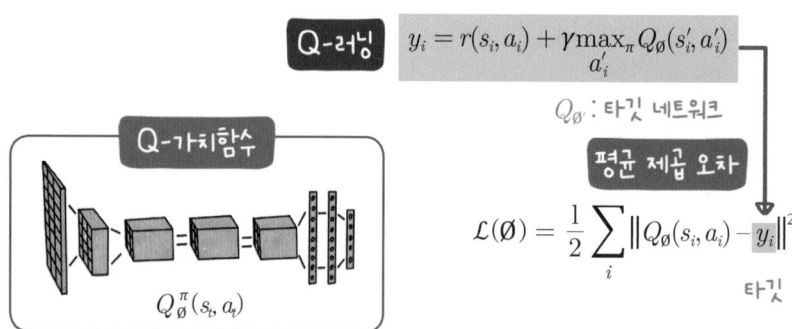

그림 18-1 DQN

DQN의 학습 순서는 다음과 같다. 이 순서에 따라 알고리즘을 구현해 보고 강화학습 환경에 적용했을 때 원하는 성능으로 학습이 되는지 텐서보드를 통해 확인해 볼 것이다.

DQN(Deep Q-Network) 방법

1. 타깃 네트워크 파라미터 업데이트 $\emptyset' \leftarrow \emptyset$
2. 임의의 정책으로 데이터셋 $\{(s_i, a_i, s'_i, r_i)\}$ 수집해서 리플레이 버퍼 $\mathcal{B}$에 추가
3. 리플레이 버퍼 $\mathcal{B}$에서 배치 $\{(s_i, a_i, s'_i, r_i)\}$ 샘플링
4. 타깃 계산 $y_i \leftarrow r(s_i, a_i) + \gamma \max_{a'_i} Q_{Q\emptyset}(s'_i, a'_i)$
5. $\emptyset \leftarrow \underset{\emptyset}{\operatorname{argmax}} \frac{1}{2} \sum_i \| Q_\emptyset(s_i, a_i) - y_i \|^2$ 파라미터 업데이트

($N \times$ 은 1~5, $K \times$ 는 3~5 반복)

리플레이 버퍼
$\{(s_i, a_i, s'_i, r_i)\}$

의사 코드와는 다르게 DQN 논문에서는 Q-가치 함수의 손실 함수를 평균 제곱 오차 대신 **휴버 손실**^{Huber Loss}을 사용하고 있다. 알고리즘을 구현할 때 이 점을 참고하자.

> **조금 더 알아보자면** 휴버 손실이란?
>
> 휴버 손실은 평균 제곱 오차와 **평균 절대 오차**^{MAE, Mean Absolute Error}의 장점을 결합한 형태의 손실 함수이다. 평균 제곱 오차와 같이 작은 오차에 대해서는 세밀하게 반응하지만 평균 절대 오차와 같이 **이상치**^{outlier}에는 민감하지 않게 반응하는 특징이 있다.
>
>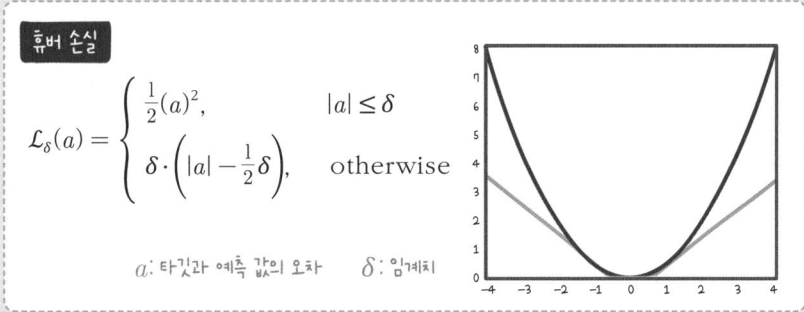
>
> **휴버 손실**
> $$\mathcal{L}_\delta(a) = \begin{cases} \frac{1}{2}(a)^2, & |a| \leq \delta \\ \delta \cdot \left(|a| - \frac{1}{2}\delta\right), & \text{otherwise} \end{cases}$$
>
> a: 타깃과 예측 값의 오차 δ: 임계치
>
> a는 타깃과 예측 값의 오차이고 δ는 2차식과 1차식 구간과 나누는 임계치이다.
>
> - **평균 제곱 오차 영역** ($|a| \leq \delta$): 오차의 절대값이 δ보다 작을 때는 **평균 제곱 오차**를 사용해 오차를 제곱한다. 이 구간에서는 오차에 대해 민감하게 반응한다.
> - **평균 절대 오차 영역** ($|a| > \delta$): 오차의 절대값이 δ보다 클 때는 **평균 절대 오차**를 사용해 오차의 절대값에 비례하는 선형 손실을 사용한다. 이 구간에서는 이상치에 덜 민감하게 반응한다.

18.1 DQN 알고리즘 구성

강화학습 프레임워크에서 DQN 알고리즘의 소스 코드는 그림 18-2와 같이 "/agents/dqn" 디렉토리에 정의돼 있고, 설정 파일은 "/config/agent/dqn"에 정의돼 있다.

그림 18-2 DQN 디렉토리 구조

각 파일의 내용은 다음과 같다.

- **DQN 알고리즘 소스 코드**
    - DQN.py: DQN 알고리즘의 에이전트인 DQN가 정의돼 있다.
    - DQN_learner.py: DQN 알고리즘의 학습자인 DQNLearner가 정의돼 있다.
    - DQN_network.py: DQN 알고리즘의 네트워크인 DQNNetwork가 정의돼 있다.

- **DQN 알고리즘 설정 파일**[1]
    - CartPole-v1.yaml: DQN 알고리즘으로 CartPole-v1을 실행할 때 필요할 설정이 정의돼 있다.

---

1 DQN 알고리즘은 이산 행동만 지원한다. 따라서 연속 행동을 갖는 강화학습 환경을 실행할 수 없으므로 LunarLander Continuous-v2.yaml 파일은 포함돼 있지 않다.

18.1.1 에이전트 관련 클래스

DQN 알고리즘의 에이전트, 네트워크, 학습자 클래스인 DQN, DQNLearner, DQNNetwork로 구현돼 있으며 이들은 Agent, Learner, Network를 상속받고 있다.

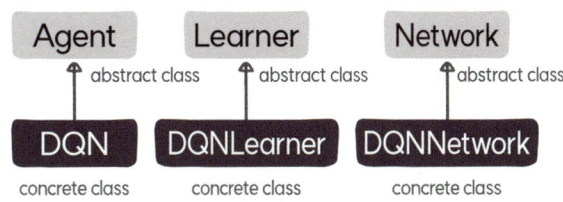

그림 18-3 DQN의 에이전트, 학습자, 네트워크의 클래스

18.1.2 주요 클래스 구성

DQN 알고리즘을 실행하면 그림 18-4와 같은 순서로 관련 객체가 생성된다.

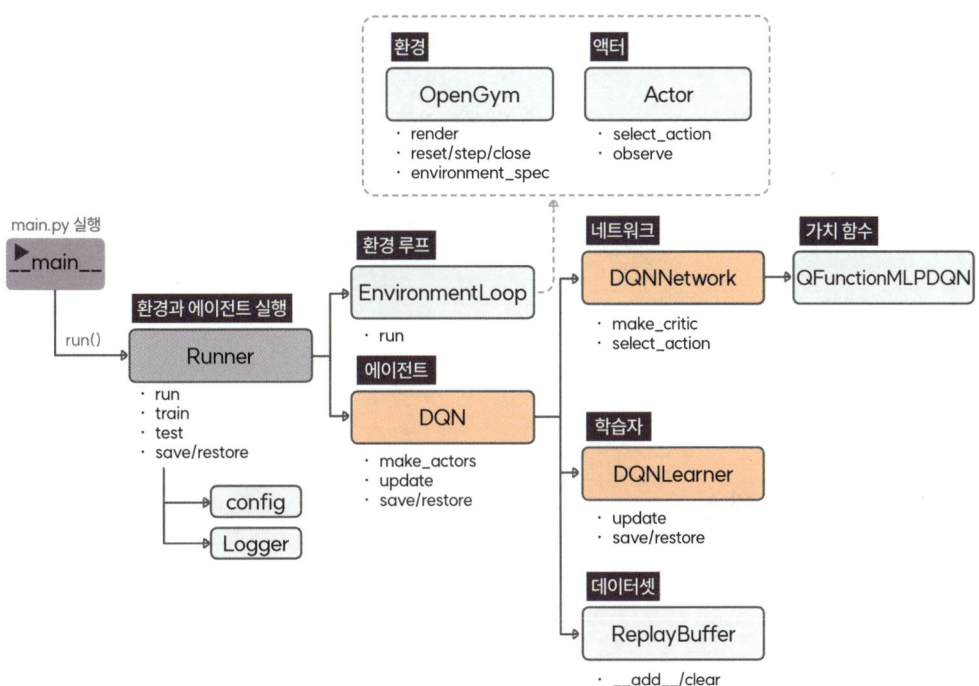

그림 18-4 DQN 클래스 관계도

객체의 생성 순서를 설명하면 다음과 같다.

- main.py는 Runner를 생성하고 run() 메서드를 호출한다.
- Runner의 run() 메서드에서는 강화학습의 핵심 구성 모듈인 에이전트 DQN과 에이전트와 환경이 상호작용을 하도록 환경 루프 EnvironmentLoop를 생성한다.
- DQN는 에이전트를 구성하는 네트워크, 학습자, 데이터셋인 DQNNetwork, DQNLearner, ReplayBuffer를 생성한다.
- DQNNetwork는 가치 함수인 QFunctionMLPDQN과 생성한 후 이를 복사해 타깃 가치 함수를 생성한다.
- 환경 루프(EnvironmentLoop)는 환경인 OpenGym과 액터 Actor를 생성한다.

18.1.3 알고리즘 구현을 위한 실습 준비

이제 DQN 알고리즘의 각 클래스를 살펴보면서 주요 로직을 구현해 볼 것이다. 실습을 위해 다음과 같이 템플릿 파일을 준비를 해 보자.

- **정답 파일 백업**: "/agents/dqn/answer" 디렉토리를 만들어서 알고리즘 구현 파일을 백업한다.
- **템플릿 파일 이동**: "/agents/dqn/question" 디렉토리에 있는 템플릿 파일을 상위 디렉토리로 옮긴다.

알고리즘 구현을 위한 실습 방식은 8.1.3절에서 설명한 방식으로 진행한다.

18.2 DQN 클래스

DQN 알고리즘을 구성하는 DQN, DQNNetwork, DQNLearner 클래스를 구현해 보자. DQN는 에이전트 클래스로 Agent를 상속받고 있다. 에이전트 클래스는 대부분 베이스 클래스인 Agent의 기능을 그대로 사용한다. 그래서 초기화 함수에서 Agent의 초기화 함수를 다시 호출하면서 ❶ 설정, 로거, 환경을 전달하고 ❷ 학습자와 네트워크 클래스를 지정해 주며 ❸ 온라인 정책과 오프라인 정책을 구분한다.

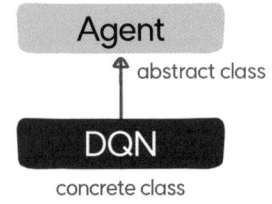

그림 18-5 DQN 클래스 구성도

18.2.1 클래스 정의

DQN 클래스는 다음과 같이 정의된다.

메서드

- __init__: DQN 알고리즘을 실행하는 학습자, 네트워크, 데이터셋으로 구성된 에이전트를 생성한다.

18.2.2 클래스 구현 코드

DQN 클래스는 다음과 같이 구현돼 있다.

패키지 임포트

코드 18-1 DQN 에이전트 패키지 임포트

```
from types import SimpleNamespace
from utils.logging import Logger
from envs.environment import Environment
from agents.agent import Agent
from agents.dqn.dqn_network import DQNNetwork
from agents.dqn.dqn_learner import DQNLearner
```

실행 순서는 다음과 같다.

1. 설정(config) 객체를 나타내는 SimpleNamespace를 임포트 한다.
2. 로거 클래스인 Logger를 임포트 한다.
3. 환경 클래스인 Environment를 임포트 한다.
4. 에이전트의 베이스 클래스인 Agent을 임포트 한다.
5. DQN 알고리즘의 네트워크인 DQNNetwork를 임포트 한다.
6. DQN 알고리즘의 학습자인 DQNLearner를 임포트 한다.

초기화

DQN 알고리즘을 실행하는 학습자, 네트워크, 데이터셋으로 구성된 에이전트를 생성한다.

코드 18-2 DQN 에이전트 초기화

```python
class DQN(Agent):
    """DQN 알고리즘 에이전트 클래스"""

    def __init__(self,
                 config: SimpleNamespace,
                 logger: Logger,
                 env: Environment):
        """
            DQN 알고리즘을 실행하는 학습자, 네트워크, 데이터셋으로 구성된 에이전트 생성
        Args:
            config: 설정
            logger: 로거
            env: 환경
        """

        # 1. 연속 행동인 경우 예외 발생
        if env.environment_spec().b_continuous_action:
            raise Exception("DQN doesn't support continuous action space")

        # 2. 에이전트 초기화
        super(DQN, self).__init__(
```

```
                config=config,
                logger=logger,
                env=env,
                network_class=DQNNetwork,
                learner_class=DQNLearner,
                policy_type="off_policy")
```

실행 순서는 다음과 같다.

1. 연속 행동인 경우 예외 발생: DQN은 연속 행동은 지원하지 않으므로 예외를 발생시킨다.
2. 에이전트 초기화: 부모 클래스인 Agent의 초기화 함수를 호출한다. 이때 다음과 같은 정보를 전달해서 에이전트의 서브 모듈인 학습자, 네트워크, 데이터셋이 생성되도록 한다.
   - 인자로 받은 설정(config), 로거(logger), 환경(env)을 다시 전달한다.
   - 학습자와 네트워크 클래스를 지정한다.
     - 네트워크 클래스로 DQNNetwork를 지정한다.
     - 학습자 클래스로 DQNLearner를 지정한다.
   - 정책 유형을 오프라인 정책을 나타내는 "off_policy"로 지정한다.

18.3 DQNNetwork 클래스

DQNNetwork는 네트워크 클래스로 Network를 상속해 정의한다. 주요 역할은 ❶ **가치 함수와 타깃 가치 함수 모델을 생성**하고 ❷ Q-가치 함수에서 **행동을 선택**하는 것이다.

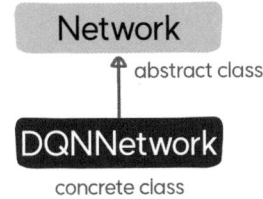

그림 18-6 DQNNetwork 클래스 구성도

18.3.1 클래스 정의

DQNNetwork 클래스는 다음과 같이 정의한다.

속성

주요 속성은 다음과 같다.

- **가치 함수 모델**(critic): Q-가치 함수를 나타내는 딥러닝 모델로 QFunctionMLPDQN로 생성된다.

- **타깃 가치 함수 모델**(target_critic): 타깃 Q-가치 함수를 나타내는 딥러닝 모델로 가치 함수를 복사해서 만든다.

메서드

- __init__: 부모 클래스인 Network의 초기화 함수를 호출해서 네트워크를 초기화하고 가치 함수를 생성하며 탐험을 위해 입실론 그리디 객체를 생성한다.

- make_ciritic: 모든 이산 행동에 대한 Q-가치를 한꺼번에 출력하는 행동 기반 가치 함수 클래스인 QFunctionMLPDQN를 생성한다.

- hard_update_target: 가치 함수 모델의 파라미터를 타깃 가치 함수 모델에 복제한다.

- soft_update_target: 가치 함수 모델의 파라미터와 타깃 가치 함수 모델의 파라미터를 가중 평균해 타깃 가치 함수 모델에 적용한다.

- select_action: 입실론 그리디 알고리즘에 따라 가치 함수에서 최대 가치를 갖는 행동을 선택하거나 랜덤한 행동을 선택한다.

- cuda: 가치 함수와 타깃 가치 함수 모델의 상태(파라미터와 버퍼)를 GPU로 이동한다.

18.3.2 클래스 구현 코드

DQNNetwork 클래스를 구현해 보자. 일부 메서드의 비워진 코드를 채워서 DQNNetwork 클래스를 완성하자.

패키지 임포트

코드 18-3 DQNNetwork 패키지 임포트

```python
import torch
from types import SimpleNamespace
from copy import deepcopy
from utils.util import hard_update, soft_update
from envs.environment import EnvironmentSpec
from models.model import QFunctionMLPDQN
from agents.base import Network
from utils.action_selectors import EpsilonGreedyActionSelector
```

실행 순서는 다음과 같다.
1. 딥러닝 구현을 위한 PyTorch 패키지 torch를 임포트 한다.
2. 설정(config) 객체를 표현하기 위한 SimpleNamespace를 임포트 한다.
3. 가치 함수를 복사하기 위해 deepcopy를 임포트 한다.
4. 타깃 가치 함수를 업데이트 하기 위해 hard_update와 soft_update를 임포트 한다.
5. 환경의 정보를 제공하는 EnvironmentSpec을 임포트 한다.
6. DQN 알고리즘의 Q-가치 함수 모델인 QFunctionMLPDQN을 임포트 한다.
7. 네트워크의 베이스 클래스인 Network를 임포트 한다.
8. 입실론 그리디 탐험을 위해 EpsilonGreedyActionSelector를 임포트 한다.

네트워크 초기화

부모 클래스인 Network의 초기화 함수를 호출해서 네트워크를 초기화하고 가치 함수를 생성하며 탐험을 위해 입실론 그리디 객체를 생성한다.

코드 18-4 DQNNetwork 초기화

```python
class DQNNetwork(Network):
    """DQN 알고리즘 네트워크 클래스"""
    def __init__(self,
                 config: SimpleNamespace,
                 environment_spec: EnvironmentSpec):
```

```
"""
부모 클래스인 Network의 초기화 함수를 호출해서
네트워크를 초기화하고 가치 함수를 생성하며 탐험을 위해 입실론 그리디를 생성
Args:
    config: 설정
    environment_spec: 환경 정보
"""

# 1. 네트워크 초기화
super(DQNNetwork, self).__init__(config, environment_spec)

# 2. 가치 함수 모델 생성
self.critic = self.make_critic()

# 3. 타깃 가치 함수 모델 생성
self.target_critic = deepcopy(self.critic)
hard_update(self.critic, self.target_critic)

# 4. 입실론 그리디 생성
self.action_selector = EpsilonGreedyActionSelector(self.config)
```

실행 순서는 다음과 같다.

1. 네트워크 초기화: 부모 클래스인 Network의 초기화 함수를 호출해서 네트워크 모듈의 공통적인 초기화를 수행한다.
2. 가치 함수 모델 생성: DQN 스타일의 Q-가치 함수 모델을 생성한다.
3. 타깃 가치 함수 모델 생성: 가치 함수 모델을 복사해서 타깃 가치 함수 모델을 생성한다. 이때 모델의 파라미터도 복사한다.
4. 입실론 그리디 생성: 가치 함수에서 추출한 최적 행동 외에 임의의 행동을 선택하는 탐험 객체인 입실론 그리디를 생성한다.

가치 함수 생성

DQN은 그림 18-7과 같이 상태를 입력 받아서 모든 이산 행동에 대한 Q-가치를 한꺼번에 출력하는 행동 기반 가치 함수 클래스인 QFunctionMLPDQN을 사용한다.

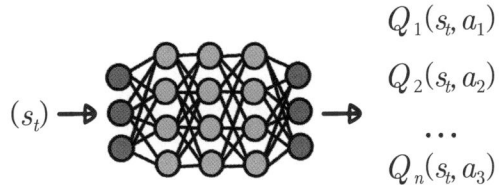

그림 18-7 DQN에서 사용하는 Q-가치 네트워크(그림 14-2와 동일)

코드 18-5 DQNNetwork 가치 함수 생성

```
def make_critic(self):
    """
        모든 이산 행동에 대한 Q-가치를 한꺼번에 출력하는
        행동 기반 가치 함수 클래스인 QFunctionMLPDQN을 생성.
    Returns:
        Q-가치 함수 모델
    """

    # Q-가치 함수 모델 생성
    return QFunctionMLPDQN(config=self.config,
                           state_size=self.state_size,
                           action_size=self.action_size,
                           hidden_dims=self.config.critic_hidden_dims)
```

- 가치 함수 모델 생성: 행동 기반의 MLP Q-가치 함수인 QFunctionMLPDQN을 생성한다.

타깃 하드 업데이트

가치 함수 모델의 파라미터를 타깃 가치 함수 모델에 복제한다.

코드 18-6 DQNNetwork 타깃 하드 업데이트

```
def hard_update_target(self):
    """가치 함수 모델의 파라미터를 타깃 가치 함수 모델에 복제"""

    # 타깃 하드 업데이트
    hard_update(self.critic, self.target_critic)
```

- 타깃 하드 업데이트: 타깃의 파라미터 ∅′에 가치 함수 모델의 파라미터 ∅를 복제한다(∅′ ← ∅).

타깃 소프트 업데이트

가치 함수 모델의 파라미터와 타깃 가치 함수 모델의 파라미터를 가중 평균해 타깃 가치 함수 모델에 적용한다.

코드 18-7 DQNNetwork 타깃 소프트 업데이트

```
def soft_update_target(self):
    """
        가치 함수 모델의 파라미터와 타깃 가치 함수 모델의 파라미터를
        가중 평균해 타깃 가치 함수 모델에 적용
    """

    # 타깃 소프트 업데이트
    soft_update(self.critic, self.target_critic, self.config.tau)
```

- 타깃 소프트 업데이트: 타깃의 파라미터 ∅′를 가치 함수 모델의 파라미터 ∅와 이동 평균으로 업데이트한다($∅′ ← τ∅′ + (1 - τ)∅, τ = 0.005$).

행동 선택

입실론 그리디 알고리즘에 따라 가치 함수에서 최대 가치를 갖는 행동을 선택하거나 랜덤한 행동을 선택한다.

코드 18-8 DQNNetwork 행동 선택

```
@torch.no_grad()
def select_action(self,
                  state: torch.Tensor,
                  total_n_timesteps: int) -> torch.Tensor:
    """
        입실론 그리디 알고리즘에 따라 가치 함수에서 최대 가치를 갖는
        행동을 선택하거나 랜덤한 행동을 선택

    Args:
```

```
            state: 상태
            total_n_timesteps: 현재 타임 스텝

        Returns:
            선택된 행동
        """

        # 1. 모든 행동의 Q-가치를 계산
        q_values = self.critic(state)

        # 2. 입실론 그리디를 이용해서 행동 선택
        chosen_actions = self.action_selector.select_action(
            agent_input=q_values,
            total_n_timesteps=total_n_timesteps)

        # 3. 선택한 행동을 반환
        return chosen_actions
```

실행 순서는 다음과 같다.
1. 모든 행동의 Q-가치를 계산: 가치 함수를 이용해서 모든 이산 행동에 대한 Q-가치를 계산한다.
2. 입실론 그리디를 이용해서 행동 선택: 입실론 그리디 알고리즘에 따라 행동을 선택한다.
   - 학습 모드: 입실론 그리디 방식으로 ε의 확률로 랜덤한 행동을 선택하거나 $1-\varepsilon$의 확률로 Q-가치가 가장 큰 최적 행동을 선택한다.
   - 추론 모드: Q-가치가 가장 큰 행동을 선택한다.
3. 선택한 행동을 반환: 선택한 행동을 반환한다.

CUDA
가치 함수와 타깃 가치 함수 모델의 상태(파라미터와 버퍼)를 GPU로 이동한다.

코드 18-9 DQNNetwork CUDA

```python
def cuda(self):
    """가치 함수와 타깃 가치 함수 모델의 상태(파라미터와 버퍼)를 GPU로 이동"""

    # 1. 가치 함수 모델 cuda() 호출
    self.critic.cuda(self.config.device_num)

    # 2. 타깃 가치 함수 모델 cuda() 호출
    self.target_critic.cuda(self.config.device_num)
```

실행 순서는 다음과 같다.
1. 가치 함수 모델 cuda() 호출: 가치 함수 모델의 cuda() 메서드를 호출한다.
2. 타깃 가치 함수 모델 cuda() 호출: 타깃 가치 함수 모델의 cuda() 메서드를 호출한다.

18.4 유틸리티 함수

입실론 그리디는 그림 18-8과 같이 ε 비율로 탐험을 시도하고 $1-\varepsilon$ 비율로 활용을 시도하는 탐험 기법이다.

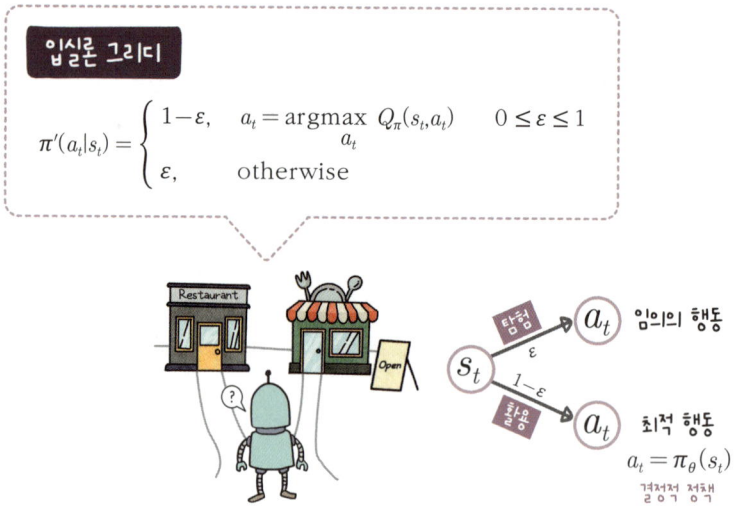

그림 18-8 입실론 그리디(그림 17-6과 동일)

입실론 그리디 클래스인 EpsilonGreedyActionSelector는 "/utiles/action_selectors.py"에 정의돼 있다.

18.4.1 입실론 그리디 클래스 정의

EpsilonGreedyActionSelector 클래스는 다음과 같이 정의한다.

속성

- **설정**(config): 설정 항목을 저장하고 있는 SimpleNamespace 객체이다.

- **입실론 스케줄러**(schedule): 학습 과정에서 입실론을 감쇄시키는 스케줄러이다.

- **입실론**(epsilon): 탐험을 시도하는 확률이다.

메서드

- __init__: 입실론 스케줄러를 생성하고 ε을 타임 스텝 0의 값으로 초기화 한다.

- select_action: 입실론 스케줄러로 현재 타임 스텝의 ε을 계산한 후에 ε 비율로 랜덤 행동을 선택하고 $1 - \varepsilon$ 비율로 최적 행동을 선택한다.

18.4.2 입실론 그리디 클래스 구현 코드

EpsilonGreedyActionSelector 클래스는 다음과 같이 구현돼 있다.

초기화

입실론 스케줄러를 생성하고 ε을 타임 스텝 0의 값으로 초기화 한다.

코드 18-10 EpsilonGreedyActionSelector 초기화

```
class EpsilonGreedyActionSelector():
    """입실론 그리디 탐험 기법"""

    def __init__(self, config: SimpleNamespace):
        """입실론 스케줄러 생성하고 입실론 값을 초기화 한다."""
```

```
Args:
    config: 설정 객체
"""

# 1. 설정 저장
self.config = config

# 2. ε 스케줄러 생성
self.schedule = DecayThenFlatSchedule(
    start=config.epsilon_start,
    finish=config.epsilon_finish,
    time_length=config.epsilon_anneal_time,
    decay="linear")

# 3. ε 초기화
self.epsilon = self.schedule.eval(0)
```

실행 순서는 다음과 같다.

1. 설정 저장: 설정(config)을 저장한다.
2. ε 스케줄러 생성: ε을 감쇄하기 위한 스케줄러로 DecayThenFlatSchedule를 생성한다. 이 방식은 그림 18-9와 같이 지정 구간(time_length)에서 ε의 [시작(start), 끝(finish)] 값을 선형 또는 지수형으로 감쇄하고 그 이후에는 값을 유지한다.
3. ε 초기화: ε을 타임 스텝 0의 값으로 초기화를 한다.

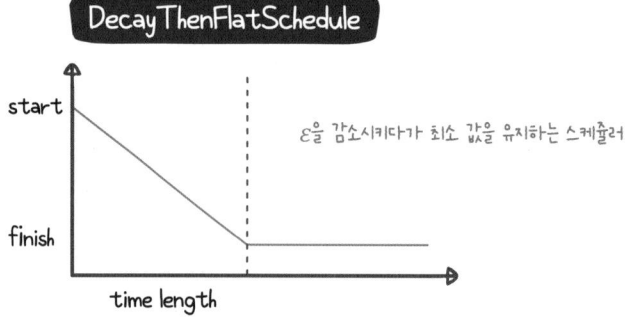

그림 18-9 DecayThenFlatSchedule 스케줄러

행동 선택

입실론 스케줄러로 현재 타임 스텝의 ε을 계산한 후에 ε 비율로 랜덤 행동을 선택하고 $1 - \varepsilon$ 비율로 최적 행동을 선택한다.

코드 18-11 EpsilonGreedyActionSelector 행동 선택

```
def select_action(self, agent_input, total_n_timesteps: int):
    """입실론 그리디 방식으로 최적 행동 또는 랜덤한 행동을 선택한다.

    Args:
        agent_input: 정책이 예측한 행동의 확률 벡터
        total_n_timesteps: 현재 타입 스텝

    Returns:
        picked_actions: 선택된 행동
    """

    # 1. 현재 스텝에 맞는 ε을 계산
    self.epsilon = self.schedule.eval(total_n_timesteps)

    # 2. 추론 모드에서는 ε=0
    if not self.config.training_mode:
        # 랜덤한 행동을 선택하지 않음
        self.epsilon = 0.0

    # 3. 랜덤 행동 선택
    random_actions = \
        Categorical(torch.ones_like(agent_input).float()).sample().long()

    # 4. 최대 Q-가치를 갖는 행동 선택
    selected_action = agent_input.max(dim=-1)[1]

    # 5. 행동 선택
    # 난수 생성
    random_numbers = torch.rand_like(agent_input[:, 0])
    # 행동 선택을 위한 이진 변수 생성
    pick_random = (random_numbers < self.epsilon).long()
```

```
# 난수 < ε: 1 (랜덤 행동 선택)
# 난수 ≥ ε: 0 (최적 행동 선택)
picked_actions = pick_random * random_actions \
                 + (1 - pick_random) * selected_action

return picked_actions
```

실행 순서는 다음과 같다.

1. 현재 스텝에 맞는 ε을 계산: 입실론 스케줄러로 현재 스텝(total_n_timesteps)의 ε을 계산한다.
2. 추론 모드에서는 $\varepsilon = 0$: 추론 모드에서는 최적 행동이 선택되도록 $\varepsilon = 0$으로 둔다.
3. 랜덤 행동 선택: 전체 행동이 균등 분포를 따른다고 가정하고 랜덤하게 행동을 선택한다.
4. 최대 Q-가치를 갖는 행동 선택: 최대 Q-가치를 갖는 최적 행동을 선택한다.
5. 행동 선택
    - 난수(random_numbers)를 생성해서 이진 변수(pick_random)로 변환한다.
        - 난수(random_numbers) < ε: 이진 변수(pick_random) = 1
        - 난수(random_numbers) ≥ ε: 이진 변수(pick_random) = 0
    - 이진 변수(pick_random)가 1이면 랜덤 행동을 선택하고 0이면 최적 행동을 선택한다.
    - 따라서 난수가 ε 미만이면 랜덤 행동을 선택하고 ε 이상이면 최적 행동을 선택한다.
        - $\pi'(a_t|s_t) = \begin{cases} 1 - \varepsilon, & a_t = \underset{a_t}{\operatorname{argmax}} Q_\pi(s_t, a_t) \\ \varepsilon & \text{otherwise} \end{cases}$

18.4.3 타깃 업데이트

타깃 가치 함수의 파라미터를 업데이트 하기 위한 hard_update()와 soft_update() 함수는 "/utiles/utils.py"에 정의돼 있다.

타깃 하드 업데이트

소스(source)의 파라미터를 타깃(target)의 파라미터로 복사한다.

코드 18-12 hard_update 타깃 하드 업데이트

```python
def hard_update(source, target):
    """
        타깃 하드 업데이트(소스의 가중치를 타깃의 가중치에 복사)
    Args:
        source: 소스 모델
        target: 타깃 모델
    """

    for source_param, target_param in zip(source.parameters(), target.parameters()):
        target_param.data.copy_(source_param.data)
```

타깃 소프트 업데이트

소스(source)의 파라미터와 타깃(target)의 파라미터의 이동 평균을 계산해서 타깃의 파라미터로 복사한다.

코드 18-13 soft_update 타깃 소프트 업데이트

```python
def soft_update(source, target, tau):
    """
        타깃 소프트 업데이트(소스의 가중치를 타깃의 가중치와 가중 평균)
    Args:
        source: 소스 모델
        target: 타깃 모델
        tau: 가중 평균을 하기 위한 가중치
    """

    for source_param, target_param in zip(source.parameters(), target.parameters()):
        target_param.data.copy_(target_param.data * (1.0 - tau) + source_param.data * tau)
```

18.5 DQNLearner 클래스

DQNLearner는 학습자 클래스로 Learner를 상속받고 있다. 주요 역할은 가치 함수 모델을 학습하기 위해 ❶ 설정에 정해진 그레이디언트 스텝만큼 데이터셋에서 **배치를 샘플링**해 ❷ Q러닝 업데이트 식에 따라 타깃 가치를 계산해서 가치 함수 모델의 **손실을 계산**하고 ❸ 가치 함수 모델을 업데이트하고 ❹ 타깃 가치 함수의 파라미터를 업데이트하고 ❺ 주요 **성능 정보를 로깅**하는 과정을 반복하는 일이다.

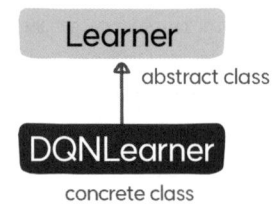

그림 18-10 DQNLearner 클래스 구성도

18.5.1 클래스 정의

DQNLearner 클래스는 다음과 같이 정의된다.

속성

- **가치 함수**(critic): 네트워크에서 생성한 가치 함수를 참조하는 변수로 편의를 위해 정의하고 있다.

- **타깃 가치 함수**(target_critic): 네트워크에서 생성한 타깃 가치 함수를 참조하는 변수로 편의를 위해 정의하고 있다.

- **옵티마이저**(optimizer): 딥러닝 모델의 학습을 위한 최적화 알고리즘으로 Adam을 사용한다.

- **학습률 스케줄러**(critic_lr_scheduler): 가치 함수의 학습률을 스케줄링하는 코사인 스케줄러를 사용한다.

- **손실 함수**(loss): 가치 함수를 학습하기 위한 손실 함수로 휴버 손실(nn.HuberLoss) 함수로 정의된다.

- **최종 타깃 업데이트 스텝**(last_target_update_step): 마지막으로 타깃 가치 함수를 업데이트한 타입 스텝이다.

메서드

- **__init__**: Learner 클래스의 초기화 메서드를 호출해 학습자를 초기화하고, 가치 함수를 학습하기 위해 Adam 옵티마이저와 학습률 스케줄러, 휴버 손실 함수를 생성한다.

- **update**: Q-러닝 업데이트 식에 따라 타깃을 계산해서 휴버 손실로 가치 함수를 학습한다. 그리고 타깃 가치 함수 모델을 하드 업데이트 또는 소프트 업데이트하고 성능 정보를 로깅한다.

18.5.2 클래스 구현 코드

이제 DQNLearner 클래스를 구현해 보자. DQNLearner 클래스의 코드에는 Q-러닝 업데이트 식에 따라 타깃을 계산하는 부분이 비어 있다. 이 부분을 완성해 보자.

패키지 임포트

코드 18-14 DQNLearner 패키지 임포트

```python
import torch
import torch.nn as nn
from types import SimpleNamespace
from datasets.replay_buffer import ReplayBuffer
from agents.dqn.dqn_network import DQNNetwork
from envs.environment import EnvironmentSpec
from utils.logging import Logger
from agents.base import Learner
from utils.lr_scheduler import CosineLR
```

실행 순서는 다음과 같다.

1. 딥러닝 구현을 위한 PyTorch 패키지 torch를 임포트 한다.
2. PyTorch 패키지의 네트워크 모듈 torch.nn을 임포트 한다.
3. 설정(config) 객체를 표현하기 위한 SimpleNamespace를 임포트 한다.
4. 오프라인 정책의 데이터셋 버퍼인 ReplayBuffer를 임포트 한다.
5. DQN 알고리즘의 네트워크인 DQNNetwork를 임포트 한다.
6. 환경의 정보를 제공하는 EnvironmentSpec을 임포트 한다.
7. 로거 클래스인 Logger를 임포트 한다.
8. 학습자의 베이스 클래스인 Learner를 임포트 한다.
9. 코사인 학습률 스케줄러인 CosineLR을 임포트 한다.

초기화

Learner 클래스의 초기화 메서드를 호출해 학습자를 초기화 하고 가치 함수를 학습하기 위해 Adam 옵티마이저, 학습률 스케줄러, 휴버 손실 함수를 생성한다.

코드 18-15 DQNLearner 초기화

```
class DQNLearner(Learner):
    """DQN 알고리즘 학습자 클래스"""
    def __init__(self,
                 config: SimpleNamespace,
                 logger: Logger,
                 environment_spec: EnvironmentSpec,
                 network: DQNNetwork,
                 buffer: ReplayBuffer):
        """
        Learner 클래스의 초기화 메서드를 호출해
        학습자를 초기화 하고 가치 함수를 학습하기 위해
        Adam 옵티마이저, 학습률 스케줄러, 휴버 손실 함수를 생성

        Args:
            config: 설정
            logger: 로거
            environment_spec: 환경 정보
            network: 네트워크
```

```
        buffer: 버퍼
    """

    # 1. 부모 클래스 초기화 호출
    super().__init__(config, logger, environment_spec, network, buffer)

    # 2. 가치 함수, 타깃 가치 함수 속성 정의
    self.critic = self.network.critic
    self.target_critic = self.network.target_critic

    # 3. 옵티마이저 생성
    self.optimizer = torch.optim.Adam([
                {'params': self.critic.parameters(),
                 'lr': self.config.lr_critic}])

    # 4. 학습률 스케줄러 생성
    if self.config.lr_annealing:
        self.critic_lr_scheduler = CosineLR(
            logger=self.logger,
            param_groups=self.optimizer.param_groups[0],
            start_lr=self.config.lr_critic,
            end_timesteps=self.config.max_environment_steps,
            name="critic lr"
        )

    # 5. 휴버 손실 정의
    self.loss = nn.HuberLoss()

    # 6. 최종 타깃 업데이트 스텝 초기화
    self.last_target_update_step = 0
```

실행 순서는 다음과 같다.

1. **부모 클래스 초기화 호출**: Learner 클래스의 초기화를 호출해 설정(config), 로거(logger), 환경 스펙(environment_spec), 연속 행동 여부(b_continuous_action), 버퍼(buffer)와 네트워크(network)를 저장하고 학습 타입 스텝(learner_step)을 0으로 초기화 한다.

2. 가치 함수, 타깃 가치 함수 속성 정의: 개발 편의를 위해 네트워크에 생성된 가치 함수(critic)와 타깃 가치 함수(target_ciritic)를 학습자의 속성으로 할당한다.
3. 옵티마이저 생성: 가치 함수를 학습하기 위해 Adam을 생성한다. 학습률은 설정에 지정된 정책의 학습률(lr_cirtic)로 지정한다.
4. 학습률 스케줄러 생성: 가치 함수를 학습할 때 학습률을 조정하기 위한 코사인 스케줄러(critic_lr_scheduler)를 생성한다.
5. 휴버 손실 정의: 가치 함수를 학습할 때 사용할 휴버 손실(HuberLoss)을 정의한다.
6. 최종 타깃 업데이트 스텝 초기화: 최종 타깃 업데이트 스텝(last_target_update_step)을 0으로 초기화 한다.

Q 모델 업데이트

Q-러닝 업데이트 식에 따라 타깃을 계산해서 휴버 손실로 가치 함수를 학습한다. 그리고 타깃 가치 함수 모델을 하드 업데이트 또는 소프트 업데이트하고 성능 정보를 로깅한다.

코드 18-16 DQNLearner 모델 업데이트(1/3)

```
def update(self, total_n_timesteps: int, total_n_episodes: int) -> bool:
    """
        Q-러닝 업데이트 식에 따라 타깃을 계산해서 휴버 손실로 가치 함수를 학습
        타깃 가치 함수 모델을 하드 및 소프트 업데이트하고 성능 정보를 로깅
    Args:
        total_n_timesteps: 현재 타임 스텝
        total_n_episodes: 현재 에피소드

    Returns:
        정책 평가 및 개선 실행 여부
    """

    # 1. 워밍업 상태면 반환
    if len(self.buffer) < self.config.warmup_step: return False

    # 2. 버퍼 샘플링이 안되면 반환
    if not self.buffer.can_sample(
```

```
                batch_size=self.config.batch_size): return False
```

실행 순서는 다음과 같다.
1. 워밍업 상태면 반환: 리플레이 버퍼를 채우기 위한 워밍업 상태이면 모델을 업데이트 하지 않고 바로 반환한다.
2. 버퍼 샘플링이 안되면 반환: 버퍼에 배치 크기만큼의 데이터가 없으면 반환한다.

다음 코드에서 타깃을 계산하고 Q-가치를 예측하는 부분의 코드를 # your code에 작성해 보자.

1. Q-가치 함수를 모델을 업데이트하기 위해 **Q-러닝 업데이트 식으로 타깃을 계산**해 보자.

$$\boxed{\text{Q-러닝}} \quad y_i = r(s_t, a_t) + \gamma \max_{a'} \underbrace{Q_{\phi'}(s', a')}_{\text{타깃 Q-가치 함수}}$$

이 식에서 두 번째 항은 다음 상태(next_state)를 타깃 가치 함수(target_critic)에 입력해서 모든 행동에 대한 Q-가치를 출력한 후 가장 큰 Q-가치를 선택한다.

2. 그리고 가치 함수(critic)를 실행해서 **상태**(state)**와 행동**(action)**의 Q-가치**를 구해 보라.

코드 18-17 DQNLearner 모델 업데이트(2/3)

```
# 3. 학습 루프
for i in range(self.config.gradient_steps):
    # 4. 리플레이 버퍼에서 배치 샘플링
    sample_batched = self.buffer.sample(self.config.batch_size)

    # 5. 특징별 변수 처리
    state = sample_batched["state"]
    action = sample_batched["action"]
    reward = sample_batched["reward"]
    next_state = sample_batched["next_state"]
    done = sample_batched["done"]

    # 6. 학습 타입 스텝 증가
```

```python
self.learner_step += 1

# 7. 타깃 Q-가치 계산
with torch.no_grad():
    target_q_value = None # your code

# 8. Q-가치 계산
q_value = None # your code

# 9. 가치 함수의 손실 계산
value_loss = self.loss(target_q_value, q_value)

# 10. 백워드 패스 실행 (그레이디언트 계산)
self.optimizer.zero_grad()
value_loss.backward()

# 11. 그레이디언트 클리핑
torch.nn.utils.clip_grad_norm_(
    self.critic.parameters(), self.config.grad_norm_clip
)

# 12. 파라미터 업데이트
self.optimizer.step()

# 13. 소프트 타깃 업데이트
if self.config.target_update_type == "soft":
    self.network.soft_update_target()

# 14. 손실 로깅
self.logger.log_stat("value_loss",
                     value_loss.item(),
                     total_n_timesteps)
```

실행 순서는 다음과 같다.

3. 학습 루프: 설정에 지정된 그레이디언트 스텝(config.gradient_steps) 수만큼 모델 업데이트를 반복 한다.

4. 리플레이 버퍼에서 배치 샘플링: 리플레이 버퍼에서 지정된 배치 크기로 배치를 샘플링한다.
5. 특징별 변수 처리: 코드를 간결하게 하기 위해 샘플링된 배치의 필드별로 변수를 할당해서 사용한다.
6. 학습 타입 스텝 증가: 학습 타입 스텝을 1 증가시킨다.
7. 타깃 Q-가치 계산: 타깃 Q-가치 함수를 실행해서 Q 러닝의 업데이트 식에 따라 타깃을 계산한다.

$$\text{Q-러닝} \quad Q_\pi(s_t, a_t) = r(s_t, a_t) + \gamma \max_{a_{t+1}} \underbrace{Q'_\pi(s_{t+1}, a_{t+1})}_{\text{타깃 Q-가치 함수}}$$

8. Q-가치 계산: Q-가치 함수를 실행해서 행동(action)의 Q-가치를 계산한다.
9. 가치 함수의 손실 계산: 휴버 손실 함수로 가치 함수의 손실을 계산한다.
10. 백워드 패스 실행(그레이디언트 계산): 역전파 알고리즘을 실행한다.
11. 그레이디언트 클리핑: 그레이디언트가 너무 커지지 않도록 클리핑한다.
12. 파라미터 업데이트: 옵티마이저를 이용해서 파라미터를 업데이트 한다.
13. 소프트 타깃 업데이트: 타깃 업데이트 방식이 소프트 방식이면 타깃 가치 함수의 파라미터를 소프트 업데이트 한다.
14. 손실 로깅: 가치 함수 손실을 텐서보드로 확인할 수 있도록 로깅한다.

코드 18-18 DQNLearner 모델 업데이트(3/3)

```
# 15. 타깃 하드 업데이트
if (self.config.target_update_type == "hard" and
   (total_n_timesteps - self.last_target_update_step)
       >= self.config.target_update_interval):
   self.network.hard_update_target()
   self.last_target_update_step = total_n_timesteps

# 16. 학습률 스케줄 업데이트
if self.config.lr_annealing:
   self.critic_lr_scheduler.step(total_n_timesteps)
   # 17. 학습률 로깅
```

```
            self.logger.log_stat("critic learning rate",
                                 self.optimizer.param_groups[0]['lr'],
                                 total_n_timesteps)

        return True
```

실행 순서는 다음과 같다.

15. 타깃 하드 업데이트: 타깃 업데이트 방식이 하드 방식이면 타깃 가치 함수의 파라미터를 하드 업데이트 한다. 소프트 타깃 업데이트 방식과 달리 하드 업데이트 방식은 주기적으로 업데이트를 한다.
16. 학습률 스케줄 업데이트: 현재 타임 스텝에 맞춰 가치 함수의 학습률을 스케줄링한다.
17. 학습률 로깅: 학습률 스케줄을 텐서보드로 확인할 수 있도록 가치 함수의 학습률을 로깅한다.

A 모델 업데이트

작성한 코드가 잘 구현됐는지 다음 코드로 확인해 보자.

코드 18-19 DQNLearner 모델 업데이트(2/3)

```python
# 3. 학습 루프
for i in range(self.config.gradient_steps):
    # 4. 리플레이 버퍼에서 배치 샘플링
    sample_batched = self.buffer.sample(self.config.batch_size)

    # 5. 특징별 변수 처리
    state = sample_batched["state"]
    action = sample_batched["action"]
    reward = sample_batched["reward"]
    next_state = sample_batched["next_state"]
    done = sample_batched["done"]

    # 6. 학습 타임 스텝 증가
    self.learner_step += 1
```

```python
# 7. 타깃 Q-가치 계산
with torch.no_grad():
    next_q_values = self.target_critic(next_state)
    # max() return (max, max_indices) tuple
    next_max_q_value = next_q_values.max(dim=1,
                                         keepdim=True)[0]
    # target bootstrapping
    target_q_value = reward + \
                (1-done)*self.config.gamma*next_max_q_value

# 8. Q-가치 계산
q_values = self.critic(state)
q_value = q_values.gather(1, action.type(torch.int64))

# 9. 가치 함수의 손실 계산
value_loss = self.loss(target_q_value, q_value)

# 10. 백워드 패스 실행
self.optimizer.zero_grad()
value_loss.backward()

# 11. 그레이디언트 클리핑
torch.nn.utils.clip_grad_norm_(
    self.critic.parameters(), self.config.grad_norm_clip
)

# 12. 파라미터 업데이트
self.optimizer.step()

# 13. 소프트 타깃 업데이트
if self.config.target_update_type == "soft":
    self.network.soft_update_target()

# 14. 손실 로깅
self.logger.log_stat("value_loss",
                     value_loss.item(),
                     total_n_timesteps)
```

7. 타깃 Q-가치 계산: 다음과 같은 Q 러닝의 식에 따라 타깃을 계산한다.

$$\boxed{\text{Q-러닝}} \quad Q_\pi(s_t, a_t) = r(s_t, a_t) + \gamma \max_{a_{t+1}} \underbrace{Q'_\pi(s_{t+1}, a_{t+1})}_{\text{타깃 Q-가치 함수}}$$

- $Q_{\emptyset}$가치 함수를 이용해서 다음 상태(next_state)에서 모든 행동에 대한 Q-가치를 계산한다.
- max()를 이용해서 최대 Q-가치를 갖는 최적 행동의 가치(next_max_q_value)를 구한다.
    - next_q_values.max(dim=1, keepdim=True)[0]는 모든 행동의 Q-가치 중 최댓값을 (max, max_indices)와 같은 튜플로 반환하면 0번째 요소인 max를 사용한다.
    - dim=1: next_q_values 텐서에서 Q-가치를 나타내는 차원이 1차원임을 지정한 것이다.
    - keepdim=True: max() 연산 이후 텐서의 모양을 유지하도록 한다.
- 보상(reward)과 다음 최적 행동의 가치(next_max_q_value)를 더해서 타깃 가치를 계산한다.

8. Q-가치 계산:
    - Q-가치 함수를 실행해서 모든 행동에 대한 Q-가치를 계산한다.
    - 계산된 Q-가치에서 행동(action)의 Q-가치를 선택한다. 이 코드에서 gather()는 q_values에서 action을 인덱스로 사용해서 action에 해당하는 값을 추출한다.

18.6 CartPole-v1 학습

이제 DQN 알고리즘을 이용해서 강화학습 환경인 CartPole-v1을 학습시켜 보고 리턴이 최대 값인 500에 도달하는지 확인해 보자.[2]

---

2   CartPole-v1 환경에 대한 설명은 8장을 참고하라.

그림 18-11 OpenGym에서 제공하는 CartPole-v1 환경

18.6.1 학습관련 설정

CarPole-v1 환경을 DQN로 실행할 때 다음과 같이 학습과 관련된 설정 항목은 성능 튜닝의 대상이 된다.

훈련 스텝

- `max_environment_steps: 100000`   # 훈련 모드에서 실행할 최대 환경 타임 스텝
- `n_steps: 128`   # 학습 데이터를 수집하기 위해 실행할 타입 스텝
- `gradient_steps: 64`   # Learner에서 실행할 그레이디언트 스텝 횟수
- `batch_size: 64`   # 배치 크기

할인 계수

- `gamma: 0.99`   # 리턴 계산 시 사용하는 할인 계수

학습률

- `lr_critic: 0.0005`   # 가치 함수 모델의 학습률

타깃 업데이트

- `target_update_type: "soft"`   # 타깃 업데이트 타입 {hard, soft}
- `target_update_interval: 500`   # 하드 업데이트 주기(타임 스텝 단위)

- tau: 0.005   # 소프트 업데이트를 위한 이동 평균 가중치

학습률 스케줄링

- lr_annealing: True   # 학습률 감소를 처리할지 여부

리플레이 버퍼 워밍업

- warmup_step: 1000   # 리플레이 버퍼를 채우기 위해 대기하는 타임 스텝 수

- replay_buffer_size: 10000   # 리플레이 버퍼 크기

입실론 그리디

- epsilon_greedy: False   # 입실론 그리디 사용 여부

- epsilon_start: 0.1   # 입실론 시작 값

- epsilon_finish: 0.01   # 입실론 종료 값

- epsilon_anneal_time: 70000   # 입실론을 감쇄 기간(타임 스텝 기준)

그레이디언트 클리핑

- grad_norm_clip: 0.3   # 그레이디언트 클리핑 임계치 값

네트워크

- critic_hidden_dims: [256, 256]   # 가치 모델의 은닉 계층 뉴런 수를 나타내는 리스트

18.6.2 DQN 실행

CartPole-v1을 DQN 알고리즘을 실행하려면 다음과 같은 셸 명령어로 실행한다.[3]

```
python main.py --agent dqn --env CartPole-v1
```
에이전트 이름   환경 이름

---

3 셸 명령어로 실행할 때는 가상 환경을 활성화 했는지 확인하라. $source activate RL_Book

main.py를 실행할 때 에이전트 이름은 'dqn'로 환경 이름은 'CarPole-v1'으로 지정한다. PyCharm에서 main.py의 default 값을 수정하고 실행해도 된다.

- main.py에서 명령어 인자인 agent의 default 값을 'dqn'으로 수정한다.

- main.py에서 명령어 인자인 env의 default 값을 'CartPole-v1'으로 수정한다.

- main.py 편집 창에 마우스 우클릭을 해서 'Run main' 메뉴를 선택한다.

다음과 같은 콘솔 로그를 확인할 수 있을 것이다.

코드 18-20 DQN 알고리즘 CartPole-v1 학습 콘솔 로그

```
[INFO 15:57:07] root Steps:      1024 | Episode:     42
critic learning rate:    0.000500   len_episodes_mean:      23.003247  returns_mean:
23.003247value_loss:             0.010055

[INFO 15:57:10] root Steps:      2048 | Episode:    135
critic learning rate:    0.000500   len_episodes_mean:      10.941648  returns_mean:
10.941648value_loss:             0.034543

[INFO 15:57:14] root Steps:      3072 | Episode:    167
critic learning rate:    0.000500   len_episodes_mean:      25.765350  returns_mean:
25.765350value_loss:             0.023562

[INFO 15:57:17] root Steps:      4096 | Episode:    171
critic learning rate:    0.000499   len_episodes_mean:     241.200000  returns_mean:
241.200000      value_loss:          0.059683

...
```

로그의 각 항목은 다음과 같다.

- Steps: 현재까지 실행한 환경의 타임 스텝 수

- Episode: 현재까지 실행한 환경의 에피소드 수

- len_episodes_mean: 평균 에피소드 길이

- critic learning rate: 가치 함수의 학습률

- value_loss: 가치 함수의 손실

- returns_mean: 에피소드의 평균 리턴

실행을 완료했을 때 평균 리턴이 최대 500이 도달하면 학습이 잘 됐다고 볼 수 있다.

18.6.3 텐서보드 성능 모니터링

그러면 학습하면서 성능이 어떻게 변화하는지를 텐서보드를 통해 확인해 보자.

1. 콘솔에서 다음 명령으로 텐서보드를 실행한다.
   - $tensorboard --logdir results

2. 웹 브라우저를 통해 텐서보드의 URL로 들어간다.
   - http://localhost:6006/

3. 텐서보드 화면이 나타나면 return_mean 그래프를 확인해본다.
   - 그림 18-12와 같은 학습 곡선이 나타나는지 확인해 보라.

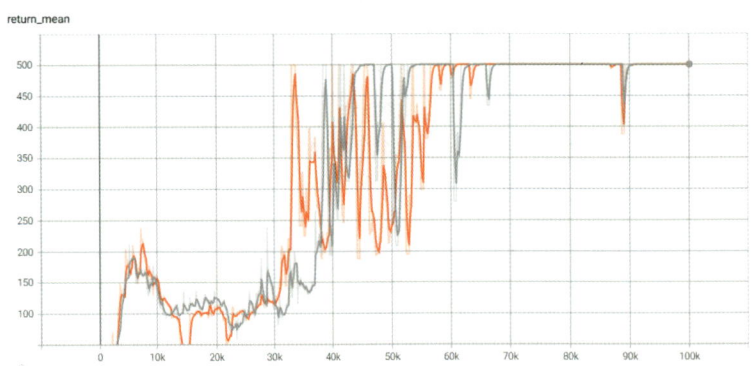

그림 18-12 DQN 학습 곡선 확인(에피소드의 평균 리턴 그래프)

지금까지 학습했던 REINFORCE 베이스라인 적용 알고리즘, A2C(GAE)과 DQN 그 래프를 비교해 보라!

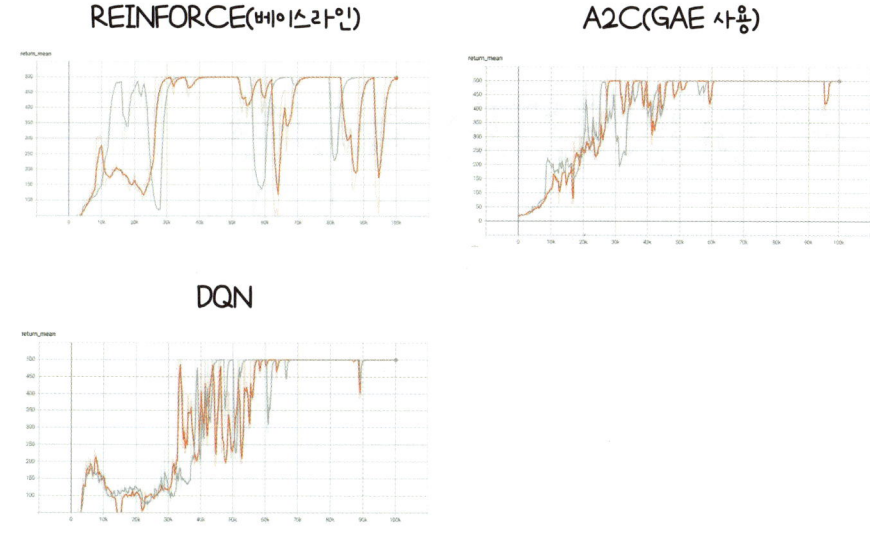

그림 18-13 학습 곡선 비교(에피소드의 평균 리턴 그래프)

상대적으로 DQN이 최적 성능에 조금 늦게 도달하는 모습을 보이고 있다.

Chapter.19
더블 DQN 알고리즘 구현

이번 장에서는 DQN을 개선한 **더블 DQN** 알고리즘을 구현해 보자. 더블 DQN는 그림 19-1과 같이 더블 Q-러닝에서 정의하고 있는 Q-가치 함수의 업데이트 식에 따라 계산된 타깃으로 학습하는 알고리즘이다.

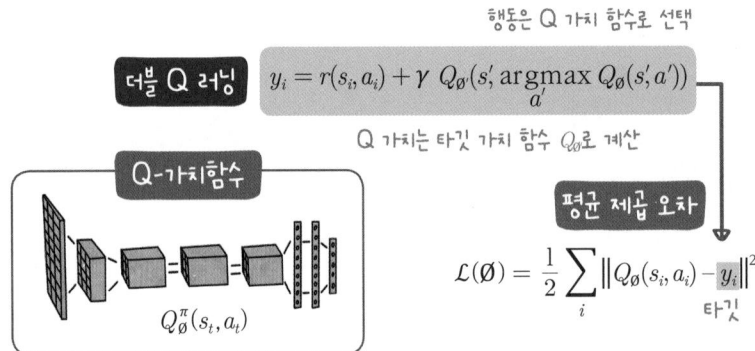

그림 19-1 DDQN(그림 17-12와 동일)

더블 DQN의 학습 순서는 다음과 같다. 학습 순서는 DQN과 같으나 타깃을 계산하는 부분이 다르다. 더블 DQN 알고리즘을 구현해 보고 DQN과 비교해서 성능이 얼마나 개선될지 확인해 보자.

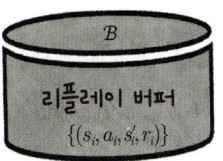

DDQN(Double Deep Q-Network) 방법

1. 타깃 네트워크 파라미터 업데이트 $\emptyset' \leftarrow \emptyset$
2. 임의의 정책으로 데이터셋 $\{(s_i, a_i, s'_i, r_i)\}$ 수집해서 리플레이 버퍼 $\mathcal{B}$에 추가
3. 리플레이 버퍼 $\mathcal{B}$에서 배치 $\{(s_i, a_i, s'_i, r_i)\}$ 샘플링
4. 타깃 계산 $y_i \leftarrow r(s_i, a_i) + \gamma\, Q_{\emptyset'}(s', \underset{a'}{\mathrm{argmax}}\, Q_{\emptyset}(s', a'))$
5. $\emptyset \leftarrow \underset{\emptyset}{\mathrm{argmax}} \frac{1}{2} \sum_i \|Q_{\emptyset}(s_i, a_i) - y_i\|^2$ 파라미터 업데이트

$N \times$, $K \times$

19.1 더블 DQN 알고리즘 구성

강화학습 프레임워크에서 더블 DQN 알고리즘의 소스 코드는 그림 19-2와 같이 "/agents/ddqn" 디렉토리에 정의돼 있고 설정 파일은 "/config/agent/ddqn"에 정의돼 있다.

그림 19-2 더블 DQN 디렉토리 구조

각 파일의 내용은 다음과 같다.

- **더블 DQN 알고리즘 소스 코드**
    - DDQN.py: 더블 DQN 알고리즘 에이전트인 `DDQN`가 정의돼 있다.
    - DDQN_network.py: 더블 DQN 알고리즘의 학습자인 `DDQNNetwrok`가 정의돼 있다.
    - DDQN_learner.py: 더블 DQN 알고리즘의 학습자인 `DDQNLearner`가 정의돼 있다.

- **더블 DQN 알고리즘 설정 파일**[1]
    - CartPole-v1.yaml: 더블 DQN 알고리즘으로 CartPole-v1을 실행할 때 필요할 설정이 정의돼 있다.

19.1.1 에이전트 관련 클래스

더블 DQN 알고리즘의 에이전트, 네트워크, 학습자에 해당하는 DDQN, DDQNLearner, DDQNNetwork 클래스는 그림 19-3과 같이 Agent, DQNLearner, DQNNetwork를 상속받고 있다.

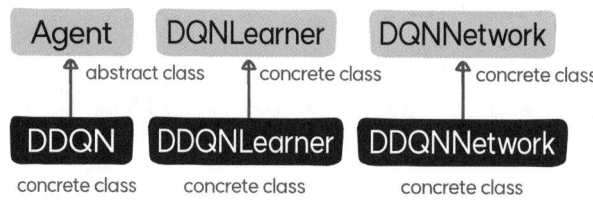

그림 19-3 더블 DQN의 에이전트, 학습자, 네트워크의 클래스

DDQNNetwork는 DQNNetwork와 네트워크 구성이 동일하므로 DQNNetwork를 그대로 상속한다. 또한 DDQNLearner는 DQNLearner를 상속해서 DQN 학습자의 속성과 메서드를 재사용하고 있다.

19.1.2 주요 클래스 구성

더블 DQN 알고리즘을 실행하면 그림 19-4와 같은 순서로 관련 객체가 생성된다.

---

[1] 더블 DQN 알고리즘은 이산 행동만 지원한다. 따라서 연속 행동을 갖는 강화학습 환경을 실행할 수 없으므로 LunarLanderContinuous-v2.yaml 파일은 포함돼 있지 않다.

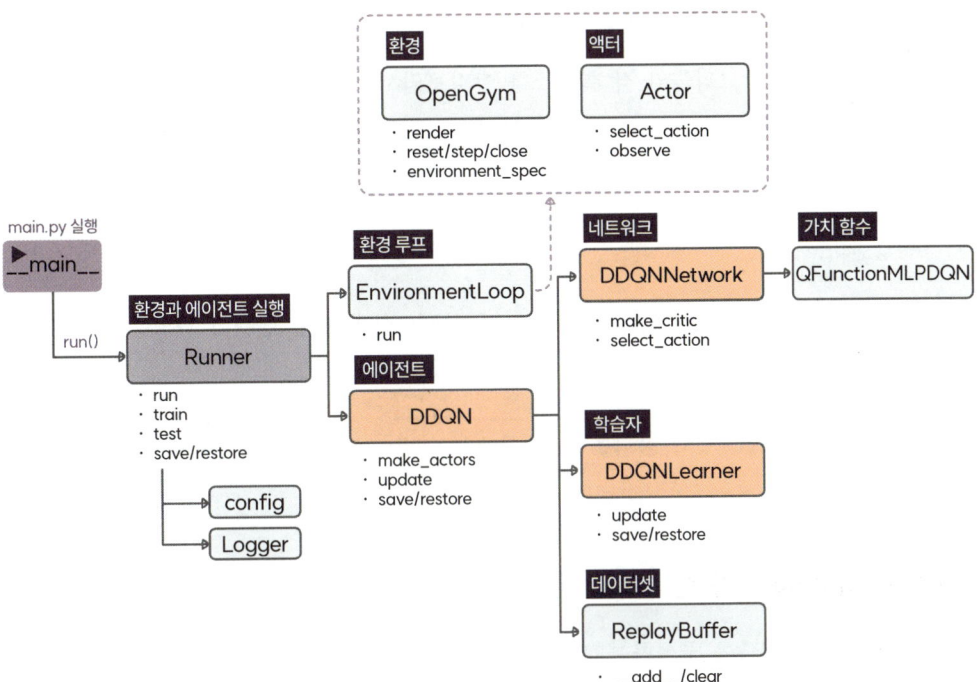

그림 19-4 더블 DQN 클래스 관계도

객체의 생성 순서를 설명하면 다음과 같다.

- main.py는 Runner를 생성하고 run() 메서드를 호출한다.

- Runner의 run() 메서드에서는 강화학습의 핵심 구성 모듈인 에이전트 DDQN과 에이전트와 환경이 상호작용을 하도록 환경 루프 EnvironmentLoop를 생성한다.

- DDQN는 에이전트를 구성하는 액터, 네트워크, 학습자, 데이터셋인 Actor, DDQNNetwork, DDQNLearner, ReplayBuffer를 생성한다.

- DDQNNetwork는 가치 함수인 QFunctionMLPDQN과 생성한 후 이를 복사해 타깃 가치 함수를 생성한다.

- 환경 루프 EnvironmentLoop는 환경인 OpenGym과 액터 Actor를 생성한다.

19.1.3 알고리즘 구현을 위한 실습 준비

이제 더블 DQN 알고리즘의 각 클래스를 살펴보면서 주요 로직을 구현해 볼 것이다. 실습을 위해 다음과 같이 템플릿 파일을 준비를 해 보자.

- **정답 파일 백업**: "/agents/ddqn/answer" 디렉토리를 만들어서 알고리즘 구현 파일을 백업한다.
- **템플릿 파일 이동**: "/agents/ddqn/question" 디렉토리에 있는 템플릿 파일을 상위 디렉토리로 옮긴다.

알고리즘 구현을 위한 실습 방식은 8.1.3절에서 설명한 방식으로 진행한다.

19.2 DDQN 클래스

더블 DQN 알고리즘을 구성하는 DDQN, DDQNNetwork, DDQNLearner 클래스를 구현해 보자. DDQN은 에이전트 클래스로 Agent를 상속받고 있다. 에이전트 클래스는 대부분 베이스 클래스인 Agent의 기능을 그대로 사용한다. 그래서 초기화 함수에서 Agent의 초기화 함수를 다시 호출하면서 ❶ 설정, 로거, 환경을 전달하고 ❷ 학습자와 네트워크 클래스를 지정해주며 ❸ 온라인 정책과 오프라인 정책을 구분한다.

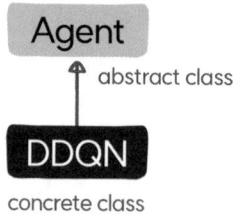

그림 19-5 DDQN 클래스 구성도

19.2.1 클래스 정의

DDQN 클래스는 다음과 같이 정의된다.

메서드

- __init__: 더블 DQN 알고리즘을 실행하는 학습자, 네트워크, 데이터셋으로 구성된 에이전트를 생성한다.

19.2.2 클래스 구현 코드

DDQN 클래스는 다음과 같이 구현돼 있다.

패키지 임포트

코드 19-1 DDQN 에이전트 패키지 임포트

```
from types import SimpleNamespace
from utils.logging import Logger
from envs.environment import Environment
from agents.agent import Agent
from agents.ddqn.ddqn_network import DDQNNetwork
from agents.ddqn.ddqn_learner import DDQNLearner
```

실행 순서는 다음과 같다.

1. 설정(config) 객체를 나타내는 SimpleNamespace를 임포트 한다.
2. 로거 클래스인 Logger를 임포트 한다.
3. 환경 클래스인 Environment를 임포트 한다.
4. 에이전트의 베이스 클래스인 Agent을 임포트 한다.
5. 더블 DQN 알고리즘의 네트워크인 DDQNNetwork를 임포트 한다.
6. 더블 DQN 알고리즘의 학습자인 DDQNLearner를 임포트 한다.

초기화

더블 DQN 알고리즘을 실행하는 학습자, 네트워크, 데이터셋으로 구성된 에이전트를 생성한다.

코드 19-2 DDQN 에이전트 초기화

```
class DDQN(Agent):
    """더블 DQN 알고리즘 에이전트 클래스"""

    def __init__(self,
                 config: SimpleNamespace,
                 logger: Logger,
                 env: Environment):
        """
        더블 DQN 알고리즘을 실행하는
        학습자, 네트워크, 데이터셋으로 구성된 에이전트를 생성

        Args:
            config: 설정
            logger: 로거
            env: 환경
        """

        # 1. 연속 행동인 경우 예외 발생
        if env.environment_spec().b_continuous_action:
            raise Exception("DDQN doesn't support continuous action space")

        # 2. 에이전트 초기화
        super(DDQN, self).__init__(
            config=config,
            logger=logger,
            env=env,
            network_class=DDQNNetwork,
            learner_class=DDQNLearner,
            policy_type="off_policy")
```

실행 순서는 다음과 같다.

1. 연속 행동인 경우 예외 발생: 더블 DQN은 연속 행동은 지원하지 않으므로 예외를 발생시킨다.

2. 에이전트 초기화: 부모 클래스인 Agent의 초기화 함수를 호출한다. 이때 다음과 같은 정보를 전달해서 에이전트의 서브 모듈인 학습자, 네트워크, 데이터셋이 생성

되도록 한다.
- 인자로 받은 설정(config), 로거(logger), 환경(env)을 다시 전달한다.
- 학습자와 네트워크 클래스를 지정한다.
  - 네트워크 클래스로 DDQNNetwork를 지정한다.
  - 학습자 클래스로 DDQNLearner를 지정한다.
- 정책 유형을 오프라인 정책을 나타내는 "off_policy"로 지정한다.

19.3 DDQNNetwork 클래스

DDQNNetwork는 네트워크 클래스로 DQNNetwork를 상속받고 있다. 주요 역할은 ❶ 가치 함수와 타깃 가치 함수 모델을 생성하고 ❷ Q-가치 함수에서 **행동을 선택**하는 것이다.

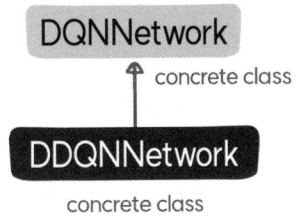

그림 19-6 DDQNNetwork 클래스 구성도

19.3.1 클래스 정의

DDQNNetwork 클래스는 다음과 같이 정의한다.

메서드
- `__init__`: 부모 클래스인 DQNNetwork의 초기화 함수를 호출해서 네트워크를 초기화하고 가치 함수를 생성하며 탐색을 위해 입실론 그리디 객체를 생성한다.

19.3.2 클래스 구현 코드

DDQNNetwork 클래스는 다음과 같이 구현돼 있다.

패키지 임포트

코드 19-3 DDQNNetwork 패키지 임포트

```python
from types import SimpleNamespace
from envs.environment import EnvironmentSpec
from agents.dqn.dqn_network import DQNNetwork
```

실행 순서는 다음과 같다.

1. 설정(config) 객체를 표현하기 위한 SimpleNamespace를 임포트 한다.
2. 환경의 정보를 제공하는 EnvironmentSpec을 임포트 한다.
3. DQN 네트워크 클래스인 DQNNetwork를 임포트 한다.

네트워크 초기화

부모 클래스인 DQNNetwork의 초기화 함수를 호출해서 네트워크를 초기화하고 가치 함수를 생성하며 탐색을 위해 입실론 그리디 객체를 생성한다.

코드 19-4 DDQNNetwork 초기화

```python
class DDQNNetwork(DQNNetwork):
    """더블 DQN 알고리즘 네트워크 클래스"""

    def __init__(self,
                 config: SimpleNamespace,
                 environment_spec: EnvironmentSpec):
        """
        부모 클래스인 DQNNetwork 초기화 함수를 호출해서
        네트워크를 초기화하고 정책과 가치 함수를 생성
        Args:
            config: 설정
            environment_spec: 환경 정보
        """

        # 부모 클래스 초기화 호출
        super().__init__(config, environment_spec)
```

- 부모 클래스 초기화 호출: 부모 클래스인 DDQNNetwork의 초기화 함수를 호출해서 네트워크를 초기화하고 가치 함수를 생성하며 탐색을 위해 입실론 그리디 객체를 생성한다.

19.4 DDQNLearner 클래스

DDQNLearner는 학습자 클래스로 DQNLearner를 상속받고 있다. 주요 역할은 가치 함수 모델을 학습하기 위해 설정에 정해진 그레이디언트 스텝만큼 ❶ 학습하기 위해 데이터셋에서 **배치를 샘플링해** ❷ 더블 Q러닝 업데이트 식에 따라 타깃 가치를 계산해서 가치 함수 모델의 **손실을 계산**하고 ❸ **가치 함수 모델을 업데이트**하고 ❹ 타깃 가치 함수의 **파라미터를 업데이트**하고 ❺ 주요 **성능 정보를 로깅**하는 과정을 반복하는 것이다.

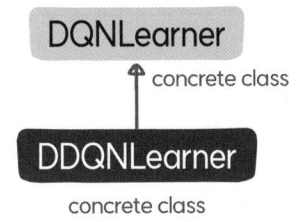

그림 19-7 DDQNLearner 클래스 구성도

19.4.1 클래스 정의

DQNLearner 클래스는 다음과 같이 정의된다.

메서드

- __init__: DQNLearner 클래스의 초기화 메서드를 호출해 학습자를 초기화한다.

- update: 더블 Q-러닝 업데이트 식에 따라 타깃을 계산해서 휴버 손실로 가치 함수를 학습한다. 그리고 타깃 가치 함수 모델을 하드 및 소프트 업데이트하고 성능 정보를 로깅한다.

19.4.2 클래스 구현 코드

이제 DDQNLearner 클래스를 구현해 보자. DDQNLearner 클래스의 코드에는 더블 Q-러닝 업데이트 식에 따라 타깃을 계산하는 부분이 비어 있다. 이 부분을 완성해 보자.

패키지 임포트

코드 19-5 DDQNLearner 패키지 임포트

```
import torch
from types import SimpleNamespace
from datasets.replay_buffer import ReplayBuffer
from agents.ddqn.ddqn_network import DDQNNetwork
from envs.environment import EnvironmentSpec
from utils.logging import Logger
from agents.dqn.dqn_learner import DQNLearner
```

실행 순서는 다음과 같다.

1. 딥러닝 구현을 위한 PyTorch 패키지 torch를 임포트 한다.
2. 설정(config) 객체를 표현하기 위한 SimpleNamespace를 임포트 한다.
3. 오프라인 정책의 데이터셋 버퍼인 ReplayBuffer를 임포트 한다.
4. 더블 DQN 알고리즘의 네트워크인 DDQNNetwork를 임포트 한다.
5. 환경의 정보를 제공하는 EnvironmentSpec을 임포트 한다.
6. 로거 클래스인 Logger를 임포트 한다.
7. DQN의 학습자인 DQNLearner를 임포트 한다.

초기화

DQNLearner 클래스의 초기화 메서드를 호출해 학습자를 초기화한다.

코드 19-6 DDQNLearner 초기화

```
class DDQNLearner(DQNLearner):
    """더블 DQN 알고리즘 학습자 클래스"""
```

```python
def __init__(self,
             config: SimpleNamespace,
             logger: Logger,
             environment_spec: EnvironmentSpec,
             network: DDQNNetwork,
             buffer: ReplayBuffer):
    """
    DQNLearner 클래스의 초기화 메서드를 호출해 학습자를 초기화
    Args:
        config: 설정
        logger: 로거
        environment_spec: 환경 정보
        network: 네트워크
        buffer: 버퍼
    """

    # 부모 클래스 초기화 호출
    super().__init__(config, logger, environment_spec, network, buffer)
```

- **부모 클래스 초기화 호출**: DQNLearner 클래스의 초기화를 호출한다.

Q 모델 업데이트

더블 Q-러닝 업데이트 식에 따라 타깃을 계산해서 휴버 손실로 가치 함수를 학습한다. 그리고 타깃 가치 함수 모델을 하드 및 소프트 업데이트하고 성능 정보를 로깅한다.

코드 19-7 DDQNLearner 모델 업데이트(1/3)

```python
def update(self, total_n_timesteps: int, total_n_episodes: int) -> bool:
    """
    더블 Q-러닝 업데이트 식에 따라 타깃을 계산해서 휴버 손실로 가치 함수를 학습
    그리고 타깃 가치 함수 모델을 하드 및 소프트 업데이트하고 성능 정보를 로깅

    Args:
        total_n_timesteps: 현재 타임 스텝
        total_n_episodes: 현재 에피소드
```

```
        Returns:
            정책 평가 및 개선 실행 여부
        """

        # 1. 워밍업 상태면 반환
        if len(self.buffer) < self.config.warmup_step: return False

        # 2. 버퍼 샘플링이 안되면 반환
        if not self.buffer.can_sample(
                batch_size=self.config.batch_size): return False
```

실행 순서는 다음과 같다.

1. 워밍업 상태면 반환: 리플레이 버퍼를 채우기 위한 워밍업 상태이면 모델을 업데이트 하지 않고 바로 반환한다.
2. 버퍼 샘플링이 가능하지 않으면 반환: 버퍼에 배치 크기만큼의 데이터가 없으면 반환한다.

DQN과는 다르게 Q-가치 함수를 모델을 업데이트하기 위해 **더블 Q-러닝 업데이트 식으로 타깃을 계산**한다.

$$\text{더블 Q 러닝} \quad y_i = r(s_i, a_i) + \gamma \, Q_{\emptyset'}(s', \underset{a'}{\arg\max} \, Q_\emptyset(s', a'))$$

행동은 Q-가치 함수로 선택
Q-가치는 타깃 가치 함수 $Q_{\emptyset'}$로 계산

특히 두 번째 항을 계산할 때 ❶ 다음 상태에서의 행동을 선택할 때는 Q-가치 함수(ctiric)로 선택하고 ❷ 다음 행동의 Q-가치를 계산할 때는 타깃 가치 함수(target_critic)로 계산한다는 점을 유의해서 다음 코드의 # your code 부분을 완성해 보자.

코드 19-8 DDQNLearner 모델 업데이트(2/3)

```
        # 3. 학습 루프
        for i in range(self.config.gradient_steps):
            # 4. 리플레이 버퍼에서 배치 샘플링
```

```python
sample_batched = self.buffer.sample(self.config.batch_size)

# 5. 특징별 변수 처리
state = sample_batched["state"]
action = sample_batched["action"]
reward = sample_batched["reward"]
next_state = sample_batched["next_state"]
done = sample_batched["done"]

# 6. 학습 타임 스텝 증가
self.learner_step += 1

# 7. 더블 DQN 타깃 계산
with torch.no_grad():
    target_q_value = None # your code

# 8. Q-가치 계산
q_values = self.critic(state)
q_value = q_values.gather(1, action.type(torch.int64))

# 9. 가치 함수의 손실 계산
value_loss = self.loss(target_q_value, q_value)

# 10. 백워드 패스 실행 (그레이디언트 계산)
self.optimizer.zero_grad()
value_loss.backward()

# 11. 그레이디언트 클리핑
torch.nn.utils.clip_grad_norm_(
    self.critic.parameters(), self.config.grad_norm_clip
)

# 12. 파라미터 업데이트
self.optimizer.step()

# 13. 소프트 타깃 업데이트
if self.config.target_update_type == "soft":
    self.network.soft_update_target()
```

```
# 14. 손실 로깅
self.logger.log_stat("value_loss",
                     value_loss.item(),
                     total_n_timesteps)
```

실행 순서는 다음과 같다.

3. **학습 루프**: 설정에 지정된 그레이디언트 스텝(config.gradient_steps) 수만큼 모델 업데이트를 반복한다.
4. **리플레이 버퍼에서 배치 샘플링**: 리플레이 버퍼에서 지정된 배치 크기로 배치를 샘플링한다.
5. **특징별 변수 처리**: 코드를 간결하게 하기 위해 샘플링된 배치의 필드별로 변수를 할당해서 사용한다.
6. **학습 타입 스텝 증가**: 학습 타입 스텝을 1 증가시킨다.
7. **더블 DQN 타깃 y_i 계산**: 타깃 Q-가치 함수와 Q-가치 함수를 이용해서 더블 Q 러닝의 업데이트 식에 따라 타깃을 계산한다.

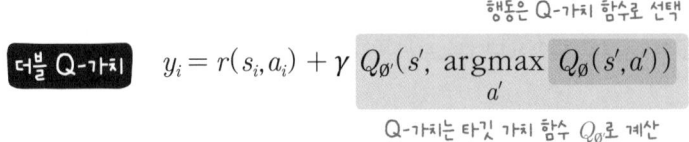

8. **Q-가치 계산**: Q-가치 함수를 실행해서 행동(action)의 Q-가치를 계산한다.
   - Q-가치 함수를 실행해서 모든 행동에 대한 Q-가치를 계산한다.
   - 계산된 Q-가치에서 행동(action)의 Q-가치를 선택한다. 이 코드에서 gather()는 q_values에서 action을 인덱스로 사용해서 action에 해당하는 값을 추출한다.
9. **가치 함수의 손실 계산**: 휴버 손실 함수로 가치 함수의 손실을 계산한다.
10. **백워드 패스 실행**(그레이디언트 계산): 역전파 알고리즘을 실행한다.
11. **그레이디언트 클리핑**: 그레이디언트가 너무 커지지 않도록 클리핑한다.
12. **파라미터 업데이트**: 옵티마이저를 이용해서 파라미터를 업데이트 한다.
13. **소프트 타깃 업데이트**: 타깃 업데이트 방식이 소프트 방식이면 타깃 가치 함수의 파라미터를 소프트 업데이트 한다.

14. 손실 로깅: 가치 함수 손실을 텐서보드로 확인할 수 있도록 로깅한다.

코드 19-9 DDQNLearner 모델 업데이트(3/3)

```python
# 15. 타깃 하드 업데이트
if (self.config.target_update_type == "hard" and
    (total_n_timesteps - self.last_target_update_step)
        >= self.config.target_update_interval):
    self.network.hard_update_target()
    self.last_target_update_step = total_n_timesteps

# 16. 학습률 스케줄 업데이트
if self.config.lr_annealing:
    self.critic_lr_scheduler.step(total_n_timesteps)
    # 17. 학습률 로깅
    self.logger.log_stat("critic learning rate",
                         self.optimizer.param_groups[0]['lr'],
                         total_n_timesteps)

return True
```

실행 순서는 다음과 같다.

15. **타깃 하드 업데이트**: 타깃 업데이트 방식이 하드 방식이면 타깃 가치 함수의 파라미터를 하드 업데이트 한다. 소프트 타깃 업데이트 방식과 달리 하드 업데이트 방식은 주기적으로 업데이트를 한다.
16. **학습률 스케줄 업데이트**: 현재 타임 스텝에 맞춰 가치 함수의 학습률을 스케줄링한다.
17. **학습률 로깅**: 학습률 스케줄을 텐서보드로 확인할 수 있도록 가치 함수의 학습률을 로깅한다.

A 모델 업데이트

작성한 코드가 잘 구현됐는지 다음 코드로 확인해 보자.

코드 19-10 DDQNLearner 모델 업데이트(2/3)

```python
# 3. 학습 루프
for i in range(self.config.gradient_steps):
    # 4. 리플레이 버퍼에서 배치 샘플링
    sample_batched = self.buffer.sample(self.config.batch_size)

    # 5. 특징별 변수 처리
    state = sample_batched["state"]
    action = sample_batched["action"]
    reward = sample_batched["reward"]
    next_state = sample_batched["next_state"]
    done = sample_batched["done"]

    # 6. 학습 타임 스텝 증가
    self.learner_step += 1

    # 7. 더블 DQN 타깃 계산
    with torch.no_grad():
        next_q_values = self.critic(next_state)
        next_action = next_q_values.argmax(dim=1, keepdim=True)
        next_q_values = self.target_critic(next_state)
        next_max_q_value = next_q_values.gather(1, next_action)
        # target bootstrapping
        target_q_value = reward + \
                        (1-done)*self.config.gamma*next_max_q_value

    # 8. Q-가치 계산
    q_values = self.critic(state)
    q_value = q_values.gather(1, action.type(torch.int64))

    # 9. 가치 함수의 손실 계산
    value_loss = self.loss(target_q_value, q_value)

    # 10. 백워드 패스 실행
    self.optimizer.zero_grad()
    value_loss.backward()
```

```python
# 11. 그레이디언트 클리핑
torch.nn.utils.clip_grad_norm_(
    self.critic.parameters(), self.config.grad_norm_clip
)

# 12. 파라미터 업데이트
self.optimizer.step()

# 13. 소프트 타깃 업데이트
if self.config.target_update_type == "soft":
    self.network.soft_update_target()

# 14. 손실 로깅
self.logger.log_stat("value_loss",
                     value_loss.item(),
                     total_n_timesteps)
```

7. 더블 DQN 타깃 y_i 계산: 다음과 같은 더블 Q 러닝의 식에 따라 타깃을 계산한다.

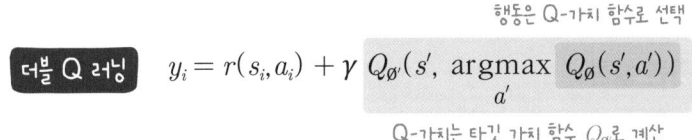

- Q-가치 함수를 이용해서 다음 상태에서 최대 Q-가치를 갖는 행동(next_action)을 선택한다.
  - next_q_values.argmax(dim=1, keepdim=True)는 Q-가치가 가장 큰 행동의 인덱스를 구한다.
    - dim=1: 행동의 가치를 나타내는 차원을 지정한 것이다.
    - keepdim=True: argmax() 연산 이후 텐서의 모양을 유지하도록 한다.
- 타깃 가치 함수인 $Q_{\phi'}$를 이용해서 다음 행동(next_action)의 Q-가치(next_max_q_value)를 계산한다.
  - next_q_values.gather(1, next_action)에서 gather()는 next_q_values에서 next_action를 인덱스로 사용해서 next_action에 해당하는 값을 추출한다.

- 보상(reward)과 다음 행동의 가치(next_max_q_value)를 더해서 타깃 가치를 계산한다.

19.5 CartPole-v1 학습

이제 더블 DQN 알고리즘을 이용해서 강화학습 환경인 CartPole-v1을 학습시켜 보고 리턴이 최대 값인 500에 도달하는지 확인해 보자.[2]

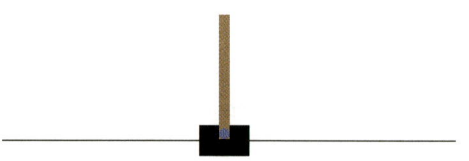

그림 19-8 OpenGym에서 제공하는 CartPole-v1 환경

19.5.1 학습관련 설정

CarPole-v1 환경을 더블 DQN로 실행할 때 다음과 같이 학습과 관련된 설정 항목은 성능 튜닝의 대상이 된다.

훈련 스텝

- max_environment_steps: 100000   # 훈련 모드에서 실행할 최대 환경 타임 스텝

- n_steps: 128   # 학습 데이터를 수집하기 위해 실행할 타임 스텝

- gradient_steps: 64   # Learner에서 실행할 그레이디언트 스텝 횟수

- batch_size: 64   # 배치 크기

---

2   CartPole-v1 환경에 설명은 8장을 참고하라.

할인 계수

- gamma: 0.99   # 리턴 계산 시 사용하는 할인 계수

학습률

- lr_critic: 0.0005   # 가치 함수 모델의 학습률

타깃 업데이트

- target_update_type: "soft"   # 타깃 업데이트 타입 {hard, soft}

- target_update_interval: 500   # 하드 업데이트 주기(타임 스텝 단위)

- tau: 0.005   # 소프트 업데이트를 위한 이동 평균 가중치

학습률 스케줄링

- lr_annealing: True   # 학습률 감소를 처리할지 여부

리플레이 버퍼 워밍업

- warmup_step: 1000   # 리플레이 버퍼를 채우기 위해 대기하는 타임 스텝 수

- replay_buffer_size: 10000   # 리플레이 버퍼 크기

입실론 그리디

- epsilon_greedy: False   # 입실론 그리디 사용 여부

- epsilon_start: 0.1   # 입실론 시작 값

- epsilon_finish: 0.01   # 입실론 종료 값

- epsilon_anneal_time: 70000   # 입실론을 감쇄 기간(타임 스텝 기준)

그레이디언트 클리핑

- grad_norm_clip: 0.3   # 그레이디언트 클리핑 임계치 값

네트워크

- `critic_hidden_dims: [256, 256]`   # 가치 모델의 은닉 계층 뉴런 수를 나타내는 리스트

19.5.2 DDQN 실행

CartPole-v1을 더블 DQN 알고리즘을 실행하려면 다음과 같은 쉘 명령어로 실행한다.[3]

```
python main.py --agent ddqn --env CartPole-v1
                  에이전트 이름        환경 이름
```

main.py를 실행할 때 에이전트 이름은 'ddqn'로 환경 이름은 'CarPole-v1'으로 지정한다. PyCharm에서 main.py의 default 값을 수정하고 실행해도 된다.

- main.py에서 명령어 인자인 agent의 default 값을 'ddqn'으로 수정한다.

- main.py에서 명령어 인자인 env의 default 값을 'CartPole-v1'으로 수정한다.

- main.py 편집 창에 마우스 우클릭을 해서 'Run main' 메뉴를 선택한다.

다음과 같은 콘솔 로그를 확인할 수 있을 것이다.

코드 19-11 더블 DQN 알고리즘 CartPole-v1 학습 콘솔 로그

```
[INFO 15:57:07] root Steps:      1024 | Episode:      42
critic learning rate:    0.000500   len_episodes_mean:      23.003247  returns_mean:
23.003247value_loss:         0.010055

[INFO 15:57:10] root Steps:      2048 | Episode:     135
critic learning rate:    0.000500   len_episodes_mean:      10.941648  returns_mean:
10.941648value_loss:         0.034543

[INFO 15:57:14] root Steps:      3072 | Episode:     167
critic learning rate:    0.000500   len_episodes_mean:      25.765350  returns_mean:
25.765350value_loss:         0.023562
```

---

3 쉘 명령어로 실행할 때는 가상 환경을 활성화 했는지 확인하라. $source activate RL_Book

```
[INFO 15:57:17] root Steps:        4096 | Episode:     171
critic learning rate:     0.000499  len_episodes_mean:         241.200000 returns_mean:
241.200000         value_loss:          0.059683

...
```

로그의 각 항목은 다음과 같다.

- Steps: 현재까지 실행한 환경의 타임 스텝 수

- Episode: 현재까지 실행한 환경의 에피소드 수

- len_episodes_mean: 평균 에피소드 길이

- critic learning rate: 가치 함수의 학습률

- value_loss: 가치 함수의 손실

- returns_mean: 에피소드의 평균 리턴

실행을 완료했을 때 평균 리턴이 최대 500이 도달하면 학습이 잘 됐다고 볼 수 있다.

19.5.3 텐서보드 성능 모니터링

학습하면서 성능이 어떻게 변화하는지를 텐서보드를 통해 확인해 보자. 그림 19-9와 같은 학습 곡선이 나타나는지 확인해 보라.

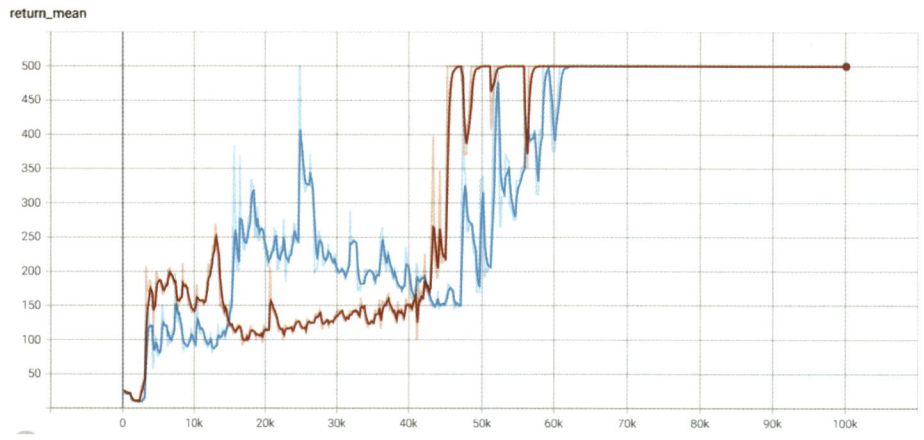

그림 19-9 DDQN 학습 곡선 확인(에피소드의 평균 리턴 그래프)

DDQN 그래프를 지금까지 학습했던 REINFORCE 베이스라인 적용 알고리즘, A2C(GAE), DQN과 비교해 보라!

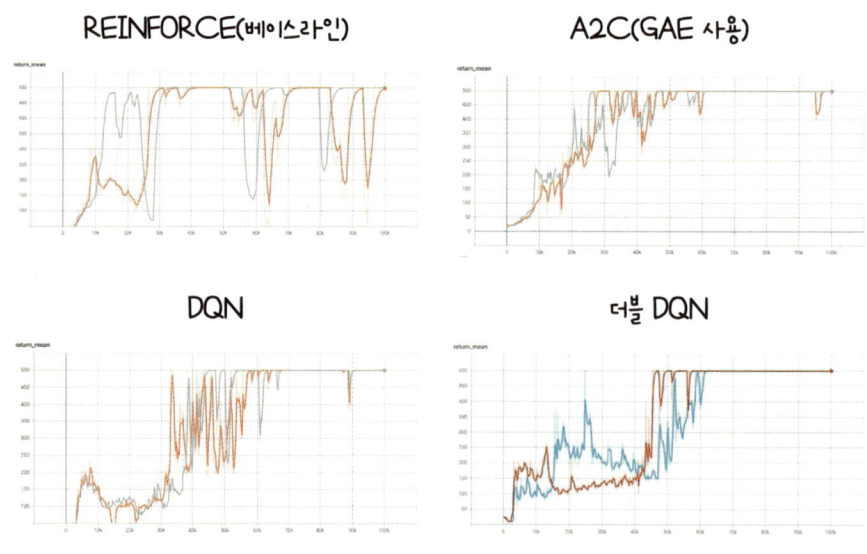

그림 19-10 학습 곡선 비교(에피소드의 평균 리턴 그래프)

DQN과 더블 DQN 그래프를 비교해 보면 더블 DQN이 조금 더 안정적인 그래프를 그리고 있다.

Part.7

강화학습 성능 개선
분산 강화학습

그 동안 강화학습 프레임워크와 모델 프리 강화학습의 알고리즘 종류별로 이론을 살펴보고 그 중 가장 기본이 되는 강화학습 알고리즘도 구현해 봤다. 이번 파트에서는 강화학습의 성능을 개선하기 위한 알고리즘과 학습 방식에 대해 살펴본다. 정책 기반 방법 중 학습 성능과 안정성을 개선한 알고리즘인 PPO와 분산 강화학습을 위한 멀티 환경 러너를 살펴보고 분산 처리 방식으로 강화학습을 했을 때 학습 속도가 어떻게 개선되는지 확인해 보도록 하자.

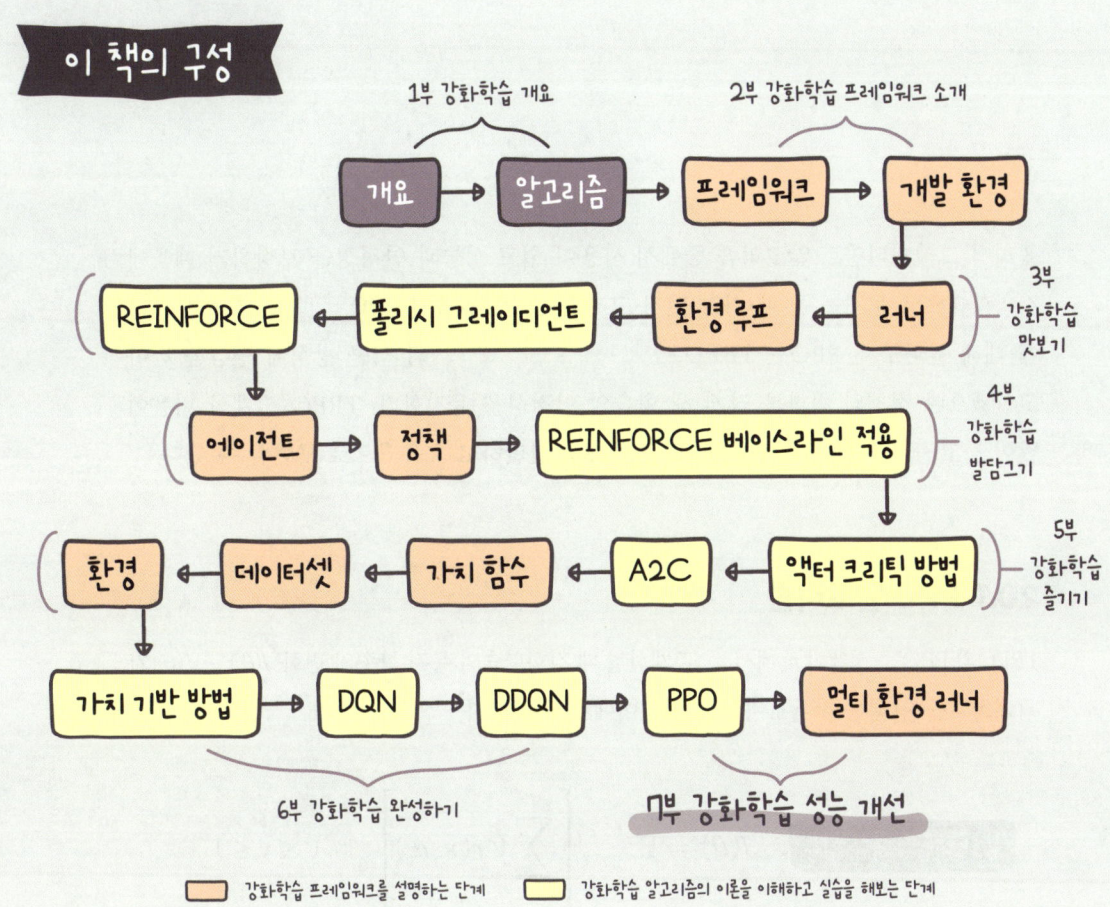

Chapter.20
PPO 알고리즘

폴리시 그레이디언트 알고리즘 중에서 사용이 쉽고 성능과 안정성을 보장하기 때문에 강화학습으로 문제를 풀 때 가장 먼저 고려하는 알고리즘인 PPO^{Proximal Policy Optimization}에 대해 살펴보자. PPO는 TRPO^{Trust Region Policy Optimization}의 접근 방식에 영감을 받아 고안됐으며 정책의 변화를 작게 해 학습의 안정성을 유지한다. TRPO는 계산 비용이 많이 들고 구현이 복잡한데 비해 PPO는 매우 간단하고 효율적으로 구현할 수 있다.

20.1 PPO 알고리즘

TRPO와 PPO는 정책이 π_θ에서 $\pi_{\theta'}$로 개선될 때 강화학습의 목적 함수의 변화 $J(\theta') - J(\theta)$가 최대화되는 정책을 찾아보자는 아이디어에서 출발한다.

강화학습의 목적 함수

$$J(\theta) = \mathbb{E}_{\tau \sim p_\theta(\tau)} \left[\sum_{t=1}^{T} \gamma^t r(s_t, a_t) \right] \quad 0 \leq \gamma \leq 1$$

할인 계수

학습의 안정성을 위해 TRPO는 정책 갱신 단계에서 정책이 이전 정책과 너무 멀리 이동하지 않도록 **신뢰 영역**Trust Region을 정의하고 이 신뢰 영역 내에서만 정책을 업데이트한다. 그림 20-1은 TRPO가 정책을 신뢰 영역 내에서 조금씩 개선하는 과정을 시각적으로 보여주고 있다.

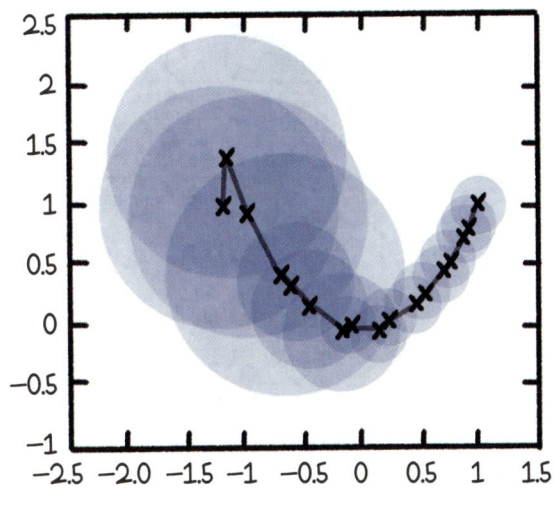

그림 20-1 TRPO의 최적화 전략

TRPO와 마찬가지로 PPO도 정책을 조금씩 개선하지만 정책의 이동 범위를 제약하는 방식이 다르다. PPO가 어떻게 구성돼 있고 $J(\theta') - J(\theta)$가 최대화되는 정책을 어떻게 찾고자 하는지 확인해 보자.

20.1.1 PPO 알고리즘

PPO는 그림 20-2에 정의된 목적 함수로 정책을 학습한다. PPO는 정책이 조금씩 개선될 때 강화학습의 목적 함수의 변화 $J(\theta') - J(\theta)$가 최대화되도록 ❶ **이득의 기댓값이 최대화**되는 방향으로 정책 $\pi_{\theta'}$을 개선하는 동시에 ❷ $\pi_{\theta'}$**가** π_θ**에서 많이 멀어지지 않도록 제약**하고 있다. 목적 함수의 자세한 유도 과정은 잠시 뒤에서 살펴보도록 하겠다.

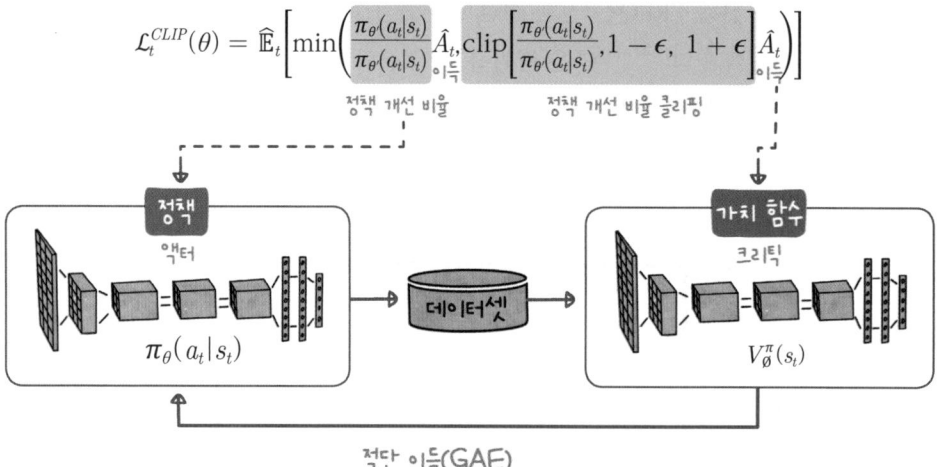

그림 20-2 PPO

PPO는 정책 기반으로 학습할 수도 있고, 액터-크리틱 방식으로 학습할 수도 있다. 액터-크리틱 방식으로 학습할 경우 일반화된 이득인 GAE를 사용하며 이득의 정확성을 높이고 편향을 줄일 수 있다.

PPO의 목적 함수

PPO의 목적 함수는 ❶ 정책 목표 ❷ 가치 함수 손실 ❸ 엔트로피 보너스 항으로 구성된다.

PPO 목적함수
$$\mathcal{L}_t(\theta, \emptyset) = \widehat{\mathbb{E}}_t \left[\mathcal{L}_t^{CLIP}(\theta) - c_1 \mathcal{L}_t^V(\emptyset) + c_2 S(\pi_\theta(s_t)) \right]$$
❶ 정책 목표 ❷ 가치 함수 손실 ❸ 엔트로피 보너스

c_1: 가치 함수 손실 계수
c_2: 엔트로피 보너스 계수

❶ 정책 목표
$$\mathcal{L}_t^{CLIP}(\theta) = \widehat{\mathbb{E}}_t \left[\min\left(\frac{\pi_\theta(a_t|s_t)}{\pi_\theta(a_t|s_t)} \widehat{A}_t, \text{clip}\left[\frac{\pi_\theta(a_t|s_t)}{\pi_\theta(a_t|s_t)}, 1-\epsilon, 1+\epsilon \right] \widehat{A}_t \right) \right]$$
정책 개선 비율 / 정책 개선 비율 클리핑

❷ 가치 함수 손실
$$\mathcal{L}_t^V(\emptyset) = (V_\emptyset(s_t) - V_t^{targ})^2$$
타깃

❸ 엔트로피 보너스
$$S(\pi_\theta(s_t)) = \mathcal{H}[\pi_\theta(s_t)]$$
엔트로피

정책의 목표

정책의 목표는 이득의 기댓값이 최대화되도록 정책 $\pi_{\theta'}$을 개선하는 동시에 $\pi_{\theta'}$가 π_θ에서 많이 멀어지지 않도록 제약하는 것이다. 이때 PPO가 $\pi_{\theta'}$가 π_θ에서 많이 멀어지지 않게 제약하는 방식이 TRPO의 방식과 어떻게 다른지 비교해 보자.

TRPO의 경우 π_θ와 $\pi_{\theta'}$의 **쿨백-라이블러 발산**Kullback–Leibler Divergence을 최소화해서 두 정책의 거리를 제한한다.

$$L^{TRPO}(\theta) = E\left[\frac{\pi_{\theta'}(a_t|s_t)}{\pi_\theta(a_t|s_t)}\hat{A}_t - \beta KL[\pi_\theta(a_t|s_t)|\pi_{\theta'}(a_t|s_t)]\right]$$

TRPO는 쿨백-라이블러 발산 부분을 테일러 전개를 해서 2차식으로 근사한 후 최적화를 하는데, 이때 2차 미분을 하게 되면서 계산 비용이 높아지고 구현이 복잡해지는 단점이 있다. 반면 PPO는 정책 개선 비율을 일정 크기 이내로 클리핑해서 두 정책의 거리를 제한한다. 식이 1차 식으로 표현되기 때문에 구현이 매우 간단하다.

$$L^{CLIP}(\theta) = E\left[\min_\theta\left(\frac{\pi_{\theta'}(a_t|s_t)}{\pi_\theta(a_t|s_t)}\hat{A}_t,\ clip\left[\frac{\pi_{\theta'}(a_t|s_t)}{\pi_\theta(a_t|s_t)},\ 1-\epsilon,\ 1+\epsilon\right]\hat{A}_t\right)\right]$$

가치 함수의 손실

가치 함수는 A2C 알고리즘에서 봤던 것과 같은 방식으로 학습한다. 손실 함수는 평균 제곱 오차이며 타깃은 MC 리턴이나 n-스텝 리턴과 같은 리턴이거나 GAE로 계산한 이득에 가치를 더한 값으로 계산한다.

엔트로피 보너스

엔트로피 보너스는 정책의 엔트로피를 최대화해 탐색과 활용의 균형을 맞추는 것이 목표이다. 정책의 엔트로피가 높을수록 행동이 다양해지면서 탐색이 강화되며 엔트로피가 낮을수록 최적 행동을 강화하게 되면서 활용이 강화된다. 정책을 학습할수록 엔트로피는 점점 작아진다.

구현 시 목적 함수

알고리즘을 구현할 때는 목적 함수에서 기댓값을 몬테카를로 추정을 해서 다음과 같이 경로에 대한 평균 식으로 변형해서 사용한다.

PPO 목적함수

$$\mathcal{L}_t^{CLIP}(\theta) = \hat{\mathbb{E}}_t\left[\min\left(\frac{\pi_\theta(a_t|s_t)}{\pi_\theta(a_t|s_t)}\hat{A}_t, \text{clip}\left[\frac{\pi_\theta(a_t|s_t)}{\pi_\theta(a_t|s_t)}, 1-\epsilon,\ 1+\epsilon\right]\hat{A}_t\right)\right]$$

$$\approx \frac{1}{N}\sum_{i=1}^{N}\sum_{t=1}^{T}\min\left(\frac{\pi_\theta(a_t|s_t)}{\pi_\theta(a_t|s_t)}\hat{A}_t, \text{clip}\left[\frac{\pi_\theta(a_t|s_t)}{\pi_\theta(a_t|s_t)}, 1-\epsilon,\ 1+\epsilon\right]\hat{A}_t\right)$$

몬테카를로 추정
N: 경로 데이터 수

그리고 다시 전체 데이터셋에 대한 평균 식으로 변형해서 학습이 용이한 상태로 만든다.

PPO 목적함수

로그 가능도 비율 · 이득 · 로그 가능도 비율 · 이득

$$\mathcal{L}_t^{CLIP}(\theta) \approx \frac{1}{|D|}\sum_{s \in D}\min\left(\frac{\pi_\theta(a_t|s_t)}{\pi_\theta(a_t|s_t)}\hat{A}_t, \text{clip}\left[\frac{\pi_\theta(a_t|s_t)}{\pi_\theta(a_t|s_t)}, 1-\epsilon,\ 1+\epsilon\right]\hat{A}_t\right)$$

$$D = \{(s_t, a_t) \in \tau_i,\ i=1,2,\ldots,N\}$$ 데이터셋

전체 데이터셋의 크기는 $|D| = N \times T$이므로 아래 식은 위의 식에 상수 $\frac{1}{T}$을 곱한 식이 돼 최적해는 변하지 않는다.

학습 단계

PPO의 실행 순서는 다음과 같다.

PPO(Proximal Policy Optimization) 방법

1. 정책 $\pi_\theta(a|s)$에서 $\{s_i, a_i\}$ 샘플링 정책을 실행해서 데이터셋 수집
2. 가치 함수 $V_\emptyset^\pi(s_i)$ 학습 평균 제곱 오차로 학습
3. $\pi_\theta(a_t|s_t)$와 GAE $\hat{A}_t$ 계산 가능도와 GAE 계산
4. $\mathcal{L}_t^{CLIP}(\theta) \approx \frac{1}{N}\sum_{i=1}^{N}\sum_{t=1}^{T}\min\left(\frac{\pi_\theta(a_t|s_t)}{\pi_\theta(a_t|s_t)}\hat{A}_t, \text{clip}\left[\frac{\pi_\theta(a_t|s_t)}{\pi_\theta(a_t|s_t)}, 1-\epsilon,\ 1+\epsilon\right]\hat{A}_t\right)$ 정책의 목표 계산
5. $\theta \leftarrow \theta + \alpha \nabla_\theta J(\theta)$ 정책 파라미터 업데이트

먼저 정책을 실행해서 데이터셋을 수집한다. 가치 함수 $V_\phi(s_t)$를 학습한다. 이때 가치 함수의 타깃은 몬테카를로 추정이나 n-스텝 리턴, GAE에서 가치를 더해서 계산하며 평균 제곱 오차로 학습한다. 정책의 비율과 이득을 이용해서 정책의 목적 함수를 구성한다. 정책의 목적 함수를 정책의 파라미터 θ에 대해 미분해서 경사 하강법에 따라 θ를 업데이트한다. 가치 함수와 정책이 수렴할 때까지 이 과정을 반복한다.

20.1.2 PPO 유도 과정

이제 PPO를 유도해 볼 것이다. 유도 과정은 다음과 같이 3단계로 진행한다.

1단계 정책이 π_θ에서 $\pi_{\theta'}$로 개선될 때 $J(\theta') - J(\theta)$가 이득의 기댓값임을 보인다.

$$\underbrace{J(\theta') - J(\theta)}_{\text{강화학습의 목적 함수의 차}} = \mathbb{E}_{\tau \sim p_{\theta'}(\tau)}\left[\sum \gamma^t \underbrace{A^{\pi_\theta}(s_t|a_t)}_{\text{이득}}\right]$$

2단계 π_θ가 $\pi_{\theta'}$와 가깝다는 가정 하에 식을 $\bar{A}(\theta')$으로 근사한다.

$$J(\theta') - J(\theta) \approx \bar{A}(\theta') \Rightarrow \theta' \leftarrow \underset{\theta'}{\mathrm{argmax}}\, \bar{A}(\theta')$$

$$\bar{A}(\theta') = \sum_t \mathbb{E}_{s_t \sim p_\theta(s_t)}\left[\mathbb{E}_{a_t \sim \pi_\theta(a_t|s_t)}\left[\frac{\pi_{\theta'}(a_t|s_t)}{\pi_\theta(a_t|s_t)} \gamma^t A^{\pi_\theta}(s_t|a_t)\right]\right]$$

3단계 정책의 개선 비율을 클리핑해 PPO의 목적 함수를 도출한다.

PPO는 **정책을 개선**policy iteration할 때 강화학습의 목적 함수가 최대한 커지도록 만드는 것이 목표이다. 이런 목표는 정책이 π_θ에서 $\pi_{\theta'}$로 개선될 때 강화학습의 목적 함수의 변화 $J(\theta') - J(\theta)$를 최대화하는 것과 같다. 그리고, $J(\theta') - J(\theta)$를 계산하면 이득의 기댓값으로 표현된다. 문제는 기댓값 안의 정책은 π_θ인데 밖의 정책은 $\pi_{\theta'}$라서 계산이 쉽지 않다는 것이다. 그래서 PPO는 π_θ과 $\pi_{\theta'}$가 아주 가깝다고 가정하고 기대 확률을 $\pi_{\theta'}$에서 π_θ로 변경해서 근사한다. 그리고 이런 가정을 만족하도록 정책 개선 비율 $\frac{\pi_{\theta'}}{\pi_\theta}$을 일정 값 이하로 클리핑한다. 그러면 각 단계에 대해 조금 더 자세히 살펴보도록 하자.

20.1.3 정책 개선 시 강화학습의 목적 함수 차이 계산

정책이 π_θ에서 $\pi_{\theta'}$로 개선될 때 목적함수의 변화 $J(\theta') - J(\theta)$를 계산해 보자. 이 값을 최대화하는 것이 PPO의 목표이다.

1단계

$$
\begin{aligned}
J(\theta') - J(\theta) &= J(\theta') - \mathbb{E}_{s_1 \sim p(s_1)}[V^{\pi_\theta}(s_1)] &&\text{①}\\
&= J(\theta') - \mathbb{E}_{\tau \sim p_{\theta'}(\tau)}[V^{\pi_\theta}(s_1)] &&\text{②}\\
&= J(\theta') - \mathbb{E}_{\tau \sim p_{\theta'}(\tau)}\left[\sum_{t=1}^{\infty}\gamma^{t-1}V^{\pi_\theta}(s_t) - \sum_{t=2}^{\infty}\gamma^{t-1}V^{\pi_\theta}(s_t)\right] &&\text{③}\\
&= J(\theta') + \mathbb{E}_{\tau \sim p_{\theta'}(\tau)}\left[\sum_{t=1}^{\infty}\gamma^{t-1}(\gamma V^{\pi_\theta}(s_{t+1}) - V^{\pi_\theta}(s_t))\right] &&\text{④}\\
&= \mathbb{E}_{\tau \sim p_{\theta'}(\tau)}\left[\sum_{t=1}^{\infty}\gamma^{t-1}r(s_t, a_t)\right] + \mathbb{E}_{\tau \sim p_{\theta'}(\tau)}\left[\sum_{t=1}^{\infty}\gamma^{t-1}(\gamma V^{\pi_\theta}(s_{t+1}) - V^{\pi_\theta}(s_t))\right] &&\text{⑤}\\
&= \mathbb{E}_{\tau \sim p_{\theta'}(\tau)}\left[\sum_{t=1}^{\infty}\gamma^{t-1}(r(s_t, a_t) + \gamma V^{\pi_\theta}(s_{t+1}) - V^{\pi_\theta}(s_t))\right] &&\text{⑥}\\
&= \mathbb{E}_{\tau \sim p_{\theta'}(\tau)}\left[\sum_{t=1}^{\infty}\gamma^{t-1}A^{\pi_\theta}(s_t, a_t)\right] &&\text{⑦}
\end{aligned}
$$

각 줄별로 어떤 내용이 달라졌는지 살펴보자.

1. $J(\theta) = E_{s_1 \sim p(s_1)}[V^{\pi_\theta}(s_1)]$를 대입한다.

2. 초기 상태의 분포 $p(s_1)$를 $p_{\theta'}(\tau)$로 대체한다. $p(s_1)$는 경로의 분포 $p_{\theta'}(\tau)$에 포함되므로 대체해도 상관이 없다.

3. $V^{\pi_\theta}(s_1) = \sum_{t=1}^{\infty}\gamma^{t-1}V^{\pi_\theta}(s_t) - \sum_{t=2}^{\infty}\gamma^{t-1}V^{\pi_\theta}(s_t)$로 대체한다.

4. 기댓값 안의 $\sum_{t=2}^{\infty}\gamma^{t-1}V^{\pi_\theta}(s_t)$를 $\sum_{t=1}^{\infty}\gamma^{t}V^{\pi_\theta}(s_{t+1})$로 변경하고 두 항을 합친다.

5. 첫 번째 항에 $J(\theta') = E_{\tau \sim p_{\theta'}(\tau)}[\sum_{t}\gamma^{t}r(s_t, a_t)]$ 대입한다.

6. 두 기댓값 항을 합친다.

7. $A^{\pi_\theta}(s_t, a_t) = r(s_t, a_t) + \gamma V^{\pi_\theta}(s_{t+1}) - V^{\pi_\theta}(s_t)$ 대입한다.

결과적으로 목적 함수의 차이는 다음과 같은 이득의 기댓값이 됐다.

$$J(\theta') - J(\theta) = E_{\tau \sim p_{\theta'}(\tau)}[\sum_{t=1}^{\infty} \gamma^{t-1} A^{\pi_\theta}(s_t, a_t)]$$

20.1.4 π_θ가 $\pi_{\theta'}$와 가까이 있다는 가정 하에 목적 함수 근사

이 식에서 기댓값 안쪽에서 이득을 계산할 때는 정책 π_θ를 사용하고, 기댓값 밖에서는 정책 $\pi_{\theta'}$를 사용하고 있어서 계산이 쉽지 않다.

2단계

$$J(\theta') - J(\theta) = \mathbb{E}_{\tau \sim p_{\theta'}(\tau)}\left[\sum_{t=1}^{\infty} \gamma^{t-1} \underbrace{A^{\pi_\theta}(s_t, a_t)}_{\pi_\theta \text{일 때 이득}}\right] \quad \text{———①}$$

$$= \sum_{t=1}^{\infty} \underbrace{\mathbb{E}_{\tau \sim p_{\theta'}(s_1, a_1, s_2, a_2, \ldots, s_t, a_t, \ldots)}}_{\pi_{\theta'} \text{일 때 기댓값}} [\gamma^{t-1} A^{\pi_\theta}(s_t, a_t)] \quad \text{———②}$$

$$= \sum_{t=1}^{\infty} \mathbb{E}_{\tau \sim p_{\theta'}(s_t, a_t)}[\gamma^{t-1} A^{\pi_\theta}(s_t, a_t)] \quad \text{———③}$$
$$\quad \text{확률의 주변화}$$

$$= \sum_{t=1}^{\infty} \mathbb{E}_{\tau \sim p_{\theta'}(s_t)}\left[\mathbb{E}_{a_t \sim \pi_{\theta'}(a_t|s_t)}[\gamma^{t-1} A^{\pi_\theta}(s_t, a_t)]\right] \quad \text{———④}$$

$$\quad \downarrow \text{중요도 샘플링}$$

$$= \sum_{t=1}^{\infty} \mathbb{E}_{\tau \sim p_{\theta'}(s_t)}\left[\mathbb{E}_{a_t \sim \pi_\theta(a_t|s_t)}\left[\frac{\pi_{\theta'}(a_t|s_t)}{\pi_\theta(a_t|s_t)} \gamma^{t-1} A^{\pi_\theta}(s_t, a_t)\right]\right] \quad \text{———⑤}$$

줄별로 어떤 내용이 달라졌는지 살펴보자.

1. 목적 함수의 차이는 이득의 기댓값으로 표현된다. 이때 기댓값 괄호 안과 밖의 정책이 달라서 계산에 어려움이 생긴다.

2. $\sum$를 기댓값 밖으로 빼내고 경로 $\tau = s_1, a_1, s_2, a_2, ..., s_t, a_t, ...$를 대입한다.

3. 경로의 확률 $p_{\theta'}(s_1, a_1, s_2, a_2, ..., s_t, a_t, ...)$를 주변화해서 $p_{\theta'}(s_t, a_t)$로 만든다. 기댓값 안쪽에는 $A^{\pi_\theta}(s_t, a_t)$만 있기 때문에 (s_t, a_t)를 제외한 나머지는 없어지게 된다.

4. $p_{\theta'}(s_t, a_t) = p_{\theta'}(s_t)\pi_{\theta'}(a_t|s_t)$로 인수분해를 해서 적용한다.

5. **중요도 샘플링**Importance Sampling을 적용해서 $\pi_{\theta'}(a_t|s_t)$에 대한 기댓값을 $\pi_\theta(a_t|s_t)$에 대한 기댓값으로 변경한다. 이렇게 하면 정책 $\pi_{\theta'}(a_t|s_t)$는 학습 중이므로 이전 정책 $\pi_\theta(a_t|s_t)$으로 수집한 데이터로 학습할 수 있다.

> **조금 더 알아보자면** **중요도 샘플링**
>
> 확률 분포 $p(x)$를 따르는 확률 변수 x에 대한 함수 $f(x)$의 기댓값을 계산한다고 해 보자.
>
> $$E_{x \sim p(x)}[f(x)] = \int p(x) f(x) dx$$
>
> 이때 확률 분포 $p(x)$는 샘플 x에 대한 확률은 계산하기 쉽지만 샘플링이 어렵다고 가정한다. 이런 상황에서 중요도 샘플링을 사용하면 원하는 기댓값을 쉽게 계산할 수 있다.
>
> 중요도 샘플링에서는 제안 분포로 샘플링이 쉬운 확률 분포 $q(x)$를 사용한다(단, $p(x)f(x) \neq 0$인 모든 x에서 $q(x) > 0$이어야 한다). 목표 분포 $p(x)$ 대신 제안 분포 $q(x)$를 이용해서 함수 $f(x)$의 기댓값을 구하되 두 분포의 비율로 보정해서 계산한다. 중요도 샘플링 계산 식을 유도해 보면 다음과 같다.
>
> $$E_{x \sim p(x)}[f(x)] = \int p(x) f(x) dx = \int \frac{q(x)}{q(x)} p(x) f(x) dx$$
> $$= \int q(x) \frac{p(x)}{q(x)} f(x) dx = E_{x \sim q(x)}\left[\frac{p(x)}{q(x)} f(x)\right]$$
>
> 첫 번째 식에서 적분 식 안쪽에 $\frac{q(x)}{q(x)}$를 곱한다. 그런 다음 $q(x)$에 대한 기댓값 형태로 바꾼다. 그러면 $\frac{p(x)}{q(x)}$가 나타나는데 이를 **중요도 샘플링 비율**importance sampling rate이라고 한다. 최종적으로 $p(x)$에 대한 기댓값이 $q(x)$에 대한 기댓값으로 바뀌고 $f(x)$는 $\frac{p(x)}{q(x)} f(x)$로 바뀌었다.

이 식에 $p_{\theta'}(s_t)$는 $\pi_{\theta'}$와 연관돼 있어서 문제를 풀기 어렵게 만든다. $p_{\theta'}(s_t)$를 $p_\theta(s_t)$로 근사할 수 있다면 정책 π_θ로 수집한 데이터를 사용해서 학습할 수 있다. $p_{\theta'}(s_t)$를 $p_\theta(s_t)$

로 변경한 식을 $\bar{A}(\theta')$라고 하자.

$p_{\theta'}(s_t)$를 $p_\theta(s_t)$로 변경

$$\sum_t \mathbb{E}_{s_t \sim p_{\theta'}(s_t)} \left[\mathbb{E}_{a_t \sim \pi_\theta(a_t|s_t)} \left[\frac{\pi_{\theta'}(a_t|s_t)}{\pi_\theta(a_t|s_t)} \gamma^t A^{\pi_\theta}(s_t, a_t) \right] \right] \approx \underbrace{\sum_t \mathbb{E}_{s_t \sim p_\theta(s_t)} \left[\mathbb{E}_{a_t \sim \pi_\theta(a_t|s_t)} \left[\frac{\pi_{\theta'}(a_t|s_t)}{\pi_\theta(a_t|s_t)} \gamma^t A^{\pi_\theta}(s_t, a_t) \right] \right]}_{\bar{A}(\theta')}$$

이때 π_θ와 $\pi_{\theta'}$가 비슷하다면 $p_\theta(s_t)$도 $p_{\theta'}(s_t)$와 비슷해진다. 또한 정책 개선의 목표도 $\bar{A}(\theta')$를 최대화하는 것으로 바꿀 수 있다.

$$J(\theta') - J(\theta) \approx \bar{A}(\theta') \Rightarrow \theta' \leftarrow \underset{\theta'}{\mathrm{argmax}}\, \bar{A}(\theta')$$

20.1.5 정책 개선 비율을 클리핑해 PPO 도출

PPO는 π_θ와 $\pi_{\theta'}$가 비슷해지도록 정책 개선 비율을 클리핑해서 위의 가정을 만족시킨다. 즉 π_θ와 $\pi_{\theta'}$를 비슷하게 만듦으로써 목표를 $\bar{A}(\theta')$로 근사했을 때에도 정책이 최적의 방향으로 개선되도록 한 것이다.

$$\mathcal{L}^{CLIP}(\theta) = \widehat{\mathbb{E}}_t \left[\min_\theta \left(\frac{\pi_{\theta'}(a_t|s_t)}{\pi_\theta(a_t|s_t)} \hat{A}_t, \underbrace{\mathrm{clip}\left[\frac{\pi_\theta(a_t|s_t)}{\pi_\theta(a_t|s_t)}, 1-\epsilon,\, 1+\epsilon\right]}_{\text{클리핑}} \hat{A}_t \right) \right]$$

또한 이득에 GAE를 적용해서 성능을 대폭 개선했다. 단, 이득을 적용할 때 무한한 길이가 아닌 일정 길이로 이득의 평균을 계산한 **절단 이득**Truncated Advantage를 적용한다.

Chapter.21
PPO 알고리즘 구현

이번 장에서는 앞장에서 이론적으로 살펴봤던 폴리시 그레이디언트 알고리즘의 개선된 방식인 **PPO** 알고리즘을 구현해 보자. PPO는 그림 21-1과 같이 가치 함수로 이득을 계산하고 이를 정책의 목적 함수에 적용해 정책 모델을 학습하는 알고리즘이다. 단, REINFORCE 알고리즘과는 달리 정책을 개선하는 과정에서 이전 정책인 π_θ와 새로운 정책 $\pi_{\theta'}$가 많이 멀어지지 않게 해 π_θ로 생성된 데이터로 $\pi_{\theta'}$를 학습해도 정책이 최적의 방향으로 개선되도록 한다. 결과적으로 PPO 알고리즘은 정책의 학습 과정을 매우 안정적으로 만들고 높은 성능을 보장하게 된다.

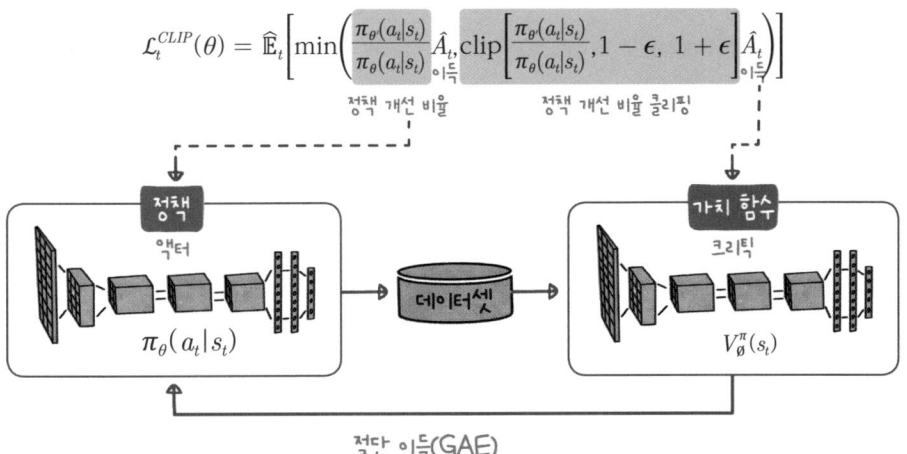

그림 21-1 PPO(그림 20-2와 동일)

PPO의 학습 순서는 다음과 같다. 이 순서에 따라 알고리즘을 구현해 보고 강화학습 환경에 적용했을 때 성능이 얼마나 획기적으로 개선되는지 텐서보드를 통해 확인해 보자.

PPO(Proximal Policy Optimization) 방법

1. 정책 $\pi_\theta(a|s)$에서 $\{s_i, a_i\}$ 샘플링   정책을 실행해서 데이터셋 수집
2. 가치 함수 $V_\phi^\pi(s_i)$ 학습   평균 제곱 오차로 학습
3. $\pi_\theta(a_t|s_t)$와 GAE $\hat{A}_t$ 계산   가능도와 GAE 계산
4. $\mathcal{L}_t^{CLIP}(\theta) \approx \frac{1}{N}\sum_{i=1}^{N}\sum_{t=1}^{T}\min\left(\frac{\pi_\theta(a_t|s_t)}{\pi_\theta(a_t|s_t)}\hat{A}_t, \text{clip}\left[\frac{\pi_\theta(a_t|s_t)}{\pi_\theta(a_t|s_t)}, 1-\epsilon, 1+\epsilon\right]\hat{A}_t\right)$ 정책의 목표 계산
5. $\theta \leftarrow \theta + \alpha\nabla_\theta J(\theta)$ 정책 파라미터 업데이트

21.1 PPO 알고리즘 구성

강화학습 프레임워크에서 PPO 알고리즘의 소스 코드는 그림 21-2와 같이 "/agents/ppo" 디렉토리에 정의돼 있고, 설정 파일은 "/config/agent/ppo"에 정의돼 있다.

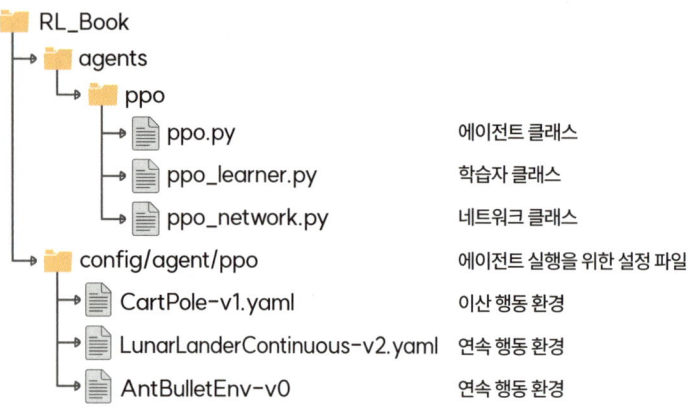

그림 21-2 PPO 디렉토리 구조

각 파일의 내용은 다음과 같다.

- **PPO 알고리즘 소스 코드**
    - PPO.py: PPO 알고리즘 에이전트인 PPO가 정의돼 있다.
    - PPO_learner.py: PPO 알고리즘의 학습자인 PPOLearner가 정의돼 있다.
    - PPO_network.py: PPO 알고리즘의 네트워크인 PPONetwork가 정의돼 있다.

- **PPO 알고리즘 설정 파일**
    - CartPole-v1.yaml: PPO 알고리즘으로 CartPole-v1을 실행할 때 필요할 설정이 정의돼 있다.
    - LunarLanderContinuous-v2.yaml: PPO 알고리즘으로 LunarLanderContinuous-v2를 실행할 때 필요할 설정이 정의돼 있다.
    - AntBulletEnv-v0.yaml: PPO 알고리즘으로 AntBulletEnv-v0를 실행할 때 필요할 설정이 정의돼 있다.

21.1.1 에이전트 관련 클래스

PPO 알고리즘은 에이전트, 네트워크, 학습자 클래스인 `PPO`, `PPOLearner`, `PPONetwork`로 구현돼 있으며 이들은 `Agent`, `Learner`, `A2CNetwork`를 상속하고 있다.

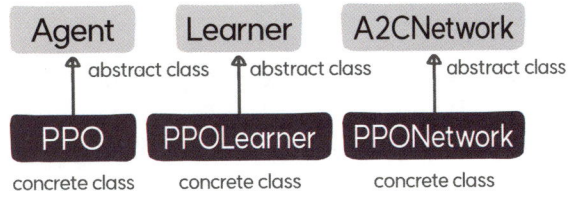

그림 21-3 PPO의 에이전트, 학습자, 네트워크의 클래스

PPONetwork는 A2CNetwork와 네트워크 구성이 동일하므로 A2CNetwork를 그대로 상속한다.

21.1.2 주요 클래스 구성

PPO 알고리즘을 실행하면 그림 21-4와 같은 순서로 관련 객체가 생성된다.

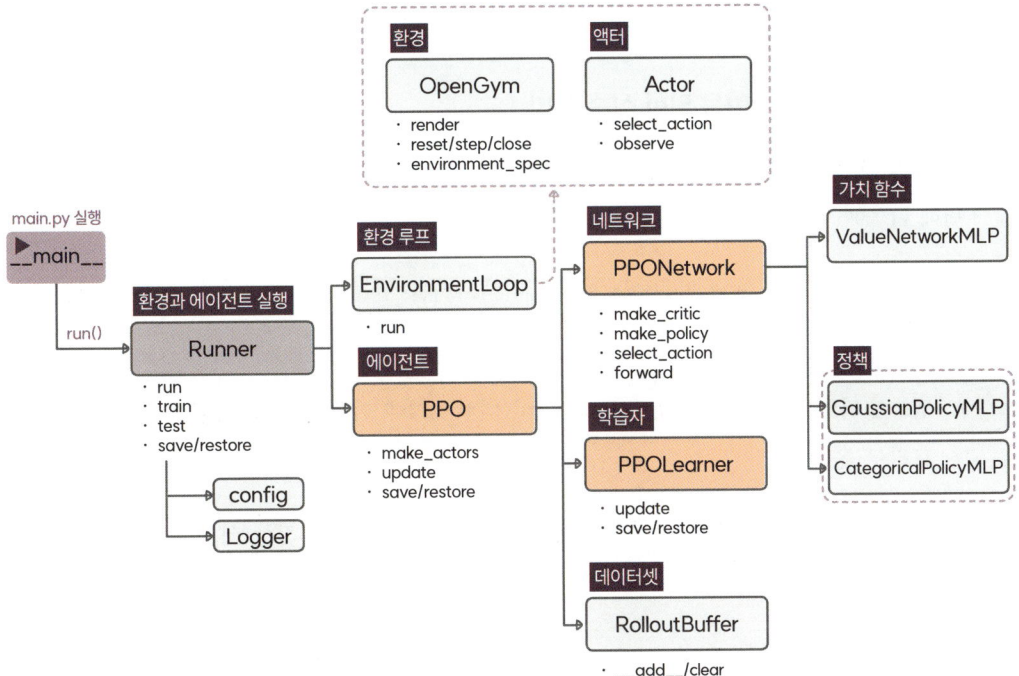

그림 21-4 PPO 클래스 관계도

21.1 PPO 알고리즘 구성 **669**

객체의 생성 순서를 설명하면 다음과 같다.

- main.py는 Runner를 생성하고 run() 메서드를 호출한다.

- Runner의 run() 메서드에서는 강화학습의 핵심 구성 모듈인 에이전트 PPO와 에이전트와 환경이 상호작용을 하도록 환경 루프 EnvironmentLoop를 생성한다.

- PPO는 에이전트를 구성하는 네트워크, 학습자, 데이터셋인 PPONetwork, PPOLearner, RolloutBuffer를 생성한다.

- PPONetwork는 정책과 가치 함수를 생성한다. 정책은 연속 행동인 경우에는 GaussianPolicyMLP를 생성하고 이산 행동인 경우에는 CategoricalPolicyMLP를 생성한다. 가치 함수는 ValueFunctionMLP를 생성한다.

- 환경 루프 EnvironmentLoop는 환경인 OpenGym과 액터 Actor를 생성한다.

21.1.3 알고리즘 구현을 위한 실습 준비

이제 PPO 알고리즘의 각 클래스를 살펴보면서 주요 로직을 구현해 볼 것이다. 실습을 위해 다음과 같이 템플릿 파일을 준비해 보자.

- **정답 파일 백업**: "/agents/ppo/answer" 디렉토리를 만들어서 알고리즘 구현 파일을 백업한다.

- **템플릿 파일 이동**: "/agents/ppo/question" 디렉토리에 있는 템플릿 파일을 상위 디렉토리로 옮긴다.

알고리즘 구현을 위한 실습 방식은 8.1.3에서 설명한 방식으로 진행한다.

21.2 PPO 클래스

PPO 알고리즘을 구성하는 PPO, PPONetwork, PPOLearner 클래스를 구현해 보자. PPO의 구조는 손실함수를 계산하는 부분을 제외하고는 A2C와 거의 같다.

PPO는 에이전트 클래스로 Agent를 상속하고 있다. 에이전트 클래스는 대부분 베이스 클래스인 Agent의 기능을 그대로 사용한다. 그래서 초기화 함수에서 Agent의 초기화 함수를 다시 호출하면서 ❶ 설정, 로거, 환경을 전달하고 ❷ 학습자와 네트워크 클래스를 지정해주며 ❸ 온라인 정책과 오프라인 정책을 구분한다.

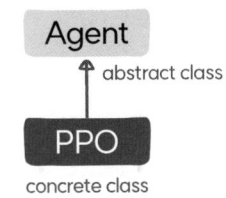

그림 21-5 PPO 클래스 구성도

21.2.1 클래스 정의

PPO 클래스는 다음과 같이 정의된다.

메서드

- __init__: PPO 알고리즘을 실행하는 학습자, 네트워크, 데이터셋으로 구성된 에이전트를 생성한다.

21.2.2 클래스 구현 코드

PPO 클래스는 다음과 같이 구현돼 있다.

패키지 임포트

코드 21-1 PPO 에이전트 패키지 임포트

```
from types import SimpleNamespace
from utils.logging import Logger
from envs.environment import Environment
from agents.agent import Agent
from agents.ppo.ppo_network import PPONetwork
```

```
from agents.ppo.ppo_learner import PPOLearner
```

실행 순서는 다음과 같다.

1. 설정(config) 객체를 나타내는 SimpleNamespace를 임포트 한다.
2. 로거 클래스인 Logger를 임포트 한다.
3. 환경 클래스인 Environment를 임포트 한다.
4. 에이전트의 베이스 클래스인 Agent을 임포트 한다.
5. PPO 알고리즘의 네트워크인 PPONetwork를 임포트 한다.
6. PPO 알고리즘의 학습자인 PPOLearner를 임포트 한다.

초기화

PPO 알고리즘을 실행하는 학습자, 네트워크, 데이터셋으로 구성된 에이전트를 생성한다.

코드 21-2 PPO 에이전트 초기화

```
class PPO(Agent):
    """PPO 알고리즘 에이전트 클래스"""

    def __init__(self,
                 config: SimpleNamespace,
                 logger: Logger,
                 env: Environment,):
        """
        PPO 알고리즘을 실행하는
        학습자, 네트워크, 데이터셋으로 구성된 에이전트를 생성

        Args:
            config: 설정
            logger: 로거
            env: 환경
        """

        # 에이전트 초기화
        super(PPO, self).__init__(
            config=config,
```

```
            logger=logger,
            env=env,
            network_class=PPONetwork,
            learner_class=PPOLearner,
            policy_type="on_policy")
```

실행 순서는 다음과 같다.

- 에이전트 초기화: 부모 클래스인 Agent의 초기화 함수를 호출한다. 이때 다음과 같은 정보를 전달해서 에이전트의 서브 모듈인 학습자, 네트워크, 데이터셋이 생성되도록 한다.
  - 인자로 받은 설정(config), 로거(logger), 환경(env)을 다시 전달한다.
  - 학습자와 네트워크 클래스를 지정한다.
    - 네트워크 클래스로 PPONetwork를 지정한다.
    - 학습자 클래스로 PPOLearner를 지정한다.
  - 정책 유형을 온라인 정책을 나타내는 "on_policy"로 지정한다.

21.3 PPONetwork 클래스

PPONetwork는 네트워크 클래스로 A2CNetwork를 상속받고 있다. 주요 역할은 ❶ **정책과 가치 함수 모델을 생성**하고 ❷ 정책을 실행해서 **행동을 선택**하며 ❸ 정책과 가치 함수의 학습에 필요한 **로그 가능도, 엔트로피, 가치를 계산**하는 것이다.

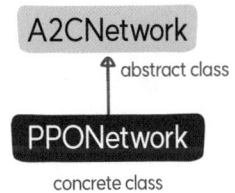

그림 21-6 PPONetwork 클래스 구성도

21.3.1 클래스 정의

PPONetwork 클래스는 다음과 같이 정의한다.

메서드

- `__init__`: 부모 클래스인 A2CNetwork의 초기화 함수를 호출해서 네트워크를 초기화하고 정책과 가치 함수를 생성한다.

21.3.2 클래스 구현 코드

PPONetwork 클래스는 다음과 같이 구현돼 있다.

패키지 임포트

코드 21-3 PPONetwork 패키지 임포트

```python
from types import SimpleNamespace
from envs.environment import EnvironmentSpec
from agents.a2c.a2c_network import A2CNetwork
```

실행 순서는 다음과 같다.

1. 설정(config) 객체를 표현하기 위한 `SimpleNamespace`를 임포트 한다.
2. 환경의 정보를 제공하는 `EnvironmentSpec`을 임포트 한다.
3. A2C 네트워크 클래스인 `A2CNetwork`를 임포트 한다.

네트워크 초기화

부모 클래스인 A2CNetwork의 초기화 함수를 호출해서 네트워크를 초기화하고 정책과 가치 함수를 생성한다.

코드 21-4 PPONetwork 초기화

```python
class PPONetwork(A2CNetwork):
    """PPO 알고리즘 네트워크 클래스"""
```

```python
    def __init__(self,
                 config: SimpleNamespace,
                 environment_spec: EnvironmentSpec):
        """
        부모 클래스인 A2CNetwork의 초기화 함수를 호출해서
        네트워크를 초기화하고 정책과 가치 함수를 생성
        Args:
            config: 설정
            environment_spec: 환경 정보
        """

        # 부모 클래스 초기화 호출
        super().__init__(config, environment_spec)
```

- 부모 클래스 초기화 호출: 부모 클래스인 A2CNetwork의 초기화 함수를 호출해서 네트워크 모듈의 공통적인 초기화를 수행하고 정책 모델과 가치 함수 모델을 생성한다.

21.4 PPOLearner 클래스

PPOLearner는 학습자 클래스로 Learner를 상속받고 있다. 주요 역할은 정책 모델을 학습하기 위해 ❶ 리턴과 이득을 계산해서 데이터셋에 추가하고 ❷ 설정에 정해진 에포크만큼 데이터셋에서 배치를 샘플링해 ❸ 정책과 가치 함수 모델의 손실을 계산하고 ❹ 모델을 업데이트하고 ❺ 주요 성능 정보를 로깅하는 과정을 반복하는 일이다.

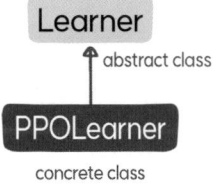

그림 21-7 PPOLearner 클래스 구성도

21.4.1 클래스 정의

PPOLearner 클래스는 다음과 같이 정의된다.

속성

- **정책**(policy): 네트워크에서 생성한 정책을 참조하는 변수로 편의를 위해 정의하고 있다.

- **가치 함수**(critic): 네트워크에서 생성한 가치 함수를 참조하는 변수로 편의를 위해 정의하고 있다.

- **옵티마이저**(optimizer): 딥러닝 모델의 학습을 위한 최적화 알고리즘으로 Adam을 사용한다.

- **정책 학습률 스케줄러**(policy_lr_scheduler): 정책의 학습률을 스케줄링하는 코사인 스케줄러이다. 초기 학습률을 0도에서 90도 사이의 코사인 곡선을 따라 최대 환경 스텝까지 서서히 감소시키는 방식으로 구현돼 있다.

- **가치 함수 학습률 스케줄러**(critic_lr_scheduler): 가치 함수의 학습률을 스케줄링하는 코사인 스케줄러이다.

- **손실 함수**(MSELoss): 가치 함수를 학습하기 위한 손실 함수로 평균 제곱 오차 손실(MSELoss) 함수로 정의된다.

- **입실론 스케줄러**(clip_scheduler): PPO 손실 함수에서 클리핑을 할 때 사용하는 입실론을 감쇄하는 선형 스케줄러(LinearScheduler)로 정의된다.

메서드

- `__init__`: Learner 클래스의 초기화 메서드를 호출해 학습자를 초기화 하고 정책과 가치 함수를 학습하기 위한 Adam 옵티마이저, 학습률 스케줄러, 입실론 스케줄러를 생성한다.

- `make_lr_scheduler`: 정책과 가치 함수를 학습할 때 학습률을 조정하기 위한 스케줄러를 생성한다.

- _calc_target_value: 가치 함수의 타깃과 이득을 ❶ 몬테카를로 리턴 ❷ n-스텝 리턴 ❸ GAE 방식 중 하나로 계산하고 버퍼에 추가 데이터 필드로 저장한다.
- _loss: PPO 알고리즘의 목적 함수에 따라 정책의 손실을 계산하고, 가치 함수의 손실은 평균 제곱 오차로 계산한다.
- update: PPO 알고리즘의 목적 함수에 따라 손실을 계산해서 정책과 가치 함수를 학습하고 성능 정보를 로깅한다.

21.4.2 클래스 구현 코드

이제 PPOLearner 클래스를 구현해 보자. 지금부터 설명할 PPOLearner 클래스의 코드에는 손실을 계산하는 부분이 비어 있다. PPO 알고리즘의 목표 함수를 참고해서 코드를 완성해 보자.

패키지 임포트

코드 21-5 PPOLearner 패키지 임포트

```python
import torch
import torch.nn as nn
from typing import Any
from types import SimpleNamespace
from datasets.rollout_buffer import RolloutBuffer
from agents.ppo.ppo_network import PPONetwork
from envs.environment import EnvironmentSpec
from utils.logging import Logger
from agents.base import Learner
from utils.lr_scheduler import CosineLR
from utils.value_util import REGISTRY as RETURN_REGISTRY
from utils.schduler import LinearScheduler
```

실행 순서는 다음과 같다.

1. 딥러닝 구현을 위한 PyTorch 패키지 torch를 임포트 한다.

2. **PyTorch** 패키지의 네트워크 모듈 `torch.nn`을 임포트 한다.
3. 변수 타입을 명시하기 위해 `Any`를 임포트 한다.
4. 온라인 정책의 데이터셋 버퍼인 `RolloutBuffer`를 임포트 한다.
5. 설정(`config`) 객체를 표현하기 위한 `SimpleNamespace`를 임포트 한다.
6. PPO 알고리즘의 네트워크인 `PPONetwork`를 임포트 한다.
7. 환경의 정보를 제공하는 `EnvironmentSpec`을 임포트 한다.
8. 로거 클래스인 `Logger`를 임포트 한다.
9. 학습자의 베이스 클래스인 `Learner`를 임포트 한다.
10. 코사인 학습률 스케줄러인 `CosineLR`을 임포트 한다.
11. 유틸리티에서 리턴 함수의 레지스트리인 `REGISTRY`를 임포트 한다.
12. PPO 목적 함수의 입실론 스케줄링을 위해 `LinearScheduler`를 임포트 한다.

초기화

Learner 클래스의 초기화 메서드를 호출해 학습자를 초기화하고, 정책과 가치 함수를 학습하기 위한 Adam 옵티마이저, 학습률 스케줄러, 입실론 스케줄러를 생성한다.

코드 21-6 PPOLearner 초기화

```python
class PPOLearner(Learner):
    """PPO 알고리즘 학습자 클래스"""

    def __init__(self,
                 config: SimpleNamespace,
                 logger: Logger,
                 environment_spec: EnvironmentSpec,
                 network: PPONetwork,
                 buffer: RolloutBuffer):
        """
        Learner 클래스의 초기화 메서드를 호출해 학습자를 초기화 하고,
        정책과 가치 함수를 학습하기 위한 Adam 옵티마이저,
        학습률 스케줄러, 입실론 스케줄러를 생성한다.

        Args:
            config: 설정
            logger: 로거
            environment_spec: 환경 정보
```

```
            network: 네트워크
            buffer: 버퍼
        """

        # 1. 부모 클래스 초기화 호출
        super().__init__(config, logger, environment_spec, network, buffer)

        # 2. 정책과 가치 함수 속성 정의
        self.policy = self.network.policy
        self.critic = self.network.critic

        # 3. 옵티마이저 생성
        self.optimizer = torch.optim.Adam([
                    {'params': self.network.policy.parameters(),
                     'lr': self.config.lr_policy},
                    {'params': self.network.critic.parameters(),
                     'lr': self.config.lr_critic}
                ])

        # 4. 학습률 스케줄러 생성
        self.make_lr_scheduler()

        # 5. 평균 제곱 오차 손실 정의
        self.MSELoss = nn.MSELoss()

        # 6. 입실론 스케줄러 생성
        end_timesteps = -1
        if self.config.clip_schedule:
            end_timesteps = self.config.max_environment_steps

        self.clip_scheduler = LinearScheduler(
            start_value=self.config.ppo_clipping_epsilon,
            start_timesteps=1,
            end_timesteps=end_timesteps)
```

실행 순서는 다음과 같다.

1. **부모 클래스 초기화 호출**: Learner 클래스의 초기화를 호출해 설정(config), 로거

(logger), 환경 스펙(environment_spec), 연속 행동 여부(b_continuous_action), 버퍼(buffer)와 네트워크(network)를 저장하고 학습 타입 스텝(learner_step)을 0으로 초기화 한다.

2. 정책과 가치 함수 속성 정의: 개발 편의를 위해 네트워크에 생성된 정책과 가치 함수를 학습자의 속성으로 할당한다.
3. 옵티마이저 생성: 정책과 가치 함수를 학습하기 위해 Adam을 생성한다. 학습률은 설정에 지정된 정책의 학습률(lr_policy, lr_cirtic)로 지정한다.
4. 학습률 스케줄러 생성: 정책과 가치 함수를 학습할 때 학습률을 조정하기 위한 코사인 스케줄러(policy_lr_scheduler, critic_lr_scheduler)를 생성한다.
5. 평균 제곱 오차 손실 정의: 가치 함수를 학습할 때 사용할 평균 제곱 오차 손실(MSELoss)을 정의한다.
6. 입실론 스케줄러 생성: PPO 손실 함수에서 클리핑을 할 때 사용하는 입실론을 감쇄하기 위한 스케줄러(clip_scheduler)를 생성한다.

$$\mathcal{L}_t^{CLIP}(\theta) = \hat{\mathbb{E}}_t \left[\min_\theta \left(\frac{\pi_\theta(a_t|s_t)}{\pi_\theta(a_t|s_t)} \hat{A}_t, \text{clip}\left[\frac{\pi_\theta(a_t|s_t)}{\pi_\theta(a_t|s_t)}, 1-\epsilon, \ 1+\epsilon\right] \hat{A}_t \right) \right]$$

학습률 스케줄러 생성

정책과 가치 함수를 학습할 때 학습률을 조정하기 위한 스케줄러를 생성한다.

코드 21-7 PPOLearner 학습률 스케줄러 생성

```
def make_lr_scheduler(self):
    """
        정책과 가치 함수를 학습할 때
        학습률을 조정하기 위한 스케줄러를 생성
    """

    self.policy_lr_scheduler = None
    self.critic_lr_scheduler = None
    if not self.config.lr_annealing: return
```

```python
# 1. 정책 학습률 스케줄러 생성
self.policy_lr_scheduler = CosineLR(
    logger=self.logger,
    param_groups=self.optimizer.param_groups[0],
    start_lr=self.config.lr_policy,
    end_timesteps=self.config.max_environment_steps,
    name="policy lr"
)

# 2. 가치 함수 학습률 스케줄러 생성
self.critic_lr_scheduler = CosineLR(
    logger=self.logger,
    param_groups=self.optimizer.param_groups[1],
    start_lr=self.config.lr_critic,
    end_timesteps=self.config.max_environment_steps,
    name="critic lr"
)
```

실행 순서는 다음과 같다.

1. 정책 학습률 스케줄러 생성: 정책을 학습할 때 학습률을 조정하기 위한 코사인 스케줄러(policy_lr_scheduler)를 생성한다.
2. 가치 함수 학습률 스케줄러 생성: 가치 함수를 학습할 때 학습률을 조정하기 위한 코사인 스케줄러(critic_lr_scheduler)를 생성한다.

타깃 가치와 이득 계산

가치 함수의 타깃과 이득을 ❶ 몬테카를로 리턴 ❷ n-스텝 리턴 ❸ GAE 방식 중 하나로 계산하고 버퍼에 추가 데이터 필드로 저장한다.

코드 21-8 PPOLearner 타깃 가치와 리턴 계산

```python
def _calc_target_value(self):
    """
    가치 함수의 타깃과 이득을
        1) 몬테카를로 리턴
        2) n-스텝 리턴
```

```
            3) GAE 방식
    중 하나로 계산하고 버퍼에 추가 데이터 필드로 저장
"""

# 1. 버퍼가 비어 있으면 반환
if len(self.buffer) == 0: return

# 2. 타깃 가치와 이득 계산(MC 리턴, n-스텝 리턴, GAE)
target_value, advantage =\
    RETURN_REGISTRY[self.config.advantage_type](
        self.config,
        self.buffer['state'],
        self.buffer['next_state'],
        self.buffer['reward'],
        self.buffer['done'],
        self.critic
)

# 3. 이전 정책의 로그 가능도 계산
state = self.buffer['state']
action = self.buffer['action']
with torch.no_grad():
    log_probs_old, _, _ = self.network(state, action)

# 4. 버퍼 스키마 확장
if self.buffer["advantage"] is None:
    schema = {
        'advantage': {'shape': (1,)},
        'target_value': {'shape': (1,)},
        'log_probs_old': {'shape': (log_probs_old.shape[-1],)},
    }
    self.buffer.extend_schema(schema)

# 5. 버퍼에 손실 계산 정보 저장
self.buffer['advantage'] = advantage              # 이득
self.buffer['target_value'] = target_value        # 타깃 가치
self.buffer['log_probs_old'] = log_probs_old      # 이전 정책의 로그 가능도
```

실행 순서는 다음과 같다.

1. 버퍼가 비어 있으면 반환: 버퍼가 비어 있으면 바로 반환한다.
2. 타깃 가치와 이득 계산: 설정(config.advantage_type)에 따라 몬테카를로 리턴('mc'), n-스텝 리턴('n_step'), GAE('gae') 중 하나를 계산해서 타깃 가치와 이득을 반환한다. 이때 타깃 가치는 가치 함수의 타깃으로 리턴을 의미한다. 단, GAE의 경우 이득과 가치를 더한 Q-가치를 타깃 가치로 반환한다.
3. 이전 정책의 로그 가능도 계산: 모델 업데이트 이전 정책의 로그 가능도를 계산한다.
4. 버퍼 스키마 확장: 버퍼에 이득(advantage) 키가 없으면 이득, 타깃 가치, 로그 가능도를 추가할 수 있도록 스키마 확장한다.
5. 버퍼에 손실 계산 정보 저장: 버퍼의 이득과 타깃 가치, 이전 정책의 로그 가능도 데이터를 저장한다.

손실 계산

PPO 알고리즘의 목적 함수에 따라 정책의 손실을 계산해 보자. 먼저 로그 가능도의 비율을 구한다.

$$\frac{\pi_\theta(a_t|s_t)}{\pi_\theta(a_t|s_t)}$$

그리고 다음 식과 같이 이득과 로그 가능도의 비율을 곱해서 손실을 계산한다. 단, 로그 가능도의 비율을 클리핑 했을 때의 값과 비교해서 작은 값으로 손실을 갖도록 구현해 보자.

PPO 목적함수

$$\mathcal{L}_t^{CLIP}(\theta) \approx \frac{1}{|D|} \sum_{s \in D} \min\left(\frac{\pi_\theta(a_t|s_t)}{\pi_\theta(a_t|s_t)} \hat{A}_t, \text{clip}\left[\frac{\pi_\theta(a_t|s_t)}{\pi_\theta(a_t|s_t)}, 1-\epsilon, 1+\epsilon\right] \hat{A}_t\right)$$

$$D = \{(s_t, a_t) \in \tau_i,\ i = 1, 2, ..., N\} \quad \text{데이터셋}$$

참고로 이전 정책의 로그 가능도인 $\pi_\theta(a_t|s_t)$는 log_probs_old 인자로 받고 있으며 로그 가능도 $\pi_\theta(a_t|s_t)$는 네트워크(network)를 실행해서 log_probs 변수로 저장하고 있다. 이득은 advantage 인자로 받고 있고 입실론 값은 self.clipping_epsilon에 저장되어 있으니 이들 변수를 활용해서 구현해 보라. 이때 목적 함수가 손실로 표현되도록 부호를 조정할 필요가 있다는 점을 유의하자.

코드 21-9 PPOLearner 손실 계산

```python
def _loss(self,
         states: torch.FloatTensor,
         actions: torch.FloatTensor,
         target_values: torch.FloatTensor,
         log_probs_old: torch.FloatTensor,
         advantages: torch.FloatTensor=None,
) -> tuple[Any, dict[str, Any]]:
    """
        PPO 알고리즘의 목적 함수에 따라 정책의 손실을 계산하고,
        가치 함수의 손실은 평균 제곱 오차로 계산
    Args:
        states: 상태
        actions: 행동
        target_values: 타깃 가치
        log_probs_old: 이전 정책의 로그 가능도
        advantages: 이득

    Returns:
        손실 딕셔너리
            {전체 손실, 정책의 손실, 가치 함수의 손실, 엔트로피 보너스}
    """

    # 1. 로그 가능도, 엔트로피, 가치 계산
    log_probs, entropy, values = self.network(states, actions)

    # 2. 정책의 로그 가능도 비율 계산
    ratios = torch.exp(log_probs - log_probs_old)
    ratios = ratios.prod(1, keepdim=True)
```

```python
# 3. 정책 손실 계산
policy_loss = 0  # your code

# 4. 가치 함수 손실 계산
value_loss = self.MSELoss(values, target_values)

# 5. 엔트로피 보너스 계산
entropy_loss = -entropy.mean()

# 6. 총 손실 계산
total_loss = (
    policy_loss
    + self.config.vloss_coef * value_loss
    + self.config.eloss_coef * entropy_loss
)

# 7. 손실 딕셔너리 반환
return total_loss, {
    'total_loss': total_loss.item(),
    'policy_loss': policy_loss.item(),
    'value_loss': value_loss.item(),
    'entropy_loss': entropy_loss.item(),
}
```

실행 순서는 다음과 같다.

1. 로그 가능도, 엔트로피, 가치 계산: 네트워크를 실행해서 손실을 계산할 때 사용할 정책의 로그 가능도(log_probs), 엔트로피(entropy), 가치(values)를 계산한다.
2. 정책의 가능도 비율 계산: 이전 정책의 로그 가능도(log_prob)와 현재 정책의 로그 가능도(old_log_prob)의 비율을 계산한다.

$$\frac{\pi_{\theta'}(a_t|s_t)}{\pi_{\theta}(a_t|s_t)}$$

3. 정책 손실 계산: PPO 알고리즘에 따라 다음과 같이 정책의 목적 함수를 계산한다. 단, 손실로 표현하기 위해 음수 부호를 붙인다.

PPO 목적함수

$$\mathcal{L}_t^{CLIP}(\theta) \approx \frac{1}{|D|} \sum_{s \in D} \min\left(\underbrace{\frac{\pi_\theta(a_t|s_t)}{\pi_\theta(a_t|s_t)}}_{\text{로그 가능도 비율}} \underbrace{\hat{A}_t}_{\text{이득}}, \text{clip}\left[\underbrace{\frac{\pi_\theta(a_t|s_t)}{\pi_\theta(a_t|s_t)}}_{\text{로그 가능도 비율}}, 1-\epsilon, 1+\epsilon\right] \underbrace{\hat{A}_t}_{\text{이득}}\right)$$

$$D = \{(s_t, a_t) \in \tau_i, \; i = 1, 2, ..., N\} \quad \text{데이터셋}$$

4. 가치 함수 손실 계산: 가치 함수의 손실은 가치와 타깃 가치의 평균 제곱 오차로 계산한다.

$$\mathcal{L}_t^V(\emptyset) \approx \frac{1}{|D|} \sum_{s \in D} (V_\emptyset(s_t) - \underbrace{V_t^{\text{targ}}}_{\text{타깃}})^2$$

5. 엔트로피 보너스 계산: 엔트로피의 평균으로 엔트로피 보너스를 계산한다. 단, 손실로 표현하기 위해 음수 부호를 붙인다.

$$S(\pi_\theta(s_t)) \approx \frac{1}{|D|} \sum_{s \in D} \underbrace{\mathcal{H}[\pi_\theta(s_t)]}_{\text{엔트로피}}$$

6. 총 손실 계산: 정책 손실과 가치 함수 손실과 엔트로피 보너스를 더해서 총 손실을 계산한다. 이때 각 항에 계수를 붙여서 손실 비중을 조정한다.

PPO 목적함수 $\mathcal{L}_t(\theta, \emptyset) = \hat{\mathbb{E}}_t\left[\underbrace{\mathcal{L}_t^{CLIP}(\theta)}_{\text{① 정책 목표}} - c_1 \underbrace{\mathcal{L}_t^V(\emptyset)}_{\text{② 가치 함수 손실}} + c_2 \underbrace{S(\pi_\theta(s_t))}_{\text{③ 엔트로피 보너스}}\right]$ c_1: 가치 손실 계수
c_2: 엔트로피 보너스 계수

7. 손실 딕셔너리 반환: 손실에 대한 정보를 딕셔너리로 정의해서 반환한다.

A 손실 계산

구현한 손실 코드가 다음과 같은지를 확인해 보라.

코드 21-10 PPOLearner 손실 계산

```python
def _loss(self,
    states: torch.FloatTensor,
    actions: torch.FloatTensor,
    target_values: torch.FloatTensor,
    log_probs_old: torch.FloatTensor,
    advantages: torch.FloatTensor=None,
) -> tuple[Any, dict[str, Any]]:
    """
    PPO 알고리즘의 목적 함수에 따라 정책의 손실을 계산하고
    가치 함수의 손실은 평균 제곱 오차로 계산

    Args:
        states: 상태
        actions: 행동
        target_values: 타깃 가치
        log_probs_old: 이전 정책의 로그 가능도
        advantages: 이득

    Returns:
        손실 딕셔너리
        {전체 손실, 정책의 손실, 가치 함수의 손실, 엔트로피 보너스}
    """

    # 1. 로그 가능도, 엔트로피, 가치 계산
    log_probs, entropy, values = self.network(states, actions)

    # 2. 정책의 로그 가능도 비율 계산
    ratios = torch.exp(log_probs - log_probs_old)
    ratios = ratios.prod(1, keepdim=True)

    # 3. 정책 손실 계산
    surrogate1 = ratios * advantages
    surrogate2 = torch.clamp(
        ratios,
        1 - self.clipping_epsilon,
        1 + self.clipping_epsilon) * advantages
    policy_loss = -torch.min(surrogate1, surrogate2).mean()
```

```python
# 4. 가치 함수 손실 계산
value_loss = self.MSELoss(values, target_values)

# 5. 엔트로피 보너스 계산
entropy_loss = -entropy.mean()

# 6. 총 손실 계산
total_loss = (
        policy_loss
        + self.config.vloss_coef * value_loss
        + self.config.eloss_coef * entropy_loss
)

# 7. 손실 딕셔너리 반환
return total_loss, {
  'total_loss': total_loss.item(),
  'policy_loss': policy_loss.item(),
  'value_loss': value_loss.item(),
  'entropy_loss': entropy_loss.item(),
}
```

2. 정책의 가능도 비율 계산: 이전 정책의 로그 가능도(log_prob)와 현재 정책의 로그 가능도(old_log_prob)의 비율을 계산한다.

$$\frac{\pi_\theta(a_t|s_t)}{\pi_\theta(a_t|s_t)}$$

3. 정책 손실 계산: PPO 알고리즘에 따라 다음과 같이 손실을 계산한다.

PPO 목적함수

$$\mathcal{L}_t^{CLIP}(\theta) \approx \frac{1}{|D|} \sum_{s \in D} \min\left(\frac{\pi_\theta(a_t|s_t)}{\pi_\theta(a_t|s_t)}\hat{A}_t, \text{clip}\left[\frac{\pi_\theta(a_t|s_t)}{\pi_\theta(a_t|s_t)}, 1-\epsilon, 1+\epsilon\right]\hat{A}_t\right)$$

로그 가능도 비율 이득   로그 가능도 비율   이득

$$D = \{(s_t, a_t) \in \tau_i, \ i = 1, 2, \ldots, N\} \quad \text{데이터셋}$$

- $r_t(\theta)\hat{A}_t$ 계산: 로그 가능도의 비율(ratio)과 이득(advantage)을 곱한다.
- $\text{clip}[r_t(\theta), 1-\epsilon, 1+\epsilon]\hat{A}_t$ 계산: 로그 가능도의 비율(ratio)을 클리핑해서 이득(advantage)을 곱한다.
- 둘 중 작은 값의 평균을 계산한다.

모델 업데이트

PPO 알고리즘의 목적 함수에 따라 손실을 계산해서 정책과 가치 함수를 학습하고 성능 정보를 로깅한다.

코드 21-11 PPOLearner 모델 업데이트(1/3)

```python
def update(self, total_n_timesteps: int, total_n_episodes: int) -> bool:
    """
    PPO 알고리즘의 목적 함수에 따라 손실을 계산해서
    정책과 가치 함수를 학습하고 성능 정보를 로깅
    Args:
        total_n_timesteps: 현재 타임 스텝
        total_n_episodes: 현재 에피소드

    Returns:
        정책 평가 및 개선 실행 여부
    """

    # 1. 버퍼가 비어 있으면 반환
    if len(self.buffer) == 0: return False

    # 2. 타깃 가치와 이득 계산
    self._calc_target_value()

    # 3. PPO 클리핑 입실론 계산
    self.clipping_epsilon = self.clip_scheduler.value(total_n_timesteps)

    # 4. 배치 실행 횟수 계산
    num_batch_times = (len(self.buffer)-1)//self.config.batch_size+1
```

실행 순서는 다음과 같다.

1. 버퍼가 비어 있으면 반환: 버퍼가 비어 있으면 모델 업데이트 및 학습을 하지 않고 바로 반환한다.
2. 타깃 가치와 이득 계산: 전체 데이터셋에 있는 트랜지션별로 이득, 타깃 가치, 로그 가능도를 계산해서 데이터셋에 추가한다.
3. PPO 클리핑 입실론 계산: 현재 타입 스텝에 맞춰 PPO 클리핑을 위한 입실론 값을 계산한다.
4. 배치 실행 횟수 계산: 1 에포크마다 모델 업데이트 횟수를 계산하기 위해 버퍼의 크기를 배치 크기로 나눠서 배치 실행 횟수(num_batch_times)로 둔다.

코드 21-12 PPOLearner 모델 업데이트(2/3)

```python
# 5. 학습 루프
for epoch in range(0, self.config.n_epochs):
    for i in range(num_batch_times):
        # 6. 롤아웃 버퍼에서 배치 샘플링
        sample_batched = self.buffer.sample(self.config.batch_size)

        # 7. 특징별 변수 처리
        state = sample_batched["state"]
        action = sample_batched["action"]
        advantage = sample_batched["advantage"]
        target_value = sample_batched["target_value"]
        log_probs_old = sample_batched["log_probs_old"]

        # 8. 학습 타입 스텝 증가
        self.learner_step += 1

        # 9. 손실 계산
        total_loss, loss_results = self._loss(state,
                                              action,
                                              target_value,
                                              log_probs_old,
                                              advantage)

        # 10. 백워드 패스 실행 (그레이디언트 계산)
```

```python
self.optimizer.zero_grad(set_to_none=True)
total_loss.backward()

# 11. 그레이디언트 클리핑
torch.nn.utils.clip_grad_norm_(
    self.network.parameters(), self.config.grad_norm_clip
)

# 12. 파라미터 업데이트
self.optimizer.step()

# 13. 손실 로깅
# 총 손실
self.logger.log_stat("total_loss",
                     loss_results['total_loss'],
                     self.learner_step)
# 정책 손실
self.logger.log_stat("policy_loss",
                     loss_results['policy_loss'],
                     self.learner_step)
# 가치 함수 손실
self.logger.log_stat("value_loss",
                     loss_results['value_loss'],
                     self.learner_step)
# 엔트로피 보너스
self.logger.log_stat("entropy_loss",
                     loss_results['entropy_loss'],
                     self.learner_step)
```

실행 순서는 다음과 같다.

5. **학습 루프**: 설정에 지정된 에포크(epoch)만큼 학습 루프를 실행하고 에포크별로 배치 실행 횟수(num_batch_times)만큼 모델을 업데이트 한다.
6. **롤아웃 버퍼에서 배치 샘플링**: 롤아웃 버퍼에서 배치를 지정된 배치 크기로 샘플링한다.
7. **특징별 변수 처리**: 코드를 간결하게 하기 위해 샘플링된 배치의 필드별로 변수를 할당해서 사용한다.

8. 학습 타임 스텝 증가: 학습 타임 스텝을 1 증가시킨다.
9. 손실 계산: PPO 알고리즘에 따라 손실을 계산한다.
10. 백워드 패스 실행(그레이디언트 계산): 역전파 알고리즘을 실행한다.
11. 그레이디언트 클리핑: 그레이디언트가 너무 커지지 않도록 클리핑한다.
12. 파라미터 업데이트: 옵티마이저를 이용해서 파라미터를 업데이트 한다.
13. 손실 로깅: 정책과 가치 함수 손실과 엔트로피 보너스 그래프를 텐서보드로 확인할 수 있도록 로깅한다.

코드 21-13 **PPOLearner 모델 업데이트(3/3)**

```
# 14. 학습률 스케줄 업데이트
if self.config.lr_annealing:
    self.policy_lr_scheduler.step(total_n_timesteps)
    self.critic_lr_scheduler.step(total_n_timesteps)
    # 15. 학습률 로깅
    self.logger.log_stat("policy learning rate",
                         self.optimizer.param_groups[0]['lr'],
                         total_n_timesteps)
    self.logger.log_stat("critic learning rate",
                         self.optimizer.param_groups[1]['lr'],
                         total_n_timesteps)

# 16. 데이터셋 삭제
self.buffer.clear()

return True
```

실행 순서는 다음과 같다.

14. 학습률 스케줄 업데이트: 현재 타임 스텝에 맞춰 정책과 가치 함수의 학습률을 스케줄링한다.
15. 학습률 로깅: 학습률 스케줄을 텐서보드로 확인할 수 있도록 정책과 가치 함수의 학습률을 로깅한다.
16. 데이터셋 삭제: 온라인 정책이므로 학습이 완료됐으면 데이터셋의 데이터를 모두 삭제한다.

21.5 CartPole-v1 학습

이제 PPO 알고리즘을 이용해서 강화학습 환경인 CartPole-v1을 학습시켜 보고 리턴이 최댓값인 500에 도달하는지 확인해 보자.[1]

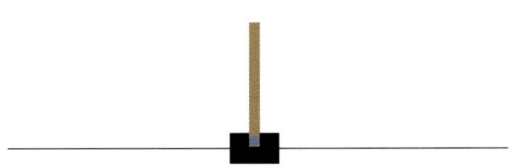

그림 21-8 OpenGym에서 제공하는 CartPole-v1 환경

21.5.1 학습관련 설정

CarPole-v1 환경을 PPO로 실행할 때의 다음과 같이 학습과 관련된 설정 항목은 성능 튜닝 대상이 된다.

훈련 스텝

- `max_environment_steps: 100000`   # 훈련 모드에서 실행할 최대 환경 타임 스텝

- `n_steps: 128`   # 학습 데이터를 수집하기 위해 실행할 타입 스텝

- `n_epochs: 3`   # Learner에서의 정책 학습 에포크 수

- `batch_size: 32`   # 배치 크기

할인 계수

- `gamma: 0.99`   # 리턴 계산 시 사용하는 할인 계수

1　CartPole-v1 환경에 설명은 8장을 참고하라.

학습률

- lr_policy: 0.0005   # 정책 모델의 학습률

- lr_critic: 0.0005   # 가치 함수 모델의 학습률

학습률 스케줄링

- lr_annealing: True   # 학습률 감소를 처리할지 여부

그레이디언트 클리핑

- grad_norm_clip: 0.5   # 그레이디언트 클리핑 임계치 값

리턴과 이득

- advantage_type: 'gae'   # {mc, n_step, gae} 몬테카를로 리턴, n-스텝 리턴, GAE

- gae_standardization: False # GAE를 표준화할지 여부

- gae_lambda: 0.98   # GAE의 분산-편향 조절 할인 계수

PPO 클리핑

- ppo_clipping_epsilon: 0.2   # PPO 클리핑 입실론

- clip_schedule: True   # PPO 클리핑 입실론 감쇄 여부

손실 함수 계수

- vloss_coef: 0.1   # 가치 함수의 손실 계수

- eloss_coef: 0   # 엔트로피 보너스 계수

네트워크

- actor_hidden_dims: [512]   # 정책 모델의 은닉 계층별 뉴런 수 리스트

- critic_hidden_dims: [512]   # 가치 모델의 은닉 계층 뉴런 수를 나타내는 리스트

21.5.2 PPO 실행

CartPole-v1을 PPO 알고리즘을 실행하려면 다음과 같은 쉘 명령어로 실행한다.[2]

python main.py --agent ppo --env CartPole-v1
　　　　　　　　　에이전트 이름　　　환경 이름

main.py를 실행할 때 에이전트 이름은 'ppo'로 환경 이름은 'CarPole-v1'으로 지정한다. PyCharm에서 main.py의 default 값을 수정하고 실행해도 된다.

- main.py에서 명령어 인자인 agent의 default 값을 'ppo'로 수정한다.
- main.py에서 명령어 인자인 env의 default 값을 'CartPole-v1'으로 수정한다.
- main.py 편집 창에 마우스 우클릭을 해서 'Run main' 메뉴를 선택한다.

실행을 완료했을 때 평균 리턴이 최대 500이 도달하면 학습이 잘 됐다고 볼 수 있다.

21.5.3 텐서보드 성능 모니터링

그러면 학습하면서 성능이 어떻게 변화하는지를 텐서보드를 통해 확인해 보자. 그림 21-9와 같은 학습 곡선이 나타나는지 확인해 보라.

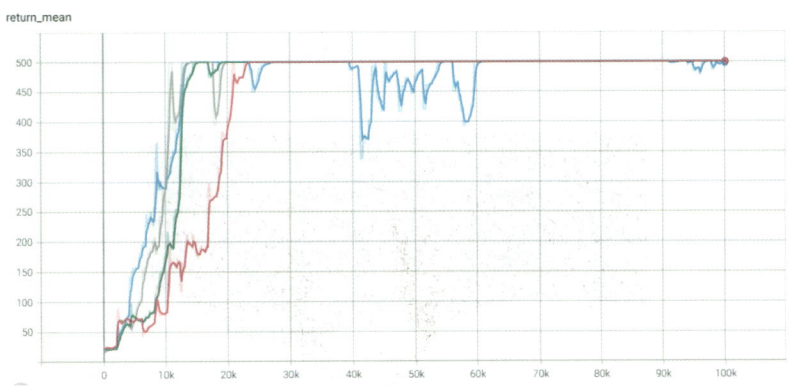

그림 21-9 PPO 학습 곡선 확인(에피소드의 평균 리턴 그래프)

---

2 쉘 명령어로 실행할 때는 가상 환경을 활성화했는지 확인하라. $source activate RL_Book

지금까지 실행했던 알고리즘과 PPO의 성능을 비교하면 PPO가 가장 안정적인 그래프를 그리고 있다는 것을 확인할 수 있다.

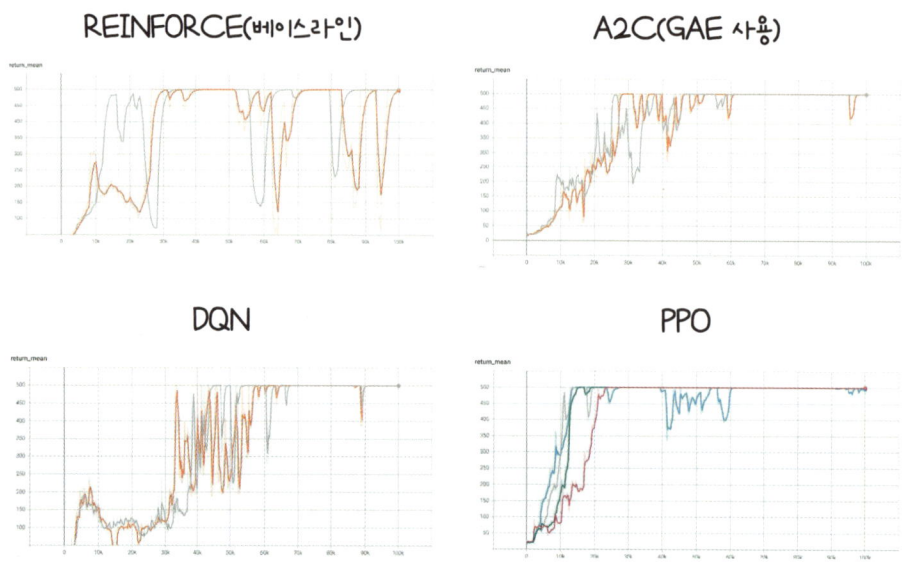

그림 21-10 학습 곡선 확인(에피소드의 평균 리턴 그래프)

21.6 LunarLanderContinuous-v2 학습

PPO 알고리즘으로 연속 행동을 갖는 강화학습 환경에 대해서도 학습해 보자. LunarLanderContinuous-v2를 학습시켜 보고 리턴이 200에 도달하는지 확인해 보자.[3]

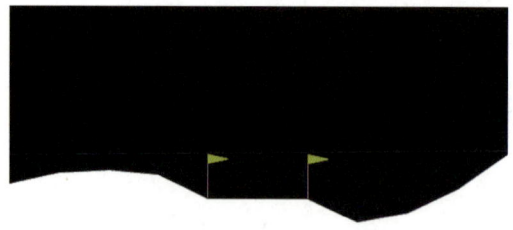

그림 21-11 OpenGym에서 제공하는 LunarLanderContinuous-v2 환경

---

3   LunarLanderContinuous-v2 환경에 대한 설명은 8장을 참고하라.

21.6.1 학습관련 설정

LunarLanderContinuous-v2 환경을 PPO로 실행할 때 다음과 같이 학습과 관련된 설정 항목은 성능 튜닝의 대상이 된다.

훈련 스텝

- max_environment_steps: 100000   # 훈련 모드에서 실행할 최대 환경 타임 스텝

- n_steps: 8192   # 학습 데이터를 수집하기 위해 실행할 타임 스텝

- n_epochs: 10   # Learner에서의 정책 학습 에포크 수

- batch_size: 64   # 배치 크기

할인 계수

- gamma: 0.99   # 리턴 계산 시 사용하는 할인 계수

학습률

- lr_policy: 0.00002   # 정책 모델의 학습률

- lr_critic: 0.0001   # 가치 함수 모델의 학습률

학습률 스케줄링

- lr_annealing: True   # 학습률 감소를 처리할 지 여부

그레이디언트 클리핑

- grad_norm_clip: 0.5   # 그레이디언트 클리핑 임계치 값

리턴과 이득

- advantage_type: 'gae'   # {mc, n_step, gae} 몬테카를로 리턴, n-스텝 리턴, GAE

- gae_standardization: True   # GAE를 표준화할지 여부

- gae_lambda: 0.98   # GAE의 분산-편향 조절 할인 계수

PPO 클리핑

- ppo_clipping_epsilon: 0.2   # PPO 클리핑 입실론
- clip_schedule: True   # PPO 클리핑 입실론 감쇄 여부

손실 함수 계수

- vloss_coef: 0.1   # 가치 함수의 손실 계수
- eloss_coef: 0   # 엔트로피 보너스 계수

네트워크

- actor_hidden_dims: [64, 64, 64]   # 정책 모델의 은닉 계층별 뉴런 수 리스트
- critic_hidden_dims: [64, 64, 64]   # 가치 모델의 은닉 계층 뉴런 수를 나타내는 리스트

21.6.2 PPO 실행

LunarLanderContinuous-v2을 PPO 알고리즘을 실행하려면 다음과 같은 쉘 명령어로 실행한다.[4]

```
python main.py --agent ppo --env LunarLanderContinuous-v2
```
　　　　　　　　　　에이전트 이름　　　　　　환경 이름

main.py를 실행할 때 에이전트 이름은 'ppo'로 환경 이름은 'LunarLanderContinuous-v2'으로 지정한다. PyCharm에서 main.py의 default 값을 수정하고 실행해도 된다.

- main.py에서 명령어 인자인 agent의 default 값을 'ppo'로 수정한다.
- main.py에서 명령어 인자인 env의 default 값을 'LunarLanderContinuous-v2'으로 수정한다.

---

[4] 쉘 명령어로 실행할 때는 가상 환경을 활성화 했는지 확인하라. $source activate RL_Book

- main.py 편집 창에 마우스 우클릭을 해서 'Run main' 메뉴를 선택한다.

실행이 완료됐을 때 에피소드 길이가 최대 200이 됐다면 학습이 잘 됐다고 볼 수 있다.

21.6.3 텐서보드 성능 모니터링

학습하면서 성능이 어떻게 변화하는지를 텐서보드를 통해 확인해 보자. 그림 21-12 와 같은 학습 곡선이 나타나는지 확인해 보라.

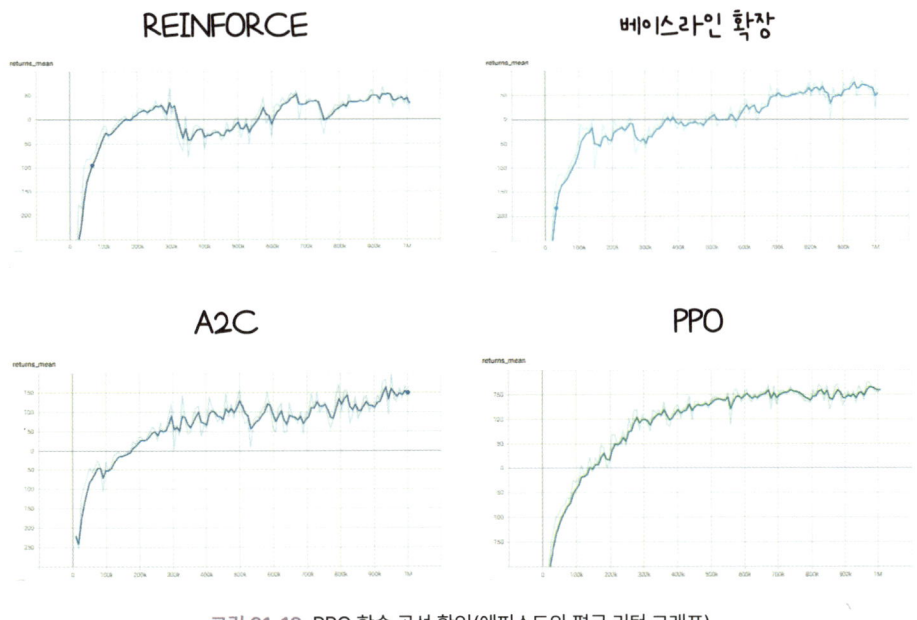

그림 21-12 PPO 학습 곡선 확인(에피소드의 평균 리턴 그래프)

지금까지 실행했던 알고리즘과 PPO의 성능을 비교해 보면 PPO가 안정적인 곡선을 그리고 있고 평균 리턴이 150을 넘고 있다.

21.7 AntBulletEnv-v0 학습

PPO 알고리즘으로 더 복잡한 고차원 연속 행동을 갖는 강화학습 환경에 대해서도 학습해 보자. AntBulletEnv-v0를 학습시켜 보고 평균 리턴이 2000을 넘는지 확인해 보자.

그림 21-13 OpenGym에서 제공하는 AntBulletEnv-v0 환경

21.7.1 AntBulletEnv-v0

AntBulletEnv-v0은 그림 21-13과 같은 물리적 환경에서 다리를 가진 개미 형태 로봇이 앞으로 최대한 빠르고 안정적으로 이동하도록 하는 것이 목표인 환경이다.

행동 공간

행동 공간은 로봇의 각 관절에 적용할 힘(토크)을 결정한다. 8개의 관절에 대한 토크 값으로 8차원의 벡터로 구성된다.

- **각 관절에 적용할 토크 값**: -1부터 1 사이의 연속 값

관측 공간

상태 공간은 28차원의 벡터로 구성되며 로봇의 위치, 속도, 관절 각도 및 각속도, 접촉 정보 등을 포함한다.

- **로봇의 위치**: x, y, z 좌표로 표현되는 로봇의 위치 정보

- **로봇의 속도**: x, y, z 방향의 선형 속도 및 각속도

- **관절의 각도 및 각속도**: 각 관절의 현재 각도와 그 변화율

- **로봇의 관성 및 접촉 정보**: 로봇이 지면과 접촉하는 부분의 정보

보상

- 로봇이 앞으로 이동한 거리에 비례해서 부여한다.

- 로봇의 관절에 적용된 토크의 제곱합에 비례해 패널티를 부과한다.

- 로봇이 넘어지면 패널티를 부과하고 안정적으로 움직이는 동안 추가적인 보상을 부여한다.

에피소드 종료 조건

다음 조건을 만나면 에피소드는 종료하거나 강제로 중단된다.

- 로봇이 넘어지면 종료한다.

- 에피소드 길이가 1000보다 커지면 중단한다.

21.7.2 학습관련 설정

AntBulletEnv-v0 환경을 PPO로 실행할 때의 다음과 같이 학습과 관련된 설정 항목은 성능 튜닝의 대상이 된다.

훈련 스텝

- max_environment_steps: 3000000   # 훈련 모드에서 실행할 최대 환경 타임 스텝

- n_steps: 1000   # 학습 데이터를 수집하기 위해 실행할 타입 스텝

- n_epochs: 5   # Learner에서의 정책 학습 에포크 수

- batch_size: 64   # 배치 크기

할인 계수

- gamma: 0.99   # 리턴 계산 시 사용하는 할인 계수

학습률

- lr_policy: 0.00025   # 정책 모델의 학습률

- lr_critic: 0.001   # 가치 함수 모델의 학습률

학습률 스케줄링
- lr_annealing: True   # 학습률 감소를 처리할 지 여부

그레이디언트 클리핑
- grad_norm_clip: 0.5   # 그레이디언트 클리핑 임계치 값

리턴과 이득
- advantage_type: 'gae'   # {mc, n_step, gae} 몬테카를로 리턴, n-스텝 리턴, GAE

- gae_standardization: True   # GAE를 표준화할지 여부

- gae_lambda: 0.95   # GAE의 분산-편향 조절 할인 계수

PPO 클리핑
- ppo_clipping_epsilon: 0.1   # PPO 클리핑 입실론

- clip_schedule: True   # PPO 클리핑 입실론 감쇄 여부

손실 함수 계수
- vloss_coef: 0.5   # 가치 함수의 손실 계수

- eloss_coef: 0.01   # 엔트로피 보너스 계수

네트워크
- actor_hidden_dims: [64, 64, 64]   # 정책 모델의 은닉 계층별 뉴런 수 리스트

- critic_hidden_dims: [64, 64, 64]   # 가치 모델의 은닉 계층 뉴런 수를 나타내는 리스트

21.7.2 PPO 실행

AntBulletEnv-v0을 PPO 알고리즘을 실행하려면 다음과 같은 쉘 명령어로 실행한다.[5]

$$\text{python main.py --agent } \underbrace{\text{ppo}}_{\text{에이전트 이름}} \text{ --env } \underbrace{\text{AntBulletEnv-v0}}_{\text{환경 이름}}$$

main.py를 실행할 때 에이전트 이름은 'ppo'로 환경 이름은 'AntBulletEnv-v0'으로 지정한다. PyCharm에서 main.py의 default 값을 수정하고 실행해도 된다.

- main.py에서 명령어 인자인 agent의 default 값을 'ppo'로 수정한다.
- main.py에서 명령어 인자인 env의 default 값을 'AntBulletEnv-v0'으로 수정한다.
- main.py 편집 창에 마우스 우클릭을 해서 'Run main' 메뉴를 선택한다.

실행이 완료됐을 때 에피소드 길이가 최대 200이 됐다면 학습이 잘 됐다고 볼 수 있다.

21.7.3 텐서보드 성능 모니터링

학습하면서 성능이 어떻게 변화하는지 텐서보드를 통해 확인해 보자. 그림 21-14와 같은 학습 곡선이 나타나는지 확인해 보라.

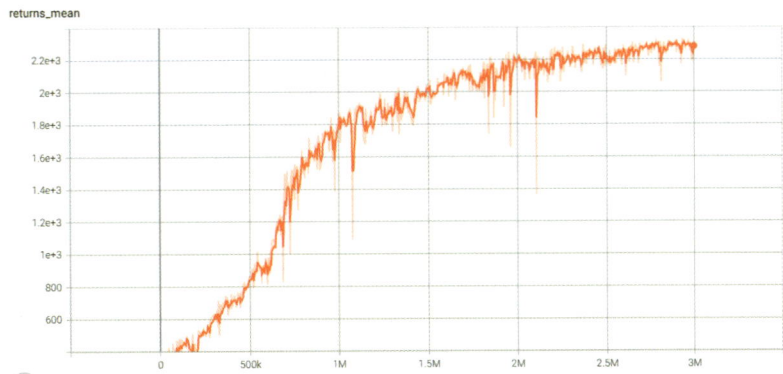

그림 21-14 PPO 학습 곡선 확인(에피소드의 평균 리턴 그래프)

---

5 쉘 명령어로 실행할 때는 가상 환경을 활성화했는지 확인하라. $source activate RL_Book

Chapter.22
다중 환경 러너

이번 장에서는 강화학습의 속도를 빠르게 하기 위해 동시에 여러 개의 환경을 병렬로 실행해서 학습 데이터를 수집하는 방식의 **분산 처리**를 적용해 보려고 한다. 12장과 13장에서 살펴봤던 A2C 알고리즘을 확장해 환경을 동시에 여러 개 병렬로 실행하고 결과를 동기적으로 받는 분산 처리 방식을 구현해 본 후 이를 비동기적으로 확장한 A3C_{Asynchronous Advantage Actor-Critic} 알고리즘을 구현해 볼 것이다.

분산 처리하려면 강화학습 프레임워크의 러너를 확장할 필요가 있다. 러너는 강화학습을 위한 구성 요소를 생성하고 학습 방식에 맞춰 이들의 실행 순서를 중재하기 때문이다. 따라서 분산 처리를 위해 러너를 **다중 환경 러너**_{Multi-Environment Runner}로 확장하고 동기적 학습 방식과 비동기적 학습 방식을 적용해 볼 것이다. 마지막으로 강화학습에 분산 처리했을 때 학습 속도가 얼마나 개선되고, 성능에는 어떤 영향이 있는지 실험을 통해 확인해 보자.

22.1 A2C와 A3C

먼저 A2C와 A3C가 어떤 방식으로 분산 처리를 하는지 살펴보자. A2C와 A3C는 학습에 필요한 데이터 또는 그레이디언트를 빠르게 구하기 위해 에이전트의 인스턴스로서 여러 개의 **워커**^worker를 두고 있다. 그림 22-1에는 A2C와 A3C의 분산 처리 구조를 보여주고 있다.

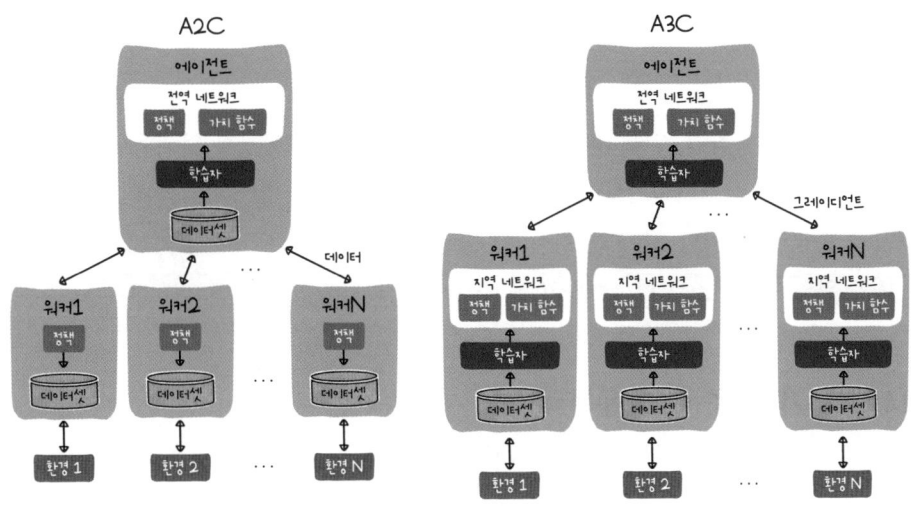

그림 22-1 A2C와 A3C의 분산 처리 구조

에이전트는 전역 네트워크를 관리하며 학습자를 통해 업데이트를 한다. 그리고 여러 개의 워커를 병렬로 실행하며 데이터 또는 그레이디언트를 수집하거나 한다. **워커**는 환경과 상호작용을 하면서 데이터를 수집하거나 A3C의 경우 데이터를 수집한 후에 로컬 네트워크를 이용해 전역 네트워크를 업데이트 하기 위한 그레이디언트를 계산한다. **에이전트**는 워커로부터 데이터 또는 그레이디언트를 받아서 정책과 가치 함수와 같은 전역 네트워크를 업데이트한다. 그리고 다시 워커의 로컬 네트워크에 업데이트된 전역 네트워크의 파라미터를 적용해서 워커가 최신화된 네트워크를 유지하도록 한다.

22.1.1 데이터 수집 vs. 그레이디언트 계산

A2C와 A3C는 워커의 역할에 차이가 있다. A2C는 워커를 통해 데이터를 수집하지만 A3C는 워커를 통해 그레이디언트를 계산한다.

- **A2C의 워커의 역할**
    - 데이터 수집: A2C의 워커는 데이터를 수집해서 주기적으로 에이전트에게 보낸다.

- **A3C의 워커의 역할**
    - 지역 그레이디언트 계산: A3C의 워커는 데이터를 수집하고 주기적으로 자신의 지역 네트워크로 그레이디언트를 계산해 에이전트에게 보낸다.

에이전트 입장에서 생각해 보면 데이터 수집을 분산 처리하는 것이 좋을까? 아니면 그레이디언트 계산을 분산 처리하는 것이 좋을까? 에이전트가 워커를 통해 데이터를 수집한다면 자신이 직접 그레이디언트를 계산해서 전역 네트워크를 업데이트해야 하지만 이미 계산된 그레이디언트를 받는다면 전역 네트워크만 업데이트 하면 되므로 더 빠르게 학습할 수 있다. 즉 A2C에서 A3C로 알고리즘이 개선되면서 더 많은 일을 워커에게 위임하는 구조로 변화했다고 볼 수 있다.

22.1.2 동기적 학습 vs. 비동기적 학습

A2C와 A3C의 또 다른 차이점은 에이전트와 워커 사이의 분산 학습 방식에 있다. A2C의 경우 에이전트는 워커와 **동기적으로 학습**Synchronous Learning하지만 A3C의 경우 에이전트는 워커와 **비동기적으로 학습**Asynchronous Learning한다. 그림 22-2에는 A2C와 A3C의 동기적 및 비동기적 학습 방식을 보여주고 있다.

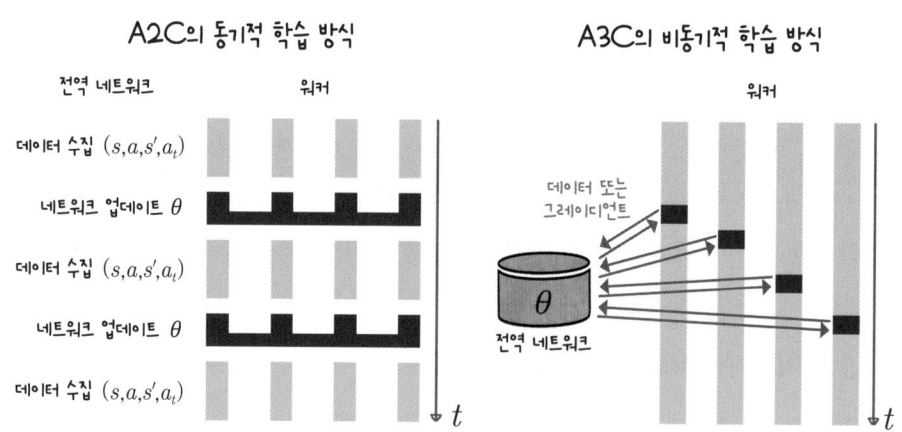

그림 22-2 동기적 학습 방식과 비동기적 학습 방식

두 방식에서 에이전트가 수행하는 과정을 살펴보면 다음과 같다.

- **A2C의 동기적 학습 방식**
  - 데이터 수집: 에이전트는 전체 워커의 작업이 완료될 때까지 기다렸다가 전체 워커로부터 데이터를 전달받는다.
  - 전역 네트워크 업데이트: 에이전트는 전달받은 데이터로 데이터셋을 구성하고 전역 네트워크를 업데이트한다.
  - 로컬 네트워크 동기화: 에이전트는 업데이트된 전역 네트워크의 파라미터를 전체 워커의 로컬 네트워크에 적용하고 워커의 작업을 재개한다.

- **A3C의 비동기적 학습 방식**
  - 그레이디언트 수집: 에이전트는 전체 워커 중 하나의 작업이 완료될 때까지 기다렸다가 가장 먼저 작업을 완료한 워커에게 그레이디언트를 전달받는다.
  - 전역 네트워크 업데이트: 에이전트는 전달받은 그레이디언트로 전역 네트워크를 바로 업데이트한다.
  - 로컬 네트워크 동기화: 에이전트는 작업을 완료한 워크의 로컬 네트워크에 전역 네트워크의 파라미터를 적용하고 워커 작업을 재개한다.

동기적 학습과 비동기적 학습의 장단점

A2C와 같이 동기적 학습 방식은 구현이 비교적 간단하지만 동기화 단계로 인해 학습 시간이 오래 걸리고 네트워크 업데이트도 지연되면서 학습 성능이 낮아질 수 있다. 반면 A3C와 같이 비동기적 학습 방식은 구현이 조금 복잡하고 학습 초기에 조금은 불안정할 수 있지만 전체적으로 모델이 빠르게 수렴하고 학습 시간도 크게 단축할 수 있다.

- **A2C의 동기적 학습 방식**
  - 단순한 구현: 동기적 업데이트 방식 때문에 구현이 비교적 간단하다.
  - 안정적인 학습 성능: 모든 워커가 동기적으로 학습하므로 워커의 네트워크가 가장 최신 네트워크 상태를 보장받는다.
  - 조금 느린 학습 속도: 동기화 단계로 워커의 대기 시간이 길어지면서 학습 속도는 A3C에 비해 조금 느리다.

- **A3C의 비동기적 학습 방식**
  - 복잡한 구현: 비동기적 학습 방식 때문에 구현이 더 복잡하다. 워커들이 서로 다

른 환경 상태에서 독립적으로 학습하기 때문에 전역 네트워크의 파라미터 동기화가 까다롭다.
- 다소 불안정한 학습 성능: 각 워커별로 독립적으로 전역 네트워크를 업데이트하므로 워커가 실행하는 중에 다른 워커가 전역 네트워크를 업데이트 하면 워커의 네트워크 상태가 가장 최신 상태가 아닐 수 있다. 이로 인해 초기 학습 단계에서 다소 불안정할 수 있지만 전체적으로 빠르게 수렴하는 경향이 있다.
- 빠른 학습 속도: 여러 워커가 독립적으로 병렬 학습을 진행하므로 학습 속도가 빠르다.

이와 같이 A2C와 A3C의 분산 처리 방식은 각기 다른 장단점이 있지만 두 방식 모두 학습 속도를 향상시킨다. 또한 동시에 여러 환경에서 다양한 상태 데이터를 수집하기 때문에 폭넓은 탐색이 가능해지고 결과적으로 좋은 일반화 성능을 보이게 된다.

22.2.3 다중 환경 러너

강화학습 프레임워크에서는 그림 22-3과 같이 다중 환경 러너를 통해 분산 처리를 한다. 이때 환경 루프는 A2C의 워커에 해당한다. 다중 환경 러너는 환경 루프를 여러 개 생성해서 데이터 수집 과정을 분산 처리하며 A2C의 동기적 학습 방식과 A3C의 비동기적 학습 방식을 선택할 수 있다.

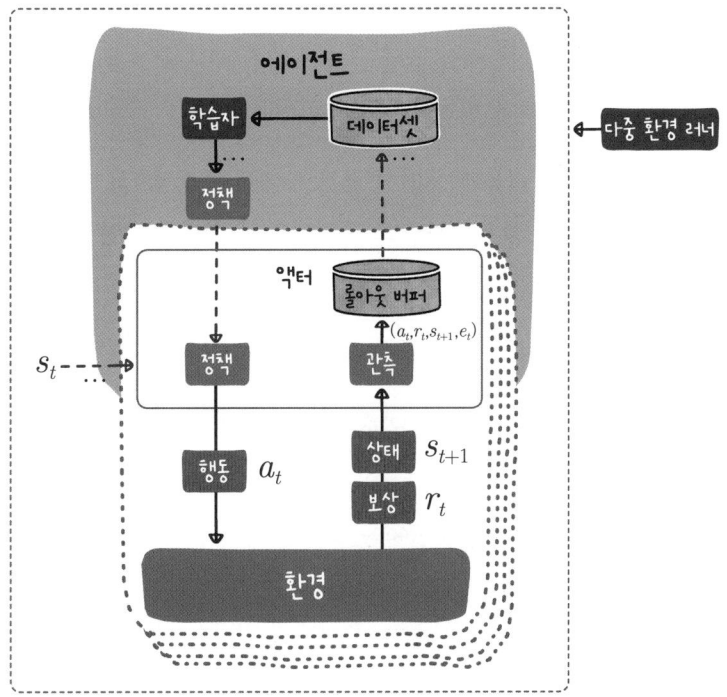

그림 22-3 다중 환경 러너

다중 환경 러너의 동기적 학습 방식

다중 환경 러너를 동기적으로 실행할 때는 러너와 같은 형태의 학습 루프로 실행된다. 다만 다음과 같은 부분에서 여러 환경 루프가 동기적으로 병렬 처리되도록 확장되어 있다.

- **환경 루프의 생성**: 여러 개의 환경 루프를 동시에 생성한다.

- **데이터 수집**: 전체 환경 루프에 데이터 수집을 요청하고 데이터 수집이 모두 완료되면 그 결과를 합친다.

- **네트워크 동기화**: 전체 환경 루프에 있는 액터의 네트워크에 에이전트의 네트워크 파라미터를 일괄적으로 적용한다.

- **환경 루프의 통계 정보 초기화**: 환경 루프의 통계 정보를 초기화할 때는 전체 환경 루프에 초기화 요청을 하고 완료될 때까지 기다린다.

다중 환경 러너의 비동기적 학습 방식

다중 환경 러너를 비동기적으로 실행할 때는 학습 루프를 포함한 다음과 같은 부분이 동기적 학습 방식과 다르게 비동기적으로 바뀐다.

- **비동기적 학습 루프**: 처음에는 전체 환경 루프에 일괄적으로 데이터 수집을 요청한다. 그리고 실행이 완료되는 순으로 데이터 수집 결과를 받아서 에이전트의 전역 네트워크를 업데이트한 한 후에 해당 환경 루프를 재실행한다.

- **데이터 수집**: 실행이 완료된 환경 루프에 데이터 수집을 재요청한다.

- **네트워크 동기화**: 실행이 완료된 환경 루프의 액터 네트워크에 에이전트의 네트워크 파라미터를 적용한다.

- **환경 루프의 통계 정보 초기화**: 환경 루프의 통계 정보를 초기화할 때는 모든 환경 루프에 초기화 요청을 하되 완료를 기다리지 않고 다음 단계로 진행해 비동기적으로 실행하도록 한다.

이와 같은 다중 환경 루프의 동기적 또는 비동기적 기능 확장이 클래스 정의에 어떻게 반영이 됐는지 살펴보자.

22.2 다중 환경 러너의 구성

강화학습 프레임워크에서 다중 환경 러너가 어떻게 구성돼 있는지 살펴보자. 다중 환경 러너는 러너를 상속받아서 분산 처리를 위한 기능이 확장돼 있다.

22.1.1 디렉토리 구조

다중 환경 러너의 소스 코드는 그림 22-4와 같이 "/runner" 디렉토리에 러너와 함께 정의돼 있다.

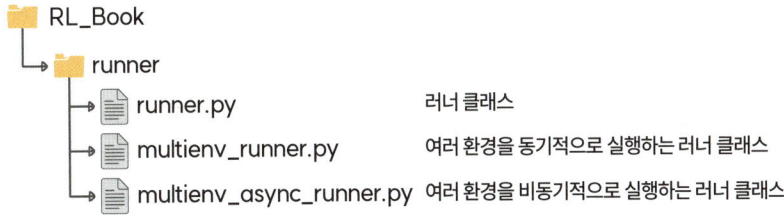

그림 22-4 러너 디렉토리 구조

각 파일에 구현돼 있는 내용은 다음과 같다.

- runner.py: 강화학습 프레임워크 실행자인 Runner가 정의돼 있다.

- multienv_runner.py: 다중 환경에서 동기식으로 분산 처리를 하는 강화학습 프레임워크 실행자인 MultiEnvRunner가 정의돼 있다.

- multienv_async_runner.py: 다중 환경에서 비동기식으로 분산 처리를 하는 강화학습 프레임워크 실행자인 MultiEnvAsyncRunner가 정의돼 있다.

22.1.2 클래스 구성도

러너의 클래스는 다음과 같이 구성돼 있다.

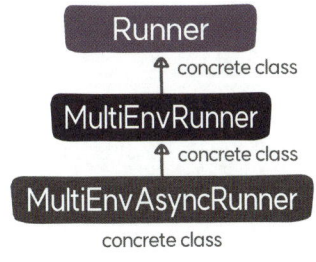

그림 22-5 러너 클래스의 구성도

- Runner: 환경이 한 개일 때 강화학습의 구성 요소를 생성하고 추론과 학습을 위한 전체적인 실행을 관장

- `MultiEnvRunner`: 여러 개의 환경을 동기적으로 분산 처리를 하기 위해 강화학습의 구성 요소를 생성하고 추론과 학습을 위한 전체적인 실행을 관장

- `MultiEnvAsyncRunner`: 여러 개의 환경을 비동기적으로 분산 처리를 하기 위해 강화학습의 구성 요소를 생성하고 추론과 학습을 위한 전체적인 실행을 관장

하나의 환경을 실행해서 학습하는 Runner에 대해서는 5장에서 살펴봤고 이번 장에서는 여러 환경을 실행해서 학습하는 분산 처리 방식의 `MultiEnvRunner`와 `MultiEnvAsyncRunner`를 살펴본다.

22.3 MultiEnvRunner 클래스

`MultiEnvRunner` 클래스는 다중 환경 러너로 Runner를 상속하고 있다. 여러 개의 환경을 동기적으로 분산 처리하기 위해 강화학습의 구성 요소를 생성하고 추론과 학습을 위한 전체적인 실행을 관장한다.

그림 22-6 MultiEnvRunner 클래스 구성도

21.3.1 클래스 정의

`MultiEnvRunner` 클래스는 다음과 같이 정의한다.

속성

- **환경 루프 리스트**(environment_loops): 분산 환경에서 실행하는 환경 루프의 리스트를 관리한다.

메서드

- `__init__`: 부모 클래스 Runner의 초기화 메서드를 호출해 러너를 초기화한다.

- `make_environment_loops`: 환경 루프 클래스를 Ray의 리모트 클래스로 재정의하고 환경의 개수만큼 환경 루프를 생성한다.

- `run_environment_loops`: 전체 환경 루프에 대해 에이전트와 환경의 상호작용을 원격 실행하고 전체 환경 루프의 실행이 종료될 때까지 대기했다가 결과를 받아서 합친다(동기적 실행).

- `_merge_result`: 전체 환경 루프의 실행 결과를 합친다. 이때 숫자 데이터는 더하고 그 외의 데이터는 리스트로 변환한다.

- `update_actors`: 에이전트의 네트워크 파라미터를 전체 액터의 복사본에 동기화하고 전체 실행이 완료될 때까지 대기한다(동기적 실행).

- `reset_stats_environment_loops`: 전체 환경 루프의 통계 정보를 초기화하고 전체 환경 루프의 실행이 완료될 때까지 대기한다(동기적 실행).

22.3.2 클래스 구현 코드

MultiEnvRunner 클래스는 다음과 같이 구현돼 있다.

패키지 임포트

코드 22-1 MultiEnvRunner 패키지 임포트

```
import ray
from copy import deepcopy
from typing import List, Dict
from utils.logging import Logger
from runner.runner import Runner
from runner.environment_loop import EnvironmentLoop
```

실행 순서는 다음과 같다.

1. 분산 처리 프레임워크 ray를 임포트 한다.[1]
2. 환경 루프 실행 결과를 복사하기 위해 deepcopy를 임포트 한다.
3. 타입 정의를 위해 List, Dict를 임포트 한다.
4. 로거 클래스인 Logger를 임포트 한다.
5. 러너 클래스인 Lunner를 임포트 한다.
6. 환경 루프 클래스인 EnvironmentLoop를 임포트 한다.

초기화

부모 클래스 Runner의 초기화 메서드를 호출해 러너를 초기화한다.

코드 22-2 MultiEnvRunner 초기화

```
class MultiEnvRunner(Runner):
    """
        여러 개의 환경을 동기적으로 분산 처리를 하기 위해
        강화학습의 구성 요소를 생성하고 추론과 학습을 위한 전체적인 실행을 관장
    """

    def __init__(self,
                 config: dict,
                 console_logger: Logger = None,
                 logger: Logger = None,
                 verbose: bool = False):
        """
            부모 클래스 Runner의 초기화 메서드를 호출해 러너를 초기화
        Args:
            config: 설정
            console_logger: 콘솔 로거
            logger: 로거
            verbose: 설정을 콘솔에 출력할지 여부
        """
```

---

[1] Ray에 대한 소개와 사용법은 22.6 Ray 소개를 참고하라.

```
super().__init__(config, console_logger, logger, verbose)
```

- **부모 클래스 초기화 호출**: 부모 클래스인 Runner의 초기화 메서드를 호출해 강화학습 프레임워크 실행에 필요한 유틸리티 객체인 로거, 실행 토큰, 설정을 생성하고 학습에 필요한 카운터 변수를 초기화한다.

환경 루프 생성

환경 루프 클래스를 Ray의 리모트 클래스로 재정의하고 환경의 개수만큼 환경 루프를 생성한다.

코드 22-3 MultiEnvRunner 환경 루프 생성

```
def make_environment_loops(self):
    """
    환경 루프 클래스를 ray의 리모트 클래스로 재정의하고
    환경의 개수만큼 환경 루프를 생성
    """

    # 1. 분산 처리를 위해 ray 초기화
    self.ray_init()

    # 2. 환경 루프를 리모트 클래스로 정의
    num_gpus = self.config.num_gpus / self.config.n_envs
    RemoteEnvironemtnLoop = ray.remote(EnvironmentLoop).options(
                    num_gpus=num_gpus)

    # 3. 환경 개수만큼 환경 루프 생성
    self.environment_loops = []
    for env_id in range(self.config.n_envs):
        environment_loop = RemoteEnvironemtnLoop.remote(
            config=self.config,
            network=self.agent.network,
            buffer_schema=self.agent.buffer_schema,
            actor_class=self.agent.actor_class,
            env_id=env_id)
        self.environment_loops.append(environment_loop)
```

실행 순서는 다음과 같다.

1. **분산 처리를 위해 Ray 초기화**: 환경 루프를 분산 처리하기 위해 Ray를 초기화한다.
2. **환경 루프를 리모트 클래스로 정의**: 환경 루프를 Ray의 **액터**[actor]로 만들기 위해 리모트 클래스로 정의한다.[2]
   - 리모트 클래스를 생성할 때 Ray의 액터가 사용할 GPU 개수를 지정한다. 이때 액터가 사용할 GPU 개수는 설정에 지정된 GPU 개수(config.num_gpus)를 환경 개수(config.n_envs)로 나눠서 계산한다.
3. **환경 개수만큼 환경 루프 생성**: 환경의 개수만큼 환경 루프를 생성한다. 이때 환경을 구분할 수 있도록 환경 ID를 지정한다.
   - 환경 루프 생성: 리모트 클래스로 정의된 환경 루프 클래스를 이용해서 환경 루프를 생성한다. 이때 액터를 생성할 때 필요한 정보인 에이전트 네트워크, 버퍼 스키마, 액터 클래스와 환경 ID를 전달한다.
   - 생성된 환경 루프를 환경 루프의 리스트(environment_loops)에 추가한다.

Ray 초기화

설정 파일에 설정된 CPU와 GPU 개수를 이용해서 Ray를 초기화한다.

코드 22-4 MultiEnvRunner Ray 초기화

```python
def ray_init(self):
    """설정 파일에 설정된 CPU와 GPU 개수를 이용해서 Ray를 초기화"""
    # 1. Ray 초기화
    ray.init(num_cpus=self.config.num_cpus,
             num_gpus=self.config.num_gpus)

    # 2. Ray에 할당된 자원 출력
    ray_resource = ray.available_resources()
    self.logger.console_logger.info(f"Ray resources: {ray_resource}")
```

---

[2] Ray의 액터 클래스는 상태를 유지하는 워커(stateful worker)를 의미한다. 자세한 내용은 22.6 Ray 소개를 참고하라.

실행 순서는 다음과 같다.

1. **Ray 초기화**: 환경 루프를 분산 처리하기 위해 **Ray**를 초기화한다.
   - **Ray**가 사용할 CPU 개수와 GPU 개수를 지정한다.
2. **Ray**에 할당된 자원 출력: **Ray**에 할당된 자원을 화면에 출력한다.

환경 루프 실행

전체 환경 루프에 대해 에이전트와 환경의 상호작용을 원격 실행하고 전체 환경 루프의 실행이 종료될 때까지 대기했다가 결과를 받아서 합친다(동기적 실행).

코드 22-5 MultiEnvRunner 환경 루프 실행

```
def run_environment_loops(self):
    """
    전체 환경 루프에 대해 에이전트와 환경의 상호작용을 원격 실행하고
    전체 환경 루프의 실행이 종료될 때까지 대기했다가 결과를 받아서 합침
    (동기적 실행)

    Returns:
        합쳐진 환경 루프 실행 결과
    """

    # 1. 환경 루프 원격 실행
    results_future = [env_loop.run.remote(
                        max_n_timesteps=self.config.n_steps,
                        max_n_episodes=self.config.n_episodes)
                      for env_loop in self.environment_loops]

    # 2. 환경 루프 결과 가져오기
    results = ray.get(results_future)

    # 3. 환경 루프 실행 결과 병합
    merged_results = self._merge_results(results)
    return merged_results
```

실행 순서는 다음과 같다.

- 환경 루프 원격 실행
    - 환경 루프를 통해 에이전트와 환경의 상호작용을 지정된 실행 타임 스텝 수 또는 에피소드 수만큼 실행하고 결과를 반환 받는다.
    - 실행 결과에는 환경 루프 실행 경로 데이터와 통계 데이터가 포함돼 있다.
- 환경 루프 결과 가져오기: 전체 환경 루프의 작업이 모두 완료될 때까지 기다렸다가 가져온다.
- 환경 루프 실행 결과 병합: 전체 환경 루프의 실행 결과를 합쳐서 하나의 딕셔너리로 만든다.

환경 루프 실행 결과 병합

전체 환경 루프의 실행 결과를 합친다. 이때 숫자 데이터는 더하고 그 외의 데이터는 리스트로 변환한다.

코드 22-6 MultiEnvRunner 환경 루프 실행 결과 병합

```
def _merge_results(self, results: List[Dict]) -> List:
    """
            전체 환경 루프의 실행 결과를 합침
                1) 숫자 데이터는 더함
                2) 외의 데이터는 리스트로 변환
    Args:
        results: 환경 루프 실행 결과 리스트

    Returns:
        합쳐진 환경 루프 실행 결과
    """
    # 1. 환경 루프의 실행 결과 for 루프
    merged_results = None
    for result in results:
        # 2. 첫 번째 실행 결과
        if merged_results is None:  # first result
            # 실행 결과를 병합된 결과로 복사
```

```python
            merged_results = deepcopy(result)
            for key, value in result.items():
                # 각 항목별로 값의 타입 확인
                if not isinstance(value, (int, float)):
                    # 숫자가 아니면 리스트로 변경
                    merged_results[key] = [value]
            continue
        # 2. 두 번째 이후 실행 결과
        for key, value in result.items():
            # 각 항목별로 값의 타입 확인
            if isinstance(value, (int, float)):
                # 1) 숫자면 합산
                merged_results[key] += value
            else:
                # 2) 숫자가 아니면 리스트에 추가
                merged_results[key].append(value)

    # 3. 하위 딕셔너리 병합 처리 (ex, "stats")
    for key, value in merged_results.items():
        if isinstance(value, list) and isinstance(value[0], Dict):
            # _merge_results 재귀 호출
            merged_value = self._merge_results(merged_results[key])
            # 병합 결과 저장
            merged_results[key] = merged_value

    return merged_results
```

실행 순서는 다음과 같다.

1. 환경 루프의 실행 결과 for 루프: 환경 루프의 실행 결과 리스트를 하나의 딕셔너리로 합친다.
2. 첫 번째 환경 루프 실행 결과
   ◦ 실행 결과를 병합된 결과로 복사: 첫 번째 실행 결과(result)는 병합된 결과 딕셔너리(merged_results)로 복사한다.
   ◦ 숫자가 아닌 항목은 리스트로 변환: 실행 결과(result)의 (key, value)를 확인해서 value의 타입이 숫자가 아니면 리스트로 변환한다.

3. 두 번째 이후 환경 루프 실행 결과
    - 실행 결과(result)의 (key, value)를 확인해서 value의 타입이 숫자면 합산을 하고 숫자가 아니면 리스트에 추가한다.
4. 하위 딕셔너리 병합 처리: 실행 결과(result)의 환경 루프 실행 통계(stats) 항목과 같이 value가 딕셔너리인 경우 _merge_results() 메서드를 재귀 호출해 하위 딕셔너리를 결과를 병합한다. 그리고 병합된 결과를 반환 받아서 해당 항목에 저장한다.

네트워크 동기화

에이전트의 네트워크 파라미터를 전체 액터의 복사본에 동기화하고 전체 실행이 완료될 때까지 대기한다(동기적 실행).

코드 22-7 MultiEnvRunner 네트워크 동기화

```python
def update_actors(self):
    """
    에이전트의 네트워크 파라미터를 전체 액터의 복사본에 동기화하고
    전체 실행이 완료될 때까지 대기(동기적 실행)
    """

    # 1. 에이전트 네트워크 파라미터 읽기
    state_dict = self.agent.network.get_variables()

    # 2. 액터의 복사본에 동기화
    future = [environment_loop.update_policy.remote(state_dict)
              for environment_loop in self.environment_loops]

    # 3. 환경 루프 작업 완료 대기
    ray.wait(future, num_returns=len(self.environment_loops))
```

실행 순서는 다음과 같다.
1. 에이전트 네트워크 파라미터 읽기: 에이전트의 네트워크 파라미터를 읽는다.
2. 액터의 복사본에 동기화: 네트워크 파라미터를 전체 환경 루프에 보내서 액터의 복사본에 로딩하도록 한다.

3. 환경 루프 작업 완료 대기: 전체 환경 루프의 작업이 완료되기를 대기한다(ray.wait() 의 num_returns를 전체 환경 루프의 개수로 지정했다).

통계 정보 초기화

전체 환경 루프의 통계 정보를 초기화하고 전체 환경 루프의 실행이 완료될 때까지 대기한다(동기적 실행).

코드 22-8 MultiEnvRunner 통계 정보 초기화

```
def reset_stats_environment_loops(self):
    """
        전체 환경 루프의 통계 정보를 초기화하고
        전체 환경 루프의 실행이 완료될 때까지 대기(동기적 실행)
    """

    # 1. 환경 루프 통계 정보 초기화
    future = [environment_loop.reset_stats.remote()
              for environment_loop in self.environment_loops]

    # 2. 환경 루프 작업 완료 대기
    ray.wait(future, num_returns=len(self.environment_loops))
```

실행 순서는 다음과 같다.
1. 환경 루프 실행 통계 정보 초기화: 모든 환경 루프의 통계 정보를 초기화한다.
2. 환경 루프 작업 완료 대기: 전체 환경 루프의 작업이 완료되기를 대기한다(ray.wait() 의 num_returns를 전체 환경 루프의 개수로 지정했다).

22.4 MultiEnvAsyncRunner 클래스

MultiEnvAsyncRunner 클래스는 비동기 방식의 다중 환경 러너로 MultiEnvRunner를 상속하고 있다. 여러 개의 환경을 비동기적으로 분산 처리를 하기 위해 강화학습의 구성 요소를 생성하고 추론과 학습을 위한 전체적인 실행을 관장한다.

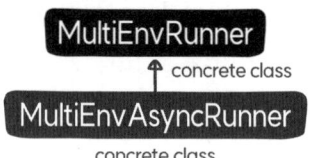

그림 22-7 MultiEnvAsyncRunner 클래스 구성도

21.3.1 클래스 정의

MultiEnvAsyncRunner는 환경 루프 리스트를 속성으로 갖는다.

메서드

- __init__: 부모 클래스 MultiEnvRunner의 초기화 메서드를 호출해 러너를 초기화한다.

- train: 최대 환경 실행 스텝만큼 ❶ **환경 루프를 실행해서 데이터를 수집**하고 ❷ **정책을 평가하고 개선**하는 과정을 반복한다. 단, 데이터 수집을 빠르게 하기 위해 환경 루프를 환경의 개수만큼 병렬 실행하며 실행이 완료된 순서대로 즉시 실행 결과를 반환 받아서 데이터셋을 구성하고 에이전트를 학습한다(비동기적 실행).

- run_environment_loop: 지정된 환경 루프에 대해 지정된 실행 타입 스텝 수 또는 에피소드 수만큼 에이전트와 환경의 상호작용을 원격 실행한다(비동기적 실행).

- update_actor: 에이전트의 네트워크 파라미터를 지정된 환경 루프에 있는 액터의 복사본에 동기화한다(동기적 실행).

- reset_stats_environment_loops: 전체 환경 루프의 통계 정보를 초기화한다. 단, 실행 완료를 기다리지 않고 바로 다음 실행을 진행한다(비동기적 실행).

22.4.2 클래스 구현 코드

MultiEnvSyncRunner 클래스는 다음과 같이 구현돼 있다.

패키지 임포트

코드 22-9 MultiEnvSyncRunner 패키지 임포트

```
import ray
import datetime
from utils.logging import Logger
from runner.multienv_runner import MultiEnvRunner
```

실행 순서는 다음과 같다.

1. 분산 처리 프레임워크 ray를 임포트 한다.
2. 학습 시간을 측정하기 위해 datetime을 임포트 한다.
3. 로거 클래스인 Logger를 임포트 한다.
4. 다중 환경 러너 클래스인 MultiEnvLunner를 임포트 한다.

초기화

부모 클래스 MultiEnvRunner의 초기화 메서드를 호출해 러너를 초기화한다.

코드 22-10 MultiEnvSyncRunner 초기화

```
class MultiEnvAsyncRunner(MultiEnvRunner):
    """
        여러 개의 환경을 비동기적으로 분산 처리를 하기 위해
        강화학습의 구성 요소를 생성하고 추론과 학습을 위한 전체적인 실행을 관장
    """

    def __init__(self,
                 config: dict,
                 console_logger: Logger = None,
                 logger: Logger = None,
                 verbose: bool = False):
        """
            부모 클래스 Runner의 초기화 메서드를 호출해 러너를 초기화
        Args:
            config: 설정
```

```
                console_logger: 콘솔 로거
                logger: 로거
                verbose: 설정을 콘솔에 출력할지 여부
        """

        super().__init__(config, console_logger, logger, verbose)
```

- **부모 클래스 초기화 호출**: 부모 클래스인 `MultiEnvRunner`의 초기화 메서드를 호출해 강화학습 프레임워크 실행에 필요한 유틸리티 객체인 로거, 실행 토큰, 설정을 생성하고 학습에 필요한 카운터 변수를 초기화한다.

학습 모드 실행

최대 환경 실행 스텝만큼 ❶ 환경 루프를 실행해서 데이터를 수집하고 ❷ 정책을 평가하고 개선하는 과정을 반복한다. 단, 데이터 수집을 빠르게 하기 위해 환경 루프를 환경의 개수만큼 병렬 실행하며, 실행이 완료된 순서대로 즉시 실행 결과를 반환 받아서 데이터셋을 구성하고 에이전트를 학습한다(비동기적 실행).

코드 22-11 MultiEnvSyncRunner 학습 모드 실행

```python
def train(self):
    """
        최대 환경 실행 스텝만큼 다음 과정을 반복
            1) 환경 루프를 실행해서 데이터를 수집하고
            2) 정책을 평가하고 개선하는 과정

        단, 데이터 수집을 빠르게 하기 위해 환경 루프를 병렬 실행하며,
        환경 루프의 실행이 완료되는 즉시 데이터셋을 구성하고 에이전트를 학습
    """
    # 1. 타임 스텝 초기화
    self.last_model_save_timestep = 0    # 체크포인트 타임 스텝
    self.last_logging_step = 0           # 로깅 타임 스텝

    # 2. 학습 시작 시점 측정
    start_time = datetime.datetime.now().replace(microsecond=0)
```

```python
# 3. 전체 환경 루프 실행
pending_result = {}
for env_loop in self.environment_loops:
    future = self.run_environemnt_loop(env_loop)
    pending_result[future] = env_loop

# 3. 학습 루프 실행
while self.total_n_timesteps < self.config.max_environment_steps:

    # 4. 데이터 수집 결과 받기
    ready_refs, not_ready_refs = ray.wait(
        list(pending_result.keys()))
    result = ray.get(ready_refs[0])
    env_loop = pending_result.pop(ready_refs[0])

    # 5. 카운터 증가
    self.total_n_timesteps += result['n_timesteps_in_run']  # 타임스텝 수
    self.total_n_episodes += result['n_episodes_in_run']    # 에피소드 수

    # 6. 데이터 동기화
    self.update_dataset(result['rollouts'])

    # 7. 정책 평가 및 개선, 네트워크 동기화
    if(self.update_agent()):
        self.update_actor(env_loop)
        # 9. 결과를 반환한 환경 루프 재실행
        future = self.run_environemnt_loop(env_loop)
        pending_result[future] = env_loop

    # 10. 환경 루프 통계 정보 로깅
    self.logging_stats(result)

    # 11. 체크포인트 저장
    self.save_checkpoint()

# 12. 총 학습 시간 출력
end_time = datetime.datetime.now().replace(microsecond=0)
self.logger.console_logger.info(f"Start time: {start_time}")
```

```
self.logger.console_logger.info(f"End time: {end_time}")
self.logger.console_logger.info(f"Total: {end_time - start_time}")
```

실행 순서는 다음과 같다.

1. 타임 스텝 초기화
    - 마지막 체크포인트 저장 시점(last_model_save_timestep)을 0으로 초기화 한다.
    - 마지막 로깅 시점(last_logging_step)을 0으로 초기화 한다.
2. 학습 시작 시점 측정: 전체 학습 시간을 추적하기 위해 시작 시간을 측정한다.
3. 전체 환경 루프 실행: 전체 환경 루프를 동시에 실행하면서 환경 루프의 실행 완료 대기 리스트를 관리하는 딕셔너리인 **대기 리스트**(pending_result)에 실행한 환경 루프의 레퍼런스와 실행 결과 객체의 레퍼런스를 추가한다.
    - Key: 환경 루프를 원격으로 실행한 결과의 객체 레퍼런스(future)
    - Value: 환경 루프 객체의 객체 레퍼런스(env_loop)
    - 대기 리스트(pending_result)는 환경 루프를 원격으로 실행하고 ray.wait()로 기다릴 때 실행 결과가 어떤 환경 루프의 결과인지를 파악하기 위한 용도로 사용한다.
4. 학습 루프 실행: 설정에 지정된 최대 환경 스텝 수(config.max_environment_steps)만큼 학습을 실행한다.
5. 데이터 수집 결과 받기
    - 실행 중인 환경 루프 중 하나가 완료되기를 대기한다. 이때 ray.wait()의 반환 값은 다음과 같다.
        - ready_refs: 실행을 완료해서 대기중인 객체 레퍼런스 리스트
        - not_ready_refs: 실행을 완료하지 않은 객체 레퍼런스 리스트
    - 실행을 완료한 환경루프의 결과를 반환 받는다.
        - ready_refs[0]에 저장된 객체 레퍼런스를 이용해 ray.get()으로 반환 받는다.
        - 이때 실행 결과에는 ❶ 실행 카운터 정보와 ❷ 액터가 수집한 경로 데이터 ❸ 환경 루프의 실행 통계 데이터가 들어 있다.
    - ready_refs[0]를 대기 리스트(pending_result)에서 제거하고, 해당하는 환경 루프를 env_loop 변수에 저장한다.

6. **카운터 증가**: 환경 루프에서 반환 받은 결과 데이터를 이용해서 학습 타입 스텝 수(total_n_timesteps)와 에피소드 수(total_n_episodes)를 업데이트 한다.
7. **데이터 동기화**: 액터가 수집한 경로 데이터를 에이전트에 전달해서 데이터셋을 구성한다.
8. **정책 평가 및 개선 및 네트워크 동기화**: 에이전트를 학습시킨다. 에이전트가 학습 됐다면 에이전트의 네트워크 파라미터를 실행을 완료한 환경 루프(env_loop)에 있는 액터의 복사본에 동기화한다
9. **결과 반환 환경 루프 재실행**: 실행을 완료한 환경 루프(env_loop)를 재실행해서 데이터를 수집하도록 한다.
10. **환경 루프 통계 정보 로깅**: 환경 루프를 실행했을 때 만들어진 통계 정보를 로깅하고 주기적으로 최신 통계 정보를 화면에 출력한다.
11. **체크포인트 저장**: 체크포인트 저장 주기에 맞춰 에이전트의 네트워크 모델과 옵티마이저의 체크포인트를 저장한다(save() 호출).
12. **총 학습 시간 출력**: 학습 시작 시점, 종료 시점 그리고 전체 학습 시간을 출력한다.

환경 루프 실행

지정된 환경 루프에 대해 지정된 실행 타입 스텝 수 또는 에피소드 수만큼 에이전트와 환경의 상호작용을 원격 실행한다(비동기적 실행).

코드 22-12 MultiEnvSyncRunner 환경 루프 실행

```
def run_environemnt_loop(self, env_loop):
    """
    지정된 환경 루프에 대해 지정된 실행 타입 스텝 수 또는
    에피소드 수만큼 에이전트와 환경의 상호작용을 원격 실행(비동기적 실행)

    Args:
        env_loop: 실행할 환경 루프

    Returns:
        환경 루프의 원결 실행 결과 future 값
    """
    # 환경 루프 원격 실행
```

```
        future = env_loop.run.remote(
            max_n_timesteps=self.config.n_steps,
            max_n_episodes=self.config.n_episodes)
        return future
```

실행 순서는 다음과 같다.

1. 환경 루프 원격 실행: 지정된 환경 루프에 대해 지정된 실행 타입 스텝 수 또는 에피소드 수만큼 에이전트와 환경의 상호작용을 원격 실행한다.
2. 실행 결과의 객체 레퍼런스 반환: 환경 루프를 원격으로 실행한 결과의 객체 레퍼런스(future)를 반환한다.

네트워크 동기화

에이전트의 네트워크 파라미터를 지정된 환경 루프에 있는 액터의 복사본에 동기화한다(동기적 실행).

코드 22-13 MultiEnvSyncRunner 네트워크 동기화

```
def update_actor(self, env_loop):
    """
        에이전트의 네트워크 파라미터를
        지정된 환경 루프에 있는 액터의 복사본에 동기화 (동기적 실행)
    Args:
        env_loop: 액터가 있는 환경 루프
    """

    # 1. 에이전트 네트워크 파라미터 읽기
    state_dict = self.agent.network.get_variables()

    # 2. 액터의 복사본에 동기화
    future = env_loop.update_policy.remote(state_dict)

    # 3. 환경 루프 작업 완료 대기
    ray.wait([future])
```

실행 순서는 다음과 같다.

1. 에이전트 네트워크 파라미터 읽기: 에이전트의 네트워크의 파라미터를 읽는다.
2. 액터의 복사본에 동기화: 네트워크 파라미터를 지정된 환경 루프에 보내서 액터의 복사본에 로딩한다.
3. 환경 루프 작업 완료 대기: 환경 루프의 실행이 완료되기를 대기한다.

통계 정보 초기화

전체 환경 루프의 통계 정보를 초기화한다. 단, 실행 완료를 기다리지 않고 바로 다음 실행을 진행한다(비동기적으로 실행 방식).

코드 22-14 MultiEnvSyncRunner 통계 정보 초기화

```python
def reset_stats_environment_loops(self):
    """
        전체 환경 루프의 통계 정보를 초기화한다.
        단, 실행 완료를 기다리지 않고 바로 다음 실행을 진행한다(비동기적 실행)
    Returns:
        원격으로 환경 루프 통계 정보 초기화한 후 future 값
    """

    # 환경 루프 통계 정보 초기화
    future = [environment_loop.reset_stats.remote()
              for environment_loop in self.environment_loops]
    return future
```

- 환경 루프 실행 통계 정보 초기화: 전체 환경 루프의 통계 정보를 초기화한다. 단, 실행 완료를 기다리지 않고 바로 다음 실행을 진행한다.

22.5 다중 환경 성능 확인

이제 다중 환경 러너를 통해 동기적 분산 학습 방식과 비동기적 분산 학습 방식의 성능을 확인해 보자. A2C와 A3C의 알고리즘의 분산 처리 방식에 따라 멀티 환경 러너를 구현했지만, 강화학습 프레임워크 상에 구현된 모든 알고리즘도 다중 환경으로 학

습 가능한 구조로 설계돼 있기 때문에 어떤 알고리즘을 선택해도 문제는 없다. 그래서 마지막으로 구현했던 PPO 알고리즘을 이용해서 강화학습 환경인 CartPole-v1, LunarLanderContinuous-v2, AntBulletEnv-v0을 다중 환경으로 학습시켜 보고 학습 성능을 확인해 보려고 한다.

22.5.1 CartPole-v1 학습

PPO 알고리즘을 이용해서 강화학습 환경인 CartPole-v1을 분산 처리 방식으로 학습해 보고 리턴이 최대 값인 500에 도달하는지 확인해 보자.[3]

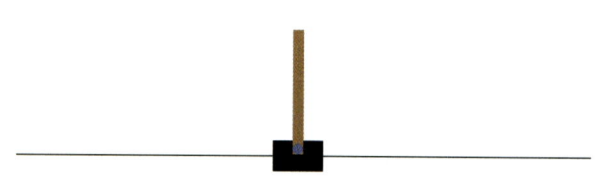

그림 22-8 OpenGym에서 제공하는 CartPole-v1 환경

분산 처리를 위해 환경의 개수를 4개로 늘린다. 그리고 동기 방식과 비동기 방식 각각에 대해 학습 시켜 보자. 단일 환경일 때의 설정과 다중 환경일 때의 확인해 보고 어떤 점이 달라졌는지 확인해 보라.

단일 환경

- n_envs: 1   # 학습 시 사용할 환경의 개수

- n_steps: 128   # 학습 데이터를 수집하기 위해 실행할 타임 스텝

- n_epochs: 3   # Learner에서의 정책 학습 에포크 수

- batch_size: 32   # 배치 크기

---

3 CartPole-v1 환경에 설명은 8장을 참고하라.

다중 환경(동기적 분산 처리 방식)

- n_cpus: 4   # Ray에서 분산 처리를 할 때 사용할 CPU 개수
- n_gpus: 1   # Ray에서 분산 처리를 할 때 사용할 GPU 개수
- n_envs: 4   # 학습 시 사용할 환경의 개수
- distributed_processing_type: "sync"   # 분산 처리 방식 {sync, async}
- n_steps: 128   # 학습 데이터를 수집하기 위해 실행할 타임 스텝
- n_epochs: 3   # Learner에서의 정책 학습 에포크 수
- batch_size: 32   # 배치 크기

다중 환경(비동기적 분산 처리 방식)

- n_cpus: 4   # Ray에서 분산 처리를 할 때 사용할 CPU 개수
- n_gpus: 1   # Ray에서 분산 처리를 할 때 사용할 GPU 개수
- n_envs: 4   # 학습 시 사용할 환경의 개수
- distributed_processing_type: "async"   # 분산 처리 방식 {sync, async}
- n_steps: 128   # 학습 데이터를 수집하기 위해 실행할 타임 스텝
- n_epochs: 3   # Learner에서의 정책 학습 에포크 수
- batch_size: 32   # 배치 크기

위와 같은 설정으로 학습해 보고 그림 22-9와 같은 학습 곡선이 나타나는지 확인해 보자.

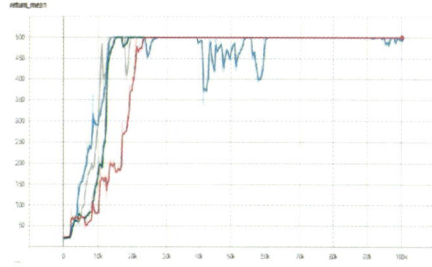
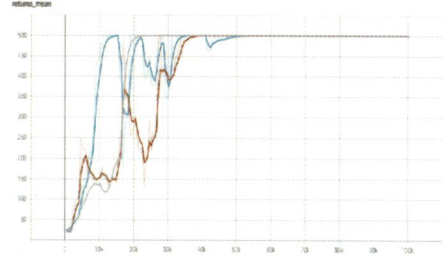
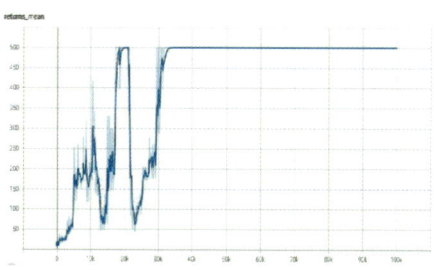

그림 22-9 PPO 학습 곡선 확인(에피소드의 평균 리턴 그래프)

CartPole-v1의 경우 문제가 복잡하지 않기 때문에 하나의 환경을 학습했을 때 성능이 가장 안정적으로 보인다. 하지만 동기 방식의 경우 매우 부드러운 곡선을 그리고 한번 성능이 향상하면 다시 하향되지 않는 경향을 보인다. 반면 비동기 방식의 경우에는 학습 초기에 매우 불안정한 학습 곡선을 그리지만 한번 최고 성능에 도달하면 안정적으로 유지한다. 실행 시간을 비교해 보면 예상과 같이 환경이 1개일 때 가장 오래 걸리고, 그 다음이 동기 방식이고, 비동기 방식이 가장 빠르게 실행한다.

22.5.2 LunarLanderContinuous-v2 학습

PPO 알고리즘으로 연속 행동을 갖는 강화학습 환경에 대해서도 분산 처리 방식으로 학습해 보자. LunarLanderContinuous-v2를 학습시켜 보고 리턴이 200에 도달하는지 확인해 보자.[4]

---

4 LunarLanderContinuous-v2 환경에 설명은 8장을 참고하라.

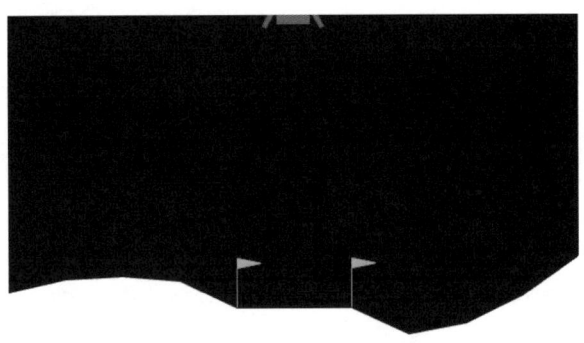

그림 22-10 OpenGym에서 제공하는 LunarLanderContinuous-v2 환경

단일 환경

- n_envs: 1   # 학습 시 사용할 환경의 개수

- n_steps: 8192   # 학습 데이터를 수집하기 위해 실행할 타임 스텝

- n_epochs: 10   # Learner에서의 정책 학습 에포크 수

- batch_size: 64   # 배치 크기

다중 환경(동기적 분산 처리 방식)

- n_cpus: 4   # Ray에서 분산 처리를 할 때 사용할 CPU 개수

- n_gpus: 1   # Ray에서 분산 처리를 할 때 사용할 GPU 개수

- n_envs: 4   # 학습 시 사용할 환경의 개수

- distributed_processing_type: "sync"   # 분산 처리 방식 {sync, async}

- n_steps: 2048   # 학습 데이터를 수집하기 위해 실행할 타임 스텝

- n_epochs: 10   # Learner에서의 정책 학습 에포크 수

- batch_size: 64   # 배치 크기

다중 환경(비동기적 분산 처리 방식)

- n_cpus: 4   # Ray에서 분산 처리를 할 때 사용할 CPU 개수

- n_gpus: 1   # Ray에서 분산 처리를 할 때 사용할 GPU 개수

- n_envs: 4   # 학습 시 사용할 환경의 개수

- distributed_processing_type: "async"   # 분산 처리 방식 {sync, async}

- n_steps: 8192   # 학습 데이터를 수집하기 위해 실행할 타임 스텝

- n_epochs: 10   # Learner에서의 정책 학습 에포크 수

- batch_size: 64   # 배치 크기

위와 같은 설정으로 학습해 보고 그림 22-11과 같은 학습 곡선이 나타나는지 확인해 보자.

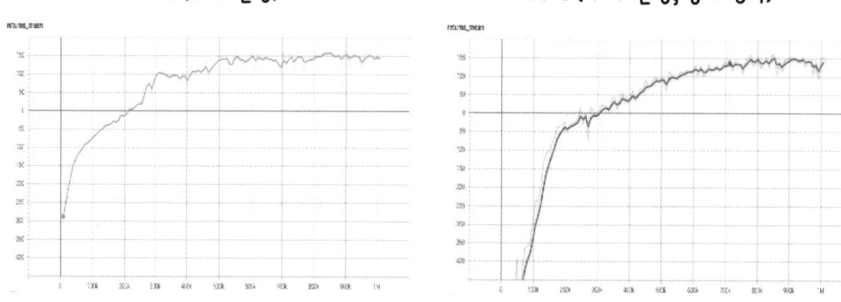

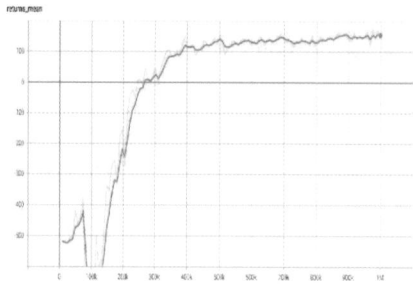

그림 22-11 PPO 학습 곡선 확인(에피소드의 평균 리턴 그래프)

LunarLanderContinuous-v2는 학습이 어려운 환경이므로 실행 시간에 대한 차이가 더욱 두드러질 것이다. 환경이 많아지면 학습 초기에 더 낮은 성능에서 출발한다. 학습 초기에는 모델 성능이 낮은 상태에서 수집한 랜덤한 경로 데이터가 환경 개수에 비례해서 대량으로 수집되기 때문에 오히려 모델의 수렴을 더디게 만든다. 하지만 학습이 어느 정도 진행되면 가파른 속도로 성능이 향상되는 것을 볼 수 있다. 특히 비동기 방식의 경우 초반 학습 성능에 매우 불안정하지만 어느 정도 지나면 안정화되는 모습을 볼 수 있다.

22.5.3 AntBulletEnv-v0 학습

PPO 알고리즘으로 보다 복잡한 고차원의 연속 행동을 갖는 강화학습 환경에 대해서도 분산 처리 방식으로 학습해 보자. AntBulletEnv-v0를 학습시켜 보고 평균 리턴이 2000을 넘는지 확인해 보자.[5]

그림 22-12 OpenGym에서 제공하는 AntBulletEnv-v0 환경

AntBulletEnv-v0 환경을 분산 처리하기 위해 환경의 개수는 4개로 늘리고 환경 루프가 실행한 타입 스텝은 동기적 분산 처리 방식은 1000에서 250으로, 비동기적 분산 처리 방식은 1000에서 500으로 줄였다.

---

5 AntBulletEnv-v0 환경에 설명은 21장을 참고하라.

단일 환경

- `n_envs: 1` # 학습 시 사용할 환경의 개수
- `n_steps: 1000` # 학습 데이터를 수집하기 위해 실행할 타임 스텝
- `n_epochs: 5` # Learner에서의 정책 학습 에포크 수
- `batch_size: 64` # 배치 크기

다중 환경(동기적 분산 처리 방식)

- `n_cpus: 4` # Ray에서 분산 처리를 할 때 사용할 CPU 개수
- `n_gpus: 1` # Ray에서 분산 처리를 할 때 사용할 GPU 개수
- `n_envs: 4` # 학습 시 사용할 환경의 개수
- `distributed_processing_type: "sync"` # 분산 처리 방식 {sync, async}
- `n_steps: 250` # 학습 데이터를 수집하기 위해 실행할 타임 스텝
- `n_epochs: 5` # Learner에서의 정책 학습 에포크 수
- `batch_size: 64` # 배치 크기

다중 환경(비동기적 분산 처리 방식)

- `n_cpus: 4` # Ray에서 분산 처리를 할 때 사용할 CPU 개수
- `n_gpus: 1` # Ray에서 분산 처리를 할 때 사용할 GPU 개수
- `n_envs: 4` # 학습 시 사용할 환경의 개수
- `distributed_processing_type: "async"` # 분산 처리 방식 {sync, async}
- `n_steps: 500` # 학습 데이터를 수집하기 위해 실행할 타임 스텝
- `n_epochs: 5` # Learner에서의 정책 학습 에포크 수
- `batch_size: 64` # 배치 크기

위와 같은 설정을 학습했을 때 그림 22-13과 같은 학습 곡선이 나타나는지 확인해 보라.

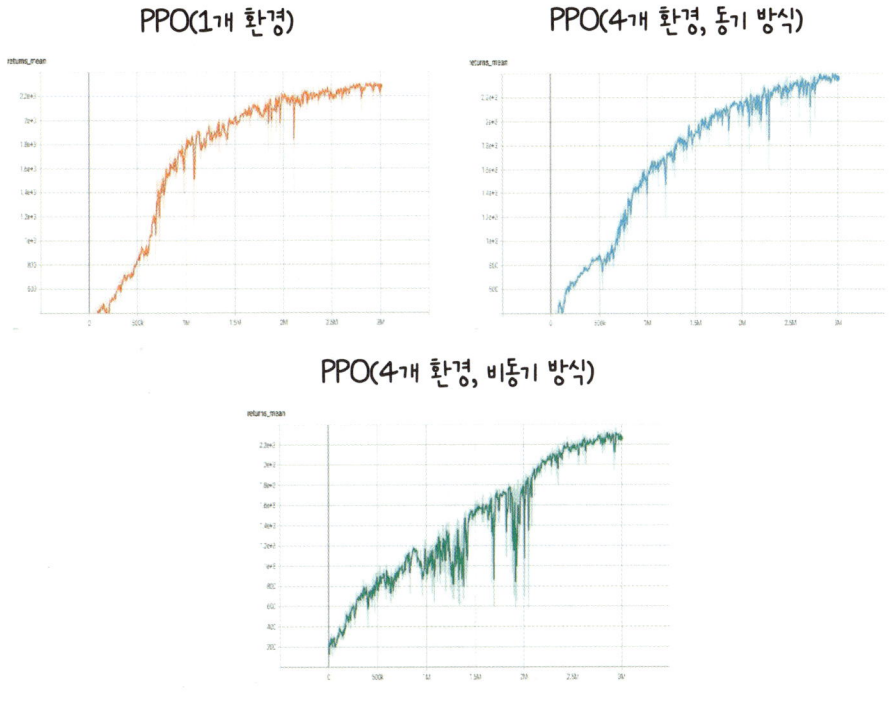

그림 22-13 PPO 학습 곡선 확인(에피소드의 평균 리턴 그래프)

AntBulletEnv-v0는 가장 복잡한 강화학습 환경이므로 실행 시간이 더욱 차이가 날 것이다. LunarLanderContinuous-v2와 마찬가지로 환경이 많아지면 학습 초기에 더 낮은 성능에서 출발하고 있으며 비동기 방식의 경우 학습 곡선이 불안정한 모습을 보이고 있다.

22.6 Ray 소개

Ray는 **고성능 분산 컴퓨팅**을 위한 파이썬 기반의 오픈 소스 프레임워크로, 대규모 분산 처리를 쉽게 수행할 수 있게 해준다. Apache Spark의 창시자인 **이온 스토이카**Jon Stoica 교수의 연구실에서 개발했다.

22.6.1 Ray의 특징

다른 분산 처리 프레임워크에 비해 Ray가 갖는 장점은 다음과 같다.

쉽고 직관적인 분산 프로그래밍

Ray는 Python에서 친숙한 함수 호출 방식으로 분산 처리를 할 수 있다. @ray.remote 데코레이터를 사용하면 함수나 클래스를 원격으로 실행할 수 있기 때문에 기존 코드를 거의 변경하지 않고 분산 처리 환경으로 확장이 가능하다.

제로 카피 직렬화를 사용한 고성능 분산 처리

직렬화Serialization는 객체를 저장하거나 전송하기 위해 **바이트 스트림**byte stream으로 변환하는 과정이고 **역직렬화**Deserialization는 바이트 스트림으로부터 원래의 데이터 객체로 재구성하는 과정이다. 그림 22-14를 보면 객체를 파일이나 메모리, 데이터베이스에 저장하거나 네트워크를 통해 전송할 때 직렬화하고 역직렬화를 하는 모습이 나타나 있다.

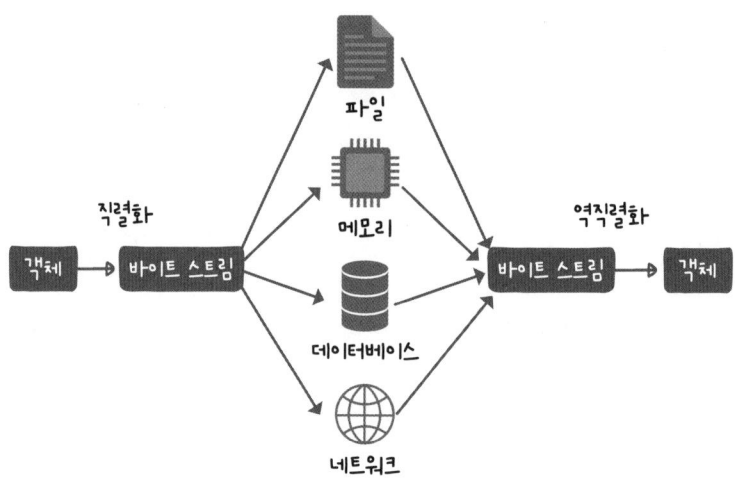

그림 22-14 직렬화와 역직렬화

일반적으로 직렬화와 역직렬화 과정에서 데이터가 복사되고 변환되면서 계산량이 많아지기 때문에 성능이 저하되고, 특히 대용량 데이터를 처리할 때 성능이 크게 저하될 수 있다. 예를 들어 Python의 **멀티프로세싱**Multiprocessing은 큰 데이터를 전송하거나 저장할 때 **피클**pickle을 사용해 직렬화를 한다. 그 과정에서 프로세스별로 데이터 복사본이 만들어지고 피클 포맷으로 변환과 역변환을 수행하는 오버헤드가 생긴다. 반면 Ray는 Apache Arrow의 **제로 카피 직렬화**Zero-Copy serialization를 통해 성능이 대폭 향상됐다. Arrow는 고성능 데이터 처리를 위해 설계된 **컬럼 기반의 메모리 포맷 및 데이터 처리 라이브러리로** 데이터를 직렬화된 상태와 거의 같게 메모리에 저장해서 별도의 직렬화 작업 없이 데이터를 전송하거나 저장하도록 했다.

- **빠른 데이터 전송**: 복사 없이 데이터를 그대로 전송할 수 있으므로 네트워크나 메모리 I/O의 병목 현상을 줄일 수 있다.

- **낮은 메모리 사용량**: 데이터를 복사하지 않기 때문에 추가적인 메모리 사용을 줄일 수 있다.

- **높은 성능**: 분산 시스템에서 노드 간 데이터 이동이 더 빠르고 효율적으로 이뤄져 전체적인 성능이 향상된다.

그림 22-15는 Ray와 멀티프로세싱, 시리얼과의 성능을 코어 수에 따라 비교하고 있다. 코어 수가 증가할 때 Ray의 실행 시간은 거의 증가하지 않는 반면 멀티프로세싱이나 시리얼은 실행 시간이 크게 증가하는 모습을 볼 수 있다.

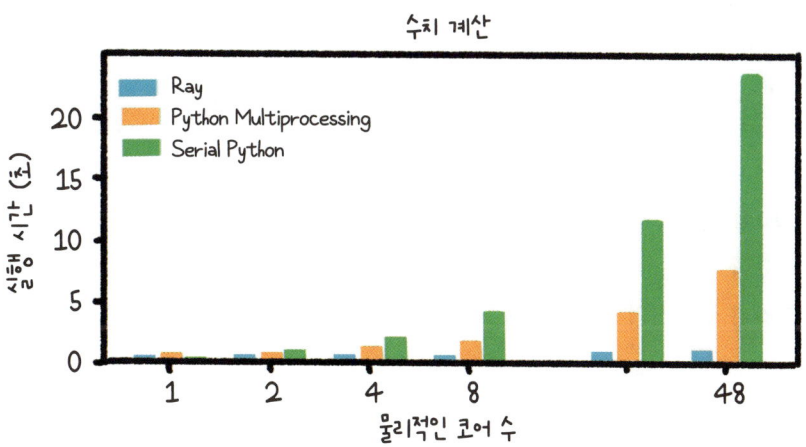

그림 22-15 Ray와 멀티프로세싱, 시리얼의 성능 비교

22.6.2 Ray 아키텍처

Ray는 **워커 노드**Worker Node로 구성된 클러스터와 이를 관리하는 **헤드 노드**Head Node로 구성돼 있다. 그리고 각 노드에는 작업을 스케줄링하기 위한 **스케줄러**Scheduler와 데이터를 관리하기 위한 **객체 스토어**Object Store가 있고 이를 관리하는 **레이릿**Raylet이 있다. 헤드 노드에는 클러스터 전체의 메타 데이터와 상태 정보를 관리하는 **글로벌 제어 스토어**GCS, Global Control Store가 추가돼 있다. Ray의 아키텍처는 그림 22-16과 같다.

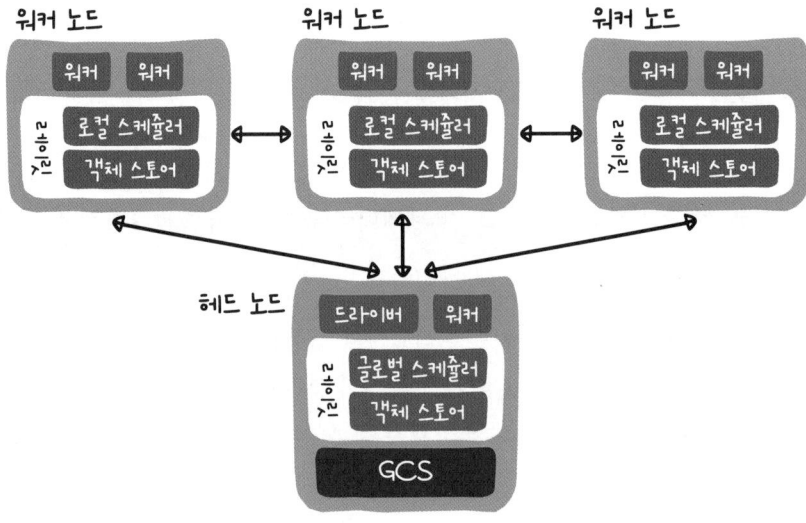

그림 22-16 Ray 아키텍처

- **헤드 노드**
    - 클러스터 제어 센터의 역할을 하는 노드
    - Ray 클러스터의 초기화를 담당하며 모든 클러스터 메타데이터와 상태 정보를 관리한다.
    - 작업과 리소스의 스케줄링을 조정하며 다른 워커 노드와의 통신을 관리한다.

- **워커 노드**
    - 실제로 계산 작업을 수행하는 노드
    - Ray 클러스터는 여러 워커 노드로 구성되며 각 노드는 작업과 액터를 실행한다.
    - 헤드 노드의 지시에 따라 작업을 받고 결과를 객체 스토어에 저장한다.

- **레이릿**
  - 노드에서 실행하는 Ray의 핵심 프로세스이며 클러스터의 모든 노드는 레이릿을 실행한다.
  - 워커의 실행을 관리하고 작업 스케줄링 및 리소스 관리와 같은 주요 기능을 수행한다.
  - 노드에 있는 객체 스토어를 관리하고 노드 간 데이터 이동을 처리한다.

- **객체 스토어**
  - Ray의 공유 메모리 시스템
  - 데이터를 효율적으로 저장하고 여러 워커 간에 제로 카피 방식으로 데이터를 공유할 수 있도록 한다.
  - 각 노드마다 객체 스토어가 있으며 노드 간 데이터를 공유할 때는 레이릿이 객체 스토어 간에 동기화 한다.

- **글로벌 제어 스토어**
  - 클러스터 전체의 메타 데이터와 상태 정보를 저장하는 중앙 집중식 저장소
  - 노드, 작업, 액터, 리소스 할당 등에 대한 정보를 추적하며 클러스터의 전체 상태를 관리하고, 작업 스케줄링, 리소스 관리, 오류 복구와 같은 기능에서 중요한 역할을 한다.

- **스케줄러**
  - 작업과 리소스를 효율적으로 할당하는 역할을 한다.
  - 클러스터의 리소스 상태를 실시간으로 모니터링하고 이를 바탕으로 작업과 액터를 최적의 노드에 배치해 워커 노드의 과부하를 방지하고 리소스 사용을 최적화한다.

- **드라이버**(driver)
  - Ray 프로그램을 실행하는 메인 Python 프로세스로, 클러스터에 작업과 액터를 제출하고 실행 결과를 관리한다.

- **워커**
  - 클러스터에서 병렬 실행해야 할 작업을 수행하는 프로세스이다.

- 작업 제출: 드라이버가 작업을 제출하면 Ray의 스케줄러는 클러스터에서 적절한 워커를 선택해 해당 작업을 실행한다. 이 작업은 비동기적으로 실행되며 워커는 작업을 완료한 후 결과를 객체 스토어에 저장한다.
- 결과 반환: 작업이 완료되면 워커는 결과를 객체 스토어에 저장하고 드라이버나 다른 워커가 필요할 때 가져갈 수 있도록 한다. 워커는 필요에 따라 다른 작업을 바로 이어서 처리하거나 대기 상태로 들어간다.

22.6.3 주요 API

다음과 같은 Ray의 주요 API를 사용하면 분산 처리를 쉽게 구현할 수 있다.

표 22-1 Ray 주요 API

API	설명 및 사용 예시
ray.init()	Ray 컨텍스트를 초기화

@ray.remote	함수를 작업으로 만들거나 클래스를 액터로 정의할 때 사용하는 데코레이터
	@ray.remote @ray.remote
	 def fun(x): class Actor(object):
	   … def method(y):
	                    …

.remote	리모트 함수를 호출하거나 리모트 클래스 선언하고 리모트 클래스의 메서드를 호출할 때 붙이는 접미사(비동기적 연산) ret_id = fun.remote(x) a = Actor.remote() ret_id = a.method.remote(y)
ray.put()	객체를 객체 스토어에 저장하고 반환받은 레퍼런스를 리모트 함수나 리모트 메서드 호출 시 인자로 사용(동기적 연산) x_id = ray.put(x)
ray.get()	객체 레퍼런스(또는 객체 레퍼런스 리스트)를 이용해서 객체(또는 객체 리스트)를 구함(동기적 연산) x = ray.get(x_id) … objects = ray.get(object_ids)
ray.wait()	객체 레퍼런스 리스트에서 대기 중인 레퍼런스 리스트와 아직 대기 상태가 아닌 레퍼런스 리스트를 반환 Default로 한번에 한 개의 객체 레퍼런스를 반환 ready_ids, not_ready_ids = ray.wait(object_ids)

22.6.4 작업과 액터

Ray는 두 가지 워커 유형을 제공한다. **작업**[task]은 상태를 유지하지 않는[stateless] 워커이고 **액터**는 상태를 유지하는[stateful] 워커이다. 작업은 함수를 이용해서 정의하며 액터는 클래스를 이용해서 정의한다. 작업과 워커를 어떻게 정의하는지 코드를 통해 확인해 보자.

작업

작업을 정의하는 방법은 코드 22-18과 같다. 작업은 함수를 이용해서 정의하며 작업을 실행한 후에는 상태를 유지하지 않는다.

코드 22-15 작업 정의

```python
import ray

# 1. Ray 초기화
ray.init()

# 2. 작업 정의
@ray.remote
def square(x):
    return x * x

# 3. 작업 호출
futures = [square.remote(i) for i in range(4)]

# 4. 실행 결과 가져오기
print(ray.get(futures))
# -> [0, 1, 4, 9]
```

실행 순서는 다음과 같다.
1. Ray 초기화: ray.init()으로 클러스터를 초기화한다. 이때 로컬 모드와 분산 모드를 지정해서 실행할 수 있으며 사용할 CPU개수와 GPU 개수, 객체 스토어 메모리 크기, 로그 파일 경로와 같은 설정을 할 수 있다.
2. 작업 정의: 작업을 정의할 때는 함수에 @ray.remote 데코레이터를 붙이면 된다. 이 예제에서는 x를 제곱해서 반환하는 square()라는 작업을 정의하고 있다.

3. 작업 호출: 작업을 호출할 때는 함수 이름에 .remote()를 붙여서 호출한다. Ray는 모든 원격 호출이 비동기 방식이기 때문에 작업의 실행이 끝날 때까지 기다리지 않고 바로 제어를 반환한다. 이때 객체 레퍼런스를 돌려주는데 작업의 실행이 끝났을 때 객체 레퍼런스를 이용해 실행 결과를 가져올 수 있다. 예제에서는 4개의 작업 square(0), square(1), square(2), square(3)을 병렬로 실행하고 반환된 객체 레퍼런스를 리스트로 모아서 futures에 저장하고 있다.
4. 실행 결과 가져오기: ray.get()으로 작업의 실행 결과를 가져온다. 인자로 futures를 지정하면 해당하는 작업들의 실행이 모두 종료될 때까지 기다렸다가 결과를 가져온다.

액터

액터를 정의하는 방법은 코드 22-16과 같다. 액터는 클래스를 이용해서 정의하며 액터를 생성한 후 메서드를 호출하는 동안 상태를 유지한다. 이때 액터의 상태는 클래스의 속성이 된다.

코드 22-16 액터 정의

```python
import ray

# 1. Ray 초기화
ray.init()

# 2. 액터 정의
@ray.remote
class Counter:
    def __init__(self):
        self.i = 0

    def get(self):
        return self.i

    def incr(self, value):
        self.i += value
```

```
# 3. 액터 생성
c = Counter.remote()

# 4. 액터의 메서드 호출
for _ in range(10):
    c.incr.remote(1)

# 5. 최종 상태 읽기
print(ray.get(c.get.remote()))
# -> 10
```

실행 순서는 다음과 같다.

1. **Ray 초기화**: ray.init()으로 클러스터를 초기화한다. 이때 로컬 모드와 분산 모드를 지정해서 실행할 수 있으며 사용할 CPU개수와 GPU 개수, 객체 스토어 메모리 크기, 로그 파일 경로와 같은 설정을 할 수 있다.
2. **액터 정의**: 액터를 정의할 때는 클래스에 @ray.remote 데코레이터를 붙이면 된다. 이 예제에서는 숫자 i를 상태로 갖고 있으며 incr() 메서드를 통해 지정된 숫자를 더하는 Counter 액터를 정의하고 있다.
3. **액터 생성**: 액터는 클래스 이름에 .remote()를 붙여서 생성한다. 이때 액터 생성 결과로 객체 레퍼런스를 반환한다.
4. **액터의 메서드 호출**: 액터의 메서드는 클래스 메서드에 .remote()를 붙여서 호출한다. 예제에서는 Counter 액터의 incr(1) 메서드를 10번 호출하고 있다.
5. **최종 상태 읽기**: 액터의 get() 메서드를 실행해서 최종 상태를 읽어온다.

22.6.5 객체와 객체 스토어

Ray는 리모트 함수를 호출하거나 결과를 받을 때 데이터의 크기에 따라 다른 방식으로 처리한다. 그림 22-17에는 리모트 함수를 호출할 때 전달할 데이터의 크기에 따라 처리하는 방식이 나타나 있다.

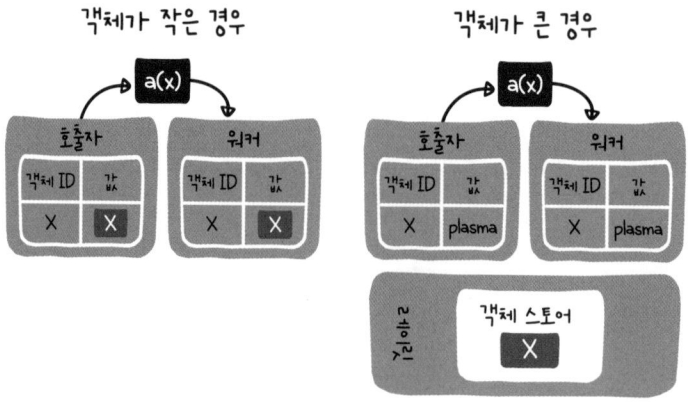

그림 22-17 객체 전달 방식[6]

왼쪽 그림과 같이 인자로 전달하려는 객체 크기가 작다면 워커의 로컬 메모리 공간으로 객체를 복사한다. 반면에 오른쪽 그림과 같이 객체 크기가 크다면 ray.put()을 사용해서 객체 스토어에 저장한 후에 반환된 객체 레퍼런스로 리모트 함수를 호출하면 워커는 객체 스토어에 저장돼 있는 객체를 가져와서 사용할 수 있다. 리모트 함수의 실행 결과를 처리할 때도 마찬가지이다. 실행 결과가 작으면 Ray는 그 결과를 호출자에게 직접 전달해 호출자의 로컬 메모리 공간에 저장하지만, 결과가 크면 Ray는 그 결과를 객체 스토어에 저장하고 해당 객체 레퍼런스를 반환한다.

Ray에서 **객체**Object는 객체 저장소에 저장된 데이터로 다음과 같은 경우에 생성되며 값을 바꿀 수 없는 불변immutable 데이터이다.

- 데이터를 ray.put()으로 객체 스토어에 저장할 때 객체가 생성된다.

- 작업 호출 function.remote() 또는 액터 호출 actor.method.remote()의 실행 결과는 크기가 아주 작은 경우가 아니면 대부분 객체 스토어에 저장된다.

- 리모트 클래스로 생성한 액터는 객체로 생성된다.

---

[6] Plasma는 Ray의 객체 스토어의 구현체로, 대규모 데이터를 메모리에 저장하고 이를 여러 프로세스 간에 효율적으로 공유하기 위해 설계됐다.

객체 스토어는 객체를 저장해 워커와 노드 간에 데이터를 효율적으로 공유한다. 또한 제로 카피 메커니즘을 지원해 데이터를 복사하지 않고도 다른 프로세스에서 객체에 접근할 수 있도록 한다. 이는 큰 데이터셋을 처리할 때 매우 유용하며 메모리 사용량과 I/O 오버헤드를 줄이는 데 중요한 역할을 한다.

22.6.6 동기적 vs. 비동기적 결과 처리 방식

Ray에서 작업을 실행한 결과는 동기적으로 처리하거나 비동기적으로 처리할 수 있다.

동기적으로 결과를 처리하는 방식

모든 작업이 완료된 후에 동기적으로 결과를 처리하려면 ray.get()을 이용하면 된다. ray.get()은 모든 작업이 완료될 때까지 기다렸다가 객체 스토어에서 결과를 가져온다. 그림 22-18을 보면 워커1에서 워커4까지 네 개의 작업이 실행되고 있을 때 ray.get()을 호출해 모든 작업이 끝날 때까지 기다렸다가 전체 실행 결과를 가져와서 일괄로 처리하고 있다. 이와 같이 모든 작업이 완료된 후 동기적으로 결과를 처리할 때 실행하는 작업의 크기가 각기 다르면 대기 시간이 길어지는 비효율이 발생할 수 있다.

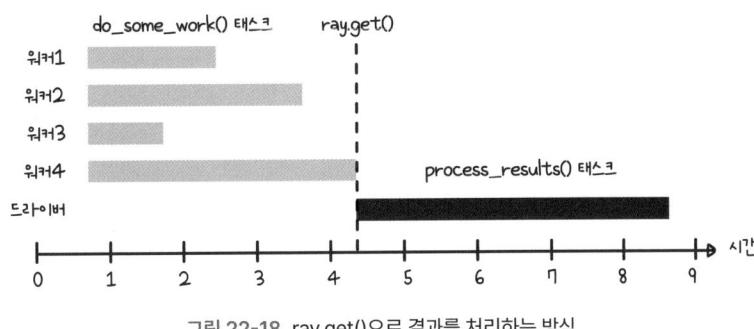

그림 22-18 ray.get()으로 결과를 처리하는 방식

Ray.get()을 사용해 동기적으로 작업 결과를 처리하려면 다음과 같은 형태로 구현하면 된다.

코드 22-17 ray.get() 사용 예시

```python
import time
import random
import ray

# 1. Ray 초기화
ray.init(num_cpus=4)


# 2. 작업 정의
@ray.remote
def do_some_work(x):
    time.sleep(random.uniform(0, 4))
    return x


# 3. 결과 처리 함수 정의
def process_results(results):
    sum = 0
    for x in results:
        time.sleep(1)
        sum += x
    return sum


# 4. 작업 호출 및 결과 읽기
start = time.time()
data_list = ray.get([do_some_work.remote(x) for x in range(4)])

# 5. 작업 결과 일괄 처리
sum = process_results(data_list)
print("duration =", time.time() - start, "\nresult = ", sum)
```

코드의 실행 순서는 다음과 같다.

1. **Ray 초기화**: 사용할 cpu 개수를 4로 지정해 ray를 초기화한다.
2. 작업 정의: do_some_work()라는 작업을 정의한다. 이 작업은 0~4초를 랜덤하게 슬

립한 후 전달받은 x를 다시 반환한다.
3. 결과 처리 함수 정의: 작업 결과를 일괄로 처리하는 process_result() 함수를 정의한다. 이 함수는 결과로 받은 x 리스트를 1초씩 슬립하면서 합산한다.
4. 작업 호출 및 결과 읽기: do_some_work() 작업을 4번 호출하고 ray.get()을 이용해서 결과를 가져오고 있다. 이때 ray.get()은 4개의 작업이 모두 완료될 때까지 기다렸다가 객체 스토어에서 결과 목록(data_list)을 가져온다.
5. 작업 결과 일괄 처리: process_result() 함수를 호출해 작업 결과를 처리한다.

비동기적으로 결과를 처리하는 방식

ray.wait()를 사용하면 지정된 수만큼의 작업이 완료될 때까지 기다렸다가 비동기적으로 결과를 처리할 수 있다. 이 때 ray.wait()은 실행이 완료된 작업의 객체 레퍼런스 목록과 완료되지 않은 작업의 객체 레퍼런스 목록을 반환한다. 그림 22-19를 보면 워커1에서 워커4까지 네 개의 작업이 실행되고 있을 때 ray.wait()을 호출해 각 작업이 끝날 때마다 실행 결과를 처리하고 있다. 이때 완료된 작업의 결과는 ray.get()으로 가져오면 된다. 이와 같이 일부 작업이 완료된 후에 비동기적으로 결과를 처리하면 대기 시간을 줄어들면서 전체적인 처리 효율이 올라갈 수 있다.

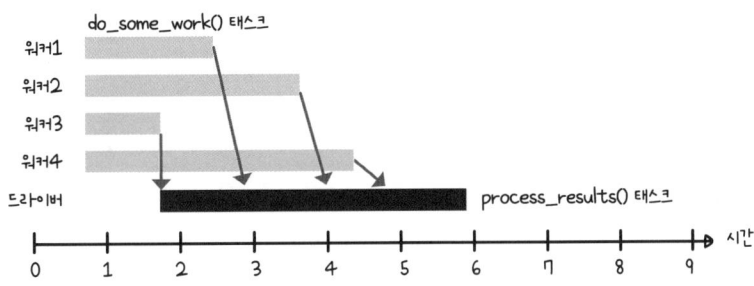

그림 22-19 ray.wait()로 결과를 처리하는 방식

ray.wait()를 사용해 작업 결과를 비동기적으로 처리하려면 다음과 같은 형태로 구현하면 된다.

코드 22-17 ray.wait() 사용 예시

```python
import time
import random
import ray

# 1. Ray 초기화
ray.init(num_cpus = 4)

# 2. 작업 정의
@ray.remote
def do_some_work(x):
    time.sleep(random.uniform(0, 4))
    return x

# 3. 결과 처리 함수 정의
def process_incremental(sum, result):
    time.sleep(1)
    return sum + result

# 4. 작업 호출
start = time.time()
result_ids = [do_some_work.remote(x) for x in range(4)]
sum = 0
while len(result_ids):
    # 5. 작업 완료 대기
    done_id, result_ids = ray.wait(result_ids)
    # 6. 완료된 작업 결과 읽고 처리
    sum = process_incremental(sum, ray.get(done_id[0]))
print("duration =", time.time() - start, "\nresult = ", sum)
```

코드의 실행 순서는 다음과 같다.

1. Ray 초기화: 사용할 cpu 개수를 4로 지정해 ray를 초기화한다.
2. 작업 정의: do_some_work()라는 작업을 정의한다. 이 작업은 0~4초를 랜덤하게 슬립한 후 전달받은 x를 다시 반환한다.

3. 결과 처리 함수 정의: 작업 결과를 처리하는 `process_incremental()` 함수를 정의한다. 이 함수는 1초를 슬립하고 전달받은 sum과 x를 합산해서 반환한다.
4. 작업 호출: `do_some_work()` 작업을 4번 호출한다. 이때 실행한 작업의 객체 레퍼런스를 리스트로 만들어서 `result_ids`로 저장한다.
5. 작업 완료 대기: `ray.wait()`를 이용해서 작업이 완료되기를 기다린다. 기본적으로 하나의 작업이 완료되기를 기다리지만 작업 개수를 지정해서 여러 작업이 완료될 때까지 기다릴 수도 있다. 작업이 완료되면 `done_id`에는 대기중인 객체 레퍼런스 목록이, `result_ids`에는 완료되지 않은 객체 레퍼런스 목록이 반환된다.
6. 완료된 작업 결과 읽고 처리: `ray.get()`을 이용해 완료한 작업의 결과를 가져온다. 그리고 `process_incremental()` 함수를 호출해 작업 결과를 처리한다.

참고문헌

1. 참고문헌: Deep reinforcement learning for modeling human locomotion control in neuromechanical simulation, S Song · 2021, NIH

2. 참고문헌: End to End Learning for Self-Driving Cars M Bojarski, et al. 2016

3. 참고문헌: Playing Atari with Deep Reinforcement Learning, V. Mnih, et al. 2013

4. 참고문헌: Human-level control through deep reinforcement learning, Mnih, et al · 2015, Nature

5. 참고문헌: Training language models to follow instructions with human feedback, L Ouyang et. al, 2022년 NeurIPS

출처: https://m.blog.naver.com/ball9091/220707836405

출처: https://www.dongascience.com/news.php?idx=26154

출처: https://erikarneson.wordpress.com/2021/01/31/name-these-atari-2600-games/

출처: https://www.deepmind.com/research/highlighted-research/alphago

출처: https://www.deepmind.com/blog/alphastar-mastering-the-real-time-strategy-game-starcraft-ii

출처: https://huggingface.co/blog/deep-rl-a2c

https://danieltakeshi.github.io/2016/11/25/frame-skipping-and-preprocessing-for-deep-q-networks-on-atari-2600-games/

그림 출처: https://www.deepmind.com/blog/robocat-a-self-improving-robotic-agent

그림 출처: https://medium.com/intro-to-artificial-intelligence/trust-region-policy-optimisation-trpo-a-policy-based-reinforcement-learning-fd38ff9e996e

찾아보기

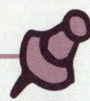

ㄱ

가상의 환경 92
가상 환경 만들기 131
가상 환경 비활성화 133
가상 환경 삭제 132
가상 환경 생성 132
가상 환경 확인 132
가상 환경 활성화 133
가치 87, 404, 405
가치 기반 방법 88, 576
가치 기반 방법의 학습 단계 577
가치 기반 방법 학습 단계 94
가치 함수 87, 407
가치 함수 디렉토리 구조 485
가치 함수 클래스 구성도 122, 486
강인공지능 48
강화 51
강화이론 50
강화학습 48
강화학습 알고리즘의 종류 84
강화학습에서 딥러닝의 역할 58
강화학습을 이용한 사람의 동작 제어 61
강화학습의 목표 81, 82
강화학습 의사 코드 114
강화학습의 학습 단계 92
강화학습이 잘하는 분야 63
강화학습 프레임워크 102
강화학습 프레임워크 실행 150
강화학습 프레임워크의 논리 구성도와 주요 클래스 객체 관계 116

개발 환경 설치 점검 137
객체 746
객체 스토어 740
객체 전달 방식 746
거대 언어 모델 49
게임 62
결정적 정책 88, 337
결정적 정책의 추출 577
경로의 분포에 대한 확률 그래프 모델 80
경로의 확률 분포 81
경험 56
계획 90
고전 제어 142
관측 109
그랜드 마스터 67
글로벌 제어 스토어 740
긍정 강화 훈련 50
기본 스키마 생성 528

ㄴ

난수 발생기 초기화 148
네트워크 동기화 167
놀라움 75
뇌의 보상 회로 52
뇌의 보상 회로에서 뇌의 영역별 역할 54

ㄷ

다중 환경 러너 704
다차원 배열의 모양 호환성 확인 521

찾아보기 **753**

더블 DQN 591
더블 DQN 디렉토리 구조 631
더블 DQN의 에이전트, 학습자, 네트워크의 클래스 632
더블 DQN의 학습 순서 630
더블 DQN 클래스 관계도 633
더블 Q-러닝 591
데이터 동기화 167
데이터셋 110
데이터셋 구축 단계 506
데이터셋 디렉토리 구조 507
데이터셋 클래스 구성도 508
데이터 수집 92
데이터 효율성 98
도파민 52
동기적으로 결과를 처리하는 방식 747
동역학 77
드라이버 741
등분산 가정 365

ㄹ

러너 run() 메서드 실행 과정 164
러너 디렉토리 구조 161, 711
러너의 추론 모드 실행 168
러너의 훈련 모드 실행 166
러너 클래스 구성도 118
러너 클래스의 구성도 162, 711
런 메서드 카운터 205
레이릿 740
렌더링 554
로거 생성 176
로그 가능도 86
로그 미분 트릭 227
로보캣 70
로보캣의 자가 개선 과정 70
로봇 팔 89
로봇 팔의 경로 계획 90
로봇 학습 62
롤아웃 버퍼 111, 506, 529
리턴 403

리턴 표준화 267
리플레이 버퍼 111, 506, 543, 586
리플레이 버퍼를 사용한 Q-반복 587
리플레이 버퍼와 타깃 가치 함수를 사용한 Q-반복 588

ㅁ

마르코프 결정 과정 76
마르코프 속성 79
멀티프로세싱 738
메모리리스 성질 79
메타 강화학습 75
명시적 정책을 위한 가치 추정 484
모델 기반 강화학습 84, 88
모델 기반 강화학습의 학습과정 91
모델 기반 방법 학습 단계 95
모델 프리 강화학습 85
모방 학습 63
목표 기반의 멀티테스크 강화학습 70
목표 정책 502
몬테쥬마의 복수 74
몬테카를로 리턴 407, 419
몬테카를로 리턴 계산 방식 262
몬테카를로 리턴 구현 아이디어 264
몬테카를로 추정 230
몬테카를로 트리 탐색 48, 66
물리 기반의 토이 게임 143
미래에 받을 보상의 합 234

ㅂ

배틀넷 67
버러스 프레더릭 스키너 50
버퍼 111, 505
버퍼 결합 연산 530
버퍼 모양 반환 295
버퍼 스키마 511
버퍼 스키마의 역할과 구성 511
버퍼 슬라이싱 연산 530
버퍼의 구조 509

버퍼의 데이터 관리 단위 510
버퍼의 역할과 구성 510
버퍼 클래스 구성도 123
범용 함수 근사기 59
베이스라인 234
베이스라인 모델의 손실 함수 365
베이지안 네트워크 80
보상 55, 403
보상과 리턴, 가치 403
보상의 합 82
보상의 합이 최대화되는 경로 82
보상 최대화 67
보상 함수 77, 106
보상 함수를 정의하기 쉬운 경우와 어려운 경우 73
복측 피개 영역 53
부분 관측 마르코프 의사결정 과정 336
부분 관측 정책 336
부트스트랩핑 408
불확실성 75
비동기적으로 결과를 처리하는 방식 749
비평가 413

ㅅ

사람의 피드백을 이용한 강화학습 68
사용 용이성 98
상관성이 높은 데이터 586
상태 55
상태 공간 77
상태 기반의 가치 406, 483
상태 데이터의 종류 340
상태 데이터 정규화 554
상태를 유지하는 워커 743
상태를 유지하지 않는 워커 743
상태의 크기 344
새로움 75
설정 파일 이름 규칙 150
설정 파일 읽기 149
설정 항목 151
소프트 업데이트 590

스케줄러 740
스키너 상자 51
시계열 예측 62
시행착오 학습 67
신념 상태 336
신뢰 영역 657
실세계 환경 92
실행 카운터 204
심층 강화학습 59

ㅇ

아나콘다 설치 130
아타리 2600 63
아타리 게임 65, 143
아타리 게임의 DQN 실험 결과 64
알고리즘 간의 트레이드 오프 97
알고리즘 선택 기준 97
알고리즘 실습 방식 240
알고리즘의 가정 사항 97
알고리즘의 안정성 98
알고리즘 종류별 데이터 효율성 비교 99
알파고 48, 65
알파고와 이세돌 9단의 대국 66
알파스타 67
암묵적 정책을 위한 가치 추정 484
애니메이터 61
액터 109, 413, 743
액터 구성 요소 생성 단계 301
액터의 네트워크 동기화 303
액터의 트랜지션 데이터 관측 303
액터의 행동 선택 302
액터-크리틱 방법 87, 402
액터-크리틱 방법의 의사 코드 414
액터-크리틱 방법 학습 단계 94
액터-크리틱 알고리즘 412
에이전트 55, 103
에이전트 관련 클래스 구성도 119, 284
에이전트 구성 요소 생성 단계 286
에이전트 데이터 동기화 287

에이전트 디렉토리 구조 283
에이전트 레지스트리 367
에이전트와 환경의 상호작용 78
에이전트와 환경의 예 104
에이전트 정책 평가 및 개선 288
에피소드 114
에피소드 카운터 205
엔트로피 보너스 417
엔트로피와 정보량
역강화학습 74
역직렬화 738
연속 상태 공간 105
연속 행동 106, 339
예측 오차 75
오프라인 정책 503
오프라인 정책의 데이터셋 505
온라인 정책 502
온라인 정책의 데이터셋 504
욕심 알고리즘 584
워커 노드 740
의사결정 56
이득 418
이득의 계산 방법 419
이산 상태 공간 105
이산 행동 106, 339
이온 스토이카 737
인과성 233
인식과 행동의 종단간 실행 60
일련의 의사결정 문제 62
입실론-감쇄 584
입실론 그리디 583
입실론 스케줄러 676

전체 관측 정책 336
절단 이득 665
정답 57
정책 78, 107
정책 개선 93, 661
정책과 데이터셋의 동기화 111
정책 기반 방법 85, 224
정책 기반 방법 학습 단계 93
정책 디렉토리 구조 341
정책 클래스 구성도 121, 342
정책 탐색 90
정책 평가 92
제로 카피 직렬화 739
제어 56
조작적 조건화 51
중요도 샘플링 664
지도학습 57
직교 초기화 353
직렬화 738

ㅊ

차선의 행동 72
처벌 51
체크포인트 경로 192
최대 가능도 추정 86
최대 에피소드 길이 554
최대 엔트로피 강화학습 72
최대화 편향 590
최선의 행동 72
최적 제어 62
추론 모델 선정 274
추론 모드 실행 274
추론 모드에서 환경 개수 확인 177
측좌핵 53

ㅈ

자원 할당 62
자체 대결 67
작업 743
전이 함수 77, 106
전전두엽 53

ㅋ

크리틱 413
키 프레임 61

ㅌ

타깃 가치 함수 588
타깃 가치 함수의 파라미터 업데이트 589
타깃 소프트 업데이트 613
타깃 하드 업데이트 612
탐험 583
탐험-활용의 균형 67
토큰 169
토큰 생성 규칙 175
통계 정보 204, 205
트랜지션 데이터 109
트랜지션 데이터를 저장하기 위한 버퍼 예시 509
트랜지션 데이터 생성 202

ㅍ

파나마 조 74
패키지 설치 136
편도체 53
편향-분산 조절 할인 계수 422
평균 제곱 오차 365
폴리시 그레이디언트 85, 226
폴리시 그레이디언트의 목적 함수 유도 226
프레임워크 49

ㅎ

하드 업데이트 590
학습자 110, 111
할인 계수 77
해마 53
행동 55
행동 공간 77
행동 기반의 가치 406, 483
행동 데이터 정규화 555
행동의 크기 344
행동 정책 502
행동 정책과 목표 정책이 동일한 경우 502
행동 정책과 목표 정책이 서로 다른 경우 503

헤드 노드 740
호기심 75
확률 그래프 모델 80
확률적 정책 86, 337
확률 프로세스 79
환경 55, 103
환경과의 상호작용 554
환경 디렉토리 구조 556
환경 루프 디렉토리 구조 197
환경 루프 실행 200
환경 루프 초기화 198
환경 루프 카운터 205
환경 루프 클래스 119
환경 루프 클래스 구성도 198
환경의 리셋 553
환경의 생성 553
환경 정보 554
환경 종료 554
환경 추가 398
환경 클래스 구성도 124, 557
활용 583
회귀 모델 365
훈련 모드에서 데이터셋과 네트워크 동기화 167
휴버 손실 595

A

A2C 415, 431
A2CLearner 442
a2c_learner.py 428
A2CNetwork 433
a2c_network.py 428
a2c.py 428
A2C 디렉토리 구조 428
A2C 알고리즘의 에이전트, 학습자, 네트워크의 클래스 429
A2C와 A3C의 분산 처리 구조 705
A2C의 동기적 학습 방식 707
A2C의 목적 함수 416
A2C의 학습 단계 427

A2C 클래스 관계도 429
A3C 704
A3C의 비동기적 학습 방식 707
Acrobot-v1 396
action 55
action-based value 406
action_size 344
ActionValueFunction 123, 489
Actor 120, 304
actor_hidden_dims 157
actor.py 283
Actor 버퍼 모양 309
Advantage Actor Critic 415
advantage_type 156
agent 55
Agent 120, 288
agent.py 283
AGI, Artificial General Intelligence 48
AlphaGo 48
AlphaStar 67
Amygdala 53
animator 61
Ant 145
AntBulletEnv-v0 700
Arrow 739
Assault 144
Asynchronous Advantage Actor-Critic 704
Atari 2600 63
Atlantis 144

B

Bank Heist: 144
baseline 234
base.py 283
batch_size 155
Battle.net 67
bayesian network 80
behavior policy 502
belief state 336

bias-variance tradeoff 422
Bipedal Walker 143
Bootstrapping 408
Box2D 143
Breakout 144
Buffer 124, 512
buffer.py 507
BufferSchema 124, 526
buffer_schema.py 507
Burrhus Frederic Skinner 50

C

Car Racing 143
CartPole 143
CartPole-v1 환경 268
CategoricalPolicy 121, 346
CategoricalPolicyMLP 122, 356
causality 233
ChatGPT 68
ChatGPT의 RLHF 단계 69
checkpoint_path 153
clip_schedule 157
cnDNN 결정적 실행 설정 176
Compute Unified Device Architecture 133
control 56
critic_hidden_dims 157
CUDA 133
CUDA Deep Neural Network library 133
CUDA 설치 134
cuDNN 133
cuDNN 설치 135, 136
Curiosity 75

D

DDQN 634
DDQNLearner 639
DDQN_learner.py 631
DDQNNetwork 637

DDQN_network.py 631
DDQN.py 631
DecayThenFlatSchedule 610
decision making 56
Deep Q-Learning Network 63
Deep Q-Network 578
Deep Reinforcement Learning 59
Deserialization 738
Deterministic Policy 88
device_num 151
distributed_processing_type 153
dopamine 52
Double DQN 591
Double Q-learning 591
DQN 63, 578, 580, 599
DQNLearner 614
DQN_learner.py 596
DQNNetwork 601
DQN_network.py 596
DQN.py 596
DQN 디렉토리 구조 596
DQN의 기술 이슈 581
DQN의 에이전트, 학습자, 네트워크의 클래스 597
DQN의 학습 순서 594
DQN이 오프라인 정책 알고리즘인 이유 582
DQN 클래스 관계도 597
driver 741
dynamics 77

E

eloss_coef 157
environment 55
Environment 124, 557
EnvironmentLoop 119, 204
environment_loop.py 197
environment.py 556
EnvironmentSpec 124, 560
env_name 152
env_wrapper 152

episode 114
epsilon 152
epsilon_anneal_time 156
epsilon decay 584
epsilon_finish 156
epsilon_greedy 156
EpsilonGreedyActionSelector 609
epsilon_start 156
experience 56

F

framework 102
Framework 49
Frontal Cortex 53
fully observable 336

G

GAE 421
gae_lambda 157
gae_standardization 157
GAE 구현 아이디어 468
GAIL 74
Game 62
gamma 155
GaussianPolicy 121, 348
GaussianPolicyMLP 122, 360
GCS, Global Control Store 740
Generative Adversarial Imitation Learning 74
Generative Pre-trained Transformer 68
GitHub 레파지토리 127
Goal-Conditioned Multitask Reinforcement Learning 70
GPT 68
GPU 디바이스 이름 175
GPU 설정 확인 177
gradient_steps 155
grad_norm_clip 156
ground truth 57
gym 136

gym[Box2D] 136

H

Half Cheetah 145
hard update 590
Head Node 740
Hippocampus 53
Hopper 145
Huber Loss 595
Humanoid 145
Humanoid Standup 145

I

IDE 설치 128
i.i.d. 57
Imitating Learning 63
Importance Sampling 664
independent identically distributed 57
inference_max_episodes 154
inference_model_path 154
Inverse Reinforcement Learning 74
Inverted Double Pendulum 145
Inverted Pendulum 145
Ion Stoica 737

K

keyframe 61

L

Large Langue Model 68
Learner 120, 317
LLM 68
LLM, Large-Scaled Language Model 49
load_step 154
local_results_path 154
Log Derivative Trick 227
log_interval 153

Log Likelihood 86
lr_annealing 155
lr_ciritic 155
lr_policy 155
Lunar Lander 143
LunarLanderContinuous-v2 275

M

main.py 127
main.py 실행 순서 146
Markov Property 79
max_environment_steps 154
Maximization Bias 590
Maximum Entropy RL 72
MCTS, Monte Carlo Tree Search 48
MDP 77
MDP, Markov Decision Process 76
Mean Squared Error 365
memoryless 79
Meta Reinforcement Learning 75
MLE, Maximum Likelihood Estimation 86
MLP 121, 351
Model-based RL 84
Model-free RL 85
models.py 341, 485
Montezuma's Revenge 74, 144
Mountain Car 143
Mujuco 144
MultiEnvAsyncRunner 118, 721
multienv_async_runner.py 161, 711
Multi-Environment Runner 704
MultiEnvRunner 118, 712
multienv_runner.py 161, 711
Multi-Layered Perceptron 351
Multiprocessing 738

N

n_cpus 151
n_envs 152

n_episodes 155
n_epochs 155
Network 120, 327
Network 클래스 구성도 327
n_gpus 151
Novelty 75
n_steps 154
n_steps_of_return 157
Nucleus Accumbens 53
n-스텝 리턴 420
n-스텝 리턴 구현 아이디어 458

O

Object 746
Object Store 740
OpenGym 125, 140, 563
opengym.py 556
OpenGym 소개 139
OpenGym의 사용법 141
operant conditioning 51
optimal behavior 72
Optimal Control 62
optim_betas 152
optim_eps 152
orthogonal initialization 353

P

Panama Joe 74
partially observable 336
Partially observable Markov decision process 336
Pendulum 143
piglet 137
Policy 78, 121, 343
Policy Estimation 92
Policy Gradient 85
Policy Improvement 93
policy iteration 661
Policy Search 90

POMDP 336
PPO 656, 671
ppo_clipping_epsilon 157
PPOLearner 675
PPO_learner.py 668
PPONetwork 673
PPO_network.py 668
PPO.py 668
PPO 디렉토리 구조 668
PPO 유도 과정 661
PPO의 목적 함수 658
PPO의 실행 순서 660
PPO의 에이전트, 학습자, 네트워크의 클래스 669
PPO 클래스 관계도 669
Prediction Error 75
Probabilistic Graphical Model 80
Proximal Policy Optimization 656
PTR, Positive Reinforcement Training 50
punishment 51
pybullet 136
PyTorch 설치 133

Q

QFunctionMLP 123, 492
QFunctionMLPDQN 123, 496
Q-Iteration 581
Q-Learning 63, 578
Q-Value 406
Q-가치 406
Q-가치의 과대평가 문제 590
Q-가치 함수의 테이블 표현 580
Q-러닝 578
Q러닝 63
Q-러닝 식 유도하기 578
Q-반복 581

R

ray 137

Ray 737
ray.get() 742, 747
ray.init() 742
Raylet 740
ray.put() 742
ray.wait() 742, 749
Ray 아키텍처 740
Ray와 멀티프로세싱, 시리얼의 성능 비교 739
Ray 주요 API 742
Reacher 145
Regression Model 365
REINFORCE 241
REINFORCEB 373
REINFORCEBLearner 380
reinforce_b_learner.py 370
REINFORCEBNetwork 375
reinforce_b_network.py 371
reinforce_b.py 370
REINFORCEB 클래스 관계도 372
REINFORCELearner 252
reinforce_learner.py 238
reinforcement 51
Reinforcement Theory 50
REINFORCENetwork 244
reinforce_network.py 238
reinforce.py 238
REINFORCE 구현 시 목적 함수 231
REINFORCE 디렉토리 구조 237
REINFORCE 베이스라인 적용 알고리즘 디렉토리 구조 370
REINFORCE 베이스라인 적용 알고리즘의 에이전트, 학습자, 네트워크 클래스 371
REINFORCE 알고리즘 230
REINFORCE 알고리즘의 에이전트, 학습자, 네트워크 클래스 238
REINFORCE 클래스 관계도 239
REINFORCE 학습 순서 231
render 153
Replay Buffer 111
ReplayBuffer 124, 544

replay_buffer.py 508
requirements.txt 127, 136
Resource Allocation 62
return_standardization 157
reward 55
reward circuit 52
Reward to go 234
RLHF 68
RL, Reinforcement Learning 48
RL 프레임워크 디렉토리 구조 128
RoboCat 70
Robot Learning 62
robot manipulator 89
Rollout Buffer 111
RolloutBuffer 124, 529
rollout_buffer.py 508
run_gym.py 127
Runner 118, 169
runner.py 161, 711

S

Savable 119, 316
save_model 153
save_model_interval 153
Scheduler 740
self-play 67
sequential decision problem 62
Serialization 738
Skinner Box 51
soft update 590
state 55
state-based value 406
stateful 743
stateless 743
state_size 344
StateValueFunction 123, 488
Stochastic Policy 86
StochasticPolicy 121, 344
stochastic process 79

suboptimal behavior 72
sum of reward 82
Surprising 75
Swimmer 145

T

target policy 502
task 743
tensorboard 137
Time Series Prediction 62
torch_deterministic 152
training_mode 154
TRPO 656
TRPO의 최적화 전략 657
Truncated Advantage 665
Trust Region 657
Trust Region Policy Optimization 656

U

Uncertainty 75
unique_token 169
universal function approximator 59
use_cuda 151
use_tensorboard 153
utils.py 612

V

Value Function 87
ValueFunction 122, 487
ValueFunctionMLP 123, 490
VariableSource 119, 326
vloss_coef 157
VTA, Ventral Tegmental Area 53

W

Walker2D 145
warmup_step 156
Worker Node 740

Z

Zero-Copy serialization 739

기호

@ray.remote 742
@ray.remote 데코레이터 738
.remote 742
(시간, 상태, 보상) 공간 82

파이토치로 완성하는 실전 강화학습
REINFORCE, A2C, DQN, DDQN, PPO, A3C 이론과 구현을 한번에!

발행 · 2025년 8월 28일

지은이 · 윤성진

발행인 · 옥경석
펴낸곳 · 주식회사 에이콘온

주소 · 서울시 양천구 국회대로 287 (목동)
전화 · 02)2653-7600 | **팩스** · 02)2653-0433
홈페이지 · www.acornpub.co.kr **독자문의** · www.acornpub.co.kr/contact/errata

부사장 · 황영주 | **편집장** · 임채성 | **책임편집** · 임지원 | **편집** · 강승훈, 임승경 | **디자인** · 윤서빈
마케팅 · 노선희 | **홍보** · 박혜경, 백경화 | **관리** · 최하늘, 김희지

함께 만든 사람들
교정 · 교열 · 송지연 | **전산편집** · 장진희

에이콘온(AcornON) - 에이콘온은 'ON'이라는 단어처럼,
사람의 가능성에 불을 켜는 콘텐츠를 지향합니다.

인스타그램 · instagram.com/acorn_pub
페이스북 · facebook.com/acornpub
유튜브 · youtube.com/@acornpub_official

Copyright ⓒ 주식회사 에이콘온, 2025, Printed in Korea.
ISBN 979-11-9440-990-8
http://www.acornpub.co.kr/book/9791194409908

책값은 뒤표지에 있습니다.